21世纪经济与管理精编教材·会计学系列

会计信息系统

Accounting Information System

吕新民◎编著

北京大学出版社
PEKING UNIVERSITY PRESS

图书在版编目(CIP)数据

会计信息系统／吕新民编著. ——北京：北京大学出版社，2016.1
（21世纪经济与管理精编教材·会计学系列）
ISBN 978-7-301-26720-2

Ⅰ.①会… Ⅱ.①吕… Ⅲ.①会计信息—财务管理系统—高等学校—教材 Ⅳ.①F232

中国版本图书馆CIP数据核字(2016)第000352号

书　　名　会计信息系统
KUAIJI XINXI XITONG
著作责任者　吕新民　编著
策划编辑　徐　冰
责任编辑　黄炜婷
标准书号　ISBN 978-7-301-26720-2
出版发行　北京大学出版社
地　　址　北京市海淀区成府路205号　100871
网　　址　http://www.pup.cn
电子信箱　em@pup.cn　　QQ:552063295
新浪微博　@北京大学出版社　@北京大学出版社经管图书
电　　话　邮购部62752015　发行部62750672　编辑部62752926
印 刷 者　北京宏伟双华印刷有限公司
经 销 者　新华书店
787毫米×1092毫米　16开本　26.25印张　655千字
2016年1月第1版　2016年1月第1次印刷
印　　数　0001—3000册
定　　价　54.00元

前　言

随着我国企业信息化的普及与推进，电算化会计信息系统得到广泛的应用，会计理论和实务发生了巨大变化，会计工作模式不断变革和创新。面对不断发展的会计信息系统环境，对引发了培养企业会计信息化人才的强烈需求。会计信息系统作为高等院校会计类专业的核心课程之一，只有紧密结合企业实际，增强学生的会计信息系统基本理论知识和实际应用能力，拉近书本知识与实际工作的距离，才能适应高等教育会计学专业人才的培养目标和要求。

目前，会计信息系统已成为一门融会计科学、计算机科学、信息科学、管理科学等为一体的会计边缘学科。会计信息系统软件已发展成财务与业务集成的一体化软件，直到现在的 ERP 系统。本书力求从系统、完整、先进、实用的视角介绍会计信息系统的理论与实务知识。首先，介绍会计信息系统的基本概念、建设过程与方法，使学生理解和掌握信息化环境下会计信息系统究竟是什么以及如何实现和完成的；其次，通过对会计信息各子系统的目标、特点、处理流程、功能结构等的分析及讲授，使学生懂得如何将信息技术与会计工作和流程有机融合，如何利用各子系统相互协同、高效地完成会计及业务的核算与管理工作；再次，从现代信息经济环境下企业经营管理越来越需要会计决策信息的角度出发，讲述了会计信息系统的发展方向——会计决策支持系统，使学生了解如何建立和利用会计决策支持系统以实现会计决策科学化；最后，对会计信息系统环境下的内部控制、会计信息系统审计问题进行了讨论，使学生了解会计信息系统内部控制的主要内容与方法，会计信息系统环境下审计工作的开展，以及如何运用计算机辅助审计技术与工具实施审计。贯穿会计信息系统各子系统的介绍，选用了最新软件产品——用友 ERP-U8(V8.72)作为会计软件平台，使本书更具实用性和适应性，更有利于提升学生的实践能力。

本书共分 12 章。第 1 章为信息时代的会计信息系统，在概述信息化与企业管理信息化的基础上，介绍了信息与信息系统的基本概念，重点就会计信息系统的发展、概念、特点、结构、功能与 ERP 的关系，以及信息技术对会计工作的影响等进行了理论讲解。此外，还简要介绍了网络财务报告和可扩展商业报告语言、用友 ERP-U8(V8.72)软件。第 2 章至第 9 章则从系统集成化、信息共享的特点出发，讲授了会计信息系统的总账、会计报表、薪资、固定资产、销售与收款、采购与付款、库存与存货核算等子系统的目标、特点、处理流程、功能结构等，并分别结合用友 ERP-U8(V8.72)软件，对应介绍了各子系统模块的基本功能、业务流程和操作使用。第 10 章为会计决策支持系统，在概述决策与决策支持系统的基础上，介绍了会计决策支持系统的概念、特点、功能结构、实践应用等内容。第 11 章为会计信息系统内部控制，主要围绕信息系统环境对企业内部控制的影响、信息系统内部控制与相关规范、会计信息系统的内部控制内容等几方面进行了阐述。第 12 章为会计信息系统审计，主要从信息化环境下的审计实务出发，讨论了会计信息系统审计的相关概念，会计信息系统内部控制审计测试的内容与方法、数据文件审计的内容与方法，以及常见的计算机辅助审计技术与工具。

本书设计新颖、独具匠心；内容安排全面周到；贴近实际，具有较强的理论性和实用性；图文并茂，有助于学生的掌握和理解。本书既可作为高等院校会计类各专业的会计信息系统教材，也可作为企业会计人员的业务学习资料。

尽管本书编者付出了很大努力，但鉴于自身的局限，缺漏在所难免，诚恳期望读者予以批评指正。

吕新民

2016 年 1 月

目　录

第1章　信息时代的会计信息系统

1.1　信息化与会计信息化

会计信息系统(Accounting Information System,AIS)作为企业管理信息系统的一个重要组成部分,其地位举足轻重。但我们在熟悉和掌握会计信息系统之前,应该对信息化与企业管理信息化的基本轮廓有一个了解,以便能对会计信息系统的作用和地位有一个全面的认识。

1.1.1　信息化概述

信息化由电子化、数字化、网络化三大过程要素组成。它是一个从工业经济向信息经济、从工业社会向信息社会逐渐演进的过程,揭示了一种新兴的、最具活力和高渗透性的科学技术应用的推广与普及。

1. 信息化概念

信息化一词,最早是由日本学者在20世纪60年代提出,并为此创造了一个新的英文单词"Informationalization"。法国的西蒙·诺拉(Simon Nora)和阿兰·孟克(Alain Minc) 1978年出版的《社会信息化》一书对信息化概念的国际传播起了重要作用。在实际工作中,人们对信息化有各种各样的理解。究竟何谓"信息化",不少人曾经给出各种各样的定义和解释,但至今并没有一个广为接受和认可的权威定义。从人与社会发展的一般意义上说,信息化是指人们凭借现代电子信息技术等手段,通过提高自身开发和利用信息资源的智能,推动经济发展、社会进步乃至人们自身生活方式变革的过程;从技术与经济发展的角度来看,信息化是指加快信息高科技发展及其产业化,提高信息技术在经济和社会各领域的推广应用水平,并推动经济和社会发展的过程。在我国公布的《2006—2020年国家信息化发展战略》中,对信息化的含义做了高度总括,指出它是充分利用信息技术(Information Technology,IT),开发利用信息资源,促进信息交流和知识共享,提高经济增长质量,推动经济社会发展转型的历史进程。信息化本身就是一个动态发展的概念,不可能也没有必要加以严格定义,因为任何定义都必将会为信息化的发展实践所冲破。顺便提及的是,信息化作为一个专业词汇,是一个非常东方化的说法,欧美学者是很少采用的,他们更愿意结合具体的应用领域来探讨有关问题。

2. 信息化内涵

信息化的战略目标是促进社会和经济发展,加速现代化进程,发展信息技术和产业,不断提高全社会的劳动生产率、综合实力和竞争力,加速人类社会由工业化社会向后工业化社会

（即信息社会）过渡的进程。它的实质是要通过全体社会成员的共同努力，在经济和社会的各个领域充分应用基于现代信息科学技术的先进社会生产工具，创建信息时代的社会生产力，推动国家的综合实力、社会的文明素质和人民的生活质量极大提高，达到真正的现代化水平。

信息化代表着先进生产力的前进方向，我们必须尽力加快发展自主技术和民族产业，支撑中国的信息化建设。1997 年 4 月召开的全国第一次信息化工作会议把我国信息化的内容归纳为信息资源，信息网络，信息技术应用，信息技术和产业，信息化人才，信息化政策、法规和标准规范“六要素”（见图 1-1）。它以信息产业在国民经济中的比重、信息技术在传统产业中的应用程度和国家信息基础设施建设水平为主要标志。其中，企业信息化程度是衡量一个国家信息化程度的重要指标。

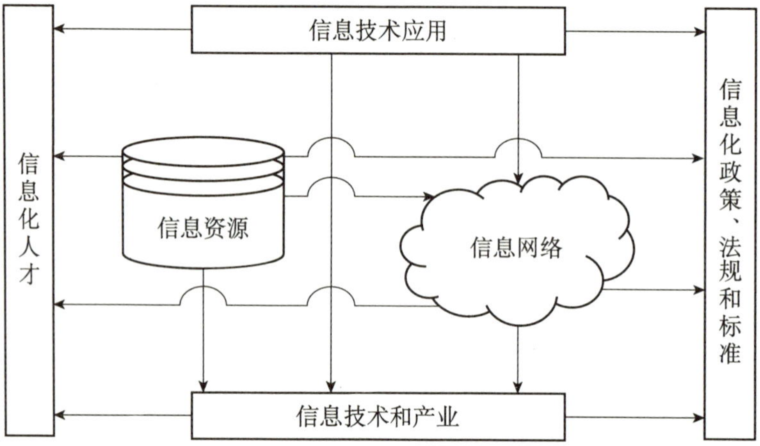

图 1-1　信息化体系六要素关系

① 信息资源开发利用是根据社会需要，对信息资源进行采集、处理、存储、传播、服务、交换、共享和应用的过程。它可以使信息资源在多方面实现增值，如提高信息质量，提高信息资源的标准化、组织化、可获得性、易用性和适用性。

② 信息网络是信息资源开发利用和信息技术应用的基础，是信息传输、交换和共享的必要手段。只有建设先进的信息网络，才能充分发挥信息化的整体效益。信息网络建设可以为信息资源开发利用提供必要的条件和物质基础。

③ 信息技术应用，是指将信息技术广泛应用于经济和社会各个领域，深入开发和有效利用信息资源，提高管理水平，提高劳动效率，提升产业结构和素质，推进国民经济更加迅速、健康地发展，从而加速实现国家现代化的进程。

④ 培育信息技术和产业，是指要发展自己的信息技术和产业，它的发展可以为信息化建设提供网络和技术装备的支撑保障平台，是信息化推进的重要组成部分和物质基础。步入 21 世纪，中国政府提出了要优先发展信息产业，提高国家的创新能力和综合竞争力。

⑤ 培养信息化人才，是指建立一支结构合理、高素质的研究、开发、生产、应用的队伍。构成中国信息化体系六要素的其他五要素都是由信息化人才进行设计、规划、论证、实施和维护升级的。因此，信息化人才是国家信息化的成功之本。

⑥ 制定信息化政策、法规和标准，是指建立一个促进信息化建设的政策、法规环境和标准体系，规范和协调各要素之间的关系，是国家信息化快速、有序、健康、持续发展的根本保障。

总体上，上述六要素反映了信息化的主要内容和推进的方向，也简洁地概括了各个内容之间的关系。当然，由于信息化实践活动的复杂性，其作为一个理论模型还无法一一涵盖。

3. 信息化层次

信息化是现代信息技术与社会诸领域及其各个层面相互作用的动态过程及结果。社会信息化外延相当丰富，涉及经济社会的各个方面、各个领域和各个层面。按社会活动领域不同，信息化主要包括经济信息化、管理信息化、教育信息化、生活信息化等。按层次范围不同，信息化主要包括微观信息化（即家庭信息化和社会组织信息化）、中观信息化（即行业信息化和区域信息化）和宏观信息化（即国家信息化和全球信息化）。在本书中，我们将信息化的层次体系划分为如图 1－2 所示的四个部分：国家信息化，区域和城市信息化，企业信息化和政府信息化。从世界范围的信息化角度，全球信息化不仅包括各个国家的国家信息化，还包括各区域、集团的跨国信息化以及国际组织与机构的信息化，如图 1－3 所示。

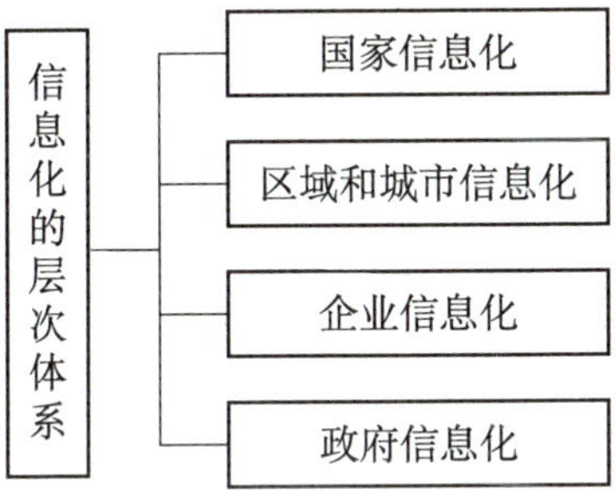

图 1－2　信息化的层次体系

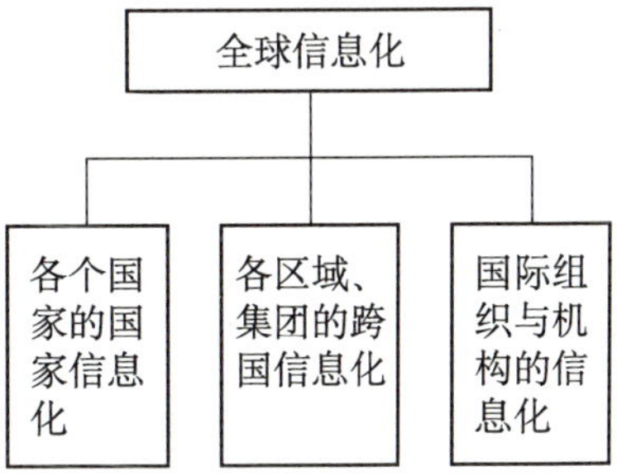

图 1－3　全球信息化

4. 信息化三大过程要素

信息化由三大过程要素组成，即电子化、数字化、网络化。

（1）电子化

电子化是信息化中涉及的电子研究设备及电子设施等有形物质和工具的发展过程。从信息化的演化进程的视角出发，信息化是伴随着以微电子技术、光电子技术等为基础的计算机、通信、网络等设备的发展而不断发展的。众所周知的摩尔定律形象地预言：在既定的价格水平条件下，微处理器（CPU）的运算能力每隔约 18 个月可增加 1 倍。事实上，计算机等电子设备的性能价格比的急剧优化，充分说明了摩尔定律预言的准确性，也使信息技术的应用从贵族化走向平民化和社会化成为可能。由此，电子化是信息化产生的物质基础。

（2）数字化

数字化是指对信息化的客体——信息资源的开发与利用所涉及的技术和方法的发展过程。根据冯·诺依曼原理，信息资源从输入、存储、加工、传递等环节都转变为数字符号或数字信号予以处理，没有数字化的手段和相应的技术与方法的支持，就谈不上信息资源的开发和利用。所以，数字化是信息化存在的技术和方法学基础。

（3）网络化

网络化是指信息化的主体和客体之间的信息流通方式的发展过程，包括信息通过网络，实现信息的传递、存储、开发、应用，实现信息资源的集中和高度共享。网络化是信息技术应用得以快速、广泛发展的巨大推动力量。著名的麦特卡夫定律（Metcalfe's Law）认为，网络的价值等于网络节点数的平方。也就是说，随着网络规模的扩大，给网络用户带来的效用将以指数级的速度增加。互联网的发展和广泛应用，促进并营造了全球一体化的经济市场和科技文化的交流市场，进一步突出了信息化建设的实用性、直观性、可操作性、商务性等。因此，网络化是信息化发挥作用和应用效益的环境基础。

1.1.2 会计信息化

会计信息化是会计与信息技术的结合，是企业管理信息化的核心组成部分。会计信息化是信息社会对企业财务信息管理提出的一个新要求，是会计顺应信息化浪潮所做出的必要举措，是企业管理者和决策者迅速获取信息的重要手段。

1. 管理信息化概念与内涵

加强企业管理，提高企业的核心竞争能力，是我国企业面临的一项长期而艰巨的任务。以信息技术为代表的科学技术的飞速发展，促进了企业经济环境的变化，迫切要求企业管理的现代化。与此同时，信息技术又为企业管理现代化提供了强大的技术支持。企业如何将现有信息技术与先进的管理思想有机地结合起来创造管理价值，达到提高企业核心竞争能力的目的，这是每一个企业都亟须解决的问题。

所谓企业管理信息化，通常是指将企业的生产过程、物料流动、事务处理、现金流动、客户交互等业务过程数字化，通过各种信息系统网络加工生成新的信息资源，提供给各层次的人们观察、了解各类动态业务，以做出有利于生产要素组合优化的决策，促进企业资源合理配置，使企业能适应瞬息万变的市场经济竞争环境，获取最大的经济效益。企业管理信息化是迄今为止的一次最为深刻的企业管理思想和管理基础设施的变革。这种变革必然给成功企业带来管理的创新和管理水平的提高，为企业实现经营目标奠定基础。目前，中国企业的信息化已起步并逐渐走向成熟，企业管理信息化是其中的关键。

企业管理的信息化可以分为三个层面：

① 以数据的信息化实现精确管理，即企业运用 IT 对生产经营活动过程中的信息进行及时、准确的记录，从财务资金的精确管理到库存物料价值的准确分析，再到整个供应链的执行过程，都进行了科学管理的信息化处理，实现企业的精确管理。通过信息的查询、分析，就可以得到同类业务在不同工作主体上的效果差异，进而能够提出业务改进的可靠依据。

② 以流程的信息化实现规范业务处理，即把企业已经规范的一些流程以软件程序的方式固化下来，使得流程所涉及岗位员工的工作更加规范、高效。规范化的业务模式，有助于提高业务交互及事务处理的效率，消除了信息传递的不规范问题，减少人为控制和“拍脑袋”的管理行为，增加了单位时间内的企业效益，同时也能提升客户满意度。

③ 以决策的信息化改善企业经营，即通过对已信息化的原始数据进行科学的加工处理，运用一定的计算模型，从而起到对管理和决策的支持作用。这不仅可以对经营各环节的状况进行及时反馈和跟踪，对关键环节(如库存、销售、资金运用等)进行预警，而且可以对关键业务的经济指标进行统计分析，以企业整体运行的系统分析为经营决策提供可靠依据。

2. 会计信息化概念

会计信息化是从会计电算化、会计信息系统概念的基础上派生出来的，但会计信息化是不同于会计电算化的全新理念。时至今日，会计界对于会计信息化概念仍有不同的理解。下面列举一些学者的代表性观点：

① 会计信息化就是利用现代信息技术，对传统会计模式进行重构，并在重构的现代会计

模式上，深化开发和广泛利用会计信息资源，建立技术与会计高度融合的、开放的现代会计信息系统，以提高会计信息在优化资源配置中的有用性，促进经济发展和社会进步的过程。

② 会计信息化是指全面运用信息技术对会计数据进行获取、加工、传输等处理，为企业经营管理、控制决策和经济运行提供充足、实时、全方位的信息服务。会计信息化是信息社会的产物，是未来会计的发展方向。

③ 会计信息化不仅是将计算机、网络、通信等先进的信息技术引入会计学科，还包含更广泛的内容，如会计基本理论信息化、会计实务信息化、会计教育信息化、会计管理信息化等。

④ 会计信息化是指与实现会计工作信息化有关的所有工作，包括会计信息系统的分析、设计与开发，企业实施与维护会计信息系统，会计信息化人才的培训，会计信息系统的规划与制度建设等。

⑤ 会计信息化的体系结构应由以下三部分构成：

※ 建立和实施现代化信息技术或计算机环境下的会计信息系统。

※ 为了确保会计信息系统安全、有效地运作，为会计管理工作提供高质量的信息服务，必须建立、健全会计信息系统内部控制制度。

※ 为了审查和确保内部控制制度的有效执行，必须开展对会计信息系统和内部控制制度的审计，最终达到对会计信息系统的安全、可靠、有效和高效的运用。会计管理信息化的目标不仅是建立现代化的会计信息系统，还包括会计信息系统的内部控制制度，以及对内部控制制度的审计。

本书认为：会计信息化，是指在会计行业、组织或企业的会计活动中普遍采用现代信息技术，对传统的会计模型进行重构，有效开发和利用会计信息资源，建立信息技术与会计学科高度融合的、充分开放的现代会计信息系统，并使会计信息资源成为全社会的共享财富，以推动会计信息资源产业发展的历史过程。它不仅是信息技术运用于会计上的变革，更是一种与现代信息技术环境相适应的新的会计思想的代表。

3. 会计信息化层次与目标

会计信息化是信息化的一个重要子集，也是管理信息化的一个重要组成部分。会计信息化可分为四个层次：社会会计信息化、行业会计信息化、组织或企业会计信息化、会计人员信息化。社会会计信息化主要研究的内容和目标是：实现会计信息资源的社会化共享和应用，推动会计信息资源产业的发展。行业会计信息化主要的研究的内容和目标是：建立和完善会计行业信息化的行业管理体系，推动会计行业对信息技术的应用水平，完善、优化会计行业的管理与研究水平。组织或企业会计信息化主要研究的内容和目标是：整合企业的业务流程、会计处理流程、控制流程和审计流程，集成会计财务信息和其他非财务信息，建立会计信息系统及其控制和审计体系，充分开发和利用会计信息资源，及时、准确地向企业内部和外部使用者提供有用的会计信息支持，加强会计的反映和监控作用。会计人员信息化是指会计人员在其会计工作、学习中，不断加强会计信息化的能力，以更好地适应信息时代的需求和完成会计本职工作。

4. 会计信息化的条件

(1) 知识经济是会计信息化产生的外部条件

知识经济是建立在知识和信息的生产、分配与使用基础上的经济。为了生存和发展，企业会计只有顺应时代潮流，运用先进的计算机、网络和通信技术，改造传统会计，提高财务信息处理与输出的速度，提升财务信息的质量，才能满足知识经济对财务信息的要求。

(2) 企业信息化对会计的影响是会计信息化产生的外在动力

企业信息化首推会计信息化，这是会计信息化产生的外在动力。这主要表现在以下两方面：其一，会计信息系统是企业管理信息系统中的一个重要子系统，产生了企业70%以上的信息。因而，会计信息化是企业信息化的核心内容，并在推动企业信息化建设中发挥极其重要的作用。要进行企业信息化建设，必须进行会计信息化建设，不实现会计工作的信息化，也就谈不上企业管理的信息化。其二，企业信息化的发展，要求未来的会计信息系统应具有开放性，能利用网络技术对信息进行发送与接收，达到内外数据共享，为其他相关的部门、行业提供综合信息服务。但现行的大多数会计信息系统根本无法满足这些要求，因此为了推进企业信息化建设，必须构建信息化会计。

(3) 会计信息失真等现实问题是会计信息化产生的直接原因

会计信息失真使国家在规定各项经济政策时缺少真实、可靠的客观依据，使企业内部管理者对资金总量和财务成果所表现出来的清偿能力与变现能力缺乏正确认识，使企业的经营行为缺乏针对性和有效性。为了解决这些问题，许多专家把目光投向了会计信息化。

(4) 现代信息技术与传统会计模型之间的矛盾是会计信息化产生的内在因素

信息社会里，社会经济环境和信息处理技术等方面发生了巨大变化，这要求会计对此做出相应的反应；否则，将会阻碍社会经济的发展和文明的进步。传统会计模型是工业社会的产物，是与工业社会的经济环境和手工的信息处理技术相适应的，其处理程序和规则与现代信息技术难以适应及协调，无法满足信息社会对会计核算、管理、决策的要求。

5. 会计信息化的特征

(1) 普遍性

会计信息化应当在会计的所有领域(主要包括会计理论、会计工作、会计管理、会计教育四方面)全面运用现代信息技术，并形成完整的应用体系。目前，我国会计信息化主要体现在后三个方面有不同程度的运用，而且可以用起步晚、发展快、成效大来概括，但还不能说真正达到会计信息化的水平；而在会计理论方面与世界发达国家相比还相对滞后。我国现阶段会计信息化赖以存在的主要还是传统的会计理论，远没有构建起适应现代信息技术发展的完善的会计理论体系。

(2) 集成性

会计信息化将对传统会计组织和业务处理流程进行重构，以支持“虚拟企业”“数据银行”“电子商务”等新的组织形式和管理模式。这一过程的出发点和终结点就是实现信息的集成化。信息集成包括三个层面：①在会计领域实现信息集成，即实现财务会计和管理会计之间的信息集成，协调和解决会计信息真实性与相关性的矛盾；②在企业组织内部实现财务和业务的一体化，即集成财务信息和业务信息，在两者之间实现无缝链接；③建立企业组织与外部利害关系人(客户、供应商、金融、税务、财政、审计等)的信息网络，实现企业组织内外信息系统的集成。信息集成的结果是信息共享，即企业组织内外有关的所有原始数据，只要一次输入就能做到多次利用，既减少了数据输入的工作量，又实现了数据的一致性、共享性。建立在会计信息化基础上的会计信息系统，应该是与企业组织内外信息系统有机整合的、高度共享的信息系统。

(3) 动态性

会计信息化在时间上的动态性表现为：首先，在企业资源计划(ERP)环境下，会计数据的采集是动态的、实时的。无论是企业外部的数据(发票、订单、对账单等)、企业内部的数据(入库单、领料单、产量记录等),还是局域数据、广域数据,一旦发生,就被采集并存入中央数据库并传递给会计信息系统。其次,会计数据的处理是实时的。在 ERP 环境下,会计数据和业务数据一经输入系统,就会立即触发相应的会计处理模块,对数据进行分类、计算、汇总、更新、统计分析等一系列操作,以保证信息动态而实时地反映企业组织的财务状况、经营成果和现金流量。最后,会计数据采集和处理的实时化、动态化,使得会计信息的发布、传输和利用能够实时化、动态化,会计信息的使用者也就能够及时地做出管理决策。

(4) 渐进性

现代信息技术对会计模式重构具有主观能动性,但是这种能动性的体现是一个渐进的过程。具体应分三步走:第一步,以信息技术去适应传统会计模式,即建立核算型会计信息系统,实现会计核算的信息化;第二步,现代信息技术与传统会计模式相适应,表现为传统会计模式为适应现代信息技术而对会计理论、会计方法进行局部的修改,扩大信息技术应用的范围(从计算机到网络,从会计核算到会计管理),实现会计管理的信息化;第三步,以现代信息技术去重构传统会计模式,从而形成现代会计信息系统,实现包括会计核算信息化、会计管理信息化和会计决策支持信息化在内的会计信息化。

6. 会计信息化与会计信息系统的关系

会计信息化是 IT 在会计中应用的简称。它是一个大概念,主要从会计的技术特征与会计的发展来研究、认识会计。会计信息化既要研究 IT 环境对会计的影响,也要对 IT 如何在会计中的应用展开研究,并在此基础上形成会计信息化自身的理论体系。从宏观上看,会计信息化立足于政府层面上的信息化会计管理,用于指导和推进 IT 在会计中的应用。从微观上看,会计信息化主要是开展 IT 在组织中各层面的会计应用。会计信息化既与国家信息化、企业信息化相互对应,又突出自身信息化的对象与内容,对推动 IT 在我国会计中的普及应用与研究功不可没。

2009 年财政部发布的《关于全面推进我国会计信息化工作的指导意见》指出,我国会计信息化工作的目标是:力争通过 5—10 年的努力,建立、健全会计信息化法规体系和会计信息化标准体系(包括可扩展商业报告语言分类标准),全力打造会计信息化人才队伍,基本实现大型企事业单位会计信息化与经营管理信息化融合,进一步提升企事业单位的管理水平和风险防范能力,做到数出一门、资源共享,便于不同信息使用者获取、分析和利用,进行投资和相关决策;基本实现大型会计师事务所采用信息化手段对客户的财务报告和内部控制进行审计,进一步提升社会审计质量和效率;基本实现政府会计管理和会计监督的信息化,进一步提升会计管理水平和监管效能。通过全面推进会计信息化工作,使我国的会计信息化达到或接近世界先进水平。以上工作目标的最终实现,就是要借助 IT 提高我国会计信息质量,满足信息用户的需要。

会计信息化研究包括理论与实践两大方面。在理论研究方面,会计信息化研究必须有其理论体系。如同会计理论一样,会计信息化理论是由会计信息化基础理论、会计信息化应用理论和会计信息化环境理论相互结合,形成一个有机的理论系统。会计信息化应用理论是将会计信息化基础理论应用于会计信息化实践、指导会计信息化实践的理论,包括会计信息系统的设计与应用、会计信息化管理体制理论等;而会计信息化环境理论,则是对会计信息化基础理论和会计信息化应用理论产生作用的外部条件的理论,包括信息、技术和组织等环境的影响。

会计信息系统与会计信息化既有联系，又有区别。从研究目标来看，会计信息系统的开发与应用旨在为组织提供以财务信息为主的高质量的经济信息，而会计信息化的主要目标则是尽快实现 IT 在会计中应用的普及；从研究范围来看，会计信息系统主要面向微观层面（即企业、事业单位的会计信息的产出），而会计信息化则涵盖宏观与微观两个方面。宏观方面主要表现在政府层面的会计管理信息化，而微观方面则表现在企业等单位的 IT 的会计应用层面。

会计信息系统与会计信息化的联系十分密切，离开会计信息系统的发展，会计信息化就是无本之木、无水之鱼。会计信息化的发展快慢很大程度地取决于企业单位会计信息系统的改造与创新速度，而会计信息系统作为会计信息化的一个不可或缺的组成部分，其高水平的建设与重构又需要会计信息化基本理论作为指导和支撑。

1.2 信息与信息系统

随着现代社会信息量及信息处理量的逐渐增大，手工处理方式显然已远远不能满足人类生产活动的需要，催生了信息技术在信息资源中的开发利用，以及信息技术对传统产业的改造，逐步出现了以计算机为主要工具的各种信息系统。

1.2.1 对信息的再认识

数据、信息、知识等词汇由来已久，但在过去很长一段时间里，人们并不明确区分数据、信息、知识的概念。随着信息时代的来临，人们对它们的认识逐渐深入，开始重新认识数据、信息、知识的本质。

1. 数据

(1) 数据的定义

数据(Data)是反映客观事物的性质、形态、结构和特性的符号，并能对客观事物的属性进行描述。它可以用数字、文字、声音、图像或图形等形式表示。例如，456.35 元、300 平方米、12%、红色等都是数据，本身无特定含义，并不表示任何内容，只是记录事物的属性特征的抽象符号，是中性概念。数据只有和客观实体及属性联系在一起，数据对接受者才有意义。企业需要收集不同类型的数据，如有关销售（时间、总数量），出售的资源（产品或服务、销售数量和单价）和参与销售的人员（客户、销售人员）的数据。在信息技术应用领域，现代计算机系统可以接收和处理几乎所有类型的数据。

(2) 一类特殊的数据——会计数据

会计数据是收集、记录会计业务中所有事物实体的属性和属性值。例如，会计工作中获得的各种原始资料、原始凭证等载体上存在大量描述经营业务属性的数据，称为会计数据。再如，会计凭证、会计账簿、会计报表等都是会计业务中的实体，它们的属性和属性值都是会计数据。在会计信息系统中，会计数据既包括获准进入会计信息系统的源数据（原始凭证数据），也包括会计信息系统处理过程中生成的结果数据（中间数据）。前者如销售发票、领料单等，后者如记账凭证、账簿等。

2. 信息

信息是信息系统的最重要成分。信息系统能发挥多大作用，取决于有没有足够的、高质量的信息，而这又取决于我们对信息的充分认识。信息系统的根本目的是利用信息技术，实现信息资源的开发利用，从而实现信息的价值。

(1) 信息的含义

信息(Information)已经与厂房和设备一样成为一种重要的企业资源。信息是被组织起来的、有用的数据，是正确经营、管理和决策的基础。

信息普遍存在于自然界、人类社会和思维领域中。我国《辞海》对“信息”一词的注释是“信息是指对消息接受者来说预先不知道的报道”；美国的《韦伯字典》把信息解释为“用来通信的事实，在观察中得到的数据、新闻和知识”；英国的《牛津字典》认为“信息就是谈论的事情、新闻和知识”。那么，究竟什么是信息？关于信息的含义，众说纷纭，迄今没有统一、确切的定义。通常，在信息技术应用领域，我们认为可将信息定义为：信息是经过加工处理后的数据，它对接受者有用，对接受者的决策或行为有现实或潜在的价值。由此可以看出，信息的表达是以数据为基础的，数据是信息的载体，没有数据便没有信息，因此信息不能单独存在。当然，数据承载信息有的是直接的，有的是间接的。比如，当你看到“某仓库面积为300平方米”这样一个数据时，马上就可得到该仓库最大库存量的信息。但当你得到的是商业暗语如“东方不亮，西方亮”，这里的“东方”和“西方”是数据，但得到它并不能获得它所承载的真实信息，此时数据蕴含的信息是间接的，需要加工才能获得。

人类社会正从工业时代阔步迈向信息时代，信息在社会生产和人类生活中起到越来越大的作用，并以其不断扩展的内涵和外延渗透到人类社会、经济和科学技术的众多领域。信息的增长速度和利用程度，已成为现代社会文明和科技进步的重要标志。

(2) 信息的特征

信息具有多种特性，主要表现在如下九方面：

① 真伪性。信息有真信息与假信息，真实、准确和客观的信息是真信息，可以帮助管理者做出正确的决策；否则将做出错误的决策。在信息技术应用领域，既要注重所收集信息的正确性，又要在对信息进行传送、存储和加工处理时保证不失真。

② 层次性。系统、决策、管理、控制等都涉及层次问题，信息的层次性是对其的反映。比如，管理有层次性，不同层次的管理者有不同的职责，需要的信息也不同，因而信息也是分层次的。与管理层次相对应，可人为地将信息划分为战略级、战术级和业务级三个层次。组织的高层管理者站在战略高度，需要的是大量的事关组织长远发展前途和方向的综合信息，即战略级信息。战术级信息是管理控制信息，是使中层管理者能掌握资源利用情况，控制、组织和指挥更有效地利用资源的信息，如月计划与完成情况的比较信息、库存控制情况等。管理控制信息一般来自所属各部门并跨越各部门之间。业务级信息用来解决经常性的问题，它与组织日常活动有关，并据此保证切实地完成具体任务，如每天统计产量、质量数据、领料信息等。

③ 时效性。信息的时效是指从信息源出来，经过接收、加工、传递、利用的时间间隔及其效率。时间间隔越短、使用信息越及时、使用程度越高，时效性越强。

④ 共享性。信息区别于物质的一个重要特征是，它可以被共同占有、共同享用。信息的共享有其两面性：一方面，它有利于信息资源的充分利用；另一方面，它可能造成信息的贬值，不利于保密。因此，在信息技术应用领域，既需要利用先进的网络和通信设备以利于信息的共享，又需要具有良好的保密安全手段以防止保密信息的扩散。

⑤ 可加工性。人们可以对信息进行加工处理，把信息从一种形式转换为另一种形式，并保持一定的信息量。例如，一个企业可将全年的生产经营情况压缩成几项经济指标。在信息

的利用中，应注重对信息的分析与综合、扩充或浓缩。

⑥ 可存储性。信息的可存储性即信息存储的可能程度。信息的形式多种多样，它的可存储性表现在，要求能存储信息的真实内容而不畸变，要求在较小的空间中存储较多的信息，要求存储安全而不丢失，要求能在不同形式和内容之间很方便地进行转换与连接，对已存储的信息可随时、随地以最快的速度进行检索。

⑦ 可传输性。信息可通过各种各样的手段进行传输。信息传输要借助于一定的物质载体，实现信息传输功能的载体称为信息媒介。一个完整的信息传输过程必须具备信源（信息的发出方）、信宿（信息的接受方）、信道（信息的媒介）、信息四个基本要素。

⑧ 价值性。信息作为一种资源是有使用价值的，其使用价值必须经过转换才能得到。鉴于信息存在生命周期，转换必须及时，例如，企业得知要停电的信息后，及时备足柴油安排发电，信息资源就转换为物质财富。反之，事已临头，知道了也没有用，转换已不可能，信息也就没有什么价值了。管理者要善于转换信息，实现信息的价值。

信息的价值有两种衡量方法：一种按所花费的社会必要劳动时间计算；另一种按信息的使用效果计算。

前一种方法称为内在方法，适用于信息的生产单位。计算公式为：

$$V=C+P$$

其中，V 表示信息产品或服务价值，C 表示生产信息所花费成本，P 表示利润。

后一种方法称为外延价值，适用于信息单位。其计算方式为在决策中使用了信息所增加的收益减去所支付的费用（即信息成本）。计算公式为：

信息价值＝信息效用－信息成本

⑨ 动态性。客观事物本身都在不停地运动变化着，信息也在不断地发展、更新着。随着时间的推移，情况在变，反映情况的信息也在变。因此，在获取与利用信息时必须树立时效观念，不能一劳永逸。

（3）一类特殊的信息——会计信息

① 会计信息定义。会计信息是指会计数据经过加工处理后产生的为会计管理和企业经营决策所需的经济信息。只有将会计数据加工生成会计信息，才能满足管理的需要，为管理者所用。如资产、负债、生产费用和成本信息以及有关利润实现与分配的信息等，它们都是对会计数据进一步加工处理后得到的对会计管理和决策分析有价值的。会计信息包括反映过去所发生的财务信息，即有关资金的取得、分配与使用的信息，如资产负债表、投资表等；也包括管理所需的定向信息，如各种财务分析报表等；还包括对未来具有预测作用的决策信息，如年度计划、规划等。会计信息既不是原始数据信息的集中，也不是对原始数据进行一下分类或其他简单的处理，而是需要会计人员根据各方面的情况，进行科学、有效、有目的的加工和处理。

② 会计信息特点。会计信息具有以下特点：

※ 数量大、种类多、来源广。会计工作需要对生产经营过程进行连续、系统、综合的反映和监督，而会计信息正是在上述反映和监督过程中所采集、加工、使用的价值数据，它几乎涉及企业的所有业务和管理活动。因此，会计信息具有信息量大、种类多、来源广的特点。

※ 综合性。会计信息以货币的形式，综合反映了生产和经营工作中的经济活动，内容涉及供产销的每个环节、企业的每个部门和每个职工。因此，会计信息能够反映企业的综合运转状况。

※ 结构和处理逻辑具有复杂性。由于会计信息具体地反映了资产、负债、所有者权益、成本、损益等方面的信息，这些信息有着十分密切的关系，它们的增减呈网状结构般互相影响，且需要始终保持平衡，这使会计信息的结构和处理逻辑变得较为复杂。

※ 客观、真实、公允性。会计信息应客观、真实、公允地反映经济活动中的价值信息，应以实际发生的交易或者事项为依据进行会计确认、计量和报告，如实反映符合确认和计量要求的各项会计要素及其他相关信息，保证会计信息真实、可靠、内容完整。绝对不允许弄虚作假，蒙骗会计信息用户和政府部门。

※ 全面性、完整性和一致性。会计信息应全面、完整、准确地反映经济活动中的价值信息，不允许出现差错和误报；否则将失去它的重要作用。

※ 安全性、可靠性。会计信息是全面地反映企业财务状况和企业与各方面财务关系的重要信息，因此会计信息不能受到破坏、泄露和丢失，有很强的安全性、可靠性的控制要求。

※ 处理的及时性。为了实现对经济活动的有效控制和监督，会计信息应及时反映经济活动的状况和存在的问题。例如，应及时将资金运动、成本耗费等会计信息反馈给管理部门。

③ 会计信息分类。按照使用者的不同，会计信息可分为外部使用者和内部使用者。外部使用者包括股东投资者、债权人、政府部门和公众；内部使用者包括组织内各级管理者。尽管因信息用户不同而使会计信息具有不同的意义和价值，但会计信息的质量特征是相同的。会计信息按照管理的层次可划分为战略级会计信息、战术级会计信息和业务（执行）级会计信息，如图 1－4 所示。战略级会计信息向高层领导人员提供制定组织长期策略的会计信息，如未来资金需求状况的预测信息等；战术级会计信息为财务主管人员监督和控制资金活动、有效地分配资金提供所需的信息，如各种会计报表信息；业务级会计信息是反映组织具体业务情况的资金信息，如银行存款信息、应付款信息等。

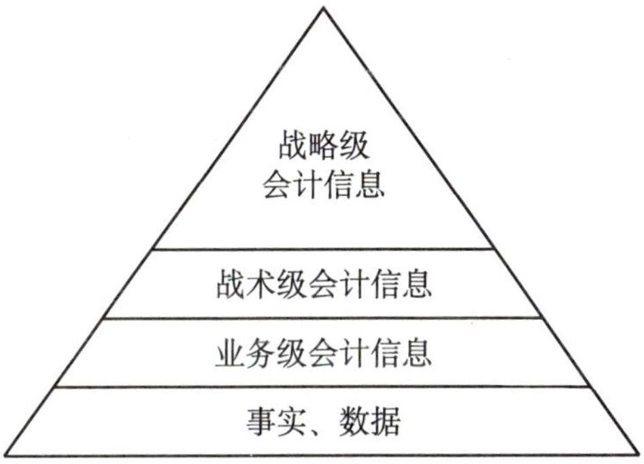

图 1－4 会计信息层次

④ 会计信息变换过程。会计信息变换过程就是对原始资料（各种原始凭证、记账凭证中的数据等）进行收集、加工、传送、存储、检索等的处理过程。这一过程使数据获得新的结构和形态，转变为有一定用途的信息，如图 1－5 所示。

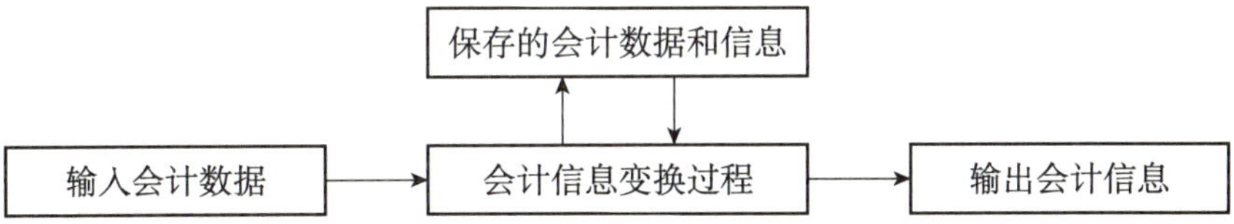

图 1－5 会计信息变换过程

3. 知识

知识（Knowledge）是以各种方式将一个或多个信息关联在一起的结构，是对客观世界规律性的总结。它是对同类信息的积累，是为有助于实现某种特定的目的而抽象化和一般化了的信息。随着人们对信息认识的逐渐深入，有关知识的概念以及知识与信息的关系问题正在引起越来越多的讨论和思考。基于认识论的角度，知识是人们通过对感知信息进行总结、归纳、推理、演绎等一系列高级思维加工后获得的信息，是人类在改造世界的实践中获得的认识和经验的总和。从信息技术应用的角度来看，信息是知识的原料，而知识是对信息的更高一级的抽象，这种抽象可以在信息系统环境中通过寻找各信息之间的联系来完成。由此可以看出，知识的产生需要可以自由地获取信息，典型的例子即“啤酒与尿布的故事”。

4. 数据、信息、知识之间的关系

信息与数据是信息系统中最基本的术语，两者的含义并不相同，但又是密不可分的。如果将数据看作原料，那么信息就是通过信息系统来加工数据而获得的产品。数据与信息的角色关系又是相对的。例如，在会计核算中，将会计凭证的数据进行分类登记，加工生成会计账簿信息。而对于会计报表的制作来说，会计账簿又成为其汇总核算的基础数据。由此可见，数据和信息的概念存在相对关系，人们经常将数据和信息的概念混用，对它们不加区分(如数据处理和信息处理、数据管理和信息管理等)，但在信息系统学科的研究中，还是需要对它们加以区分的。

信息与知识也是相互区别、相互联系的。信息可以上升为知识，知识的产生又离不开信息，必须建立在对彼此密切联系的一组信息的深层次的加工、挖掘基础之上。如果将信息比作原料，那么知识就是通过信息系统加工而得到的产品。知识与信息的角色关系也是相对的，知识也会过时，过时的知识只能称为信息。

在信息时代，企业纷纷在经营活动和决策过程中利用信息技术建立各种信息系统，将数据加工成信息，将信息转换成知识，并利用所获取的信息和知识，努力实现其经营目标，提高其创新能力。数据、信息、知识之间的关系如图 1-6 所示。

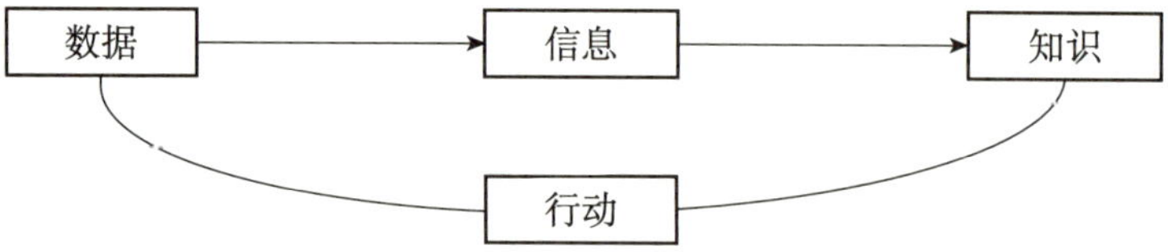

图 1-6　数据、信息、知识之间的关系

1.2.2　信息系统

现代企业必须依靠信息技术的充分应用来保持和增强其竞争力。一个有效的信息系统是可以提高企业竞争能力的关键要素——生产经营效率。

1. 信息系统的定义

信息系统是以加工处理信息为主的系统。广义上，任何进行信息加工处理的系统都可视为信息系统，如生命信息系统、企业信息系统、文献信息系统、地理信息系统等。随着现代社会信息量及信息处理量的逐渐扩大，手工处理方式显然已远远不能满足人类生产活动的需要。狭义上，信息系统是一个专门的系统，是基于计算机、网络技术等现代化信息技术手段且服务于管理决策领域的系统。

信息系统具有系统的一般特征，其整体性在于信息系统是一个组织的内部的神经系统，具有整体效应；目的性在于提供各种管理决策所需的信息；信息系统是可以分解的，通常把一个组织的信息系统分解成若干子系统，而各个子系统又可以划分为若干个模块，每个功能模块又可划为若干子功能模块，表现了信息系统的层次性；整个信息系统内部各部分（子系统）之间又存在各种形式的联系，体现出其相关性；信息系统是整个组织系统中的一个子系统，因此它又依赖于组织内部其他部分的变化，依赖于组织外部环境的影响，应具有良好的环境适应性。信息系统除具有系统的一般特征之外，还具有自身的一些特点。在信息系统的开发建设中，不仅涉及计算机的软硬件技术、网络通信技术、数学、运筹学、控制论、信息等方面的学科知识，还涉及社会科学领域中的有关政治、经济、管理、法律、组织行为学、人际关系学等许多方面。由此可见，信息系统本身是一个大型的、复杂的系统。

2. 信息系统构成

如何更好地理解信息系统的工作？例如，我们说过信息系统是这样一个系统，它接收数据资料作为输入，然后把它们加工成信息产品作为输出。那么信息系统是如何实现这一过程的？其中都涉及系统的哪些组成部分和活动？

信息系统由许多部分组成，它们相互作用以达到提供信息的目的。当前，信息系统虽然五花八门，但这些基于计算机的信息系统在组成形式上具有相同之处，如图 1－7 所示。

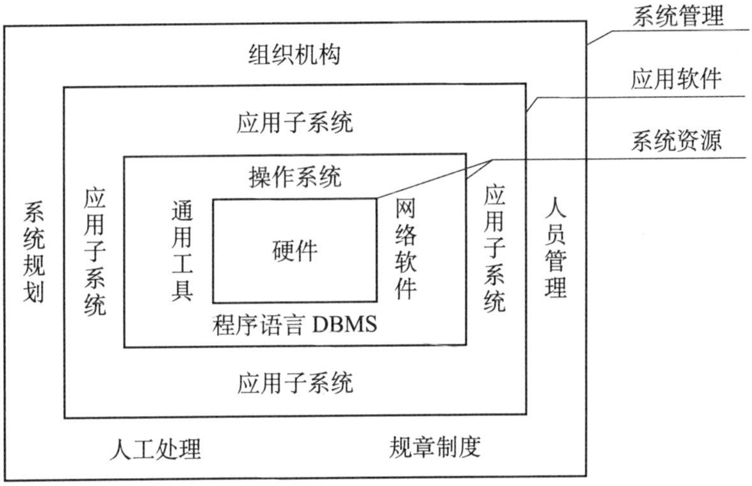

图 1－7　信息系统构成

系统资源是信息系统的基础。其中，硬件部分包括支持信息处理、通信处理的计算机装置和其他与计算机有关的设备。操作系统、DBMS（数据库管理系统）、程序语言、网络软件、通用工具等属于系统软件。信息系统应用软件由支持特定管理功能的程序构成。系统管理是保证信息系统正常运行的重要条件之一。它包括一系列的有关规章制度、组织机构、人员管理、系统规划、人工处理及相应的设计文件等。

我们还可以从逻辑功能的角度考虑信息系统的构成。一个信息系统一般都具有信息的输入、处理、存储、检索、传输、管理、输出等功能。

3. 信息系统类型

信息系统在企业的应用可以按不同的方法分类。对信息系统分类是为了突出其在企业经营和管理的每项活动中所起的作用。按照处理的对象，可将信息系统分为业务信息系统和管理信息系统两大类。

(1) 业务信息系统

业务信息系统的目标是更有效地处理企业事务、控制工业流程、支持企业沟通和协作以及更新公司的数据库。通常由以下三部分组成：

① 事务处理系统。事务处理系统(TPS)是服务于企业运行层(业务层)的，执行和记录组织运营过程中每天所必需的例行事务的计算机化的系统。系统的主要关注点是收集、验证并记录事务处理数据，如会计记账、库存的进出、销售情况的记录、员工工作情况的记录等。

② 过程控制系统。过程控制系统主要指利用计算机监视和控制生产过程。例如，炼油厂、发电厂及钢铁厂等的生产系统通过敏感元件对生产数据进行监测，并予以实时调整。

③ 办公自动化系统。办公自动化系统主要是为了有效地应用信息技术，提高办公人员的工作效率。目前，办公自动化系统的主要内容包括文字处理、电子邮件、电视会议、档案存储、桌面排版等。

(2)管理信息系统

当信息系统主要应用于提供信息和支持管理者有效地制定决策时，称为管理信息系统(管理信息系统)。管理信息系统是对企业的基本运行状况进行概括、总结和报告，将事务处理系统中的数据进行压缩，按固定的周期生成报表，并提供当前运行状况和历史记录的在线查询，为管理人员的规划、控制、决策等功能提供支持的计算机信息系统。

(3)信息系统的其他类型

一些其他类型的信息系统也对企业运营或管理提供支持。例如，专家系统能够为贷款资产管理决策提供内行的建议；知识管理系统是基于知识的信息系统，它面向整个公司的员工与经理，支持知识的创建、组织和传播；战略信息系统在公司的产品、服务或企业流程等方面应用信息技术，协助公司获得针对竞争者的战略优势；等等。

4. 管理信息系统

(1) 管理信息系统定义

管理信息系统是各种应用于管理工作的信息系统的抽象，是一种基于管理科学理论、管理理念和管理活动的系统。管理信息系统是 20 世纪 80 年代逐渐形成的一门新学科。有关管理信息系统的概念目前尚未形成统一的定义，理论基础也不完善，但从国内外管理信息系统的发展来看，人们对管理信息系统的认识在逐步加深，管理信息系统的定义也在逐渐发展和成熟。

管理信息系统作为信息系统的一个发展与研究阶段，国内外对其有以下不同的描述：

① 管理信息系统是一个能够提供过去、现在和将来预期信息的一种有条理的方法。这些信息涉及内部业务和外部情报，按适当的时间间隔、相同的格式提供，支持一个组织的计划、控制和操作功能，以便辅助决策过程。

② 管理信息系统是一个利用计算机硬件和软件代替手工作业，进行分析、计划、控制和决策的人机系统，以及数据库的用户-机器系统。它能提供信息，支持企业或组织的运行、管理和决策。

③ 管理信息系统是一个具有高度复杂性、多元性和综合性的人机系统，它全面使用现代计算机技术、网络通信技术、数据库技术及管理科学、运筹学、统计学、模型论和各种最优化技术，为经营管理和决策服务。

④ 管理信息系统是一个由人、计算机等组成的，能进行信息的收集、传递、存储、加工、维

护和使用的系统。它能实测企业的各种运行情况，利用过去数据预测未来，从企业全局出发辅助企业进行决策；利用信息控制企业的行为；帮助企业实现其规划目标。

⑤ 管理信息系统是一个以人为主导，利用计算机硬件、软件、网络通信设备以及其他办公设备进行信息的收集、传输、加工、存储、更新和维护，以企业战略竞优、提高效益和效率为目的，支持高层决策、中层控制、基层运作的集成化的人机系统。

以上从不同角度给管理信息系统下了定义，把这些定义结合起来就可对管理信息系统有一个较全面的认识：管理信息系统不仅是一个技术系统，而且是把人包括在内的人机系统；它不仅是静态的对象，还是管理的动态过程。所以，管理信息系统是利用计算机的软硬件资源、网络通信设备以及办公设备，为实现组织整体目标，对信息进行收集、传输、存储、加工、输出，给各级管理人员提供业务信息和决策信息，并由其执行管理过程的人机系统。管理信息系统的总体概念如图 1－8 所示。

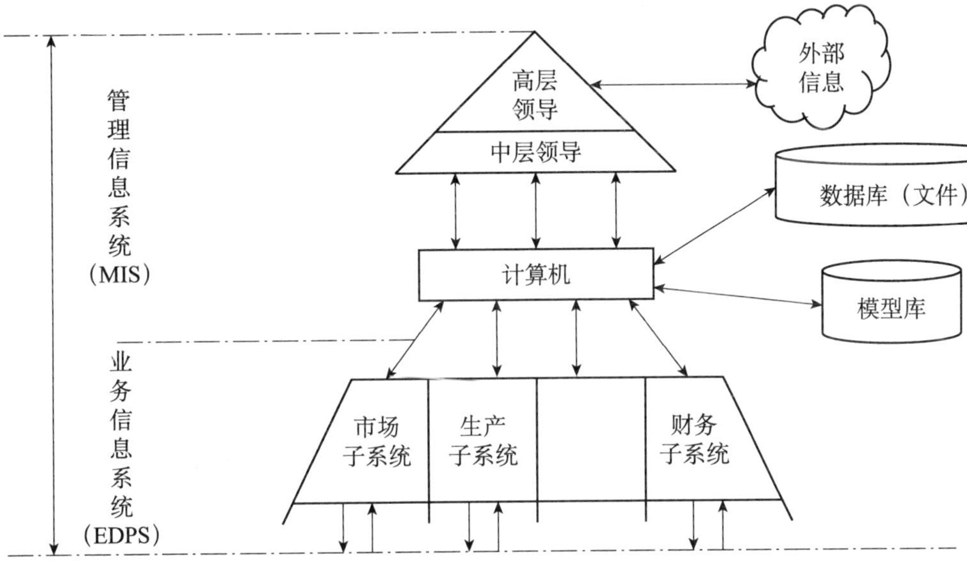

图 1－8　企业管理信息系统的组成

根据系统理论，管理信息系统作为一个系统必须满足环境适应性。管理信息系统必须适应环境的变化，尽可能做到当环境发生变化时，系统不需要经过大的变动就能适应新的环境，即系统的可修改性。一般认为，易修改的系统是积木式模块结构的系统。管理信息系统通常采用模块结构，由于每个模块相对独立，因此其中一个模块的变化很少影响其他模块。

（2）管理信息系统的分类

管理信息系统是一个广泛的概念，至今尚无统一的分类方法。管理信息系统的应用五花八门，到处可见其身影。为了加深对管理信息系统的理解，我们从以下三个方面进行分类：

① 从提高信息的层次上，不同层次的管理信息系统为不同层次的管理者提供信息支持。企业或组织的管理层次分为低层、中层、高层，支持低层的是业务处理系统，支持中层的是管理信息系统，支持高层的是决策支持系统。

② 从组织的职能角度，一般企业或组织均有市场、生产或服务、财务、人力资源四大职能，不同的职能有不同的应用系统。组织中的管理信息系统按职能划分为市场管理信息系统、生产或服务信息系统、财务管理信息系统、人力资源管理信息系统等。

③ 从服务的组织对象上，不同的系统服务于不同的组织，具有不同的功能，可划分为国家经济信息系统、企业管理信息系统、事务型管理信息系统、行政机关办公型管理信息系统、专业型管理信息系统等。企业复杂的管理活动，给管理信息系统提供了典型的应用环境和广阔的应用舞台。大型企业的管理信息系统都很大，人、财、物、供、产、销以及质量、技术应有尽有，技术要求也很复杂，因而常被作为典型的管理信息系统进行研究。

(3) 管理信息系统的发展阶段

自从第一台计算机诞生以后，人们就开始了将计算机应用于管理工作的探索。管理信息系统的功能范围广泛，覆盖企业的所有业务活动。随着人们不断加深对管理信息系统的认识，管理信息系统正从若干个独立的、能够解决企业部分管理需求的子系统，依照一定的规律，逐步向联网、集成的方向发展。

① 电子数据处理阶段。1954 年，美国通用电气公司用计算机进行工资核算，标志着计算机在管理上应用的开始。在其后的一段时间里，随着工业化社会的发展，企业管理工作越来越复杂，纷纷将计算机用于处理繁杂的日常业务数据工作并取得了较好的效果，实现了手工作业的自动化，提高了工作效率。通常将这一管理信息系统的早期形态称为电子数据处理（Electronic Data Processing，EDP），用于数据处理的系统称为电子数据处理系统（EDPS）。当时，企业的计算机应用水平比较低，开发的计算机应用功能也比较简单，计算机被应用到个别部门解决局部的计算和管理。人们利用计算机来处理工资计算、存取款、库存材料的收发核算等数据处理量大、计算简单且重复次数多的经济业务，着眼于代替部分手工劳动，降低劳动强度，提高劳动效率。在这个阶段，会计核算程序主要用于模拟手工核算方式，一种会计核算程序仅能对应某项会计业务，独立完成，没有相互联系。电子数据处理阶段延续到 20 世纪 60 年代末期。

② 部门内的信息集成阶段。20 世纪 70 年代，随着小型机和微型计算机的大量普及，部门内部越来越多的功能环节开始使用计算机来加速业务处理。当部门内部的计算机应用达到一定程度时，人们开始考虑如何运用信息技术使各个应用程序能够共享数据，产生了企业部门内的各计算机应用程序集成共享的信息系统。这一时期的管理信息系统被称为部门内的信息集成，特别是局域网和数据库技术的出现为实现部门内的信息集成提供了技术手段。对于信息集成概念，可以用“来源唯一、实时共享”来概括。来源唯一，即所有数据由一个部门、一位员工从一个应用程序录入，减少重复劳动、提高效率、避免差错和明确责任；实时共享，即将数据存入统一的数据库，按一定规则处理，然后对相关人员授权，使他们能实时共享不断变化的信息，高效而且有效地执行业务或做出决策。以会计信息系统为例，这一时期集成化的会计信息系统的各子系统（如账务处理、材料核算、工资核算、固定资产核算、成本核算等）实现了数据共享，会计报表子系统可基于这些子系统的核算功能自动生成多种会计报表。在这个阶段，会计信息系统的主要功能是实现会计核算的自动化以及会计报表的自动生成，在此基础上向管理者提供财务信息，辅助决策。但此时的会计信息系统是企业的财务部门专用的信息系统，它在物理上独立于其他部门的信息系统。

③ 企业内的过程集成。从 20 世纪 70 年代中后期开始，企业越来越深刻地认识到，要提高企业的市场竞争力，单纯地提高某个职能部门的工作效率是远远不够的，需要业务过程中涉及的各个职能部门紧密协同，实现企业内部整体业务数据信息的共享，才能有效协同各职能部门的工作，从整体上提高企业的效率和效益，“整体大于部分之和”的管理思想日益受到重视。

特别是，这个阶段的客户机/服务器(C/S)体系结构逐渐成熟，以此为契机，20 世纪 80 年代中期开始出现以企业资源计划(Enterprise Resource Planning，ERP)为代表的企业范围的集成应用。这个阶段的信息系统，除了继承早期信息系统的信息集成外，主要特点是过程集成。所谓过程集成，是指利用计算机软件工具，不仅实现高效、实时地共享企业事务处理系统间的数据、资源，而且实现应用间的协同工作，将一个个孤立的应用集成为一个协调的企业信息系统。基于客户机/服务器结构的网络系统，不仅在客户端和数据库服务器间合理分配数据与功能，而且覆盖的范围也不再局限于财务部门的局域网，而是整个企业的网络系统。在这个阶段出现了企业资源计划系统，这种产品能跨越部门职能领域的边界，使整个企业的数据和信息流集成变成现实。企业资源计划的核心是集成，即集成业务处理和信息处理、集成财务信息和非财务信息、集成核算与管理，使会计信息系统由部门级系统升级为企业级系统(或称为企业信息系统的一个有机子系统，即会计信息系统是企业资源计划的有机组成部分)。

④ 企业间的过程集成。进入 20 世纪 90 年代后，国内、国外市场环境发生了变化，市场竞争主要围绕新产品的竞争、客户的竞争而展开。企业的业绩越来越受到外部世界的影响，迫切需要在客户、供应商之间形成高效的协作关系，以建立一条联系紧密、利益共享的供应链。企业之间的竞争，实质是企业的供应链之间的竞争，是企业间过程集成的有效性和效率的竞争。此时，利用信息技术建立一个基于企业间过程集成的供应链管理系统(Supply Chain Management，SCM)，可有效实现供应链企业间信息的及时传递与共享，形成高效的协作关系。例如，借助于这种企业间过程集成的信息系统，建立了稳定的供应链战略性合作伙伴，采用协同计划预测补货(Collaborative Planning Forecasting and Replenishment，CPFR)模式，供应商和客户一起进行销售预测，并对可接受的差异达成共识。每日将客户销售点的数据与联合销售预测相比较，当差异超出允许范围时，供应商和客户都能得到通知，从而集体采取适当的行动。这种积极主动的存货管理方式，要求合作伙伴间共享公用的计划、管理、执行和业绩计量信息，紧密协作，从而降低整个供应链的存货水平。在这个阶段，要求会计信息系统不仅能够与企业内部的系统紧密融合，而且能够与外部企业的信息系统互联互通、交换信息和协作处理相关会计信息。换句话说，同一条供应链上企业的会计信息系统尽管在物理位置上是独立分布的，但在逻辑位置上是一个无缝链接的整体。此时，企业决策者能够更好地掌握市场变化，更加及时、准确、细致地了解企业内部和外部环境，会计信息系统也终于能够有效地进行事前预测和计划，并具备全过程的计划、执行、控制和分析功能。

1.3 会计信息系统

随着信息论、系统论、控制论等理论的广泛应用以及 IT 的日益普及，会计信息系统的一系列理论与观点已经为学术界所公认。同时，这种以信息系统为核心所形成的理论和方法体系，又与当前日益进步的经济与科技发展相适应。

1.3.1 会计信息系统的产生与发展

1966 年，美国会计学会(AAA)出版的《基本会计理论》提出，“在本质上，会计是一个信息系统，更正确地说，它是一般信息理论用于解决经济运行效率的问题，是为了使用者能够做出有根据的判断和决策而辨认(Identification)、计量(Measuring)和传递(Communicating)经济信息的程序”。将会计看成一个信息系统，从管理的角度阐明了会计是以提供财务信息为主的经济信息系统，这不仅能够揭示会计的本质，还可强调会计所具有的“反映”与“控制”两大基本职能。

国外会计信息系统发展的实践表明，在计算机发展的初期，自动化信息系统几乎是会计信息系统（如工资单、应收账款、应付账款、资产负债表等）。因此，信息系统是作为会计的子学科而出现的。随着信息系统逐渐发展到为组织处理更广泛的非会计业务，信息系统这一子学科便开始成熟并成为独立的一门学科。这一发展的主要过程如图 1－9 所示。

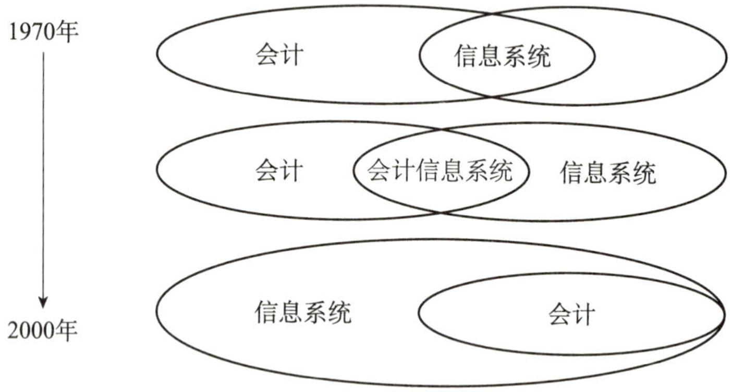

图 1－9　会计信息系统的发展

由图 1－9 的会计信息系统与信息系统两者的互动关系可以看出，早期涵盖管理信息系统的会计信息系统，随着时间的推移，已经逐渐成为管理信息系统的一个子系统；而与会计信息系统同时存在于管理信息系统之中的尚有生产、采购、销售、人力资源等若干子系统，也就是当前全球范围内广为发展的企业资源计划系统。但无论企业的子系统如何变化，作为其核心子系统的会计信息系统都将一直存在于企业整个信息系统之中。会计信息系统与管理信息系统两者的共生与互动的关系，将随着 IT 的深入应用而日益彰显。

我国对会计信息系统理论的研究始于 20 世纪 80 年代初。1981 年 8 月，在财政部、机械工业部和中国会计学会的支持下，长春第一汽车制造厂召开了“财务、会计、成本核算管理中应用电子计算机专题学术讨论会”，正式把电子计算机在会计中的应用简称为会计电算化。由此，会计电算化这一名称在我国财会行业里得到了公认。我国学者对会计信息系统发展阶段的划分基本上是围绕 IT 应用过程进行的，迄今为止经历了以下四个阶段：

（1）尝试阶段（1983 年以前）

这个阶段主要始于我国改革开放初期，人们尝试对会计电算化做一些理论研究和实验准备工作，少数企业运用计算机建立了单项会计业务应用的计算机会计系统，开始了电算化会计信息系统的试验工作。在这一阶段，企业主要运用单项业务应用的会计信息系统模拟手工会计信息处理过程，完成一些简单的会计业务核算工作，其中最为普遍的就是工资核算的电算化。

（2）自发发展阶段（1983—1989 年）

1983 年，国务院成立了电子振兴领导小组，在全国掀起了计算机应用的热潮。会计工作也不例外，不少企业自发地将计算机应用到会计工作中，纷纷开发和建立了电算化会计信息系统。但在这一时期，由于在宏观上缺乏统一的规划指导与管理，加之缺乏相配套的各种组织管理和控制制度，采用工程化方法开展会计电算化工作和开发软件的很少，多数是低水平的重复开发和各自为政。电算化会计信息系统主要仍是单项业务的核算，较少涉及管理工作。

(3) 迅猛发展阶段(1989—1999 年)

1989 年 12 月，财政部发布了《会计核算软件管理的几项规定(试行)》，以财政部为中心的会计电算化宏观管理体系逐步形成。各地财政部门和各主管部门加强了对会计电算化工作的管理，制定了相应的管理制度和发展规划；主管部门组织开发、推广的会计软件取得了显著成效，商品化会计软件市场也开始形成。此时，会计软件的开发已向通用化、规范化、专业化、商品化方向发展。许多企业运用电算化会计信息系统，甩掉了手工账，并在会计电算化后的组织管理上积累了一些经验，初步培养和形成了一支力量雄厚的会计电算化队伍。与此同时，会计电算化理论研究也取得了一定成果。

(4) 会计信息化时代(2000 年至今)

在这个阶段，我国经济体制改革和社会主义市场经济的发展取得了巨大的成果，原来开发的、以传统核算为主的会计软件已不能适应管理的需要，我国进入大规模开发和运用管理型会计软件的阶段。这一时期，会计软件的功能不断增强，增加了为中层管理提供辅助决策的功能。此时的财务软件已经由孤立的几个财务模块发展成为高度集成化的通用财务软件，进一步与其他业务模块集成为财务与业务一体化软件，直到现在的 ERP 系统。另外，随着网络经济的渗透和电子商务的发展，出现了不少新的概念和体制创新，诸如网络财务、ASP 的服务模式等。在理论研究方面，中国会计学会会计信息化专业委员会成为组织者和实施者；在市场方面，中国软件行业协会财务及企业管理软件分会也在逐步发挥作用。

1.3.2 会计信息系统的定义、目标

会计信息系统是一个面向企业价值的信息系统，是企业管理信息系统中的一个重要子系统。

1. 会计信息系统的定义

依据会计信息处理技术手段的不同，可将会计信息系统分为基于手工的会计信息系统(Humanny Based Accounting Information System，HBAIS)和基于计算机的会计信息系统(Computer Based Accounting Information System，CBAIS)。可见，从广义概念角度，会计信息系统不以计算机化为存在条件。会计信息系统既可以是基于纸、笔的手工系统，也可以是运用最新信息技术的复杂系统，再或者是介于两者之间。当前，人类已进入信息时代，有关会计信息系统的概念、理论与实践应用的对象主要指 CBAIS。人们把基于计算机的会计信息系统称为电算化会计信息系统，通常也简称为会计信息系统。因此，从 CBAIS 的概念出发，会计信息系统是一种基于会计管理活动，由人、信息处理设备和运行规程三方面组成的集成化人机交互系统。它是利用信息技术对会计信息进行采集、存储、处理和传递，完成会计核算任务，并能够提供进行会计管理、分析、决策所用的辅助信息的人机系统。

会计信息系统的组成要素如下：

① 会计信息系统的运行平台，由会计人员、计算机软硬件和运行规程三个元素组成。其中，硬件部分包括支持信息处理、通信处理的计算机装置和其他与计算机有关的设备；操作系统、数据库管理系统、程序语言、网络软件、通用工具等属于系统软件；运行规程包括一系列的有关规章制度、组织机构、人员管理、系统规划、人工处理、相应的设计文件等。

② 会计信息系统应用软件。会计信息系统运行的核心部件是功能完备、性能良好、结构合理并符合我国《会计法》和会计制度的会计软件。会计软件是指专门用于会计核算、管理和决策工作的计算机应用软件。在 ERP 环境下，会计软件不是一个独立的子系统，其大部分功能已经融入 ERP 系统，会计工作中常规的、可程序化的任务都将由各个业务功能模块和会计功能模块自动处理，同时软件系统还会帮助会计人员完成许多内部控制等管理任务。

③ 会计数据文件。会计信息系统是一种应用于财务部门的管理信息系统，为了支持其运行，在系统开通和使用前，需要组织和存储所有会计科目、客户和供应商等数据文件。在运行使用过程中，系统处理和产生的会计信息也保存在数据文件中。

目前，会计信息系统已成为一门融会计科学、电子计算机科学、信息科学和管理科学等为一体的会计边缘学科。

2. 会计信息系统的目标

任何一个系统都有既定的目标。会计信息系统是为企业服务的，是企业这个有机体中不可缺少的组成部分，因此会计信息系统应服从于企业、信息系统、会计三者的目标。企业的目标是通过为客户提供满意的产品与服务，提高企业的市场竞争力；信息系统的目标是向信息系统的使用者提供管理决策有用的信息；会计的目标是提高企业的经济效益，以获取更多的利润。由此，会计信息系统的目标可以确定为：向企业内外部的决策者和一切信息使用者提供所需的会计信息与有价值的非会计信息。当然，具体到不同的用户，因为需求不同，所以希望获取的信息也各不相同。在此目标下，会计信息系统的基本功能应是，利用各种会计规则和方法，加工来自企业各项业务活动的数据，产生和反映新的会计信息(其中多数是价值信息)，以辅助人们利用会计信息进行管理和决策。其中，会计规则和方法是由会计人员根据信息用户的综合需求而制定的，并不是一成不变的，而是随着外界情况的变化而不断调整的。在会计信息系统中，会计规则由会计人员确定；会计方法由会计人员提出，并与信息管理人员、系统开发与实施人员合作将这些规则和方法转化为机器系统中的程序。当企业出现了新的业务活动或拥有了新的资源需要进行管理时，会计人员应从会计工作的角度确定相应的解决办法和处理规则，并尽可能地将其转化为机器系统可处理的内容。

1.3.3 会计信息系统的特点

会计信息是企业在生产、管理决策中使用最多的信息，在现代企业决策中处于中心和主导地位。由于会计是以货币的价值形式反映和监督企业整个生产经营活动过程的，因此会计信息系统反映的内容涉及供产销每个环节、企业的每个部门及员工。由此可见，会计信息系统在企业管理信息系统中的重要地位，是由它本身的特点决定的。

会计信息系统通常具有如下的一些特点：

(1) 庞大复杂性

会计信息系统既是企业管理信息系统的一个子系统，又是由许多更小的职能子系统(如账务处理子系统、工资核算子系统、固定资产核算子系统、存货核算子系统、成本核算子系统等)组成，内部结构较为复杂，各子系统在运行过程中进行信息的收集、加工、传送和使用，链接成一个有机的整体。

(2) 与企业其他管理子系统有紧密的联系

由于会计信息系统全面地反映企业各个环节的信息，因此它与其他管理子系统和企业外部的联系也十分紧密。会计信息系统从其他管理子系统和系统外获取信息，然后将处理结果提供给有关系统，使得系统外部接口较复杂。

(3) 确保会计信息的客观、真实、公允、全面、完整、安全、可靠

会计信息系统应确保存放在系统中的会计信息的客观、真实、公允、全面、完整、安全、可靠等需求，为此系统应对会计信息的采集、存储、处理、加工等操作提供有关的控制和保护措施。

(4) 内部控制严格

会计信息系统中的数据不仅在处理时要层层复核以保证其正确性，还要保证在任何条件下能够以各种方式进行核查、核对，保留审计线索，防止舞弊和犯罪破坏，为审计工作的开展提供必要的条件。

(5) 系统的开放性

会计信息系统应是能够与企业其他管理子系统和企业外部环境(如银行、税收、审计、财政、客户以及其他有业务联系的企业等)进行信息交换的开放型系统。为实现此目标，在建设会计信息系统时，应注意系统的整体设计，特别是网络技术的应用。

1.3.4 会计信息系统的基本结构

作为一个系统必然要求有一定的结构，会计信息系统的结构是指各部件的组成框架，对部件的不同理解就构成了不同的结构方式。可以从概念、职能、硬件、软件四个方面考察会计信息系统的结构与特征。

1. 会计信息系统的概念结构

会计信息系统的概念结构是对系统构成的一种高度抽象。从概念上看，会计信息系统总体结构由四大部件组成，即信息源、信息处理器、信息用户和信息管理者(见图 1-10)。

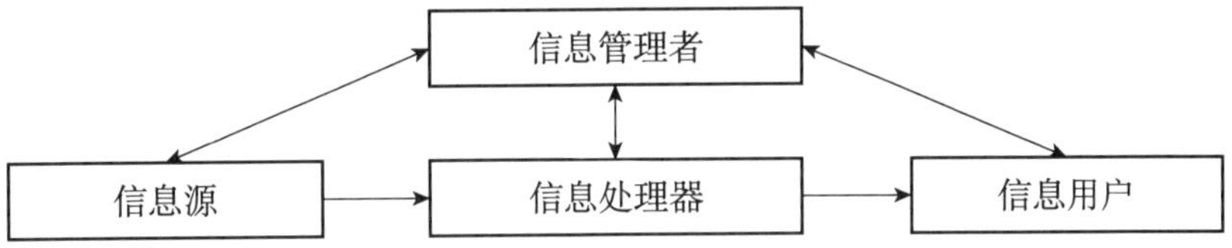

图 1-10 会计信息系统的概念结构

信息源是会计信息系统的数据来源，是会计信息的“产地”，它提供了会计数据加工处理的“原材料”。信息处理器是根据会计信息用户的需要，负责对会计信息的传输、加工、存储和输出；会计信息用户则包括企业的投资者、债权人、审计单位、银行等相关者；信息管理者负责会计信息系统的设计、实现、运行和管理。

2. 会计信息系统的职能结构

从用户的角度来看，会计信息系统具有一个目标和多种功能。所谓会计信息系统的职能结构，是指根据会计目标所设计的多种管理功能，各功能之间一般通过信息联系并形成一个有机的整体。会计信息系统应该具有支持整个组织会计工作在不同职能层次的各种功能。随着信息经济的快速发展，企业会计信息系统的外延与内涵也在发生深刻变化，其职能结构呈现多样化与复杂化。例如，在会计信息系统之下分别设置财务会计子系统、管理会计子系统、内部

审计子系统等。科学发展过程所呈现的细分化特征，在会计信息系统中以职能拓展的形式凸显出来。

3. 会计信息系统的物理结构

会计信息系统是一个人造系统，从构成系统的物质要素的角度分析，会计信息系统的物理结构是一个由计算机、网络设备、计算机系统软件、会计应用系统软件、会计人员、会计制度等组成的信息系统。

① 计算机硬件设备要素。会计信息系统物理结构的最里层是系统运行的硬件平台，它是计算机会计信息系统有效运行的物质保障条件，主要包括计算机、计算机外部设备、网络设备和其他设备。

② 系统软件要素。仅仅具有硬件设备还不能进行数据处理与通信工作，还需要在硬件平台上安装系统软件。系统软件包括计算机操作系统和系统支撑软件（如各种软件包、软件开发工具、程序语言、数据库管理系统等）。

③ 会计应用软件。它是针对组织具体的会计信息处理流程而开发的会计数据处理软件，为会计信息使用者提供决策相关的会计信息。

④ 人员要素。人是会计信息系统中的关键要素，负责系统设计和运行的是会计信息系统的各类人员，如分析人员、设计人员、系统管理人员、维护人员、会计操作人员、会计信息使用人员等。

⑤ 制度要素。会计信息系统的设计与运行应在制度的约束下进行。《会计法》《企业会计准则》《企业会计制度》《会计基础工作规范》《企业财务会计报告条例》等构成会计信息系统制度要素的基础，它既是会计信息系统设计的依据，也是会计信息系统运行必须遵循的基本原则。另外，组织还应结合信息技术的特点、自身的情况、科学管理的要求，细化会计信息系统的制度要素，如建立岗位责任制度、使用和操作制度、档案保管制度等。

4. 会计信息系统的逻辑结构

会计信息系统逻辑结构主要是指构成企业的会计应用软件应具备哪些功能模块，以及这些功能模块之间的联系。企业规模不同、会计信息需求差异会对会计信息系统提出不同的功能要求。一般来说，会计信息系统的逻辑结构可分为三个层次，即会计业务核算管理层、会计预算管理控制层、会计战略决策层。每一层次具有对应的信息处理流程的功能模块，这些功能模块之间相互联系、相互制约，形成会计信息系统应用软件的总体逻辑结构。

① 会计业务核算管理层面的逻辑结构。在会计核算与管理业务层面，会计功能模块的主要任务是对企业组织经营活动中产生的经济事项进行确认、计量、记录，提供例行的会计报表与过程控制。该层面的会计信息系统的逻辑结构通常由存货核算与管理、采购核算与管理、销售核算与管理、应收款核算与管理、应付款核算与管理、工资核算与管理、固定资产核算与管理、成本核算与管理、总账核算与会计报表等子系统组成。

② 会计预算管理控制层面的逻辑结构。预算管理控制层面的会计功能模块的职能是为管理者提供计划、组织、控制所需的会计信息，以支持管理者获取、分配资源以及业务控制过程。该层面的会计信息系统的逻辑结构主要包括预算管理、现金管理、资本预算管理、投资管理等功能模块。

③ 会计战略决策层面的逻辑结构。决策者经常会遇到事关企业全局的决策问题，如开发新产品或拓展新市场、进行投资或兼并、购买还是租赁等。会计信息系统除了提供定期的财务

报告、满足日常决策需求外，还应具备辅助企业战略决策的功能，能输出与特定决策问题相关的会计信息。传统的财务会计的决策支持子系统由模型库、数据库、方法库、用户对话部件构成。随着信息技术的发展，目前更多采用数据仓库技术，为分析特定的决策问题提供信息和工具。

5. 会计信息系统的层次结构

从系统的角度来看，会计信息系统实际上是管理信息系统的一个子系统。计算机管理信息系统的发展一般分三个层次：电子数据处理系统、管理信息系统、决策支持系统。相应地，会计信息系统的发展也分三个层次：会计核算信息系统、会计管理信息系统、会计决策支持系统（见图1-11）。

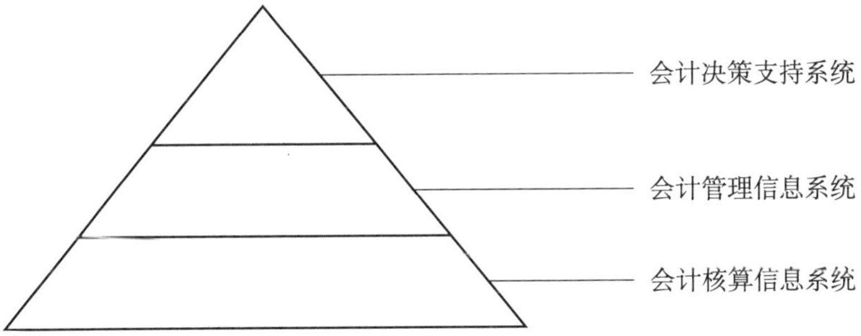

图1-11 会计信息系统的层次结构

会计核算信息系统是计算机应用于会计领域的最初阶段，主要用于代替手工完成日常会计核算业务数据的处理（如工资核算、日常记账等），主要面向基层会计操作人员。会计管理信息系统在会计数据处理的基础上更加系统化，加强了各子系统间的联系和数据共享，提供更多的管理信息，它主要面向财务部门的会计主管（财务经理）。会计决策支持系统根据会计管理信息系统提供的信息，使用各种模型等方法进一步加工，提供给企业领导者以帮助决策，该类系统主要面向企业主要领导（总经理层）。会计信息系统的三个层次不是截然分开的。例如，现在大多数的会计软件是介于数据处理与管理信息系统之间的，而每一层次又是以较低层次系统为基础的。

在会计信息系统发展的三个层次，会计核算信息系统侧重会计业务的数据处理，关注数据处理的效率（尤其是计算机的利用效率），并且形成集成数据文件；会计管理信息系统侧重信息集成的功能应用，将企业供、产、销的一系列管理形成一个有机整体；会计决策支持系统侧重决策，强调模型运用，注重弹性、适应性、灵活性，面向高层决策需求。因此，会计信息系统是朝着高层次的会计决策支持系统的方向发展的。

6. 会计信息系统的硬件结构

会计信息系统的硬件结构是指硬件组成及其连接方式，其关心的首要问题是计算模式和硬件体系。

早期的会计信息系统硬件是单一主机结构，由一台主机通过通信控制器和许多终端与各种外部设备相连（见图1-12）。

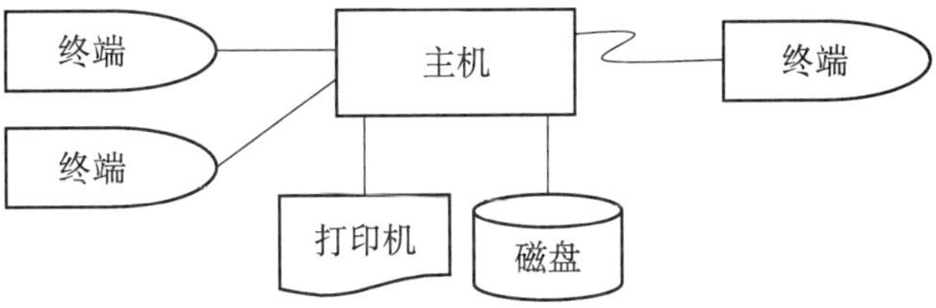

图1-12 单一主机结构

分布式结构是通过计算机网络把不同地点的计算机和外设相连，根据其硬件环境、程序架构等而不同，常见的有客户机/服务器(C/S)模式(见图1-13)和浏览器/服务器(B/S)模式两种(见图1-14)。分布式结构的一个主要特点是，各地计算机既可在网络系统的统一管理下工作，又可脱离网络环境而独立工作。

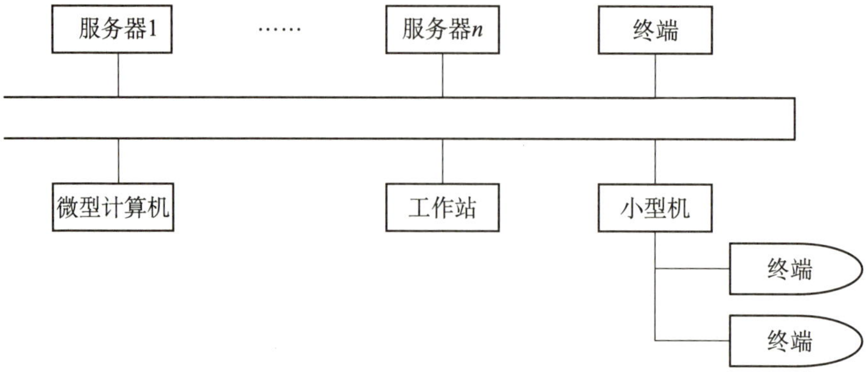

图1-13 客户机/服务器结构

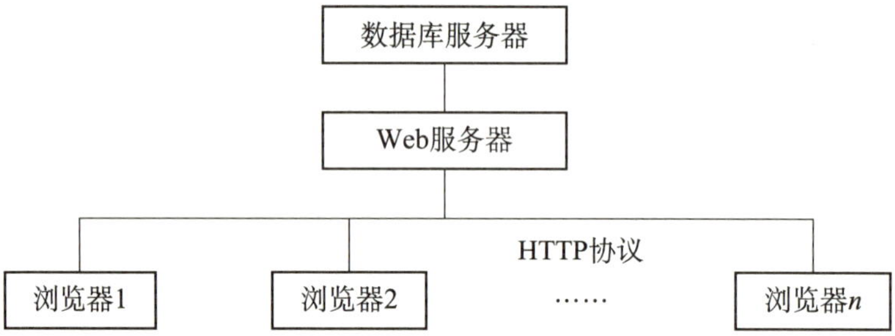

图1-14 浏览器/服务器结构

除了计算模式和硬件体系外，硬件结构还关系到硬件的能力，如有无实时、分时或批处理的能力等。

7. 会计信息系统的软件结构

软件结构(Software Structure)由软件组成，分为构造软件的过程、方法和表示。会计信息系统的软件结构，是会计信息系统的软件组成及其体系。它是由支持会计信息系统各种功能的软件系统或软件模块所组成的系统结构。软件结构主要包括程序结构和文档结构。

根据系统理论，会计信息系统必须满足环境适应性，即会计信息系统必须适应环境的变化，尽可能做到当环境发生变化时，系统不需要经过大的变动就能适应新的环境，这主要表现在系统的可修改性。一般认为，易修改的系统是积木式模块结构的。会计信息系统的软件结构通常采用模块结构，由于每个模块相对独立，因此其中一个模块的变化很少影响其他模块。

1.3.5 会计信息系统的总体结构

会计信息系统的总体结构是指会计信息系统的功能构成。换句话说，是指一个完整的会计软件所包含的所有子系统、这些子系统实现的功能以及它们之间的关系。会计信息系统功能的发挥具有瞬时性、灵活易变性，即功能发挥可能随时发生变化。例如，根据外部信息用户的需求，会计软件有以核算为目的的核算型软件，也有以管理为目的的管理型软件。与系统的功能具有灵活应变性相反，系统的结构具有相对的稳定性。

1. 会计信息系统的总体组成

到目前为止，会计信息系统的功能涵盖了企业供、产、销、人、财、物及企业决策分析的所有方面，它除了具有会计基本核算的功能外，还通过业务处理和信息处理集成，实现了从部门内的信息集成到企业内的过程集成，实现了由核算型向核算与管理集成的转变，会计信息系统的功能也由此而不断地丰富和完善。

由于企业性质、所处行业以及会计核算和管理的需求不同，会计信息系统所包含的内容不完全相同，子系统的划分也不相同。图 1－15 是企业级信息系统中一个完整的会计信息系统的功能结构。

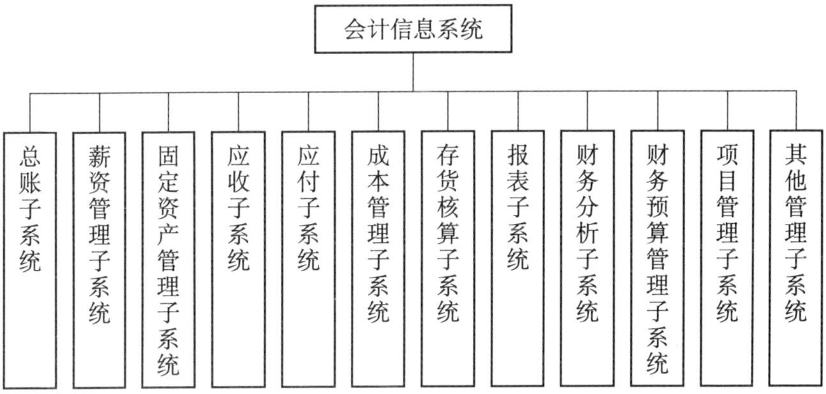

图 1－15　企业级会计信息系统总体功能结构

从图 1－15 可以看出，企业级会计信息系统可以根据具体功能进一步划分为多个子系统。

2. 会计信息系统总体功能描述

会计信息系统既要完成会计的核算和报告，又要在核算基础上进行企业内部的管理与控制。因此，会计信息系统一般包括总账子系统、薪资管理子系统、固定资产管理子系统、应收子系统、应付子系统、成本管理子系统、存货核算子系统、报表子系统等财务会计核算子系统，还包括财务分析子系统、财务预算管理子系统、项目管理子系统以及领导查询、决策支持等组成的管理会计子系统。随着企业管理科学化的要求，管理会计系统的功能将不断完善。

(1) 总账子系统

总账子系统是以凭证为数据处理起点，通过凭证输入和其他核算过程输出的机制记账凭证作为输入数据，经加工处理后，完成记账、结账、银行对账、账簿查询、打印输出等工作。目前许多商品化总账子系统还包括一些辅助核算功能，如往来款管理、部门核算、项目核算和管理以及现金/银行管理等功能。

(2) 薪资管理子系统

薪资管理子系统是进行工资核算和管理的系统，系统以人力资源管理提供的员工及其工资的基本数据为依据，完成工资数据的收集、工资的核算、工资的发放、工资费用的汇总和分摊、个人所得税计算，以及按照部门、项目、个人、时间等条件进行工资分析、查询和打印输出，并提供薪资子系统与其他系统的数据接口管理。

(3) 固定资产管理子系统

固定资产管理子系统主要是以固定资产卡片和固定资产明细账为基础，实现固定资产的财务核算、折旧计提和分配、设备管理等功能，也提供按固定资产类别、使用情况、所属部门和价值结构等所做的分析、统计、各种条件下的查询打印，以及固定资产子系统与其他系统的数据接口管理。

（4）应收、应付子系统

应收、应付子系统以发票、费用单据、其他应收单据、应付单据等原始单据为依据，记录销售、采购业务所形成的往来款项，处理应收、应付款项的收回、支付和转账，进行账龄分析和坏账估计及冲销，并对往来业务中的票据、合同进行管理，同时提供方便的统计分析、打印和查询输出，以及与采购管理、销售管理、总账子系统的数据传递功能。

（5）成本管理子系统

成本管理子系统主要包括成本核算功能、成本预测功能、成本分析功能，以满足会计核算的事前预测、事后核算分析的需要。

① 成本核算功能。通过定义成本核算对象，选择成本核算方法和各种费用的分配方法，自动对从其他系统传递来的数据或业务人员手工录入的数据进行分类、汇总计算，输出需要的成本核算结果和其他统计资料。

② 成本预测功能。运用成本预测方法（如移动平均、年平均增长率等）对部门成本和产品成本进行预测，满足企业经营决策的需要。

③ 成本分析功能。对分批核算的产品进行追踪分析，计算部门的内部利润，对历史数据进行对比分析，分析计划成本和实际成本的差异等。

此外，成本管理子系统还具有与生产系统、供销链系统、总账、薪资管理、固定资产管理和存货核算子系统的数据传递功能。

（6）存货核算子系统

存货价值在企业流动资产中占有很大比重，因此除了供销链系统对企业存货进行出库、入库、现存的动态物流管理外，还需要对物流所体现的价值流进行核算。存货核算子系统以供销链产生的入库单、出库单、采购发票、销售发票等核算单据为依据，核算存货的出入库成本和库存金额、余额，确认采购成本，分配采购费用，确认销售收入、成本和费用，并将核算完成的数据按照需要分别传递到成本管理子系统、应收应付子系统和总账子系统。

（7）报表子系统

报表子系统与其他子系统相连，可以根据会计核算数据（如总账及明细账等）完成各种会计报表的编制与汇总，生成各种内部报表、外部报表、汇总报表和分析报表，根据报表数据生成各种分析图等。网络化环境为行业报表、企业集团合并报表的编制提供了方便。很多报表子系统同时提供远程报表的汇总、数据传输、检索查询、分析处理等功能。目前，很多会计软件的报表子系统被构建为一个可以进行二次开发的电子表处理平台，成为人们进行报表事务处理的工具。

（8）财务分析子系统

财务分析子系统从会计信息系统的数据库中提取数据，运用各种专门的分析方法，完成对企业财务活动的分析（如指标分析、报表分析、因素分析、现金收支分析等），实现对财务数据的进一步加工，生成各种分析和评价企业财务状况、经营成果和现金流量等信息，为决策提供正确依据。

（9）财务预算管理子系统

财务预算管理子系统把需要进行预算管理的集团公司、子公司、分支机构、部门、产品、费用要素等作为对象，根据实际需要分别定义为利润中心、成本中心、投资中心等不同类型的责任中心，然后确定各责任中心的预算方案，制定预算审批流程，明确预算编制内容，进行责任预算的编制、审核、审批，实现对各责任中心的控制、分析和绩效考核。利用财务预算管理子系统，既可以编制全面预算也可以编制非全面预算，既可以是滚动预算也可以是固定预算、零基预算。同一责任中心可以设置多种预算方案，编制不同预算，一种预算可以选择月、季、年、三年、五年等不同的预算期。财务预算管理子系统还可以实现对各子公司预算的汇总、对集团公司及子公司预算的查询，并根据实际数据和预算数据自动进行预算执行差异分析及预算执行进度分析等。

(10) 项目管理子系统

项目管理子系统主要对组织的工程项目进行核算、控制与管理。项目管理主要包括项目立项管理(项目立项、计划、跟踪与控制、终止的业务处理)以及项目自身的成本核算等功能。系统可以及时、准确地提供有关项目的各种资料(包括项目文档、项目合同、项目的执行情况等)，通过对项目中的各项任务进行资源的预算分配，实时掌握项目的进度，及时反映项目执行情况及财务状况，并且与总账、应收款核算、应付款核算、固定资产管理、采购管理、库存管理等子系统集成，综合管理项目收支，实现对项目的物流、信息流和资金流的综合控制。

(11) 其他管理子系统

根据组织管理的实际需要，管理会计系统还可以包括其他管理子系统，常用的如领导查询子系统、决策支持子系统等。领导查询子系统可以按照领导的要求，从各子系统中提取有用信息(如资金快报、现金流量表、费用分析表、计划执行情况报告、信息统计表、部门收支分析表等)，并将数据进一步加工、整理、分析和研究，以最直观的表格和图形显示，以实现管理人员不论身在何处都能实时了解企业的目的。决策支持子系统是利用现代计算机、通信技术和决策分析方法，通过决策数据库和决策模型库等向有关领导提供及时、可靠和有用的决策支持信息。

上述各子系统既相互联系又相互独立，有着各自的目标和任务，共同构成了会计信息系统，实现会计信息系统的总目标。

3. 会计信息系统内部各子系统的数据传递

前面我们论述了会计信息系统中的子系统以及各子系统的基本功能。对企业级会计信息系统来说，由于系统是作为一个整体设计的，各子系统之间相互依赖，存在复杂的数据传递关系，因此必须明确它们之间的相互联系(见图 1-16)。

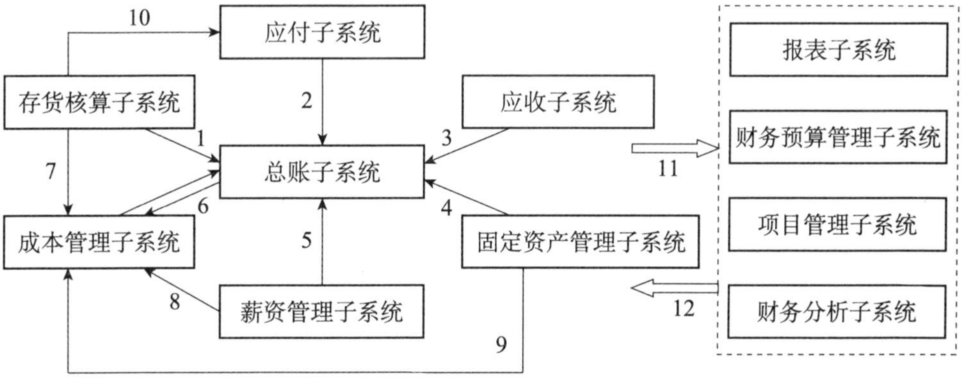

图 1-16 会计信息系统内部各子系统的数据关系

① 存货核算子系统生成的存货入库、存货估价入账、存货出库、盘亏/毁损、存货销售收入、存货期初余额调整等业务凭证，传递到总账子系统登记存货账簿。

② 应付子系统完成采购单据处理、往来转账处理、票据新增、付款、退票处理等业务后，生成相应的记账凭证并传递到总账子系统登记赊购往来及其相关账簿。

③ 应收子系统完成销售单据处理、往来转账处理、票据处理、坏账处理等业务后，生成相应的记账凭证并传递到总账子系统登记赊销往来及其相关账簿。

④ 固定资产管理子系统生成资产增加、资产减少、盘盈/盘亏、资产变动、资产评估、折旧分配等业务凭证并传递到总账子系统登记相关的资产账簿。

⑤ 薪资管理子系统进行工资核算，生成的提取各种费用、分配工资费用和应交个人所得税等业务凭证并传递到总账子系统。

⑥ 成本核算业务处理中，如果计入生产成本的间接费用和其他费用定义为来自总账子系统，则成本管理子系统在总账子系统记账后，从总账中直接取得间接费用和其他费用的数据；如果不使用薪资管理、固定资产管理和存货核算子系统，则成本管理子系统还需在总账系统记账后，自动从总账中取得材料费用、人工费用、折旧费用等数据；成本管理子系统的成本核算完成后，要将结转制造费用、结转辅助生产成本、结转盘点损失、结转工序产品耗用等凭证数据传递到总账子系统。

⑦ 存货核算子系统为成本管理子系统提供材料出库核算的结果，成本管理子系统为存货核算子系统提供半成品、产成品入库成本，以进行半成品、产成品出库核算。

⑧ 薪资管理子系统为成本管理子系统提供人工费资料，其中应属于成本开支范围的工资分摊结果由成本管理子系统登记到成本录入资料中。

⑨ 固定资产管理子系统为成本管理子系统提供折旧费资料。

⑩ 存货核算子系统将应计入外购入库成本的运费、装卸费等采购费用以及应计入委托加工入库成本的加工费传递到应付子系统。

⑪ 报表和财务分析子系统可以从各子系统提取数据，编制相关财务报表，进行财务分析；财务预算管理子系统从总账、应收、应付、固定资产管理、薪资管理等子系统获得责任中心的相关业务数据；项目管理子系统的所有业务均可以根据实际情况传递到总账子系统，并生成相应的会计分录，这些会计分录包括项目的成本、费用、收入等。

⑫ 财务预算管理子系统编制的责任预算经审核批准后，生成各种预算申请单，再传递给总账、应收、应付、固定资产管理、薪资管理等有关子系统，进行责任控制。项目管理中发生与项目业务相关的收款业务时，可以在采购应收发票、收款单或者退款单上输入相应的信息，并生成相应的业务凭证传递至总账；发生与项目业务相关的采购活动时，其信息也可以在采购申请单、采购订单、应付子系统的采购发票上记录；在固定资产管理子系统中引入项目数据，可以更详细地归集固定资产建设和管理的数据；项目的领料和退料等数据可以在存货核算子系统进行处理，并生成相应凭证传递到总账子系统。

此外，各子系统都可以从总账子系统获得相关的账簿信息。存货核算、薪资管理、固定资产管理、项目管理等子系统可以从成本管理子系统获得有关成本数据。

从上述对会计信息系统各子系统进行数据传递的简单描述可以看出，会计信息系统的各子系统相互依赖，它们之间存在复杂的数据传递关系。如果再考虑到会计信息系统与外部系统（即管理信息系统的其他子系统）之间的数据提取和利用关系，那么会计信息系统的数据结构就会非常复杂。

4. 会计信息系统与其他业务系统的数据传递

企业级会计信息系统在对业务过程优化的基础上实现了集成，即实现了业务处理和信息处理、财务信息和非财务信息、核算与管理的集成。在企业级系统中，会计信息系统作为整个企业管理信息系统的一个子系统，与其他业务子系统之间是相互联系的，为了正确理解会计信息子系统在企业级系统中所处的地位，我们以图形的形式给出会计子系统与其他子系统的数据联系（见图 1－17）。

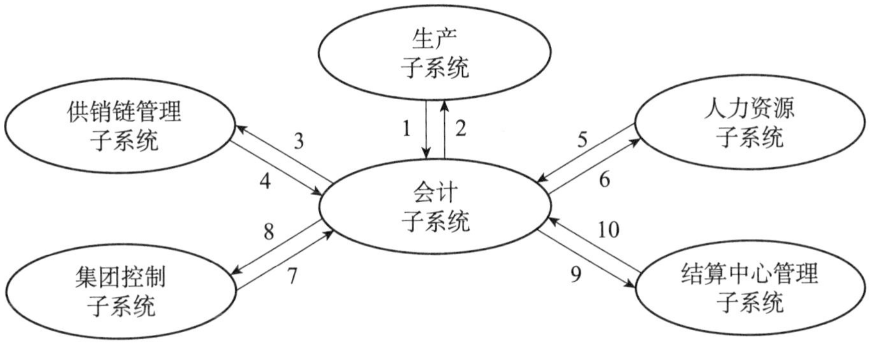

图 1－17 会计子系统与其他子系统的数据联系

① 生产子系统根据会计子系统的要求，以一定的结构把数据传递给会计子系统。这些数据主要有产品入库单（产品名称、产品编号、规格型号、约当产量、完工入库产量、工时等）、零部件入库单（零部件名称、编号、加工车间、数量、工时等）、废品件统计表（废品件名称和编号、废品件数、废品工时等）、生产费用表、工时计算表、分厂经费明细表等，这些数据是成本管理子系统所需要的。

② 会计子系统提供给生产子系统的数据主要有车间领料汇总表、费用通知单、工资代扣单、转出产品通知单、车间劳务转出通知单、反映车间经营成果的车间责任成本、计划利润等以及车间所需的其他财务数据。这些数据主要由成本管理子系统提供。

③ 会计子系统向供销链管理子系统提供的主要是一些会计管理信息，如物料采购成本、采购费用、产品、库存材料资金占用情况、储备资金占用、销售收入、销售费用、销售成本、利润、成品库存资金占用情况等。这些数据主要由存货核算、成本管理、总账等子系统提供。

④ 供销链管理子系统主要提供给会计子系统有关物料的收、发、结存数据，以及采购、销售、库存、分销的日常业务中需要进行会计核算的业务处理结果。供销链管理子系统的上述数据直接传递到存货核算、成本管理、应收、应付等子系统。

⑤ 人力资源子系统主要向会计子系统提供有关员工增减、员工变动、工资变化、工资率、劳动定额、培训、考勤等数据，这些数据是进行工资管理的基础。会计子系统中的薪资管理子系统、成本管理子系统需要这些数据。

⑥ 会计子系统提供给人力资源子系统的数据主要是员工工资变动情况、偏离定额差异、企业经营成果信息等。

⑦ 会计子系统接收集团控制子系统发出的有关指令，提供数据模型以及集团的总体财务状况信息。

⑧ 集团控制子系统从各分支机构的会计子系统获得会计数据，合并后形成集团的相关会计数据。

⑨ 结算中心管理子系统从集团企业会计子系统获得各企业之间进行商品交易、劳务供应以及资金划拨等引起的货币收付与清算数据，以及各企业在结算中心发生的定期存款、取款、定期解活、定期续存、贷款、还款等信息。

⑩ 集团企业会计子系统可以从结算中心管理子系统获得存款汇总表、贷款汇总表、贷款明细表、定期存款汇总表、定期存款明细表等。

以上分析了会计子系统与管理信息系统中其他业务子系统的主要数据联系。由于会计是对企业人、财、物、供、产、销的综合反映，其大部分数据来自其他业务管理子系统，自身产生的数据非常少，本书给出的只是最基本的数据。这些数据经过会计信息系统的加工处理后反馈给各管理子系统，辅助各部门管理人员进行分析、预测、计划、决策等管理活动。因此，会计子系统与其他子系统需要传递的数据量非常大，数据结构也多种多样、非常复杂。

1.4 会计信息系统与企业资源计划

会计信息系统（以下简称“AIS”）是企业资源计划（以下简称“ERP”）系统的一个重要组成部分，ERP 是集成了业务和财务系统的全系统。在企业内部，所有的业务、管理、财务信息都是集成在一起的，通过 ERP 实现物流、资金流、信息流的统一。

1.4.1 ERP 简介

随着网络技术的迅猛发展和企业信息化进程的加快，管理信息系统迎来了它的高级阶段——ERP。

1. ERP 的内涵

ERP 是 20 世纪 90 年代美国 Gartner Group 咨询公司根据当时计算机信息技术的发展及企业对供应链管理的需求，预测在今后信息时代企业管理信息系统的发展趋势和即将发生变革而提出的概念。Gartner 定义 ERP 的主要内涵是：打破企业的四壁，把信息集成的范围扩大到企业的上下游，管理整个供需链。Gartner 在 ERP 的功能定义上提出两个集成：内部集成（包括产品研发、核心业务和数据采集的集成）和外部集成（包括企业与供需链上所有合作伙伴的集成）。ERP 这种内涵反映了企业的一种管理思想，它代表了在当前全球范围内最广泛、最有效的一种企业管理方法，但是必须以软硬件系统作为实现载体。虽然没有严格的定义，但是人们通常把这种管理思想称为 ERP，而把实际的软硬件系统称为 ERP 系统。ERP 是以信息技术为基础，利用先进的管理思想，对企业拥有的人力、资金、材料、设备等资源进行综合平衡和充分考虑，为企业提供决策、计划、控制与经营业绩评估的全方位和系统化的管理平台。

ERP 系统是一个较完整的、集成化的管理信息系统，是在企业内实施的整合的、集成的、业务和财务一体化的大型管理信息系统。通过信息技术等手段，实现企业内部资源的共享和协同，克服企业中的官僚制约，使得各业务流程无缝、平滑地衔接，从而提高管理的效率和业务的精确度，降低交易成本，提高企业的盈利能力。事实上，ERP 已经成为企业管理信息化的代名词。

2. ERP 系统的核心思想

ERP 系统的核心设计思想体现在：①它把客户需求和企业内部的制造活动以及供应商的制造资源整合在一起，体现了完全按用户需求进行制造的思想，这使得企业适应市场与客户需求快速变化的能力增强。②它将制造业企业的制造流程看作一个在全社会范围内紧密连接的供应链，其中包括供应商、制造工厂、分销网络、客户等；同时将分布在各地的所属企业的内部划分成几个相互协同作业的支持子系统（如财务、市场营销、生产制造、质量控制、服务维护、工程技术等），还包括对竞争对手的监视管理。ERP 系统提供了可对供应链上所有环节进行有效管理的功能，包括订单、采购、库存、计划、生产制造、质量控制、运输、分销、服务与维护、财务管理、人事管理、实验室管理、项目管理、配方管理等。

3. ERP 系统的工作模式

ERP 系统是集成了企业业务和财务的全系统。在企业内部，再也没有独立的、分割的管理信息子系统，所有的业务、管理、财务都集成在一起，通过 ERP 系统实现物流、资金流、信息流的统一。ERP 系统不再划分功能独立的子系统，而是将企业的所有岗位和职能重新梳理定义（称为职位），然后再根据各职位的职能、权限编制相应功能的程序模块。这样从管理系统的软件来看，ERP 是一个大一统的软件包，内辖成百上千个程序模块，每一模块都是 ERP 这一有机整体的一部分，它们共享同一个中央数据库，高度协同运行，克服了传统的功能子系统部门独立运行、边界森严、数据不易共享、作业不易协同的弱点。从企业管理模式来看，这种信息化改造打破了部门壁垒，实现了现代企业追求的扁平化管理，减少中间管理层，提高了运转效率，降低了运作成本。图 1－18 是基于企业内部网的 ERP 系统示意。

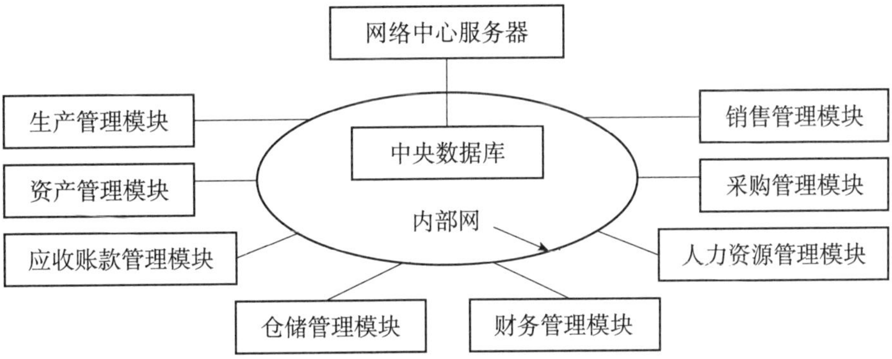

图 1－18　基于企业内部网的 ERP 系统

ERP 系统中各业务功能模块一般都具有四部分功能：业务处理功能、会计处理功能、内部控制功能和审计线索收集功能。当业务人员运行业务模块处理其业务时，会同时自动完成模块所具有的其他几项功能（如记账、收集审计线索等），当然也受到来自系统的控制而不能随心所欲。这就是 ERP 环境下系统高度融合、业务高度协同、会计数据实时采集、实时处理、系统自动控制能够得以实现的生动体现。

目前，在功能层次上，ERP 正在扩展管理信息集成的范围，支持国际互联网（Internet）、企业内部网（Intranet）和外部网（Extranet）、电子商务（E-Business）等。此外，ERP 还集成了位于不同地理位置的企业单位（如各地区工厂、仓库、分公司、办事处等），使之能够很好地协同工作。

1.4.2　ERP 环境下财务与业务一体化

ERP 环境下财务与业务一体化，是指企业基于企业资源计划的应用平台，实现财务会计信息处理与企业生产经营业务的协同，即采购、销售、库存、生产等信息进行协同处理和监控的过程。

1. ERP 环境下财务与业务一体化系统的特点

以企业资源计划理论为基础，借助现代信息技术构建 ERP 系统，不仅是对传统会计核算模式的改革与创新，而且带来了 AIS 相关理论的变革与创新。与传统的 AIS 相比，ERP 环境下财务与业务一体化的 AIS 的特点如下：

（1）实现会计的动态核算和管理

在 ERP 环境下财务与业务一体化的条件下，会计信息的获取与业务的发生同步，会计核算从事后的静态处理发展为事中的动态处理，财务管理从静态管理走向动态管理，财务监控也从间歇性的监控实现持续性的监控。财务与业务一体化的 AIS，避免了传统 AIS 在反映业务数据方面的滞后性，也提升了会计信息的相关性。

（2）实现业务信息的实时和共享

在 ERP 环境下，“信息孤岛”问题将不复存在，账务处理子系统、销售与收款子系统、采购与付款子系统、库存与存货核算子系统、人事管理信息系统等实现了互联。当经济业务活动发生时，业务子系统及时采集会计数据并进行加工处理，将会计信息实时、高效地传递到财务处理子系统中，提高了会计信息的及时性，克服了传统 AIS 不能及时提供会计信息所带来的弊端。

（3）提高了会计信息的可靠性

会计信息的处理往往要经过确认、计量、记录、报告等一系列的程序，在这个过程中，传统 AIS 受人为干预和操纵较多，会计信息的可靠性得不到根本保证。可靠性是会计信息质量的重要特征，若会计信息不具有可靠性，则失去了相关性，不能对生产经营起到决策支持的作用。ERP 环境下的 AIS，在经济业务发生时，自动生成会计凭证传递给总账子系统，减少了人对会计信息处理过程的干预与操纵，从源头一定程度地保证了会计信息的可靠性。

（4）实现了会计工作重心的转变，会计管理职能得以实现

基于 ERP 思想的 AIS 给会计实务工作带来了变革，会计管理工作的重心将发生不同程度的变化。在 ERP 环境下，大部分的会计凭证、账簿、报表处理由传统的手工操作转变为由计算机自动完成，会计人员从繁杂的劳动中解脱出来，得以用更多的时间和精力从事管理、控制与决策工作，实现财务人员从会计核算转变为支持企业经营管理、辅助战略实现，更多地转向非事务性的管理工作，从而更有效地实现会计的监督、管理职责。

（5）为决策者提供更全面而有效的信息

在 ERP 实现财务与业务一体化的条件下，所有的业务数据都“同出一门，集中存储”，不仅可以消除数据和信息冗余，生成包括财务信息在内的多元化信息，支持跨组织的财务信息交流，还可以使企业决策者获得更多的、质量更高的实时财务和业务信息，避免决策的片面性。

2. ERP 环境下财务与业务一体化 AIS 的基本业务流程

财务与业务一体化可以实现财务信息和供应链管理信息以及生产信息的同步处理与控制，从而实现信息流、资金流和物流的三者合一。在完成采购、生产、销售等业务的同时，生成相关的财务信息，为信息需求者及时、准确地提供财务、供应链和生产方面的各类信息。财务与业务一体化的核算与管理模式基于会计信息和业务信息的集成，财务部门与业务部门有效沟通，并采用控制方法对业务过程进行事中控制。

ERP 环境下的财务与业务一体化的 AIS 基本业务流程如下：

① 采购/付款业务流程、销售/收款业务流程、生产流程等发生的业务数据通过审核后即录入企业的业务数据仓库，并对该业务数据仓库进行更新，实现交易数据的集中。

② AIS 向业务数据仓库发送读取数据的请求，并从业务数据仓库读取数据，生成临时的会计凭证数据；同时，其他信息系统也可向业务数据仓库发出指令，读取所需数据。

③ 会计人员实时审核临时会计凭证数据库，将审核后的会计凭证数据标上审核标志。

④ 财务部门读取标有审核标志的会计凭证数据，并编制财务报告交由审计部门审核，保证财务报告的真实性和可靠性。财务报告应采用统一的财务报告语言进行披露(如可扩展的商业报告语言)，为会计信息使用者进一步提取和处理会计信息提供了方便，提高了财务信息的可比性，也方便信息使用者通过网络共享企业的会计信息。

ERP 系统将企业数据形成一个业务信息仓库，各个子系统在统一的数据环境下做任何一种数据变动都能实时地反映给所有相关部门，并按照规范化的数据处理程序进行管理和决策。面对企业这一全新业务流程，会计信息子系统流程应当设置支持业务协同的工作方式、支持远程处理和迅速反应等功能，迅速将物流、资金流转化为信息流，以便供、产、销等部门能够迅速获得信息并采取相应行动。可见，会计信息系统只有将财务数据与企业的业务数据共存一处，形成财务与业务一体化的格局，才能为企业经营决策、为企业的利益相关者提供可靠而又相关的经济信息。

1.4.3 ERP 与 AIS 的关系

1. ERP 与 AIS 的数据“同源”关系

ERP 环境下，AIS 是 ERP 系统的重要组成部分，也是 ERP 系统的基本组成部分。AIS 与其他 ERP 子系统并非相对独立的系统，AIS 与其他 ERP 子系统具有共同的基础，AIS 中的会计数据来自 ERP 系统所采集的数据。ERP 系统中的人力资源、销售收款、采购付款、生产及财务等子系统的数据都会在业务发生时传递给 AIS(见图 1－19)，即数据源是相同的。以此为基础，AIS 与其他 ERP 子系统基于不同的信息使用者，侧重点不同，并采用不同的信息处理规则各自对数据源进行加工、整理、扩展。例如，当销售管理子系统中“验证销售订单的有效性并录入订单”事件发生时，录入销售订单数据，AIS 从销售订单数据中获取产品销售收入、产品销售成本、增值税等相关数据来更新财务处理模块，而销售/收款子系统从销售订单数据中获取

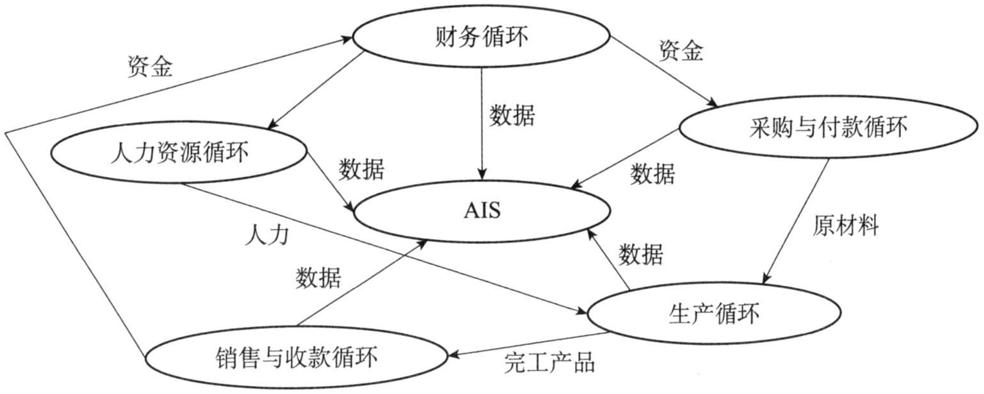

图 1－19 ERP 与 AIS 数据上的“同源”关系

销售数据、客户数据等来更新库存数据库、客户数据库等，对其进行加工、处理后编制成报表并发送给企业经营管理层。

2. ERP 与 AIS 的数据“分流”关系

ERP 环境下，AIS 与其他 ERP 子系统在提供信息的侧重点方面存在不同。由此，其他 ERP 子系统与 AIS 又存在明显的差异，具体表现在以下五个方面：

① AIS 侧重为利益相关者提供有助于决策的财务信息，而其他 ERP 子系统则侧重于提供非财务信息。会计特别是财务会计，是以复式记账为基础的子系统，在信息的处理过程中通常会忽略大量的非财务信息、定性信息和不确定性信息，而这些业务信息往往与企业经营管理决策息息相关。例如，在销售业务中，采集与经营责任有关的商品类别、品名规格、交易币种、数量、交易顾客、销往地点、发货仓库、业务部门、经销人员等特征，更有利于辅助企业销售决策。而其他 ERP 子系统在信息处理的过程中，有助于弥补 AIS 在提供信息方面的不足。

② AIS 特别是财务会计子系统，受公认会计原则的制约；而其他 ERP 子系统在处理信息时，不受公认会计原则的约束，在非财务信息、不确定性信息和处理定性信息方面具有较大的灵活性，这是传统 AIS 所不能及的。

③ AIS 注重证实性、货币性和数量信息，而其他 ERP 子系统除强调证实性、货币性和数量信息之外，还强调非货币性信息、质量信息，其目标是尽可能地向信息使用者提供更多的信息，用于辅助其经营管理决策。

④ 现行 AIS 是一种强制性信息系统，必须按有关规定定期地提供财务报告，而其他 ERP 子系统则是一种非强制性信息系统，根据决策者的信息需求及时提供相关信息。

⑤ 现行 AIS 以会计主体为核心，而其他 ERP 子系统强调多维的主体观念。它强调一个组织的分部，而且仅仅是指导一个企业看成一个整体。它可以根据信息使用者的实际需求将一个部门或一条生产线等作为主体，甚至可将一个人作为主体。

由上述分析可知，其他 ERP 子系统与 AIS 之间存在数据上的“分流”关系。这种数据上的“分流”关系如图 1-20 所示。企业内部人员根据数据来源所提供的数据，将与事件有关的资源、参与者、地点等信息按照一定的格式输入企业数据仓库，AIS 与其他 ERP 子系统各自根据相应的处理规则和方法从数据仓库中读取数据并进行处理。

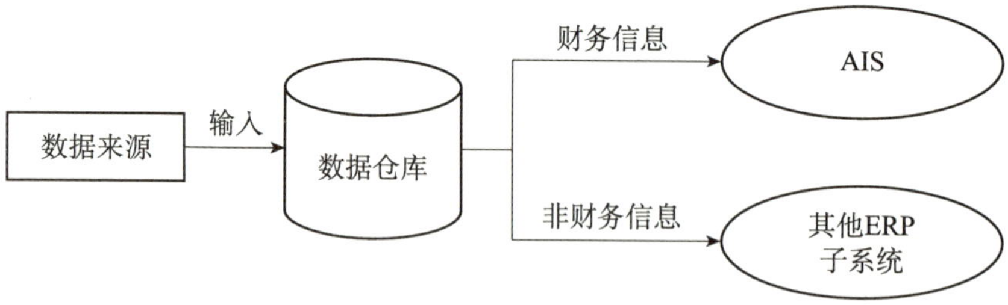

图 1-20　ERP 与 AIS 数据上的“分流”关系

1.5　现代信息技术对会计工作的影响

现代信息技术的发展远远超出了常规的想象，已经越来越广泛地应用于社会生活的各个方面，将现代信息技术应用于会计工作，构造现代会计的新体系已经势在必行。21 世纪已经跨入信息时代，会计作为现代经济生活中不可缺少的一部分，必将更多地运用信息技术。

1.5.1 会计信息技术

1. 会计信息技术概念

会计信息技术（Accounting Information Technology，AIT）是指以会计信息为处理对象的一系列技术的总称，包括计算机技术、网络技术、数字技术、通信技术、软件技术、数据库技术、多媒体技术、辅助设计技术、实时控制技术、系统集成技术、自动化技术等。利用AIT对会计信息进行采集、传输、存储、调用、处理、加工、分析、共享，以及对会计资源进行综合管理、开发和利用等，从而实现会计数据处理、会计信息管理、会计决策支持，达到使整个会计信息系统一体化的功能。会计信息技术可按专业工作的基本环节和流程划分为会计信息收集技术、会计信息传递技术、会计信息存储技术、会计信息检索技术、会计信息处理技术、会计信息标准化技术等。

2. 常见的与会计信息技术有关的软件

会计信息技术是处理会计信息所需要的技术，尤其是利用电子计算机和计算机软件，不限时间和地点地对会计信息进行转换、存储、保护、处理、传输和提取的技术。下面简单介绍常见的与会计信息技术相关的软件。

(1) 操作系统

操作系统（Operating System，OS）是最基础的系统软件，是对硬件系统功能的扩充。操作系统是管理、控制和监督计算机软件、硬件资源协调运行的程序系统，由一系列具有不同控制和管理功能的程序组成，是直接在计算机硬件上运行的系统软件。操作系统在计算机系统中占据重要地位，其他所有软件都建立在操作系统之上，并得到其支持和服务。从用户的角度来看，一旦配置了操作系统，用户就不须与计算机硬件直接接触了，而是通过操作系统来运行计算机。可以说，操作系统是计算机硬件与用户之间的一个接口，统一管理计算机系统的全部资源，合理组织计算机工作流程，以便充分、合理地发挥计算机的效率。

操作系统具有存储器管理、处理机管理、设备管理、文件管理和作业管理五大功能。目前，计算机上常用的操作系统有UNIX、OS/2、NetWare、Windows 2008、Windows XP/Vista、Windows NT、Windows 7等。

(2) 程序设计语言

人们要想用计算机解决实际问题，就必须与计算机进行交流，要交流就必须使用计算机语言编写程序。程序设计语言就是用来编写程序的语言，它是人与计算机交换信息的工具。用户在编写程序时，必须满足相应语言的文法格式，并且逻辑要正确。只有这样，计算机才能根据程序中的指令做出相应的动作，完成各种功能。

程序设计语言是系统软件的重要组成部分。目前，程序设计语言可分为机器语言、汇编语言、高级语言。机器语言和汇编语言都是面向机器的，统称为低级语言。一般用户现在都使用高级程序设计语言来编写程序。

① 机器语言。机器语言是最基础的计算机语言，是计算机硬件系统唯一能直接识别和执行的程序语言。用机器语言编写程序，机器语言中的每一条语句是一条二进制数形式的指令代码，由指挥做什么操作的操作码和参与操作的数或指出在内存中的地址的地址码组成。用

机器语言编写的程序，虽然计算机硬件可以直接识别、速度比较快，基本能充分发挥计算机的速度性能，但是工作量大、难于使用，所以在通常的情况下不用机器语言直接编写程序。

② 汇编语言。汇编语言是为特定计算机或计算机系列而设计的。汇编语言采用英文缩写符号代替机器语言中的操作码，用地址符号代替地址码，因此又被称为符号语言。用汇编语言编写的程序被称为汇编语言程序。汇编语言程序比机器语言程序易读、易检查、易修改，同时又保持了机器语言执行速度快、占用存储空间少的优点，但是计算机不能直接识别汇编语言程序，必须由专门的编译程序翻译成机器语言才能执行。汇编语言也是一种面向机器的低级语言，不具备通用性和可移植性。

③ 高级语言。高级语言是由各种意义的词和数学公式按照一定的语法规则组成的，它具有容易阅读、理解和修改且编程效率高等优点。高级语言具有很强的通用性和可移植性，其种类很多，有面向过程的语言(如 FORTRAN、BASIC、PASCAL、C 等)，面向对象的语言(如 C++、Visual Basic、Java 等)。由于高级语言不是面向机器的，计算机硬件不能直接执行高级语言程序。因此，如果要在计算机上运行高级语言程序，就必须配备语言翻译程序(编译程序)，将计算机读不懂的高级语言转化成计算机读得懂的机器语言。编译程序本身是一组程序，不同的高级语言都有相应的翻译程序。

(3) 数据库管理系统

在计算机应用领域中，信息处理所占的比例越来越大，人工早已不能应付，只能借助计算机对信息进行收集、存储、处理和使用，数据库系统(Data Base System，DBS)就是在这种背景下产生和发展的。数据库管理系统(Data Base Management System，DBMS)则是能够对数据库和库中数据进行加工、管理的系统软件。数据库系统主要由数据库、数据库管理系统以及相应的应用程序组成。数据库系统能够存放大量的数据，更重要的是能迅速、自动地对数据进行检索、修改、统计、排序、合并等操作，以得到所需的信息。数据库管理系统按数据模型的不同，分为层次型、网状型和关系型三种类型。其中，关系型数据库的使用最为广泛，如 SQL Server、FoxPro、Oracle、Access、Sybase、MySQL 等。数据库技术是计算机技术中发展最快、应用最广的一个技术分支，因此了解数据库技术尤其是计算机环境下的数据库应用是非常有必要的。

(4) 工具软件

工具软件又称服务性程序，是在系统开发和系统维护时使用的工具(包括编辑程序、链接程序、计算机测试、诊断程序等)，用来完成一些与管理计算机系统资源及文件有关的任务。这种程序需要操作系统支持的同时，又支持软件的开发和维护。常用的工具软件有 PC 工具箱(PC Tools)、诊断测试软件(DIAG)、调试软件(Debug)、链接软件(LINK)、处理病毒软件(如金山毒霸、瑞星、卡巴斯基)和软件开发工具(如 Delphi，PowerBuilder)等。

(5) 文字处理软件

文字处理是计算机应用的一个重要方面，也是办公自动化的必要组成。文字处理软件是人们为了用计算机处理文字文件而设计的应用软件。所谓文字文件是指能够在屏幕上显示或在打印机上打印出来的、可供用户直接阅读的信息，通常分为文书文件和非文书文件两种。文书文件包括文章、信函、公文、表格等；非文书文件包括源程序、命令文件、数据等。文字处理包括文字文件的建立、编辑、保存、查询、复制、格式变换、打印输出等。目前常用的文字处理软件有 WPS Office、Microsoft Word 等。

(6) 电子表格软件

企业在日常办公中，经常要编制大量的报表，如职工出勤情况统计表、年度财务预算表、企业电话号码簿、管理费用明细分析表等。这些表格中的数据有些需要输入，有些需要计算，有些数据还需要变成图形以直观地反映其结构、变化或走势。为了满足办公的需要，许多软件厂商专门设计了电子表软件，并在办公自动化中获得了广泛的应用。目前，著名的电子表软件有 Microsoft Excel、Lotusl - 2 - 3、CCED 等。

电子表软件和会计软件中的报表系统的相同之处是都能够编制报表，但侧重点有所不同。电子表软件不但可以编制财务报表(如资产负债表)，而且可以根据报表数据编制决策支持图表。电子表软件还具备更强大的其他功能，如电子表软件的函数功能丰富、图形功能强大、具有数据库管理系统的特征等。会计软件报表系统的功能因电子表软件的日益流行而将取得更大的发展。

(7) 会计软件

会计软件是采用各种计算机语言编制的、为解决会计工作中各类实际问题而设计的程序系统，属于信息处理类应用软件。我国商品化会计软件多由专业的会计软件公司开发和销售，这是会计软件市场形成的重要标志。会计软件产品不断升级换代，售后服务质量也在不断提高，为企业会计核算从手工向电算化的转化提供了必要的帮助。进入 20 世纪 90 年代中期，中国会计软件取得了重大进展，逐步向企业管理软件方向发展，成为企业管理软件的重要组成部分。专业会计软件公司已开始研制商品化的企业管理软件，出现了一些较为成熟并适合中国国情的商品化企业管理软件。

1.5.2 信息技术对会计工作的影响

会计工作的发生和发展，除了受社会经济环境的影响外，还受到信息技术的制约和冲击。毕马威会计公司合伙人 Bob Elliort 曾借用“第三次浪潮”来形象地预言，“IT 引起的变革浪潮正在撞击着会计的海岸线……”。现代信息技术在会计领域的应用迅速发展，使得会计系统成为一个全新的对会计数据进行收集、加工、处理和存储的会计信息化系统。这样，许多在手工程序中无法解决或者相当繁琐的会计问题在计算机环境中迎刃而解。同时，信息技术也给会计学科产生深刻的影响，不仅表现在数据处理工具和信息载体的巨大变革上，还表现在对会计理论与实务的巨大冲击和挑战上。

(1) 会计行业面临的重大挑战

社会的发展与进步，市场竞争的加剧，信息技术在非会计领域的成功应用，企业数据库的不断完善，使得会计行业面临重大挑战。传统会计工作的流程与数据处理是基于手工处理环境下的，会计数据单调、反映面窄，传统会计报表简单，详尽性、及时性差，会计系统所提供的信息质量远远不能满足管理人员的需要。会计系统如果不引入信息技术，根据企业管理发展的需要重新整合，那么会计工作就将不能满足管理的需要。

(2) 会计学向边缘学科发展

我国已故的著名会计学家杨纪琬先生曾预言：“在 IT 环境下，会计学作为一门独立的学科将逐步向边缘学科转化。会计学作为管理学的分支，其内容将不断地扩大、延伸，其独立性相对地缩小，而更体现出它与其他经济管理学科相互依赖、相互渗透、相互支持、相互影响、相互制约的关系。”会计作为社会经济发展的产物，带有社会性和技术性，由于现代信息技术可以跨越时空收集、处理和输出信息，因此现代信息技术对会计学的影响将是深远的。

(3) 会计实务工作环境的变革

目前，对信息技术在会计实务工作中的作用存在两种有失偏颇的观点：一种是工具论，认为信息技术只不过是取代算盘的工具，没有意识到信息技术给会计工作带来的革命性变化；另一种则是万能论，认为信息技术无所不能，只要使用信息技术就可以对经济业务进行全过程的控制。实质上，信息技术给会计工作带来的是包括会计信息的采集、存储、处理、检索、反馈、统计分析、决策等在内的整个会计实务工作环境的变革。正因为如此，与在手工环境下相比，信息技术使会计实务工作的处理效率、工作质量、信息反映能力、工作重点等发生了巨大的变化。

(4) 会计职能的发展与变革

会计的基本职能是反映和控制。现代信息技术对会计的两大基本职能将产生重大的影响。从会计的反映职能上看，建立在基于计算机网络的会计信息处理系统，使企业发生的各项经济业务都能通过自动地从企业的内部和外部采集相关的会计核算资料，进行实时反映。因此，会计的反映职能将越来越得到强化。从会计的控制职能上看，由于会计信息系统实现了实时、自动处理，因此会计监督职能主要是监督自动处理系统的过程和结果，监督国家财经法规和会计制度的执行情况，通过网络对企业经济活动进行远程和实时监控。

(5) 会计工作重心的变革

现代信息技术的应用，改变了会计人员的处理工具和手段。过去，会计人员的主要工作是围绕凭证、账簿、报表处理等来开展。而在信息技术环境下，这些工作中的大部分可由计算机自动处理完成。由于信息采集和处理的实时性、自动化性、多元性，使会计人员摆脱了繁杂的事务性工作，其工作重心将从事中记账算账、事后报账转向事先预测和规划、事中监督控制、事后分析和决策的管理模式。会计人员可以有更多的时间去面对企业内部的会计管理。因此，会计工作的重心将由财务会计管理转向财务会计管理与管理会计并重。

(6) 会计语言的变革

在IT环境下，传统的会计语言和企业会计文化将发生质的变化。会计语言中的一些核心词汇(如记账凭证、账簿、报表等)的作用将逐渐淡化。首先，企业管理全面信息化的实现，使会计信息源和信息表示结构由一元走向多元，会计工作中的最终信息将直接来自各种业务过程，记账凭证作为手工环境下的重要实体将逐步淡化直至消亡。其次，网络和数据库技术的发展和应用，使各级管理者和投资者可以实时地通过企业网站访问存储于会计信息系统中的共享信息。因此，代替凭证、账簿、报表的将是原始信息、操作信息、分析决策信息等，而代替制作凭证、记账、结账的将是信息的采集、存储、传递、处理、加工等。

(7) 会计观念的创新和思考

随着现代信息技术的飞速发展，社会经济环境、企业组织方式、企业规模等已经发生了重大变化。面对这种变化的环境，首先，会计行业需要对如何提供信息有更加创新的视角；其次，会计工作必须树立增值观念，将增值作为企业经营的主要目标，定期编制增值表，反映企业增值的情况及其在企业内外各受益主体之间的分配情况；最后，在信息时代，信息传播、处理和反馈的速度大大加快，产品生命周期不断缩短，市场竞争日趋激烈，企业的经营风险明显加大，因此会计工作还要树立风险观念。

(8) 会计人力资源价值的变革

在IT环境下，企业会计人员的素质、扮演的角色、工作重点和工作价值将产生巨大的变革。首先，IT 使大量的核算工作实现自动化，电子商务的发展使会计人员的工作模式从事中记账、算账，事后报账的旧模式转向事先预测、规划，事中控制、监督，事后分析、决策这样一种全新的管理模式。其次，IT 环境下，会计人员不仅要承担企业内部管理员的职责，随着外部客户对会计信息需求的增长，会计人员还应及时地向外传递会计信息，为社会、债权人、投资者、供应商和客户、相关行业、政府管理部门等一切会计委托者、受托者负责，提供职业化的咨询服务。再次，IT 环境下，会计人员不应再仅仅满足于客观地反映会计信息，而应更多地通过财务控制和分析来参与企业的综合管理并提供专业决策。最后，IT 工作环境对会计人员的素质也提出了相应的要求。目前，会计核算和财务分析等常规的、结构化较强的工作由基于 IT 技术的信息系统完成，会计人员应更多地从事那些非结构化的、非常规的会计业务，并对信息系统及其资源进行评价。因此，未来的会计人员不仅应具备管理和决策方面的知识，还应具备利用信息技术进行系统分析和评价的能力。

(9) 现代信息技术将推动会计信息系统的不断发展

目前，国内建立的会计信息系统基本上是处理已经发生的会计业务，反映和提供已完成的经营活动信息。然而，现代经济活动的复杂性、多样性和瞬时性，对管理者提出了更高的要求。每一位管理者都需要依靠科学预测来做出决策，由于管理者的决策方式已从经验方式转向科学方式，因此应加强会计决策支持系统的开发与应用。随着现代信息技术的飞速发展，会计信息系统将向模拟人的智力方向发展，能模拟人的思维推理能力，具有思考、推理和自动适应环境变化的功能，等等。

总之，迅猛发展的信息技术正在使会计工作进入一个新时代。面对即将到来的种种机遇，我们不应只是被动地接受或继承旧的思维方式和规则，而应积极主动地做好迎接未来挑战的准备。

1.5.3 手工会计信息系统与电算化会计信息系统的比较

1. 手工会计信息系统的不足

手工会计信息系统的核心是会计恒等式、会计科目表和会计循环。这种系统的显著特点是，利用手工进行信息处理，依靠纸制的凭证和报表传递信息。通过这种会计循环，在以前数百年间，仅需要少数几个会计人员就可以维护组织的会计系统。它经受了历史的考验，但随着经济环境不断变化、组织规模不断扩大、业务日趋复杂，手工会计信息系统越来越暴露出不足之处。

① 手工处理容易出错。不论会计人员在工作中如何认真负责，手工处理总是不如计算机处理更准确可靠。实际上，帕乔利设计的会计循环的重要特色之一就是，利用数据内部的勾稽关系，通过数据的多次汇总和核对来检测并纠正错误。

② 手工处理效率低下。手工处理不仅没有计算机处理可靠，而且效率也不及后者。因此，手工处理信息的成本高于计算机。

③ 手工处理是基于纸张的。手工会计信息系统使用纸张来记录、保存和交流信息。这种做法成本高昂，这不仅是纸张本身的成本，更是来自维护和使用数据所带来的相关成本。更严重的是，纸张记录容易被毁损，而备份纸质记录不仅难以操作而且成本高。

2. 电算化会计信息系统与手工会计信息系统的相同点

① 目标一致。两者的最终目标都是加强经营管理，提供及时、准确的会计信息，参与经营

决策，提高经济效益。

② 遵循相同的基本会计理论和方法。电算化会计的发展必然会引起会计理论和会计方法等的变化，但两者遵循的基本会计理论和会计方法是一致的。目前，电算化会计必须遵循基本的会计理论和会计方法，但随着会计电算化的发展，会计理论和会计方法也将得到丰富和发展。

③ 遵守相同的会计法规与会计准则。会计电算化的应用，不能置财政制度与财经纪律于不顾，相反，应当更加严格地执行会计法规与会计准则，从措施上、技术上杜绝可能发生的失误。

④ 会计档案都必须按规定妥善保留。会计档案是会计的重要历史资料，必须保存好。实行电算化会计信息系统，大部分会计档案的物理性质发生了变化，由手工会计信息系统下纸质的会计档案变为磁性介质的会计档案，数据在备份时容易丢失，而且档案复制也很容易，这就要求对其加强保管。

⑤ 两者的基本工作相同。两者都有以下基本工作：

※ 从经济业务出发，以原始凭证为依据制作记账凭证，并对凭证进行复核。

※ 将凭证输入账簿，无论是人工登账操作还是计算机根据输入的凭证自动生成账簿，实质上都是为了完成存储记录和资料。

※ 对数据进行加工处理。人工做账时的大量过账分录业务，在电算化操作时则由计算机程序自动执行；手工汇总与对账操作，在电算化操作中则由计算机完成各种运算及查询。

※ 编制并输出报表。手工操作是根据一定的会计核算程序，规定需要何种数据，于何时、何地取得该项数据以及如何使用和传递。电算化操作与手工操作的目的完全一致，只是通过计算机程序和软件工具来加以实现，最终编制出各种报表供会计信息使用者使用。

3. 电算化会计信息系统与手工会计信息系统的不同点

① 使用的计算工具不同。手工会计信息系统使用的运算工具主要是算盘、计算器、笔、纸张等，会计人员大量的时间都耗费在算账、记账、报账的数据处理上。电算化会计信息系统使用电子计算机进行计算，在手工会计中非常费时、费力、繁琐的数据计算工作，变成了计算机的一个简单的指令或动作，整个处理流程由计算机程序自动执行。

② 信息的载体不同。手工会计信息系统的所有信息都是以纸介质为载体的，纸介质记载数据的物理特点，使得数据之间的内在联系被分隔开。电算化会计信息系统则以磁性介质为信息的载体，磁性介质存储数据的物理特点，使得对会计数据的各种操作十分方便，便于进行多方位分类、汇总，以往手工会计难以实施的信息处理(如各类辅助核算和管理会计工作)变得十分容易。

③ 账户设置和账簿登记方法不同。在手工会计信息系统中，要为会计六大要素分别设置六大类账户，并要设置总分类账和各种明细分类账。而在电算化会计信息系统中，所有的账户都有一个科目号，这个科目号的第一位就是这个会计科目的大类别，前四位表明了总账的会计科目，后面的位数则表示明细账的级数和分类。这样便于进行总账、明细账、日记账簿的处理，完全打破了手工会计信息系统下各种账簿的不同处理方式和核对方法，实现了数出一门(都从凭证上来)、数据共享(同时产生日记账、特种日记账、总分类账、明细分类账、报表等)。

④ 账务处理程序不同。手工账务处理程序有记账凭证核算形式、科目汇总表核算形式、汇总记账核算形式、日记账核算形式和日记总账核算形式。这几种核算形式是为了简化会计

核算的手续而产生的，但无论采取何种形式，都避免不了重复转抄的根本弱点。在电算化会计账务处理中，整个处理过程分为输入、处理、输出三个环节，其控制的重点在输入这个环节，从输入会计凭证到输出会计账表一气呵成。一切中间过程都在机内操作，而需要的任何中间资料都可以通过查询得到。因此，它经常采用的核算形式是最基本的，即记账凭证核算形式。另外，由于计算机数据处理过程处于封闭状态，减少了人工传递和处理过程的错误，提高了会计信息的质量。

⑤ 账簿形式和更正错误的方法不同。手工会计信息系统规定日记账、总分类账要用订本式账簿，明细账可以用活页式账册，账簿记录的错误要用划线更正法或红字冲销法更正。而在电算化会计信息系统中，打印输出的账页是卷带状的，可装订成活页式，而非订本式，只有到一定时期再装订成订本式账册，作为会计档案保管。由于计算机会计数据存放在磁性介质上，修改数据不留痕迹，因此对于已经登账的会计凭证，即使输入错误，软件也不能提供凭证修改功能，只能采用红字冲销法和补充登记法更正，避免凭证作为重要审计线索的功能遭到破坏。

⑥ 会计系统的内部控制制度不同。在手工会计信息系统中，内部控制主要采用结构控制方法，包括设置相互牵制和制约的会计岗位，通过对会计业务的多重反映或者相互稽核关系来进行控制。内部控制是通过凭证传递程序、相互校验、核对来实现的，还要通过对账，检查是否账证相符、账账相符、账实相符来保证数据的正确性。在电算化会计信息系统中，由于工具、载体、账务处理、会计组织等发生了根本的变化，除原始数据的收集、审核、编码仍由会计人员手工操作以外，其余的处理都由计算机负责。因此，原来的内部控制方式已部分地被计算机代替，由人工控制转为人机控制，使得会计控制更为复杂、要求更加严密。

⑦ 审计方式不同。与手工会计审计相比，电算化会计信息系统的审计内容如下：

※ 对电算化会计信息系统的内部控制审计，包括系统运行环境控制的审计，以及系统输入控制、处理控制和输出控制的审计。

※ 对电算化会计信息系统应用程序的审计。审计会计软件对数据进行处理和控制的及时性、正确性和可靠性以及程序的纠错能力与容错能力。

※ 对电算化会计信息系统的处理对象（即会计数据）的审计。对数据文件进行审计时，既可以将该文件打印出来进行检查，也可以在计算机内直接进行审查。

※ 对电算化会计信息系统开发质量的审计。电算化会计信息系统开发主要包括系统分析、系统设计、系统实施及系统维护等。系统的质量取决于开发过程的质量，一旦在开发过程中产生错误，在系统运行后就将影响会计数据的加工处理以及会计信息的真实性、可靠性。因此，在系统开发过程中应进行严格的审计，保证其质量，防止计算机舞弊，保证系统运行后的可靠性、高效率性。

⑧ 会计工作的组织体制和人员素质不同。在手工会计信息系统中，会计工作组织体制以会计事务的不同性质为依据，会计人员均是专业人员，其骨干是会计师。在电算化会计信息系统中，会计工作组织体制以数据的不同形态为主要依据，这与手工方式下是截然不同的。电算化会计将手工会计信息系统对数据分散收集、各自处理、重复记录的操作方式，改变为集中收集、统一处理、数据共享的操作方式。会计人员不但要精通本专业，而且要熟悉电子计算机，应为复合型人才，其骨干应该是了解电子计算机的高级会计人员。

1.5.4 会计电算化法规与管理

财政部管理会计电算化的基本任务：制订会计电算化发展规划并组织实施；制定会计电算化法规制度，监督会计核算软件及生成的会计资料是否符合国家统一的会计制度；促进各单位逐步实现会计电算化，提高会计工作水平；组织开展会计电算化人才培训。

1. 会计电算化相关法规

首先，我国政府依据会计法规对会计电算化进行管理，尤其是在《会计法》以及财政部发布的《会计基础工作规范》《会计档案管理办法》等国家统一会计制度中，对单位会计电算化工作做出了具体规范。其次，为了规范、指导会计电算化工作，还制定了有关会计电算化的专门法规。到目前为止，发布的会计电算化专门法规如下：

①《会计电算化管理办法》。1994 年 7 月 1 日财政部发布实施的《会计电算化管理办法》明确了管理工作的基本任务：制定专业标准、规范，规范会计软件市场，培养会计电算化人才等；明确要求在国内销售的商品化会计核算软件要经过评审；规定了实施电子计算机替代手工记账的单位应具备的基本条件（包括软件、硬件条件）；电子会计档案的保管期限；加强电算化企业备案；等等。

②《商品化会计核算软件评审规则》。1994 年 7 月 1 日，财政部要求实施《商品化会计核算软件评审规则》，明确指出商品化会计核算软件评审的目的在于审查软件的功能、基础性能，评价软件财务分析功能、信息处理能力以及经销商的售后服务能力。

③《会计核算软件基本功能规范》。1994 年 7 月 1 日，财政部发布《会计核算软件基本功能规范》，从会计数据的输入、处理、输出及会计数据的安全性四个方面对会计核算软件的基本功能予以规范。该规范要求会计核算软件的设计须符合我国法律、法规和规章的规定，保证会计数据的真实、准确、合法、完整。

④《会计电算化工作规范》。1996 年 6 月 10 日，财政部发布《会计电算化工作规范》，对实施会计电算的企业要求配备的电子计算机和会计软件提出了指导要求；对替代手工记账单位提出了应具备的条件和实施要求；要求建立、健全包括会计电算化岗位责任制、会计电算化操作管理制度、计算机软硬件和数据管理制度、电算化会计档案管理制度的会计电算化内部管理制度。

⑤《企业会计信息化工作规范》。2013 年 12 月，财政部正式出台《企业会计信息化工作规范》，内容包含：工作规范总则、会计软件、企业会计信息化要求、企业会计信息化管理制度、监督管理及附则六个部分，不仅从会计软件和服务供应商、企业自身会计信息化建设的要求和制度、各级财政部门的监督管理三个方面提出了不同的工作规范要求，还从会计信息化的深入发展出发，对于会计软件、远程访问、云计算等做出规范化的说明和要求，特别提出了“鼓励软件供应商在会计软件中集成可扩展商业报告语言（XBRL）功能，便于企业生成符合国家统一标准的 XBRL 财务报告”。这为我国企业会计信息化的建设和推进提供了思路，具有较强的指导作用。

2. 建立会计电算化管理制度

会计电算化实施后，不仅核算手段发生了重大变化，还改变了大量的手工管理习惯和方法，因此在计算机会计工作环境下制定管理制度须适应会计电算化的要求。

(1) 建立岗位责任制

会计电算化工作的岗位可分为基本会计岗位和电算化会计岗位，两者可在保证会计数据安全的前提下交叉设置，各岗位人员要保持相对稳定。

① 基本会计岗位。基本会计岗位可分为会计主管、出纳、各项会计核算、稽核、会计档案管理等岗位。

② 电算化会计岗位。电算化会计岗位是指直接操作、管理和维护计算机及会计软件的工作岗位。其岗位分工及主要职责如下：

※ 电算主管，在一般商品化会计软件中也称系统管理员。其职能是负责协调计算机及会计信息系统的运行，主要负责会计软件运行环境的建立以及各项初始化工作；负责会计软件的日常运行管理，监督并保证系统有效、安全、正常地运行。电算主管既可由会计主管兼任，也可根据实际情况将部分职能分配给其他人员负责，但不能由软件开发人员担任。

※ 软件操作员，也称业务操作员。其负责按照专职会计人员提供的数据进行录入，录入完毕进行自检核对；负责打印输出记账凭证、会计账簿、报表和进行部分会计数据处理以及数据备份。软件操作员应严格按照软件操作说明进行操作，一般由基本会计岗位(原手工会计业务岗位)人员兼任。软件操作员是系统运行中的关键人员，其不能由系统开发人员担任，不能调用非自己权限内的功能。

※ 审核记账员，也称数据审核员。其负责对输入计算机的会计数据(原始凭证和记账凭证等)进行审核，以保证其合法、正确和完整；操作会计软件登记机内账簿；对打印输出的账簿、报表进行确认。审核记账员可由会计主管兼任。

※ 电算维护员，也称系统维护员。其负责保证计算机硬件、软件的正常运行，管理机内会计数据。在大中型企业中，此岗位应由专职人员担任。电算维护员了解所用的会计软件，所以不能从事系统的业务操作工作。

※ 电算审查员。其负责监督计算机及会计软件系统的运行，防止利用计算机进行舞弊。此岗位可由会计稽核人员或内部审计人员兼任。采用大型、中型、小型计算机和大型会计软件的单位可设立此岗位。

※ 数据分析员。其负责对计算机内的会计数据进行分析，提交有关分析报告。此岗位可由会计主管兼任。采用大型、中型、小型计算机和计算机网络会计软件的单位可设立此岗位。

※ 电算档案管理员。其负责保管各类电子数据(各类数据磁盘、U 盘、光盘、各类账表、凭证和资料)和电算化会计档案(各种开发文档、系统操作手册等)；负责各类数据、资料的安全保密工作；按规定期限催交备份数据和存档数据。

会计电算化后，可根据单位规模的大小和实际情况设置具体工作岗位。

(2) 操作管理制度和硬件、软件维护制度

操作管理主要是对系统的日常管理，保证系统正常、有效地运行。

① 操作权限管理。电算主管一般具有最高的权限；软件操作员应严格按照特定的权限进行操作，凭证输入人员和审核记账员不能是同一人；电算维护员必须按有关的维护规定进行操作，除系统维护员之外，其他人员不得直接打开数据库文件进行操作，不允许随意增删和修改数据、源程序和数据库文件结构；软件开发人员、专职电算维护员和档案管理员不允许进行系统性的操作。

② 操作规程管理。操作人员在上机操作前，应进行登记，填写姓名、上机时间和操作内容；应注意保密操作密码，不能随意泄露；必须严格按操作权限、操作步骤和方法进行操作，不得擅自上机操作；每次上机完毕，应及时做好所需的各项备份工作，以防发生意外事故。

③ 硬件和软件维护制度。主要内容包括：保证机房设备安全和电子计算机正常运转的措施；会计数据和会计核算软件安全保密的措施；修改会计核算软件的审批和监督制度。

(3) 会计档案管理制度

电算化会计信息系统的档案，主要是指打印输出的各种账簿、报表和凭证，存储会计数据和程序的磁盘及其他存储介质，系统开发中编写的各种文档以及其他会计资料。良好的会计档案管理是会计电算化后会计工作连续进行的保障，是电算化会计信息系统有效维护的保证，是保证系统内数据信息安全、完整的关键环节，也是会计信息得以充分利用、更好地为管理服务的保证。对档案的管理要做好防磁、防火、防潮、防尘、防盗、防虫蛀、防霉烂、防鼠咬等工作；重要会计档案要双备份，存放在两个不同的地点，最好放在两个不同的建筑物内；会计档案不得随意堆放，严防毁损、散失和泄密，不得外借和拿出单位。

1.5.5 会计人员如何应对信息技术发展的挑战

会计人员应如何应对信息技术发展的挑战？

(1) 会计人员的业务拓展

在会计信息系统的辅助下，会计人员应主动向以下五方面拓展：

① 利用信息系统提供的数据了解和分析信息用户的需求，确定能够反映或报告的方式和内容，以便向用户提供有用的决策信息。

② 分析企业信息过程，制定会计信息处理规则（包括在会计信息系统中设置的各项业务活动控制程序、会计信息系统的信息处理功能分析等），参与几乎所有业务活动规则的制定。

③ 分析和评价企业各种业务活动的风险、效益，并与企业内部控制工作相联系，帮助管理者制定企业规章或政策。

④ 与其他部门进行协作。作为会计人员，分析业务活动的目的是为企业各个业务单元服务，以最终实现提高企业经济效益的目标；同时，这种分析和评价工作必须得到其他业务部门的支持，然后由会计部门统一协调和集中报告。

⑤ 自身工作的管理。自身工作的管理包括对会计业务活动、会计信息系统、会计知识资源、会计信息质量的管理。

(2) 会计人员应具备的素质

会计人员期望在未来的企业中发挥应有的作用，必须具备以下素质：

① 会计人员在思想观念上要有主动性、开放性及开创性。会计人员既要主动面对新情况，积极地参与新的业务领域，还要敢于采用新思想、新方法和新技术。

② 会计人员应该是知识工作者，是知道如何利用知识来提高工作效率的管理者。

③ 会计人员应该是掌握产品知识、市场知识、生产知识、技术知识、质量知识、安全知识等方面的多元专家。

④ 会计人员应具备学习能力、自控能力和协调能力，特别是应具备对各项业务活动之间相互联系的理解能力以及交流技巧和协作技巧。这样，会计人员才能通过与高层经理、业务人员、客户、供应商的经常接触保持联系，了解企业内部、外部的业务情况。

1.6 网络财务报告和可扩展商业报告语言

可扩展商业报告语言(eXtensible Business Reporting Language,XBRL)是基于可扩展标记语言 (Extensible Markup Language,XML)技术标准而建立起来的用于商务和财务报告的电子语言,是商务和财务报告在世界范围内的革命。它使财务信息的编制、分析和交换更加方便,作为一名会计人员,你可能需要将标准的财务报告转换为 XBRL 格式。

1.6.1 网络财务报告

1. 网络财务报告的概念

在信息化环境中,网络财务报告是指企业将财务报告存储在某个公众网络信息平台上,通过互联网传播媒体来披露企业各项经营业务与财务信息,使一切信息用户可以随时查询、阅读和分析财务报告。1995 年,美国证监会(SEC)要求上市公司用磁盘、光盘或计算机网络接口向 SEC 的电子数据集中与报告系统(EDGAR 系统)提交通用财务报告。EDGAR 系统与互联网连接,使进入互联网的用户能便捷地获取信息。其后,许多国家也先后采取措施加快这方面的研究,网络财务报告得到了快速的发展。

2. 网络财务报告形式的发展

网络财务报告以互联网为工具使财务信息从企业流向各类信息用户,传统纸质报告形式已被打破。根据使用 IT 技术的不同,网络财务报告形式可分为以下四个发展阶段:

(1) 电子文档形式阶段

电子文档形式阶段网络财务报告,是指企业将财务报告制作成各类格式的电子文件。电子文件采取的格式常有 Adobe 文件格式(PDF)、文本文件格式(TXT)和 MS OFFICE 文件格式(DOC、XLS)等,并在网页上发布。但该阶段网络财务报告在信息查询、交换、再利用等方面存在诸多不便。比如,不同格式的网络财务报告不但必须通过相应的阅读器才能阅读,而且电子文件之间不具备超文本引航(Hypertext Navigation)的能力,不能通过搜索引擎工具进行检索。这样,信息使用者不能同时阅读同一企业多年的财务报告,更不能同时阅读不同企业同一种财务报告,使用户难以对财务信息进行纵向与横向的对比和分析。

(2) HTML 形式阶段

HTML (HyperText-Markup Language,超文本标记语言)形式阶段网络财务报告,是指利用 HTML 技术制作和发布网络财务报告。其最大的特点是用户能方便地检索信息,使用者通过点击相关链接便可快速进入拟阅读的信息网页。本阶段网络财务报告的缺点是搜索的信息不够精确。HTML 是互联网的通用语言,但是它标记的属性和种类繁多且不灵活。比如,HTML 可以定义网络财务报告的外观显示格式(包括颜色、尺寸和形状),却不能描述诸如现金流量、主营业务收入的语义。再如,用户利用搜索工具在互联网上搜索诸如“利润”这样的词语,页面上会出现上万条信息,但其中大部分是不相关的。

(3) XML 形式阶段

XML 形式阶段网络财务报告指的是利用技术制作和发布网络财务报告。XML 可以做到将数据与样式分开,并允许使用者依其需求自定义资料标签。比如,对“<应付账款>￥5 000</应付账款>”的描述,无论是会计专业还是非专业的人都能明白其含义;而在 HT-

ML 中则是不可辨认的。所以，我们可以根据 XML 这一特性，规定财务信息报告领域里的标签，组织财务信息。但由于 XML 标签可以自由定义，这会导致不同标准描述的文档格式内容不能完整地进行交换。若没有一套具有权威性的行业标准，XML 就无法在促进信息交流方面发挥积极作用。

(4) XBRL 形式阶段

XBRL 形式阶段网络财务报告指的是利用 XBRL 技术规范制作和发布网络财务报告。它是以 XML 为基础而发展出来的，是为了规范网络财务信息披露而产生的数据交换标准，它将发展成为基于互联网的通用商业报告语言。与 XML 不同的是，XBRL 不仅可以针对某一特定行业或应用领域统一定义业务报告格式中所蕴含的语法结构标准，同时还提供了可根据该行业和领域的有关准则、法规等来统一定义业务报告内容所蕴含的语义规则，也就是实现了建立一套行业内各方普遍接受和应遵循的报告标准。

基于 XBRL 语言标准所生成的网络财务报告，可以使信息使用者在一个统一的语法和语义标准的环境中查询、阅读发布在网络平台上的各类业务报告(特别是财务报告)，实现了信息使用者能同时阅读同一企业多年的财务报告和同时阅读不同企业同一时间的同一财务报告，使信息使用者对财务信息做纵向和横向的对比分析成为可能，大大提高了信息使用者对信息共享的使用效率。

1.6.2 可扩展商业报告语言

1. 可扩展商业报告语言概述

XBRL 是一种计算机标记语言。在讲述 XBRL 语言之前，先对标记语言和计算机标记语言给予简单的说明。

(1) 语言标记

我们平常在书写文字时，须对文字进行标记，如在句尾加句号表示一句话的结束，加问号表示疑问等。这些在文章中公认的表示特定含义的特殊记号被称为语言“标记”。

(2) 计算机标记语言

计算机标记语言是指在计算机语言中定义了一系列特定的标记，应用这些标记可将非结构化电子文档转变为计算机软件能解读的电子文档。在日常生活中，对一份纸质文档进行标记，可以使该文档的结构清晰、重点突出，让人们更容易理解。同样，对电子文档加以标记，也可以使计算机软件更容易解读。

2. XBRL 概念

XBRL 是一种基于互联网技术的新型企业财务报告语言，是 XML 与财务报告信息交换的一种应用，也是目前应用于非结构化信息处理(尤其是财务信息处理)的最新标准和技术。2007 年 12 月，著名的《哈佛商业评论》杂志推出“管理者最应注意的十大前沿”，作为第四项前沿技术的 XBRL 技术引起了广泛的关注。XBRL 将使得财务信息供应链上的各方都受益，包括公司、会计职业界、政府监管机构、财务分析师、投资机构、债权人、数据集成商等。它的兴起引发了企业财务信息提供及使用方式的重大变革，因此成为国际上网络财务报告研究的热点问题。

XBRL 具有提高财务信息合并与分解的效率、提高编报现金流量的准确性、提高财务信息的透明度、提高转换各国财务报告格式的速度等优点。XBRL 对增强会计信息的透明度、财务报告模式变革、财务报告分析、会计准则选择、实时监控、持续审计等方面具有十分重要的作用。2010 年 10 月，财政部和国家标准化管理委员会同时发布了《企业会计准则通用分类标准》和《可扩展商业报告语言(XBRL)技术规范系列国家标准》，这是继《企业会计准则》《内部控制规范》之后的又一重大的会计里程碑，标志着我国以 XBRL 应用为先导的会计信息化时代的来临。

对于 XBRL，你至少应当理解以下五个术语的含义：

① 可扩展性。XBRL 中的 X 是指可扩展性(Extensible)，意味着 XBRL 语言是能够“扩展”的，就像英语也可以扩展一样。XBRL 的使用者可以在基本的 XBRL 语言中使用新的概念和术语，而不改变 XBRL 的目标、结构和现有的术语。

② 子集。子集是一个大范围事物中的特定部分，如“北京”是“中国”的一个子集，“货币资金”是“资产”的一个子集一样，“XBRL”也是“XML”语言的一个子集。XML 的所有子集都有两个共同的特征：一个是可扩展性，另一个是都使用标记语言。

③ 分类。分类是组织知识的一种方式，如你可以将资产负债表中的数据分类为“资产、负债和所有者权益”。XBRL 也是由一些分类组成的，其中大多数分类与特定的行业有关。

④ 名称空间。如果遇到一个你不懂的词汇，你可以使用字典、互联网字典来获取其含义，而名称空间就像一个 XBRL 字典，如“X”代表可扩展性。因此，如果有人发明了一个新的 XBRL 术语，就应当让他人也了解这个术语的含义，而新术语的含义将列示在名称空间中。名称空间就像网页一样，也有互联网地址。

⑤ 实例文档。实例文档是经过标记的 XBRL 信息的特定示例。例如，某类上市公司都可以使用 XBRL 标记来标识其资产负债表，那么这些经过标记的资产负债表就是一个实例文档。

3. XML 的技术特点与 XBRL

当前，XML 技术被广泛应用到各个行业，而其中应用最广的数据格式——XBRL 就是与商业报告有关、以 XML 为基础发展起来的语言，是 XML 的应用子集。它是为了规范网络财务信息披露而产生的数据交换标准。

(1) XML 是设计与特定领域有关的标记语言

XML 允许各种不同的专业语言的支持，也不需要提供复杂的插件。例如，下面的这种描述：<期刊>会计研究</期刊>。无论是会计专业还是非专业的人都能明白会计研究指的是一种刊物名称，最重要的是这段数据能被理解，知道其代表的是什么。

(2) XML 是一种自描述数据

以 XML 为基础的 XBRL，基本上使用的是非常简单的数据格式，既可以用纯 ASC II 码文本书写，也可以用几种其他定义好的格式书写。ASC II 码文本几乎是不会磨损的，即便丢失一些字节甚至相当多的字节，剩下的数据还是可以被读取的。这就与许多其他格式形成了鲜明的对比，如 Word 文档、压缩文件 RAR 数据或串行的 Java 对象等。所以，与其他数据描述或存储方式相比，以 XML 为基础的 XBRL 具有更强的数据完整性和可读性。

(3) XML 方便了应用程序间交换数据

由于 XML 采用了非专有方式，不受版权、专利、商业秘密或其他种类的知识产权的限制，易于阅读和编写，使它成为在不同的应用程序间交换数据的理想格式。例如，许多企业都采用专用财务软件，而上报证监会的季报和年报都必须是 PDF 格式文件。这就使得企业的工作人员必须从财务软件中导出必要的财务数据，编写好 Word 文件或者其他格式文件，再转换为 PDF 格式文件。而 XML 能克服这种不兼容性，以此为基础的 XBRL 就能够成为一种标准的格式在不同的应用程序之间（如 Word、Excel 和财务软件之间）交换数据。

(4) XML 是结构化和集成化的数据

XML 对于处理大型和复杂的文档具有优势，因为它对于数据的描述是结构化的。每个结构整洁的 XML 文档都是树形结构，而在财务会计信息处理中，树形数据结构非常普遍。例如，我国的会计制度规定的会计科目的名称和编号就是一种典型的树形数据结构。基于 XML 的 XBRL 能够很好地适应和描述这种树形结构，因此是财务数据描述的最佳工具（见图 1-21）。

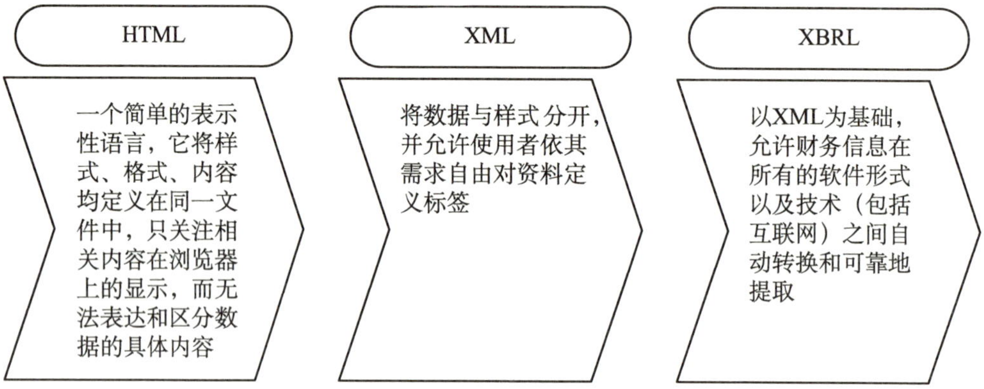

图 1-21　XBRL 的技术演进

4. XBRL 的主要特征

(1) 灵活性

在 XBRL 技术下，公司财务信息的内容和样式是分开处理的，针对不同的使用需要，套用不同的样板格式。并且，XBRL 是一种标准化的语言模式，是一种通用的、能被大众接受的企业财务报告语言，伴随它的推广，可以毫无限制地在不同部门、不同系统、不同平台、不同应用软件之间传递、交换、分析财务信息。XBRL 还包含多语种技术，从而人们可以通过互联网搜索任何语种的财务文件，将其自动转换为期望的语种呈现。

(2) 开放性

由于 XBRL 是用 ASC II 码来存档的，因此随着 XML 浏览器的普及化，任何人都可以通过互联网读取到自己所需要的财务信息，并且可以按照使用者的要求，以不同的格式呈现。

(3) 高效性

XBRL 大大减少了重复输入资料的次数，XBRL 在第一次生成和编排财务信息时，其数据可以以任何形式被保存起来，各种格式的报表都不需要再由手工重新输入或者编排即可生成。人们只要对财务信息进行重新组合，就可以生成各类所需文件，还可以将数据应用于各个会计应用软件中，直接进行各类财务分析，很大程度上降低了数据输入、传递和分析的成本。

(4) 强大的搜索能力

XBRL 使用的标签是以标准化的会计业内定义为基础的，以便描述和识别财务信息的每个项目。通过对搜索内容加上详细的标签后，搜索引擎就能更精确且快速地找到使用者所需的财务信息。例如，某使用者想查找某公司的销售收入，他可以通过标签定义快速、精确地找到损益表的销售收入，而不像我们现在所面对的超文本链接下的众多销售收入信息如文章或预测报告等提及的。并且，由于采用统一的财务报告标准，所有者可以通过搜索引擎去抓取特定的比较信息（如不同年度的某公司的销售收入，或特定年度不同公司的销售收入），可以提取公司跨报表科目进行比较（如销售收入和保留盈余的比较），还可以使用更直观的表格方式输出上述资料。

1.6.3 XBRL 分类标准与实例文档

1. XBRL 分类标准

分类标准（Taxonomy）是一个描述关键数据元素（数字或文本）的文档，这些元素包括在一个特定财务报告体系的实例文档中。

XBRL 为企业报告中的每个项目建立不同的标签，所有标签统称为分类标准。分类标准定义了各项目的属性及其关系等，相当于一个行业商业信息交换的词典。通俗地说，XBRL 分类标准包括一个 Taxonomy Schema. xsd 文件和计算、定义、标签、展示、引用五个数据库链接文件。

分类文件说明了一系列要素，描述了要素之间的数学和定义关系，对每一个数据都可以通过语境标签、计算关系、表现形式、规则定义、参考关系进行约束和规范。计算数据库链接文件（calculation. xml）从数据计算角度定义项目与项目之间的关系。例如，税后利润的概念由税前利润概念减去所得税概念得到。定义数据库链接文件（definition. xml）从概念角度理解项目与项目之间的关系，如泛型和具化关系。标签数据库链接文件（label. xml）确定了项目在财务报告中实际显示的名称。例如，可以用链接把文本串最近一年总收入和分类中定义的 RM-RY 条目联系起来。展示数据库链接文件（presentation. xml）定义在财务报告中，统一父项目下所有子项目的显示顺序。例如，在展示报表中，销售和打印机销售应该显示为父子关系。引用数据库链接文件（reference. xml）定义项目的参考信息，通过该信息可以让使用者理解项目的实际意义，这一点同标签数据库链接文件相似。

XBRL 分类标准中的元素，各国有自己的定义，如美国的 IFRS-GP 2005-OS-IS 的元素。我国也自行进行了定义，2010 年 10 月 19 日，国家标准化管理委员会和财政部在北京举行了可扩展商业报告语言（XBRL）技术规范系列国家标准和企业会计准则通用分类标准发布会。两套标准规定了 XBRL 语言的基本要素和按照企业会计准则编制 XBRL 财务报告的基本要求，为构建科学、完善、国际通行的会计信息化标准体系奠定了基础，成为我国会计信息化工作的一个里程碑和新起点。基于企业会计准则的 XBRL 通用分类标准的 Schema 共标识了 2 845个元素，行业与企业可根据自己的实际需求挑选和引用部分元素，并在此基础上根据本行业与企业信息披露的需求进行元素的扩展，形成行业与企业的 XBRL 扩展分类标准，以支持企业 XBRL 网络财务报告的产生。

2. XBRL 实例文档

实例文档是企业财务报告的一个实例文件，主要包含财务报告中的标签和数据。在 XBRL 财务报告中，标签与会计业务数据对应，利用应用程序自动从会计-业务数据库中提取生成实例文档。

(1) XBRL 实例文档概念

XBRL 实例文档（Instance Document）是根据相应的分类标准，将具体的业务报告转换成计算机软件可解读的 XML 文档集，它是 XBRL 语言标准技术规范事实化的应用成果。XBRL 实例文档的格式和语义由其引用的 XBRL 分类标准规范。由于存放在公众信息平台上的实例文档具有统一的数据格式和规范的语义，有助于软件工具的解读和分析，有力地支持了各类信息用户的信息使用需求。特别要指出的是，一个 XBRL 实例文档可能引用一个或多个分类标准。

XBRL 实例文档是 XBRL 语言标准技术规范和 XBRL 分类标准的具体应用，在 XBRL 实例文档的生成中，必须严格遵循 XBRL 国际组织颁布的 XBRL 技术规范。为此，要正确生成 XBRL 实例文档，必须建立相应的验证机制。

（2）XBRL 实例文档的验证和生成

XBRL 实例文档的验证和生成是指把一张非 XML 格式的异质业务报告输入计算机中后，通过相应的验证和转换软件工具，自动验证和生成一张符合 XBRL 分类标准所要求的格式、语义规范且能让计算机“读懂”的 XBRL 实例文档的过程。其验证和生成流程如图 1－22 所示。

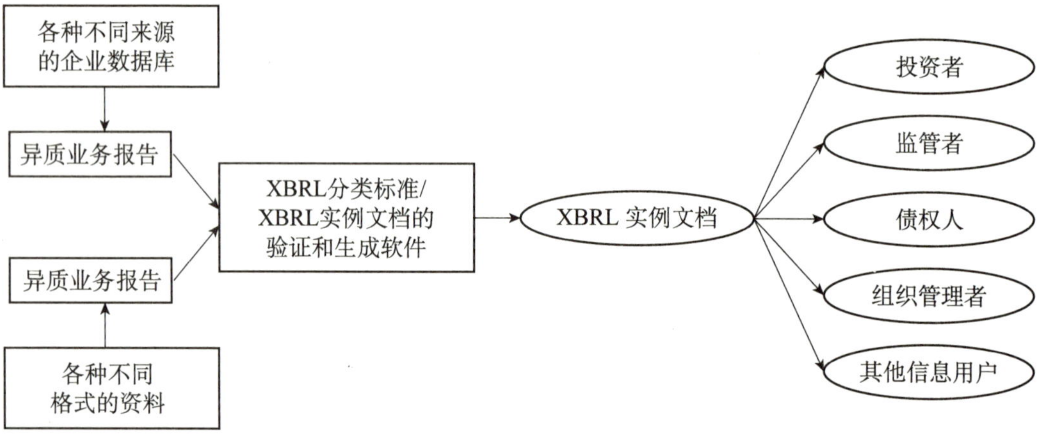

图 1－22　XBRL 实例文档的验证和生成流程

（3）XBRL 实例文档举例

某家公司某年资产负债表中应收账款期末余额为 1 200 000 元，对应的 XBRL 实例文档可表示如下：

〈? xml version=“1.0” encoding=“GB2312”〉

〈财务信息〉

〈单位〉XX 公司〈/单位〉

〈资产负债表日期=“2014/12/31”〉

〈应收账款〉￥1200000〈/应收账款〉

〈/资产负债表〉

〈/财务信息〉

在我国实际应用中，XBRL 实例文档中的源数据一般是手工输入的，或者由财务软件经转换而获得。这些数据元素都有独立的标记，有自己的含义，每个被标记的数据都跟特定的分类标准相关联。目前，SAP 等大型财务软件已具备将数据导出为 XBRL 格式的功能。

1.6.4 我国 XBRL 在财务报告中的应用与发展的展望

会计信息化就是会计现代化，也是会计国际化的重要基础。2009 年 4 月，财政部发布了《关于全面推进我国会计信息化工作的指导意见》(以下简称《指导意见》)，提出了全面推进我国会计信息化建设的目标，通过全面推进会计信息化工作，使我国的会计信息化达到或接近世界先进水平。

由于 XBRL 的推广和应用涉及面广、技术性强，在当前形势下，要以通用分类标准的发布为契机，积极做好相关工作，促使 XBRL 在财务报告领域的推广和应用，切实推动会计信息化建设的进程。

① 推动通用分类标准的分步实施。应当坚持"积极稳妥、先行试点、总结经验、分步推进"的原则，推动各监管部门和企业扩展应用 XBRL。在监管部门的扩展应用中，拟先以通用分类标准在银行、证券等监管中的应用为重点。在此基础上，积累总结经验，为进一步在央企管理、税务、统计等其他相关部门应用 XBRL 技术和通用分类标准提供技术支持。在企业和会计师事务所层面，在美国纽约证券交易所上市的我国部分公司、部分证券期货资格会计师事务所自 2011 年 1 月 1 日起施行，鼓励其他上市公司和非上市大中型企业执行。

② 加强推广应用 XBRL 的组织领导与协调。在推动 XBRL 和会计信息化的工作组织方面，由会计信息化委员会负责领导；XBRL 相关标准的制定归口财政部和相关部门，财政部制定通用分类标准，各相关监管部门在通用分类标准的基础上，按照各自监管要求制定扩展分类标准；在推进 XBRL 应用方面，搭建监管协调平台，建立协调机制。当前，为确保通用分类标准的顺利实施，财政部拟成立由相关政府和监管机构参与的"企业会计准则通用分类标准实施协调工作组"来推进相关工作。

③ 加强人才队伍建设，为推广应用 XBRL 提供人才保障。推进 XBRL 应用，人才是关键。要重视发挥高端人才在推广应用 XBRL 中的引领作用，着力培养既懂会计又懂计算机知识的复合型高端人才；要统筹兼顾，做好推广应用 XBRL 的人员培训。

④ 多管齐下，确保实例文档报送。对于有条件的企业，鼓励并帮助企业在通用分类标准上进行扩展，生成符合企业实际情况的 XBRL 财务报告实例文档；财政部将开发简易填报软件，供会计师事务所免费使用，方便其协助其客户生成财务报告实例文档；鼓励软件公司积极开发 XBRL 相应报告软件，并在现有 ERP 软件中添加 XBRL 报告功能模块，报送高质量的 XBRL 财务报告实例文档，并以适当方式公开披露，便于财务报告使用者更加准确、及时、方便、深度地分析和利用相关信息，从而全面推进我国会计信息化。

1.7 用友 ERP-U8 管理软件简介

1. 用友 ERP-U8 管理软件的功能特点

用友 ERP-U8 管理软件是一套企业级的解决方案，满足不同的竞争环境制造模式、商务模式以及运营模式下的企业经营，实现从企业日常运营、人力资源管理到办公事务处理等全方位的产品解决方案。用友 ERP-U8 是以集成的信息管理为基础，以规范企业运营、改善经营成果为目标，以"优化资源、提升管理"为核心理念，以快速实施为特点，为中小型企业提供一套满足中国企业特色的、成熟的、高效的、低成本的 ERP 全面解决方案(见图 1－23)。用友 ERP-U8 管理软件是当前国内用户群最多的软件产品，包括企业信息化的各个方面。

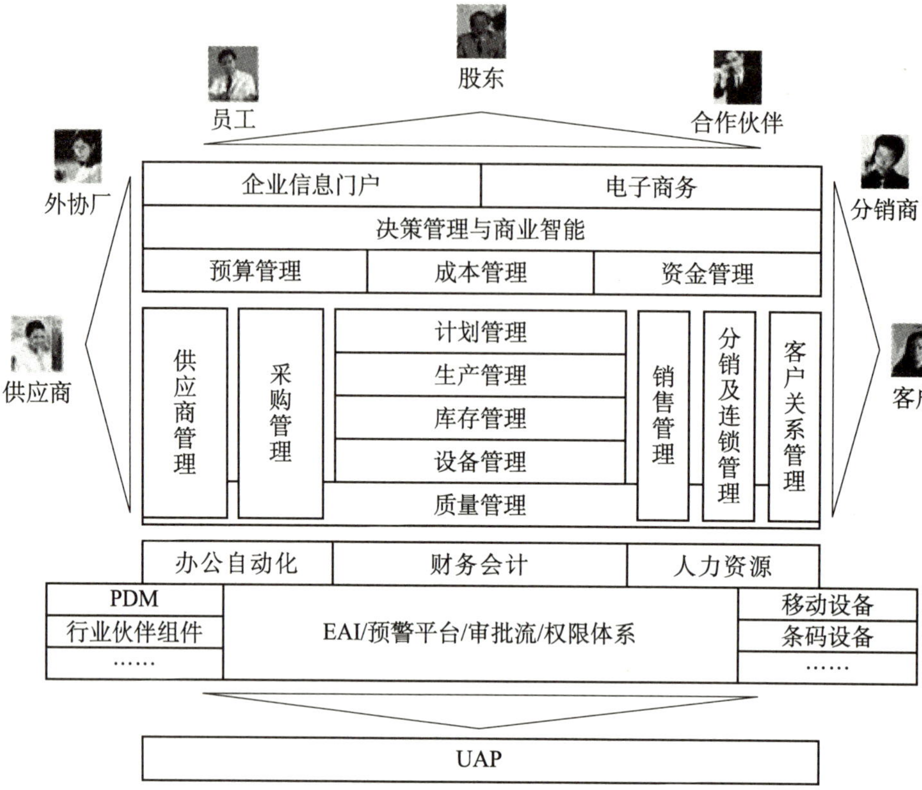

图 1－23　用友 ERP-U8 系统

注：VAP 为用友的“统一应用平台”，EAI 为“企业应用集成”，PDM 为“产品数据管理”。

用友 ERP-U8 管理软件汇集了上百万成功用户的应用需求，累积了丰富的行业先进企业管理经验，根据业务范围和应用对象的不同，划分为财务管理、供应链、生产制造、人力资源、决策支持、集团财务、企业门户、行业插件等系列产品，由四十多个系统构成且各系统之间的信息高度共享。

用友 ERP-U8 管理软件的主要功能特点如下：

(1)“业务场景驱动”的应用模式

用友 ERP-U8 软件基于用友 UAP 技术构架，“懂业务，就懂 ERP”的设计思想在个性化的角色门户中充分展现，让 ERP 成为“人人会用的 ERP”的管理工具。

(2) 提供多个行业及领域的解决方案

用友 ERP-U8 软件融入数十个行业的先进管理模式，提供不同类型企业的全面管理解决方案，提供企业关键业务场景，并通过预配置方式，使快速应用成为可能。

(3) 实现财务和业务的一体化管理

用友 ERP-U8 软件实现了以销售订单为导向、以计划为主线、以财务为核心，业务范围覆盖财务、物流、生产制造、客户关系管理、管理会计、决策支持、网络分销、人力资源、办公自动化、集团应用、企业应用集成等的一体化管理和全面应用。

(4) 满足各层次管理者的应用需求

用友 ERP-U8 软件是一个企业综合运营平台，可以满足各级管理者对信息化的不同要求：为高层管理人员提供大量收益与风险的决策信息，辅助企业制定长远发展战略；为中层管理人员提供企业各个运作层面的运作状况，帮助进行各种事件的监控、发现、分析、解决、反馈等处理流程，做到投入产出最优配比；为基层管理人员提供便利的作业环境、易用的操作方式，实现工作岗位、工作职能的有效履行。

(5) 较高的性能效率和易用性

用友 ERP-U8 软件实现了低配置、低资源占用、数百个高并发状态下的企业平台级大规模应用；支持全键盘操作，具有较好的易用性和与管理者的交互性；个性化开发工具 UAP 平台内预置各种模板，可快速支持企业基于行业的个性化开发。

(6) 支持制造业、流通企业的深度应用

运用用友 ERP-U8 软件，可实现动态安全库存、集体计件工资、工序委外管理、标准成本管理等应用；实现滚动采购计划及供货信息联动查询；实现销售订单的全过程追溯查询；提供数十个关键业务点的内部控制；支持企业直营门店、直营专柜、加盟店业务模式，支撑连锁零售企业的经营扩张。

(7) 满足法规的要求

用友 ERP-U8 软件提供了《劳动法》、会计准则和制度的完整解决方案，以及适应国家财税制度新变化的财税一体化应用。

2. 用友 ERP-U8(V8.72)管理软件的应用架构

用友 ERP-U8(V8.72)软件系统为 2008 年 3 月发布的用友 ERP-U8(V8.71)的升级版本，本版重点是提高系统的运行效率、改进产品的易用性；另外，推出了面向中高层管理人员以及专业分析人员，进行全面的企业财务和业务的综合查询、实时监控和分析决策的商业智能平台。本版还充分考虑国外企业在华投资和国内企业向海外发展的国际化运营模式的需求，提供多语言（简、繁、英）支持。

用友 ERP-U8(V8.72)软件的工作中心界面如图 1-24 所示。

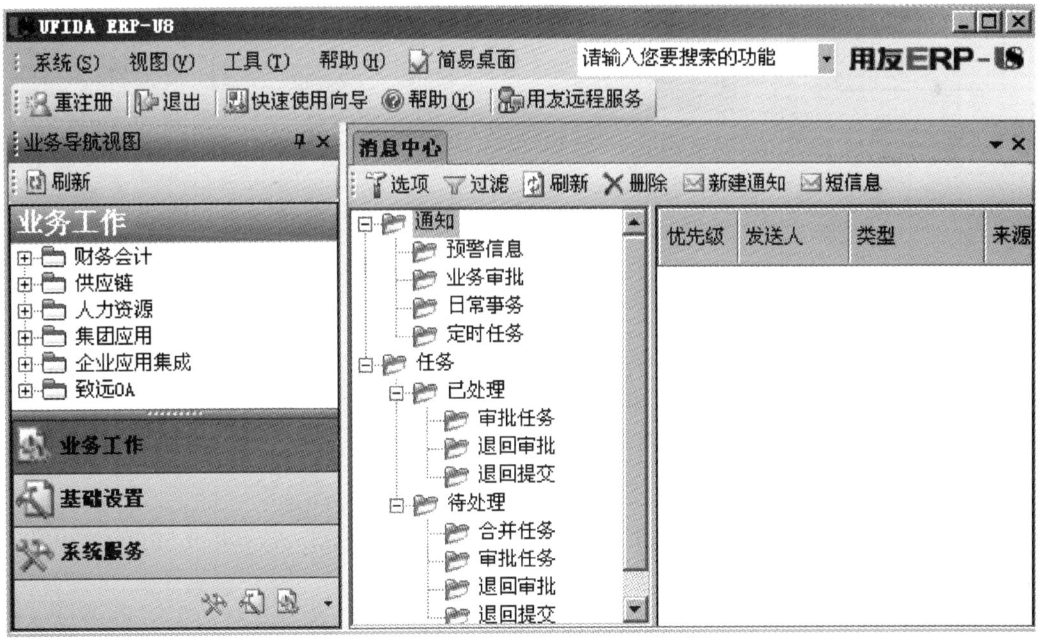

图 1-24　工作中心界面

用友 ERP-U8(V8.72)包含的明细功能模块如下：

① 财务会计：总账、应收款管理、应付款管理、固定资产、网上报销、网上银行、UFO 报表、现金流量表、报账中心。

② 管理会计：成本管理、项目管理、预算管理、资金管理。

③ 客户关系管理：客户关系管理、服务管理。

④ 供应链：合同管理、售前分析、销售管理、采购管理、委外管理、库存管理、存货核算、质量管理、进口管理、出口管理。

⑤ 生产制造：物料清单、主生产计划、产能管理、需求规划、生产订单、车间管理、工序委外、工程变更、设备管理。

⑥ 人力资源：人力资源基础设置、人事管理、薪资管理、保险福利管理、考勤休假管理。

⑦ 集团应用：结算中心管理、行业报表、网上结算。

⑧ 企业应用集成：企业应用集成。

用友 ERP-U8(V8.72)软件支持 Windows 98/NT/2000/XP/2003/Vista/2008 操作系统，支持最新会计制度；用友 ERP-U8(V8.72)软件后台使用的数据库为 SQL Server 2000 SP4/2005 SP2/2008；用友 ERP-U8(V8.72)软件支持简体中文、繁体中文和英文三种语言。

用友 ERP-U8(V8.72)软件功能众多，不同类型企业的自身需求不同，在使用 ERP-U8(V8.72)软件系统时，其业务流程也会有所区别。本教材基于制造型企业的特点，以 ERP-U8(V8.72)软件财务管理、供应链管理和人力资源管理中的常用模块为实验学习对象，使学生对 ERP 软件财务业务一体化运行模式、工作流程、各功能模块和操作使用有一个总体了解、熟悉并掌握。

本教材所学习使用的各模块(子系统)之间的数据关系如图 1－25 所示。

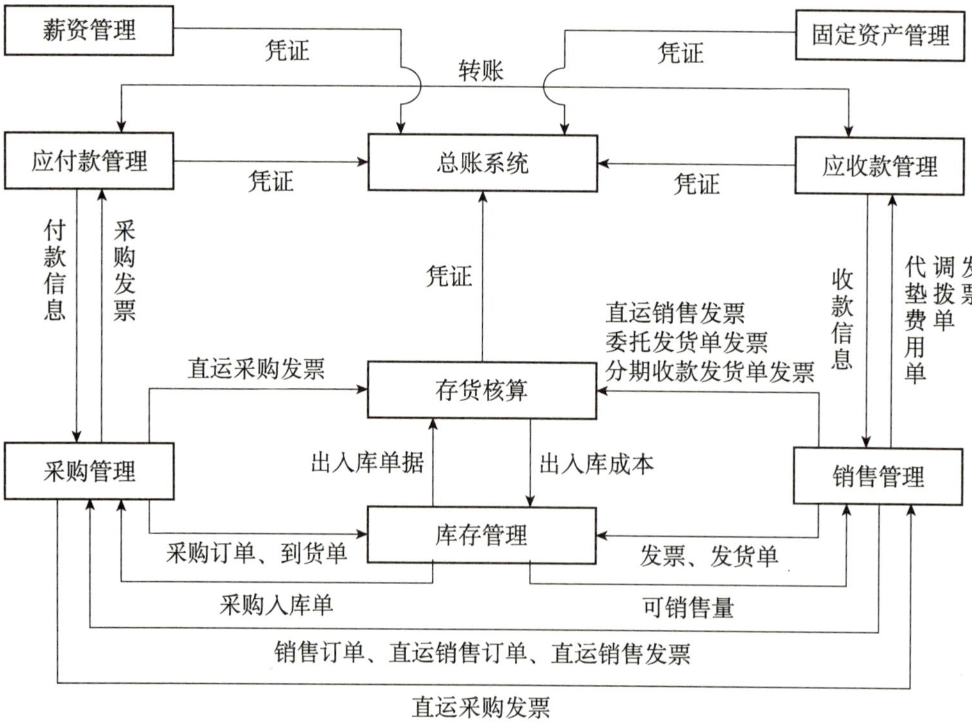

图 1－25　各模块之间的数据关系

3. 用友 ERP-U8(V8.72)系统应用流程

为了正确安装和使用用友 ERP-U8(V8.72)系统,用户必须了解软件安装步骤和操作使用程序。

用户使用用友 ERP-U8(V8.72)系统时,其应用流程如下:

① 安装 SOL 数据库:支持 SQL2000(SP4)、SQL2005(SP2)和 MSDE(SP4);

② 安装用友 ERP-U8(V8.72)系统;

③ 设置操作员;

④ 建立账套及其基本信息;

⑤ 赋予操作员账套操作权限;

⑥ 进入账套,进行账套参数设置;

⑦ 进入企业应用平台,启用各模块;

⑧ 进行账套基础档案资料设置;

⑨ 模块初始化:业务参数设置、期初数据录入;

⑩ 进行日常业务处理;

⑪ 月末处理;

⑫ 每年 12 月末处理完毕后,进行年度账处理;

⑬ 开始下一年度的业务处理。

思考题

1. 简述信息化的含义。
2. 什么是会计信息化?简要说明会计信息化和会计信息系统的关系。
3. 简述数据、信息、知识的区别与联系。会计信息有什么特点?
4. 基于计算机的信息系统的构成有哪些?组织中常见的信息系统有哪些?试举例说明。
5. 什么是管理信息系统?简述管理信息系统的发展阶段。
6. 什么是会计信息系统?简述会计信息系统的总体功能结构。
7. 简述会计信息系统内部各子系统的数据关系。
8. 简述 ERP 环境下财务与业务一体化系统的特点。
9. 信息技术对会计工作的影响体现在哪些方面?
10. 试比较手工会计信息系统与电算化会计信息系统的异同。
11. 会计人员如何应对信息技术发展的挑战?
12. 简述网络财务报告和可扩展商业报告语言的概念。

第2章　会计信息系统建设与管理

会计信息系统建设与管理涉及信息系统的整个生命周期。首先，会计软件是电算化会计信息系统的重要组成部分，要构建一个电算化会计信息系统，除了要配置系统的硬件环境、软件平台外，还需要研制开发一个符合企业实际需要的会计软件系统。其次，电算化会计信息系统投入使用后，还涉及其运行、维护与管理。

2.1　信息系统的开发方法

信息系统的开发方法是指信息系统开发过程中的指导思想、逻辑、途径以及工具的组合。

2.1.1　开发的原则

开发信息系统的最终目的是以经济合理的投资获得一个适用、可靠、易维护的系统。为此，有必要借鉴过去成功的经验，在建设信息系统之初，制定开发信息系统的原则。

1. 稳定性原则

由于一个组织的组织结构、管理模式、管理机制、运营方式等都会随着内外环境的改变而发生变化。因此，为其服务的管理信息系统应该具有较强的应变能力，从而确保信息系统的建设有一个相对的稳定性。

2. 先进性和实用性原则

鉴于目前国内信息系统的开发应用过程中存在低水平重复开发和片面追求高档次硬件设备的问题，以及系统建设成功率低和建立起来的系统使用价值不高的实际情况，在系统开发过程中必须要把实用性放在第一位，注重信息系统与现行管理需求的适应关系，使系统目标明确、功能齐全、易于理解、便于掌握、运行可靠、工作效率高。同时，又要突出系统技术上的先进性，采用先进的软件、硬件技术。不是简单地使用计算机模仿传统的手工作业方式，而是充分发挥计算机的各种能力去改善传统的工作，积极引入现代化管理思想和手段，使建立的系统具有时代的先进性，克服管理中的薄弱环节。

3. 面向用户原则

信息系统是为用户开发的，最终是要交给用户的管理人员使用的，只有用户通过运行和使用，系统才能对系统做出客观的评价。因此，开发者要使系统开发获得成功，必须坚持面向用户，树立一切为了用户的观点。从总体方案的规划到开发过程中的每一个环节，都必须谨慎地站在用户的立场上，一切为了用户，一切服务于用户，虚心征求、认真听取、采纳用户意见、及时交流、共同决策并制订具体方案。

4. “一把手”原则

在系统开发的过程中，组织的“一把手”应发挥强有力组织领导和决策指挥作用。“一把手”必须参与系统开发的全过程。信息系统的建立与应用是一个技术性、政策性很强的系统工程，诸如系统开发的目标、环境改造、管理体制改革、机构调整、设备配置、软件、硬件资源开发、人员培训、项目管理、服务支持等一系列问题都需要组织最高领导进行决策。那种要钱给钱、要人给人的一般物质环境的支持是远远不够的，“一把手”应对开发工作高度重视并亲自介入。

5. 工程化、标准化原则

信息系统的开发走过很长的一段弯路，很大程度上是由于在开发管理过程中随意性太大。因此，系统的开发管理必须采用工程化和标准化的方法，即科学划分工作阶段，制定阶段性考核标准，分步组织实施，所有的文档和工作成果要按照标准存档。这样做的好处有三点：一是在系统开发时便于人们沟通，形成的文字资料不容易产生“二义性”；二是系统开发的阶段性成果明显，可以在此基础上继续前进，目的明确；三是有案可查，使未来系统的修改、维护和扩充比较容易。

6. 整体性原则

系统的整体性，主要体现在功能目标的一致性和系统结构的有机化。首先，坚持统一规划、严格按阶段分步实施的方针，采用先确定逻辑模型，再设计物理模型的开发思路；其次，注重继承与发展的有机结合。传统的手工信息处理，由于处理手段的限制，采用各职能部门分别收集和保存信息、处理分散信息的形式。如果信息系统只是改变处理手段，仍然模拟人工的处理形式，就会把手工信息分散处理的弊病带到新系统中，使信息大量冗余，不能实现资源共享；使信息难以通畅，不能形成一个完整的系统。为了使开发的新系统既能实现原系统的基本功能和新的用户功能需求，又能摆脱手工系统工作方式的影响，必须寻求系统的整体优化。因此，需要站在整个组织的角度来通盘考虑，克服本位观念。有些在局部看来最优，在整体看来不优的决策一定不能引入。各部门的职能分工、任务安排也要考虑相互协调的问题，局部服从整体。

2.1.2 开发的方式

信息系统的开发方式主要有用户自行开发、委托开发、合作开发、购买商品化软件等。实际上，在签订合同的时候就必须确立开发方式，因为不同的开发方式对合同的细则（如知识产权、开发费用、系统维护等）有直接的影响。上述四种开发方式各有优点和不足，需要根据组织的技术力量、资金情况、外部环境等因素进行综合考虑和选择。但是，不论哪一种开发方式都需要组织的领导和业务人员参与，并在信息系统的整个开发过程中培养和锻炼组织的信息技术队伍。

1. 用户自行开发

用户自行开发方式又称最终用户开发方式，适合于有较强的信息技术队伍的组织。自行开发的优点是开发费用少，开发的系统能够适应本单位的需求，且满意度较高，便于维护。缺点是由于不是专业开发，容易受业务工作的限制，系统优化不够，开发水平较低；且由于开发人员是从所属各单位抽调出来临时组建进行信息系统的开发工作，这些人员在其原部门还有其他工作，因此精力有限，容易造成系统开发时间长、系统整体优化较弱；开发人员调动后，系统维护工作没有保证。因此，一方面需要大力加强领导，实行“一把手”原则；另一方面可向专业开发人士或公司进行咨询，或聘请他们作为开发顾问。

随着第四代语言及软件工具和信息系统生成器的发展，越来越多的组织进行自行开发是有可能的。虽然这些工具与常规的编程语言相比运行速度较慢，但是由于目前硬件成本越来越低，完全可以弥补软件运行速度的不足，使该方式在技术和经济上可行。另外，该方式开发的系统的整体性与质量较难得到保证，易产生用现代信息技术加固传统的管理方法，不利于推动组织变革。在组织面临重组与经济全球化的挑战下，该方式本身也面临挑战。

2. 委托开发

委托开发方式适合于组织信息系统的开发力量较弱但资金较为充足的单位。委托开发方式的优点是省时、省事，开发的系统技术水平较高；缺点是费用高，系统维护需要开发单位的长期支持。此种开发方式需要组织的业务骨干参与系统的开发论证工作，开发过程中需要开发单位和组织双方及时沟通，进行协调和调查。

委托开发再往前走一步，就是系统外包。所谓系统外包，是指组织不依靠其内部资源来建立信息系统，而是聘请专门从事开发服务的外部组织进行开发，由外部开发商负责信息系统的建设甚至日常管理。

显然，委托开发多是就一次性项目而签订委托合同，而系统外包则有可能是签订一个长期的服务合同，对组织有关信息技术的业务进行日常支持，这其中受托单位的选择至关重要。

系统外包之所以流行开来，是因为有些组织发现，用系统外包方式建立信息系统比组织自行维持内部计算机中心工作人员和管理信息系统更能控制成本。负责系统开发服务的外部开发商能从规模经济中(相同的知识、技能和能力由许多不同的用户共享)降低成本，从而获得收益，并能以富有竞争力的价格支付。由于一些组织内部的信息系统人员对知识的掌握无法与技术的变化同步，因此组织可以借助系统外包进行开发。该方式能较好地推动组织的重组与变革，在我国现阶段与将来是主流的开发方式之一。当然，也不是所有组织都能从系统外包中获得好处，一旦不能很好地理解和管理系统，那么系统外包的缺点就可能给组织带来严重的问题。例如，失控、战略信息易损、对外部服务商产生依赖性、不利于培养组织自身的技术力量等。

3. 合作开发

合作开发方式又称联合开发，它是自行开发方式与委托开发方式的结合，适合于虽然有一定的信息技术人员，但可能对信息系统开发规律不太了解的组织；或者整体优化能力较弱，又希望通过管理信息系统的开发，完善和培养自己的技术队伍，便于后期进行系统维护工作的组织。

合作开发方式需要成立一个临时的项目开发小组，由组织业务骨干(甲方人员)与开发人员(乙方人员)共同组成，项目负责人可由甲方或乙方担任，或者双方各出一位负责人，项目负责人直接对组织的“一把手”负责，紧紧围绕项目开发这一任务开展工作。该项目组是一个结构松散的组织，随着项目开发阶段的不同，可根据需要随时增减人员与调整工作方式。项目组应严格挑选与控制人员，经验告诉我们，在信息系统开发这种特殊的项目中随意增加人员并不能加快系统开发的进程。该方式强调在开发过程中通过共同工作，逐步培养组织自身的人才，项目开发任务完成后，项目组一般会自行解散，后期的系统维护工作将主要由组织自身的人员承担。另外，该方式还强调合作双方的关系的重要性，建立一种诚信的、友好的合作关系对完成项目是至关重要的。

由于合作开发方式具有很强的针对性与灵活性，在我国被广泛采用，曾经是我国信息系统中的主流开发方式。它的优点是，相对于委托开发方式比较节约资金，可以培养、增强组织的技术力量，便于系统维护工作。它缺点是，双方在合作中易出现扯皮现象，需要双方及时达成共识，进行协调和检查。

4. 购置商品化软件与软件包

目前，软件的开发正在向专业化方向发展。一批专门从事信息系统开发的公司已经开发出一批使用方便、功能强大的专项业务管理软件。为了避免重复劳动、提高系统开发的经济效益，组织可以购买信息系统的成套软件或开发平台，如财务管理信息系统、小型组织管理信息系统、进销存管理信息系统、ERP 系统等。此方式的优点是节省时间和费用、技术水平较高；缺点是通用软件的专用性较差，需要有一定的技术力量根据用户的要求做软件改善和接口工作等二次开发工作。购置现成的商品软件，买来后经修改（二次开发）、安装、初始化即可投入使用。该方式中软件品种与软件供应商的选择是需要花时间进行比较与选择的，价格因素也是不容忽视的。目前商品化应用软件（应用软件包）品种很多，从单一功能的小软件到覆盖大部分组织业务的大系统，价格也从几万元到几百万元不等。

购置现成的商品软件，容易使组织模式向商品软件的模式靠拢，变动的成分较大，有利于进行组织业务流程重组，但同时也存在风险。

总之，不同的开发方式各有不同的优点和缺点，需要根据组织的实际情况进行选择，也可综合使用各种开发方式。表 2-1 对上述四种开发方式进行了简单的比较。

表 2-1　信息系统开发方式的比较

特点比较＼方式	自行开发	委托开发	合作开发	购置商品化软件与软件包
分析设计能力的要求	较高	一般	逐渐培养	较低
编程能力的要求	较高	不需要	需要	较低
系统维护难易程度	容易	较困难	较容易	较困难
开发费用	少	多	较少	较少
特点描述	开发时间较长，但可得到适合本企业的系统，并培养了自己的系统开发人员，该方式需要强有力的领导及进行一定的咨询	最省事，开发费用较高，必须配备精通业务的人员，需要经常进行监督、检查、协调	通常在具备一定编程力量的基础上进行联合开发，合作方有培训义务且成果共享，双方的沟通非常重要	要有鉴别与校验软件包功能及适应条件的能力，需编制一定的接口软件

2.1.3　开发的方法

1. 结构化系统生命周期法

(1) 信息系统的生命周期

任何事物都有产生、发展、成熟、消亡（更新）的过程，信息系统也不例外。在使用过程中，信息系统随着其服务的组织环境的变化，需要不断地进行维护和修改；当它不再适应的时候就要被淘汰,新的系统取代旧系统投入运行;周而复始,循环往复。每个循环周期称为信息系统的生命周期,如图2-1所示。

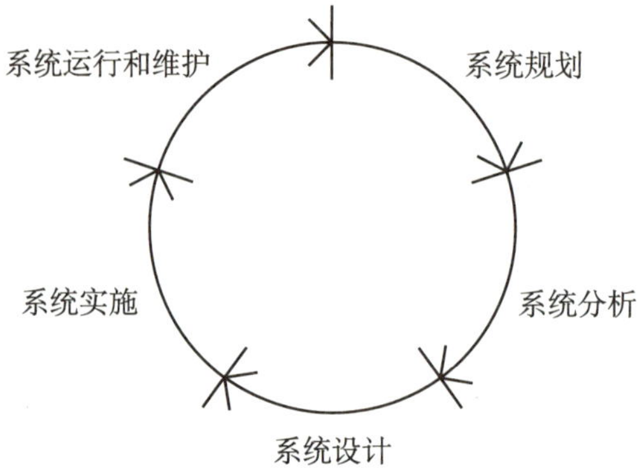

图2-1 信息系统的生命周期

由图2-1可知,信息系统的生命周期可分为系统规划、系统分析、系统设计、系统实施、系统运行和维护五个阶段。

① 系统规划。系统规划阶段的主要任务是在对组织的环境、目标、现行系统状况进行调查的基础之上,根据组织目标和发展战略,制定系统的发展战略。在调查、分析组织信息需求的基础上,提供系统的总体结构方案;根据发展战略和总体结构方案,安排项目的开发计划。

② 系统分析。系统分析阶段的主要任务是根据系统开发方案,对组织的管理业务现状和资源条件等进行初步调查,并在此基础上进行可行性分析,提出可行性分析报告。如果方案可行,则对现行系统进行详细调查,描述现行系统的业务流程和数据流程,指出现行系统存在的问题与不足,提出改进意见;确定新系统的业务流程和数据流程,提出新系统的逻辑方案,编制系统说明书。系统分析阶段是整个管理信息系统建设的关键阶段。

③ 系统设计。系统设计阶段的主要任务是在系统分析提出的逻辑模型的基础上,设计新系统的物理模型,回答"怎么做"的问题。该阶段又可分为总体设计和详细设计两个阶段。总体设计阶段的主要任务是进行系统的流程图设计、功能结构图设计、功能模块图设计等;详细设计阶段的主要任务包括编码方案设计、系统物理配置方案设计、数据存储设计、输入/输出设计、处理流程图设计等。这个阶段的技术文档是系统设计说明书。

④ 系统实施。系统实施阶段的主要任务是将设计好的系统付诸实施,它是整个信息系统生命周期的关键阶段。该阶段的内容包括设备的购买、安装与调试、程序设计与调试、人员培训、数据准备、系统测试与转换等。系统实施阶段的任务多且复杂,必须精心安排、合理组织。要制订周密计划,确定系统实施各阶段的进度和费用,保证系统实施工作的顺利进行。

⑤ 系统运行和维护。系统运行和维护阶段的主要任务是负责系统投入正常运行后的管理、维护和评价工作。系统投入运行后,为了保证其正常发挥作用,必须加强系统的日常管理和维护,制定相关制度,评价系统的运行情况。

(2) 结构化系统生命周期法的含义

结构化系统生命周期法,又称结构化系统开发方法(Structured System Development Methodology,SSDM)是迄今为止最传统、应用最广泛的一种系统开发方法,主要适用于规模较大、结构化程度较高的系统的开发。其基本思想是,用系统的思想和工程化的方法,按用户至上的原则，结构化、模块化、自顶向下地对系统进行分析与设计。

具体来说，就是先将整个信息系统开发过程划分为若干个相对比较独立的阶段，如系统规划、系统分析、系统设计、系统实施等。在前三个阶段坚持自顶向下地对系统进行结构化划分。也就是说，在进行系统调查或理顺管理业务时，应从最顶层的管理业务入手（即从组织管理“金字塔”结构的塔尖入手），层层逐步深入至最基层。在提出新系统方案和系统设计时，应先从宏观整体考虑（即考虑系统整体的优化），再考虑局部的优化问题。而在系统实施阶段，则应坚持自底向上地逐步组织实施。也就是说，按照前期阶段设计的模块，组织人力从最基层的模块做起（编程），然后按照系统设计的结构，将模块一个一个拼接到一起进行调试，自底向上、逐渐地构成整体系统。

(3) 结构化系统生命周期法的优缺点

结构化系统生命周期法的优点如下：

① 从系统整体出发，强调在整体优化的前提下“自顶向下”地分析和设计，保证了系统的整体性和目标的一致性。

② 用户至上，根据用户需求开发，系统具有较强的适用性。

③ 严格区分工作阶段，每个阶段都有其明确的任务，每一步工作都及时地总结，发现问题及时地反馈和纠正，避免了开发过程的混乱状态；每一阶段的工作成果是下一阶段的依据，便于系统开发的管理和控制。

④ 文档规范化，在系统开发的每一步骤和每一阶段，都按工程标准建立了标准化的文档资料，有利于系统的维护。

结构化系统生命周期法的缺点如下：

① 由于用户的素质或系统分析员与管理者之间的沟通问题，在系统分析阶段很难把握用户的真正需求，易导致开发出不符合用户需求的系统。

② 开发周期长，一方面，使得用户在较长时间内不能得到一个实际可运行的系统；另一方面，难以适应环境变化，一个规模较大的系统经历较长时间开发出来后，其生存环境可能已经发生了变化。

③ 结构化程度较低的系统，在开发初期难以锁定功能要求。

2. 原型法

(1) 原型法的含义

原型法（Prototyping）是 20 世纪 80 年代初兴起的一种开发模式，随着计算机软件技术的发展，在关系数据库（Relational Data Base，RDB）和第四代程序生成语言（The 4th Generation Language，4GL）等开发环境的基础上提出的一种方法。原型法克服了结构化系统生命周期法的缺点，缩短了开发周期，降低了开发风险。原型法和结构化系统生命周期法是思路完全不同的两种方法，原型法扬弃了一步步周密、细致地进行系统分析和设计，用户最后才能看到可实现系统的繁琐做法，在初步调查了解的基础上，提供快速的软件构造工具，开发出一个功能并不十分完善的、可实际运行的系统，即原型。在原型运行的过程中，根据用户的评价，对原型系统进行修改、扩充、变更和完善，经过与用户的反复协商和改进，使之逐渐完善，最终形成实际系统。原型法比较适用于用户需求不清，管理及业务处理不稳定，需求经常发生变化，系统规模较小且不太复杂的情况。

(2) 原型法的工作流程

利用原型法开发信息系统大致经过以下步骤：

① 确定用户的基本要求。系统开发人员通过对用户的调查访问，明确用户对新系统的基本要求（如功能、输入/输出要求、人机界面等），据此确定哪些要求是可实现的并估算实现的成本费用。

② 开发一个原型系统。利用开发工具快速地建立一个交互式的软件系统，即原型系统。

③ 征求用户意见。用户通过亲自使用原型，对系统进行评价，找出新系统存在的缺点和不足之处，并反馈给系统开发人员。这一阶段是整个开发过程的关键。

④ 修改原型。系统开发人员通过与用户不断地交流和探讨，对系统进行反复修改、扩充和完善，直到用户满意为止。

原型法的工作流程如图 2－2 所示：

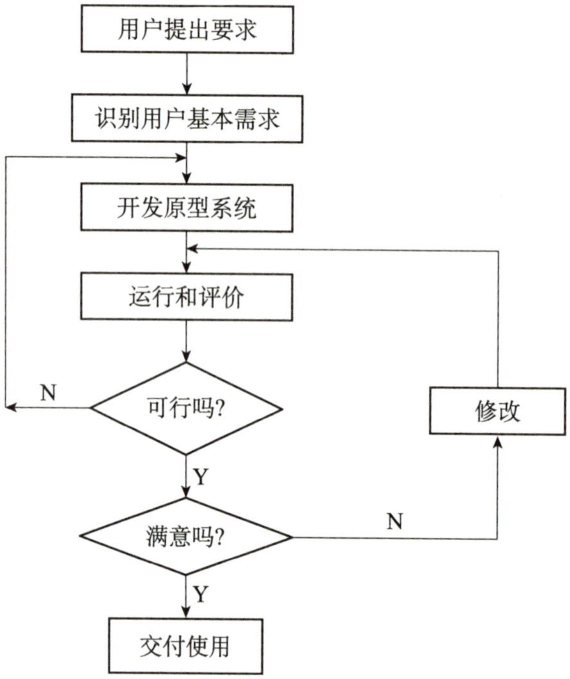

图 2－2　原型法的工作流程

（3）原型法的优缺点

原型法的优点如下：

① 符合人们认识事物的规律。系统开发循序渐进，反复修改，确保较高的用户满意度。

② 开发周期短，费用相对少。原型法应用工具进行开发，不仅能很快形成原型，而且使用方便、灵活、修改容易，可大大缩短开发时间、降低成本。

③ 系统更加贴近实际。由于有用户的直接参与，用户的各种要求能及时地反映到系统中，使得开发的系统能符合用户的需求。

④ 易学易用，减少培训用户的时间。用户从原型开始就不断地使用和评价系统，这样的用户只要稍加培养就可很快地学会使用系统。

⑤ 应变能力强。由于系统开发周期短、使用灵活、修改方便，对管理体制和组织结构不稳定的系统较合适。

原型法的缺点如下：

① 对于一个规模较大或复杂性高的系统，很难建立这样一个原型，因此该法不适合大规模系统的开发。

② 对开发过程管理的要求高，整个开发过程要经过“修改—评价—再修改”的多次反复，每次反复都要花费人力、物力、财力。如果用户配合不好，盲目地进行修改就会导致系统开发周期变长，会无限期地拖延开发进程。

③ 用户过早地看到系统原型，会错认为系统就是这个模样，易使用户丧失耐心和信心。

④ 开发人员很容易潜意识地用原型取代系统分析。

⑤ 缺乏规范化的文档资料，给系统维护工作带来困难。

3. 面向对象法

(1) 面向对象法的含义

20 世纪 80 年代，由于面向对象的语言和程序设计取得成功，面向对象法(Object Oriented Method，OOM)开始应用于管理领域中的信息系统开发。面向对象的系统开发方法是从 80 年代末各种面向对象的程序设计方法(如 Smalltalk、C++等)逐步发展而来的。面向对象法作为一种方法论，强调对现实世界的理解和模拟，便于由现实世界转换到计算机世界。相对于其他信息系统的分析设计方法，面向对象法更便于进行程序设计、修改和扩充，特别适用于系统分析和设计。

(2) 面向对象法的开发步骤

① 系统调查和需求分析。对系统进行需求调查分析，搞清楚系统的目的和用户的需求是什么。

② 面向对象分析(OOA)。把繁杂的问题分解并抽象为一类或对象，分析这些对象的结构、属性、方法以及对象间的联系等。

③ 面向对象设计(OOD)。对分析结果做进一步的抽象、归纳、整理，从而给出对象的实现描述，并以范式的形式将它们确定下来。

④ 面向对象的程序(OOP)。此阶段为程序实现阶段，即选用面向对象的程序设计语言，实现设计阶段抽象整理出来的范式形式的对象，形成相应的应用程序软件。

(3) 面向对象法的优缺点

面向对象法的优点如下：

① 以对象为基础，利用特定的软件工具直接完成从对象客体的描述到软件的转换，这是面向对象法最主要的特点和成就。

② 解决了如结构化系统生命周期法中客观世界描述工具与软件结构不一致的问题，缩短了系统开发周期；解决了从分析和设计到软件模块结构之间多次转换、映射的繁杂过程，简化了分析和设计。

③ 在面向对象法中，系统模型的基本单元是对象，是客观事物的抽象，具有相对稳定性，因而面向对象法开发的系统具有较强的应变能力，重用性与维护性好，并能够降低系统的开发维护费用，控制了软件的复杂性。

④ 特别适合于多媒体和复杂系统。

面向对象法的缺点如下：

和原型法一样，面向对象法需要有一定的软件基础支持才可应用。另外，对大型系统而言，采用自下而上的面向对象法开发系统，易造成系统结构不合理、各部分关系失调等问题，使系统整体功能的协调性差。

4. 三种开发方法的比较

对于同一个系统的开发过程来说，使用不同的开发方法在具体的操作过程上是有所区别的。如果用结构化系统生命周期法来开发系统，其思路应该是先对问题进行调查，然后从功能和流程的角度来分析、了解和优化问题，最后规划和实现系统；如果用原型法来开发系统，其思路应该是先请用户介绍问题，然后利用软件工具迅速地模拟出一个问题原型，再与用户一起运行和评价这个原型，如不满意则立刻修改，直到用户满意为止，最后优化和整理系统；如果用面向对象法来开发系统，其思路应该是先对问题进行调查，然后从抽象对象和信息模拟的角度来分析问题，将问题按其性质和属性划分为各种不同的对象或类，厘清它们之间的信息联系，最后用面向对象的软件工具实现系统。

在实践中，各单位信息系统的规模大小不同，处理的功能繁简不一，涉及的管理层次也有高、中、低之分，如何根据本单位的实际情况选择合适的开发方法，是影响系统开发效率和质量等的主要因素之一。

结构化系统生命周期法是国际公认的标准化方法，过程严密，思路清楚，但总体思路比较保守，是以不变应万变来适应环境的变化；原型法强调开发人员与用户的交流，开发的信息系统具有较强的动态适应性，对于中小型的信息系统具有较好的开发效果，但对计算机开发工具的要求较高；面向对象法是一种新颖、具有独特优点的方法，特别适合系统分析和设计，但在没有进行全面的系统性调查分析之前，把握其系统结构有困难。在实际开发中，代表性的观点认为，单纯地采用任一种方法来进行开发都是片面的、有缺陷的，最好是将各种方法综合起来应用，取长补短。

目前，只有结构化系统开发方法是真正能比较全面地支持整个系统开发过程的方法，其他几种方法虽然各有优点，但都是作为结构化开发方法在局部开发环节上的补充，都还不能替代其在系统开发过程中的主导地位。

5. 计算机辅助软件工程

长期以来，人们进行系统开发的主要手段是手工方式，系统开发的速度与质量主要取决于系统分析人员、程序设计人员等的个人经验和水平。在这种开发方式下存在一些难以克服的问题：①系统开发周期长，工作效率低；②质量得不到保证，数据一致性差；③文档工作不规范；④系统维护工作量大；等等。20 世纪 80 年代迅速发展起来的软件开发技术领域——计算机辅助软件工程(Computer Aided Software Engineering，CASE)，打破了制约信息系统开发的瓶颈，是实现系统开发自动化的一条主要途径。

CASE 集图形处理技术、程序生成技术、关系数据库技术和各类开发工具于一身，能支持除系统调查外的每一个开发步骤，是一种自动化和半自动化的方法。如果严格地从认知方法论的角度来看，CASE 并不是一种真正的方法，它只是一种开发环境，提供了支持开发的各类工具。但从对整个系统开发过程的支持程度来看(即从实用性角度)，它是一种实用的系统开发方法。

由于 CASE 只是为各种具体的开发方法提供了支持每一阶段的开发工具，因而采用 CASE 进行开发，还必须结合一种具体的开发方法，如结构化开发方法、原型法和面向对象法等。采用 CASE 工具开发具有如下特点：

① 解决了从客观对象到软件系统的映射问题，支持系统开发的全过程。

② 具有较高的自动化水平，缩短了系统的开发周期。

③ 各种软件工具事先都经过测试和验证，使得开发的系统质量得到保证。

④ 对各阶段工作进行统一管理，各开发工具可通过公用数据库共享数据，保持工作过程的连续性和数据的协调与一致。

⑤ 需要维护的软件可根据事先的说明或定义重新生成，使软件维护方便且费用低。

⑥ 自动开发工作所生成的标准化、规范化的文档，统一了格式，减少了人为的随意性，提高了文档的质量。

⑦ 自动化的工具使开发者从繁杂的分析设计图表和程序编写工作中解脱出来。

目前，从支持功能来划分，CASE 工具大致有如下三种类型：

① 系统需求分析与设计工具。需求分析工具是在系统分析阶段用来严格定义需求规格的工具，能将逻辑模型清晰地表达出来，该阶段的工具包括原型构造工具、数据流程图绘制与分析工具、数据字典生成工具等。设计工具是用来进行系统设计的，将设计结果描述并形成设计说明书，如系统结构图设计工具、数据库设计工具、图形界面设计工具、HIPO 图工具等。

② 软件生成工具。该类工具主要用于最后的软件设计与编程工作。

③ 集成化开发工具。集成化是 CASE 发展的方向。集成化开发工具是一组软件工具的有机结合，它支持从需求分析、设计、程序生成乃至维护的整个软件生命周期。

2.2 会计信息系统的系统调查

2.2.1 系统的初步调查

1. 系统初步调查的目标

系统初步调查是整个系统开发工作的首要活动内容。系统开发工作是依据系统规划确定的拟建系统总体方案进行的。在系统规划阶段，规划所确定的需开发的会计信息系统，可能由于资源条件的限制而不能全部进行，通常把整个会计信息系统分成若干个应用项目，分期、分批进行开发。系统规划虽然从总体上确定了会计信息系统的目标、功能和发展方向，但对每个开发项目的具体目标、规模和内容并未做出详细的分析。此外，系统规划确定的开发项目，由于环境可能发生变化，以及用户可能提出在规划阶段未考虑到的新的开发要求，在系统开发时需要根据实际情况进行审定。系统初步调查的主要目标是，理清系统开发要解决的主要问题和目标，粗略估计系统开发所需资源，论证系统开发的可行性。

2. 系统初步调查的内容

系统的初步调查就是要收集并整理系统的有关资料、情况和存在的问题，从而了解整个组织、会计部门的状况以及系统对信息的总需求。通过初步调查，可以为新系统开发提出依据和建议。

系统初步调查的内容主要包括：

(1) 系统界限和运行状态

企业现行系统的发展历史、当前规模、运营效果、运行环境、业务范围、与外界的联系等，以便确定系统界限、外部环境和接口，以及衡量现有的会计管理水平等。

(2) 组织机构和人员分工

现行系统的组织机构、领导关系、人员分工、配备情况等。从中，不仅可以了解现行系统的构成和业务分工，而且可以进一步了解人力资源，发现组织和人事等方面的不合理现象。

(3) 业务流程

不同系统应进行不同的业务处理。系统分析员要尽快熟悉系统涉及的业务，全面细致地了解整个系统的业务流程，以及物流、人流、资金流和信息流的情况。除此之外，对各种输入、处理、输出等都要了解得比较清楚。

(4) 各种计划、单据和报表的处理

计划、单据和报表都是信息的载体，对计划、单据和报表的调查，实质上是进一步落实现行系统的数据收集、整理、输入、存储、处理、输出等各个环节，从而得到完整的信息流程。

(5) 资源情况

除了人力资源，还要了解现行系统的物资、资金、设备、建筑平面布置和其他各项资源的情况。若已配置了计算机，则要详细调查其功能、容量、外设配置，以及目前使用情况和存在的问题等。

(6) 约束条件

现行系统在人员、资金、设备、处理时间和方式等各方面的限制条件与规定。

(7) 薄弱环节

现行系统中的各个薄弱环节正是新系统要解决和改进的，往往也是新系统的目标的重要组成部分。因此，在调查中要注意收集用户的各种要求，善于发现问题并找到问题的前因后果。

(8) 其他需要了解的有关问题

初步调查需要重点分析的内容包括：现有什么；需要什么；在现有资源下能提供什么；对开发此项目有无必要和可能做进一步的调查与开发。

系统分析员和用户要制订调查研究的进度计划，以便事先安排时间和内容，并通知有关人员；应先自上而下做初步调查，在了解全局、总体的基础上，再自下而上地进行具体的调查和研究；在调查过程中要注意数量概念，收集足够的数据供定量分析之用，系统分析员必须对这些内容进行整理、研究和分析，并将有关内容绘制成描述现行系统的各种图表，以便在短时间内全面和充分地了解现行系统。

现行系统调查研究是一项繁琐而艰巨的工作，为了使该项任务能够顺利进行，需要掌握一定的工作方法。系统分析员可采用访问、座谈、填表、查阅资料、深入现场等多种调查方法，具体方法的选择可根据调查的内容、目的等来确定。

2.2.2 可行性研究

可行性研究(Feasibility Study)也称可行性分析。目前，可行性研究已被广泛应用于新产品开发、基建、工业企业、交通运输、商业设施等项目投资的多个领域。可行性研究对于保证资源的合理使用、避免浪费是十分必要的，也是一个项目启动后能否顺利进行的必要保证。会计信息系统的开发是一项耗资多、耗时长、风险大的工程项目，因此在新系统开发的大规模行动之前，对系统开发的可能性和必要性进行初步分析是十分必要的。

可行性是指在当前情况下，开发一个会计信息系统项目是否有必要、是否具备必要的条件。可行性研究是为了避免盲目投资，减少不必要的损失。

1. 新系统目标

新系统目标是新系统建立后所要求达到的运行指标。正如新产品设计初期需要提出设计性能指标一样，新系统开发初期也要提出目标，它是进行可行性研究、系统分析与设计以及系统评价的重要依据。

会计信息系统的目标具有下列重要特性，因此在考虑具体系统的具体目标时，应该予以注意。

① 目标的总体战略性。会计信息系统的目标是系统的全局性努力方向，影响和指导着整个系统的分析、设计、实施及应用，对系统生命周期起着重要的作用。

② 目标的多重性。会计信息系统的目标不是单一的，而是多方面的，因此要根据实际需要区别对待，并有主次顺序。

③ 目标的依附性。会计信息系统的目标不是凭空想象孤立制定的，它依附于现行系统的战略目标。

④ 目标的长期性。通常，会计信息系统的目标需要长期努力才能达到。因此，要根据资源条件、开发力量和环境条件等分期、分批、分阶段实现。

⑤ 目标的适应性。当环境变化时，系统的功能和信息也将发生变化。为了使系统有良好的适应性，要求其目标应具有良好的适应性。

系统开发人员在充分调查研究的基础上，根据现行系统的目标、功能等具体情况和存在的薄弱环节，考虑用户多方面的意见和要求后，与用户反复讨论、统一思想，并提出初步的新系统目标。这个目标必须符合总体目标的要求，即各子系统的分目标必须符合上层系统的总目标。

不同系统的新系统目标，具体提法各不相同；但是，对于基层系统，它们总可以被归纳为以下几个方面：

※ 节省成本和日常费用开支；

※ 提高会计工作效率和减轻劳动强度；

※ 提高会计信息的处理速度和准确性；

※ 提高会计信息系统的安全性、可靠性、可控性；

※ 提供各种新的处理功能和决策信息；

※ 为服务对象提供更多的方便条件；

※ 其他改进及有利方面。

2. 可行性研究

新系统开发可行性是建立在系统初步调查的基础上，并结合新系统目标、规模与功能，分析研究开发新系统项目是否可行。可行性研究包括可能性和必要性，两者是相辅相成的，缺一不可。通常，可行性研究可从三方面着手。

(1) 技术方面

分析新系统所提出的要求在现有技术条件下是否有可能实现。它包括对现有技术进行评价，分析现有技术是否满足系统需要，以及所需要的物理资源是否具备，评估技术发展对系统建设的影响，并对技术人员的数量及水平进行评价。

注意：这里的现有技术水平是指已经普遍使用、确实可行的技术，而不是正在研究中、还没有把握的新技术。

(2) 经济方面

考查组织的经济能力，分析项目经济上是否合理。它包括对系统建设、运行和维护费用进行估算，对系统建成后所取得的直接效益和间接效益进行估计，并将费用与效益进行比较以分析是否有利。

费用分析包括对机房及附属设施、计算机软件、硬件、研究和开发、人员培训等开发费用的分析，以及对人员工资、易耗品、水电费、租赁费、软件、硬件维护费、数据采集费、通信费等运行维护费用的分析。

效益的估计即系统可能产生的直接效益和间接效益。直接效益包括节省人员、降低库存资金占用、加快资金周转、提高资金利用率和劳动生产率等。间接效益的估算比较复杂，通常是难以用货币形式来表现的社会效益，如提高了会计信息处理的及时性、准确性，改善了组织与会计部门的形象，提高了竞争力等。

注意：在估算费用时，往往会出现低估现象，因为很多意外因素将使费用大大增加，所以还要提升一定的费用比例。

(3) 组织管理方面

系统运行可能会引起各方面(如组织机构、管理方式、工作环境等)的变化。组织管理的可行性，是指组织是否具备接受和使用新系统的条件。领导对系统开发的重视和支持，组织对系统投入运行所引起的管理模式、数据处理方式改变的接受程度，组织与会计管理工作的规范化程度以及对现有财会人员的培训等，都是影响系统正常运行的重要因素。

通过分析以上三个方面的可行性，为判断系统开发的条件是否具备提供了依据，从而可以得出可行性研究结论，编制可行性研究报告。

3. 可行性研究报告

可行性研究报告是确定系统开发是否继续的依据，是系统开发过程中的第一个正式文档。

可行性研究报告的主要内容如下：

① 引言。该部分说明系统的名称、系统目标、系统功能、项目的由来等。

② 对现行系统的分析。该部分包括组织结构，主要工作任务和业务流程，人员、设备、费用状况，主要问题，主要信息需求等。

③ 拟建新系统的方案。该部分包括主要目标、规模、初步结构、实施计划与投资方案、人员补充方案等。

④ 可行性分析。该部分从技术可行性、经济可行性、组织管理可行性三个方面进行的分析和论证。

⑤ 结论。该部分对可行性研究结果进行总结，并做出结论。

可行性研究报告必须有一个明确的研究结论(如推迟新系统开发、改进原系统、放弃新系统开发，或者正式进行后续阶段新系统的建设)，并下达系统开发任务书。

可行性研究报告书须经用户、业务人员和同行专家的评审认可，方能以可行性研究报告为依据，转入下一阶段的系统分析工作。

2.3 会计信息系统的系统分析

当你接受一项建立会计信息系统的任务而开发相应的会计软件时，就意味着进入信息系统生命周期的第一个阶段——系统分析阶段。会计人员在开发会计信息系统时，首要的任务之一是与系统开发分析人员密切合作并参与系统分析，以确立新开发的会计信息系统应具备的功能，建立和确定新系统的逻辑模型。该阶段的分析文档是系统分析说明书。

2.3.1 系统的详细调查

1. 系统详细调查概述

系统详细调查是对现行系统的全面、深入和详细的调查分析，其目的是进一步弄清现行系统的运行状况，发现其薄弱环节并找出要解决的问题，为进一步的用户需求分析和建立新系统逻辑模型收集资料并做好准备。

系统详细调查不同于初步调查，前期的初步调查是为了进行可行性分析而对现行系统有关状况的概要了解，而详细调查是要弄清现行系统的基本功能和信息流程，为建立新系统逻辑模型提供基础。因此，详细调查要比初步调查更细致、深入，工作量也大得多；并且，为了补充系统中所需的新资料，通常是反复进行的。

2. 系统详细调查的原则

（1）用户参与原则

系统调查应组织会计部门的主管、会计人员和设计部门的系统分析人员、系统设计人员等共同进行。一方面，系统分析和设计人员熟悉计算机技术，但不熟悉组织的会计业务；另一方面，组织的会计人员虽熟悉本身业务，但往往缺乏足够的计算机知识。因此，只有将两者结合起来，相互协作和互为补充，才能较好地发现存在的问题，共同探讨解决的方案。

（2）自顶向下全面展开

系统调查应遵循自顶向下的系统化观点全面展开。会计信息系统是复杂的、庞大的，要全面、真实地反映一个会计信息系统的逻辑模型，需要有一套自顶向下、循序渐进、逐层深入的调查步骤，以及层次分明、通俗易懂的规范化逻辑模型描述方法，并把调查到的内容全面、详细地列出来，从而系统、全面地厘清组织的会计工作，避免调查工作的混乱无序。

（3）工程化的工作方式

由于调查点多、面广，应参照工程化的工作方法计划好工作的每一步，对调查所涉及的工作方法及所使用的表格、图例应进行规范化处理，以使调查人员、群体间都能彼此理解、沟通和协调工作。

（4）全面调查与重点调查相结合

系统调查应坚持全面调查与重点调查相结合；针对本次需要开发的会计信息系统项目，在调查、了解组织全面会计业务的同时，更应该有重点地调查拟开发会计信息系统项目所涉及的业务内容。

3. 系统详细调查的内容

系统调查涉及的内容十分广泛，主要包括对现行系统的目标、主要功能、组织结构、会计部门与其他职能部门的关系、会计业务流程、会计数据流程以及系统环境等方面的调查和分析。会计信息系统所处理的信息渗透于整个组织的活动之中，必须从不同组织的实际情况出发，由具体到抽象地进行分析，从而得到组织中会计信息活动的完整内容。

（1）系统环境调查

系统环境即企业单位的组织机构、管理体制、企业规模等基本情况，以及企业的外部环境，包括与上级部门的关系、行业性质、与其他企业的联系、领导和会计人员对信息化会计工作的重视程度等。例如，企业要对外报送的报表格式及具体要求、应收应付款的核算等，都会对系统设计产生影响。通过对会计工作组织情况的调查，应达到下列主要目的：掌握现有会计工作的概貌；熟悉每位会计人员的情况；为下一步调查及系统分析和系统测试工作有的放矢地做准备；为今后工作的调整与重新设置提供资料和数据。

(2) 现有会计信息系统的一般状况

只有了解现行系统的目标和运行状况，才能发现存在的问题，找到解决问题的办法，确定系统的功能需求。它包括企业的组织机构的划分及其相互关系、人员分工、主要任务、人员素质、效率高低以及存在的问题等。现有系统中哪些操作方法或处理方法在新系统仍可以借鉴，哪些必须进行适当的修正，哪些必须予以摒弃等，都应当在调查过程中了解清楚。

(3) 企业其他部门的计算机应用情况

以工资核算系统为例，在计算职工的实发工资时，要用到有关扣款项目(如病假扣款)，而病假扣款计算的依据是职工的考勤记录。若考勤部门所有的考勤记录均采用计算机管理，那么在设计薪资系统时就可考虑从考勤部门直接取得有关数据，而无须再通过输入模块输入；若企业目前尚无能力为考勤部门配置计算机，那么在设计薪资系统时，就应设计相应的考勤记录输入模块；此外，还要考虑到系统扩展的需要，若在以后的数年内考勤部门实现电算化管理，那么原来开发的薪资系统有无接口与之链接，等等。所有这些都直接影响系统的具体设计。

(4) 会计业务流程的调查

为了具体了解会计信息系统所涉及的信息处理，了解会计业务活动中的信息处理工作，必须详细了解组织的会计业务流程。业务流程的调查应按照会计业务活动中的原有信息流动过程，逐个地详细调查所有环节的处理业务、处理内容、处理顺序和处理时间，分析清楚各业务环节的信息内容、信息来源和去向、信息处理方法、信息提供的时间和形态等。业务流程调查情况可以采用业务流程图进行描述。

(5) 会计部门业务量的大小

一个会计信息系统的能力体现在其加工数据量的大小和输出信息的多少上，我们将其称为会计信息系统的数据处理量或数据吞吐量，会计工作人员常称此为业务处理量或业务量。调查业务量的目的，一是大致了解系统的数据信息量，为确定系统开发工具(软件、硬件)奠定基础；二是为计算机输入/输出设计确定基本要求。

计算机信息处理的特点是存储输入数据，产生输出信息，某些输出数据可以根据输入数据迅速生成，计算机并不存储所有输入信息，所以调查数据处理量应把调查数据输入量放在首位。例如，在账务处理子系统中，要调查会计科目的个数、记账凭证的处理张数等，将这些相关指标的单位数据量转换成用计算机存储单位(字节)表示的单位数据存储量。

(6) 企业已使用代码的调查

只有彻底理清企业原用代码(如会计科目代码、部门代码、存货代码、供应商代码等)的编法，才有可能建立起比较科学又切合实际的新代码体系。将企业已有代码进行整理、归类，然后理清各种代码表示的实际意义、代码的位数、每位代码的含义以及原代码是否具有可扩展性(包括代码的追加、修改和删除)等。

(7) 会计信息流程的调查

业务流程既反映了信息处理过程，又包含了物资、人员等内容。要开发所需的会计信息系统，必须了解会计信息的流动过程，即会计信息流程。因此，必须在业务流程的基础上剔除物质要素，根据业务流程，进一步抽象出会计信息系统中所有信息的来龙去脉、信息的详细内容以及对信息的处理方法，得到系统的信息流程。它是调查阶段的关键步骤。信息流程可用数据流程图来表达，并通过数据字典、数据处理逻辑说明、实体联系图等，对数据的属性、信息内容、处理功能、数据存储等进一步分析说明。

4. 系统详细调查的方法

为了全面、及时地完成会计信息系统的调查和分析工作，应组织力量成立调查组，拟订详细的调查计划，明确每位调查人员的任务。调查人员应根据调查的内容，采用多种方法对现存系统进行调查分析。常用的调查方法如下：

※ 直接面谈或专门访问；

※ 发放问卷调查表；

※ 召开讨论会；

※ 查阅有关资料；

※ 直接参加业务实践。

其中，系统调查分析人员与组织的会计人员一起，直接参与会计业务实践是最基本、最有效的方法。

例 2-1 表 2-2 是对某企业会计部门的系统调查问卷，而表 2-3 是一张典型的会计凭证调查表。

表 2-2 某公司会计部门的系统调查

一、组织机构

1. 描述会计部门的组织结构、岗位职责、人员及分工

2. 描述会计部门与其他部门的关系

二、会计代码管理

1. 是否对会计代码进行分类、分层管理？

2. 是否对会计代码进行编码管理？

3. 是否对会计代码进行标准化、规范化？

三、业务流程

1. 描述现行会计业务流程

2. 描述账务处理、报表编制、工资管理、固定资产管理、应收应付管理、存货核算、成本管理的具体业务流程

3. 财务预算如何编制

4. 财务计划如何制订

5. 固定资产、存货的计价方法

四、对新系统的需求和建议

表 2-3 会计凭证调查表

填表日期： 填表单位： 填表人：

调查内容：

本单位据以登记明细账、总账的凭证包括哪些？请将每一种凭证的格式附在表后。

本单位会计分录为多借多贷时，最多借贷数目为多少？

最长摘要约为多少汉字？

……

系统分析人员意见：

审核人： 审核结果：

2.3.2 会计信息系统的需求分析

会计信息系统需求分析是在系统详细调查的基础上进行的。需求分析阶段的主要活动是，对现行会计信息系统的业务流程及功能需求进行分析，结合当前情况分析存在的问题，与用户进行反复交流和探讨，理清需要做出的改变和达到的目的，明确满足用户需求的新系统的基本功能要求。

1. 需求分析概述

(1) 需求分析的重要性

需求是指用户要求会计信息系统必须满足的功能和限制，包括功能要求、可靠性要求、安全性要求、开发费用、开发周期、实施周期、使用资源方面的限制等。

不管是自行开发还是购买商品化软件，需求分析都是建立会计信息系统中一个非常重要的步骤，是整个会计信息系统开发和建设的基础。如果需求定义发生错误，那么无论以后各步骤的工作质量如何，都必然导致整个系统的失败。大量的事实表明，会计信息系统建设中60%—80%的失败源于错误的需求定义。

(2) 需求分析的目标与任务

需求分析的主要目标是分析并确定新系统的用户需求。所谓用户需求，主要是指新系统必须满足的所有功能要求和性能要求。其中，功能要求是最基本的要求，包括用户的数据要求和加工要求两方面，是用户完成各项工作任务的信息要求。

需求分析阶段的主要任务是，在现行系统详细调查的基础上，对现行系统的管理目标、功能和信息流程进行分析研究，找出存在的问题，提出改进的意见。

需求分析阶段的主要活动包括：

① 分析研究现行系统的组织结构与管理功能，找出存在的问题，并根据计算机管理的要求，提出改进意见。

② 分析研究现行系统的业务流程，优化业务流程中的不合理部分，并确定新系统的业务流程。

③ 分析研究现行系统的数据流程，发现数据处理流程中存在的问题，并确定需要做何种改变。

需求分析应关注现行系统中需要改进的方面。需要改进的原因很多，有的是来自业务工作中出现的新问题和新挑战，有的是为了满足组织面临的新机遇，有的可能来自组织或上级主管部门的要求，有的是为了满足组织长远发展的需要，甚至有的是为了适应政策环境的变化，等等。因此，需要尽可能地全面分析清楚各种原因所导致的问题，并做出合理的改变。

2. 结构化分析方法

(1) 结构化分析方法概述

需求分析是系统开发中最重要也最困难的阶段。结构化分析方法(Structured Analysis, SA)是一种面向数据流的需求分析方法，是一种简单、实用的方法，现在已经得到广泛应用。该方法不需要使用计算机专门术语和符号，而是使用一种管理人员、系统开发人员均能接受的模型作为分析工具，方便采用简洁的方式进行交流。它适用于数据处理系统，特别是大型数据处理系统。

在结构化系统分析阶段，系统分析人员与用户一起按照系统的观点，在对现行会计信息系统进行充分调查和需求分析的基础上，深入研究现行系统的各项活动和工作内容以及用户的需求，并借助一系列分析技术与图表工具描述系统的总体逻辑方案，经过反复交流和讨论分析，不断修改、完善和优化，从而设计出用户比较满意的新会计信息系统逻辑模型，并建立以数据流程图为核心，以及包括数据字典、数据存储和处理逻辑描述工具在内的一系列图表表述的模型基本构架。

结构化分析方法的基本思想是，运用系统的思想和系统工程的方法，按照用户至上的原则，自顶向下、由粗到细、逐步地进行系统分析(见图 2-3)。对于会计信息系统这样一个复杂问题的系统，人们一下子难以考虑到系统的所有方面和全部细节。通常，可以将其分解成若干个简单子系统，每个简单子系统再分解成若干个更小的子系统，经过逐层分解，每个底层的子系统都是足够简单、容易解决的。这样，复杂的问题也就迎刃而解。

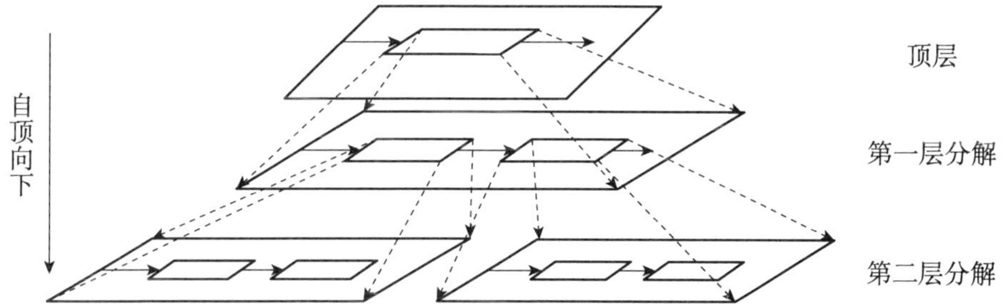

图 2-3　结构化分析的基本思想

结构化方法的分析结果由一套分层的数据流图、一本数据字典、一组加工逻辑说明、补充资料等组成。

(2) 结构化分析方法的特点

结构化分析方法能够长期被人们接受并采纳，主要是因为它有以下特点：

① 强调用户自始至终的积极参与。一方面，用户自始至终的积极参与，使得用户可以更多地了解新系统，并随时从业务和用户角度提出新的要求；另一方面，系统分析人员也能更多地了解用户的要求，更深入地调查和分析业务，使新系统更加科学、合理。

② 注重整体分析，层层落实。按照系统的观点，任何事物都是相互联系的有机整体。在分析时，应站在整体的角度，将各项具体的业务或组织融合成一个整体加以考察，首先确保全局的正确，然后再层层分解进行解析。

③ 强调系统的适应性。各种事物都是运动和变化的。同理，在进行系统分析时，要充分预料可能发生的变化，增强系统的适应性，以应付各种各样的变化。这些变化主要来自系统外部环境、系统内部处理模式、用户要求等。

④ 重视工作文件的标准化和文献化。在结构化系统分析中，多采用规范化的图表和文字来记载这些分析结果。这些资料应由专人保管，并建立一套管理、查询制度。

3. 业务流程分析

业务或业务流程是对组织或企业的一切专业工作和活动的总称。业务流程的调查，应首先了解企业的组织结构和功能，绘制出组织结构图和功能结构图，然后进一步分析企业的业务流程。

业务流程分析的目的是剖析现行系统的业务流程，分析不足之处，在经过调整、整合和优化后，重构目标系统的业务流程。它的主要任务是明晰系统中各环节的业务活动，掌握管理业务的内容、作用，信息的输入、输出，数据存储和信息处理方法及过程等，并用业务流程图描述出来。

开展会计信息系统的业务流程分析，需要从实际会计业务处理流程的角度，将系统调查中有关会计业务流程的资料汇集起来做进一步的分析。通过业务流程分析可以了解会计业务的具体处理过程，发现和处理系统调查中的错误与遗漏，修改和删除会计业务中的不合理部分，并在此基础上优化会计业务处理流程。

业务流程图，是采用一些规定的符号及连线来表示某项具体业务的处理过程。它是一种描述系统中各单位、各人员之间的业务关系、作业顺序和信息流向的图表。

(1) 业务流程图的基本符号及含义

业务流程图的基本图形符号有5个，符号运用的解释说明可直接用文字标示于内。业务流程图使用的符号可参见标准GB 1529—89，本书所用的符号及含义如图2-4所示。

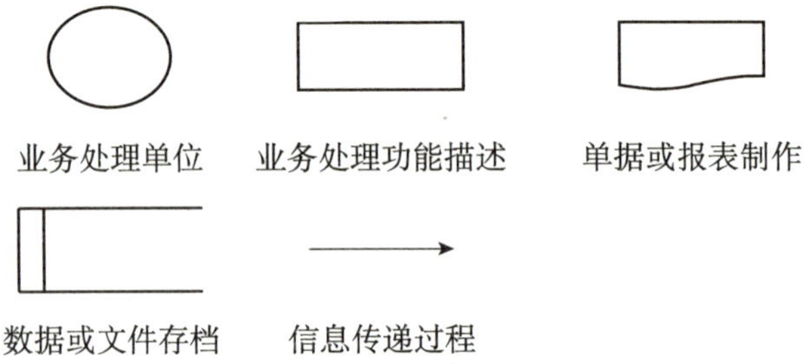

图2-4 业务流程图的符号及含义

(2) 绘制业务流程图的基本步骤

业务流程分析是在业务功能基础上的细化。根据系统调查所获得的有关业务流程资料，将业务处理过程中的每一个步骤用一个完整的图形串联起来，以表达现行系统的业务流程。一般来说，业务流程图的绘制可遵循以下七个基本步骤：

① 确定各项职能及所做的工作任务；

② 划定工作起点和终点；

③ 跟踪关键业务对象；

④ 确定岗位(组织单元)及其活动；

⑤ 绘制业务流程图草案；

⑥ 业务流程图汇总分析；

⑦ 分析确定业务流程图。

例2-2 某企业账务处理的业务流程绘制如图2-5所示。根据对某物资销售公司的业务流程的调查分析，该物资销售公司销售出库业务流程如图2-6所示。

4. 数据流程分析

数据是系统要处理的对象。在对业务流程进行分析后，还需要以数据为中心，分析确定信息的各种属性、信息流向以及信息处理的各个方面。数据流程分析是把数据在组织(或原系统)内部的流程情况抽象地独立出来，舍去具体组织机构、信息载体、处理工具、物资、材料等，单从数据流动过程来考查实际业务的数据处理模式。它主要包括信息的流动传递、处理、存储等的分析。

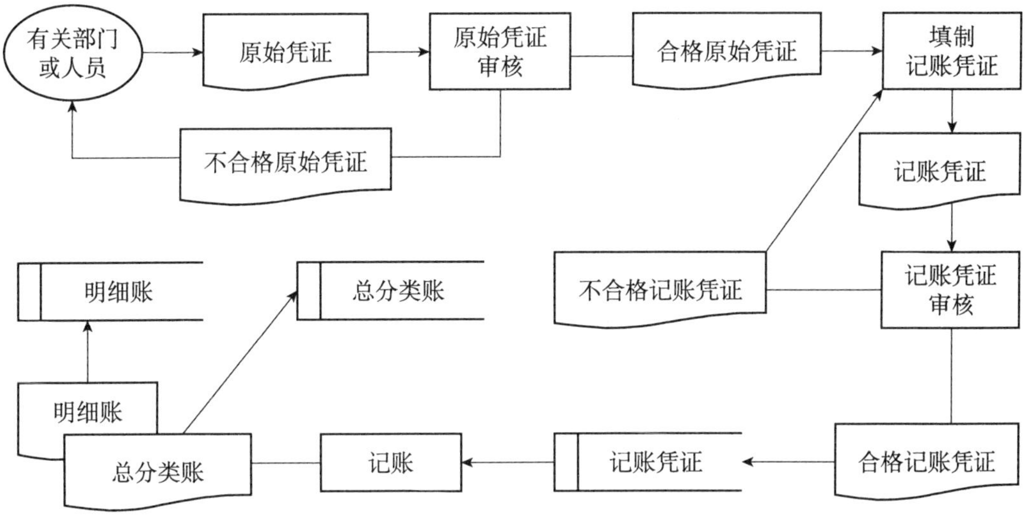

图 2-5　某企业账务处理的业务流程

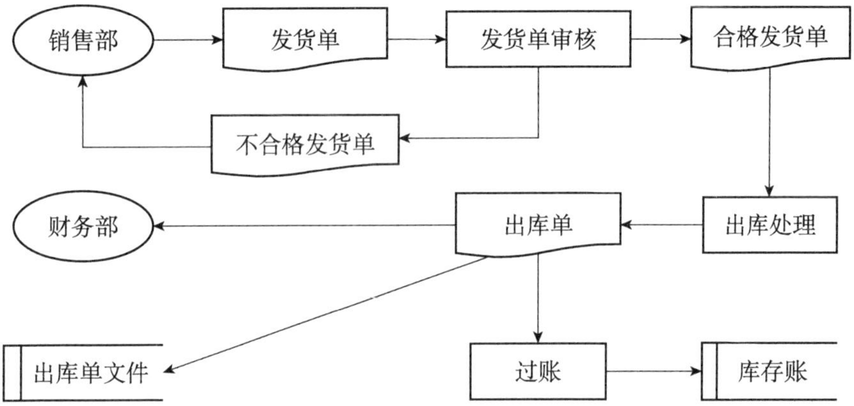

图 2-6　物资销售公司销售出库的业务流程

数据流程分析的主要目的是发现和解决数据流程中的问题，这些问题使数据流程不畅、前后数据不匹配、数据处理过程不合理等。一个畅通的数据流程是今后新系统用以实现这个业务处理过程的基础。

目前，数据流程分析是通过数据流程图来实现的。数据流程图是一种能全面地描述系统逻辑模型的工具，是系统逻辑模型的主要组成部分，它能摆脱所有的物理内容，精确地从逻辑上描述新系统的功能、输入、输出、数据存储等。

结构化分析方法的基本手段是逐层分解，而数据流程图则是描述分解的基本手段。数据流程图是运用“数据流”“文件”“加工”等概念来描述信息处理系统的各个处理以及各个处理之间的信息传递关系，从而直观地反映信息系统的各个组成部分及各部分之间相互联系的一种图示。

(1) 数据流程图的基本符号及含义

数据流程图中有四个基本元素，分别是数据流、文件、加工和数据流源点或终点，为了叙述方便，我们用不同的符号代表这四个元素(见图 2-7)。

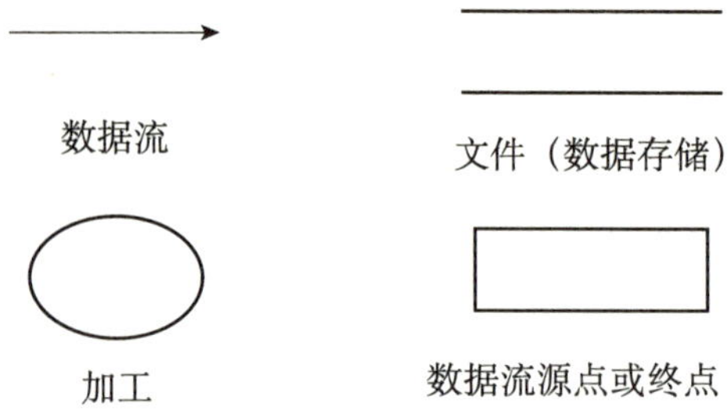

图 2－7　数据流程图的符号及含义

例 2－3　图 2－8 是一个简单的数据流程图实例，图 2－9 是会计信息系统中账务处理系统的凭证输入数据流程图。

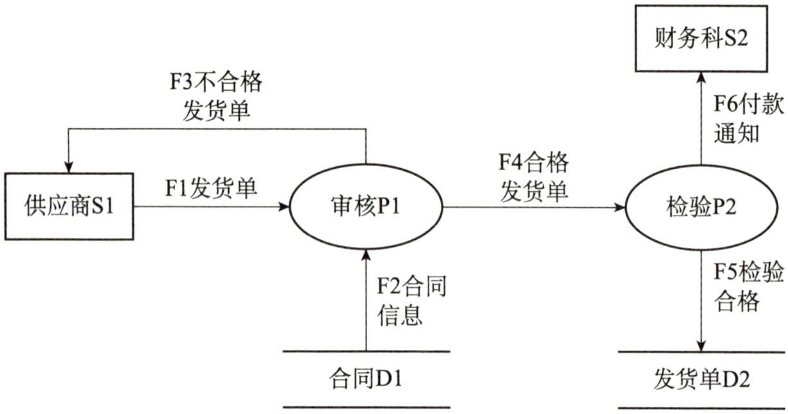

图 2－8　简单数据流程图实例

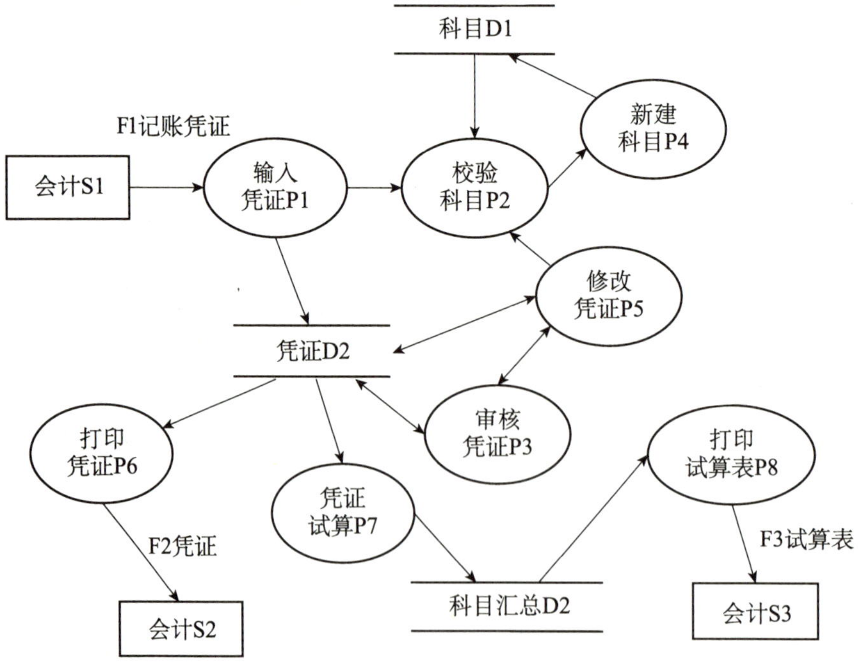

图 2－9　凭证输入的数据流程

(2) 数据流程图的绘制方法

对于一个复杂的会计信息系统，如果要将系统的全部数据流、文件和加工都画在一张数据流程图上，反而会变得不易理解和分析。结构化分析方法的基本思想是逐层分解，这就是要将系统先分成几个主要操作，画在一张数据流程图上；然后将每一主要操作细分为各自的若干个主要加工，再画出几张数据流程图。这样，一层一层地分解下去，构成一套层次数据流程图。采用层次数据流程图可以有计划地逐步增加系统的处理细节，使我们理解起来更为容易。

层次数据流程图由顶层、中间层和底层组成。顶层图只有一张，中间层和底层可各有若干张图。最简单的情况是，一套层次数据流程图只有顶层和底层，而没有中间层。顶层图描述了系统的边界，即系统的输入/输出数据流。底层图由一些不必再分解的加工组成，这些加工已非常简单，人们很容易看懂，我们称此为基本加工。中间层的数据流程图描述了其上一层数据流程图中某个加工的分解，而这个中间层中的某些加工仍可能比较复杂，故又有可能再分解成下一个中间层。对于一个复杂管理信息系统，中间层往往有好几层。为了提高规范化程度，有必要对图中各个元素加以编号。通常在编号之首冠以字母，用以表示不同的元素。例如，用 P 表示处理，F 表示数据流，D 表示数据存储，S 表示数据流源点或终点。

(3) 数据流程图绘制

根据前述物资销售公司销售出库业务流程图，结合对该公司库存管理的数据需求调查分析，按照数据流程图的绘制方法绘制其库存管理系统的数据流程图。

① 绘制顶层数据流程图。顶层数据流程图只有一张，它说明系统总的处理功能、输入和输出。

例 2-4 图 2-10 为物资销售公司库存管理信息系统的顶层数据流程图，图 2-11 是工资核算子系统的顶层数据流程图。

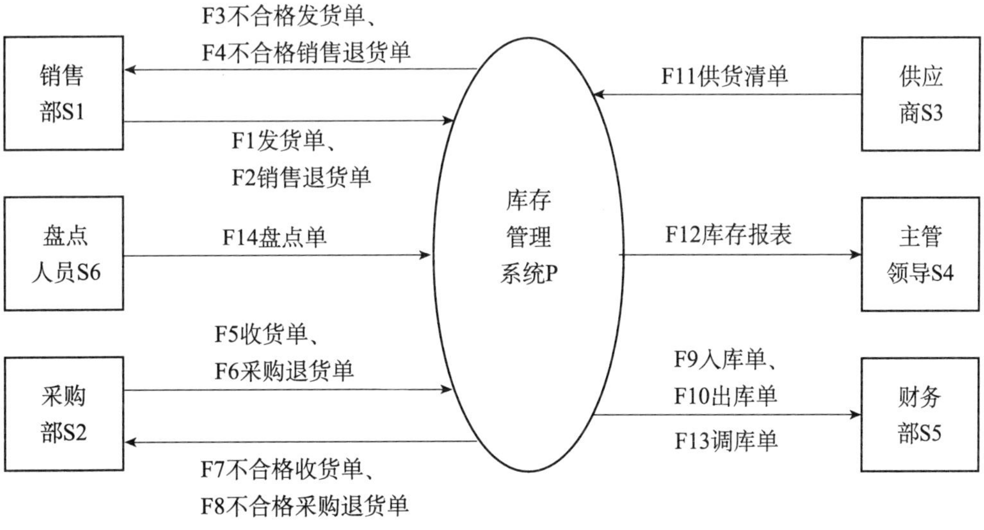

图 2-10　物资销售公司库存管理系统顶层数据流程

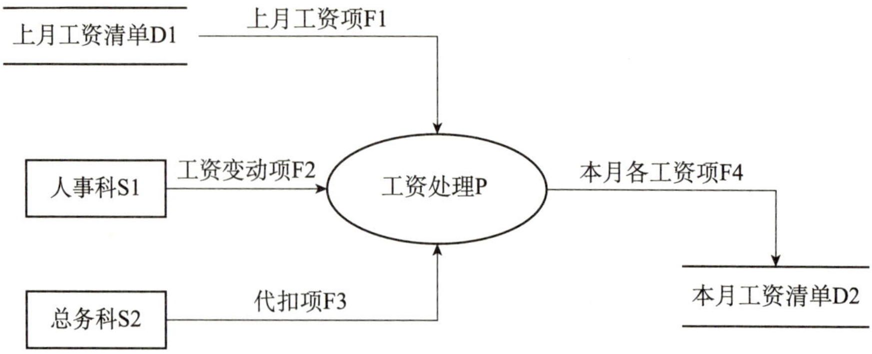

图 2－11　工资核算子系统顶层数据流程

② 绘制低层次数据流程图。对顶层数据流程图中的处理过程进行逐步分解,可得到不同层次的数据流程图。

例 2－5　图2－10 概括地描述了物资销售公司库存管理信息系统顶层的轮廓、范围,标出了最主要的外部实体和数据流。顶层数据流程图是进一步分解的出发点。由于物资销售公司库存管理系统包括销售出库管理、采购入库管理、库存记账、库存盘点、统计分析五部分,因此可以就此展开而形成其库存管理系统的第一层数据流程图,如图 2－12 所示。

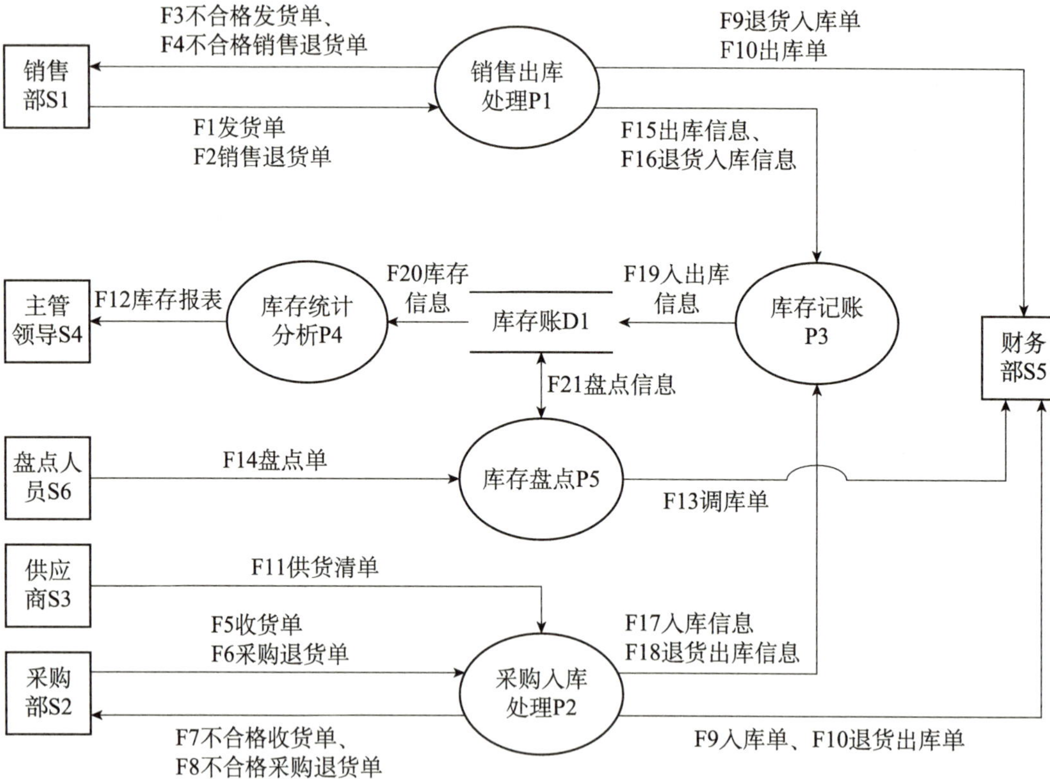

图 2－12　物资销售公司库存管理系统第一层数据流程图

图 2－12 的第一层数据流程图的销售出库处理、采购入库处理、库存盘点部分,还可以进一步分解和细化,从而得到更具体、更详细的物资销售公司库存管理系统的第二层数据流程图。

例 2-6　图 2-13 为销售出库处理的第二层数据流程图，图 2-14 是工资核算子系统的第二层数据流程图。

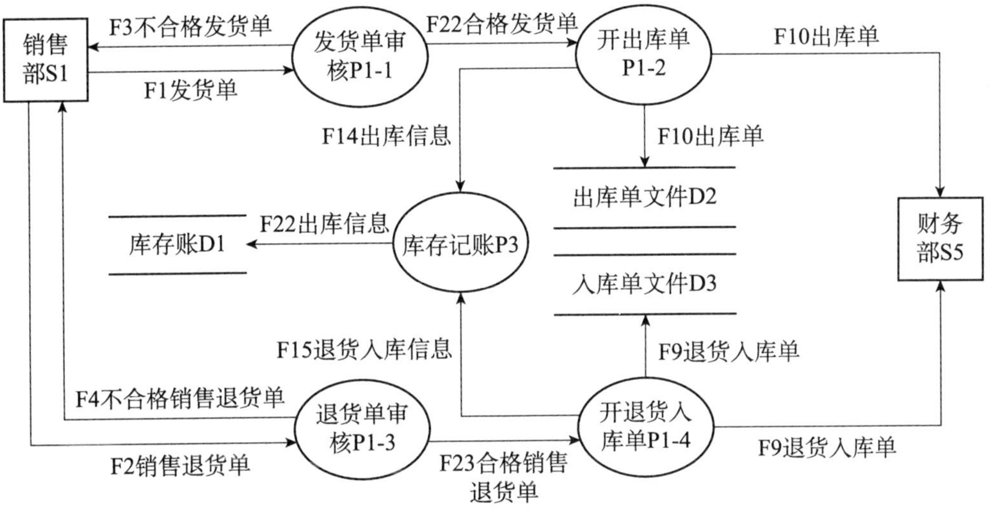

图 2-13　销售出库管理第二层数据流程

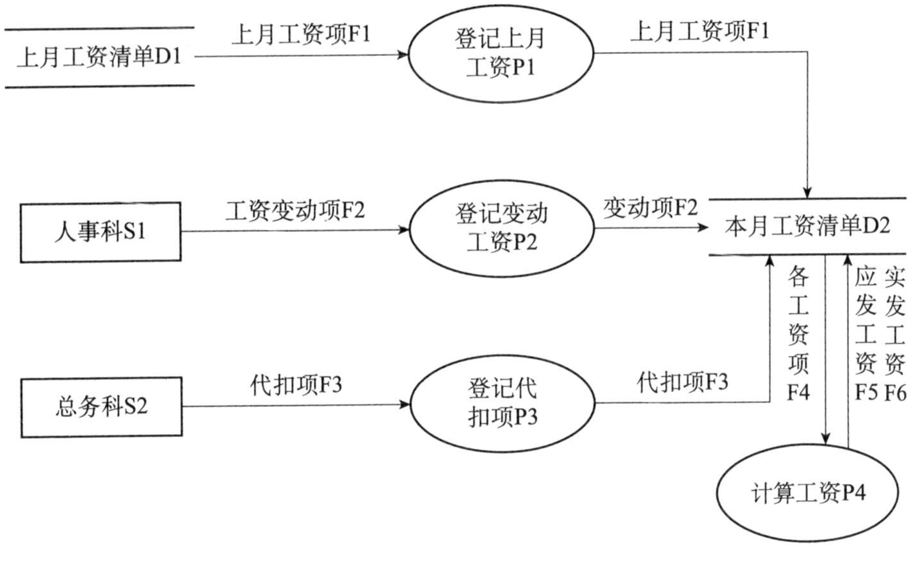

图 2-14　薪资核算系统第二层一级细化数据流程

如此，即可得到一套物资销售公司库存管理系统的层次数据流程图。它使管理信息系统逐步地由抽象变得具体、丰富起来。数据流程图分多个层次，每层次中的一个功能分解为多少个低层次功能，要根据情况而定。一般地，系统越复杂、包含的范围越广，划分的层次就越多。

5. 数据字典

数据流程图描述了系统的分解，但没有对图中各成分进行说明。数据字典就是为数据流程图中的数据流、数据存储、加工，以及组成数据流或数据存储的数据项做出具体描述。这些细节对理解和表达系统十分重要，数据字典就是为描述这些细节而建立的。

对数据流程图中每个成分给出精确的定义，并将所有成分的定义按一定次序排列起来，便组成了一本数据字典。一本数据字典主要由以下四种条目组成：

（1）数据项

数据项(Fields)又称数据元素，是最小的、不可再分割的数据单位。数据项由数据项名、类型、长度、取值范围四部分组成。

数据字典中的数据项描述，是对数据流程图中各个存储文件中记录的字段予以逐个定义，规定其类型、长度和各个字段的作用。下面给出的是会计信息系统中的一个数据项——“凭证号”定义示例。

数据项编号：D01

数据项名称：凭证号

别名：无

简述：会计凭证的编号

类型：数值型

宽度：6 位

取值范围：1—999 999

（2）数据流

数据流(Data Flow)条目说明数据流是由哪些数据项组成，数据在单位时间内的流量，以及数据的来源、去向等。其使用符号规定：“＋”表示和；“｜”表示选择；“{ }”表示重复，有时括号旁可加重复次数的界限。

数据流条目由名称、组成、流量、来源、去向五部分组成。下面给出的是会计信息系统中的一个数据流——“银行对账单”描述的内容。

数据流编号：F01

数据流名称：银行对账单

简述：银行开出的对账单

来源：开户银行

去向：银行对账处理

数据流组成：银行账号＋支票号＋日期＋金额

数据流量：15 份/月

（3）数据加工

数据加工(Data Processing)又称处理逻辑或数据处理，是数据字典中的主要成分。加工条目由加工名、输入数据、输出数据、加工逻辑四部分组成。下面给出的是会计信息系统中的一个加工——“工资分配”的描述内容。

加工编号：P2-1

加工名称：工资分配

简述：分配工资费用，计提福利费

频率：每月月末

输入数据流：工资结算单

输出数据流：工资费用分配表(3 份)

加工逻辑：各车间根据工资结算单，按产品的种类或批别，分别分配管理人员工资和生产

工人工资，并按比例计提福利费

(4) 数据存储

数据存储(Data Store)常以文件的形式存储数据。数据存储条目由数据存储名、组成、存储方式、存取频率四部分组成。下面给出的是会计信息系统的一个数据存储——"凭证文件"描述的部分内容。

数据存储编号：D1

数据存储名称：凭证文件

简述：记录凭证信息

数据存储组成：凭证类别＋日期＋凭证号＋摘要＋科目编号＋借方金额＋贷方金额＋输入人员

相关联的处理：凭证审核

存取频率：30 份/小时

6. 加工逻辑的描述

数据流程图中每个处理已在数据字典中做出定义，但这种描述是高度概括的。受数据字典表达能力的限制，对加工的描述多有含糊不清之词，对于较复杂的加工条目，用语言文字也难以表达，为此有必要采用另一种工具进行更为详细的描述。加工逻辑也称为"小说明"，它从另一个侧面对加工条目进行了附加补充说明。数据流程图、数据字典和加工逻辑说明三者构成了系统逻辑模型的主要部分。

目前较常用的描述加工逻辑的工具主要有结构化语言、判断表和判断树。

(1) 结构化语言

结构化语言是一种介于自然语言与程序设计语言之间的语言。与程序设计语言的结构相类似，结构化语言也只允许三种基本逻辑结构：顺序结构、分支结构、循环结构。与自然语言的不同在于，它只使用极其有限的词汇和语句，以便能简明地描述加工逻辑。例如，会计信息系统数据字典中的加工逻辑——"确定销售折扣"，可用结构化语言表示如下：

```
IF 老客户
    IF 销售额〉=50 000 元 THEN
        折扣率=10%
    ELSE
        折扣率=5%
ELSE
IF 新客户
    IF 销售额〉=50 000 元 THEN
        折扣率=8%
    ELSE
        IF 销售额〉=10 000 元 THEN
            折扣率=3%
        ELSE
            无折扣
```

(2) 判断表

判断表是指用表格形式，根据某些条件描述一个加工。对于一个复杂的加工，往往很难用自然语言来表达，或者表达出来也不太好理解，这时可采用判断表。例如，上述“确定销售折扣”加工逻辑可用判断表来描述这个确定过程(见表 2-4)。

表 2-4 判断表

决策规则		1	2	3	4	5	6
条件	老客户	Y	Y	Y	N	N	N
	销售额≥50 000 元	Y	N	N	Y	N	N
	销售额≥10 000 元	Y	Y	N	Y	Y	N
应采取的行动	折扣率=10%	√					
	折扣率=8%				√		
	折扣率=5%		√	√			
	折扣率=3%					√	
	无折扣						√

判断表的特点是直观，它将加工对象、加工算法及加工结果全部表达在一个表中，一目了然。

(3) 判断树

判断树就是以树图形式描述一个加工。它的本质基本上与判断表相同，但与判断表相比，判断树显得更加形象。下面我们用判断树来描述“确定销售折扣”加工逻辑(见图 2-15)。

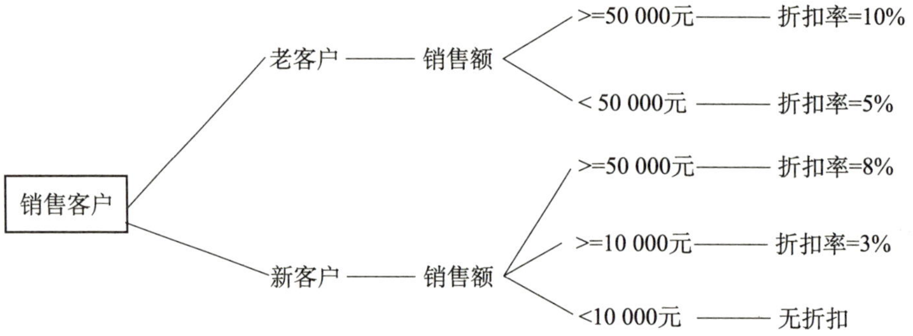

图 2-15 判断树

在实际工作中，加工条目经常以多种方式描述。在会计信息系统中，以结构化语言为主，辅以判断表或判断树。

2.3.3 建立会计信息系统的逻辑模型

会计信息系统分析的任务是确定新系统的逻辑模型。通过对现行系统的调查分析，明确新系统拟采用的信息处理方法和管理模型，建立新系统的逻辑模型。它既是系统分析阶段的主要成果，也是系统设计和实现的基础性指导文件。新系统逻辑模型主要包括新系统业务处理流程、数据处理流程、子系统的划分，以及新系统中建立的管理模型和管理方法。

1. 新系统信息处理方案

对原有系统进行分析和优化的结果就是新系统拟采用的信息处理方案。它包括如下三个部分：

(1) 确定新系统业务流程

现行系统中存在的问题可能是因为业务流程不尽合理,也可能是因为计算机会计信息系统的建设为优化原业务流程提供了新的可能性,需要在对现有业务流程进行分析的基础上优化和重组业务流程,确定更为合理的业务流程。业务流程分析的内容包括:分析需要删除或合并多余的或重复的业务流程;对原有业务流程进行改进和优化;确定最后的业务流程;新系统业务流程中人机界面的划分。

(2) 确定新系统的数据流程

新的信息技术条件能为数据处理提供更为有效的处理方法。因而,与业务流程的改进和优化相对应,数据流程的分析和优化也一直是系统分析的重要内容。数据流程分析的内容包括:分析需要删除或合并多余的或重复的数据处理流程;对原有数据处理流程进行改进和优化;确定最后的数据流程图;新系统数据流程中人机界面的划分。

(3) 确定新系统的逻辑结构和数据分布

① 确定新系统的逻辑结构,即新系统中子系统的划分。

② 确定新系统数据资源的分布方案,如哪些在系统设备内部,哪些在网络服务器或主机上。

2. 研究和确定管理模型

管理模型是系统在每个具体管理环节上所采用的管理方法。在手工系统中,由于受信息获取、传递和处理手段的限制,只能采用一些简单的管理模型;而在计算机技术的支持下,许多复杂的计算在瞬间即可完成。会计信息系统中常用的管理模型包括账务处理模型、财务计划模型、成本管理模型、财务预测与决策模型等。

3. 编制系统分析说明书

完成整个会计信息系统分析阶段的工作后,作为工作成果,应提交一份完整的系统分析说明书。系统分析说明书是系统分析阶段的成果,是系统分析阶段最重要的技术文档。系统分析说明书一经确认,就成为具有约束力的指导性文件,是指导下一阶段系统设计工作的依据和今后验收目标系统的检验标准,还可以作为系统运行维护的技术资料和评价项目成功与否的标准。系统分析说明书形成后,必须组织各方面的人员(包括组织的领导、管理人员、会计人员、专业技术人员、系统分析人员等)一起对已经形成的逻辑方案进行论证,尽可能地发现其中的问题和不足。对于有争论的问题,要重新核实当初的原始调查资料或进一步地深入调查研究;对于重大的问题,甚至可能需要调整或修改系统目标,重新进行系统分析。

2.4 会计信息系统的设计

完成了会计信息系统的分析后,根据信息系统生命周期模型,将进入会计信息系统的设计阶段。系统设计又称新系统的物理设计,它是根据新系统的逻辑模型建立物理模型,即依据新系统逻辑功能的要求,考虑实际条件,进行各种具体设计,确定新系统的实施方案,解决"系统怎么做"的问题。该阶段的设计文档是系统设计说明书。

2.4.1 系统设计概述

系统设计是指在一定的投资范围内,设计出能承担逻辑确定的功能、满足环境及其他约束条件的性能最好的物理系统。它的目的是将系统分析中确定的新系统需求说明，运用信息技术的观点重新进行定义，并转换为实体的信息系统描述，进而为系统实施阶段准备好实施方案和必要的技术资料。

1. 系统设计的任务和内容

系统设计阶段的主要任务是：科学、合理地设计系统的总体模型，尽可能地提高系统的运行效率、可变性、可靠性、可控性和工作质量，充分利用并合理投入各种可以利用的人、财、物等资源，使之能给组织带来较高的利益。

系统设计阶段的工作是一项技术性强、涉及面广的活动，其主要工作包括：

① 进行系统总体设计，包括系统总体布局方案的设计、总体结构设计、网络系统方案的选择等。

② 进行系统详细设计，包括代码设计、数据库设计、输出和输入设计、人机界面设计等。

③ 制订系统实施进度和计划。

④ 编制系统设计说明书。

系统设计说明书是系统设计阶段的成果，它主要说明了系统设计的指导思想、采用的技术方法和设计的结果，也是系统实施阶段工作的主要依据。

2. 系统设计的原则

系统设计的优劣直接影响新系统的质量及经济效益。系统设计应在保证实现逻辑模型的基础上，尽可能地提高系统的各项性能。系统设计应按以下五项原则进行：

（1）系统性

系统是作为一个整体而存在的。因此，系统设计要从整个系统的角度进行考虑，系统的代码要统一，设计规范要标准，传递语言要尽可能一致，系统的数据应做到数出一处、一次输入多次利用，实现数据或信息的全局共享。

（2）可靠性

系统的可靠性是指系统抗干扰的能力以及受外界干扰时的恢复能力。一个成功的管理信息系统，必须具有较高的可靠性。系统的可靠性包括：检错、纠错能力，在错误干扰下不会发生崩溃性瘫痪，重新恢复及重新启动的能力，硬件、软件的可靠性及存储数据的精度等。

（3）灵活性

为了维持较长的信息系统生命周期，要求系统具有很强的环境适应性。为此，系统应具有较好的开放性和结构可变性。在系统设计中，应尽量采用模块化结构，提高数据、程序模块的独立性，使各子系统间的数据依赖减至最低限度。这样，既便于模块的修改，又便于增加新的内容，提高系统适应环境变化的能力。

（4）经济性

系统的经济性是指在满足系统需求的前提下，尽量减少系统开销。一方面，在硬件投资上不能盲目追求技术上的先进，而应以满足应用需要为前提；另一方面，系统设计中应尽量避免不必要的复杂化，各模块应尽量简洁，以便缩短处理流程、减少处理费用。

（5）用户友好性

用户友好性是指系统操作使用方便、灵活、简单，具有容易被用户接受和使用的能力。用户友好表现在如下方面：各种凭证、单据输入层次清晰、方便，近于自然；各种账表输出简单、容易、直观，符合管理人员的习惯；用户界面风格一致，并提供多种灵活的选择方式；用户能得到系统提供的有关程序功能、输入方式、运行状态及出错的多种提示和帮助。

2.4.2 总体设计

会计信息系统总体设计主要是对新系统的总体结构进行设计。总体结构设计是在系统分析的基础上,结合组织的实际情况,对新系统的结构形式进行的设计。

1. 会计信息系统的总体结构设计

会计信息系统的总体结构设计是对会计信息系统进行子系统和模块划分。子系统是会计信息系统的某些功能单元的集合,如会计信息系统可划分为账务处理子系统、固定资产系统、薪资系统、存货核算子系统、报表子系统等;而模块是系统中更小的功能集合。子系统和模块的概念源自工程科学。工程上许多大系统都是由一些较小的单元组成的,如建筑工程中的构件,机械工程中的各种零件等。这样做的优点是便于加工制造和维修。由于某些部件可以实现标准化,便可为多个系统所共用。同样,一个大而复杂的会计信息系统也可以根据其功能划分成许多单元,称为子系统或模块。

2. 结构化设计方法

结构化是系统开发的一种重要思想。一个复杂的系统可以看成由许多相对独立的部分组成,经过层层划分,分解成若干个组成部分进行设计。结构化设计方法的基本思想是以系统的逻辑功能设计和数据流关系为基础,根据数据流程图和数据字典,借助一套标准的设计准则和图表工具,通过"自上而下"和"自下而上"的反复,逐层把系统划分为多个大小适当、功能明确、具有一定独立性并容易实现的模块,从而把复杂系统的设计转变为多个简单模块的设计。由于组成系统的模块彼此独立、功能明确,因此能够对模块进行单独的维护和修改,而不会影响系统中的其他模块。由此可见,合理地进行模块分解和定义,是结构化设计的主要内容。

结构化总体设计的核心是模块化。结构化设计方法的目标是建立结构良好的子系统和模块划分体系,以使模块的分解对程序性能有较好的影响。

运用结构化设计方法时,一个系统经过逐层分解,得到具有层次结构的模块,构成系统的总体功能结构。通常,这需要运用一定的描述工具将其描述出来,主要的描述工具有层次结构图、模块结构图、模块的层次功能分解图等。

3. 系统功能模块结构设计

系统功能模块结构设计是指根据新系统逻辑功能要求以及组织的实际情况,对新系统的总体功能模块结构进行设计。

(1) 系统总体功能结构设计

会计信息系统的各子系统可以看做是系统目标下层的功能。系统功能分解的过程就是一个由抽象到具体、由复杂到简单的过程。会计信息系统功能结构可以用功能结构图来表示。所谓功能结构图,就是按功能从属关系画成的图表,会计信息系统中工资子系统的总体功能结构如图 2-16 所示,图中每一个方框称为一个功能模块。

在系统功能结构设计中,分解得最小的功能模块可以是一个程序中的每个处理过程,而较大的功能模块则可能是完成某一任务的一个子系统(由一组程序组成)。

(2) 模块化划分方法

模块化结构方法是将系统分成若干个模块,每个模块完成一个特定的功能。在结构化设计中,往往采用层次结构和模块化结构相结合的方式,将系统分成若干层次,并定义每个层次

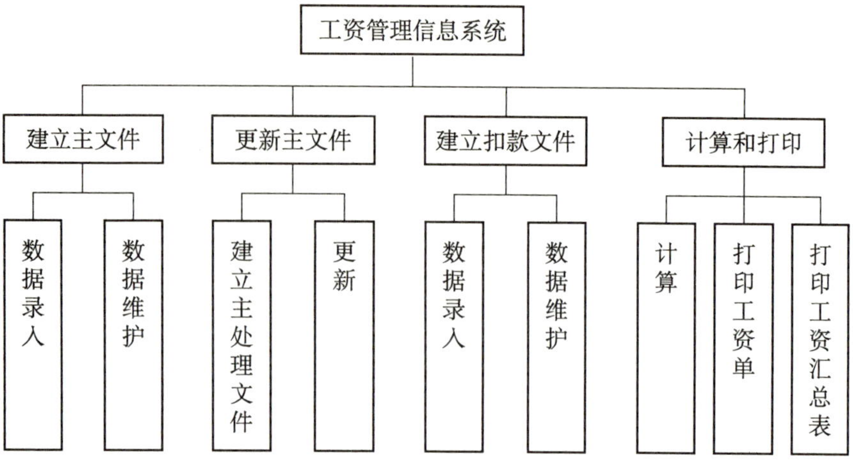

图 2-16　工资子系统的总体功能结构

的功能和层次间的信息关系，再使用自顶向下的设计方法划分成相对独立的模块。这样，经过层层分解，可以把一个复杂的系统分解成多个规模较小、功能单一的、易于建立和修改的功能模块。每一个模块都有自己的输入、处理过程和输出结果。低层模块可以被高层模块调用，可以按照从上到下的顺序访问各模块。模块化结构方法原理如图 2-17 所示。

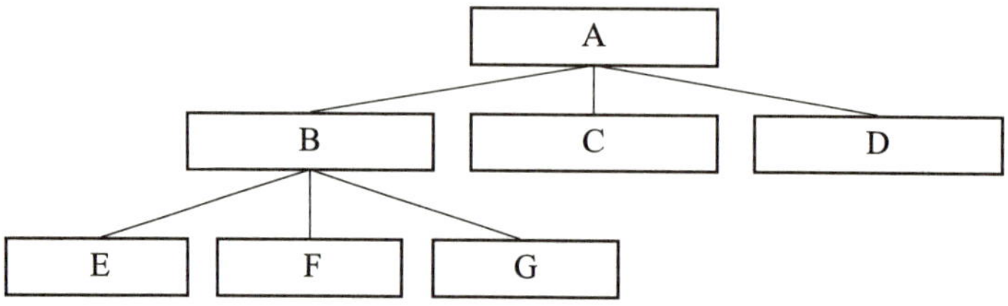

图 2-17　模块化结构

对于会计信息系统而言，可以凭设计者的经验形成子系统和模块的划分。例如，图 2-18 为账务处理子系统的模块划分，图 2-19 为“薪资管理系统”的模块结构图。

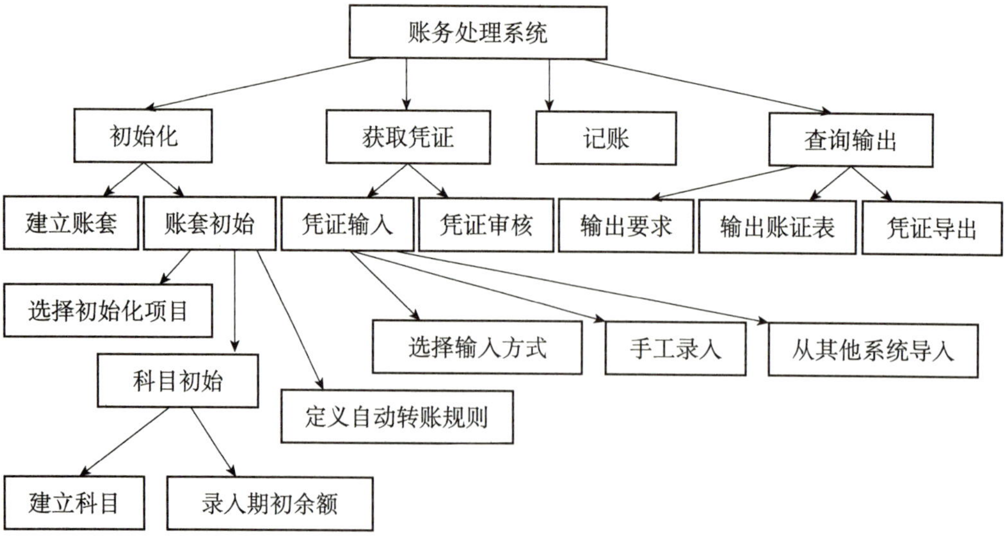

图 2-18　账务处理子系统的模块划分

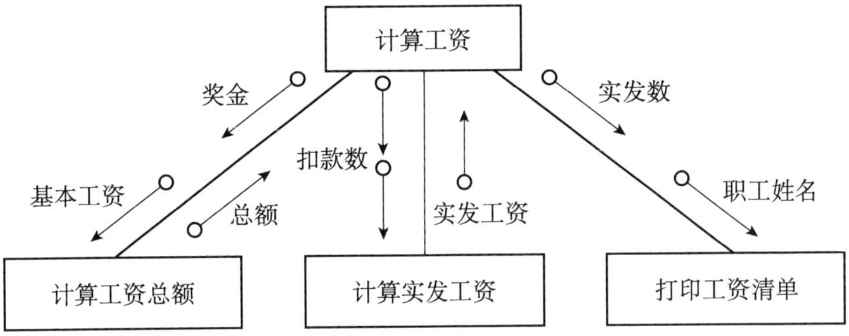

图 2-19　薪资管理系统的模块结构

4. 模块的功能层次分解图

模块的层次功能分解(Hierarchy Plus Input/Processing/Output，HIPO)图是一种模块层次功能分解的重要技术。我们知道，任何功能模块都是由输入、处理和输出三个基本部分(IPO 关系)组成，HIPO 图方法的模块层次功能分解正是以模块的这一特性以及模块分解的层次性为基础，将一个大的功能模块逐层分解，得到系统的模块层次结构，再进一步把每个模块分解为输入、处理和输出的具体执行模块。

下面以“库存记账”模块进行层次功能分解为例来说明 HIPO 图方法。

例 2-7　图 2-20、图 2-21、图 2-22 分别给出了“库存记账”模块的层次功能分解。

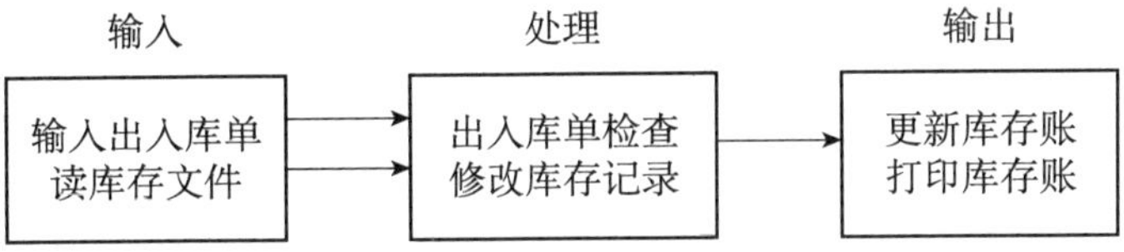

图 2-20　“库存记账”的总体 IPO

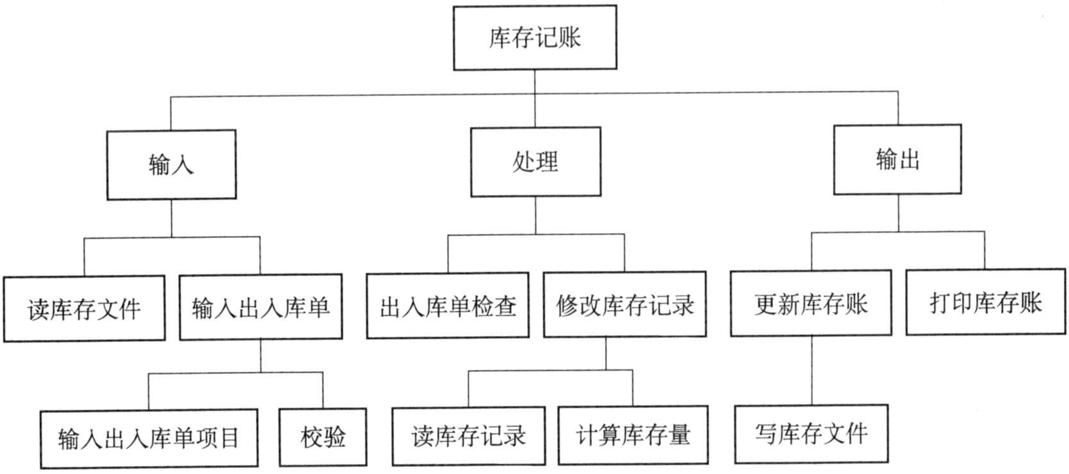

图 2-21　“库存记账”的 HIPO

系统名称：库存记账　　　　　　　　设计者：唐实萍
模块名称：计算库存量　　　　　　　日期：2015.12.26

上层调用模块：
处理模块

可调用的下层模块：
无

输入：
出入库量X
库存信息Y

输出：
新库存信息Z

处理：
IF入库
Z=X+Y
ELSE
Z=Y-X
ENDIF

备注：

图 2-22 “计算库存量”模块的 IPO

2.4.3 详细设计

在会计信息系统总体结构设计的基础上，详细设计的任务是要比较详细地对每个模块的工作过程进行过程设计。它的目标是为系统程序员提供详细的资料，使他们能利用这些资料设计出符合要求的程序。详细设计是对具体各个部分的设计，它要完成系统设计的剩余工作。总的来说，详细设计主要包括代码设计、数据存储设计、输入/输出设计、计算机应用系统集成设计等。

1. 代码设计

代码是一个或一组有序的、易于被计算机和人识别与处理的符号。它代表事物、概念的名称、属性或状态。通过代码，有利于建立统一的管理信息语言，可以提高通用化水平，实现信息资源共享；有利于节约人力，加快处理速度及检索效率等。会计信息系统中涉及大量的代码（如会计科目代码、存货代码、供应商代码、客户代码、部门代码、人员代码等），须进行代码设计。

（1）代码的作用

代码具有识别功能、分类功能和排列功能。也就是说，代码能够区分信息（如用科目代码区分各个会计科目），能够判断该信息属于哪一分类组别（如用科目代码的首位表示科目的类别），能够决定信息的排列顺序（如在每类科目中以顺序表示资产与负债的流动性，代码越小，其流动性越大）。除此之外，代码还具有标准化、简易化、助记、保密及错码检出等功能。

会计信息表示的代码化是会计信息系统的一大特点。在信息化环境下的会计信息系统中，为了更便于计算机处理会计信息，提高计算机系统的处理速度和节省数据存储的空间，也为了方便操作人员的操作，大量的会计信息都要用代码表示。例如，会计科目、部门、职工、产成品、原材料、固定资产、主要的客户或供应商等，都常用适当设计的代码表示，甚至记账方向和部分规范、较常用的摘要也用代码表示。

（2）代码设计原则

代码设计的好坏，将直接影响系统的质量、实用性与生命力。因此，代码设计一般应遵循以下六项原则：

① 唯一性。每个代码应唯一地表示一个实体或属性。

② 扩展性。代码结构必须能适应实体或属性集合不断扩充的需要。

③ 实用性。代码要尽量满足原业务处理的习惯，便于人工使用时识别与记忆，也便于计算机处理时识别与分类处理。

④ 系统性。要建立完整的代码体系。

⑤ 简短性。代码越短越好，因为简短的代码易记易用，还减少输入操作中的错误。

⑥ 标准化。代码设计要与国际、国家或部门及行业的标准靠拢，同一种类编码对象的代码应统一。

(3) 代码的种类

代码设计就是确定代码的种类和结构。代码的种类很多，下面结合会计信息系统的代码设计，介绍几种常用代码的种类。

① 顺序码。以某种顺序形式编码，通常从 1 开始。如人员编号，张三为 001，李四为 002 等。顺序码的特点是简单明了、短小精悍，但不易分类处理。例如，在会计信息系统中，部门代码、人员代码、出入库类型代码等均可采用顺序码。现以部门代码为例，其代码设计如下：

1——厂办

2——财务部门

3——市场部门

4——后勤部门

② 区间码。区间码是把数据项分成若干组，每一区间代表一个组。代码中的数字和(或)字母以及位置都代表一定意义，如身份证号码、邮政编码、会计科目代码等。区间码的优点是能反映数据类别，代码的结构反映了类目的逻辑关系，插入、删除比较方便；缺点是位数较多。

在会计信息系统代码设计中，诸如科目编码、凭证编码、存货编码、项目编码、客户编码、供应商编码等较适合采用区间码。以存货编码为例，针对企业存货品种众多的特点，有关存货编码较适合采用区间码，图 2－23 所示的区间码 JD08WD700G 代表家电类存货中规格型号为 WD700G 的微波炉。

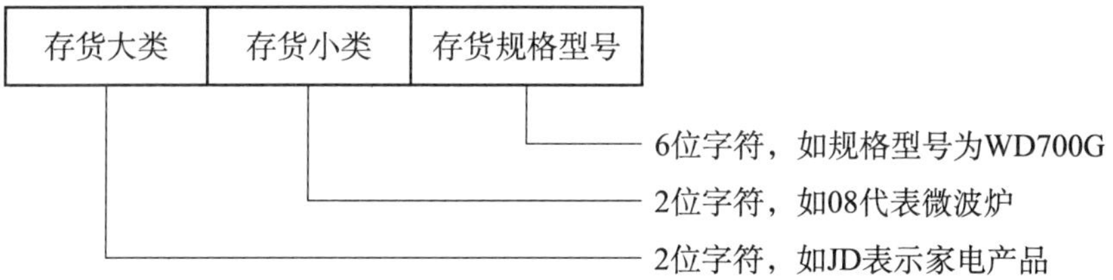

图 2－23　存货编码的代码结构

③ 助记码。这种代码将代码对象名或缩写符号作为代码的一部分，其作用往往仅是便于记忆。例如，PZH 表示凭证编号，TV-C-29 表示 29 寸彩色电视。其优点是直观明了，缺点是处理不便。

在会计信息系统中，可将各数据项名称的汉语拼音首字母作为数据项编码，如“KMDM”“KMMC”分别表示“科目代码”“科目名称”。

④ 校验码。校验码又称编码结构中的校验位。代码作为计算机重要的输入内容之一，其

正确性直接影响到整个处理工作的质量。为了保证代码输入的正确性，在编码设计结构中原代码的基础上，加上一位(称为校验位)并附加在原代码的后面，使它变成代码的一个组成部分。校验位可通过事先规定的数学方法计算出来。输入时，校验码与原代码一起输入，此时计算机会用相同的数学运算方法计算出校验位，并将它与输入的校验位进行比较，以检查输入是否有错。

产生校验码的方法多种，各具不同优缺点，常见的有算术级数法、几何级数法、质数法等。校验码的确定过程如下：

※ 原代码中的每一位加权求和。

n 位代码：　$C1\ C2\ C3\cdots Cn$

权因子：　$P1\ P2\ P3\cdots Pn$

加权和：　$C1\times P1+C2\times P2+C3\times P3+\cdots+Cn\times Pn$

$$S=\sum CiPi$$

权因子可选自然数、几何级数、质数或其他。

※ 以模除加权和得到商和余数。

$$S/M=Q\ \ldots\ldots\ R$$

其中，S 表示加权和，M 表示模，Q 表示商，R 表示余数；模可取不同的数，如 10、11 等。由此得到校验码：R

下面以算术级数法为例，说明物资销售库存管理系统中入库单代码 123456 的校验码计算过程。

原代码：123456

权因子：173173

模：10

加权和＝81

81/10＝8.......1

校验码：10－1＝9

由此，带校验码的入库单代码为 1234569，其中 9 为校验位。

2. 数据存储设计

数据存储设计，即对会计信息系统所涉及的需要存储的数据文件进行数据结构设计，包括每个数据结构包含的数据项及其属性，每个数据结构的主键、外部键、索引文件、逻辑视图等。在现代数据库理论中，关系型数据库模型将数据结构用二维表来表示。

(1) 数据存储设计内容

会计信息系统是基于文件系统或数据库系统的，文件是存放系统中要处理和维护的数据的基本方式。数据存储设计主要包括两部分内容：工作文件设计、业务数据文件设计。

工作文件主要用于存储程序本身工作所需的环境和过程数据。比如，会计信息系统程序的初始化参数文件、密码文件、中间结果文件(如职工工资变动文件)等。

业务数据文件主要用于存储用户的业务数据。该部分数据是整个系统的核心，所有的处理过程都围绕它进行；它是系统中存取操作最频繁、最复杂的文件，且对用户或企业来说是至关重要的。会计信息系统中的业务文件包括凭证文件、科目汇总表文件、职工档案文件、资产卡片文件、固定工资文件等。

(2) 数据库设计

当前，数据库技术已十分成熟，数据库管理系统产品众多、通用性好、功能强大，所以一般情况下都采用数据库存储业务数据。数据库设计是在选定的数据库管理系统上建立数据库的过程。数据库的建立需要根据用户的具体要求进行分析和设计，通常包括概念结构设计、逻辑结构设计和物理设计三个阶段。在会计信息系统开发的过程中，数据库设计的各个步骤与系统开发的各个阶段相对应，它们的对应关系如图 2－24 所示。

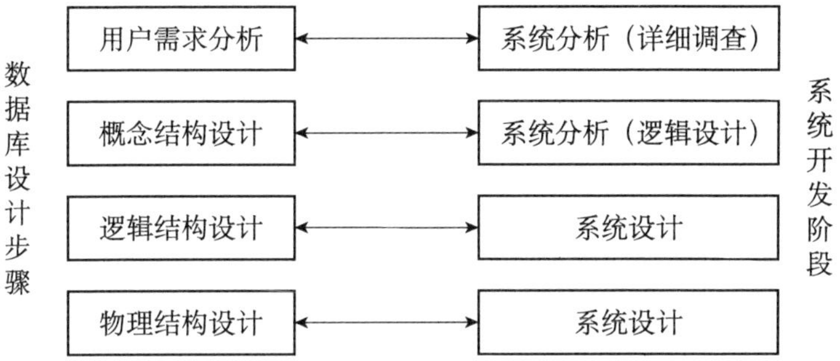

图 2－24　数据库设计步骤与系统开发阶段的对应关系

3. 输入/输出设计

输入/输出(I/O)设计是系统设计的重要部分。系统是否好用以及用户对于系统的印象，在很大程度上取决于输入/输出设计的结果。输入/输出的内容、格式、界面等是会计信息系统的外包装，它反映了会计信息系统人机交互环境的特征。一个好的输入/输出设计可以为会计人员和系统营造良好的工作环境，它的正确性、友好性将影响会计信息系统的应用效率。

(1) 输入设计

输入模块承担着将系统外的数据以一定格式输入计算机的任务。在会计信息系统中，要求选用最有效的输入设备和方式，用户输入界面友好，可以杜绝错误信息的输入。加强输入时数据的校对工作，是输入设计的核心内容。

① 输入设计的内容。输入设计主要包括输入方式、输入设备、输入界面的设计。

※ 输入方式设计。数据输入是在数据采集、整理后进行的，常见的输入方式有键盘输入方式、条形码扫描读入方式、图形扫描读入方式、网络传送方式等。另外，按照是否通过主机终端直接输入数据，有脱机输入和联机输入两种。

※ 输入设备设计。系统设计人员必须认真分析输入数据的类型，从方便用户使用的角度选择输入设备。常见的输入设备有：键盘、扫描仪、触摸屏、多媒体输入设备（话筒、数码相机、数字摄像机等）、光电阅读器等。输入设备有赖于输入方式的选取。

※ 输入界面是人机交互系统的入口。输入界面设计包括各种会计原始（记账）凭证的录入、修改、删除界面，菜单功能选择界面，查询报表的条件选择录入界面等。输入的正确性是保证会计信息系统正确处理的前提和基础。

② 输入设计的原则。总的原则是要满足会计人员对输入信息的内容和格式需求，输入界面要友好。具体包括：

※ 输入界面简洁、易学、易用，对代码项的录入能提供在线帮助。

※ 输入形式应尽量接受原始处理的形式，尽量控制数据输入量。输入时，只需要输入基本信息，其他的统计、计算交给计算机系统完成。

※ 可采用周转文件、批量输入等方式减少数据延迟。

※ 采用有效的验证手段，减少输入错误，防止错误的垃圾信息进入会计信息系统。

※ 输入设计应考虑提供对输入功能的安全、保密控制，即对不同的用户定义不同的权限，以防止非法人员进入各种输入界面。

※ 除固定格式的查询条件输入外，系统应提供随机查询、组合查询、模糊查询、正向及反向跟踪查询等灵活的查询条件。

③ 输入数据校验。由于会计信息系统中的数据输入量往往较大，为了保证其正确性，一般都须设置数据输入校验功能，对已经输入的数据进行校验。数据校验的方法一般有以下三种：

※ 人工校验。输入数据后，显示或打印出来，由人来进行校验。该方式只适合少量数据，对于大批量的数据，效率太低。

※ 重复校验。对同一数据，输入两次，若两次输入的数据不一致，则认为数据输入有误。该方法方便快捷，适用于各种类型的数据。

※ 数据平衡校验。对于记账凭证、会计报表等数字输入校验，可采用借贷平衡、合计、小计等求和计数手段检验数据各项目间是否平衡。

此外，还可采用数据类型校验、格式校验、逻辑校验、界限校验、对照校验、校验位校验、顺序校验等。

④ 输入数据种类设计。会计的核算信息极大部分来源于原始凭证或原始凭证汇总表，包括外来原始凭证和自制原始凭证。记账凭证是根据原始凭证或原始凭证汇总表制作而成的。

从目前的审计要求来看，从原始凭证的确认到会计分录的产生，仍需要书面的记载，方便审计。所以，记账凭证是会计电算化系统数据输入的主要依据。记账凭证手工分类主要分收、付、转三大类，或现收、现付、银收、银付及转账五小类。为了避免凭证输入时页面不断更替，应尽可能地将不同种类凭证的格式统一为一种格式，同时又能顾及会计人员的习惯。例如，设计时，无论是收款还是付款或是转账，其格式都一样，但收款、付款凭证第一行必须输入现金或银行存款中的某一科目，并自动判断及显示凭证种类，转账凭证则借贷方不可出现这两种科目的任何一种。这样，既符合会计人员的习惯，又符合会计逻辑。

(2) 输出设计

会计信息系统只有通过输出才能为用户服务，因而输出是用户直接面对的事物，往往具有固定格式和数据要求，具有直观性并直接反映了用户要求。系统能否为用户提供准确、及时、适用的输出信息是评价系统优劣的标准之一。会计信息系统输出设计的主要任务是针对用户的特点和需求，选择恰当的输出设备和方式，以恰当的格式完整、准确、及时地输出所需要的会计信息。会计信息系统中的输出信息包括了绝大部分的凭证、账簿、报表。

① 输出设计内容。输出设计的主要内容如下：

※ 输出信息的内容，须确定它们的输出数据项名称、位数、输出时的编辑格式等有关内容。

※ 输出信息的格式，包括凭证、单据、报表、公文等格式。设计过程中必须考虑格式大小与屏幕或打印纸的物理规格是否一致。输出时，原来使用的代码应还原为相对应的中文名称或中文内容。

※ 输出信息使用方面的内容，包括使用者、使用目的、报表量、有效期、日期时间、保管方

法、密级、复写份数等。

※ 输出方式，常用的输出方式有打印输出、显示输出、软磁盘输出等。对于会计工作人员而言，最习惯的方式是打印输出；显示输出方式可被视为对打印输出的补充形式，尤其适合查询信息；磁盘输出在会计电算化系统中适用于任何信息，所有原始数据、中间结果及最终会计账簿和报表，不论是否需要打印或显示，都应在磁盘中加以存储并及时备份。

※ 输出设备，包括打印机、显示终端、绘图仪等。

※ 输出介质，包括输出到磁盘、光盘还是纸介质等。

※ 输出周期与期限，会计报表的输出时间往往是有时间限定的。太早，可能由于输入信息不完整，无法产生完整的报表；太迟，又无法满足管理等各方面对信息的需求。

② 输出设计的方法与格式。在会计信息系统设计阶段，设计人员应给出系统输出的说明，它是实际输出的依据，可采用报表与图形形式输出。

※ 以报表的形式提供信息输出。这种形式可以表示详细的数据。

※ 以图形的形式提供信息输出。图形信息可以给出比例或综合发展趋势的信息，可以提供比较信息。

为了提高会计信息系统的规范化程度和编程效率，在输出设计上应尽量保持输出内容和格式的一致性，即同一内容的输出，对于屏幕、打印机、文本文件和数据库文件都应具有一致的形式。打印输出时，根据纸张设置格式，使用已印有表头和文字说明等格式的专用纸，可直接套打；通用白纸则需要打印表头、格式及说明信息。会计报表的打印要标准化，不可擅自改动报表形式，尤其是外部报表。

(3) 用户界面设计

用户界面是人机对话的窗口。设计时应尽量保持友好、方便使用、易于操作的原则，避免繁琐、花哨的界面。

用户界面设计包括菜单方式、会话管理方式、操作提示方式、操作权限管理方式等。

① 菜单方式。菜单是信息系统功能选择操作中最常用的方式。特别是对于图形用户界面，菜单集中了系统的各项功能，直观、易操作。菜单的形式可以是下拉式、弹出式或快捷式，也可以是按钮选择方式等。

② 会话管理方式。在系统运行中，当用户操作错误时，系统要向用户发出提示或警告性的信息；当系统执行用户操作指令遇到两个以上的可能时，系统应提请用户进一步地说明；系统定量分析的结果应通过屏幕向用户发出控制性的信息等。

③ 操作提示方式。为了方便用户使用，系统应能够提供相应的操作提示信息和帮助。在操作界面上，常常将提示以小标签形式显示在屏幕上，或者以文字形式显示在屏幕的旁边，还可以将系统操作说明输入系统文件，建立联机帮助。

④ 操作权限管理方式。为了保证系统的安全，可以控制用户对系统的访问。可以设置用户登录界面，通过用户名和口令及使用权限来控制用户对数据的访问。

4. 计算机应用系统集成设计

计算机应用系统集成是与计算机硬件、软件、应用对象有关的人、技术、设备、信息、过程的集成，通过硬件集成、软件集成、技术集成、信息集成，实现过程与功能的集成。它是指各类人员组成协同工作的团队，运用系统工程的方法，将硬件、软件、技术、信息、人力等资源，按照会计信息系统应用领域的特殊需要进行合理配置，优化管理控制及人机系统的组合，实现信息自动化处理，组成满足用户要求的会计信息系统，取得整体系统的高效率和高效益。

计算机应用系统集成的设计主要包括网络设计、硬件选型及配置、软件选择和设置等内容。硬件选型及配置主要考虑数据处理的存储设备，包括硬盘、软盘、磁带和光盘等的选择和配置；考虑人机接口设备，常用的有显示器、键盘、鼠标、条形码扫描器、打印机等设备的选择和配置；考虑通信设备，包括调制解调器、网络通信卡、集散器(HUB)等。

系统的通信结构主要根据系统使用的地域范围确定采用局域网或广域网。选择和配置软件系统，需要考虑公用系统软件、应用软件和开发软件的选择和设置。不仅要考虑使用合适的系统软件，还要考虑数据安全、保密的问题，采取相应的手段以确保系统的安全，如采用防火墙技术、加密技术、数字签名等。

系统的处理结构主要考虑是采用集中式处理、分布式处理还是分散式处理方式。目前，随着网络技术的发展以及企业对会计信息日益增长的需要，分布式处理是企业常用的方式。

为了满足企业会计信息实时共享的需要，以及需要的大量会计原始数据录入、数据分析和统计报表的处理，可采用 C/S 体系结构。随着企业规模的扩大，为了使企业能够及时了解各地区、各分部会计信息的变化，需要进行远程访问，系统中还要采用 B/S 体系结构。鉴于两种体系结构都有各自的优势和不足，结合企业的实际需求，在系统中可采用既具有 C/S 结构(数据处理快速)又具有 B/S 结构(可以在任何地方访问站点)的混合结构模式。把 C/S 和 B/S 结合起来，不仅可以实现会计信息系统的开放性和通用性，还可以保持内部系统的封闭性和专用性。为此，系统结构可如图 2－25 所示。

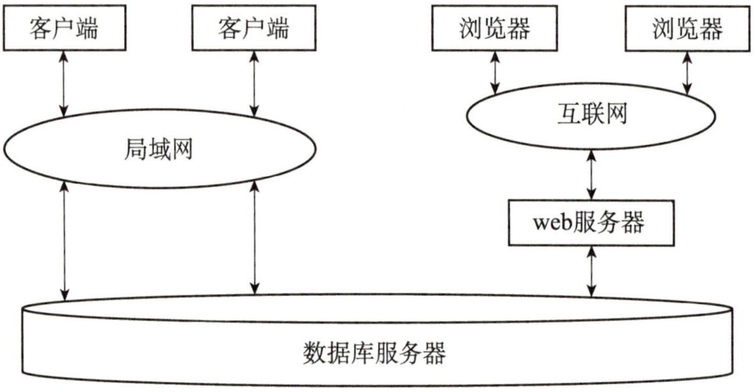

图 2－25　系统结构

2.4.4　系统设计说明书

系统设计说明书(或者系统设计报告)是系统设计阶段的主要成果，它既是新会计信息系统的物理模型，也是系统实施的主要依据。系统设计说明书是对系统设计阶段工作的汇总，通常由下述内容组成。

(1) 引言

该部分要求说明新系统的名称、目标和功能要求；阐明系统的开发背景，包括项目开发者、用户、涉及的其他系统或机构及其关系；阐述系统环境及限制，主要有系统软件、硬件及运行环境限制，保密性限制等。

(2) 系统设计内容

该部分要求阐明系统设计的主要方案内容，包括以下方面：

① 总体结构设计。该部分说明新系统的结构形式和可利用的资源，用结构图表示系统模块的层次结构，说明主要模块的名称、功能。

② 代码设计。该部分阐述所设计各类代码的名称和功能、相应的编码表、使用范围、使用要求及对代码的评价等。

③ 数据库设计。该部分说明数据设计的目标、主要功能要求、需求性能规定、运行环境要求（设备、支撑软件等）、逻辑设计方案、物理设计方案等。

④ 输入/输出设计。该部分说明输入的项目、主要功能、输入要求、输入的承担者、输入校验方法；说明输出的项目、主要功能、输出的接受者、输出的数据类型与设备、介质、数值范围、精度要求等；阐述系统的各用户界面。

⑤ 网络设计。该部分说明系统的网络结构、功能设计。

⑥ 人工过程的有关设计。人工过程是指为适合新系统的运行所需要的人员配备的要求、组织机构的调整要求及工作场地的要求。

(3) 新系统实施计划

系统设计说明书还要说明下一步实施工作的计划安排。实施计划主要包括对新系统工作任务进行分解，即对项目开发中的各项工作（包括文件编制、用户培训等）按层次进行分解，制定对每项工作任务的要求及各项工作的进度要求，给出各项实施费用的估算及总预算。

系统设计说明书完成后，需要由有关的专家、用户及主管领导审核批准。只有在系统设计说明书被批准后，才能成为下一步实施阶段的指导性文件，并开始系统实施工作。

2.5 会计信息系统的实施

系统实施是系统开发工作的最后一个工作阶段。会计信息系统实施就是将系统设计的结果转换为可以在计算机上具体执行的会计软件系统，将原来纸面上的、类似于设计图式的新系统方案转换为用户看得见、可运行、能够帮助用户完成所需要功能的实在系统。

2.5.1 系统实施概述

系统实施是将系统设计的物理模型转换成实际运行系统的全过程。系统实施的工作目标是将系统设计文件中所定义的软件系统技术规格转换为实际可用的软件，并将此系统移植到用户的工作环境中。

系统实施的主要内容包括信息系统基础平台的构建、程序设计（购买）、系统测试、系统操作和管理人员的培训、系统基础数据的准备与录入、试运行、系统转换和系统验收。

系统实施阶段，需要投入大量的人力、物力，占用一定的时间，使用部门将发生组织机构、人员、设备、工作方法和工作流程的变革。一个好的设计方案，只有经过精心实施并付诸实际应用，才能带来实际的效益。

1. 前期准备工作

系统分析报告和系统设计报告是系统实施的基本依据。在系统实施前，要制订出周密的计划，尤其是不要因为系统的实施而打乱组织的正常工作秩序。在系统实施前，项目负责人必须对之有较为深入的了解，并根据有关要求组织好准备工作，包括制订系统实施计划、组织好系统实施的队伍，以及软件、硬件与配套设施的准备。

在系统总体规划或项目级的系统分析阶段，已对设备配置做出计划和安排，系统对设备的总体要求已经清楚，除个别设备（如某些特殊的输入、输出设备）需要在系统设计之后才能确定之外，大多数设备在完成系统分析之后就可以进行选购。为此，到了系统实施阶段，就应当做好有关工作场所、机房、通信设施等的准备工作，并且进一步做好有关设备的采购、安装和调试工作。

2. 信息流程重组和人员培训

为了适应新系统的要求，需要对现行系统的信息流程进行重新组织，修订原有的业务流程和工作制度，以适应新的变化。

为了确保新系统的正常运行，需要做好人员培训工作，包括对系统实施人员和用户的培训。通过实施人员的培训，使他们统一思想和确定统一的实施原则，使各部分能够相互协调地运行。人员培训工作要随着系统的实施而进行，直到用户学会操作使用和维护新系统为止。

3. 系统实施的文档

系统实施阶段的文档包括程序文档和系统实施报告两大类。

程序文档主要包括程序设计报告、源程序清单、程序调试报告等，它是今后系统维护、修改、扩充的主要详细技术依据。程序设计报告的主要内容包括对原设计的修改和补充，因为有少数问题直到编码和调试时才会被发现，这时应进行修改和补充。另外，程序编制应按照国家颁布的软件设计规范进行设计并建立相应文档。

系统实施报告主要包括系统实施计划、设备采购及安装验收报告、业务流程及有关制度、系统调试及试运行情况报告、系统转换及验收报告、系统操作使用手册等。系统实施报告是系统验收、审计、评价及运行维护的依据。

2.5.2 会计信息系统基础平台的构建

会计信息系统基础平台的构建，是指根据系统设计方案购置新系统运行所需的计算机软件、硬件和通信网络设备，机房的建立和系统的安装调试等工作。

1. 会计信息系统硬件平台的构建

会计信息系统的硬件平台通常由信息处理设备、信息存储设备、信息传输设备、信息输出设备和信息采集设备构成。信息处理设备包括个人计算机、便携式计算机、服务器、小型机、大型机等；信息存储设备包括磁盘阵列、磁带机、光盘机、IC 卡、移动存储设备等；信息传输设备包括局域网、广域网等；信息输出设备包括显示器、打印机、绘图仪、专用信息输出设备等；信息采集设备包括扫描仪、数字化仪、条形码阅读器、指纹仪、触摸屏、光电检测设备、专用采集设备等。

组织、构建会计信息系统的运行环境，需要根据已有的硬件条件、新系统运行的硬件环境要求，购置新的硬件，安装和调试硬件系统，以满足需要。

2. 会计信息系统软件平台的构建

会计信息系统的软件平台，是指支持软件开发和运行的软件平台。一个好的软件平台不但能使系统的开发、维护简单易行，而且能保证开发出的系统的运行高效可靠，并支持新技术的发展要求，使得系统避免因不能适应发展要求而必须推倒重来的情况。

软件平台主要包括系统软件、数据库管理系统、开发软件和一些应用程序。在选择软件平台时，应考虑以下因素：软件环境必须符合开放式系统的软件发展大方向；所选环境必须有必要和足够的软件工具；所选环境具有采用新技术的支持能力。此外，还要考虑软件产品的可靠性以及性能价格比等常规的选择标准。

3. 会计信息系统网络平台的构建

会计信息系统的网络平台实际上就是计算机网络。利用互联网、内部网、外联网及其他通信网络构建会计信息系统，对当今组织来说是至关重要的。它能大大缩减成本、缩短业务响应期、开发在线操作过程、支持电子商务及共享资源等。

网络硬件是组成网络的基本部件，主要包括各级网络服务器、工作站、调制解调器、路由器、交换机、集线器、网卡、网络电缆、光纤、收发器、无线收发设备等。选择网络设备应考虑的因素包括：先进的、成熟的技术和主流厂家的产品，产品的性能价格比与售后服务的承诺及未来新技术的支持。

网络软件主要有网络操作系统软件、网络管理软件、应用软件、工具软件、支撑软件等。正确地选择能够相互配合、完成网络系统需求功能的软件组合是网络建设的关键。

总之，应根据会计信息系统规模、组织机构分布与系统功能关联的情况、地理环境及外部通信需求、用户对网络站点分配及联网范围要求等，确定网络选型策略。

2.5.3 会计软件实现

会计软件实现就是在系统设计的基础上，将设计阶段的系统说明转换为一个可以运行的会计信息系统软件的过程。软件实现的主要工作称为编程，但软件实现不等同于纯粹的编程，它是“编程、内部测试、代码审查、调式改错、优化”的综合表述。软件实现是需要人员多、时间长、工作量大的一项工作。另外，需要说明的是，当今许多组织已不再自行为新系统编程，而是从外源购买符合新系统要求的会计软件，这些会计软件包来自从外部购入的商品化软件，或为用户专门开发应用软件的软件公司等。

本节不介绍如何编写程序，而是简单介绍有关编程方法、编程语言等。

1. 编程方法

实现编程，有很多方法可供选择，下面简要介绍结构化编程方法和面向对象的编程方法。

(1) 结构化编程方法

结构化编程方法(Structured Programming，SP)是一种用于指导人们以良好的思想方法，开发易于理解、正确的程序的设计方法。结构化程序可以采用自上而下逐步细化的方式编写，易于阅读和修改；结构化程序便于多人并行编程，可以提高工作效率；结构化程序易于验证其正确性。

(2) 面向对象的编程方法

随着面向对象的编程语言的出现和发展成熟，面向对象的编程(Object Oriented Programming,OOP)思想得到广泛的认同和普及。在面向对象的编程方法中,利用面向对象的程序设计语言或编程工具,支持面向对象概念的实现,构造出模块化的、可重用的、维护性好的软件系统,可控制软件的复杂性并减少软件的开发与维护费用,可大大提高软件的开发效率和开发质量。

2. 编程语言

在编制程序之前的一项重要工作就是选择适当的程序设计语言。每种程序设计语言都有自己的特点,为一个特定的软件项目选择编程语言时通常可以考虑下列因素:应用领域、算法和计算的复杂性、软件的运行环境、用户需求、数据结构的复杂性、开发人员的水平等。

(1) 编程语言的分类

目前应用较多的程序设计语言主要分为两大类:汇编语言和高级语言。

① 汇编语言。汇编语言依赖于相应的计算机硬件,其语句和计算机硬件操作有一一对应关系。某些对运行时间或存储空间有过高要求的项目,或者在不能提供高级语言编译程序的计算机上开发程序,往往要使用汇编语言。

② 高级语言。高级语言包括第三代程序设计语言和第四代高级程序设计语言(4GL)。高级语言使用的概念和符号与人们通常使用的比较接近,它的一个语句往往对应若干条机器指令。一般地说,高级语言的特性不依赖于实现这种语言的计算机。除特殊要求外,一般软件开发均使用高级语言。

(2) 常用编程语言

目前比较常用的软件编程语言一般可分为七类:一般编程语言、数据库管理系统、程序生成工具、专用系统开发工具、客户机/服务器型工具、面向对象的编程工具以及浏览器/服务器类系统开发工具等。

2.5.4 会计信息系统测试

1. 系统测试的意义、目的

系统测试也称系统调试,是指在计算机上用各种可能的数据和操作条件对程序进行试验,找出可能存在的问题并加以修改,使其完全符合设计要求的过程。系统测试占用的时间、花费的人力和成本占软件开发的很大比例。统计表明,开发较大规模的系统,系统测试的工作量大约占整个软件开发工作量的40%—50%。对于一些特别重要的大型系统,测试的工作量和成本更高。

尽管在系统开发周期的各个阶段均采取了严格的技术审查,但仍然难免出现遗留差错,如果在投入运行前的系统测试阶段没有被发现并得到及时纠正,等到问题在系统运行过程中暴露出来,那将会付出更大的代价。

系统测试的目的就是能以最少的人力和时间发现潜在的各种错误与缺陷。出于这个目的,系统测试不是要证明程序无错,而是要精心选取那些易于发生错误的测试数据(测试用例),以十分挑剔的态度去寻找程序的错误。应根据系统开发各阶段的需求、设计等文档或程序的内部结构,精心设计测试实例,并利用这些实例来运行程序,以便发现错误。

系统测试是保证系统质量和可靠性的关键步骤,是对系统开发过程中的系统分析、系统设计和系统实施的最后复查。

2. 系统测试过程

测试过程基本上与开发过程平行进行。在测试过程中，需要对整个测试过程进行有效的管理，保证测试质量和效率。一个规范化的测试过程通常包括以下基本的测试活动。

(1) 制订测试计划

在制订测试计划时，要充分考虑整个项目的开发时间和开发进度，以及一些人为因素和客观条件等，使得测试计划是可行的。测试计划的内容主要有测试的内容、进度安排、测试所需的环境和条件、测试培训安排等。

(2) 编制测试大纲

测试大纲是测试的依据，它明确、详尽地规定了在测试中针对系统的每一项功能或特性所必须完成的基本测试项目和测试完成的标准。

(3) 设计和生成测试用例

根据测试大纲设计和生成测试用例，产生测试设计说明文档，其主要内容有被测试项目、输入数据、测试过程、预期输出结果等。

(4) 实施测试

测试的实施阶段是由一系列的测试周期组成的。在每个测试周期中，测试人员和开发人员将依据预先编制好的测试大纲及测试用例，对被测系统或设备进行完整的测试。

(5) 生成测试报告

测试完成后，要形成相应的测试报告，主要对测试进行概要说明，列出测试的结论，指出错误和缺陷，并且给出一些建议。

3. 系统测试方法与步骤

(1) 软件测试方法

对软件进行测试的主要方法有人工测试和机器测试。

人工测试又称代码复审，即通过人工阅读程序来查找错误，目的在于检查程序的静态结构，找出编译过程中不能发现的错误。经验表明，良好的人工测试可以发现程序中30%—70%的编码和逻辑设计错误，从而可以减少机器测试的负担。人工测试主要有个人复查、走查和会审三种方法。

机器测试是将事先设计好的测试用例作用于被测试程序，对比测试结果和预期结果的差别，以发现错误。机器测试有黑盒测试和白盒测试两种方法。①黑盒测试，也称功能测试，即将软件看作不透明的黑盒子，在完全不考虑程序的内部结构和特性的情况下，研究程序的外部特性。它是根据系统分析说明书设计测试用例，从程序的输入和输出特性上测试系统是否满足设定的功能。②白盒测试，又称结构测试、玻璃盒测试等，即将软件看成一个透明的白盒子，按照程序内部的逻辑结构及有关信息，设计或选择测试用例，对程序的逻辑路径和过程进行测试，检查是否与设计相符。

机器测试只能发现错误的症状，不能进行问题的定位；而人工测试一旦发现错误，就能确定问题的位置、类型和性质。对于一些类型的错误，机器测试比人工测试有效；但对于另一些类型的错误，则人工测试更有效。因此，应根据实际情况选择测试方法。

(2) 系统测试步骤

合理安排测试步骤对于提高测试效率、降低测试成本有很大作用。会计信息系统的测试步骤是如下：分别按硬件系统、网络系统和软件系统进行测试，最后对整个系统进行综合测试。测试过程如图2-26所示。

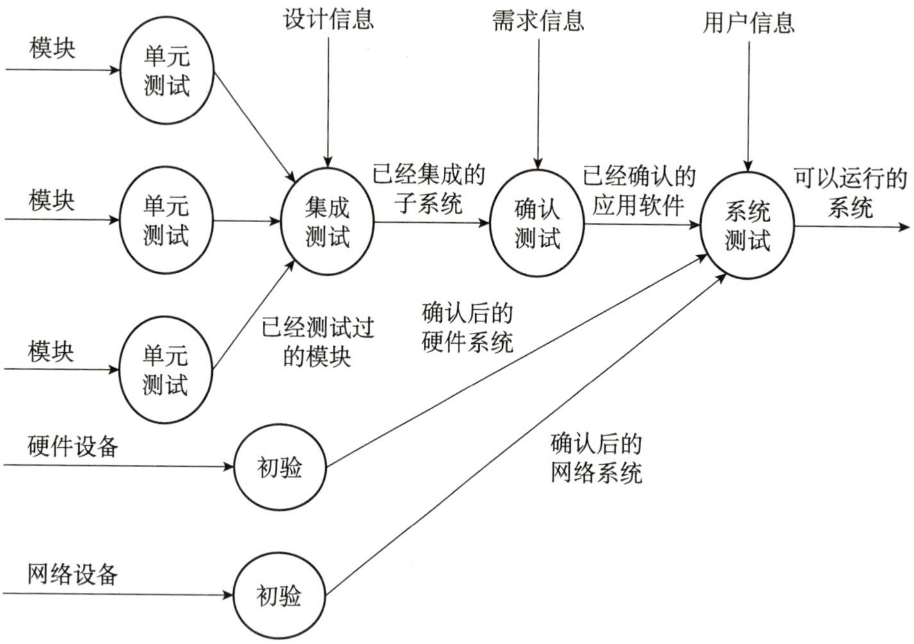

图 2－26　会计信息系统测试过程

① 硬件测试。在开发建设会计信息系统时，通常需要根据项目情况选购硬件设备。在硬件设备采购到货后，应在各相关厂商的配合下进行初始验收测试；初验通过后，再将其与软件、网络等一起进行系统测试。

② 网络测试。如果开发的会计信息系统需要在局域网或广域网上运行，通常需要选购网络设备。在网络设备按合同到货后，应在各相关厂商配合下进行初始验收测试；初验通过后，再将其与硬件、软件等一起进行系统测试。

③ 软件测试。软件测试实际上分为四个步骤：单元测试、集成测试、确认测试和系统测试。

※ 单元测试也称模块测试，是对源程序中的每个程序单元（模块）进行测试，以验证每个模块是否满足系统说明书的要求。

※ 集成测试又称组装测试，是把模块按系统设计说明书的要求组装起来进行测试。集成测试的主要目标是发现与接口有关的问题，如数据通过接口时可能丢失。一个模块对另一个模块可能造成有害影响，将它们组合起来后可能不能实现预期的功能、全局数据结构会出现问题、误差累积到超过可接受程度等。

※ 确认测试，是按照系统说明书中定义的全部功能和性能要求及确认测试计划，测试整个软件系统是否达到用户要求。

※ 系统测试，是将已经确认的软件、计算机硬件、外设、网络等系统的各个部分连接在一起，对整个系统进行总的功能、性能等方面的测试。其目的是通过与系统的需求相比较，发现所开发的系统与用户需求不符或矛盾的地方。

2.5.5　人员培训

为了确保新系统投入运行后能够正常、有效地运行，应当确保组织的有关人员都有机会得到培训。一般来说，系统开发自始至终都必须有用户参与，这样做，一方面可以使系统分析人员与最终用户及时沟通，另一方面也是一个人员培训的过程。

人员培训关系到系统的成败。如果组织的员工不能理解新系统的管理过程，不能确定新系统是否适用于他们的工作，那么他们就可能会消极地使用系统，甚至阻碍系统的推广。如果会计信息系统的用户不理解系统产生的报告以及系统如何影响会计业务活动，不理解如何利用系统进行相关会计业务的处理及处理流程，就不能有效地利用系统为其管理决策服务。会计信息系统的操作人员直接负责数据输入、维护文件、建立输出文档等工作，他们需要全面的培训。

人员培训可以仅仅是系统的数据录入、操作使用等方面的问题，也可以是系统的维护、运行管理等方面的问题。另外，组织的使用人员还应该接受新技术如何影响组织运营和管理的相关培训，培训中还应该增加有关新的硬件设备、软件包及其在特定工作活动中的应用知识，等等。

2.5.6 会计信息系统试运行与系统转换

系统实施的最后一步就是新系统的试运行和老系统的转换。它是一项很容易被忽视，但对最终新系统使用的安全、可靠、准确性来说又十分重要的工作。当新系统最终取代旧系统并正常单轨运行时，就可以说系统实施阶段的工作全部完成了。

1. 会计信息系统的试运行

会计信息系统的试运行是系统正式转换的前期准备。在系统测试阶段，使用的测试数据很难测试出新系统在投入实际运行中可能出现的始预料不及的问题，所以让新系统实际地运行一段时间（即试运行）才是最好的检验和测试方式。

系统试运行阶段的主要工作如下：

※ 进行系统初始化，录入各种原始数据；

※ 记录系统运行的数据和状况；

※ 核对新系统输出和旧系统输出的结果；

※ 对系统运行的各项性能进行实际测试等。

在会计信息系统投入实际运行前，须做好运行前的数据整理和准备，完成新系统初始化工作。

（1）数据整理和准备

数据整理和准备，是指从旧系统中整理出新系统运行所必需的基础数据和资料，即将旧系统数据加工处理为符合新系统要求的格式。具体工作包括历史数据整理、数据资料格式化、分类和编码、个别数据及项目的调整等，这部分的工作量十分巨大，应当提前做好准备，否则会影响系统转换的正常实施。

（2）系统初始化

系统初始化是新系统投入运行之前必须完成的另一项工作。所谓系统初始化，是指对系统的运行环境进行设置，对系统运行和控制参数进行设定、数据加载以及系统与业务工作的同步调整等内容。由于需要在会计信息系统正式运行之前将大量的原始数据一次性输入新系统中，因此应突击完成并确保输入数据的正确性。

2. 会计信息系统的系统转换

会计信息系统试运行成功之后，就可以在某一时刻进行新旧系统之间的转换。所谓系统转换，是指由旧系统向新系统切换。此时新系统开始正式运行，同时旧系统停止运行。

新旧系统之间的转换方式主要有直接转换、并行转换和分段转换（见图 2－27）。

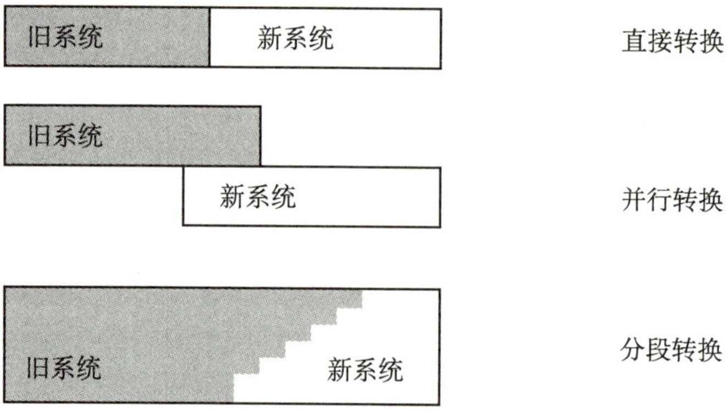

图 2－27 系统转换的三种方式

（1）直接转换

直接转换就是确定在某一时刻，旧系统停止使用，同时新系统立刻投入运行，中间没有过渡阶段。这种方式很节省人员、设备费用，但风险较大。对于比较复杂或重要的系统，不能采用这种方式。比如，一个大型企业的会计信息系统，旧系统已经停止运行但新系统又不能正常运转，将直接影响整个企业的日常工作。

（2）并行转换

并行转换方式是在新系统投入运行时，旧系统并不停止运行，而是与新系统并行工作一段时间，经过一段时间的考验后，才由新系统正式替代旧系统。这种方式的主要特点是安全、可靠，但需要双倍的人员和设备，其费用和工作量都很大。该方式一般适用于比较复杂或重要的系统。比如，在银行、财务和一些企业的核心系统中，这是一种经常使用的转换方式。

（3）分段转换

分段转换又称逐步转换、试点过渡法等，实际上是前面两种转换方式的结合。它是在新系统全部正式运行前，一部分一部分地替代旧系统。这种方式是分期、分批进行转换，能防止直接转换产生的危险性，也能减少并行转换的费用。该方式既保证了可靠性，费用又不至于太高。但这种转换要求子系统之间有一定的独立性，对系统的设计和实现都有一定要求；否则无法实现这种分段转换。这种转换方式较适用于较大系统，典型的如会计信息系统、ERP 系统等。

对于会计信息系统而言，出于系统的复杂性、重要性，为了使其平稳、可靠地切换到新的系统中，可采用并行的方法实现系统切换。

2.6 会计信息系统的运行、维护

一个系统运行的好坏，不但取决于系统设计开发的技术水平和系统运行人员的素质，更取决于企业管理水平的高低。从企业验收并启用会计信息系统开始，对系统进行维护、管理就成了企业会计信息化管理工作的主要任务之一。建立、健全企业会计信息系统运行的内部管理和维护制度，是企业促进会计基础工作规范化、提高会计工作质量、提高经济效益的主要手段和有效措施，也是各单位会计工作有序进行的重要保障。

2.6.1 会计信息系统运行管理

信息系统不同于其他产品，它不是“一劳永逸”的最终产品。会计信息系统开发完成并交付用户使用后，在运行过程中，还有大量运行管理工作要做。如果运行管理不善，新系统开发得再好，仍然不能发挥其效益。因此，为了让系统能长期高效地工作，还必须大力加强对系统运行工作的管理。

1. 会计信息系统运行管理的目标和内容

系统运行阶段是整个会计信息系统生命周期中最长的一个阶段，也是会计信息系统取得经济效益的阶段。所以，组织管理者应该将精力和时间集中于系统的运行及管理，以便获得更好的经济效益与社会效益。

会计信息系统运行管理的目标是，对系统的运行进行监督控制，记录其运行状态，保证系统正常运行，以便及时、准确地向组织提供必需的会计信息，使其真正符合组织的需要，为管理决策提供足够的信息支持。

会计信息系统运行管理的主要内容包括：日常运行的管理、运行情况的记录及文档规范管理、系统安全与保密管理、对系统运行情况的检查与评价。

① 会计数据的收录。数据是会计信息系统处理的对象，这里的任务包括三项：数据收集、数据录入及数据校验。其目的在于保证会计数据的及时获取、及时更新以及系统数据的准确性与完整性。

② 例行信息处理及服务工作。常见工作包括例行的数据维护、统计分析、报表生成、数据复制及保存、与外界的定期数据交流等。

③ 运行日志。会计信息系统日常运行中需要记录的信息包括系统工作情况、工作效率、系统信息服务质量、系统修改情况等，这些资料对于系统日常运行与维护以及日后的更新发展都有十分重要的参考价值。

④ 机房设施管理。这主要是指对除数据和计算机软件、硬件与网络设备外的其他资源的管理，如办公设备、动力、照明、防护设备、计算机耗材等。

⑤ 会计信息系统组织管理。这包括机构设置、岗位设置、人员招聘与选拔、教育与培训、员工激励等。

⑥ 会计信息系统安全管理。

⑦ 运行管理制度。要做到会计信息系统的正确和安全运行，就必须建立和健全会计信息系统的运行管理制度，不断地提高各类人员的素质，有效地利用运行日志等信息对系统实施监督和控制。

2. 会计信息系统日常运行管理

会计信息系统运行的日常管理，不仅是机房环境和设施的管理，更是对系统每天运行的状况、数据输入/输出、系统的安全性与可靠性等及时、准确地加以记录和分析处理。这些工作主要由系统管理员负责完成。

系统投入使用后的日常运行管理主要包括以下方面：

(1) 信息处理及服务

信息处理及服务主要包括数据收集、信息处理、信息服务等任务。

① 数据收集主要有数据被动接收、数据主动采集、数据批量转换等形式。高质量的数据是信息系统有效工作的坚实基础。数据被动接收形式中的数据采集者可能是其他相关部门人员，负责数据主动采集的主要是企业会计人员。对于采集的会计原始数据，数据校验的质量控制工作是必不可少的。数据校验工作应该由专业的会计信息系统管理人员完成，或者在较大的系统中考虑设置专门的数据控制功能模块来完成。

② 信息处理是信息系统的主要功能，它是按照企业或者会计信息系统规定的业务逻辑对收集的数据进行运算处理的过程，处理的结果将直接或间接用于信息服务。

③ 常见的信息服务工作包括例行的数据更新、统计分析、报表生成、数据的复制和保存、与外界的定期数据交流等。这些工作都是在系统研制中已经详细规定好的，操作人员应经过严格训练，清楚地了解各项操作规则，了解各种情况的处理方法。

上述任务构成会计信息系统日常运行管理的主体，系统的管理人员必须全面考虑这些问题，组织有关人员按规定的程序实施，并进行严格要求、严格管理。

(2)系统运行情况的记录

整个会计信息系统运行情况的记录，能够反映系统在大多数情况下的状态和工作效率。因此，系统的管理人员应该从系统运行的一开始就注意积累系统运行情况的详细资料，一定要及时、准确、完整地记录下来。除日常例行的正常运行记录以外，更重要的是要及时记录下意外或特殊情况的处理结果，如更换、添加或减少硬盘，意外停机，操作系统或数据库平台升级等。

会计信息系统运行情况的记录，主要包括以下五个方面的内容：

① 工作量记录。这包括开机的时间、每天(周、月)提供的报表数量、每天(周、月)录入数据的数量、系统中积累的数据量、修改程序的数量、数据使用的频率等。

② 工作效率记录。这是指记录系统为了完成设计所规定的信息处理工作，耗费的人力、物力及时间情况。此外，对用户的临时查询，系统给出正确数据的响应时间等。

③ 系统服务质量记录。信息服务和其他服务一样，应保质保量。用户对所提供信息结果的准确程度，提供的方式是否满意，是否符合要求，信息提供是否及时，临时提出的信息需求是否得到满足等，都在信息服务的质量范围内。

④ 系统维护情况记录。系统中的数据、软件和硬件都有一定的更新、维护和检修的工作规程。这些工作都要有详细、及时的记载，包括维护工作的内容、情况、时间、执行人员等。这不仅是为了保证系统的安全和正常运行，而且有利于系统的评价及进一步扩充。

⑤ 系统故障记录。对系统运行中的各种故障情况进行的记录，记录的内容包括故障发生的时间、故障设备、故障发生的环境、处理方法及结果、处理人员的姓名、善后处理的措施和原因分析等。记录应详尽、完整，且对大小故障都要进行记录。

要全面地掌握会计信息系统的情况，必须十分重视正常运行的情况记录。没有日常的工作记录，表示可靠性程度的时间指标就没有可靠的计算依据。

3. 会计信息系统组织机构和人员的管理

有效地组织好会计信息系统运行对提高系统的运行效率是十分重要的。系统运行管理机构的建立和有效的人员管理是系统有效运行的重要一环。系统的管理机构应该根据会计信息系统的规模来设置，机构和人数的设置不仅要考虑能否承担相应的任务，而且要考虑是否符合组织控制的原则以及能否进行有效的控制。

(1) 会计信息系统组织机构

会计信息系统的建立，会对原有会计部门的组织结构产生影响，引起会计部门组织结构的变化。因此，为了适应计算机应用的需要，应对组织中的机构和岗位设置做相应的调整。

目前，随着计算机、网络、通信等各项技术的发展和深入应用，企业一般都建立了信息部门负责整个单位计算机应用的规划、协调、开发、维护、信息的利用和数据库的管理工作。信息部门的内部组织结构一般如图 2-28 所示。

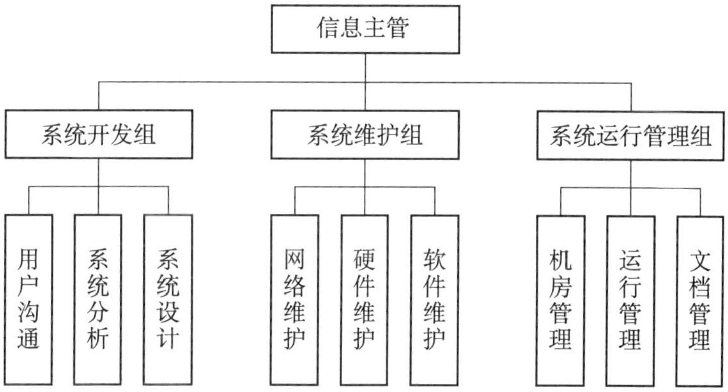

图 2-28 信息部门的一般组成

一般来说，信息部门的最高领导称为信息主管(Chief Information Officer，CIO)，对企业的信息资源管理负有全面责任。

系统开发组由系统分析员、系统设计人员、系统编码人员组成，其主要功能是完成单位计算机软件的分析设计工作。系统维护组由数据库管理人员、网络管理人员、硬件维护人员、软件维护人员组成，完成对整个系统运行的日常维护工作。系统运行管理组由系统管理人员、数据输入人员、系统使用人员等组成，主要负责系统的日常运行与使用。

由于企业已有信息部门负责整个信息系统的开发和维护，会计信息化仅是单位计算机应用的一项重要内容，因此会计信息系统的开发与维护工作通常由信息部门负责，会计部门只使用会计信息系统。在这种条件下，会计部门的内部组织机构如何调整，由计算机的应用程度、计算机会计业务处理流程决定。由于计算机的应用提高了业务处理的工作效率，可能需要对原会计部门内部的人员进行调整。另一种方式是对原有的组织机构进行较大的改变，不再按手工核算方式设置(如资金组、材料组、成本组等)，而按数据处理特点进行组织。图 2-29 所示的财务与会计部门组织结构由数据准备组、信息处理组、财务管理组构成。

图 2-29 财务与会计部门组织结构

① 数据准备组。数据准备组主要负责会计数据的准备工作，即负责与财务有关的原始凭证设计、汇总、审核工作，还有记账凭证的填制、审核工作。

② 信息处理组。信息处理组主要负责会计信息系统的日常运行工作，完成所有的会计数据的录入、校验、审核和记账，按时打印输出各种会计报表和必要的账簿，定期做好数据的备份、存档和管理工作，随时提供会计信息的查询服务，以及系统有关的一些软件、硬件的维护工作。

③ 财务管理组。财务管理组负责会计信息的分析、整理以及参与决策工作，即负责编制各种计划，定期检查和分析有关计划的执行情况，进行经济活动分析，做好资金、成本的控制工作，参与企业投资决策、经济效益分析、目标成本的决策等工作。

(2) 会计信息系统的人员

会计信息系统是一个人机相结合的复合系统。要做好会计信息化工作，就必须多层次、多形式、多渠道地培养有关会计信息系统开发、维护和使用会计软件的人员。会计信息系统的组成人员主要包括：

① 系统分析人员。系统分析是开发会计信息系统软件的第一阶段。系统分析人员的主要任务是进行系统的分析，定义用户的需求，建立会计信息系统的逻辑模型。系统分析人员必须具备财务会计理论与实务、企业管理理论与实务、信息系统开发技术、计算机及网络等方面的综合知识。

② 系统设计人员。系统设计是会计信息系统软件开发的第二阶段。其主要任务是通过系统结构设计、数据库设计、代码设计、输入/输出设计等把系统分析的结果转化为计算机可以实现的方案。因此，对系统设计人员的技术要求较高，他们应具备能将系统的逻辑结构转化成物理结构，并采用数据库技术、编程工具进行设计与编码的能力。

③ 系统操作人员。会计信息系统的操作人员包括数据录入人员以及需要会计数据进行辅助管理的有关管理人员。数据录入人员的主要任务是负责系统的日常工作，按照系统的使用说明书和操作程序进行会计业务的各种操作，如数据的录入、查询、打印等功能的使用。操作人员应具备一般的计算机基础知识，并通过软件操作培训，熟练掌握会计软件的功能以及数据的输入方法。

④ 系统维护人员。会计信息系统的维护人员主要负责系统硬件和软件的正常运行工作。作为系统维护人员，必须熟练了解本系统的计算机硬件、计算机网络、系统软件、应用软件等的使用背景知识，受过良好的、系统的计算机知识的教育。

一般来说，如果企业的规模较大、系统结构复杂、技术力量强，且系统是自行开发或与开发商合作开发的，则这类企业会计信息系统的人员组成就包括系统分析人员、系统设计人员、系统维护人员和系统操作人员；反之，如果企业的规模较小、业务量少、会计软件从开发商处购买，则系统仅需要操作使用人员就可，系统的维护、升级换代可由软件供应商支持。

4. 会计信息系统管理制度

计算机代替手工记账后，会计工作的工具、会计信息的表现形式、会计档案的存放介质，甚至会计工作的程序都发生了巨大的变化。信息技术的新特点，使得原来手工核算条件下行之有效的管理制度不能完全适应电算化条件下会计工作的需要。因此，建立相应的电算化会计管理制度，保证系统安全有效地运行，保证会计数据的客观性、正确性、及时性并免遭侵害就显得十分必要。实践证明，建立严格的系统运行人员的岗位责任制和其他相应的规章制度是信息系统实施成功的基础。

（1）建立、健全会计电算化岗位责任制度

建立会计信息系统的单位要按照会计信息化的特点和要求，加强对会计信息系统使用人员和维护人员的管理，按责、权、利相结合的原则，明确系统内各类人员的职责、权限、利益，建立、健全岗位责任制。

在会计信息系统环境下，可以根据内部牵制制度的要求和本单位的工作需要，将会计工作岗位分为基本会计岗位和电算化会计岗位。

基本会计岗位可分为会计主管、出纳、会计核算各岗位、稽核、会计档案管理等。各基本会计岗位与手工会计的各会计岗位相对应。

电算化会计岗位是直接管理、操作、维护计算机及会计软件系统的工作岗位。可设立会计信息系统主管、软件操作员、审核记账员、系统管理员、档案管理员、审查稽核员等电算会计岗位。会计信息系统在企业应用的范围不同以及企业会计人员数量的限制，使基本会计岗位和电算化会计岗位互有交叉，如会计主管同时兼任会计信息系统主管。

① 会计信息系统主管。会计信息系统主管一般可由会计主管兼任，主要负责会计信息系统的日常管理工作，监督会计信息系统的正常运行，保证整个系统的合法、安全、保密、可靠和可审计；协调系统中各类人员之间的工作关系，制定岗位责任与考核制度；进行系统各岗位人员的分工和权限分配；负责检查计算机输出账表数据的正确性和及时性；协调计算机各种资源的调用、修改和更新的审批制度，并监督执行。

② 软件操作员。软件操作员可由基本会计岗位的会计人员兼任。其主要负责输入所分管业务的记账凭证和原始凭证等会计数据，输入完毕后进行自检核对工作，无误后交审核员复核；按会计核算工作和会计信息系统的要求输出记账凭证、会计账簿、报表和进行部分会计数据处理工作。软件操作人员应严格按照操作程序操作计算机和会计软件，每天操作结束后应及时做好数据备份工作，按照有关规定填写上机记录；应注意安全保密，定期更换自己的运行口令。

③ 审核记账员。负责对输入系统的会计数据（原始凭证、记账凭证等）进行审核，包括各类代码的合法性、摘要的规范性和数据的正确性。对不符合财务会计制度和有关规定的不真实、不合法的凭证，应退还各有关人员更正、补齐；对填制的不符合要求、不完整、不规范的凭证（包括金额错、会计科目错、分录错、附件错的凭证），要求操作人员查明原因并进行修改；对操作人员输入的凭证进行审核并及时记账。结账前检查已审核签字的记账凭证是否全部记账。

④ 系统管理员。负责会计信息系统运行环境的建立，负责对系统的硬件设备和会计软件的运行情况进行定期检查，确保系统的正常运行。在系统发生故障时，应及时组织有关人员尽快排除软件、硬件故障和会计数据错误，或者与会计软件开发单位的技术人员联系，及时解决问题。负责本系统会计数据的安全性、正确性、及时性和保密性的检查；按规定的程序负责维护会计数据及程序实施的完整性、适应性和正确性；做好本系统操作运行情况的总结工作，并提出改进系统的管理、操作、维护的需求报告。

⑤ 档案管理员。负责管理存档的会计系统的数据软盘（磁带）、程序软盘（光盘）及各类账表、凭证、资料的备份和打印的会计账表、凭证和各种资料的保管工作；做好各类数据、资料、凭证的安全保密工作，不得擅自外借；经批准允许借阅的会计资料，应认真进行借阅登记；按规定的期限，向各类有关人员催交备份数据和存档资料。

⑥ 审查稽核员。负责监督计算机及会计软件系统的运行，防止利用计算机进行舞弊。审查本系统内各类人员的工作岗位设置是否合理，制定的内部牵制制度是否合理，各类人员是否越权使用软件。发现系统的问题或隐患应及时向会计主管反映，提出解决办法。

(2) 建立、健全会计档案管理制度

会计信息系统档案工作是重要的会计基础工作。会计工作信息化后，会计档案和传统档案具有很大的不同，具有磁性化和不可见的特点。因此，建立会计档案管理制度必须考虑这些特点。

① 信息化会计档案。信息化会计档案的内容包括存储在计算机及相关介质(如磁带、磁盘、光盘、缩微胶片等)中的会计数据和打印出来的书面形式的会计数据。会计数据是指记账凭证、会计账簿、会计报表等数据，以及会计信息系统开发运行中编制的全套文档资料。不论哪种形式，都应当作为会计档案予以保存，其保存期限按照《会计档案管理办法》的规定执行。

② 会计账簿、报表的生成与管理。现金日记账和银行存款日记账要每天登记并打印输出，做到日清月结。科目汇总表、总分类账和各种明细账每月打印一次。一般账簿可以根据实际情况和工作需要按月、季或年打印。每年年末必须将全部账簿打印输出，装订成册，作为会计档案保存。

在由原始凭证直接录入系统并打印输出的情况下，机制记账凭证上应有录入员(或制单人)、审核人、记账人、会计主管的签名和盖章；收款、付款记账凭证还应有出纳员的签名和盖章。打印生成的记账凭证视同手工填制的记账凭证，按有关规定立卷归档保管。

会计报表、分析表等应按管理要求及时打印输出，经有关人员审核无误签名、盖章后方可生效。

③ 数据备份管理。会计数据的重要性要求必须制定数据备份制度，以避免意外和人为错误造成数据的丢失。发生会计数据丢失时，必须及时用备份数据进行恢复。

数据备份可按天、周或月为单位循环实施，备份数据应至少在计算机硬盘内和软盘上同时保留。备份软盘必须贴上写保护标签，注明备份日期、内容，存放在安全、洁净、防热、防潮、防磁的场所。

④ 安全保密措施。对存档的会计资料，要检查记账凭证上是否有制单人、审核人、记账人、会计主管的签名和盖章。对会计档案的管理要做好防磁、防火、防潮、防尘、防虫蛀、防霉烂、防鼠咬等工作；重要的会计档案应准备双份，存放在不同的地点，最好在不同的建筑物内。采用磁性介质保存的会计资料，要定期进行检查、复制，防止会计档案丢失；存有会计信息的介质，在未打印成书面形式前，应妥善保存并留有副本。

严格执行安全和保密制度，会计档案不得随意堆放，严防毁损、散失和泄密。各种会计资料未经主管领导同意，不得外借和拿出单位；经领导同意借阅的会计资料，应该履行相应的借阅手续，经手人必须签名。

(3) 建立、健全会计信息系统操作管理制度

会计信息系统操作管理制度包括计算机系统使用管理制度、上机操作管理制度(规程)等。

① 系统使用管理制度。在会计信息系统投入使用前，由会计主管会同系统管理员，本着既分工合作又相互牵制的原则，确定本系统合法使用人员及其操作权限，并在运行过程中根据需要增减使用人员。原使用人员离开本单位或部门前，必须及时删除该用户的账号和权限。建立内部控制制度，包括出纳人员不允许进行系统性操作，系统管理员不得兼任出纳工作，操

作人员应在规定范围内对系统进行操作，等等。

会计信息系统使用的服务器、客户机等应该专机专用，杜绝无关人员使用计算机做其他工作。设立“计算机使用登记簿”，任何人均需登记方可用机。需存档或备份的数据，由系统管理员按规定指派专人负责复制、核对，并交会计档案管理员保管。系统管理员必须做好日常检查监督工作，发现不规范使用应及时制止，并采取措施避免同样的情况再次发生。

② 上机操作管理制度。操作人员必须是合法的、有权使用会计信息系统的人员。操作人员必须经过培训合格后才能上机操作。操作人员上机前后，应进行上机操作登记。操作人员的操作密码应注意保密，不能随意泄露，且密码应定期更换。操作人员必须严格按所分配的权限操作会计软件，不得越权或以其他操作人员的名称操作计算机。

审核记账人员应及时检查操作人员输入计算机的凭证数据与原始数据的一致性、合法性。记账前发现错误的，可要求凭证制作人员进行修改；记账后发现错误的，应按照凭证更正要求，以红字冲销纠正后再输入计算机。

每天上机完毕后，都要做好数据备份工作，防止发生意外事故。操作人员在系统运行过程中离开工作现场，必须在离开前退出系统，以防其他人员越权操作。严禁使用来历不明的软盘及各种非法复制的软件在财务专用的服务器和终端机上运行，严禁在专用计算机上玩游戏。

2.6.2 会计信息系统的维护

在会计信息系统投入运行后，为保障其能够长期、高效地工作以及系统的正常运行，要依靠有效的系统维护来支持。会计信息系统是一个较为复杂的应用软件系统，系统维护的好坏将显著地影响系统的运行质量、适应性、生命周期等关键因素。

1. 系统维护概述

系统维护是在系统运行中为了适应系统环境的变化，保证系统能够持续、正常运行而从事的各项活动。

信息系统维护的任务是改正软件系统在使用过程中发现的隐含错误，扩充在使用过程中用户提出的新的功能及性能要求，维护信息系统的正常运行，并能使系统不断得到改善和提高，以充分发挥作用。因此，要有计划、有组织地对系统进行必要的改动，以保证系统中的各个要素随着环境的变化而始终处于最新的、正确的工作状态。

进行系统维护的原因是多方面的，包括国家有关政策和法规的改变，组织管理方法、方式的改变，系统业务处理过程的变化，用户需求的增加，运行平台的变化和升级，运行设计中存在的问题等。实践证明，系统维护与系统运行始终并存，维护系统所付出的代价往往要超过系统开发。

2. 会计信息系统维护的内容

会计信息系统维护是面向系统中各个构成要素的。按照维护对象的不同，系统维护的内容可分为以下四类：

(1) 软件维护

软件维护是根据实际需要，修改部分程序和有关的文档资料。软件的维护一般要用到原来的旧程序，在原有基础上进行必要的修改、更正。系统的业务处理过程是通过应用程序的运行来实现的，一旦程序发生问题或业务发生变化，就必然引起程序的修改和调整，因此系统维护的主要活动是针对应用程序的。

会计信息系统软件的维护分为正确性维护、适应性维护、完善性维护和预防性维护。

① 正确性维护，是指改正在系统开发阶段已发生而在系统测试阶段未被发现的错误。在系统分析或系统设计中发生的错误，如果测试和检验未予以排除，在运行阶段就会逐渐暴露出来，影响系统的正常运转。对于所发现的错误，如果不太严重，不影响系统的正常运行，就随时进行维护；如果是比较严重的错误，影响整个系统的正常运行，就必须制订维护计划，反复进行检查和控制。

② 适应性维护，是指为适应环境的变化及克服本身存在的不足而对系统进行的调整和修改。例如，国家有关会计制度、核算方法等的变化，企业内部的变革，都可能需要对会计信息系统进行适应环境变化的维护。

③ 完善性维护，是指为了扩充软件的功能或满足用户对系统提出的新的性能要求，提高原有软件的可维护性而对软件开展的修改和再开发活动。其主要是对已有的软件系统增加一些功能和性能特征，还包括对程序处理效率的改进。

④ 预防性维护，是指为了改进应用软件的可靠性和可维护性而主动增加新功能，以适应应用要求的变化。维护人员不应被动地等待用户提出要求才进行维护工作，应主动地进行预防性维护，即选择那些还有较长使用寿命、目前尚能正常运行但可能发生变化或调整的系统进行维护，目的是减少或避免以后可能需要的前三类维护而对软件配置预先进行的维护工作。

(2) 数据维护

业务处理对数据的需求是不断发生变化的，系统中主题业务数据需要定期正常更新，许多数还需要不定期更新，或者随环境或业务的变化而调整数据结构、增删数据内容等。比如，管理要求将以前的三栏式账目文件改成数量/金额式，增加数量这个数据项，并将原文件中的数据复制到新文件中。此外，数据的备份与恢复等都是数据维护的工作内容。

(3) 编码维护

编码维护，是指由于业务数据编码满足不了需要或不完善，须修改或建立新的编码系统并加以执行。当系统应用范围扩大和应用环境变化时，系统中的各种代码需要进行一定程度的增加、修改、删除以及设置新的代码。例如，在会计信息系统中，采用分段数字编码时，二级科目只保留一位；随着核算工作的加强，有些一级科目的下属二级科目超过了 10 个，这时就要对编码的位数进行扩充。

(4) 硬件维护

硬件维护，是指对主机及外设的日常维护和管理，以保证系统正常、有效地工作。硬件维护主要包括设备的保养与安全管理、简易故障的诊断与排除、易耗品的更换与安装、系统硬件的更新与添置等。

系统维护既是一项经常性的工作，又是一项技术性很强的工作。当环境条件和处理业务量发生变化时，就要及时对系统进行维护。另外，维护好一个会计信息系统，使其正常运行，还需要具备良好素质的操作人员和管理人员。

3. 会计信息系统维护的过程

会计信息系统是一个有机的整体，由于系统各功能模块之间的耦合关系，对某一部分进行的修改可能出现“牵一发而动全身”的问题；特别是在进行软件维护、数据维护和编码维护时，必须谨慎、有计划地进行。

首先，财务部门关于系统维护的申请必须按标准的形式提出来，送有关部门处理。维护申请包括维护的内容、目的、要求等。以正确性维护为例，发现软件错误的人应填写错误报告，对出现的错误和出错的环境进行完整的描述，包括运行的程序名、版本、错误信息、使用的输入数据、出错时系统的状态等。其次，在接到维护申请时，维护部门应根据维护的类型，按维护的迫切性制订相应计划，确定所需资源、成本和维护时间，然后着手进行维护。维护的对象应着眼于整个软件配置，即不仅是源代码，还应包括有关的文档资料。维护工作可能要追溯到软件生命周期的前几个阶段。在完成必要的代码修改后，要对软件进行测试，其中最重要的是利用以前的测试数据进行回归测试。回归测试是指利用原来的测试数据对修改后的程序进行测试，并比较新、旧程序所得结果是否一致。最后，在维护工作完成后，由维护人员填制维护记录表，记录对程序和文档的改动情况；由有关部门对维护进行复审，确定代码和文档的修改是否一致，测试结果是否正确。通过复审验收的软件和文档即可交给用户，以代替旧的软件和文档。

2.7 会计信息系统的安全管理

随着企业信息化的发展，企业对信息系统的依赖性越来越强，信息系统的任何破坏或故障都将给企业带来巨大的影响和损失。因此，信息系统的安全日显重要，已经引起国家的高度重视。

1. 信息系统安全概述

1994 年 2 月 18 日，国务院首次发布《中华人民共和国计算机信息系统安全保护条例》，该条例明确指出：信息系统安全是指“保障计算机及其相关和配套的设备、设施（含网络）的安全及运行环境的安全，保障信息的安全，保障计算机功能的正常发挥，以维护计算机信息系统的安全运行”。信息系统的安全就是为了防止系统外部对系统资源（特别是信息资源）不合法的使用和访问，保证系统的硬件、软件和数据不因偶然或人为因素而遭受破坏、泄漏、修改或复制，维护正常的信息活动，保证信息系统安全运行。

信息系统安全的内容包括以下四个方面：

① 实体安全。系统设备及其相关设施运行正常、系统服务适时，包括环境、建筑、设备、电磁、数据介质、灾害报警等。

② 软件安全。操作系统、数据库管理系统、网络软件、应用软件等软件及相关资料的完整性，具体包括软件开发规程、软件安全测试、软件的修改与复制等。

③ 数据安全。系统拥有的和产生的数据或信息完整、有效，使用合法，不被破坏或泄漏，具体包括输入、输出、用户识别、存取控制、加密、审计与追踪、备份与恢复等。

④ 运行安全。系统资源和信息资源使用合法，具体包括电源、环境气氛、人事、机房管理、出入控制、数据与介质管理、运行管理和维护等。

2. 影响信息系统安全的因素

信息系统安全是一个系统性的概念，它既包括信息系统物理实体的安全，也包括软件数据以及技术和非技术的人为因素引起的安全隐患。影响信息系统安全的主要因素有以下七种：

① 自然及不可抗拒因素。地震、火灾、水灾、风暴、社会暴力或战争等，这些因素将直接地危害信息系统实体的安全。

② 硬件及物理因素。系统硬件及环境的安全，包括机房设施、计算机主体、存储系统、辅助设备、数据通信设施以及信息存储介质的安全性。

③ 电磁波因素。计算机系统及其控制的信息和数据传输通道，在工作过程中都会产生电磁波辐射，在一定地理范围内用无线电接收机很容易检测并接收到，这就有可能造成信息通过电磁波辐射而泄漏。另外，空间电磁波也可能对系统产生电磁干扰，影响系统正常运行。

④ 软件因素。软件的非法删改、复制与窃取将使系统遭受损失，并可能造成泄密。例如，计算机网络病毒就是以软件为手段侵入系统而进行破坏的。

⑤ 数据因素。数据信息在存储和传递过程中的安全性，是计算机犯罪的主攻核心，是必须加以保护和保密的重点。

⑥ 人为及管理因素。涉及工作人员的素质、责任心及严密的行政管理制度和法律法规，以防范人为的主动因素直接威胁系统安全。

⑦ 其他因素。这是指系统安全一旦出现问题，能将损失降到最少，把影响限制在许可的范围内，保证能迅速、有效地恢复系统运行的一切因素。

3. 信息系统安全管理内容

信息系统安全管理不单是管理体制或技术问题，还是策略、管理和技术的有机结合，也是一项需要法律、制度、人的素质等因素相互配合的复杂系统工程。资料显示，25%的企业因数据的损毁而可能立即破产，40%的企业可能在两年内宣布破产。从安全管理体系的高度来全面构建和规范信息安全，将有效地保障我国的信息系统安全。

我国政府已颁布和出台了有关信息安全实施细则和法规，如《操作系统安全评估准则》《网络安全管理标准》《数据库管理系统安全评估准则》《计算机病毒及有害数据防止管理制度》等。随着信息系统管理工作的规范化，最终将使信息系统应用进入良好的法制化保护环境。

(1) 安全策略

安全策略是指在一个特定的环境里，为保证提供一定级别的安全保护所必须遵守的规则。安全策略包括以下三个重要组成部分：

① 法律。安全的基石是社会法律、法规与手段，建立一套安全管理标准和方法(即建立与信息安全相关的法律、法规)，使非法分子慑于法律而不敢轻举妄动。

② 技术。先进的安全技术是信息安全的根本保障。用户应对自身面临的威胁进行风险评估并决定所需要的安全服务种类，选择相应的安全机制，然后集成先进的安全技术。

③ 管理。建立相应的信息安全管理办法，加强内部管理，建立审计和跟踪体系，提高整体信息安全意识。

(2) 信息系统的安全保护措施

信息系统的安全保护措施分为技术性和非技术性两大类。技术性安全措施是指通过采取与系统直接相关的技术手段来防止安全事故的发生，如使用防火墙、安装防病毒卡或防病毒程序、信息加密、身份认证与授权等；非技术性安全措施是指利用行政管理、法律保证和其他物理措施等防止安全事故的发生，它是施加于信息系统上的，如安全教育、制定国家的法律政策、完善企业信息安全规章制度、采取必要的实时监控手段、应用检查安全漏洞的仿真系统、制定灵活有效的安全策略和应变措施、加强信息资源安全的审计和管理等。

一般来讲，在信息系统的安全保护措施中，技术性安全措施所占的比例很小，更多的是非技术性安全措施，两者是相互补充的关系。安全技术是不可缺少的手段，但严格管理和法律制度才是系统安全的根本保证。同时,信息系统的安全保证还取决于系统运行管理制度的建立和执行效果的好坏。

(3) 安全管理原则

信息系统的安全管理主要基于以下原则:

① 多人负责原则。每一项与安全活动有关的活动都必须有两人或多人在场或者负责。这些人是同一主管领导指派的,他们应忠诚可靠、能胜任此项工作,并要签署工作情况记录以证明安全工作已得到保障。

② 任期有限原则。一般来讲,任何人最好不要长期担任与安全有关的职务,以免使他认为这个职务是专有的或永久性的。为了遵循任期有限原则,工作人员应不定期地循环任职,强制实行休假制度,并对工作人员进行轮流培训,以使任期有限制度切实可行。

③ 职责分离原则。除非系统主管领导批准,在信息系统工作的人员不要打听、了解或参与职责以外的任何与安全有关的事情。出于安全的考虑,下面每组内的两项信息处理工作应当分开:

※ 计算机操作与计算机编制;

※ 机密资料的接收和传送;

※ 安全管理和系统管理;

※ 应用程序和系统程序的编程;

※ 访问证件的管理与其他工作;

※ 计算机操作与信息系统使用媒介的保管等。

④ 采用多层面防御的纵深防御策略,使攻击者突破第一层防线后,还有第二层、第三层等防线;采用必要的冗余和备份防御。

⑤ 加强对薄弱环节的安全防护。

4. 信息系统安全管理的实现

信息系统的安全管理部门应根据安全管理原则和该系统所处理数据的保密性,制定相应的管理制度或采用相应的规范。具体工作如下:

① 根据工作的重要程度,确定该系统的安全等级。

② 根据确定的安全等级,确定安全管理的范围。

③ 制定相应的机房出入管理制度。对于安全等级要求较高的系统,要实行分区控制,限制工作人员出入与己无关的区域。出入管理可采用证件识别或安装自动识别登记系统,采用磁卡、身份卡等手段对人员进行识别、登记管理。

④ 制定严格的操作规程。操作规程要根据职责分离和多人负责的原则,各负其责,不能超越自己的管辖范围。

⑤ 制定完备的系统维护制度。对系统进行维护,应采取数据保护措施,如数据备份等。系统维护要首先经主管部门批准并有安全管理人员在场,详细记录故障的原因、维护内容和维护前后的情况。

⑥ 制定应急措施。要制定系统在紧急情况下如何尽快恢复的应急措施,使损失减至最少。建立人员雇用和解聘制度,对工作调动人员和离职人员要及时调整其相应的授权。

?思考题

1. 简述信息系统开发的原则。
2. 比较信息系统的主要开发方式。
3. 什么是信息系统的生命周期？分为几个阶段？
4. 比较结构化生命周期法和原型法的优缺点。
5. 简述可行性研究的目标和内容。
6. 系统分析的主要任务是什么？什么是结构化分析方法？
7. 什么是业务流程？如何用图示的方式描述业务流程？
8. 什么是数据流程图？如何绘制数据流程图？
9. 数据字典包括哪些内容？
10. 系统设计的任务和内容是什么？
11. 简述代码设计的原则。
12. 简述系统实施阶段的主要内容。
13. 新旧系统之间的转换方式有哪几种？会计信息系统转换适合采用何种方式？
14. 简述会计信息系统运行管理的目标和内容。
15. 影响信息系统安全的因素主要有哪些？试举例说明。

第3章　账务处理与总账子系统

3.1　总账子系统概述

账务处理是指从输入记账凭证开始到审核凭证、汇总凭证、记账、银行对账、查询打印账簿、结账等一系列会计核算过程。总账子系统又称账务处理子系统，是会计核算系统的核心，也是集成化管理信息系统的核心子系统。在IT环境下，只有经过会计部门的账务处理，各个专门核算系统汇集的会计数据才能转变为反映企业经营成果和财务状况的会计报表信息。因此，总账子系统成为会计信息的集中地，既是电算化会计核算信息系统数据处理的核心，又是连接其他各个子系统数据关系的桥梁。

3.1.1　总账子系统的目标

会计信息系统的账务处理子系统，主要完成会计凭证形成和账簿登录的全过程。在IT环境下，应该充分发挥计算机的优势，设计出效率更高、处理流程更加合理的总账子系统，从而使账务处理更加科学和高效。

一般来说，总账子系统的目标应该包括以下五项：

① 及时、准确地采集和录入各种凭证，保证进入计算机的会计数据的及时、准确和全面。

② 正确、有效地完成明细账、日记账、总账的登记工作。

③ 及时、正确地完成各项经济业务的会计核算工作。

④ 及时、准确、完整地提供组织所需的财务信息(如各种证、账、表的查询和输出)，为组织管理提供信息。

⑤ 建立总账子系统与其他子系统的数据接口，全面、有效地实现会计数据的及时传递和共享。

此外，为了充分发挥计算机数据处理的优势，增强总账子系统的核算和辅助管理功能，有些总账子系统的设计目标还增加了部门核算和管理、项目核算和管理、往来核算和管理等辅助功能。

3.1.2　总账子系统的特点

账务处理子系统就是利用计算机技术完成账务处理的系统。与其他子系统相比，账务处理子系统在数据处理上具有如下主要特点：

(1) 规范性强

账务处理子系统采用复式记账作为账务处理的基本依据，有关记账凭证的正确性与合法性的校验必须符合会计原理基本账务处理程序的要求。例如，有借必有贷、借贷必相等，会计恒等式（资产＝负债＋所有者权益＋收入－费用），总账余额（发生额）必须等于其下属明细账余额（发生额）之和等，都必须严格遵循基本会计原理与会计准则的相关规定，确保为管理者提供可靠、相关的会计信息。

（2）综合性强

会计信息系统中的其他子系统只反映组织中某个经营环节或某类经济业务的局部信息。例如，存货子系统主要反映存货入库、库存、出库核算这一经营环节，采购子系统主要反映采购、应付账款核算这一经营环节，等等。而所有其他业务核算子系统的信息最终都要汇集到账务处理子系统中，经过加工后形成账表，从价值的视角综合、全面、系统地反映组织整体经营活动的业务信息，以及组织的全部财务状况和经营成果。

（3）集成性要求高

账务处理的基础是原始凭证，而原始凭证又来自采购、销售等经营活动，这就要求账务处理子系统与会计信息系统的其他子系统保持高度的集成性，不仅能够从其他子系统中获取信息，而且能够向其他子系统传递信息，起到数据交互的桥梁连接作用。因此，账务处理子系统作为会计信息系统的数据交换中心、控制中心，只有与其他子系统有机地集成在一起，才能形成完整的会计信息系统。

（4）正确性要求高

账务处理子系统产生的账表信息不仅要提供给组织内部管理者，而且要提供给投资者、债权人、财政和税务机构等外部相关者。因此，必须保证账务处理数据的真实、准确和完整。正确的账表信息来自正确的账簿，正确的账簿来自正确的凭证，只有从凭证开始对账务处理的每个环节有采取有效的控制措施，才能防止各种差错的发生。

3.2　总账子系统的流程分析

账务处理的实质是对数据的加工过程，它表明原始会计数据（如原始凭证、单据）经过了哪些处理步骤并最终形成用户需要的会计信息。手工账务处理流程主要指一个组织的会计核算组织形式（也称会计记账程序），该流程从填制记账凭证开始，采用复式记账方法，将反映各会计事项的信息平行登记在各类账簿上。在整个账务处理的过程中，采用的会计方法包括设置账户、填制记账凭证、登记账簿、对账、结账等。电算化账务处理子系统则是在IT环境下自动完成上述的一系列操作，提供更为可靠、相关的实时会计信息。

3.2.1　手工环境下的账务处理流程分析

手工环境下，为了保证能够准确、及时地提供连续、系统、完整的会计信息，同时兼顾减轻会计人员账务处理工作量的需要，不同性质、不同规模、不同业务量的企业，其采用的会计核算组织形式是不同的。在我国，常见的五种记账程序为：记账凭证记账程序、科目汇总表记账程序、汇总记账凭证记账程序、日记账记账程序、多栏式日记账记账程序。

以最为常见的科目汇总表核算形式为例，说明手工环境下账务处理的流程（见图3－1）。

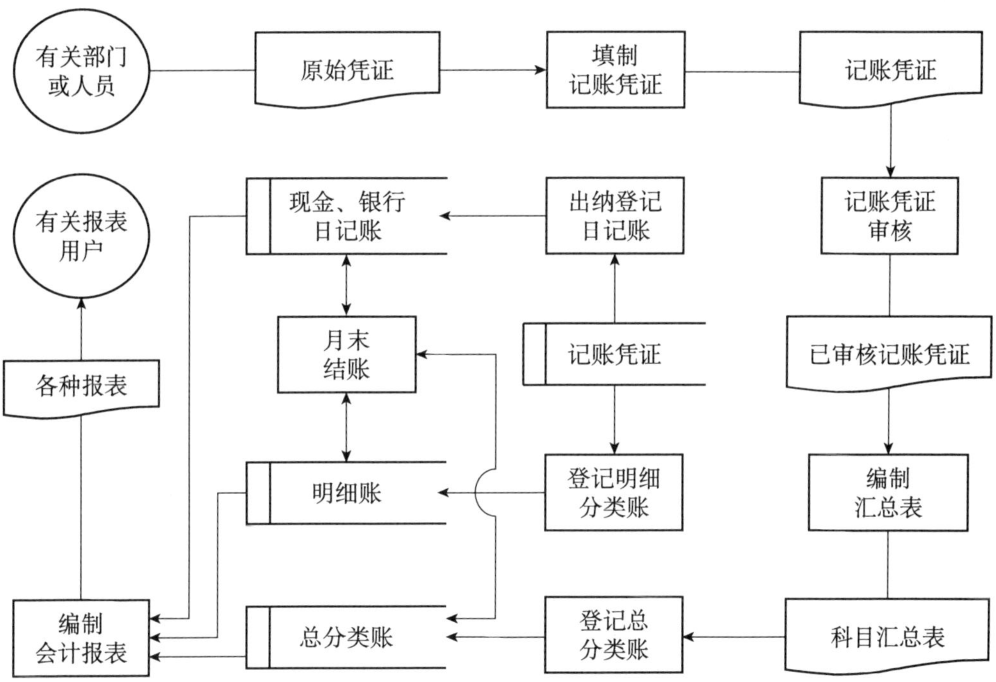

图 3－1　手工环境下科目汇总表账务处理流程

科目汇总表核算形式主要包括以下六个处理步骤：

第一步，根据原始凭证编制记账凭证。财会人员将原始凭证收集、整理、汇总，根据各种原始凭证编制记账凭证。记账凭证通常采用收款凭证、付款凭证、转账凭证等类别。

第二步，登记日记账。出纳根据收款凭证、付款凭证逐日、逐笔地登记现金日记账和银行存款日记账。

第三步，登记明细分类账。财会人员根据记账凭证及其所附单据登记各种明细分类账。

第四步，编制科目汇总表并登记总分类账。总账会计根据记账凭证定期汇总并编制科目汇总表，汇总当期总账科目的借方、贷方发生额，然后根据科目汇总表登记总分类账。

第五步，月末处理。月末，财会人员要进行结账，并将现金和银行存款日记账与总账核对，将明细分类账与总账核对，保证账账相符。

第六步，编制会计报表。月末，财会人员根据核对无误的日记账、明细分类账、总分类账的有关数据，编制会计报表。

不同的账务处理形式有不同的流程，其差别主要体现在登记总账的方法和依据不同，但信息来源都是记账凭证。

由于手工会计数据处理的先天不足，导致该核算组织程序普遍存在以下缺陷：一是数据查询与稽核大量重复；二是对账、结账工作高度集中，劳动强度大；三是准确性难以得到保证；四是及时性差；五是人为干扰较大。

3.2.2　IT 环境下账务处理的流程分析

在 IT 环境下，信息技术的应用带来了会计信息处理方式、方法的变革，从而为消除手工处理方式所造成的缺陷提供了条件。与手工数据处理相比，计算机数据处理速度成百上千倍地提高，存储数据的能力极大增强，实现了不同程度的自动化数据处理，降低了人脑的工作量等，并因而形成了传统手工账务处理业务流程与电算化账务处理业务流程的差异。例如，借助数据库技术和人机交互界面的设计，通过数据项的正确性和合法性校验来解除数据查询与稽核的重复工作，将对账、结账等工作通过设计合理的计算机算法完全自动化等。

仍以科目汇总表账务处理流程为基础，分析得出典型的电算化账务处理子系统的数据流程图（见图 3-2）。

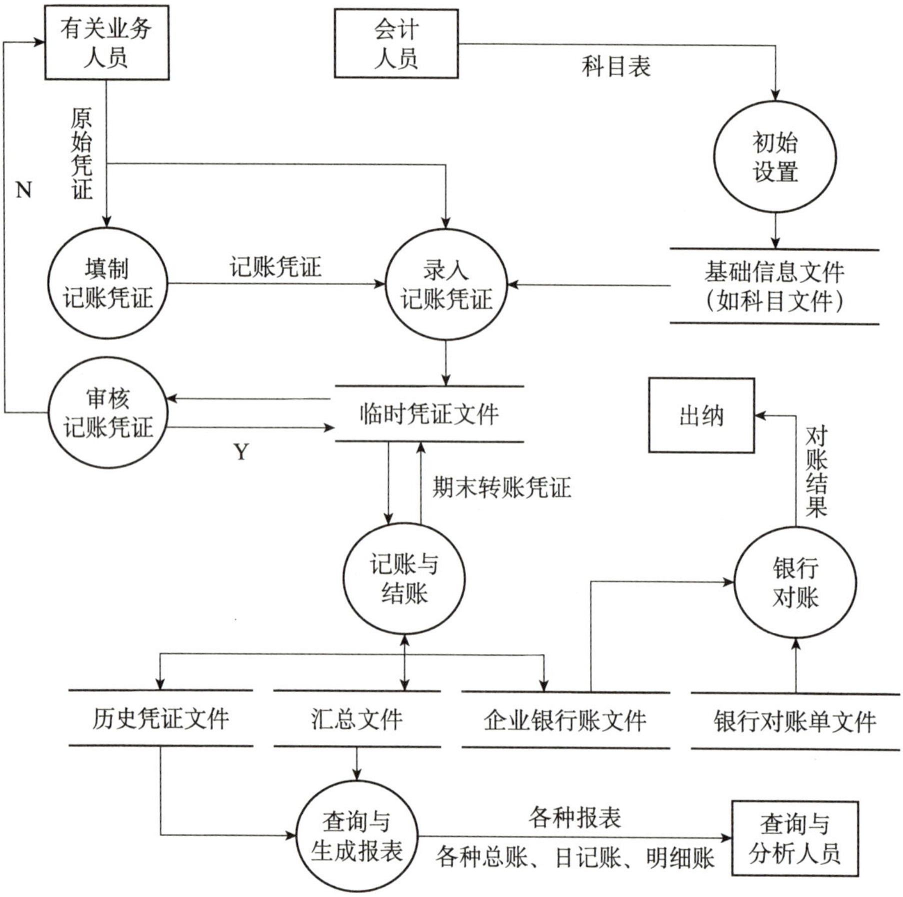

图 3-2　IT 环境下账务处理流程

IT 环境下账务处理流程主要分为以下七个步骤：

第一步，系统初始化与基础信息维护。一般而言，初次使用系统新建账套时要设置账套相关选项，并将本单位的基础会计信息（如企业基本信息档案、外币及其汇率、科目编码和名称、期初余额、凭证类别、客户档案、供应商档案、财会人员档案、仓库档案等）尽量完整地通过初始设置模块输入系统，并保存在企业基础信息文件中，这个过程称为系统初始化。在软件使用过程中，还须根据业务核算的需要不断添加或修订有关信息资料，这个过程称为基础信息维护。

第二步，填制记账凭证。记账凭证的填制有两大类模式。一类是财会人员将手工制作的、审核无误的记账凭证，或直接根据原始单据编制的凭证，通过人机对话输入计算机中，经检查无误后保存在临时凭证文件中；另一类由其他业务核算系统转入的或期末自动生成的机制凭证，自动保存在临时凭证文件中。前者是采用计算机辅助技术协助完成记账凭证的处理，后者则实现了记账凭证的自动化生成。

第三步，审核记账凭证。从临时凭证文件中获取凭证，由具有审核权限的操作员审核。如果审核通过，则对记账凭证审核标记；否则，将未通过审核的信息提交业务人员。事实上，在IT环境下，记账凭证的大多数审核功能已在记账凭证的填制过程中完成，此处所进行的实际工作内容要根据具体单位的状况而定，一般而言，可以包括对原始凭证的重新复核及记账凭证编制的合法性复核等内容。在大多数的软件系统中，此处的审核功能基本上只是在记账凭证中设置一标志位而已。

第四步，记账。具有记账权限的操作员发出指令，计算机自动将临时凭证文件中已审核但未记账的凭证进行记账，分别更新汇总文件、历史凭证文件、企业银行账文件等，然后将临时凭证文件中已记账的凭证删除。当需要输出时，计算机可自动根据汇总文件、历史凭证文件、企业银行账文件等中的相关数据生成日记账、明细分类账、总分类账。

第五步，银行对账。期末，出纳人员将银行对账单数据输入系统或由系统自动获取电子对账单数据，之后系统根据企业银行账文件和银行对账单文件中的银行业务进行自动对账，生成余额调节表、未达账项等。

第六步，结账。会计期末，结账人员发出指令，计算机自动根据凭证模板完成账项调整、期末调汇、损益结转等机制凭证的自动填制，保存在临时凭证文件中供记账使用；当所有凭证都记账后，计算机自动计算出本月合计、本年累计数据；将当前会计期设置为下期后，禁止小于当前会计期之前的记账凭证输入系统。

第七步，查询与生成报表。计算机根据各种数据文件自动、实时生成日记账、明细账（某科目、部门、项目等明细账）和总账，以及各级管理者所需的会计报表和内部分析表。这一项目的工作通常也可由会计报表子系统完成。

3.2.3 IT环境下和手工环境下账务处理流程的比较

IT环境下的账务处理流程，明显改善了手工环境下的缺陷。在手工环境下，会计人员基于纸、笔、墨和算盘（计算器），通过制度控制完成会计账务处理活动。而在IT环境下，会计人员基于电子计算机和账务处理软件，借助程序控制的人机系统完成会计账务处理活动。手工环境下和IT环境下的账务处理流程在很多关键环节都有了显著的差异，主要体现在以下五方面：

(1) 数据处理的起点与终点不同

手工环境下，会计业务的处理起点是原始凭证；而IT环境下，处理起点已多样化，可以是原始凭证、记账凭证和机制凭证。手工环境下，以编制并上报会计报表为账务处理的工作终点；IT环境下，一般以自动生成账簿体系和输出固定报表为工作终点，同时将各种格式的内部及外部报表的编制与输出工作从账务处理中分离出来，由独立的会计报表子系统完成。

(2) 数据处理方法不同

手工环境下，强调记账凭证的填制、审核与记账必须安排不同的会计人员独立完成；特别是在记账环节，强调要按照选定的会计核算组织程序，依据平行记账法，由不同的人员分别登记不同的账簿；期末为了确保记账的准确性，还须进行对账和编制调整前、调整后的试算平衡表。IT环境下，可以充分利用现代电子计算机的特点，将所有能够固化的账务处理程序和大部分的制度控制程序都交给电子计算机处理。记账凭证的编制方式可以多样化，会计核算组织程序失去了意义，记账变成了计算机自动处理数据的过程，对账工作变得没有存在的必要，试算平衡表的作用也大打折扣。这样，可以大大减少会计人员的工作量，保证会计信息的正确性。

(3) 数据存储方式不同

手工环境下，会计数据都是存储在纸张介质上，使用、保管比较烦琐。IT 环境下，会计数据都是存储在硬盘、光盘等磁性或光学介质上，使用效率和保管成本是纸张介质无法比拟的；会计数据的二次使用价值，更是纸张介质无法想象的。这就为会计数据的充分利用和价值挖掘奠定了基础。

(4) 数据使用方式不同

手工环境下，会计人员只能通过翻查凭证或账簿的方式获取会计数据，编制一张会计报表要花费很多时间、付出许多劳动。IT 环境下，以严格权限控制的计算机软件可以提供各类查询和汇总功能，由于计算机具有高速的数据处理能力，会计人员可以迅速完成数据的查询统计。

(5) 会计工作重点不同

手工环境下，会计人员需要花费较多时间埋头证、账、表的填制与稽核，尤其是期末，几乎所有会计人员都须加班加点。IT 环境下，会计人员凭借计算机系统从繁重的、重复性的脑力劳动中解脱出来，从而可将更多的时间和精力转向财务管理与控制，进行事前预测、事中控制、事后分析等会计管理活动。

由此可见，IT 环境下和手工环境下的账务处理流程有了很大的不同，并将对会计理论和会计实务产生巨大的影响。

3.3 总账子系统的基本功能设计

目前，在电算化会计信息系统中，总账子系统既可以独立使用，也可以与其他子系统联合使用。若是单独使用，则所有凭证就都需要人工输入；若与其他子系统联合使用，则其他子系统生成的机制记账凭证可自动转入总账子系统。

3.3.1 总账子系统的基本功能模块

通过对电算化账务处理子系统的流程分析可以知道，账务处理子系统主要包括初始设置、凭证输入、凭证审核、记账、自动转账、对账、结账、银行对账、账表输出等。通常，报表生成与分析工作可由独立的报表子系统完成；同时，为了满足不同企业的账务处理要求，通用化的账务处理子系统必须增加系统服务等功能。因此，在 IT 环境下，为了保证账务处理工作的顺利完成，通用化的电算化账务处理子系统必须具备如下基本功能：初始设置、凭证管理、出纳管理、账簿输出、期末处理、系统服务等。

近年来，随着会计管理理论的发展和实务的需求，总账子系统在上述基本功能的基础上，进一步拓展了辅助核算和管理功能，如往来核算和管理、部门核算和管理、项目核算和管理等。

目前，国内外各专业会计软件公司所设计的总账系统的功能结构不尽相同。一般来说，总账子系统基本功能结构如图 3－3 所示。

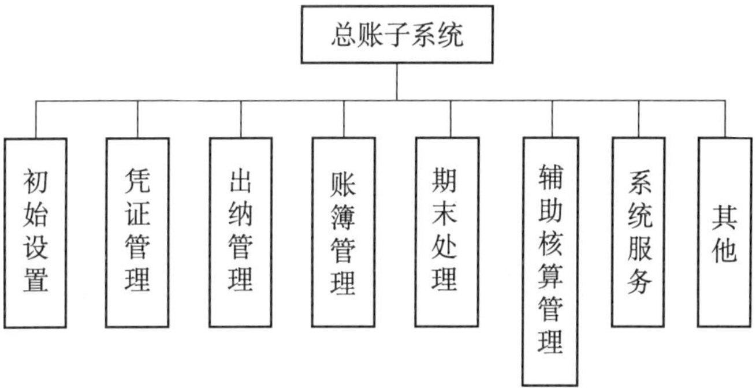

图 3-3　总账子系统功能结构

(1) 初始设置

目的主要是为账务处理子系统的日常运行准备基本环境。由用户根据本企业的需要建立账务应用环境,将通用账务处理系统变成适合本单位实际需要的专用系统。其主要工作包括设置账套、人员权限设置、科目设置、辅助项目设置、凭证类型设置、初始余额录入、其他设置等。

(2) 凭证管理

目的是保证凭证数据完整、正确地录入计算机系统,为进一步的账务处理提供基本数据。其通常是通过严密的制单控制来保证凭证填制的正确性,提供资金赤字控制、支票控制、预算控制、外币折算、误差控制、查看最新余额等功能,以加强对已发生业务的及时管理和控制。完成凭证的录入、审核、记账、查询、打印,以及出纳签字、常用凭证定义等。

① 账务日常处理中涉及数据输入最为频繁的功能模块便是记账凭证的输入。软件系统一般会提供一系列的辅助工具(如计算器、自动置平、借贷方向切换、常用摘要、凭证模板等)来协助使用者快速、准确地完成凭证填制任务。

此外,记账凭证数据还有另外两个重要的来源:一是其他核算子系统与账务处理子系统关联使用时传递过来的机制凭证;二是账务处理子系统的自动转账功能模块产生的机制凭证。这两个自动生成凭证的来源,可大大减少手工填制记账凭证的工作量。

② 凭证查询功能,实现对已录入凭证的多种条件下的查询。一般是通过人机对话的方式,由用户输入查询条件,计算机从凭证临时文件中检索出符合条件的数据,并通过屏幕显示出来。该功能既能完成单张凭证的查询,也能完成批量查询和汇总,并可根据需要打印出来。

③ 凭证修改及删除功能可实现对尚未审核记账的凭证进行修改和删除。因为凭证录入时难免会出现差错,须加以修改甚至删除。

④ 凭证审核功能主要是完成已录入凭证的合法性、正确性、有效性检查,对审核通过的凭证应做标记来表明已审核通过。只有经过审核并确认签章的凭证才能用于记账和编表。在实现凭证审核功能时,须考虑一系列控制措施。经审核签章后的凭证,不能修改,只有审核人员取消自己的签章后才能进行修改;审核人员与凭证录入人员不能是同一个人,防止凭证录入人员有意或无意的错误操作。

⑤ 记账是账务处理子系统最关键的数据处理功能之一,其根据凭证临时文件中已通过审核的凭证数据,自动更新有关的数据文件,从而得到生成账簿和报表所需的明细与汇总信息。记账后的凭证是生成日记账、明细账、总账等账簿的唯一的数据来源。此外,与手工环境下相同的是,计算机系统的记账也可以一天记一次账、一天记数次账或多天记一次账。

(3) 出纳管理

出纳管理的目的是为出纳人员提供一个集成办公环境，加强对现金及银行存款的管理。可完成银行日记账、现金日记账，随时输出最新资金日报表和余额调节表以及进行银行对账。出纳管理模块主要包括现金日记账、银行日记账、资金日报、支票登记、银行对账等功能。

在账务处理子系统的出纳管理中，数据输入工作量最大的就是银行对账单的录入。银行对账单有两种录入方式：一是传统的手工录入；二是从开户行获得银行对账单电子版后直接导入。后者将随着银行业电子商务的发展而越来越普及。

(4) 账簿管理

强大的查询功能使整个系统实现了总账、明细账、凭证联查，还可查询包含未记账凭证的最新数据，并可随时提供总账、余额表、明细账、日记账等标准账表查询。具体来说，账簿管理模块主要包括总账、余额表、明细账、日记账、日报表的查询和打印等功能。

(5) 期末处理

灵活的自定义转账功能、各种取数公式可满足各类业务的转账工作。自动完成月末分摊、计提、对应转账、销售成本、汇兑损益、期间损益结转等业务，进行试算平衡、对账、结账、生成月末工作报告。

结账功能用于终结某月的账务处理。结账时需要做一些结账凭证，结转损益；还要结转某月的期末余额；年终结账还应做一些年度结转处理。结账是一个批处理过程，其处理内容是将本期所有的期末余额数据结转到下一期的期初余额，并清除本期的所有借方、贷方发生额数据，对本期业务执行封账。

与记账不同的是，一个月可以记账数次，但只能结一次账。此外，在电算化账务处理系统中，可以在上月未结账的情况下，输入下月的记账凭证，这被称为“跨月记账”。

(6) 辅助核算管理

辅助核算管理模块主要是从会计管理的角度出发，按照个人往来和单位往来、项目和部门等关键要素进行细化核算和管理。

① 个人往来核算，主要进行个人借款、还款的管理工作，及时控制个人借款，完成清欠工作。提供个人借款明细账、催款单、余额表、账龄分析报告及自动核销已清账等功能。

② 部门核算，主要考核部门费用收支的发生情况，及时反映和控制部门费用的支出，对各部门的收支情况加以比较，便于进行部门考核。提供各级部门总账、明细账的查询，并对部门收入与费用进行收支分析等功能。

③ 项目管理，用于生产成本、在建工程等业务的核算，以项目为中心向使用者提供各项目的成本、费用、收入、往来等汇总与明细情况以及项目计划执行报告等；也可用于核算科研课题、专项工程、产成品成本、旅游团队、合同、订单等；还可用于提供项目总账、明细账及项目统计表的查询等。

④ 往来管理，主要进行客户和供应商往来款项的发生、清欠管理工作，及时掌握往来款项的最新情况。提供往来款的总账、明细账、催款单、往来账清理、账龄分析报告等功能。

(7) 系统服务

系统服务模块主要包括会计数据备份、会计数据恢复、系统维护、修改口令等功能。

数据备份是将存储在计算机硬盘中的数据和程序备份到硬盘的其他目录、软磁盘或磁带上，以保证在计算机发生故障时能及时将备份数据恢复到系统中；在出现软硬件故障和误操作时，数据恢复功能可将原来备份的数据重新恢复到硬盘上或故障前的数据状态；系统维护则主要包括对数据库文件重建索引、进行历史数据的转储等功能；修改口令功能用来定期或随时修改操作员的个人口令，以防泄露。

除上述功能模块之外，不同企业的总账子系统还会根据其核算和管理的需要增加其他功能模块。

3.3.2 总账子系统与其他系统的主要关系

在 IT 集成化环境下，总账子系统不仅可以接受来自各核算子系统的记账凭证数据，还可以为会计报表和财务分析等子系统提供数据和信息。总账子系统与其他子系统的主要关系如图 3－4 所示。

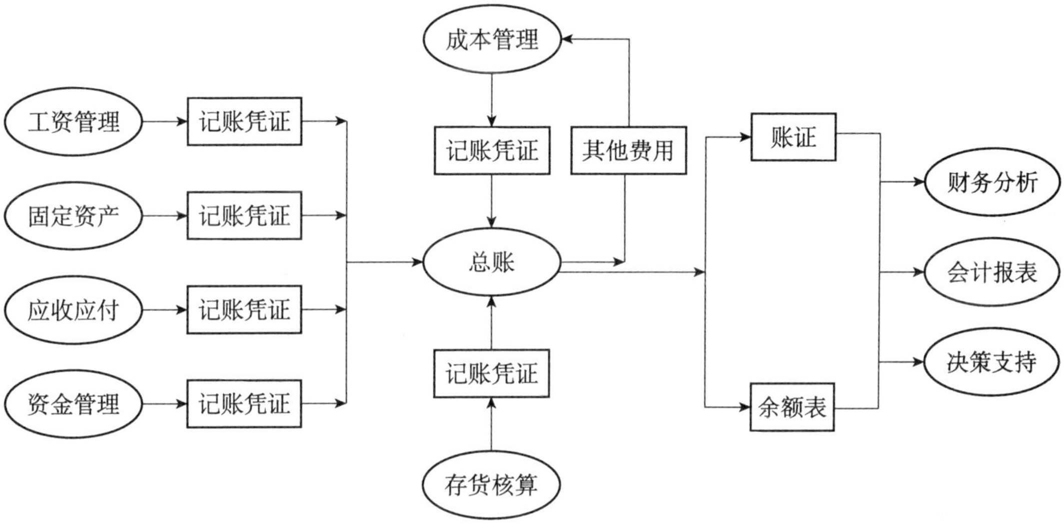

图 3－4 总账子系统与其他子系统的主要关系

3.4 用友 ERP 系统管理与企业应用平台

本书将以用友 ERP-U8（V8.72）软件为例，分别介绍用友 ERP-U8（V8.72）中电算化会计各子系统的主要业务处理流程和实际的操作实践。结合代表性软件的实际应用，帮助我们从典型业务功能和数据流视角观察与分析各会计业务子系统。

3.4.1 用友 ERP 系统管理与企业应用平台概述

在一体化的应用管理模式下，管理信息系统软件所含的各个模块是为同一主体的不同方面服务的，是为不同的管理需要服务的。模块与模块之间既相互独立，又相互联系、数据共享；软件各模块的环境必须统一，软件系统的所有模块的公共任务也须统一管理。系统平台为各模块提供了一个公共平台，实现对整个软件系统公共任务的统一管理，软件中任何产品的独立运行都必须以此为基础。

系统平台主要由两部分组成：系统管理和企业应用平台。

1. 系统管理

(1) 系统管理的功能

系统管理是用友 ERP-U8 软件中的一个基础组成。它的主要功能是对用友 ERP-U8 软件的各个模块进行统一的操作管理和数据维护，具体包括账套管理、年度账管理、操作员及其权限的集中管理、系统数据及运行安全的管理等。

① 账套管理。账套是用友 ERP-U8 软件进行数据管理的基本形式。一般来说，它可以为企业中每一个独立核算的单位建立一个账套，或者在系统中为多家企业(或企业内多个独立核算的部门)分别建账。

账套管理功能一般包括账套的建立、修改、删除、引入、输出等。

② 年度账管理。年度账与账套是两个不同的概念。一个账套中包含了企业所有的数据；把企业数据按年度划分，则称为年度账。用户不仅可以建立多个账套，而且每个账套中还可以存放不同年度的年度账。这样，对不同核算单位、不同时期的数据就可以方便地进行操作。

年度账管理功能包括年度账的建立、清空、引入、输出和结转上年数据等。

③ 操作员及其权限的集中管理。为了保证系统及数据的安全与保密，系统管理提供了操作员及其操作权限的集中管理功能。通过对系统操作的分工和权限进行管理，可以避免与业务无关的人员进入系统；另外，对系统所含各个模块的操作进行协调，可以保证各负其责、流程顺畅。

操作员管理包括操作员的增加、修改、删除等；操作员权限的管理包括操作员权限的增加、修改、删除等。

④ 系统数据及运行安全的管理。对企业来说，系统运行安全、数据存储安全是必需的。统一的安全机制包括设置系统运行过程中的监控机制，设置数据自动备份，清除系统运行过程中的异常任务等。

(2) 操作流程

第一次使用用友 ERP-U8 系统时，需要首先运行系统管理并按照以下步骤执行操作：

启用系统管理→以系统管理员(admin)的身份注册进入系统管理→设置用户→创建企业账套→设置角色和用户权限→配置数据服务器及相关参数→在企业应用平台启用各模块→进行相关业务处理。

2. 企业应用平台

为了使用友 ERP-U8 软件成为公共管理平台，使系统资源得到高效、合理的使用，用友 ERP-U8 软件中建立了企业应用平台。通过企业应用平台，系统使用者能够从单一入口访问其所需的个性化信息，定义自己的业务工作并设计自己的工作流程；通过企业应用平台，系统使用者能够进行基础设置和有关业务处理等工作。

① 基础设置。基础设置是为了系统的日常业务运行而做好基础工作，主要包括基本信息设置、基础档案设置、数据权限设置和单据设置。

② 业务处理。在用友 ERP-U8 企业应用平台的业务页签中，集成了登录操作员拥有操作权限的所有功能模块，企业各种业务管理需求都是通过这样的业务管理模块来实现的。

③ 工具。用友 ERP-U8 软件提供了常用的系统配置工具。第一次使用用友 ERP 系统，应先注册进入系统管理模块，建立企业账套、操作员权限设置等；然后在企业应用平台中进行基础档案信息的设置。

3.4.2 用友 ERP 系统管理与建账

每个会计核算单位的一套独立完整的账簿体系称为账套。设置账套是为了建立核算单位，即在系统中为本企业建立一套核算账套。账套是用友 ERP 软件进行数据管理的基本形式，一个单位一般只有一套账。具体设置账套时，可根据系统的提示定义账套的参数。账套管理功能包括账套的建立、修改、删除、引入、输出等。在第一次使用用友 ERP 系统时，一般首先应由用户定义账套。

账套参数定义的内容主要包括账套(账套号、账套名称、单位名称、企业性质等)、会计科目编码方案(即各级科目的编码位长、位数)、启用日期、记账本位币、账套主管姓名等。

在用友 ERP-U8(V8.72)中，一个账套总是由若干个子系统构成，这些子系统共享公用的基础档案信息。

例 3-1 某企业账套资料如下：

① 账套信息。账套号：999；账套名称：南京市珠江××有限公司管理信息系统；采用默认账套路径；启用会计期：2015 年 12 月；会计期间设置：默认。

② 企业相关信息。南京市珠江××有限公司位于南京市浦口区珠江镇浦珠路 138 号；法人代表：张某军；固定电话：025-84××××10；传真：025-84××××11；邮政编码：21000×；电子邮件：nj××××@sina.com；企业纳税登记号：32010××××××××；单位简称：珠江××；机构代码：573×××××-×。

珠江××属于机械加工类企业，主营业务为自行车制造与销售，根据国家财政部的要求采用 2014 年新会计准则进行会计核算，记账本位币为人民币(RMB)，无外币业务。管理系统于 2015 年 12 月 1 日开始启用。

③ 基础信息。该企业供应商、客户及存货很多，采用分类管理。企业的分类方案如下：

存货分类编码级次：2222

客户分类编码级次：222

供应商分类编码级次：12

收发类别编码级次：11

部门编码级次：12

结算方式编码级次：12

地区分类编码级次：22

会计科目编码级次：4222

④ 数据精度：该企业对数量、单价的小数位定为 2。

根据上述资料，在用友 ERP-U8(V8.72)中的建账步骤如下：

第一步，执行“开始”→“程序”→“用友 ERP-U8”→“系统服务”→“系统管理”命令，进入“用友 ERP-U8[系统管理]”窗口。

第二步，执行“系统”→“注册”命令，打开“登录”对话框，如图 3-5 所示。

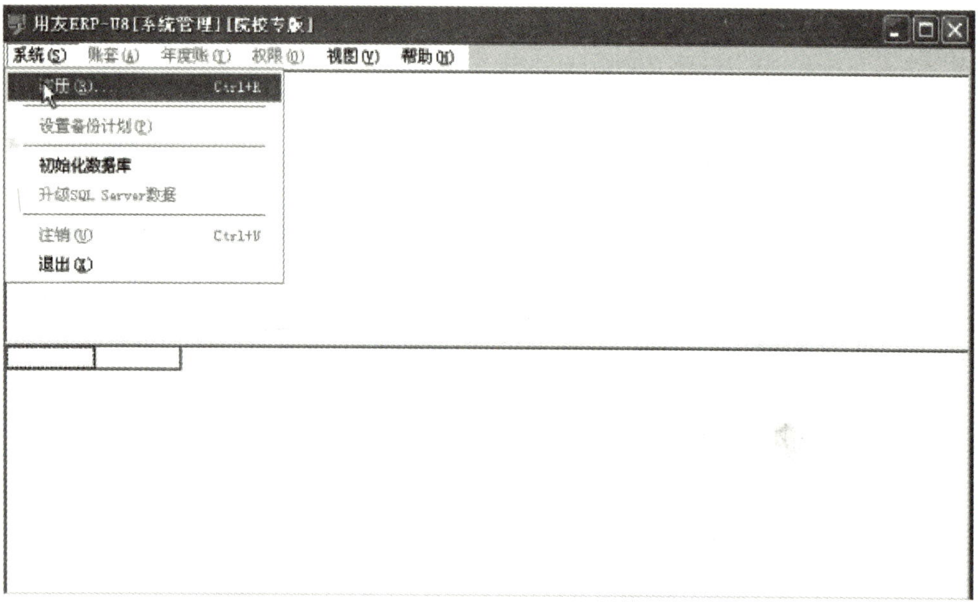

图 3-5 注册

第三步,"登录到"文本框中默认为本地计算机名称。在"操作员"文本框中输入用友软件默认的系统管理员"admin",系统管理员密码空置(为了保证系统的安全,在"登录"系统管理对话框中,应及时设置或更改系统管理员密码),账套选择系统默认账套"(default)",如图 3-6 所示。

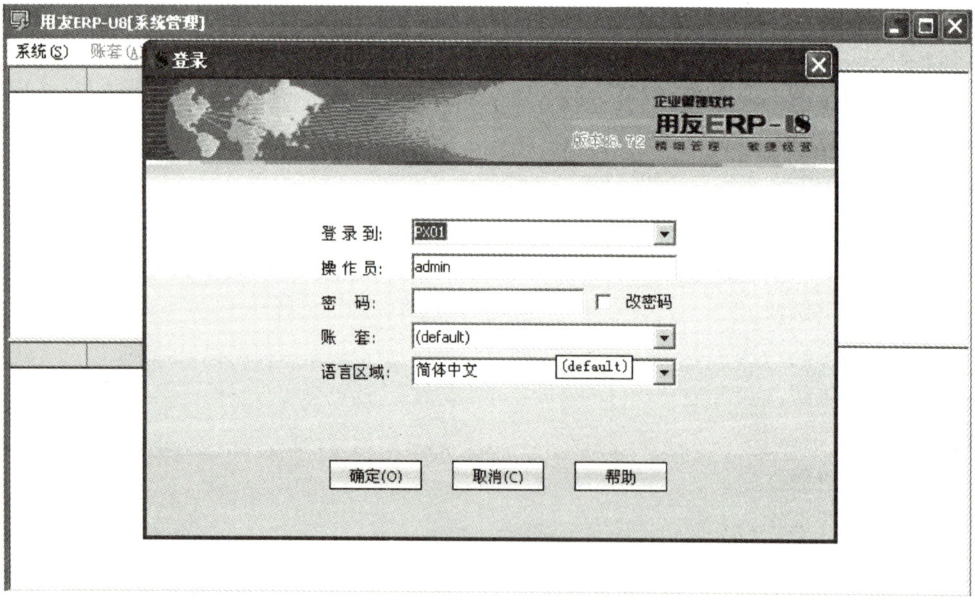

图 3-6 登录

第四步,单击【确定】按钮,以系统管理员身份进入系统管理。执行"账套"→"建立"命令,打开"创建账套—账套信息"对话框。

第五步,填写账套信息,包括账套号、账套名称、账套路径(用来确定新建账套将被放置的位置)、启用会计日期,如图 3-7 所示。

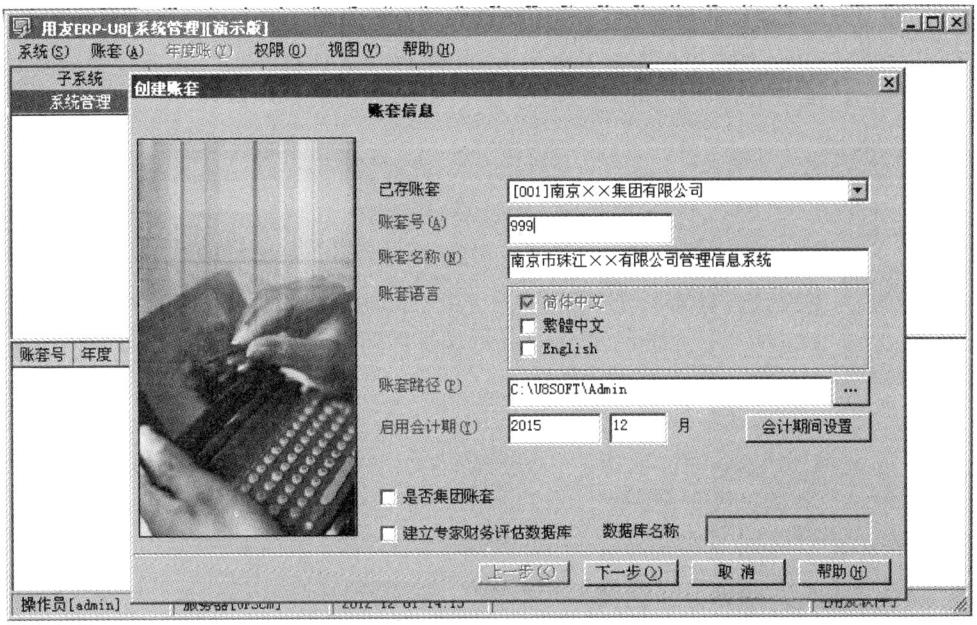

图 3-7 创建账套—账套信息

第六步，单击【下一步】按钮，打开“创建账套—单位信息”对话框，填写单位信息，包括单位名称、单位简称等。

第七步，输入完成后，单击【下一步】按钮，打开“创建账套—核算类型”对话框，

第八步，填写核算类型，包括本币代码、本币名称、企业类型、行业性质、账套主管、按行业性质预置科目等，如图 3-8 所示。

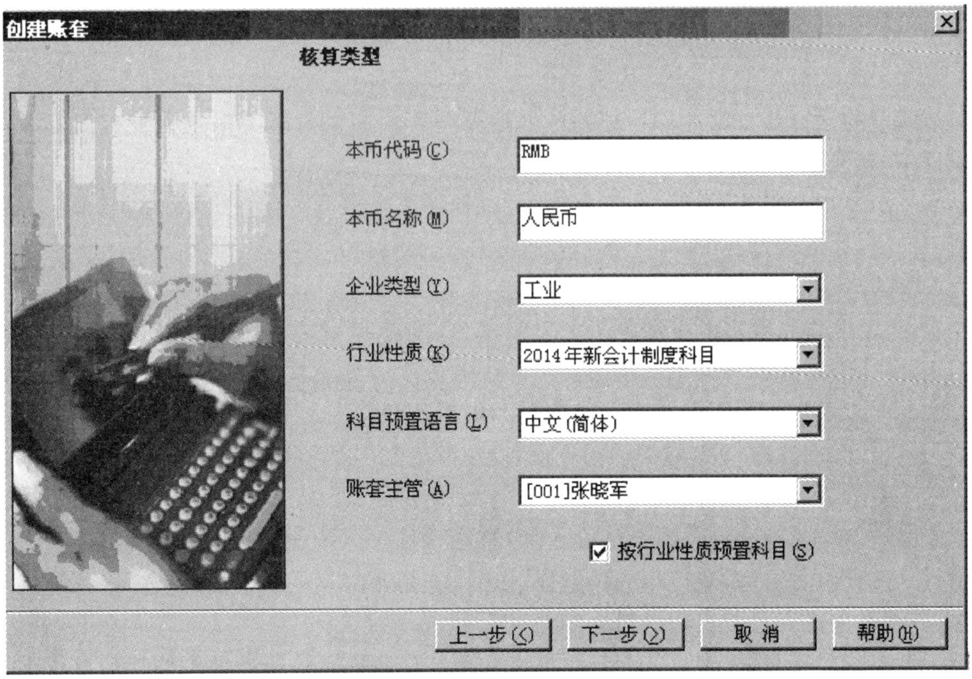

图 3-8 创建账套—核算类型

第九步，输入完成后单击【下一步】按钮，打开“创建账套—基础信息”对话框。

第十步，填写基础信息，根据资料的要求分别选中“存货是否分类”“客户是否分类”“供应商是否分类”复选框，如图 3－9 所示。

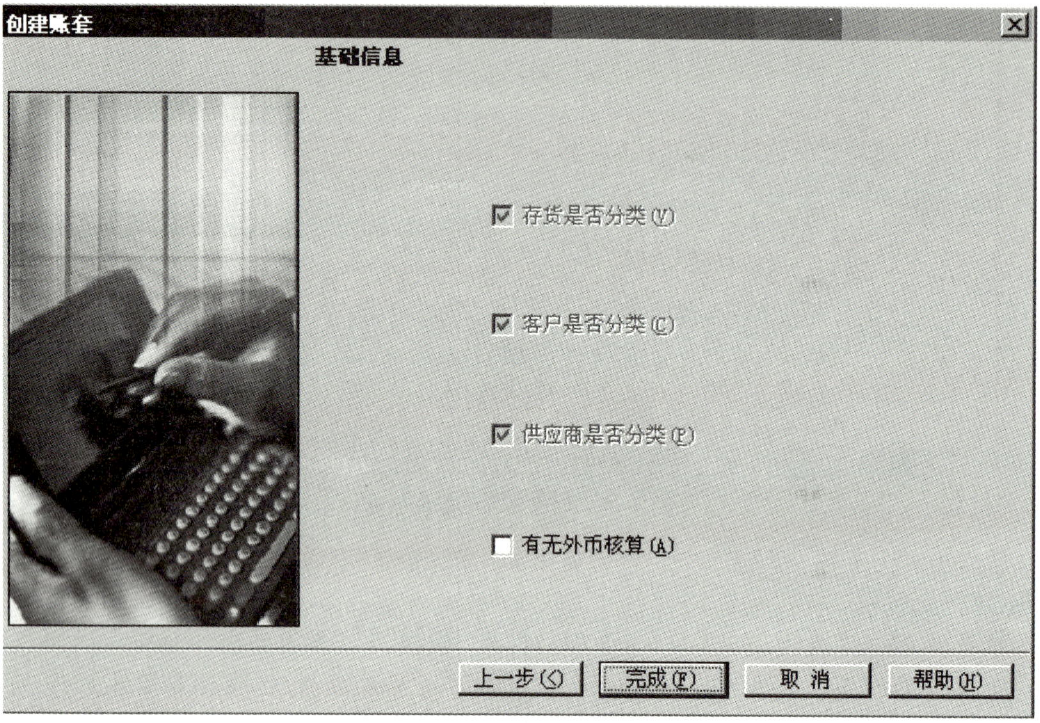

图 3－9　创建账套—基础信息

注意：如果此时不能确定是否进行分类核算，也可以建账完成后由账套主管在“修改账套”功能中设置。是否对存货、客户及供应商进行分类，将影响其档案的设置，有无外币核算则将影响基础信息的设置及日常业务处理的外币核算内容。如果对基础信息设置有误，则可以由账套主管在“修改账套”功能中进行修改。

第十一步，单击【完成】按钮，系统弹出“可以创建账套了么？”信息提示，单击【是】按钮。

第十二步，完成后打开“编码方案”对话框，根据资料给定的编码分类方案的要求，修改系统编码方案的默认值，如图 3－10 所示。

注意：为了便于对经济业务数据进行分级核算、统计和管理，系统要求预先设置某些基础档案的编码规则，即规定各种编码的级次及各级的长度。编码方案的设置，将直接影响基础信息设置中其相应内容的编码级次及每级编码的位长。

第十三步，单击【确定】按钮，再单击【取消】按钮，打开“数据精度”对话框，定义数据精度，如图 3－11 所示。

第十四步，单击【确定】按钮，系统弹出“南京市珠江××有限公司管理信息系统：[999]建立成功，您可以现在进行系统启用的设置，或以后从[企业门户—基础信息]进入[系统启用]功能”，并显示“现在进行系统启用的设置？”信息提示。

第十五步，单击【否】按钮，系统弹出“请进入系统应用平台进行业务操作！”信息提示，从而完成账套创建。

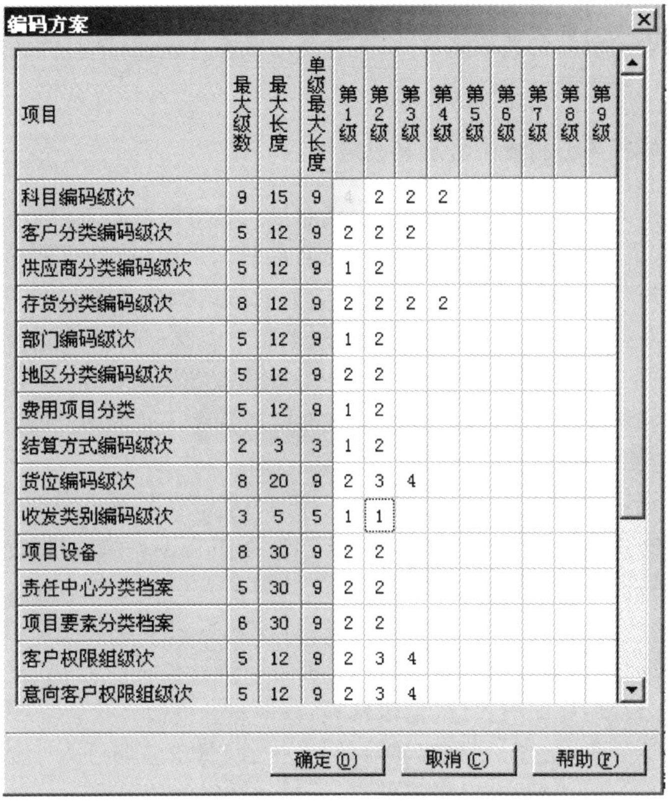

编码方案

项目	最大级数	最大长度	单级最大长度	第1级	第2级	第3级	第4级	第5级	第6级	第7级	第8级	第9级
科目编码级次	9	15	9	4	2	2	2					
客户分类编码级次	5	12	9	2	2	2						
供应商分类编码级次	5	12	9	1	2							
存货分类编码级次	8	12	9	2	2	2	2					
部门编码级次	5	12	9	1	2							
地区分类编码级次	5	12	9	2	2							
费用项目分类	5	12	9	1	2							
结算方式编码级次	2	3	3	1	2							
货位编码级次	8	20	9	2	3	4						
收发类别编码级次	3	5	5	1	1							
项目设备	8	30	9	2	2							
责任中心分类档案	5	30	9	2	2							
项目要素分类档案	6	30	9	2	2							
客户权限组级次	5	12	9	2	3	4						
意向客户权限组级次	5	12	9	2	3	4						

确定(O) 取消(C) 帮助(F)

图 3－10　编码方案

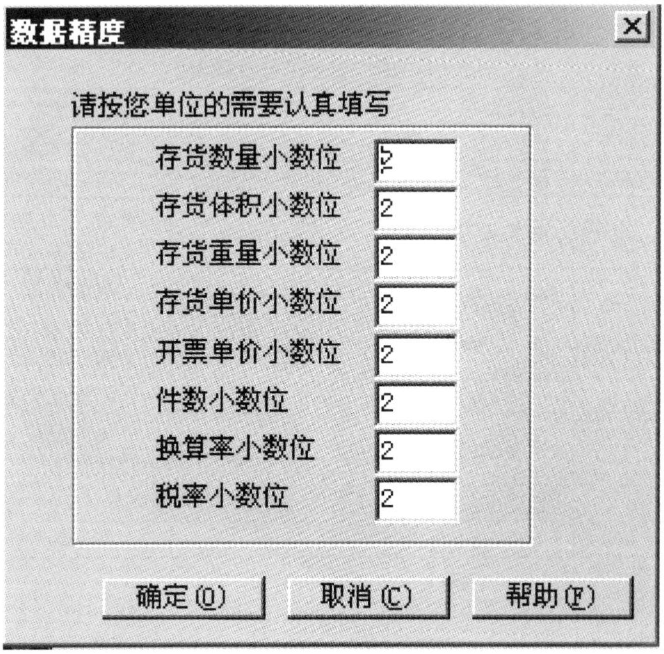

图 3－11　数据精度

注意:账套建立以后,如果需要修改账套参数,就需要以账套主管的身份注册进入系统管理进行修改。账套中的很多参数不能修改,若这些参数存在错误,则只能删除此账套后再重新建立。

3.4.3 用友 ERP 系统的操作员及其权限设置

会计信息系统是人机结合的,其处理过程是通过人机对话的方式进行的,这样就产生了一个问题:每个会计人员有什么样的权限进入会计信息系统完成相应的操作?按照财政部《会计核算软件基本功能规范》的规定,会计核算软件应具有输入操作人员岗位分工情况,防止非指定人员擅自使用和对指定操作人员实行使用权限控制。因此,在计算机会计信息系统中,需要给每个财会人员设置一定的权限,明确每个财会人员的权限和职责,防止与业务无关或无权限的人员对系统进行非法操作,从而使系统能够在有效的控制下正常运行,严格执行内部控制制度,保证系统的安全使用和会计信息的有效保密。

人员权限设置模块的功能是,实现对财会人员财务分工的设置和管理,将人员权限设置结果保存在人员权限文件中。一般来说,一个单位的财务主管遵循会计准则和单位内部控制制度,对单位财会人员进行岗位分工,赋予不同岗位的财会人员特定的权限。因此,财务主管具有最高权限,只有他才能使用权限设置功能模块,行使人员权限设置功能,即对每个财会人员授权可以进行哪些操作、撤销哪些操作。例如,赋予甲会计操作权限:凭证录入权、账簿查询权;赋予乙会计操作权限:凭证审核权、记账权等。

在用友 ERP-U8(V8.72)中,以账套主管(财务主管)身份注册进入"系统管理"模块,执行"权限"→"权限"命令,进入"操作员权限"窗口,设置各操作人员权限。

例 3-2 南京市珠江××有限公司管理信息系统的操作员分工与权限设置如表 3-1 所示。

表 3-1 操作员分工与权限设置

编号	姓名	口令	所属部门	角色	职责
001	张晓军	001	财务部门	账套主管	系统的全部权限
002	王明	002	财务部门	总账会计和资产管理	总账和固定资产管理权限
003	张芳	003	财务部门	出纳	现金、银行账管理;总账中凭证的出纳签字、出纳权限
004	李燕	004	财务部门	应收会计、应付会计、薪酬经理和存货核算员	应收款管理、应付款管理、薪资管理和存货核算权限
005	朱挺	005	采购部门	采购主管	公用单据设置、公用目录设置、应付款管理和采购管理权限
006	姚明	006	销售部门	销售主管	公用单据设置、公用目录设置、应收款管理和销售管理权限
007	刘祥	007	仓储部门	仓库主管	库存管理和存货核算权限
008	曾晓贤	008	生产部门	生产主管	生产计划和生产管理权限

根据上述资料,在用友 ERP-U8(V8.72)中的操作员分工与权限设置步骤如下:

第一步,在系统管理中,执行"权限"→"用户"命令,进入"用户管理"窗口。

第二步,单击【增加】按钮,打开"增加用户"对话框,输入编号"001"、姓名"张晓军"、口令"001"、所属部门"财务部门",所属角色栏下选中"账套主管"复选框。

第三步，用户“张晓军”的详细信息增加完毕后再单击【增加】按钮，根据资料中给定的操作员资料增加其他用户信息，如图 3 - 12 所示。

图 3 - 12　增加操作员

第四步，全部完成后，单击【退出】按钮返回。

注意：只有系统管理员才有权限设置角色和用户。由于系统已经为预设的角色赋予了相应的权限，因此如果在设置操作员时指定了相应的角色，则其就已经拥有该角色的所有权限。如果该用户所拥有的权限与该角色的权限不完全相同，就可以到“权限”功能中进行修改。

第五步，在系统管理中，执行“权限”→“权限”命令，进入“操作员权限”窗口，如图 3 - 13 所示。

第六步，在“操作员权限”窗口，选择账套“[999]南京市珠江××有限公司管理信息系统”、时间“2015”。

第七步，在窗口左侧操作员列表中选择“001 张晓军”，选中“账套主管”复选框，系统弹出“设置用户[001]账套主管权限么?”信息提示；单击【是】按钮，则张晓军就拥有了账套主管权限，如图 3 - 13 所示。

注意：可以在两个环节中指定账套主管，一个是在建立账套环节，如图 3 - 8 所示；另一个是在权限设置环节，如图 3 - 13 所示。只有系统管理员才能够指定账套主管。一个账套可以设定多个账套主管，其自动拥有该账套的所有权限。设置权限时，应分别选中“用户”及相应的“账套”。

第八步，在操作员权限窗口中，选择账套“[999]南京市珠江××有限公司管理信息系统”、时间“2015”，再从窗口左侧操作员列表中选择“003 张芳”，单击【修改】按钮。

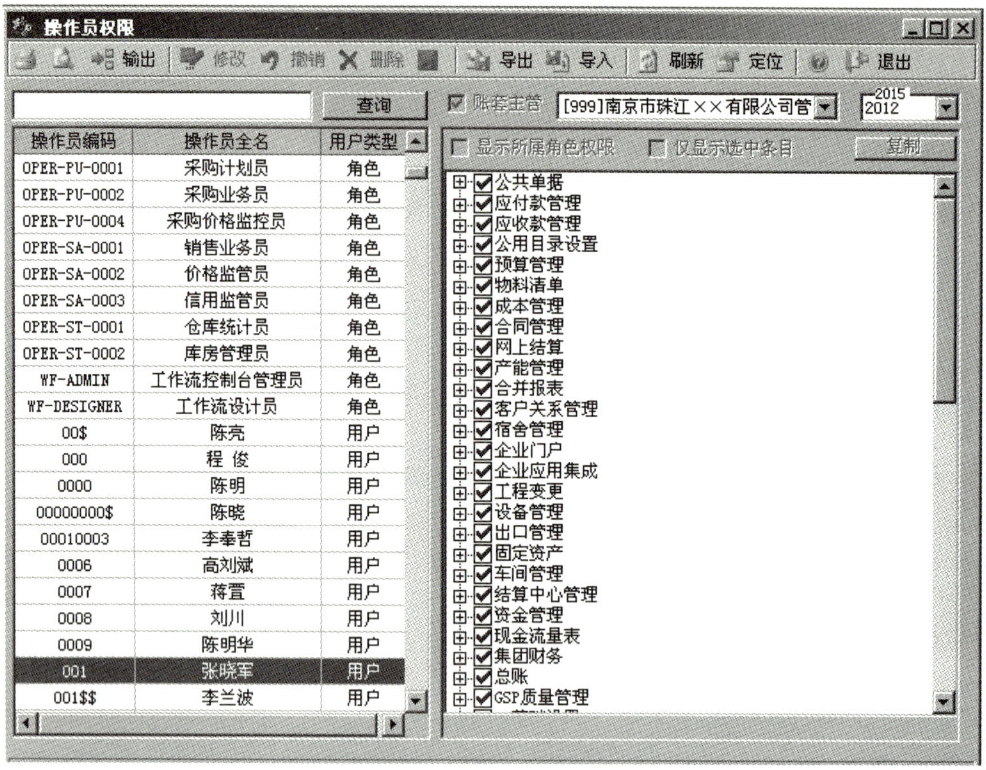

图 3-13　操作员权限

第九步，在选择权限“修改”对话框，依次展开“GL(总账)”→“GL02(凭证)”，选中“GL0203(出纳签字)”复选框，如图 3-14 所示。

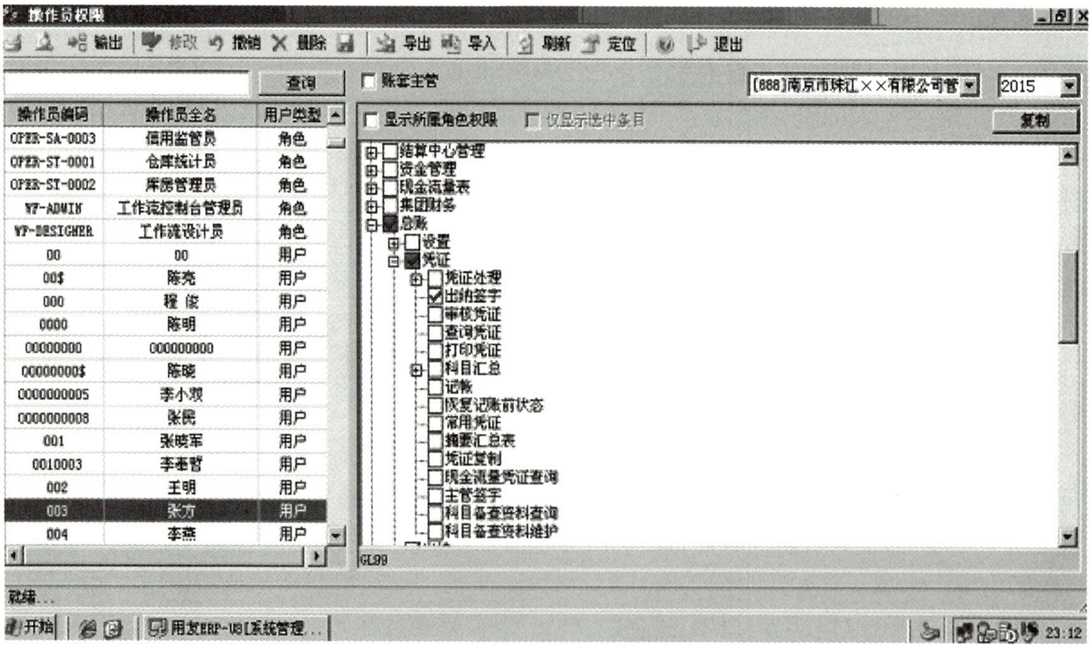

图 3-14　“出纳签字”权限

第十步，单击【确定】按钮，权限列表中又增加了“003 张芳”的“出纳签字”权限。

第十一步，同理，可根据资料给定的要求，依次给其他操作员赋权（系统管理员和账套主管都可以给操作员赋权）。

3.4.4 用友 ERP 系统的基础设置

基础信息是企业中各部门公用的共享信息，是所有子系统共享的模块，也是整个系统的基础。如果一种产品在仓库部门和技术部门中的编码不一致，则系统就会认定这是两种不同的产品，必然无法有效地对企业的业务进行真实的处理。建立信息的标准（如编码规则、名称等）必须得到各部门的认可，各部门应集中在一起，共同制定公认的符合有关标准规范以及企业管理要求的数据规范。

基础设置是为系统的日常运行做好基础工作，主要包括基本信息设置、基础档案设置、数据权限设置和单据设置。

（1）基本信息设置

基本信息设置主要包括系统启用、编码方案及数据精度。在基本信息设置中，可以对建账过程确定的编码方案和数据精度进行修改，并进行系统启用设置。

用友 ERP-U8 系统分为财务会计、供应链、生产制造、人力资源、集团应用、决策支持、企业应用集成等产品组，每个产品组又包含若干模块，它们中的大多数既可以独立运行，又可以集成使用，但两种用法的流程是有差异的。一方面，企业可以根据本身的管理特点选购不同的模块；另一方面，企业可以采取循序渐进的策略有计划地先启用一些模块，一段时间后再启用另外一些模块。系统启用为企业提供了选择的便利，它可以表明企业在何时点及启用了哪些模块，但只有设置了系统启用的模块才可以登录。

有两种方法可以设置系统启用：一种是在企业建账完成后立即进行；另一种是在建账结束后由账套主管在企业应用平台中进行。

（2）基础档案设置

基础档案是系统日常业务处理所必需的基础资料，是系统运行的基石。一个账套总是由若干个子系统构成的，这些子系统共享公用的基础档案信息。因此，在启用新账套之前，应根据企业的实际业务处理需求，结合系统基础档案设置的要求，事先做好基础数据的准备工作。

基础档案设置主要内容包括：机构人员信息、客商信息、存货信息、财务信息、收付结算信息、业务信息、对照表及其他信息。

机构人员信息设置包括：本单位信息设置、部门档案设置、人员档案设置、人员类别设置、职务档案设置、岗位档案设置等。

客商信息设置包括：地区分类设置、行业分类设置、供应商分类设置、供应商档案设置、客户分类设置、客户级别设置、客户档案设置等。

存货信息设置包括：存货分类设置、计量单位设置、存货档案设置等。

财务信息设置包括：会计科目设置、凭证类别设置、外币设置、项目目录设置等。

收付结算信息设置包括：结算方式设置、付款条件设置、银行档案设置、本单位开户银行设置等。

业务信息设置包括：仓库档案设置、收发类别设置、采购类型设置、销售类型设置、产品结构设置、成套件设置、费用项目设置、发运方式设置、货位档案设置、非合理损耗类型设置等。

对照表设置包括：仓库存货对照表、存货货位对照表、供应商存货对照表、客户存货对照表、单据类型与收发类别对照表、存货自由项对照表等。

(3) 数据权限设置

用友 ERP-U8 软件提供了功能权限、数据权限和金额权限。

功能权限在系统管理中进行设置，主要规定了每个操作员对各模块及细分功能的操作权限。数据权限是针对业务对象进行的控制，可以选择对特定业务对象的某些项目和记录进行查询与录入的权限控制。金额权限的主要作用体现在两方面：一是设置用户在填制凭证时对特定科目允许输入的金额范围；二是设置用户在填制采购订单时允许输入的采购金额范围。

(4) 单据设置

单据设置主要包括：单据格式设置、单据编号设置以及单据打印控制。在实际工作中，不同企业各项业务处理中使用的单据可能存在细微的差别，应根据业务的需要，对所需的单据格式、单据编码进行设置。用友 ERP-U8 软件预置了常用单据模板，而且允许用户对各单据类型的多个显示模板和多个打印模板进行设置，以定义本企业需要的单据格式，以及各种单据的显示格式和打印格式。

下面通过一些实例来说明在用友 ERP-U8(V8.72)企业应用平台中如何运用“基础信息”模块设置基础档案信息。

例 3-3 南京市珠江××有限公司管理信息系统部门档案资料如表 3-2 所示。

表 3-2 部门档案

部门编码	部门名称	负责人
1	财务部门	张晓军
2	销售部门	姚明
3	仓储部门	刘祥
4	采购部门	朱挺
5	技术服务部门	何军
6	组装车间	曾晓贤
7	人力资源部门	章先科

操作步骤如下：

第一步，以“张晓军”身份进入企业应用平台，执行“开始”→“程序”→“用友 ERP-U8”→“企业应用平台”命令，打开“登录”对话框；输入操作员、密码，在账套下拉列表框中选择“南京市珠江××有限公司管理信息系统”，更改操作日期为“2015-12-01”，如图 3-15 所示。

第二步，单击【确定】按钮，进入“UFIDA-ERP[工作中心]”窗口。

第三步，在“基础设置”页签中，执行“基础档案”→“机构人员”→“部门档案”命令，进入“部门档案”窗口。

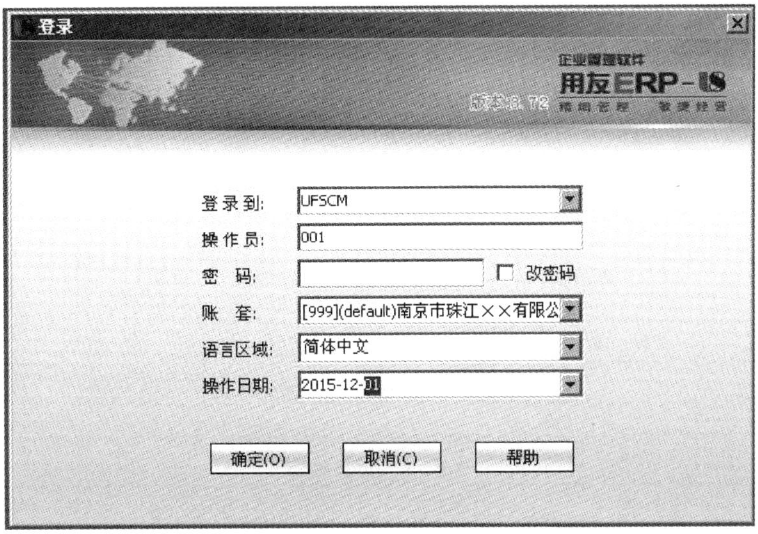

图 3-15　企业应用平台

第四步，单击【增加】按钮，根据给定的部门信息，输入部门编码、部门名称信息，单击【保存】按钮保存，如图 3-16 所示。

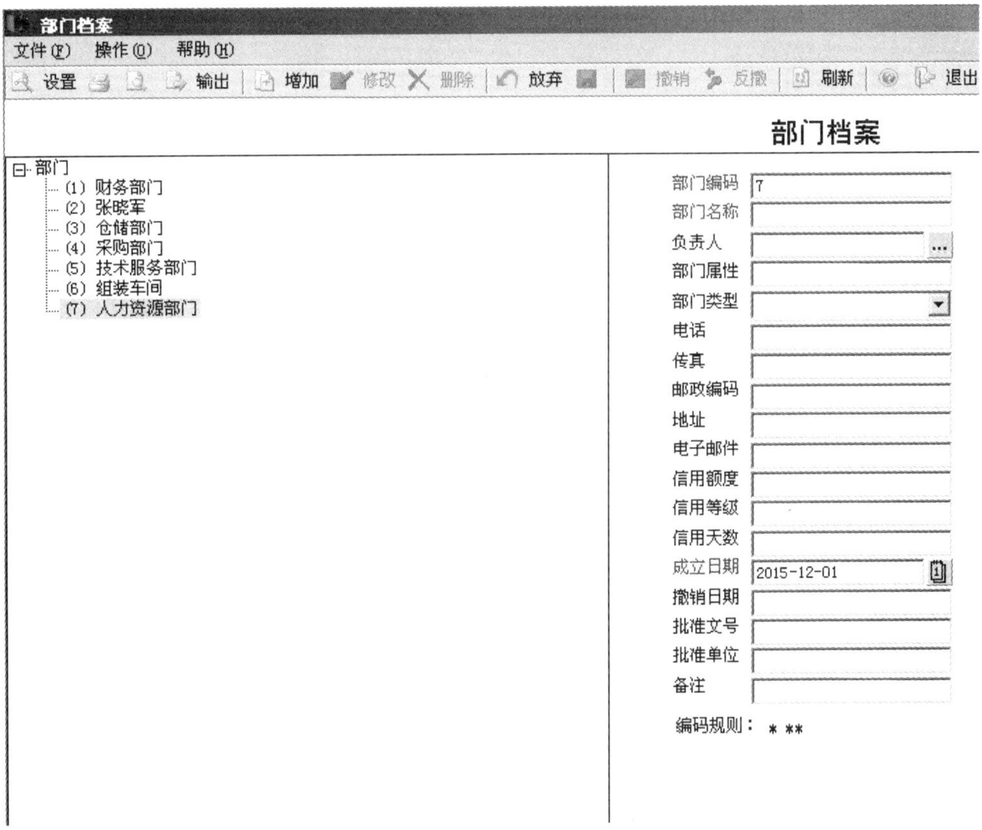

图 3-16　部门档案

注意：部门档案既可以在企业门户的基础档案中进行设置，也可以在使用部门档案的其他系统中进行设置，系统中的基础档案信息是共享的。

例 3-4 南京市珠江××有限公司管理信息系统的存货分类及存货档案资料如表 3-3、表 3-4 所示。

表 3-3 存货分类

存货类别编码	存货类别名称
01	原材料
02	产成品
03	办公用品
04	其他

表 3-4 存货档案

存货编码	存货名称	计量单位	所属分类	税率%	存货属性
1001	自行车主结构	套	01	17	外购、生产耗用
1002	车轮	套	01	17	外购、生产耗用
1003	坐垫	个	01	17	外购、生产耗用、内销
1004	棉布工作服	套	01	17	外购、生产耗用
2001	山地自行车	辆	02	17	自制、内销、外销
2002	公路自行车	辆	02	17	自制、内销、外销
3001	原稿纸	本	03	17	外购、生产耗用
3002	蓝黑墨水	瓶	03	17	外购、生产耗用
3003	算盘	个	03	17	外购、生产耗用
3004	A4 打印纸	箱	03	17	外购、生产耗用
3005	16K 打印纸	箱	03	17	外购、生产耗用
3006	B5 打印纸	箱	03	17	外购、生产耗用
4001	运费	次	04		应税劳务

操作步骤如下：

第一步，在“基础设置”页签中，执行“基础档案”→“存货”→“存货分类”命令，打开“存货分类”对话框，如图 3-17 所示。

第二步，在“存货分类”对话框中，单击【增加】按钮，根据资料要求分别增加各存货类别和名称，增加完毕后再单击【退出】按钮返回。

第三步，在“基础设置”页签中，执行“基础档案”→“存货”→“存货档案”命令，打开“存货档案”对话框。

第四步，选中“(01)原材料”，单击【增加】按钮，系统弹出“增加存货档案”窗口。

第五步，在“基本”选项卡中，录入存货编码“1001”、存货名称“自行车主结构”、所属分类“原材料”、计量单位组“01”、计量单位“01”、税率“17.00”，存货属性中分别勾选“外购”“生产耗用”。

第六步，单击【保存】按钮，完成存货“自行车主结构”档案信息设置。

第七步，同理，根据资料要求增加其他存货档案信息，如图 3-18 所示。

第八步，增加完毕后单击【退出】按钮返回。

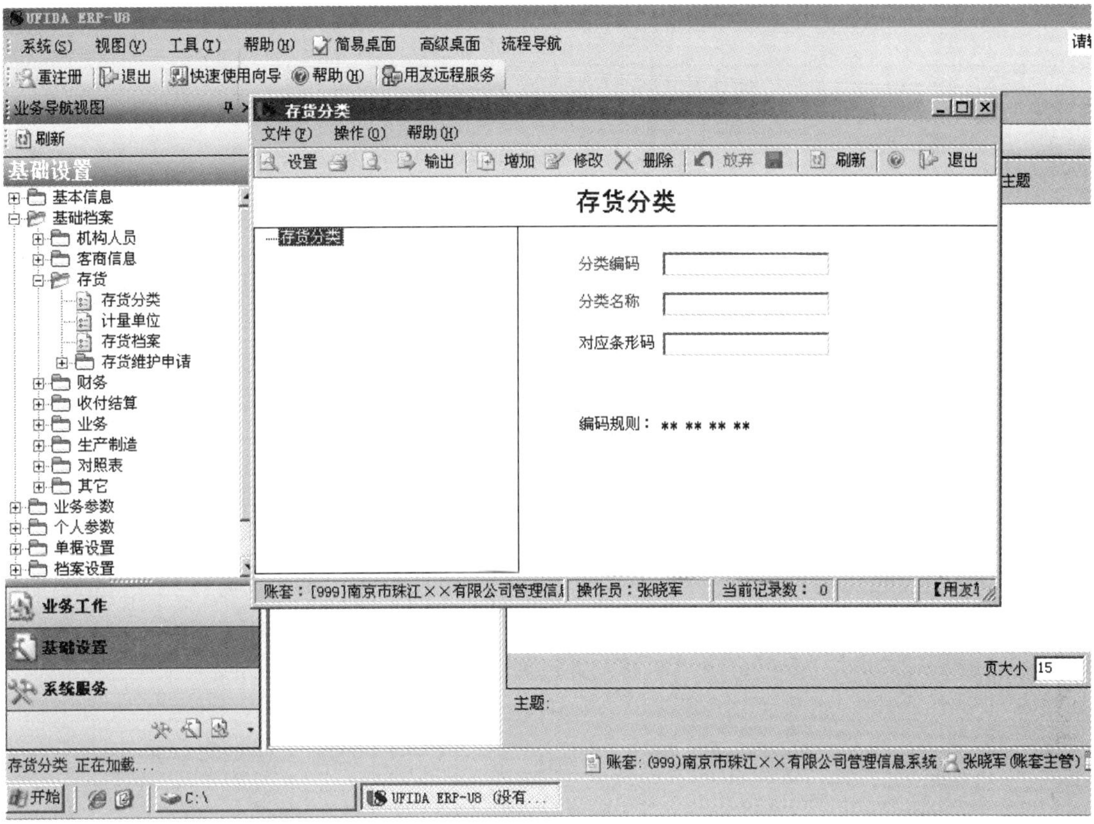

图 3-17　存货分类

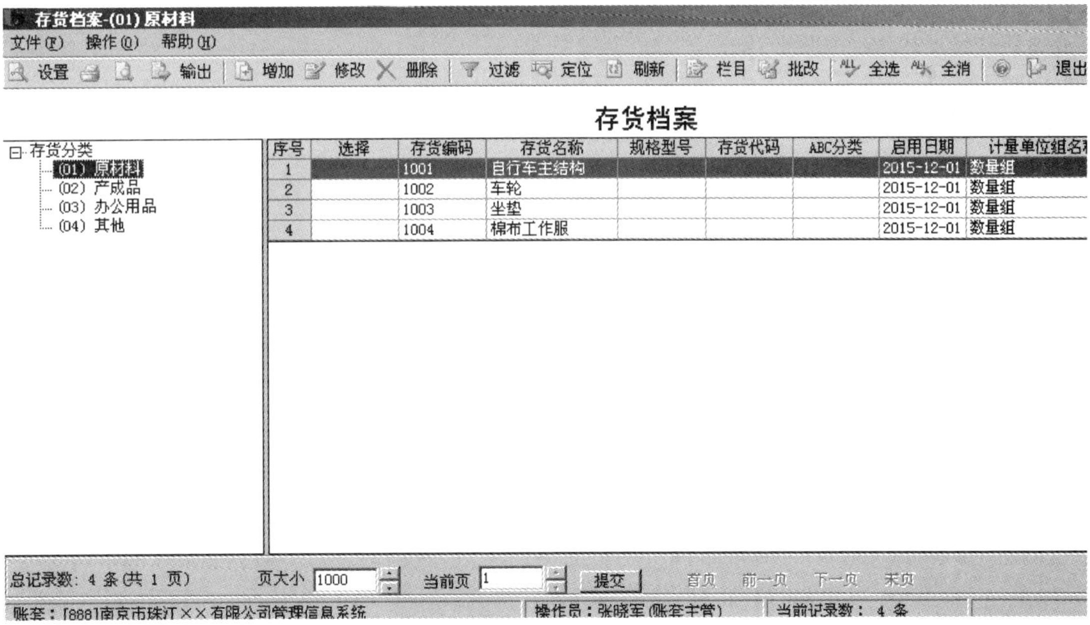

图 3-18　存货档案

例 3-5　南京市珠江××有限公司管理信息系统的项目档案资料如表 3-5 所示。

表 3-5　项目核算目录

项目大类	产品	
项目分类	产成品——自行车	
核算科目 ＼ 项目	山地自行车	公路自行车
生产成本	是	
直接材料	是	
直接人工	是	
制造费用	是	
生产成本转出	是	
主营业务收入	是	
主营业务成本	是	

操作步骤如下：

第一步，在用友 ERP-U8(V8.72)中，选择“企业应用平台”中的“基础设置”页签，执行“基础档案”→“财务”→“项目目录”命令，打开“项目档案”对话框。

第二步，单击【增加】按钮，打开“项目大类定义—增加”对话框，输入新项目大类名称，选择新增项目大类的属性，如图 3-19 所示。

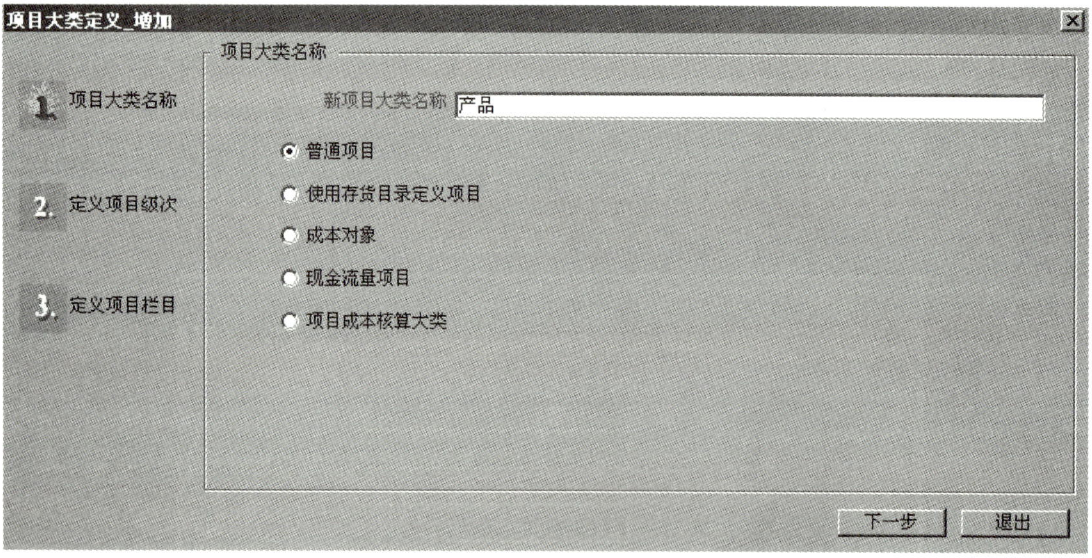

图 3-19　项目大类定义

第三步，单击【下一步】按钮，打开“定义项目级次”对话框，设定项目级次，如图 3-20 所示。

第四步，再单击【下一步】按钮，打开“定义项目栏目”对话框，设定项目栏目(图略)。

第五步，在“项目档案”窗口，从“项目大类”下拉列表中选择项目大类，单击“核算科目”卡片，单击“》”添加按钮，将全部待选科目选择为按产品项目大类核算的科目，单击【确定】按钮保存，如图 3-21 所示。

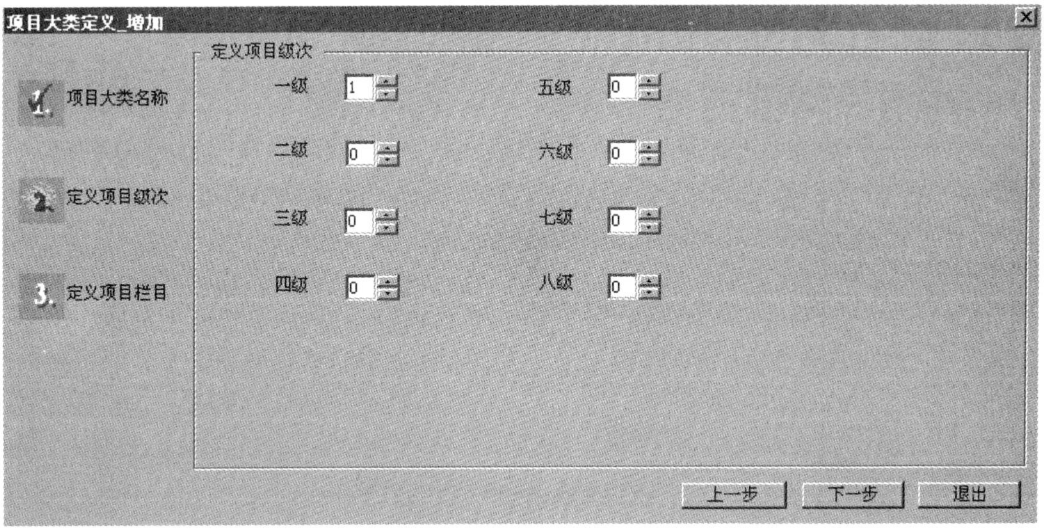

图 3-20　定义项目级次

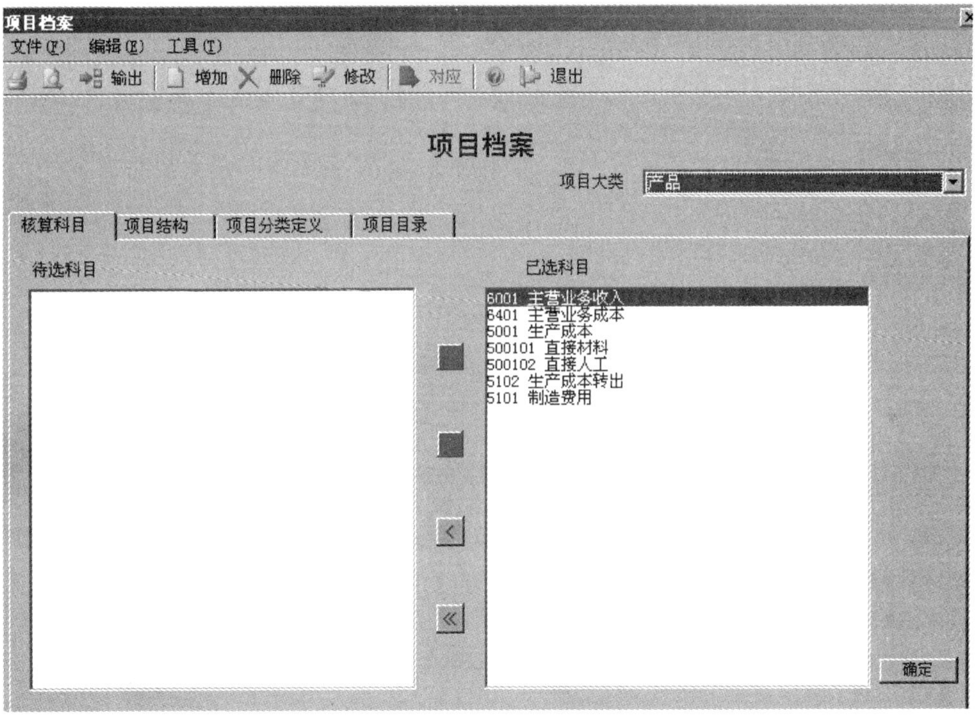

图 3-21　选择项目核算科目

第六步，在“项目档案”窗口，单击“项目分类定义”卡片，选择项目大类，输入各项目分类编码、分类名称(见图 3-22)，再单击【确定】按钮。

第七步，在“项目档案”窗口，单击“项目目录”卡片，单击【维护】按钮，进入“项目目录维护”窗口；分别单击【增加】按钮，输入各项目编号、项目名称、所属分类码，如图 3-23 所示。

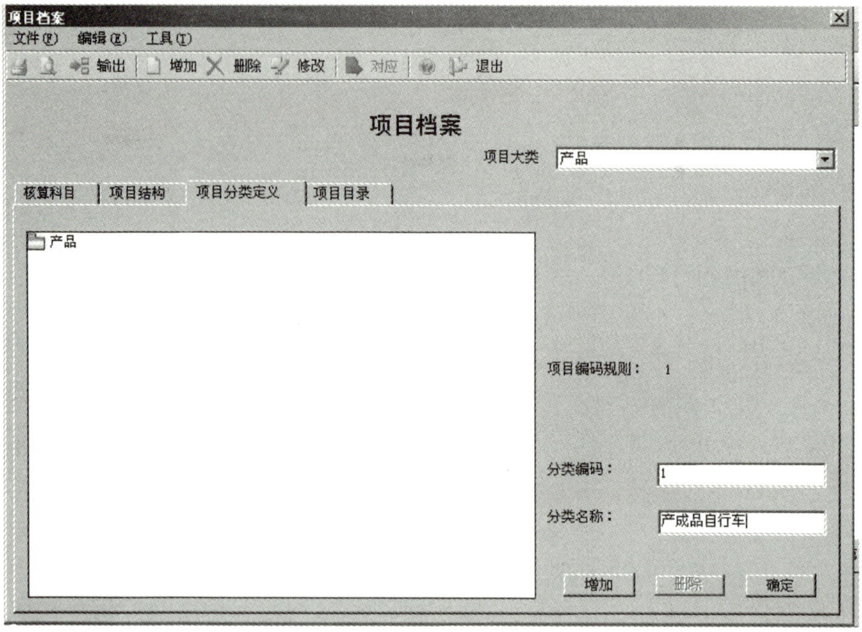

图 3-22 定义项目类别

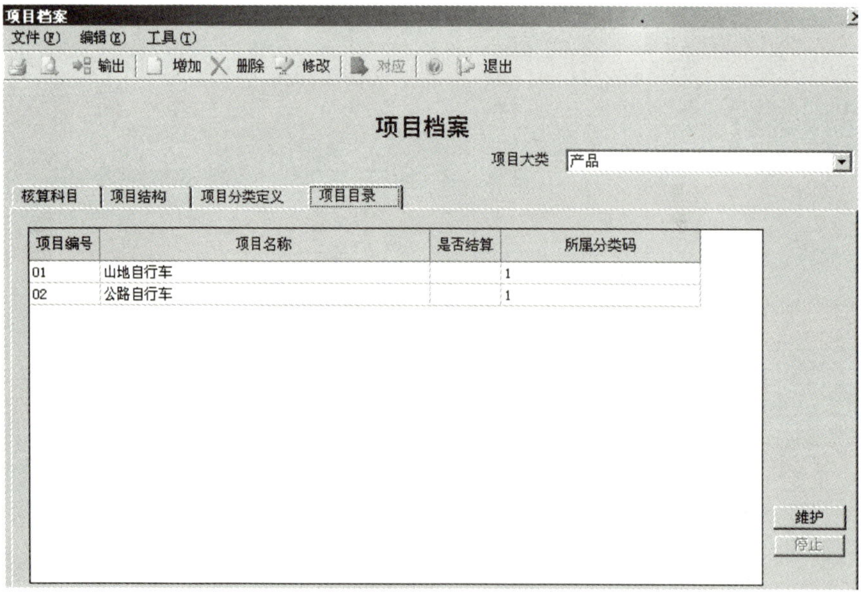

图 3-23 定义项目目录

注意：在用友 ERP-U8(V8.72)中，一个项目大类可以指定多个科目，但一个科目只能指定一个项目大类；标志结算后的项目不能再使用。

在会计核算中，凡是需要单独计算收入或成本的对象，或者需要明确地加以独立管理的要素，都可以被定义为项目，如工程、订单、产品等。项目区别于科目的最大特征为：凡是项目都有一定的生命周期，而科目是企业中相对稳定的管理对象或分类，项目是有目的性的、一次性的、不可逆转的过程。

3.4.5 用友 ERP 系统的账套数据备份

企业会计信息系统实际应用过程中，为了防止意外事故而导致账套数据的丢失，须对信息系统进行定期的数据备份，以便在需要时将数据恢复到系统中。另外，为了将会计电子数据作为会计档案予以保管，也须对信息系统进行定期的数据备份。

在用友 ERP-U8(V8.72)中，账套数据的备份与恢复是通过账套的输出和导入功能来实现的。备份账套时，应先建立一个备份账套的文件夹，将备份数据存放在目标文件夹中。另外，只有系统管理员有权进行账套输出

例 3-6 将南京市珠江××有限公司管理信息系统的账套数据备份。

操作步骤如下：

第一步，以系统管理员的身份注册进入系统管理，执行“账套”→“输出”命令，打开“账套输出”对话框。

第二步，从“账套号”下拉列表中选择要输出的账套号“[999]南京市珠江××有限公司管理信息系统”，如图 3-24 所示。

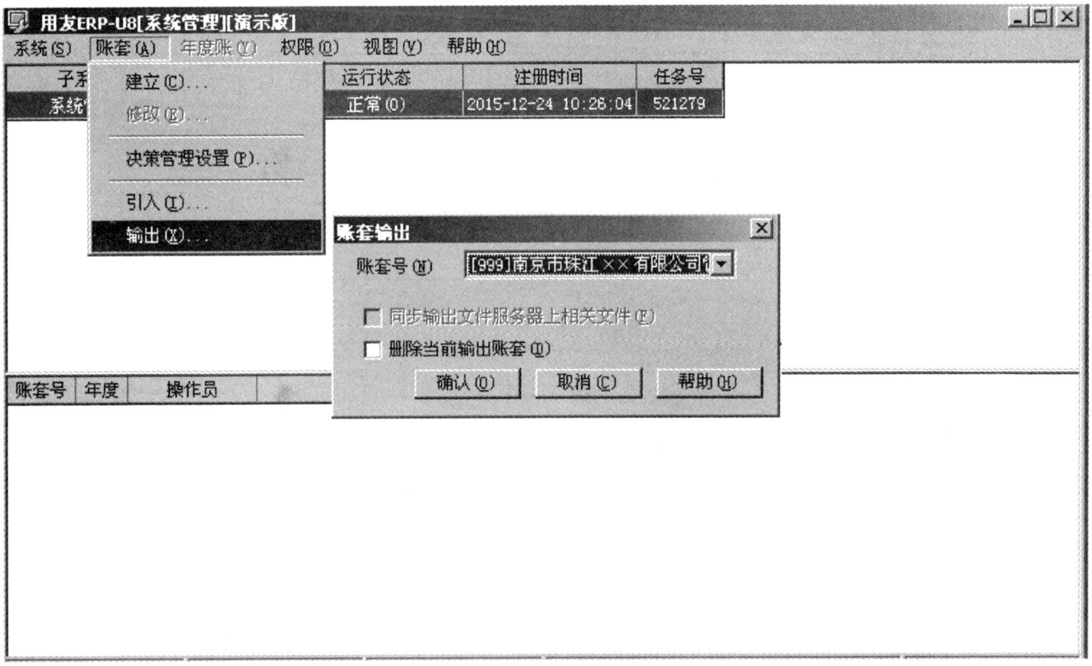

图 3-24 账套输出

第三步，单击【确认】按钮，系统对所要输出的账套数据进行压缩处理，待系统完成压缩后，打开“请选择账套备份路径”对话框。

第四步，选择存放账套备份数据的文件夹，单击【确定】按钮，系统弹出“输出成功!”提示信息，再单击【确定】按钮，即可完成账套数据的备份。

同理，通过执行“账套”→“引入”命令，可将备份的账套数据恢复到系统中。

另外，还可以在系统管理中，通过执行“系统”→“设置备份计划”命令，按设定的时间间隔自动备份账套数据。

3.5 用友 ERP 总账子系统的业务处理

3.5.1 用友 ERP 总账子系统的业务处理流程

用友 ERP-U8(V8.72)总账子系统的业务处理流程如图 3-25 所示。

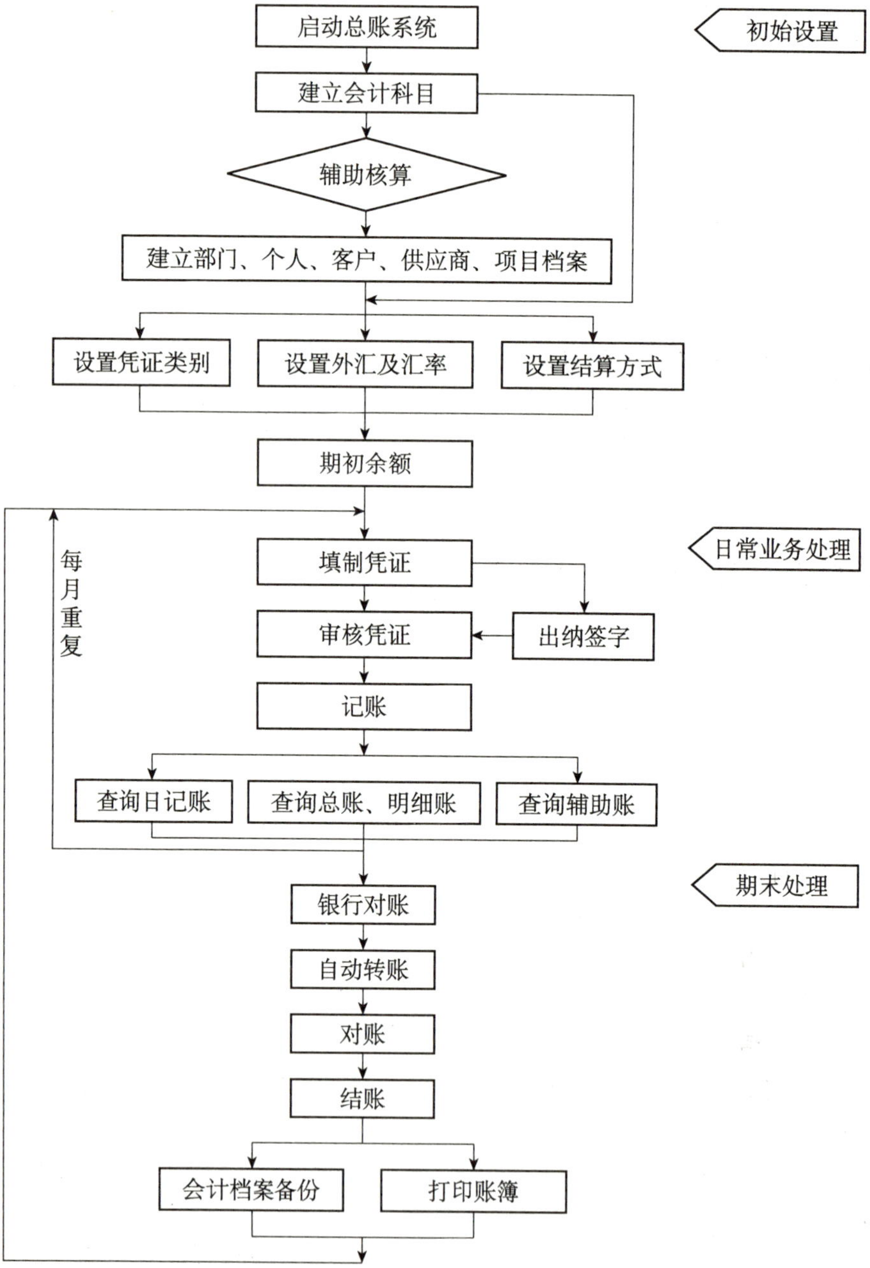

图 3-25 用友 ERP 总账子系统的业务处理流程

与其他管理信息子系统一样，用友 ERP-U8(V8.72)软件的账务处理子系统可以划分为三个环节：初始设置、日常业务处理和期末处理。

在用友 ERP-U8(V8.72)软件中，总账子系统既可以独立使用，也可以与其他子系统联合使用。若是单独使用，则所有凭证都需要人工输入；若与其他子系统联合使用，则其他子系统生成的机制记账凭证可自动转入总账系统。

3.5.2 总账子系统的初始设置

总账子系统的通用性较强，为了使其能够在各行各业得到应用，设计时应重点考虑各单位会计核算和财务管理的一般特性。在进行账务处理之前，首先要根据本单位的业务属性进行具体设置，将企业个性化特征的信息保存在相应的数据文件中，这种设置工作称为初始设置。因此，总账子系统专门提供了初始设置模块，财会人员可使用该模块为总账子系统的运行准备必要的环境。一般来讲，初始设置模块主要包括设置账套、人员权限设置、科目设置、外币设置、凭证类型设置、结算方式设置、项目档案设置、期初余额录入、其他设置等。

值得一提的是，很多集成会计信息系统为了保证各子系统之间数据的一致性，实现子系统之间数据的共享，将各种公共信息(如科目、部门、往来客户、供应商、汇率等)的定义和设置放在一个专门的子系统中，即系统管理子系统或者初始设置子系统。在所有子系统使用之前，先对会计信息系统中使用的各种公共信息进行完整、全面的定义和设置，在使用总账子系统时就可以减少初始化内容。

在用友 ERP-U8(V8.72)中，总账子系统初始化是总账系统进行日常业务处理的前提和基础工作。总账子系统初始化设置主要包括总账系统启用、业务控制参数设置、基础档案设置(定义外币及汇率、建立会计科目、设置辅助核算档案、设置凭证类别、设置结算方式、定义常用凭证及常用摘要等)、期初余额录入与试算平衡。

下面就总账子系统的初始设置并结合 ERP-U8(V8.72)软件的总账模块对几个重要设置内容进行讨论。

1. 系统启用

系统启用，即设置会计信息系统各子系统的启用日期。启用日期是指由原会计信息处理系统转换到新会计信息处理系统的使用交接日期，即新设置的账套被启用的时间。规定启用日期是为了便于确定 IT 环境下账务与业务处理的起点，保证证、账、表数据的连续性。

在使用用友 ERP-U8(V8.72)进行账务处理业务前，首先应进行总账子系统的启用设置。具体操作步骤为：在“企业应用平台”的“基础设置”页签中执行“基本信息”→“系统启用”命令，打开“系统启用”对话框；单击“GL 总账”前的复选框，系统弹出“日历”对话框，即可选择总账系统启用日期。例如，图 3-26 中的总账系统启用日期为“2015-12-01”。

2. 业务控制参数设置

业务控制参数设置就像功能开关一样，决定用户使用该系统的业务流程、业务模块和数据流向。各模块的业务控制参数设置关系到该业务系统的使用和业务点控制，非常重要。例如，在总账子系统中设置凭证编号方式“系统编号”，这意味着总账子系统中填制的凭证由系统自动按实践顺序编号。再如，在库存管理子系统中，可以设置是否进行安全库存报警、是否有形态转换业务等。

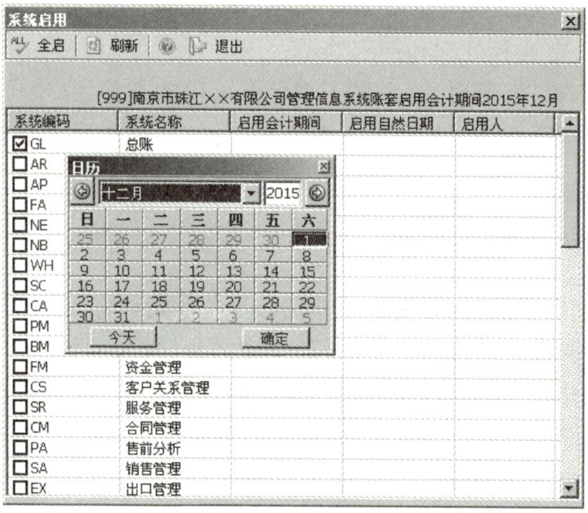

图 3-26　系统启用

由于有些参数选项在日常业务开始后不允许随意修改，因此用户在进行业务控制参数设置之前，须详细了解选项开关对业务处理流程的影响，并结合企业的实际业务需要，在业务开始前进行全盘考虑后再设置相关参数，尤其一些对其他系统有影响的选项设置更要考虑清楚。

总账子系统的参数将决定总账系统的输入控制、处理方式、数据流向、输出格式等，设定后一般不能随意修改。

在用友 ERP-U8(V8.72)中，设置总账子系统控制参数是对总账系统的一些系统选项进行设置，以便为总账系统配置相应的功能或设置相应的控制。以账套主管(财务主管)的身份注册进入企业应用平台，在"业务工作"页签中，执行"财务会计"→"总账"→"设置"→"选项"命令，打开"选项"对话框(见图 3-27)，单击【编辑】按钮，再单击各选项卡进行各控制参数的设置。

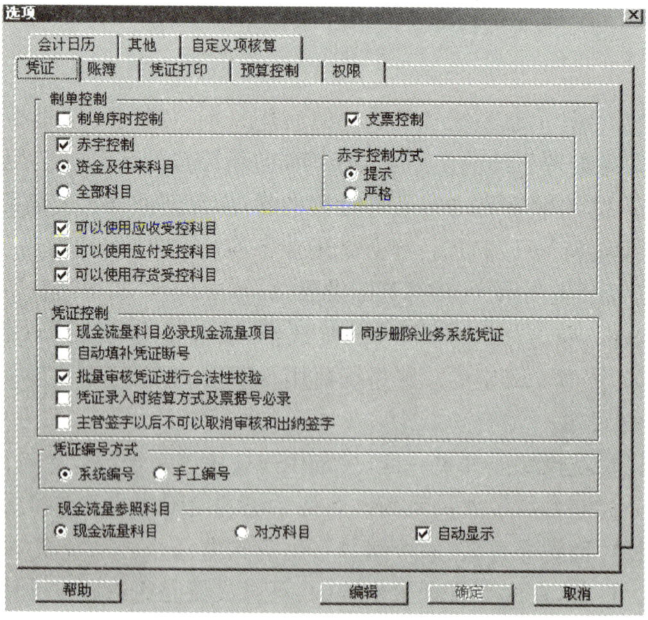

图 3-27　总账子系统业务控制参数设置

3. 基础档案设置

用友 ERP-U8(V8.72)总账子系统基础档案数据设置的主要内容包括:定义外币及汇率、建立会计科目、设置辅助核算档案、设置凭证类别、设置结算方式、定义常用凭证及常用摘要、设置明细权限。在与其他模块集成使用的环境下,一些公用的基础数据通常在企业应用平台“基础档案”页签中设置,下面主要说明会计科目设置、外币设置、凭证类型设置、结算方式设置。

(1) 会计科目设置

会计科目是对会计要素的具体内容进行分类核算的标志或项目,会计科目编码就是在会计信息系统中对会计科目进行的代码化管理。会计科目设置模块的功能是将单位会计核算中使用的科目(包括科目名称、科目编码等)逐一按要求描述给系统,并将科目设置的结果保存在科目文件中。会计人员可以根据会计核算和管理的需要,设置适合自身业务特点的会计科目体系。

在用友 ERP-U8(V8.72)中,选择“企业应用平台”中的“基础设置”页签,执行“基础档案”→“财务”→“会计科目”命令,进入“会计科目”窗口,可进行会计科目的设置(增加、修改、删除等)。图 3-28 为“会计科目—新增会计科目”窗口。

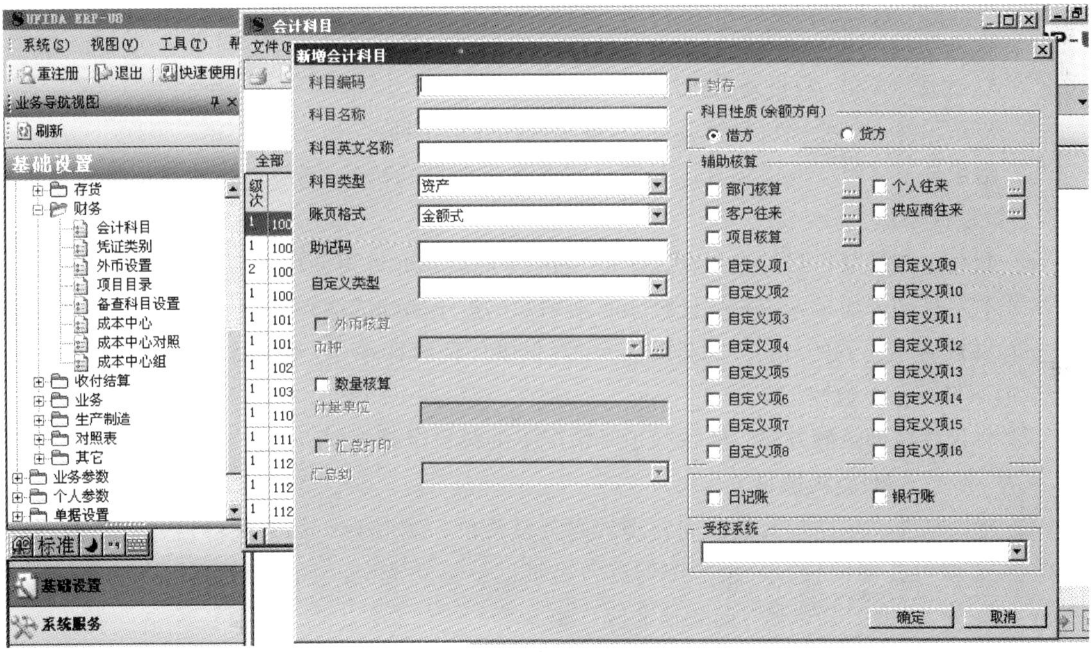

图 3-28　新增会计科目

在用友 ERP-U8(V8.72)中,进行会计科目设置的前提条件是设置好科目编码方案。科目编码方案在建立账套时的“建账向导”中会提示设置,也可在“应用平台—设置—基础信息—编码方案”中设置或修改。

注意:在用友 ERP-U8(V8.72)中,会计科目的修改和删除操作是要满足一定的前提条件的。例如,非末级科目不能直接删除;科目一经录入凭证便不允许修改或删除;等等。

在用友 ERP-U8(V8.72)中,将会计科目编码作为会计科目的唯一识别码,并赋予了一系列属性,以便通过对会计科目编码的引用来提升证、账、表的管理效率。

图 3-28 中,除了科目编码外,还有许多属性,它们都有特定意义。以下就主要项目设置加以简要说明:

① 科目编码。科目编码就是按照科目编码方案对每一个科目进行编码定义。将会计科目进行编码,便于反映上下级科目间的逻辑关系,便于进行检索、分类与汇总,可减少数据录入的工作量,提高数据处理速度,有利于会计核算工作的标准化与规范化。一般而言,一级科目编码要符合会计准则的统一要求。

② 科目名称。用友 ERP-U8(V8.72)总账子系统的科目名称采用了独立命名法,只要给本级科目命名即可。软件使用时将自动关联其上级科目名称,从而还原整个会计科目编码的全称。科目汉字名称的作用是显示、控制与打印输出证、账、表。

③ 科目英文名称。科目英文名称的主要用途是输出英文证、账、表等数据内容。

④ 科目类型。科目类型划分的基本依据是会计对象的类目别。如根据新颁布的企业会计准则将科目类型分为资产、负债、共同、所有者权益、成本、损益六类,相应科目代码第一位对应关系为 1—资产、2—负债、3—共同、4—所有者权益、5—成本、6—损益,保持唯一对应关系。

⑤ 账页格式。账页格式规定了该科目账簿输出时的可用账页格式,通常分为金额式、外币金额式、数量金额式、数量外币式等。

⑥ 外币核算。如果该科目核算外币,就须选择外币币种。

⑦ 数量核算。对于既需要登记金额又需要登记数量的科目,则应勾选数量金额复选框,并设置数量计量单位。

⑧ 封存。如果某科目勾选封存复选框,则制单时就不允许再使用该会计科目。

⑨ 汇总打印。如果希望在凭证打印时不须输出过于明细的会计科目,就可勾选汇总打印复选框,并设置汇总到的科目。另外,这一设置仅供凭证打印输出,系统登记明细账仍按明细登记,而不是按汇总数登记。

⑩ 科目性质即余额方向。应选择正常情况下的科目余额方向,如资产与费用类科目选借方,权益、收入、利润类则选贷方。

⑪ 辅助核算。辅助核算是面向管理的财务软件的一大特色。如果某科目还有其他辅助核算要求,就可在辅助核算分组框中勾选各类辅助核算复选框,表示该科目除了可以提供总账、明细账外,还可以提供所勾选的辅助核算账。

用友 ERP-U8(V8.72)中可供选择的辅助核算类别有部门核算、个人往来核算、客户往来核算、供应商往来核算、项目核算。可以同时勾选其中的两项或三项,但个人往来核算、客户往来核算、供应商往来核算只能三选一。

⑫ 银行账。对银行科目设置银行账后,则在填制凭证中的银行科目时要求输入结算方式辅助信息,以便日后进行银行对账以及支票登记。

⑬ 受控系统。如果在某科目的受控系统下拉框中选择了应收系统、应付系统或存货核算系统之一,那么该科目就受控于所选的系统,即不能在总账子系统的记账凭证填制中再使用该

科目。例如，如果在应收账款子系统中核算应收账款，则“应收账款”科目是“应收系统”的受控科目，涉及该科目的凭证不能在总账中输入而应在“应收系统”中编制，之后再转入总账子系统，以免重复输入。

目前市场上流行的大多数财务系统是采用固定型科目编码模式，用友 ERP-U8(V8.72)财务系统即采用这一模式。所谓固定型科目编码模式，是指一旦设定软件系统就不允许随意修改。例如，某企业将科目代码模式设置为 4223，意味着该企业所使用的财务系统的科目体系一级科目代码长度为四位，二级科目代码长度为二位，三级科目代码长度为二位，四级科目代码长度为三位。企业一旦设定代码模式，整个软件系统的科目代码都要依此进行。因固定型科目编码模式简单、统一，用户容易理解和接受，故大多数财务软件采用这种模式。

另一种编码模式为灵活型科目编码模式。该模式下不对科目编码模式做统一的规定，系统只规定相同父科目的明细科目级长一致，而不同父科目的明细科目级长可以不同。这种科目编码模式因其可灵活设置，故可较好地解决企业的个性化问题。

(2) 外币设置

如果企业有外币核算业务，则事先就需要在此处设置外币币种(如美元、日元等)及其汇率，这样才能在凭证填制时使用该外币及其汇率控制。外币设置时，需要明确定义以下项目：币符及币名、汇率小数位、折算方式(直接汇率、间接汇率)和最大误差。

在用友 ERP-U8(V8.72)中，汇率控制有两种方式：固定汇率与浮动汇率。如果选择使用固定汇率，则在每月填制记账凭证前就应预先通过外币设置录入该月的记账汇率。如果选择使用浮动汇率，则应每天先通过外币设置录入当日汇率；否则，在录入记账凭证时，使用汇率就会出现异常错误。

(3) 凭证类型设置

凭证类型就是传统会计中的凭证字，凭证字有分类与汇总的作用。许多单位为了便于管理或登账方便，一般对记账凭证进行分类编制，但各单位的分类方法不尽相同。在 IT 环境下，国内会计软件不但保留了凭证字机制，而且发展了凭证字在授权与凭证合法性检验方面的控制与管理作用。

在用友 ERP-U8(V8.72)中，除了提供传统会计习惯的凭证字分类方式(即收款、付款、转账形式，现收、现付、银收、银付、转账形式)，软件还提供自定义分类法，在自定义分类法中对每类凭证的会计分录行是否出现的会计科目进行“借方必有；贷方必有；凭证必有；凭证必无；借方必无；贷方必无；无限制”等多种形式的设置。

在用友 ERP-U8(V8.72)中选择“企业应用平台”中的“基础设置”页签，执行“基础档案”→“财务”→“凭证类别”命令，打开“凭证类别预置”对话框(见图 3-29)，选择合适的凭证字分类方式前的单选按钮，再单击【确定】按钮，保存后退出。

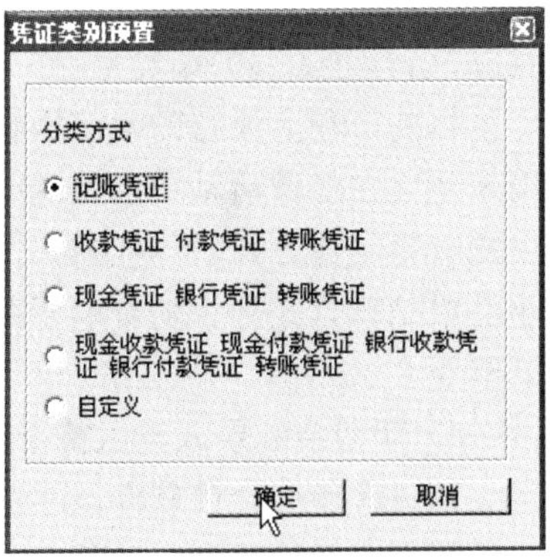

图 3-29　凭证类别预置

（4）结算方式设置

结算方式是指在企业经营过程中使用的收款及付款结算。结算方式的设置，一方面可与银行对账建立联系；另一方面有利于应收系统和应付系统根据业务生成机制记账凭证时识别相关的科目。结算方式设置的主要内容包括结算方式编码、结算方式名称（如支票、商业汇票、银行本票等）、票据管理标志等。结算方式编码可采用数字型代码或字母型代码，结算方式名称为其汉字名称，用于显示输出。票据管理标志是总账系统为辅助银行出纳管理银行结算票据而设置的功能，类似于手工系统中的支票登记簿的管理方式。

在用友 ERP-U8（V8.72）中，选择“企业应用平台”中的“基础设置”页签，执行“基础档案”→“收付结算”→“结算方式”命令，进入“结算方式”窗口，单击【增加】按钮，根据企业要求依次输入各种结算方式，如图 3-30 所示。

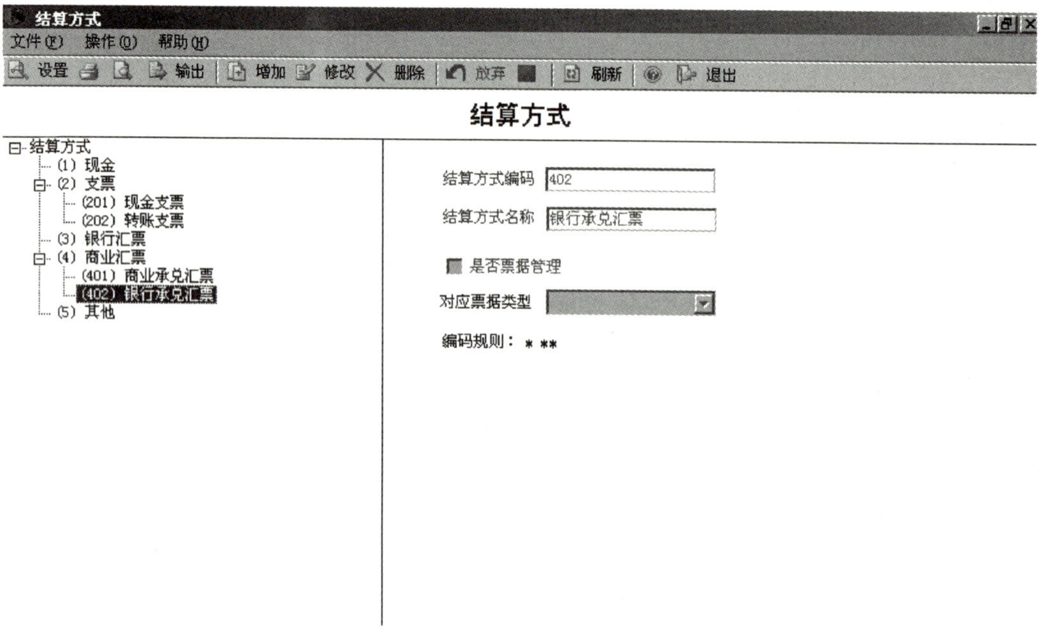

图 3-30　结算方式

在用友 ERP-U8（V8.72）中，如果“银行存款”科目被设置为“银行账”，那么在使用该银行存款科目填制凭证时，软件就要求输入“结算方式”及“结算号”，以便软件进行银行“自动对账”时以“结算方式”和“结算号”作为银行对账的依据。

目前市场上流行的大多数财务系统为用户提供了定义与设置银行资金结算方式的功能，用来建立在经营活动中涉及的结算方式。银行转账结算方式主要有异地托收承付结算方式、委托收款结算方式、汇兑结算方式、支票结算方式、银行本票结算方式、银行汇票结算方式、商业汇票结算方式等。随着电子商务的发展，还会出现新的银行转账结算方式，如电子银行承兑汇票等。

4. 期初余额录入与试算平衡

第一次使用会计软件，在建立账套和各类基础档案之后，需要将手工账簿（或原来旧系统）中的期末余额转录到新软件中作为期初余额，以便接续手工账簿（或原来旧系统）的业务处理，进而保证手工账簿（或原来旧系统）和计算机账簿内容的连续性与继承性。例如，12 月 1 日开始使用软件，则 11 月 30 日手工账上的余额即软件的期初余额。只有将总账子系统启用会计期间的各账户期初余额逐个录入系统并验证试算平衡且仅当平衡时，才表示初始化结束。

(1) 期初余额录入

录入余额模块的功能是将手工账簿各科目的余额输入计算机，并将初始余额保存在汇总文件中。根据科目设置情况，期初余额录入可以分以下情况分别处理：

① 末级科目发生额和余额直接录入，非末级科目发生额和余额由末级科目逐级自动汇总。

② 科目有数量核算的，除了输入金额外，还要输入数量的发生额和余额。

③ 科目有外币核算的，除了输入本位币外，还要输入外币的发生额和余额。

④ 科目有辅助核算的，必须先输入辅助账的期初余额，由系统自动汇总至科目期初余额后，累计发生额才可以直接输入。

在用友 ERP-U8(V8.72)中，期初余额的录入分为总账期初余额录入、辅助账期初余额录入。年初余额、本期发生额及期末余额间的稽核关系，可直接针对上述数据的转换关系加以验证。对于年初建账，则只需输入年初余额；对于年中建账，期末余额可根据年初余额、借方累计发生额、贷方累计发生额这三个数据计算获得。凭证记账后，期初余额变为只读状态，不能再修改。

在用友 ERP-U8(V8.72)中，执行“财务会计”→“总账”→“设置”→“期初余额”命令，进入“期初余额录入”窗口，直接输入末级科目(底色显示为白色)期初余额，上级科目的余额自动汇总计算，如图 3-31 所示。

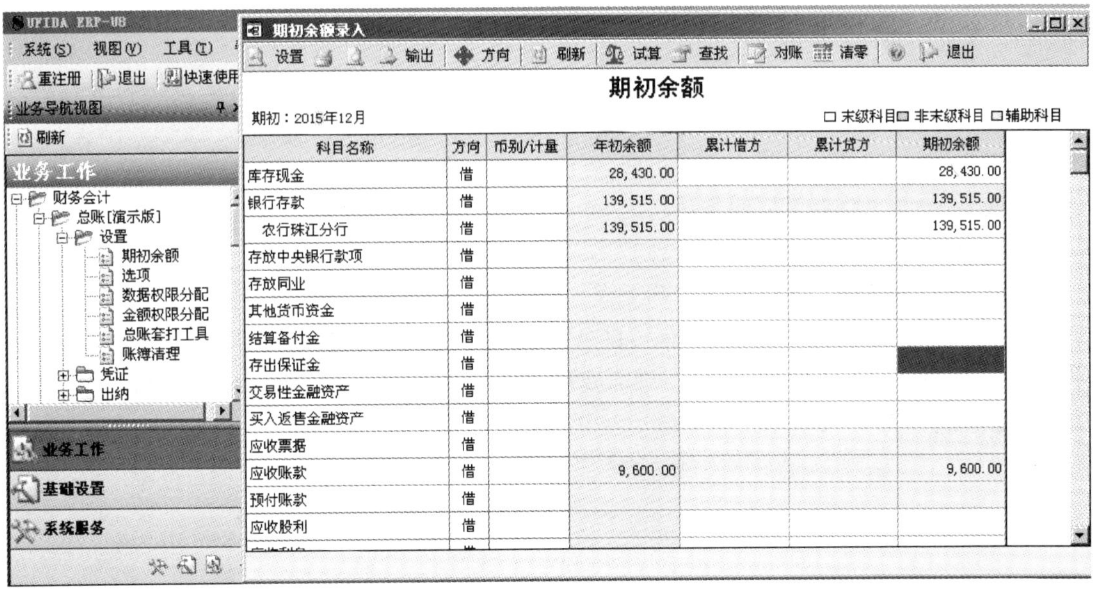

图 3-31 期初余额录入

对于设置了辅助核算的科目(底色显示为黄色)，其累计发生额可直接输入，但期初余额的录入要到相应的辅助账中进行。以录入“1122 应收账款”期初余额为例，其操作方法是，双击“1122 应收账款”辅助核算科目的期初余额栏，进入相应的“辅助期初余额”窗口，单击【增行】按钮输入每笔业务的金额，如图 3-32 所示。录入完毕后，再单击【往来明细】按钮输入每笔业务的明细项目数据；全部完成后单击【退出】按钮，则辅助账余额自动转入总账。另外，如果某一科目有数量（外币）核算的要求，则录入余额时还应输入该余额的数量（外币）。

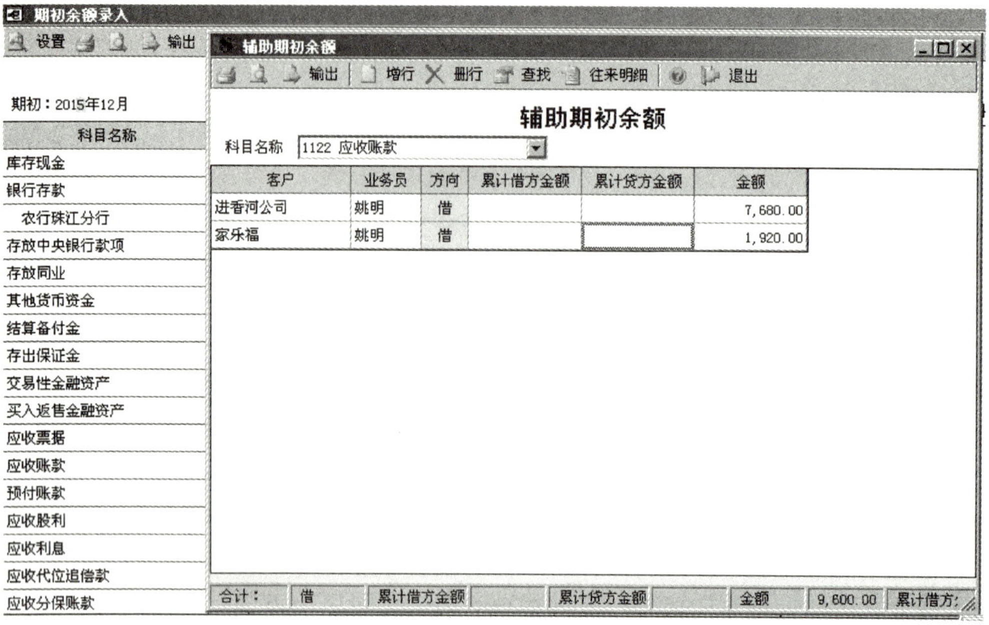

图 3-32　辅助期初余额

（2）试算平衡

在所有余额输入完毕之后，应该由计算机自动进行试算平衡。试算平衡是检验所有录入了期初余额的账户是否满足以下平衡公式：

平衡公式一：资产＝负债＋所有者权益＋（收入－费用）

平衡公式二：总账＝下属明细科目之和

平衡公式三：借方合计＝贷方合计

只有平衡后，才表示所输余额正确无误。

在用友 ERP-U8(V8.72)中，所有科目余额录入完毕后，单击【试算】按钮，打开"期初试算平衡表"对话框。若期初余额不平衡，则需要修改期初余额；若期初余额试算平衡，则单击【确定】按钮退出，如图 3-33 所示。

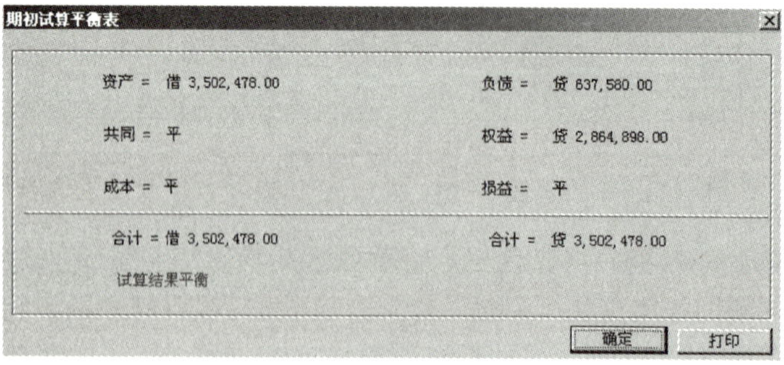

图 3-33　期初试算平衡

3.5.3 总账子系统的日常业务处理

总账子系统的日常业务处理主要包括凭证管理、出纳管理、账表输出等功能。

1. 凭证管理

凭证管理模块的功能主要是完成对记账凭证的日常处理工作。记账凭证是账务处理子系统的数据源，是登记账簿的依据，其在账务处理子系统的作用与地位十分重要。

在用友 ERP-U8(V8.72)中，总账子系统的凭证处理包括凭证填制、出纳签字、凭证审核、记账，以及凭证修改、凭证查询、科目汇总等功能。通过严密的制单控制，保证所填凭证的正确性，提供资金赤字控制、支票控制、预算控制、外币折算、误差控制、查看最新余额等功能，加强对发生业务的及时管理和控制。

(1) 凭证填制

会计信息系统中的记账凭证，按填制方式可以分为两类：一类是由系统自动生成的机制凭证，如应收系统生成的收款凭证，自动转账生成的转账凭证等；另一类是在账务处理子系统凭证处理界面由人工填制的凭证。

例 3－7 2015 年 12 月 1 日，企业向农行珠江分行借款 34 000 元，现金支票号为 02578，附件 2 张。

借：银行存款/农行珠江分行(100201)　　34 000

　贷：短期借款(2001)　　34 000

在用友 ERP-U8(V8.72)总账子系统中填制该业务记账凭证的操作步骤如下：

第一步，在用友 ERP-U8(V8.72)企业应用平台“业务”页签中，执行“财务会计”→“总账”→“凭证”→“填制凭证”命令，进入“填制凭证”窗口。

第二步，单击【增加】按钮，系统自动增加一张空白凭证，选择凭证类型，输入制单日期、附单据数、摘要、借方科目、贷方科目、金额等。

第三步，输入完成后，单击【保存】按钮，系统弹出“凭证已成功保存!”信息提示，保存已生成的凭证，如图 3－34 所示。

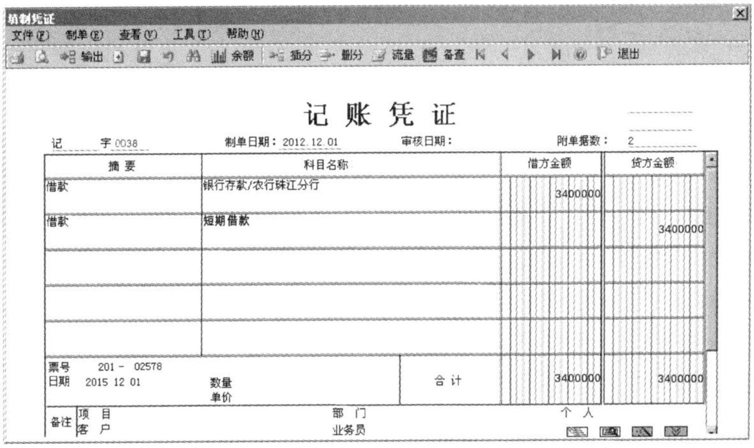

图 3－34 凭证填制

在用友 ERP-U8(V8.72)总账子系统的凭证填制过程中，若某会计科目为“银行存款”“外币科目”“数量科目”“辅助核算科目”“现金流量科目”等辅助核算科目，则需要在辅助核算窗口输入相关信息，主要包括：银行账科目输入银行“结算方式”“结算号”，该笔业务的“发生日期”；单位往来科目输入“客户”或“供应商”、本单位“业务员”“票号”、业务“发生日期”；个人往来科目输入“个人”、个人所属的“部门”“票号”“发生日期”；项目核算科目输入所属的“项目”；部门核算科目输入所属的“部门”；数量核算科目输入“数量”“单价”；外币科目输入外币发生额和汇率，本币发生额自动计算。例如，输入科目银行存款“100201”后，系统自动弹出“辅助项”对话框，输入结算方式“201”、票号“02578”、发生日期“2015-12-01”，如图3-35所示。

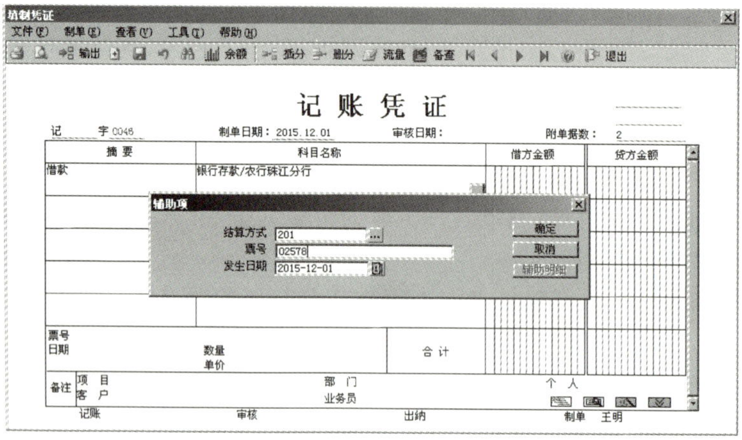

图3-35 凭证科目辅助项填制

为了防止不正确的凭证输入计算机，凭证录入应增加正确性检查措施，确保凭证正确、可靠。只有当所有检查结果都为“正确”或“真”时，这张凭证才被计算机接受；否则，计算机拒绝接受。通常可采取的输入控制机制如下：

① 科目存在性检查。输入会计科目后，可在会计科目代码库中查找，若未找到则说明输入错误或尚未设置该科目，则可重新输入或增加该科目。

② 明细科目检查。检查是否为最明细会计科目，会计分录中的会计科目必须是最明细科目。

③ 科目与凭证类型是否相符。检查输入的借方科目或贷方科目与凭证类型是否相符。例如，转账凭证中不能出现现金和银行存款科目。

④ 字符集校验。例如，发生额字段只能输入“1234567890.—”等。

⑤ 对应关系参照检查。设立对应关系参照文件，将不能存在于一张凭证中的会计科目归纳出来，存于数据库中。输入凭证时，查找该数据库，以确定账户对应关系的正确与否。

⑥ 范围校验。例如，某材料物资的单价不能超过5万元，如果大于5万元即为错误。

⑦ 逻辑校验。例如，月份应在1—12。

⑧ 总数校验，也称总数控制法。控制总数可以是凭证张数或发生额总数。输入凭证之前，手工计算凭证数或发生额合计数，与输入完成后计算机累加的结果比较。

⑨ 屏幕审核法，也称目测。将输入的记账凭证在屏幕上再次显示出来检查。

⑩ 试算平衡。任何一张凭证都满足“有借必有贷，借贷必相等”的原则，因此对每一张凭证存入凭证文件之前，其控制机制为“自动进行借贷平衡检查”。

在用友ERP-U8(V8.72)中，为提高凭证填制的准确性和录入速度，设计了若干辅助工具，以帮助使用者获得效果与效率的改进。这些工具包括科目联机查询、计算器回填、常用摘要等。

(2) 出纳签字

出纳签字为出纳提供了对收款、付款类记账凭证进行稽核控制的机制。用软件进行会计核算后，出于内部控制的要求，出纳人员通常不再制单；但对于现金和银行存款凭证，可以选择是否由出纳进行签字。使用者可以借助此功能选项增强出纳对资金流向的掌控，发现差错便可退回制单人修订。

在用友 ERP-U8(V8.72)中，以出纳人员身份注册进入企业应用平台，执行“财务会计”→“总账”→“凭证”→“出纳签字”命令，打开“出纳签字”查询条件窗口(见图 3-36)；选择凭证标志、凭证头尾内容，进入“出纳签字”的凭证列表窗口；双击某一要签字的凭证或单击【确定】按钮，进入“出纳签字”窗口；单击【签字】按钮，则凭证底部的“出纳”位置被自动签上出纳员的姓名。

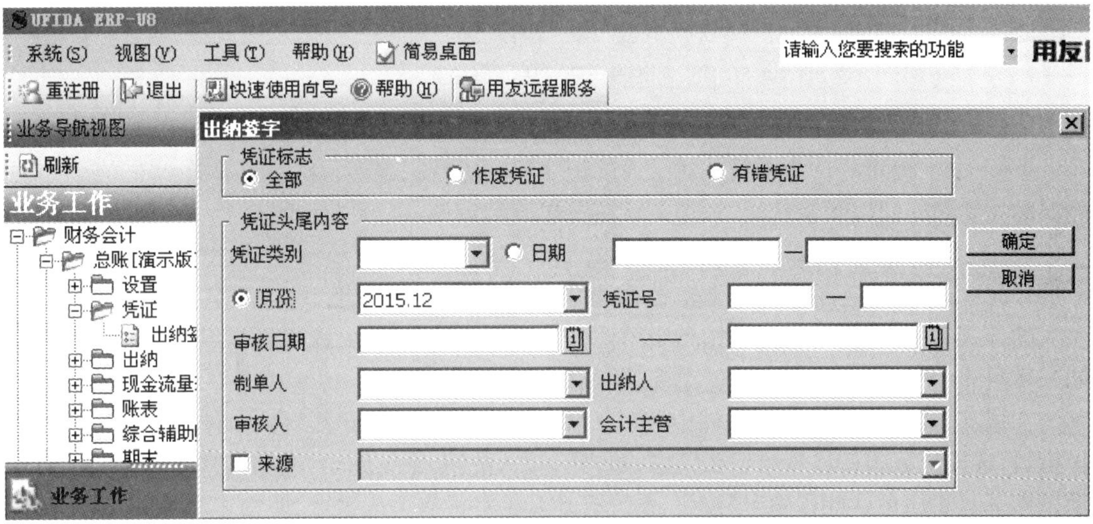

图 3-36　出纳签字

注意：如果要进行出纳签字，则应先在“设置会计科目—编辑—指定科目”菜单中指定现金和银行存款总账科目。

(3) 凭证审核

记账凭证必须经过审核才能记账。会计软件对记账凭证进行审核的目的主要有两个：一是发现凭证在输入过程中的错误；二是为记账提供一个标记。审核功能主要是对录入的记账凭证进行正确性、合法性、有效性审核。

在用友 ERP-U8(V8.72)中，以审核人员身份注册进入企业应用平台，执行“财务会计”→“总账”→“凭证”→“审核凭证”命令，打开“凭证审核”查询条件对话框；选择凭证标志、凭证头尾内容(见图 3-37)，单击【确定】按钮，进入“凭证审核”的凭证列表窗口；双击要审核的凭证或单击【确定】按钮，进入“审核凭证”窗口；单击【审核】按钮，则凭证底部的“审核”位置处自动签上审核人姓名。

用友 ERP-U8(V8.72)对凭证审核的控制功能包括：具有审核权限的会计人员审核他人填制的凭证是否存在错误并签字；无论是审核签字还是取消审核，审核人和制单人不能是同一人；取消审核只能由审核人自己完成；除作废凭证外，所有凭证均须审核。此外，凭证一经审核

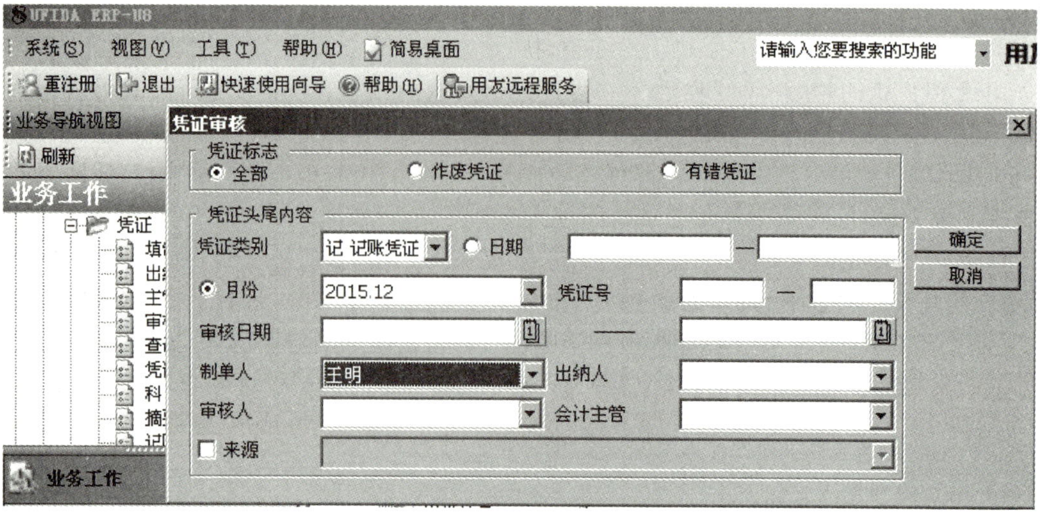

图 3-37　凭证审核

就不能修改、删除，只有取消审核后才可以进行修改、删除。

审核/取消模块的功能主要是对录入的记账凭证进行正确性、合法性、有效性审核，对审核无误的凭证做标记以示审核通过；如果审核员想取消审核，也可以使用该模块完成。

(4) 记账

账簿登录，在实际工作中通常也被称为登账或记账。IT 环境下，记账是由软件系统自动完成的，记账过程所费时间可以用秒级单位来计量。会计软件中，账簿日常登录是通过记账功能来实现的，系统自动登记有关的总账、明细账和辅助账。

在用友 ERP-U8(V8.72)软件中，执行"总账"→"凭证"→"记账"命令，进入"记账"条件选择窗口，选择记账条件或输入记账范围；单击【记账】按钮，系统弹出"期初试算平衡表"窗口，显示试算平衡表信息；单击【确定】按钮，系统自动开始登记有关的总账、明细账和辅助账，且登记完成后，系统弹出"记账完毕！"信息提示；单击【确定】按钮，完成记账。在"记账"窗口，单击【预览】按钮，可查看科目汇总表。

记账过程若意外中断，则软件系统将自动恢复记账前的状态。用友 ERP-U8(V8.72)财务系统设置了两种手动恢复记账前状态的方式：将系统恢复到最后一次记账前状态和将系统恢复到月初状态。后一种方式仅仅允许由账套主管执行。

记账的控制机制包括：若上月未结账，则本月不能记账；若期初余额试算不平衡，则本月亦不能记账；制单人与审核人不能为同一人；制单人与记账人不能为同一人；审核人和记账人可为同一人，且有较高的权限。

(5) 凭证管理的其他功能

① 凭证修改。凭证录入时，尽管系统提供了多种控制措施，但错误凭证是难免的。总账子系统中对应不同状况的错误凭证有不同的修改方式：

※ 若凭证填制有误，则在未审核、未记账之前，可在屏幕上直接修改；若已审核，则审核人取消签字后，仍可直接修改；上述修改均称为"无痕迹"修改。

※ 若已记账，则应采用红字冲销法(金额输入负数)、补充登记法修改，称为"有痕迹"修改。例如，在用友 ERP-U8(V8.72)的"填制凭证"界面，单击"制单—冲销凭证"菜单，可以对

一张已记账凭证自动生成红字冲销凭证。

在用友 ERP-U8(V8.72)总账子系统中,执行"凭证"→"查询凭证"或"填制凭证"功能直接修改;已经审核的凭证则应先取消审核后再进行修改;对于已经记账的凭证,既可以通过取消记账、取消复核的方式修改,也可以通过红字冲销法或补充登记法进行修改;其他子系统传递到账务处理子系统的机制凭证,不能在账务处理子系统进行修改,只能在生成该凭证的子系统中进行修改;若选择"不允许修改或作废他人填制的凭证"权限控制,则不能修改或作废他人填制的凭证。

② 凭证查询。凭证查询作为凭证处理的一个子功能,可以设置查询条件对记账凭证进行查询。在用友 ERP-U8(V8.72)总账子系统中,可执行"凭证"→"查询凭证"命令进行查询。

③ 凭证删除,在一些软件中也称凭证作废。在用友 ERP-U8(V8.72)总账子系统"凭证查询"对话框,执行"制单"下的"作废/恢复"命令,凭证的左上角显示"作废"字样,代表该凭证已作废(删除),如图 3-38 所示。

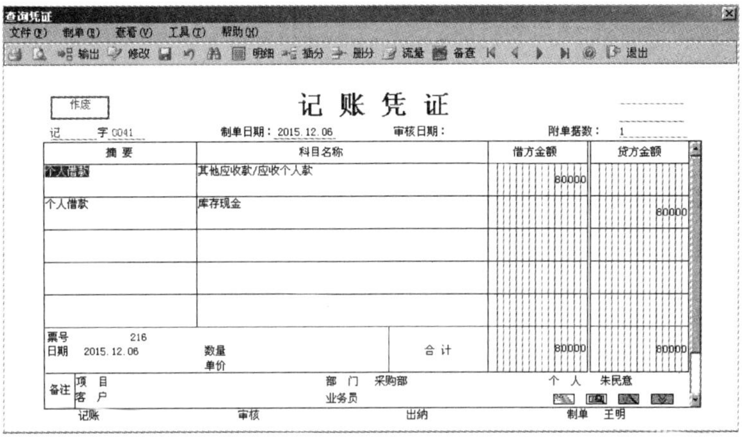

图 3-38 凭证删除

注意:对于未经复核的凭证可以直接作废,凭证作废后,仍保留凭证编号和内容但显示"作废"字样;作废凭证不能修改和审核;记账时,已经作废的凭证应参与记账,否则月末无法结账,但不对作废凭证做数据处理;已经作废的凭证,利用"制单"下的"作废/恢复"命令可取消作废标志,使其恢复为有效凭证(正常凭证)。

④ 科目汇总。科目汇总是对选定的记账凭证范围(类似于凭证查询)进行科目汇总表的自动生成,按照一级科目或者明细科目汇总借方发生额、贷方发生额等。

⑤ 常用凭证。可以将填制凭证中经常出现的记账凭证"生成常用凭证",准备日后填制凭证时直接调用,以减轻会计人员的工作量。

⑥ 常用摘要。类似"常用凭证",可以将填制凭证中经常使用的摘要预设好,在填制凭证过程中就可以随时调用。

⑦ 明细权限。在用友 ERP-U8(V8.72)总账子系统菜单"选项"下的"权限"标签页中,有许多对凭证的明细权限进行控制的设置,可以帮助加强记账凭证处理过程的内部控制。

2. 出纳管理

出纳管理是账务处理子系统专为出纳人员加强现金和银行存款核算与监督的一组工具及平台,为出纳人员提供一个集成办公环境,以加强对现金及银行存款的管理。它可完成银行日记账、现金日记账，随时输出最新资金日报表、余额调节表以及进行银行对账。

在用友 ERP-U8(V8.72)中，出纳管理是与凭证处理高度集成的。首先，结算方式与支票号的录入、支票登记簿的关联设置与领用、报销登记等都与凭证处理紧密联系；其次，现金日记账和银行存款日记账的查询与打印都是凭证处理后自动生成的；再次，出纳人员通过凭证处理实现出纳签字；最后，银行对账时只需录入或导入银行对账单，便可支持一对一的自动对账，以及一对多、多对一或多对多的手工对账，并自动生成银行存款余额调节表。

(1) 输出现金、银行存款日记账和资金日报表

在会计软件中，输出现金、银行存款日记账和资金日报表的功能是，根据出纳输入的条件(现金或银行存款科目和日期)，自动生成现金日记账、银行存款日记账、资金日报表，通过屏幕或打印机输出及展示。

在用友 ERP-U8(V8.72)总账子系统中，执行"总账"→"出纳"→"现金日记账"命令，打开"现金日记账查询条件"对话框；选择查询条件和范围后，单击【确定】按钮，进入"现金日记账"窗口(见图 3-39)。另外，双击或选择某行，还可查看对应的记账凭证。

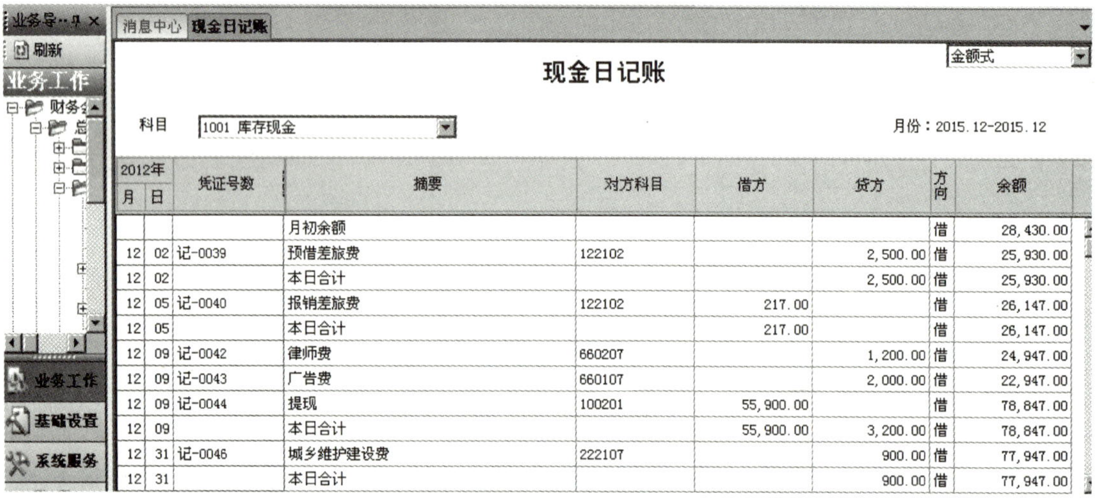

2012年 月	日	凭证号数	摘要	对方科目	借方	贷方	方向	余额
			月初余额				借	28,430.00
12	02	记-0039	预借差旅费	122102		2,500.00	借	25,930.00
12	02		本日合计			2,500.00	借	25,930.00
12	05	记-0040	报销差旅费	122102	217.00		借	26,147.00
12	05		本日合计		217.00		借	26,147.00
12	09	记-0042	律师费	660207		1,200.00	借	24,947.00
12	09	记-0043	广告费	660107		2,000.00	借	22,947.00
12	09	记-0044	提现	100201	55,900.00		借	78,847.00
12	09		本日合计		55,900.00	3,200.00	借	78,847.00
12	31	记-0046	城乡维护建设费	222107		900.00	借	77,947.00
12	31		本日合计			900.00	借	77,947.00

图 3-39　现金日记账

同理，可查询和打印银行存款日记账和资金日报表。

(2) 支票登记管理

总账子系统提供了支票管理功能，供出纳人员详细登记支票领用人、领用日期、支票用途、是否报销等情况。

① 支票领用登记。出纳人员签发支票时，可以将相关信息记录在软件(即支票登记簿)中。登记内容包括支票领用日期、领用部门、领用人、支票号、备注等，并将结果保存在相应的数据文件中。

② 支票支出登记。用友 ERP-U8(V8.72)中有两种方法：一是发生支票支出业务，会计人员在填制该业务记账凭证时，系统要求录入该支票的结算方式和支票号；填制完成后，系统自动在支票登记簿中将该支票写上报销日期，该支票即为已报销。二是对于已报销但出于人为原因而造成系统未能自动填写报销日期的支票，出纳可利用该功能手工填写报销日期。

③ 修改。支票填写错误时，可使用"修改"功能对支票进行修改。

④ 统计。可以按领用人或部门进行自动统计，并生成相关统计分析表。

⑤ 删除。根据出纳人员的需要，可删除某期间内已报销的支票。

在用友 ERP-U8(V8.72)总账子系统中，执行“出纳”→“支票登记簿”命令，打开“银行科目选择”对话框；选择银行科目，单击【确定】按钮，进入“支票登记簿”窗口；单击【增加】按钮，输入领用日期、领用部门、领用人、支票号、预计金额、用途等(见图 3－40)；单击【保存】按钮，再单击【退出】按钮后退出。

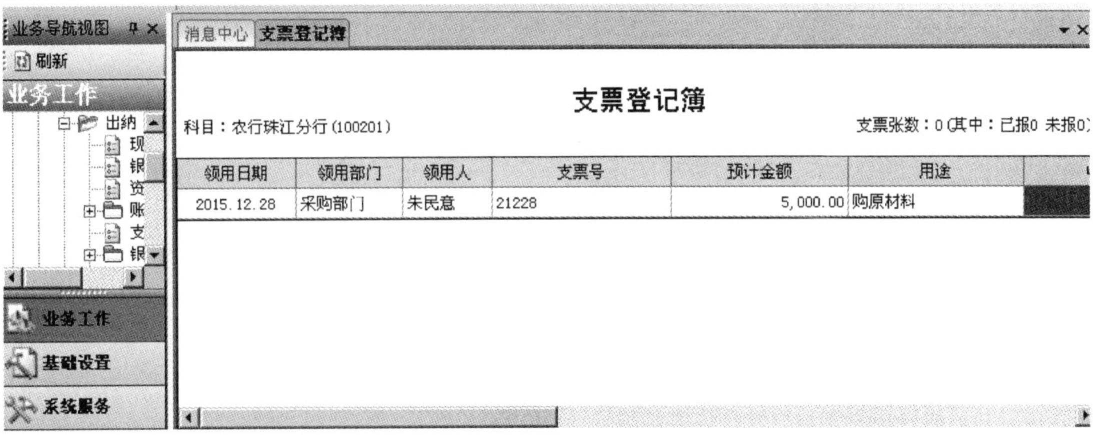

图 3－40　现金日记账

(3) 银行对账

银行对账是指将银行记载的银行存款收付记录与单位自己登记的银行日记账相互核对。银行对账的目的就是将单位银行账与对账单进行核对，不仅要找出相同的经济业务进行核销，还要找出未达账项和造成未达账项的原因，防止有意或无意的错误。图 3－41 所示是银行对账流程图。

① 获取银行对账单。获取银行对账单功能包括录入银行对账单、网络获取对账单模块等。录入银行对账单的功能是每月将银行给单位的对账单输入计算机，并保存在“银行对账单文件”中。网络获取对账单的功能是每月从网络上获取银行给单位的对账单数据，并保存在“银行对账单文件”中。

② 银行对账。一般来说，银行对账功能有自动对账和手工辅助对账。

※ 自动对账。自动对账的功能是由计算机自动在“企业银行账文件”和“银行对账单文件”中寻找完全相同的经济业务进行核对或勾销。由于同一笔经济业务在银行和单位分别由不同的人记载，经济业务发生的时间、摘要等不可能完全一样，因此比较经济业务是否相同的依据如下：

支票号＋金额，即“企业银行账文件”和“银行对账单文件”中支票号与金额完全相同的记录。

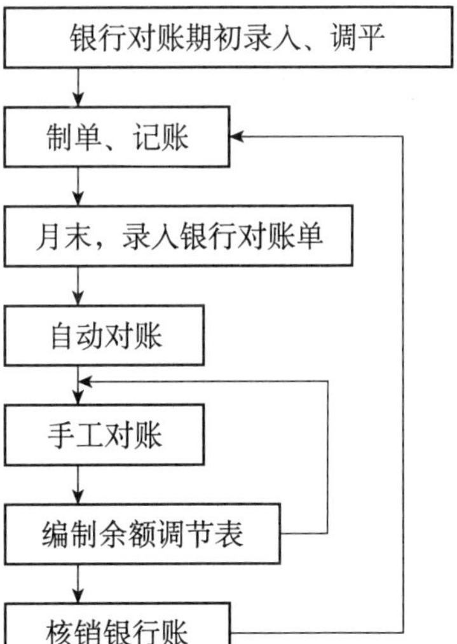

图 3－41　银行对账流程

结算方式＋结算号＋金额，即“企业银行账文件”和“银行对账单文件”中结算方式、结算号和金额都相同的记录。

为了保证自动对账的正确和彻底，要求单位和银行必须保证对账数据处理的规范化与合理化。例如，“企业银行账文件”和“银行对账单文件”的结算方式、结算号要统一口径，如果对账双方不能统一规范、各自为政，系统则无法识别。

※ 手工辅助对账。对于因不符合自动对账依据而没有勾销的已达账(被视为未达账项)，由出纳人员从“企业银行账文件”或“银行对账单文件”中挑选出一笔，计算机自动从对应的文件中挑选出金额相同的多笔，出纳人员再根据自身的判断在对账屏幕上进行手工勾销，即输入两清标记。为了保证对账更加彻底、正确，可以用手工辅助对账功能来进行调整。

③ 输出对账结果与核销已达账。输出对账结果的功能是从屏幕上和打印机上输出“单位未达账项”“银行未达账项”“已达账项”“余额调节表”“长期未达账”等。核销已达账的功能用于将核对正确并确认无误的已达账从“企业银行账文件”和“银行对账单文件”中删除。对一般用户来说，在银行对账正确后，如果想将已达账删除并只保留未达账，就可以使用本功能。

出于内部控制、防止舞弊的考虑，出纳人员使用总账软件时，只能使用“出纳管理”模块，其他权限被屏蔽了。

在用友 ERP-U8(V8.72)总账子系统中，执行“总账”→“期末”→“对账”命令，打开“对账”对话框；选择对账月份所在行，单击【选择】按钮或双击“是否对账”单元格；单击【对账】按钮，系统自动对账后，显示对账结果为“正确”信息，如图 3-42 所示。

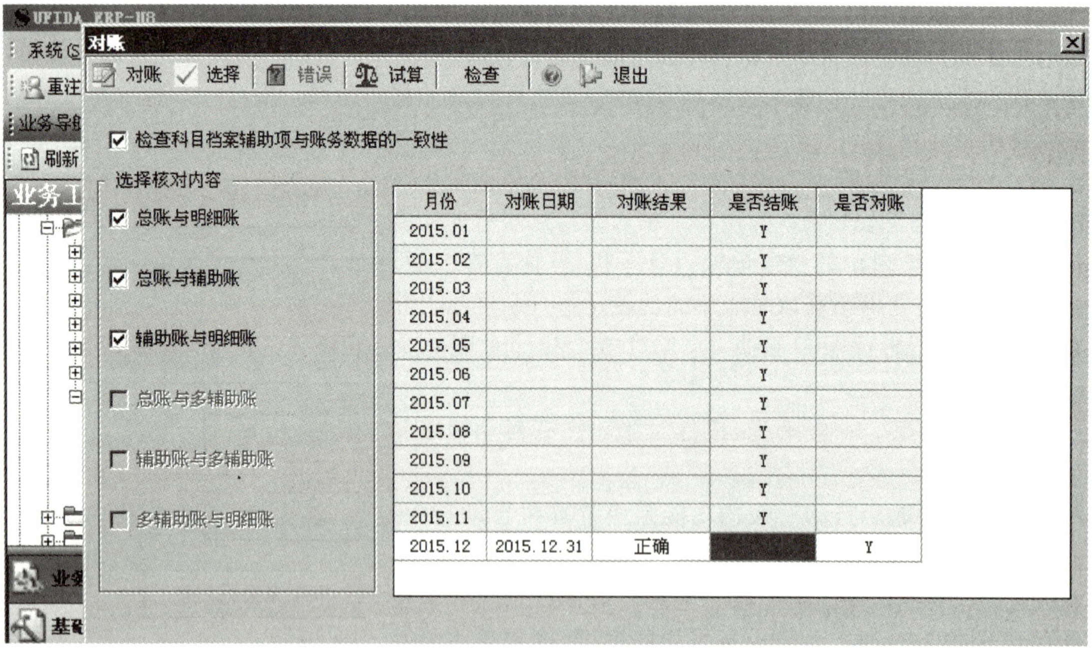

图 3-42　自动对账结果

单击【试算】按钮，对各科目余额进行试算平衡后，系统弹出“试算平衡表”信息提示，再单击【确定】按钮后退出。

3. 账表输出

电算化会计信息系统取代了手工编制账表的繁琐工作，实现由计算机自动输出各种账表数据。利用账表功能可实现按自定义条件、格式、条件组合查询和打印有关总账、明细账、日记账、发生额与余额表、统计分析表等账表信息。

在用友 ERP-U8(V8.72)中，利用其账表功能，可实现账表的查询与打印。它能实现总账、明细账、凭证联查，并可查询包含未记账凭证的最新数据。它支持自定义账夹及账夹管理，支持数据源多样化的自定义账簿及账簿查询条件与输出格式、汇总方式个性化设置；支持查询与打印分离，查询侧重效率与账簿联查、打印注重格式与账页数据过滤，从而按输出用途优化了输出的效果与效率等。

以查看“发生额与余额表”为例。在用友 ERP-U8(V8.72)总账子系统中，执行“总账”→“账表”→“科目账”→“余额表”命令，打开“发生额及余额查询条件”对话框；选择月份(如 2015.12—2015.12)，选中“本期无发生无余额，累计有发生显示”复选框；单击【确定】按钮，进入“发生额及余额表”窗口，查看科目余额数据，如图 3-43 所示。

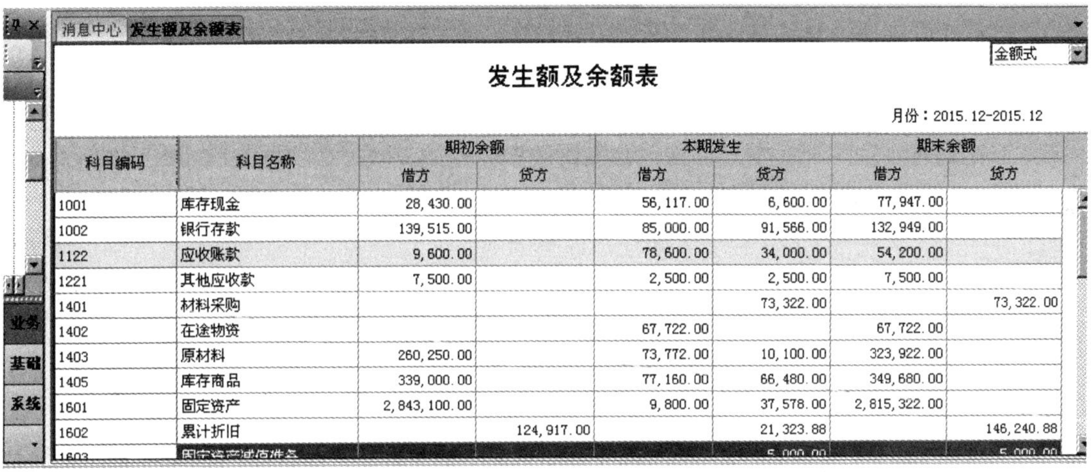

科目编码	科目名称	期初余额		本期发生		期末余额	
		借方	贷方	借方	贷方	借方	贷方
1001	库存现金	28,430.00		56,117.00	6,600.00	77,947.00	
1002	银行存款	139,515.00		85,000.00	91,566.00	132,949.00	
1122	应收账款	9,600.00		78,600.00	34,000.00	54,200.00	
1221	其他应收款	7,500.00		2,500.00	2,500.00	7,500.00	
1401	材料采购				73,322.00		73,322.00
1402	在途物资			67,722.00		67,722.00	
1403	原材料	260,250.00		73,772.00	10,100.00	323,922.00	
1405	库存商品	339,000.00		77,160.00	66,480.00	349,680.00	
1601	固定资产	2,843,100.00		9,800.00	37,578.00	2,815,322.00	
1602	累计折旧		124,917.00		21,323.88		146,240.88

图 3-43　发生额及余额表

再如，图 3-44 为查询产生的某类项目统计表。

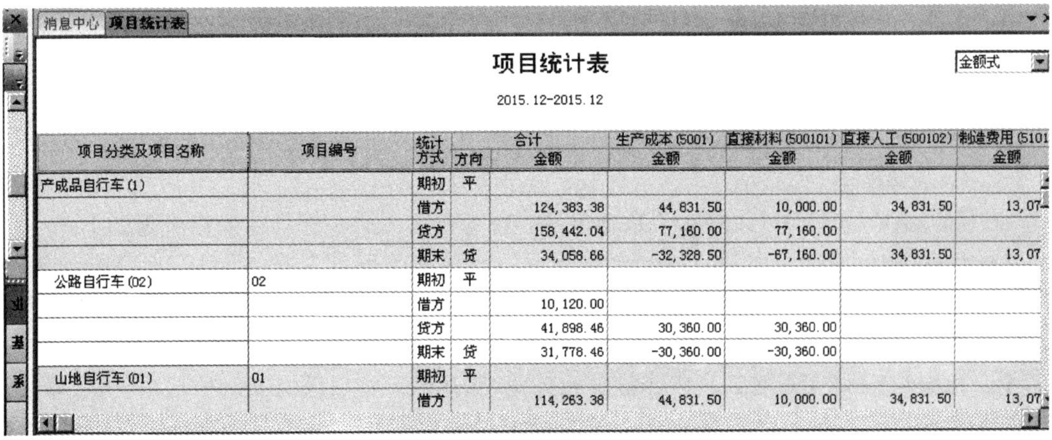

项目分类及项目名称	项目编号	统计方式	合计		生产成本(5001)	直接材料(500101)	直接人工(500102)	制造费用(5101
			方向	金额	金额	金额	金额	金额
产成品自行车(1)		期初	平					
		借方		124,383.38	44,831.50	10,000.00	34,831.50	13,07
		贷方		158,442.04	77,160.00	77,160.00		
		期末	贷	34,058.66	-32,328.50	-67,160.00	34,831.50	13,07
公路自行车(02)	02	期初	平					
		借方		10,120.00				
		贷方		41,898.46	30,360.00	30,360.00		
		期末	贷	31,778.46	-30,360.00	-30,360.00		
山地自行车(01)	01	期初	平					
		借方		114,263.38	44,831.50	10,000.00	34,831.50	13,07

图 3-44　项目统计表

3.5.4 总账子系统的期末处理

财务核算的期末处理是根据国家财会制度以及企业有关利益各方的要求，按月或年进行定期的处理。期末处理是当前会计期间的业务已经处理完毕(即所有业务单据已经录入完毕)并且准确无误，可以结束当前会计期间的业务操作，软件系统将各个子系统的单据封存，各种数据记入相关的账表，将本期余额结转为下一期间的余额。期末处理每月只能进行一次，期末处理完毕后，当月不能再处理有关业务。

总账子系统期末都需要处理转账与结账业务。随着信息技术的应用，转账和结账业务有了质的变化，从人工转账、结账转变为计算机自动转账和结账。

在用友 ERP-U8(V8.72)中，期末处理事务归集为自动转账，对账及试算平衡，结账三大部分。

1. 自动转账

总账子系统期末转账处理是在月底结账之前都要进行的固定业务，并且这类转账业务在组织管理体制或会计核算制度未改变的情况下，每月都要重复进行。一般来讲，企业的期末转账业务种类主要包括以下五种：

※ “费用分配”的结转，如工资分配等；

※ “费用分摊”的结转，如制造费用、财务费用的分摊等；

※ “税费计算”的结转，如城建税、增值税、所得税等；

※ “提取各项费用”的结转，如提取福利费等；

※ “本年利润”的结转，如损益类科目的月末结转(账结法)。

手工方式下，期末转账业务需要会计人员编制大量凭证，而且有些凭证非常复杂，这不仅增加了会计人员的工作量，而且影响了凭证的正确性和期末转账的效率。而在电算化账务处理系统中，则可通过自动转账功能来有效地解决上述问题。

用友 ERP-U8(V8.72)期末自动转账功能分为转账定义、转账生成两部分。

(1) 转账定义

每个会计期末经常重复发生的几类转账业务。例如，每个月月底损益类账户余额结转至本年利润账户，它们每月有规律地重复出现，编制的转账凭证中摘要、借方和贷方科目相同，金额的来源或计算方法基本不变，只有凭证中的金额每月不等。对此，在用友 ERP-U8(V8.72)中，可以通过转账定义功能将凭证分录预先定义好(即告诉计算机此类凭证的摘要、借方和贷方科目、金额计算公式等)，并保存在自动转账分录模板文件中，以便提供期末调用。用户通过这种“一次定义，多次使用”的方式，简化与规范会计处理。

例 3-8 企业期末按短期借款期末余额的 0.3%计提短期借款利息。会计分录如下：

借：财务费用/利息支出(660301)　　　　QM(2001,月) * 0.003

　　贷：应付利息(2231)　　　　JG()

在用友 ERP-U8(V8.72)总账子系统中，例 3-8 自定义结转的具体操作步骤如下：

第一步，执行“总账”→“期末”→“转账定义”→“自定义转账”，进入“自定义转账设置”窗口；单击【增加】按钮，打开“转账目录”对话框，输入转账序号(如“0001”)、说明(如“计提利息”)，选择“记账凭证”，如图 3-45 所示。

第二步，单击【确定】按钮，再单击【增行】按钮，选择借方科目编码“660301”，双击金额公式栏，直接输入公式“QM(2001,月) * 0.003”，或选择参照，打开“公式向导”进行公式设置，如图 3-46 所示。

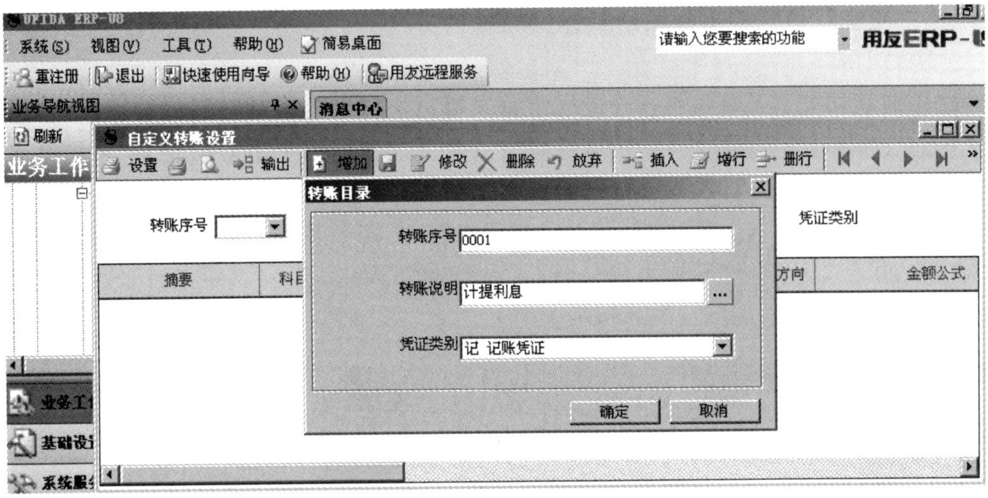

图 3-45　转账目录

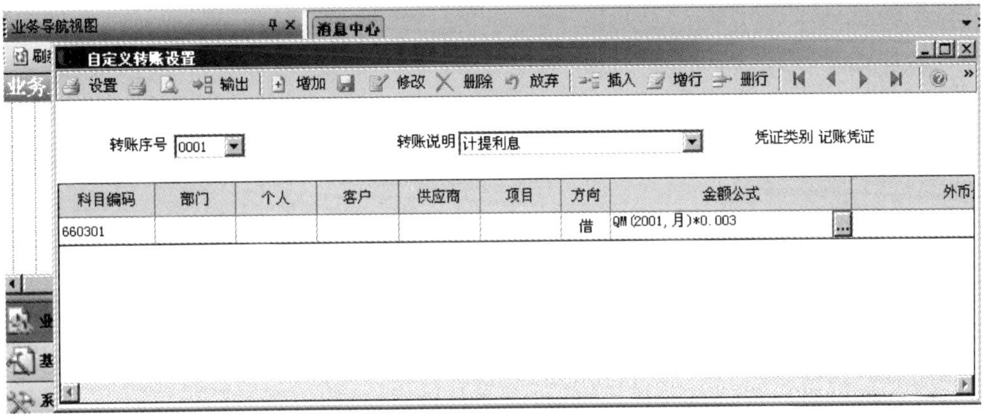

图 3-46　自定义转账设置—借方

第三步，同理，单击【增行】按钮，设置贷方信息，选择科目编码"2231"，输入公式"JG()"，如图 3-47 所示。

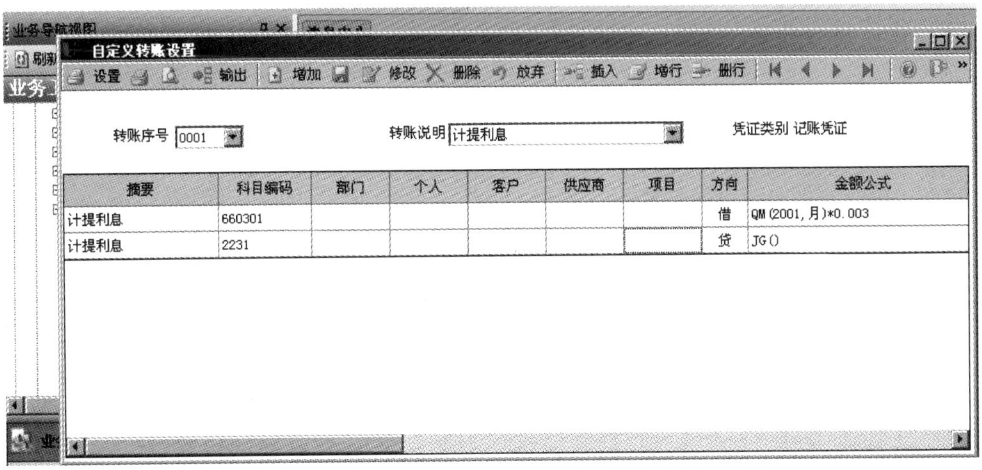

图 3-47　自定义转账设置—贷方

第四步，单击【保存】按钮，再单击【退出】按钮后退出。

(2) 转账生成

转账生成的功能是计算机根据自动转账分录模板文件中的自动转账分录模板，按定义的公式从汇总文件和其他有关文件中提取数据，计算出数值自动生成机制凭证，并将其保存在临时凭证文件中，然后经过修改、审核后记账。

仍以上述自定义结转为例，用友 ERP-U8(V8.72)总账子系统中转账生成的步骤如下：

第一步，执行"期末"→"转账生成"，进入"转账生成"窗口；选择"自定义转账"单选按钮，选择需转账的自定义凭证，如图 3-48 所示。

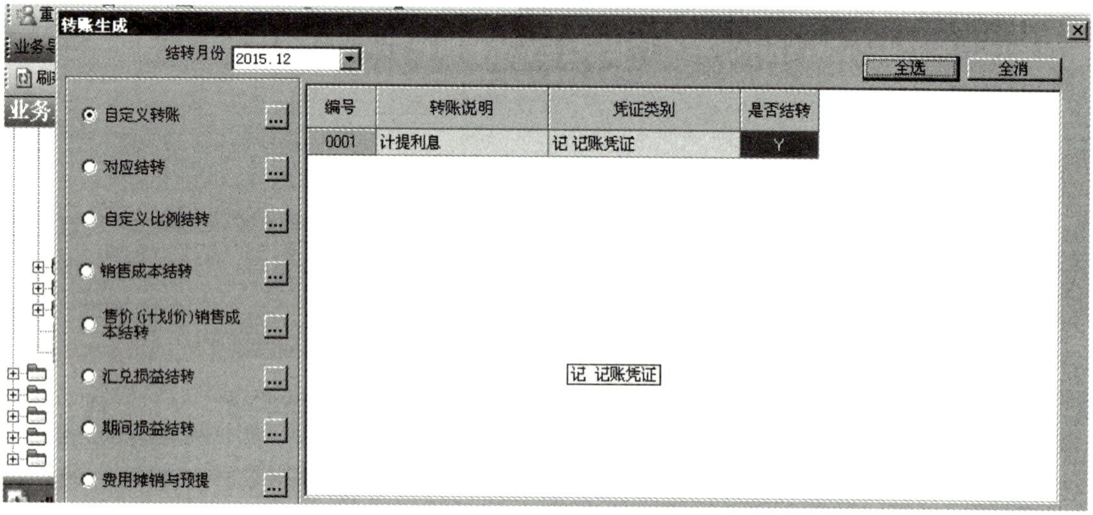

图 3-48 自定义转账生成

第二步，单击【确定】按钮，进入"转账"生成凭证的窗口，如图 3-49 所示。

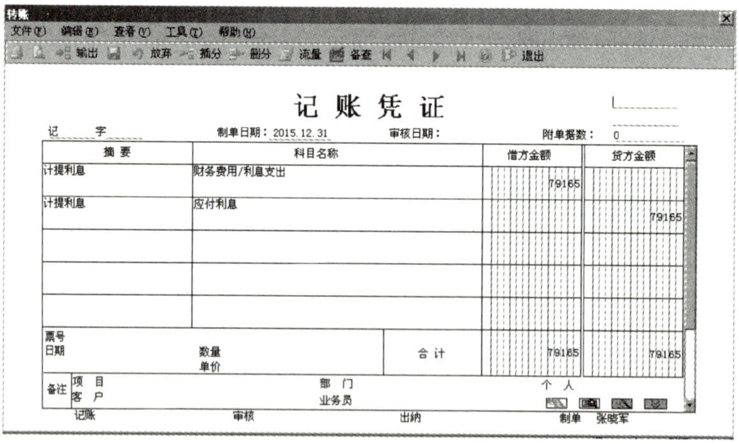

图 3-49 转账生成凭证

第三步，单击【保存】按钮，凭证左上角显示"已生成"字样，表示系统自动将生成的凭证追加到未记账凭证中。

同理，在用友 ERP-U8(V8.72)总账子系统中参照类似的步骤，可完成对应结转、自定义比例结转、销售成本结转、售价(计划价)销售成本结转、汇兑损益结转、期间损益结转、费用摊销与预提的转账凭证生成。

注意:在进行转账生成之前,应先将相关经济业务的记账凭证登记入账;转账凭证每月只生成一次;生成的转账凭证须审核后才能进行记账;若使用应收款管理系统、应付款管理系统,则总账中不能按客户、供应商进行结转。

由于自动转账业务一般要符合某些特定条件,因此要特别注意自动转账凭证与其他凭证(包括其他自动转账凭证)的先后记账顺序关系。

通过总账子系统的自动转账功能,将编制期末转账业务凭证的工作交给计算机自动完成,大大提高了期末转账工作的效率,并能保证凭证的正确性和一致性。

2. 对账及试算平衡

对账是对账簿数据进行核对,以检查记账是否正确以及账簿是否平衡,它主要完成账证核对、账账核对。在IT环境下,若凭证处理的填制、审核与记账环节一切正常,则系统可以确保账证、账账相符和借贷平衡。但掉电、非法操作、计算机病毒或其他原因,有时可能会引起账账不符。为此,软件系统一般都增加对账及试算平衡功能,以分析与检查账证、账账是否相符;增加试算平衡功能,以检查是否所有账户期末余额满足借贷平衡,并给出检查报告。

在用友ERP-U8(V8.72)总账子系统中,执行"期末"→"对账"命令,打开"对账"对话框;选择对账月份所在行,单击【选择】按钮或双击【是否对账】单元格;单击【对账】按钮,系统自动对账后,显示对账结果为"正确"信息,如图3-50所示。

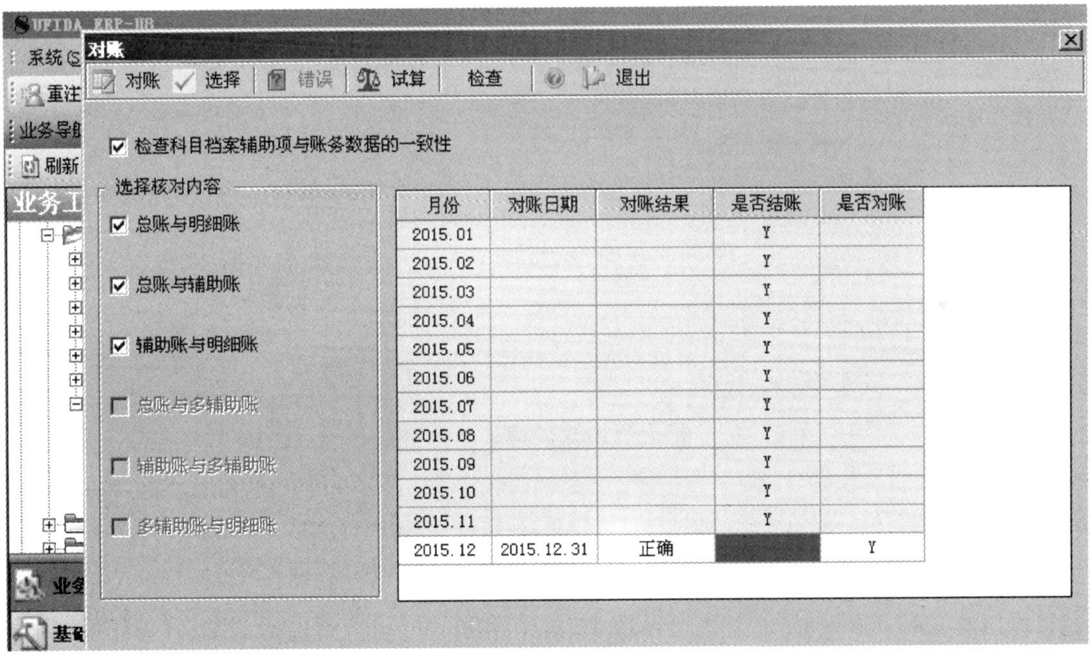

图3-50 对账

单击【试算】按钮,对各科目余额进行试算平衡后,系统弹出"试算平衡表"信息提示;再单击【确定】按钮后退出。

3. 结账

结账是指终结某月的账务处理。结账时,计算本期发生额和期末余额,并将期末余额结转为下期的期初余额。在会计信息系统中，结账工作由计算机自动完成，结账转变为自动结账。自动结账的实现是由结账功能实现的。结账必须完成以下的任务：

① 检查本月凭证是否已全部记账，有未记账凭证时禁止结账。

② 检查上月是否已结账，若上月未结账，则本月禁止结账。此时，本月可以填制和复核凭证，但不允许记账。

③ 检查损益类账户是否已结转至本年利润。

④ 执行对账和试算平衡并给出明细报告，若报错则禁止结账。

⑤ 检查与账务处理子系统关联使用的其他子系统是否已结账，当且仅当集成应用的其他所有子系统都已结账后，账务处理子系统才能结账。

结账是一种批处理，只允许每月的结账日使用一次。在手工条件下，必须结完上月的账才能记下月的账。但在计算机条件下，可以在上月未结账的情况下输入下一个月的凭证并记账，甚至在上年 12 月的账未结的情况下输入本年的记账凭证并记账。这就是采用计算机后特有的跨月记账。

在用友 ERP-U8(V8.72)中，执行“期末”→“结账”，进入“结账”窗口(见图 3－51)；单击要结账月份，单击【下一步】按钮；单击【对账】按钮，系统对需要结账的月份进行账账核对；单击【下一步】按钮，系统显示“月工作报告”；单击【下一步】按钮，再单击【结账】按钮，如果符合结账条件，系统就将进行结账；否则不能结账。

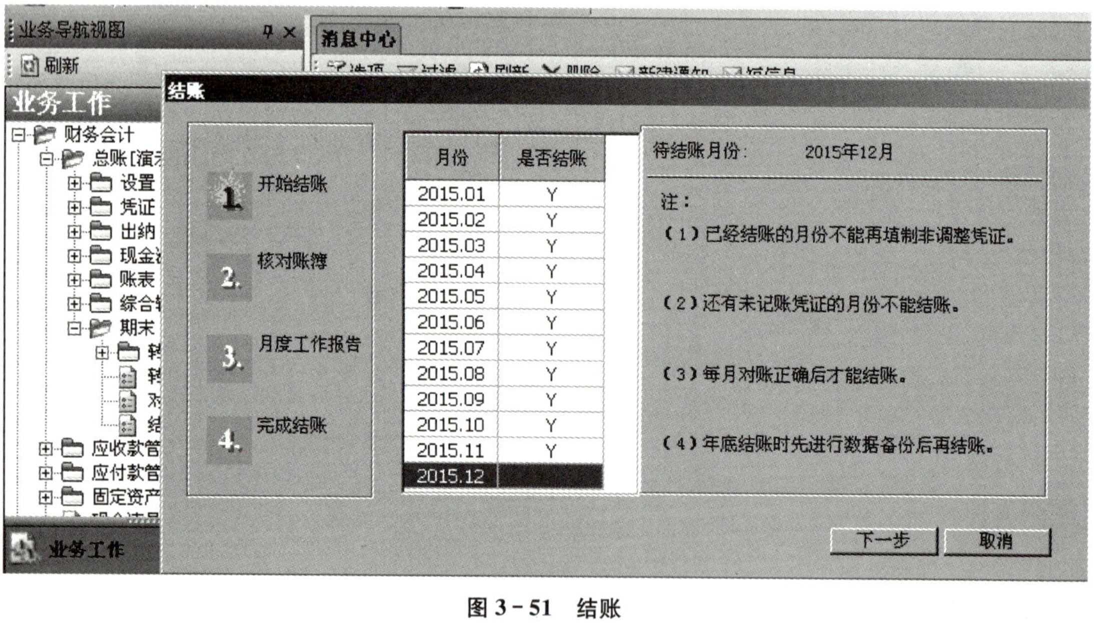

图 3－51　结账

在用友 ERP-U8(V8.72)总账子系统中，关于结账的控制机制包括：若上月未结账，则本月不能记账，但可以填制、复核凭证；若本月还有未记账凭证，则本月不能结账；已结账月份不能再填制凭证；结账只能由有结账权的人员进行；若总账与明细账对账不符，则不能结账。

注意：在用友 ERP-U8(V8.72)等管理软件的财务与业务一体化环境下，由于从业务逻辑关系来看，业务管理的期末处理是服务于财务核算的期末处理的，因此软件各模块进行期末处理时是有一定的先后顺序的。其基本顺序为：采购管理期末处理→销售管理期末处理→库存管理期末处理→应收款、应付款管理期末处理→存货核算期末处理→薪资管理期末处理→固定资产管理期末处理→总账系统期末处理。各模块在进行期末处理前，必须保证该会计期间内的所有业务都处理完毕并记账；在总账模块进行期末处理时，要先对期间损益结转生成的凭证进行二次记账后才能进行期末处理。

思考题

1. 简述总账子系统的特点。
2. 简述 IT 环境下与手工环境下账务处理的异同。
3. 为什么说 IT 环境下会计的多种核算组织程序失去了作用？
4. 总账子系统主要包括哪些功能模块？
5. 试说明 IT 集成化环境下总账子系统与其他子系统之间的关系。
6. 用友 ERP-U8 系统管理模块的主要功能有哪些？
7. 用友 ERP-U8 中如何进行操作员的分工与权限设置？
8. 简述用友 ERP-U8(V8.72)总账子系统的业务处理流程。
9. 用友 ERP-U8(V8.72)总账子系统中凭证输入主要包括哪些控制机制？

第4章　会计报表子系统

4.1　会计报表子系统概述

会计报表是根据日常会计核算资料编制的，是用来综合反映企业某一特定日期的财务状况和某一会计期间的经营成果、现金流量的总结性文件。在IT环境下，会计报表子系统作为会计信息系统的一个重要组成部分，其主要任务就是按照会计规范和信息使用者的要求编制各种会计报表。会计报表系统不同于会计信息系统的其他子系统，该系统并非直接处理经营交易或事项，而是侧重于系统输出或信息生成，即加工和报告由其他子系统处理产生的资料与信息。

4.1.1　会计报表子系统的目标

《企业会计准则》规定，“财务会计报告的目标是向财务报告使用者提供与企业财务状况、经营成果和现金流量等有关的会计信息，反映企业管理层的受托责任履行情况，有助于财务报告的使用者做出经济决策”。这表明，会计报表子系统不仅要按照既定的格式和种类编制会计制度规定的外部报表，而且要根据企业管理决策的需要编制各种内部报表。

会计报表子系统的总体目标是，能够按组织内部、外部用户的要求编制其所需的各种报表，并在此基础上完成有关的会计报表分析。

(1) 会计报表子系统在会计报表编制方面的目标

主要目标为：不仅要完成会计制度规定的会计报表(如资产负债表、利润表、现金流量表、各种附表及附注说明)的定义、编制和管理，还要完成组织进行经营管理所需的各种内部报表和报告的编制。这就对会计报表子系统产生如下要求：

① 具有提供各类报表的格式设计和数据来源公式的定义的功能。

② 自动根据预设的报表格式和数据来源公式，从源数据库中提取数据，进行数据处理，以生成报表数据。

③ 向用户提供各种报表信息的查询功能。

④ 按照预定格式输出各种报表。

(2) 会计报表子系统在会计报表分析方面的目标

主要目标为：利用会计报表数据及有关的其他数据(如凭证、账簿、计划等资料)完成对组织财务状况和经营成果及其计划、预测等的评价与分析，如财务计划、预算及其完成情况分析，资金利用情况分析，费用支出情况分析，成本分析，负债能力分析等。这就对会计报表子系统产生如下要求：

① 提供定义分析指标的功能。

② 根据分析指标的逻辑关系和运算规则确定各指标的计算公式。

③ 生成分析数据和分析图形。

④ 输出分析结果。

会计报表子系统主要由会计人员使用，以制作会计报表；也可以由其他部门人员使用，以制作各类内部报表等。在信息技术的支持下，使用者利用会计报表子系统可以灵活、方便、高效地编制和生成各种报表，进行相关分析，从而为企业的经营管理和决策提供强有力的支持。

4.1.2 会计报表子系统的特点

会计报表子系统是利用会计信息系统中的其他子系统提供的信息及其他外部信息完成组织所需的报表编制和分析的系统。通常，会计报表按其使用对象一般可以分为对外会计报表和对内会计报表两大类。这两类报表都是会计报表子系统要处理的对象。会计报表子系统与会计信息系统中其他子系统相比，具有以下主要特点：

(1) 手工输入数据量少

与会计信息系统的其他子系统相比，会计报表子系统需要手工输入的数据量少，其所需的数据主要来自账务处理子系统(如某个科目的余额、发生额等)和其他各核算子系统(如存货、销售与应收、采购与应付子系统等)所形成的数据与信息。通过人机交互的数据输入相对较少，其主要的交互集中在用户自定义方面。大型企业合并报表的编制一般也通过母子公司间的电子数据来生成，只需要输入母子公司间关联业务的抵消会计分录。

(2) 不设置报表数据直接修改功能

会计信息系统的其他子系统中，对输入数据设置了修改功能，这是为了保证输入数据的正确性。由于报表数据生成的特殊性，《会计核算软件基本功能规范》第 35 条规定："对根据机内会计凭证和据以登账的相应账簿生成的各种机内会计报表数据，会计核算软件不能提供直接修改功能。"因此，在会计报表子系统中，报表数据的变动只能依其数据来源的变动而变动，用户一般不能直接填写或修改报表数据。

(3) 输出信息规定性强

会计报表子系统必须提供会计报表的打印输出功能，输出的报表信息(格式、内容、报告时间等)是为了对外报送，以及满足企业经营管理和经济预测、决策的需要，因此会计报表的格式和内容应当符合国家统一会计制度的规定；会计报表分析使用的财务指标也有一定的规定性，如比率分析指标主要是财政部公布的评价企业的财务指标；为了便于对获取的其他子系统数据进行加工处理，以生成相应的财务报表，报表公式定义是每一会计报表子系统模块所必须具备的功能；等等。

(4) 通用化程度高

通用的会计报表子系统适用面更广，完全采用自定义的方法编制会计报表和进行报表分析，包括报表格式、报表数据来源、报表公式和分析指标等的自定义。由于采用用户自定义数据的生成过程，从而可以满足使用者的多样性的需求，使不同用户根据各自的需要编制各种报表和报告。

(5) 图表并茂的表达方式

会计报表子系统在报表功能的基础上，可以结合图、表等方式对报表中的数据进行更直观和深入的分析，从而提高了财务工作的自动化程度，将企业的经营管理提高到一个新的层次。

4.1.3 报表软件简介

目前，国内报表软件众多，其制作方法归纳起来可分为以下三类：

1. 专用报表软件

专用会计报表软件是系统或行业为特定需要而设计开发的报表软件。计算机在会计中的应用初期，受系统开发环境、开发技术方法的限制，会计报表的生成是通过程序直接实现的，生成的会计报表是固定的格式。采用固定报表设计的软件，通常是开发单位自己使用、自己维护，根本没有考虑或很少考虑通用性的问题，因此不能成为商品化软件。

2. 通用报表处理软件

通用报表处理软件是顺应商品化的形势诞生的。要想使报表软件商品化，就必须使其通用，能满足大多数用户的需求，而标准化是通用化的基础。固定报表软件要脱离专用软件走向商品化，就要按照报表编制的规范化要求，使报表数据处理方法通用。通用报表处理软件采用接近财会人员工作习惯的非过程或引导式对话的方法定义报表的格式和表内数据的生成，根据现有系统数据（如账簿数据库）就可以生成需要的报表，即通过报表定义的通用化来实现报表处理的通用。

3. 电子表软件

电子表软件（如 Excel、Lotus 等）并不完全是为处理会计业务而设计的，它是一种纯粹的表处理系统，只要工作中有表，就可以使用电子表软件进行表处理。电子表软件提供了非常强大的运算功能和编辑功能，有一个很大的函数集，并且可以方便地进行表间运算；将表格和表中数据视为一体，表内数据更可在表内、表间按需要移动；还有图形功能，可以将表中数据以图形的方式表现出来，增加报表分析的直观度。所以，电子表软件也可用于会计报表的编制和分析处理。

上述三类报表软件各有所长，在实务中应根据不同情况做具体选择或结合使用，以扬长避短。目前，许多商品化软件都将会计软件与 Excel 进行“捆绑式”处理。这种方法是在会计软件中提供公开的数据接口，通过取数公式，用户可以方便地在 Excel 中通过数据接口或使用数据取数公式从账务处理子系统和其他子系统调取数据。

4.2 会计报表子系统的流程分析

与会计信息系统的其他子系统不同，会计报表子系统无须直接处理经营交易，而侧重于加工和报告其他子系统处理的数据与信息。因此，与手工方式相比，IT 环境下会计报表的编制流程发生了变化。

4.2.1 手工环境下会计报表的流程分析

1. 手工环境下会计报表的编制流程

在手工环境下，会计报表编制的一般方式为：首先，取得或自行设计报表结构和格式，确定报表编制方法；其次，根据表内项目和填表要求，从相关凭证、具体的账（表）中获取数据，经过分析、计算,填入表中;最后,重复这样的过程直到报表数据全部填列完毕。填制完成的报表经过审核确认无误后,盖章送需要的部门。从总体上看,虽然大部分的财务报表是由上级部门来统一设计格式和编制方法的,但手工编制财务报表仍可分为设计报表格式、处理报表数据和报表正确性检查三大步骤。手工环境下会计报表的编制流程如图 4-1 所示。

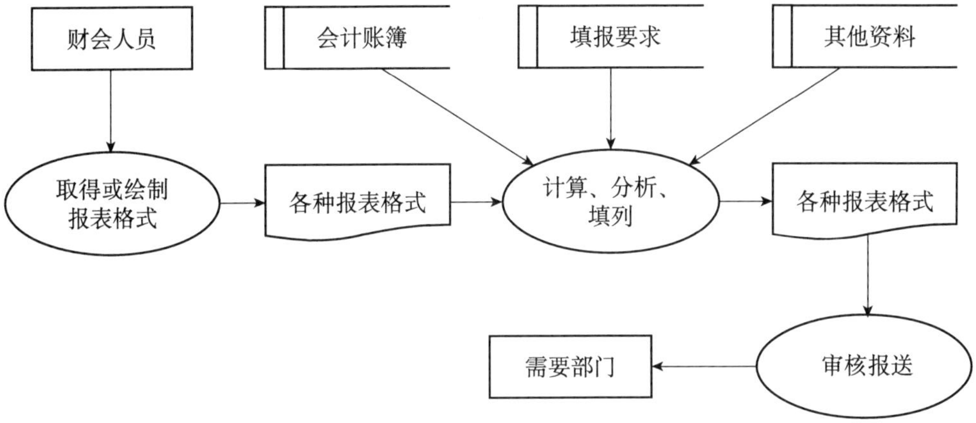

图 4-1　手工环境下会计报表的编制流程

手工会计中,会计报表的数据主要来自三个方面:从书面记载的会计账簿中获得数据(如余额、发生额);从账簿以外的渠道获得补充数据资料(如库存登记表、销售情况统计表等);根据账簿和报表中的相关数据进行加工与处理而得到的加总数据等。以会计制度规定的资产负债表为例,其数据填列有以下五种方法:①直接根据总分类账户余额填列;②根据若干个总分类账户余额分析计算填列;③根据明细分类账余额填列;④根据若干个明细分类账户余额分析计算填列;⑤根据报表项目之间的关系计算填列。

2. 手工环境下会计报表编制流程的特点

从手工环境下会计报表的编制流程分析可以看出,其会计报表编制所需的数据大部分来自会计凭证和账簿,且手工编制会计报表的流程具有操作繁琐、花费时间多、容易出错、缺乏灵活性等特点,难以满足信息使用者对报表信息的实时性要求,以及企业多样化的管理和决策所需的报表需求。

4.2.2　IT 环境下会计报表子系统的流程分析

1. IT 环境下会计报表的编制流程

在 IT 环境下,使用电算化会计报表子系统编制会计报表,摒弃了手工方式下查询、汇总数据并将数据填于报表中的繁琐、易出错等弱点,而是一次定义、长期受益。也就是初始化时将报表格式、项目、数据来源(计算公式)定义完成后,可在需要时由系统自动生成报表数据。以后每月,只需对报表中的日期等关键字稍做修改,就可以自动生成下一月的报表数据。此外,大多数会计报表软件都提供标准的报表模板,其报表格式、项目、数据来源等已经定义好,只需对数据来源、公式等进行个别调整即可直接调用,自动生成报表数据。电算化会计报表子系统的编制主要包括报表格式定义、报表公式定义、报表数据处理、报表输出四个部分。

有关电算化会计报表子系统的基本处理流程如图 4-2 所示。

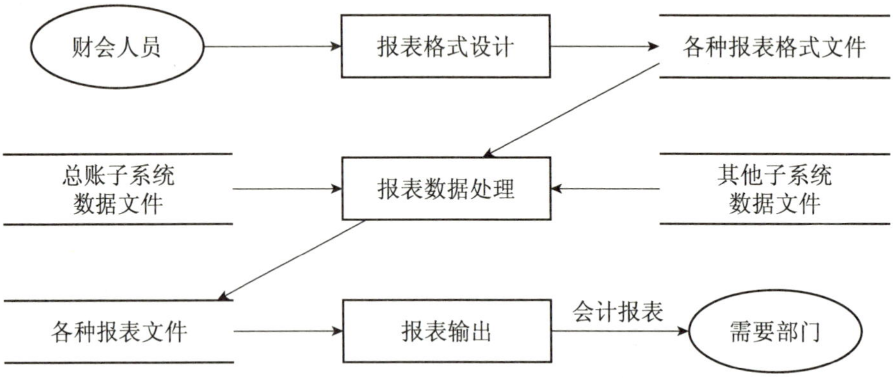

图 4-2　计算机系统会计报表编制的基本处理流程

(1) 报表格式定义

报表格式定义,也就是对报表的栏目名称、栏目宽度、行间距、字体大小等加以定义,主要包括报表尺寸的设置、组合单元的定义、表格线的绘制、报表中项目的输入(表头、表体和表尾)、行高和列宽的定义、单元风格的设置(字体、字号、颜色、图案、换行显示等)、单元属性的设置(数值单元和字符单元)和关键字(如单位名称、年、月、日等)在表页上的位置。

(2) 报表公式定义

报表表格式定义完后就需要定义报表公式。报表公式定义主要包括三部分:一是基本的计算公式;二是用于验证报表勾稽关系的审核公式;三是舍去数据的若干位数之后,为了继续保持平衡而应用的舍位平衡公式。报表公式定义完成以后,就可用于报表的多次生成,因此可以作为模板文件予以保存,便于以后多次重复使用。

(3) 报表数据处理

报表格式和报表公式定义之后,会计报表子系统就可以根据定义的计算公式,从账务处理子系统和其他子系统的数据文件中获得相关数据,进行加工处理,计算出各个报表项目的具体数值,然后可依据定义的审核公式检验报表的勾稽关系,还可进行舍位平衡操作,并将最后的计算结果保存在报表文件中。同时,系统可对所形成的报表进行审核,以检验报表编制的正确性。

(4) 报表输出

会计报表子系统可按照使用者的需要,实现对会计报表信息的输出。一般地,输出形式有屏幕显示、打印输出、磁盘输出、网络传输等多种形式。

2. IT 环境下编制会计报表的数据来源

无论是在手工环境下还是在信息化处理环境下,由于会计的基本原理和其他本质的东西不会改变,因此手工方式或电算化方式编制的会计报表,其数据的基本来源是一致的,对于按规定编制的会计报表的格式与内容的要求也是相同的。在电算化会计信息系统中,账务处理子系统的账簿数据以及其他子系统的数据等都是以数据文件的形式存储在磁介质上,这就带来了两方面的问题:一要防止在账务处理子系统及其他子系统的数据处理之后、报表编制之前对文件中的账簿数据等进行修改而使报表数据失真;二要确保会计报表数据的依据就是这些文件中的数据而非其他。通常,电算化会计报表子系统中会计报表的数据来源采用用户自定义方式，但这种方式会对会计报表数据的真实性、可靠性带来负面影响。自定义虽有别于报表数据修改功能，客观上却因为人为因素而起到修改的作用，对于个别不法者来说，这是一个可以通过自定义篡改数据或营私舞弊等的机会。因此，应加强电算化会计报表子系统的内部控制和严格审计。

电算化会计报表子系统中会计报表的数据来源可归纳如下：

① 来自计算机会计信息系统的账务处理子系统。

② 来自账务处理子系统外的其他子系统的数据。

③ 来自计算机会计信息系统会计报表系统本身（如报表项目间的运算结果和报表间报表项目的运算结果）。

④ 来自计算机会计信息系统的外部输入数据。

3. IT环境下会计报表编制流程的特点

从IT环境下会计报表编制的流程可以看出，利用计算机编制会计报表的方法与手工编制的方法从本质上讲是一致的，信息技术并没有从根本上改变手工财务报表的编制目的、基本结构、数据来源、勾稽关系和最终结果。但是，计算机会计报表处理与手工会计报表处理的主要区别在于：编表步骤的绝大部分内容是在计算机系统中通过人机对话形式自动实现的，每一报表项目的信息是在公式定义文件的指引下自动生成的。这将使得报表的编制更加灵活，从而可以更好地满足使用者的个性化需求，为企业的经营决策提供强有力的支持。

4.3 会计报表子系统的基本功能设计

随着计算机应用的日益广泛，企业财务部门和业务部门迫切需要利用计算机处理日常工作中的大量庞杂的报表数据。会计报表子系统的主要功能是，依据会计准则和有关法规，定期编制与报送规定的会计报表和企业内部管理所需的各种报表，并利用会计报表数据，对经济活动与财务收支状况进行全面、系统的分析。

4.3.1 会计报表子系统的基本功能模块

根据会计报表子系统的流程分析，电算化会计报表子系统需要解决的主要问题是，帮助用户定义各项报表要素和计算报表中的数据，由此编制和输出不同用户所需的各类报表，并完成必要的分析，这是会计报表子系统的基本设计原理。电算化会计报表子系统的基本功能结构如图4-3(a)、图4-3(b)、图4-3(c)所示。

图4-3(a) 电算化会计报表子系统的功能结构(a)

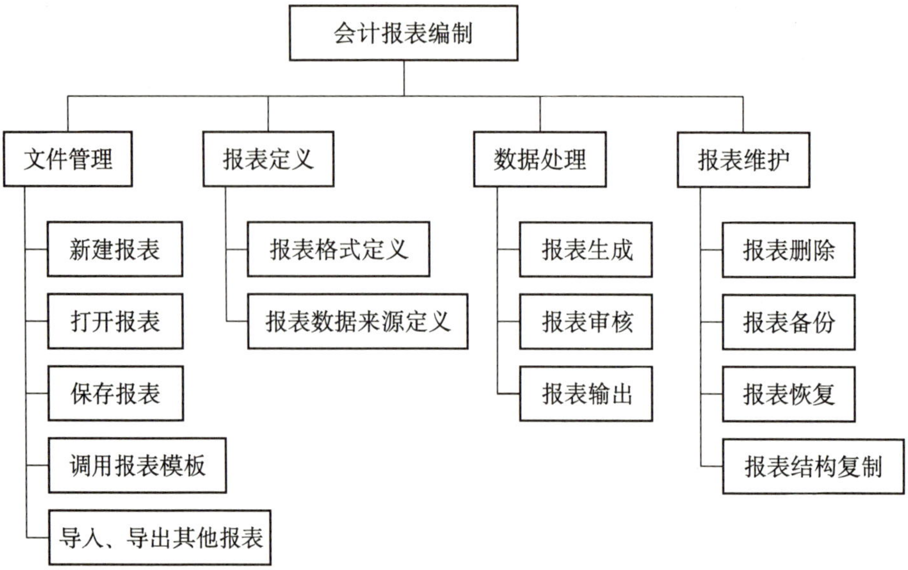

图 4-3(b)　电算化会计报表子系统的功能结构(b)

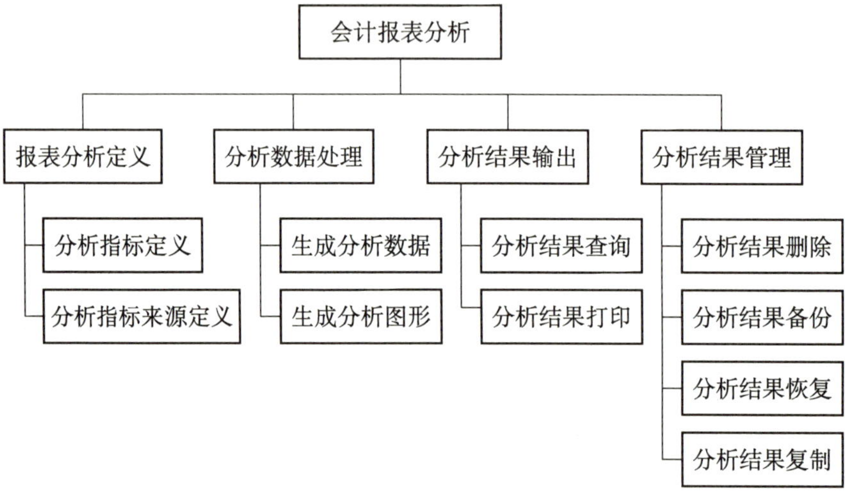

图 4-3(c)　电算化会计报表子系统的功能结构(c)

对于一个会计报表子系统来说，仅仅完成报表的编制、查询和报告是不够的，还应该具备对报表数据及其他会计数据进一步加工和分析的功能，以便满足组织的管理当局进行事前预决策、事中控制、事后评价等管理活动的信息需求。目前，在很多通用报表软件中，报表分析功能往往被分离出来，形成一个相对独立的部分。因此，会计报表子系统主要分为两大功能模块：会计报表编制模块和会计报表分析模块。

1. 会计报表编制模块的主要功能

会计报表编制模块的主要功能如下：

(1) 文件管理

除能够完成一般的文件管理以外，还能够转换不同的文件格式；此外，通过“导入”和“导出”功能，可以实现与其他流行财务软件之间的数据交换。

① 新建报表，打开一个空白表格文件，以编制一张新的报表。

② 打开报表，即打开所选的报表文件。

③ 保存报表，即将建好的报表保存。

④ 调用报表模板，即打开所选择的模板文件以供使用。

⑤ 导入（导出）其他报表。利用“导入”和“导出”功能，可以实现与其他文件格式（如文本文件、MDB 文件、XLS 文件等）之间的数据交换。

（2）报表定义

报表定义功能主要完成对报表结构的定义，包括报表格式定义和报表数据来源定义。

① 报表格式定义，用于进行报表格式的设计，可以设置报表尺寸、组合单元、单元属性、关键字（单位名称、单位编号、年、月、季、日等）、画表格线、调整行高和列宽、设置字体和颜色、设置显示比例等。同时，在用友 ERP 等管理软件中还内置了常用格式和各行业的标准财务报表模板，方便用户制作标准报表。此外，对于用户单位内部常用的管理报表，还提供了自定义模板功能。

② 报表数据来源定义，即进行报表公式的编辑，提取报表数据，以达到自动生成报表数据的目的。其主要包括两部分：一是提供绝对单元公式和相对单元公式，可以方便、迅速地定义单元公式、审核公式、舍位平衡公式；二是提供种类丰富的函数，可在系统向导的引导下轻松地从账务处理子系统及其他子系统中提取所需的数据，生成财务报表。

单元公式是指对报表数据单元进行赋值的公式，主要用于定义报表数据来源和运算关系。一般由目标单元、取数单元、函数和运算符序列组成。在报表中，可利用勾稽关系定义审核公式，从而检验报表的正确性。审核公式一般由验证关系公式和提示信息组成，审核公式必须正确。报表数据的计量单位有可能不统一，须进行位数的转换（如将“元”转化为“万元”等），在转换过程中，由于小数位的四舍五入，原有的平衡关系可能被破坏，因此须定义舍位平衡公式。定义舍位平衡公式时，应指明舍位表名、舍位范围、舍位位数等。

（3）数据处理

① 报表生成，即按照报表格式和设置的报表公式，自动从账务处理子系统及其他子系统中采集相关的数据，并计算生成会计报表数据。

② 报表审核，即根据报表中已经设置的审核公式，对已经生成的报表进行审核，以验证其正确性。当审核没有通过时，一般会提示错误信息，以便对错误进行更正。

③ 报表输出，其形式一般有屏幕查询、网络传输、打印输出、磁盘输出等。报表打印时，可以打印格式或数据，可以设置表头和表尾，还可以横向或纵向打印等。

在用友 ERP 等管理软件中，数据处理功能以固定的格式管理大量数据不同的表页，并在每张表页之间建立有机的联系；此外，它还提供了表页的排序、查询、审核、舍位平衡、汇总等功能。

（4）报表维护

报表维护包括报表数据的备份、恢复、删除、密码修改等，这些功能的实现与账务处理子系统中的系统维护模块的设计类似。

2. 会计报表分析模块的主要功能

会计报表分析模块的主要功能如下：

（1）报表分析定义

① 分析指标定义，即确定要分析的项目。用户要根据实际需要，按照系统的提示，选择设置自己需要的分析指标。

② 分析指标数据来源定义，与会计报表数据来源定义一样，要确定分析指标数据的来源公式。分析指标的数据来源有两类：一类是从会计报表系统本身及账务处理子系统等获得的；另一类是从系统外部获取的辅助信息，如计划数据、预算数据、标准数据等。

(2) 分析数据处理

① 生成分析数据。根据已定义的报表数据来源公式，计算得到分析指标项目数值，填入分析表中指定的位置。

② 生成分析图形。图形有比较直观、醒目、易理解等特点，在会计报表分析中提供图形分析功能，并能编辑图表的位置、大小、标题、字体、颜色。图形可分为两大类，即平面图形和立体图形。图形主要有点图、线图、直方图和饼图四种基本形式，其余各种图形都是基本形式的派生物。

(3) 分析结果输出

根据需要对会计报表分析的结果进行查询或打印。报表分析结果输出比会计报表的输出复杂，不仅有表格形式，还有图形形式。

(4) 分析结果管理

分析结果的管理功能主要包括分析结果的删除、备份、恢复、复制等。

顺便提及的是，目前用友 ERP 等管理软件中的报表子系统还提供二次开发功能以及批命令和自定义菜单，利用该功能可以开发出适合本企业的专用系统。

4.3.2 会计报表子系统与其他子系统的关系

在集成化应用环境下，会计报表的编制有了现成的数据来源，不再需要输入大量的数据。电算化会计报表子系统可以通过数据接口来自动获取总账子系统和其他子系统中的基础数据，并根据用户定义的报表格式、基本的数据关联关系，经过数据关系的运算，生成会计报表数据，完成会计报表的编制。

企业编制对外报送的会计报表时，由于其数据来源是总账子系统中的账簿数据，必须要有总账子系统的支持。当经济业务发生时，总账子系统生成的会计账簿数据将成为会计报表数据处理的来源。

企业编制内部管理和决策所需的会计报表，由于该会计报表的格式和内容是根据用户对管理与决策问题的分析而构造的，其数据不仅来自总账子系统，还可能来自其他会计信息系统子系统以及外部数据。因此，用户要生成所需的管理和决策用会计报表，应将会计报表子系统与其他各子系统集成使用，并将会计报表系统的数据输出到 Excel、各种数据库文件，或从 Excel、各种数据库文件引入数据进行报表分析。会计报表子系统与其他子系统的数据关系如图 4-4 所示。

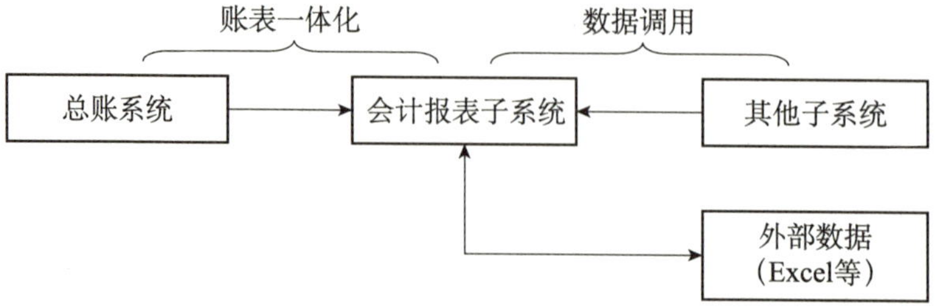

图 4-4 会计报表子系统与其他子系统的数据关系

4.4 用友 ERP 会计报表子系统的业务处理

用友 ERP 软件中的会计报表子系统称为 UFO 报表。本节以用友 ERP-U8(V8.72)中 UFO 报表子系统为例,阐述会计报表子系统的初始化及其日常处理中的主要功能和具体业务处理流程。

4.4.1 用友 ERP 会计报表子系统的业务流程

在用友 ERP-U8(V8.72)软件中,UFO 报表是处理报表事务的工具,它与用友账务管理软件等各系统有完善的接口,具有方便的自定义报表功能、数据处理功能,内置多个行业的常用会计报表;该系统也可以独立运行,用于处理日常办公事务。

UFO 报表子系统可以划分为两个环节:报表初始化、报表日常处理。UFO 报表子系统的业务处理流程如图 4-5 所示。

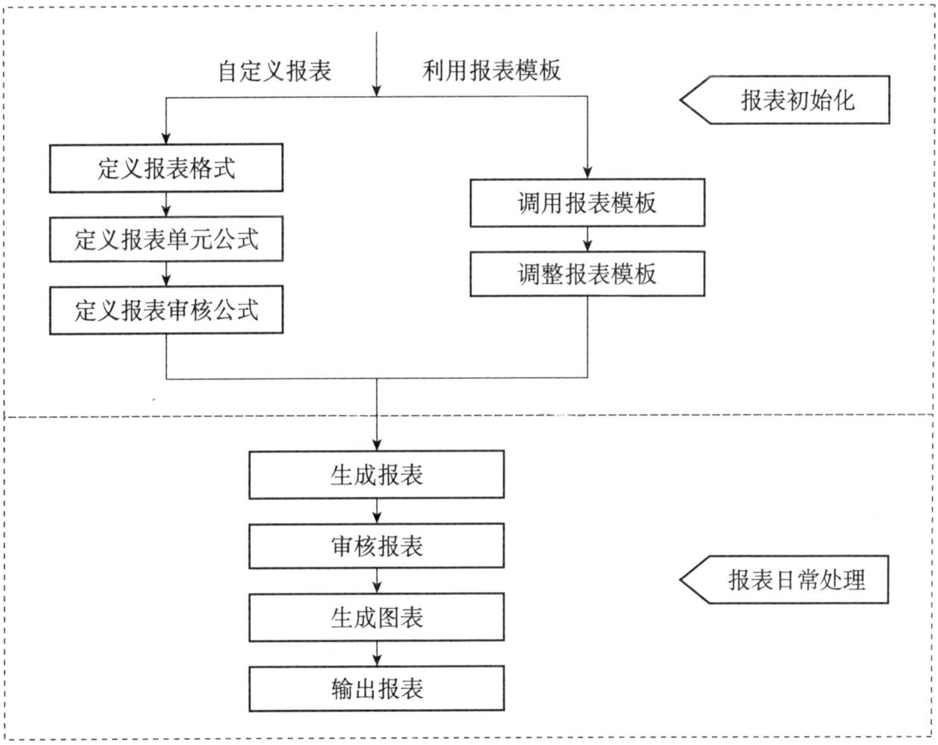

图 4-5 UFO 报表子系统的业务处理流程

从 UFO 业务处理流程可以看出,UFO 提供了两种不同的报表生成方式::报表模板方式和自定义方式。其中,对于常用的报表,可以通过模板自动生成;对于特殊的报表,用户可以根据自己的需要自行设计。下面主要介绍报表的自定义方式。

UFO 将报表制作分为两大部分来处理:一是报表格式定义与数据来源定义;二是报表数据处理工作,这两部分的工作是在不同的状态下进行的。

① 格式状态。有关报表格式设计的操作是在"格式"状态下进行的,但在"格式"状态下不能进行数据的录入、计算等操作。报表的三类公式(单元公式、审核公式和舍位平衡公式)都是

在“格式”状态下定义的。

② 数据状态。有关数据的输入、计算、审核、舍位平衡等操作是在“数据”状态下进行的，但在“数据”状态下不能修改报表的格式，看到的是报表的全貌(包括格式和数据)。

4.4.2　会计报表子系统的初始设置

在自定义报表方式下，UFO 报表子系统的初始设置主要包括定义报表格式、定义报表公式。

1. 定义报表格式

每张报表都有其特定的表格格式，但不同报表的表格格式有类似之处，即报表的格式都是由表头、表体、表尾三个部分组成，不同报表的区别主要体现在表头、表体、表尾的内容上。下面以资产负债表的部分内容(见图 4－6)为例说明报表的格式概念。

资产负债表　　（表头）

编制单位：　　　____年____月____日　　　单位：元

资产	行次	年初数	期末数
流动资产			
货币资金			
交易性金融资产			
⋮			
其他非流动资产			
非流动资产合计			

（表体）

会计主管：　　　制表：　　　审核：　　（表尾）

图 4－6　报表格式

① 表头。表头是报表中描述报表整体性质的部分，位于每张表的前端，一般填列报表的标题、编号、编制单位、编制日期、计量单位、栏目等。其中，栏目表达了报表横向有哪些数据项目、每个数据项目的文字说明以及具有特定格式的位置和宽度。

② 表体。报表中的数据及分隔线是报表的主体，报表中不同行和列的相交处称为表元或单元。表元是表体中填写数据的基本单位；表内数据称为表元值，表内数据的来源称为数据源。数据源既可以是一个常数或字符，也可以是账表数据文件中的数据或经过处理后的结果，还可以是运算公式或函数。

③ 表尾。报表下部的附注、说明，既有固定的文字说明，也有少量的数值数据。

通常采用如下步骤定义报表格式：

第一步，定义报表的尺寸；

第二步，设置报表各列的宽度；

第三步，画表格线；

第四步，登录表头；

第五步，设置表元风格；

第六步，输入表尾辅助文字信息。

在使用 UFO 报表子系统定义报表格式时，应查看空白报表的“格式|数据”按钮，确认当前状态为“格式”状态，并通过定义报表尺寸、定义组合单元、输入报表项目、定义行高和列宽等

方式建立报表的格式。

UFO报表子系统提供了丰富的格式定义功能，可用以设计人性化的报表格式环境。用户不仅可以设置表格的行高、列宽、表属性、表页属性等基本操作，还可以设置单元格内容的对齐方式、单元格的融合、锁定等复杂操作。该过程主要包括以下方面：

※ 设置报表属性，主要是输入总行数和总列数，控制整个报表的行数和列数；设置报表的前景色、背景色和网格色；设置字体、页眉和页脚等。

※ 设置单元格属性。单元格属性只针对表格中所选取的单元格，使用者可以设置单元格的字体颜色、对齐方式、边框等。

※ 行属性。如要单独设置某一行的属性，可以在菜单中选中“格式|行属性”进行设置。

※ 列属性。与行属性类似操作。

※ 单元格的合并。在设置报表格式时，经常需要对多个单元格进行合并，这时可以选取需要合并的单元格，选择“单元组合”即可。

以管理费用明细表为例，运用UFO报表子系统定义报表格式步骤如下：

第一步，设置表尺寸。进入UFO报表子系统，执行“格式”→“表尺寸”，打开“表尺寸”对话框，输入行数“12”、列数“5”，单击【确认】按钮，如图4-7所示。

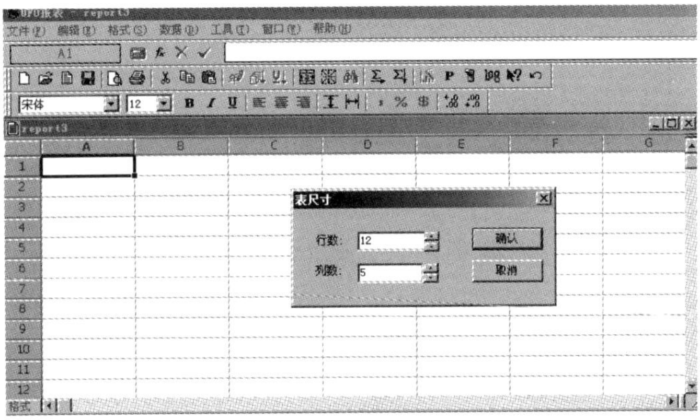

图4-7 设置表尺寸

第二步，定义组合单元。选择需合并的单元区域A1：E1，执行“格式”→“组合单元”命令，打开“组合单元”对话框；选择组合方式“整体组合”或“按行组合”，该单元区域即可合并为一个单元格。同理，合并单元区域A2：E2和A12：E12，如图4-8所示。

图4-8 定义组合单元

第三步，画表格线。选中需要画线的单元区域 A3：E11，执行“格式”→“区域画线”命令，打开“区域画线”对话框；选择“网线”单选按钮，单击【确认】按钮，在所选区域画上表格线。

第四步，定义报表项目。选中需要输入的组合单元格 A1，在 A1 组合单元格中输入“管理费用明细表”，并单击【居中】按钮，调整文字的位置；同理，分别选中单元格 A3—A11、B3—E3，分别输入有关表体文字，如在 A4 单元格输入文字“财务部门”；同理，选中组合单元格 A12，在 A12 组合单元格输入“审核人：”“制表人：”。

第五步，定义报表行高和列宽。选中需要调整的组合单元格 A1 所在行，执行“格式”→“行高”命令，打开“行高”对话框，输入行高“8”，单击【确认】按钮，如图 4－9 所示。

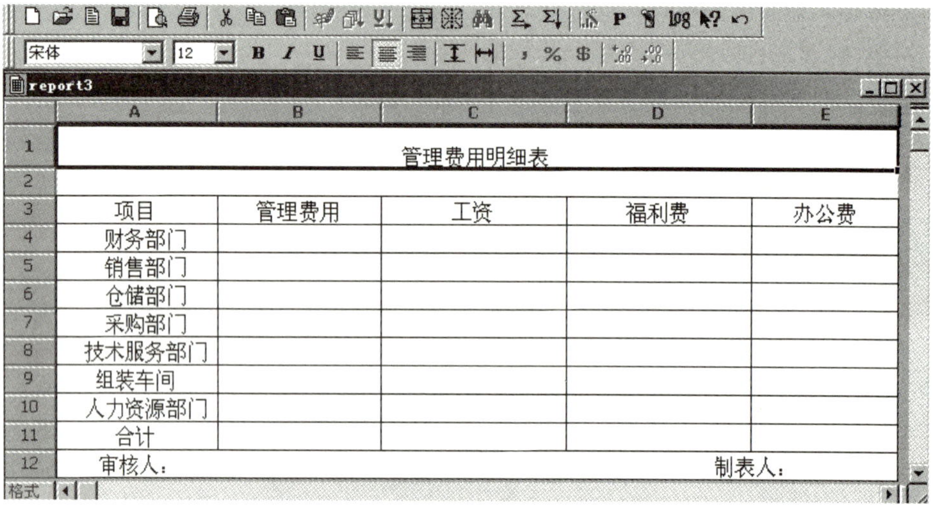

图 4－9　定义报表行高、列宽

第六步，单元风格设置。选中表头标题所在组合单元格 A1，执行“格式”→“单元属性”命令，打开“单元格属性”对话框；选择“字体图案”选项卡，设置字体为“黑体”、字号“14”；选择“对齐”选项卡，设置对齐的水平方向、垂直方向均为“居中”，单击【确定】按钮。同理，分别设置表体、表尾的字体、字号等单元风格。

第七步，设置关键字。选中需要设置关键字的组合单元格 A2，执行“数据”→“关键字”→“设置”命令，打开“设置关键字”对话框，选中“单位名称”单选按钮，单击【确定】按钮；同理，根据实验资料要求，执行“数据”→“关键字”→“设置”命令，分别设置关键字“年”“月”；再执行“数据”→“关键字”→“偏移”命令，打开“定义关键字偏移”对话框，分别输入偏移量单位名称“0”、年“－200”、月“－150”，单击【确定】按钮，如图 4－10 所示。

2. 定义报表公式（数据来源）

报表内需要填制的数据可以分为两类：一类是常数，可以在定义报表格式时在表元中逐个直接填入；另一类是变动数据，通常从账（表）中获取数据，或者将获取的数据进一步加工生成。UFO 报表等通用报表软件是用公式或函数来定义报表的数据来源，说明从什么地方取数、取什么条件的数据、数据要经过怎样的处理等。

（1）公式定义

UFO 报表等通用报表软件中的公式分为运算公式和非运算公式。

图 4-10 设置关键字

运算公式是在编制报表时，确定表元的数据来源的公式。其主要作用为：在报表生成的过程中，通过设定的运算公式，系统从根据公式描述的数据库文件中提取指定的数据，进行表达式指定的运算，并将运算结果放入表元中。运算公式由表元及坐标构成，说明表元在表中的位置；运算符包括＋、－、＊、/、＝、…；表达式则将常量、变量、函数用运算符连接起来。运算公式分为取数公式和统计、计算公式。例如，UFO 报表软件设置了取数公式、报表内的计算公式、本表其他页取数计算公式、其他表取数计算公式等。

非运算公式包括审核公式和舍位平衡公式。审核公式是报表数据之间关系的检查公式。通过定义舍位平衡公式，计算机系统可按用户的要求自动、快捷地进行计算、测算，并生成舍位后的报表。

在 UFO 报表的实际应用过程中，使用公式进行报表计算操作的具体步骤如下：

第一步，定义取数账套。报表的数据一般来自账套，为了使报表正确取数，须先定义取数账套。

第二步，设置公式取数参数。通过设置公式取数参数，可以对每张表页设置报表期间和其他表页标号，以及对所有取数公式均可共用的信息。

第三步，批量填充。对于有规律的公式进行定义，可以使用“批量填充”功能，以减少用户定义单个公式的重复性工作量。

第四步，使用函数。用友 ERP 软件提供了大量的报表函数，可以手工输入或根据系统提供的公式向导直接设置取数公式。

第五步，设置舍位平衡。为了保证平衡，用友 ERP 软件提供了舍位平衡功能，用户可以设置舍位平衡公式。

(2) 函数的定义

在处理报表时，数据的取得是至关重要的。报表的数据主要来自账务处理子系统和其他核算子系统，这需要通过账务函数和其他核算子系统的函数来实现函数的调用，虽然不同会计软件的函数名称可能有所不同，但原理大同小异。报表数据一般来自以下三个方面：①从总账子系统取数；②从工资、采购、销售等其他子系统取数；③从自身报表或其他报表取数。这里以用友 ERP-U8(V8.72)中的账务取数函数为例(见表 4-1)。

表 4-1 几种主要的账务取数函数及含义

函数名称	含义
QC	期初余额
QM	期末余额
FS	发生额
DFS	对方科目发生额
JE	净额
LFS	累计发生额
TFS	条件发生额
HL	汇率

报表函数有以下基本要素：

① 源数据库文件，确定报表数据的基本来源。

② 字段名或项目名，确定从指定的数据库文件中取指定的数据。

③ 取数条件，确定从数据库文件中取得满足条件的数据。

④ 计算方式，确定是否计算及如何计算。

例如，用友 ERP-U8(V8.72)中的发生额函数 FS 的格式为：FS(〈科目编码〉,〈会计期间〉,〈方向〉,[〈账套号〉],[〈会计年度〉],…,[〈是否包含未记账〉])，表示取某套账、某年度、某科目、某会计期、借方或贷方发生额；[]表示可选项。例如："主营业务收入"本月数＝FS(5101,月,"贷",,年)(见图 4-11)。

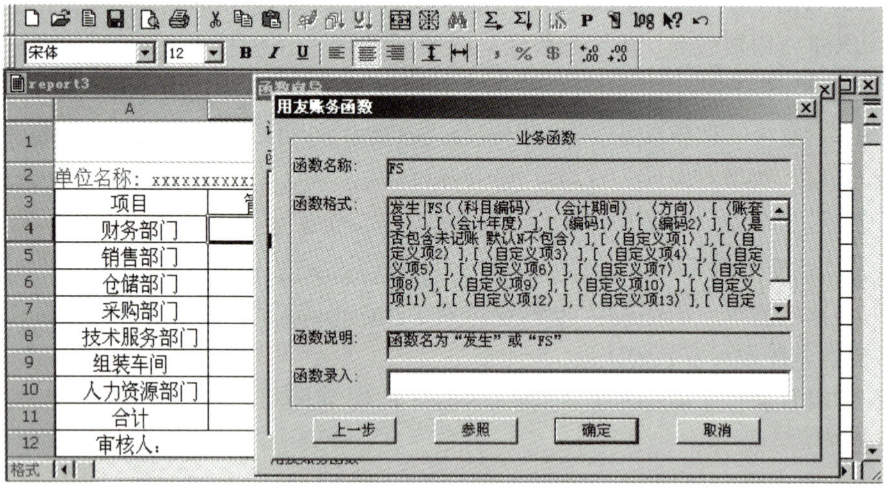

图 4-11 UFO 中 FS 函数

报表格式和公式定义完成后，应选择保存文件夹的目录，输入报表文件名，及时保存，以便以后直接调用。

仍以上述管理费用明细表为例，利用 UFO 报表子系统的"函数向导"输入财务部门工资项目的公式步骤如下：

第一步，选择函数。选定需要定义公式的单元格 B4，执行“数据”→“编辑公式”→“单元公式”命令，打开“定义公式”对话框；单击【函数向导】按钮，进入“函数向导”对话框，在左边的函数分类列表中选择“用友账务函数”，在右侧的函数名列表中选择“发生(FS)”；单击【下一步】按钮，进入“用友账务函数”对话框(见图 4-12)。

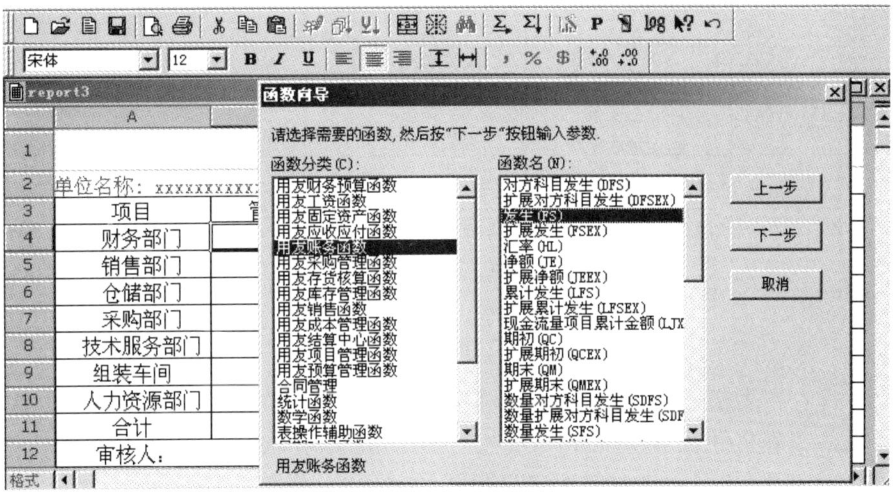

图 4-12　选择函数

第二步，设置公式取数参数。单击【参照】按钮，打开“账务函数”对话框，选择账套号为“默认”、会计年度“默认”，输入科目“660201 工资”、部门编码“财务部门”，选中“包含未记账凭证”复选框(见图 4-13)。

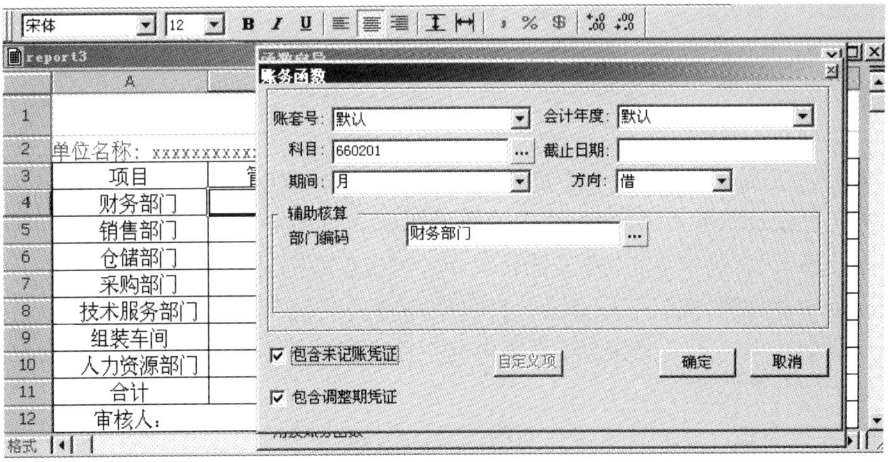

图 4-13　设置公式取数参数

第三步，单击【确定】按钮，返回“用友账务函数”对话框；在“用友账务函数”对话框，单击【确定】按钮，返回“定义公式”对话框；单击【确认】按钮，报表 C4 单元格显示“公式单元”字样，至此单元格 C4 公式设置完毕。同理，根据实验资料的要求，分别选定需要定义公式的其他单元格，并设置相应的公式(见图 4-14)。

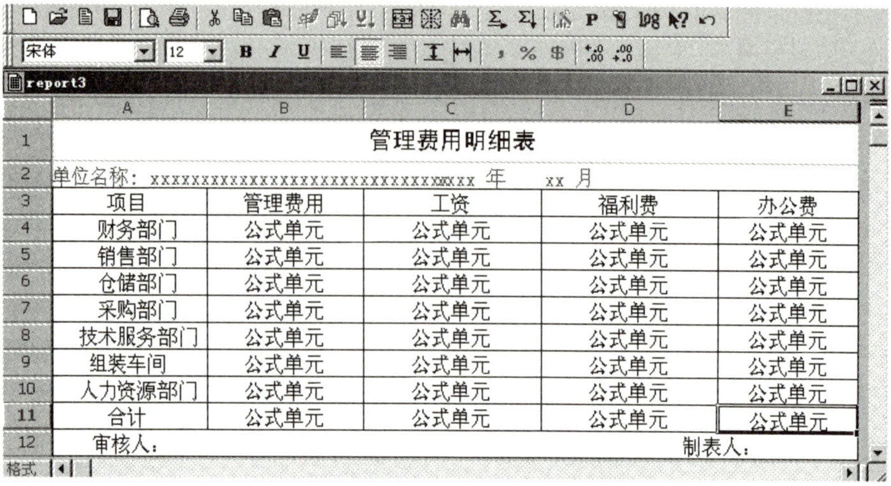

	A	B	C	D	E
1	管理费用明细表				
2	单位名称：xxxxxxxxxxxxxxxxxxxxxxxxxxxxxxxxxx 年 xx 月				
3	项目	管理费用	工资	福利费	办公费
4	财务部门	公式单元	公式单元	公式单元	公式单元
5	销售部门	公式单元	公式单元	公式单元	公式单元
6	仓储部门	公式单元	公式单元	公式单元	公式单元
7	采购部门	公式单元	公式单元	公式单元	公式单元
8	技术服务部门	公式单元	公式单元	公式单元	公式单元
9	组装车间	公式单元	公式单元	公式单元	公式单元
10	人力资源部门	公式单元	公式单元	公式单元	公式单元
11	合计	公式单元	公式单元	公式单元	公式单元
12	审核人：				制表人：

图 4-14 公式定义

第四步，保存报表格式。执行"文件"→"保存"命令，打开"另存为"对话框，选择保存文件夹的目录，输入报表文件名"管理费用明细表"，再单击【另存为】按钮保存。

在 UFO 报表中，也可以选定需要定义公式的单元格，执行"数据"→"编辑公式"→"单元公式"命令，打开"定义公式"对话框，然后在对话框中直接输入公式。

4.4.3 会计报表子系统的日常处理

1. 报表的生成

报表格式定义和公式定义说明了表与数据之间的关系，会计报表的生成就是根据各报表数据的生成方法，具体计算每个表元的数值并填入目标表的过程。通用报表软件一般使用一个通用的报表生成程序，对所有的报表进行一次操作。有些通用报表软件将报表生成功能与报表输出功能合在一起。

用友 ERP-U8(V8.72)报表子系统提供了两种报表生成的计算方式：自动计算和手工计算。如果选择自动计算方式，则当报表中的数据或公式发生变动时，系统将自动重新计算；如果选择手工计算方式，则须点击"表页重算"功能，对报表数据进行重新计算。

采用通用的表处理方法，应注意会计报表的勾稽关系与会计报表生成的顺序。会计报表勾稽关系反映会计报表体系中各会计报表内部及其之间的关系。会计报表中的数据之间存在严格的数量上的勾稽关系。

① 每一种报表表内各类数据存在勾稽关系。例如，资产负债表中"资产＝负债＋所有者权益"，利润表中"净利润＝利润总额－所得税费"，等等。

② 会计报表之间存在数量勾稽关系。资产负债表与利润表及利润分配表之间的数量勾稽关系如图 4-15 所示。

仍以上述管理费用明细表为例，利用 UFO 报表子系统保存的管理费用明细表生成报表数据的步骤如下：

第一步，在"数据"状态下，执行"编辑"→"追加"→"表页"命令，打开"追加表页"对话框，如图4-16 所示。

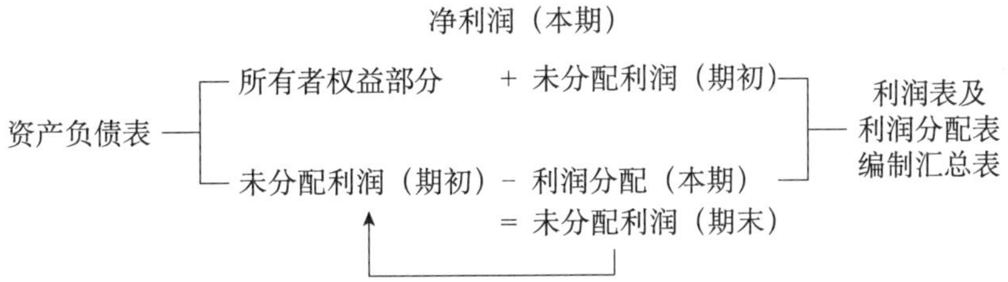

图 4－15　会计报表之间的数量勾稽关系

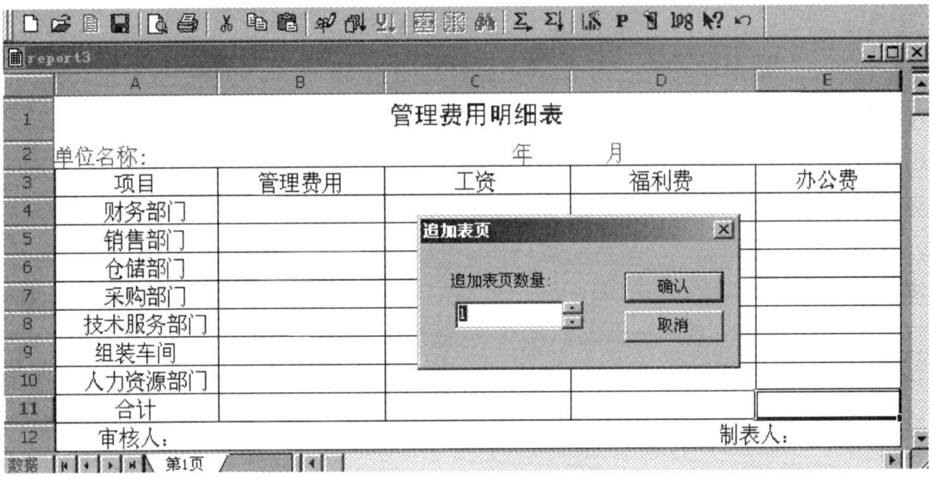

图 4－16　追加表页

第二步，打开报表。执行“文件”→“打开”命令，打开保存的管理费用明细表。

第三步，执行“数据”→“关键字”→“录入”命令，打开“录入关键字”对话框，输入单位名称（如“南京市珠江××有限公司”）、年（如“2015”）、月（如“12)”；单击【确认】按钮，系统弹出“是否重算第 1 页?”信息提示，单击【否】按钮。

注意：如果单击【是】按钮，系统就会自动计算 12 月份管理费用明细表数据并显示结果；如果单击【否】按钮，系统就不进行报表数据的计算，以后可利用“表页重算”功能计算并生成有关报表数据。

第四步，执行“数据”→“表页重算”，系统弹出“是否重算第 1 页?”信息提示，单击【是】按钮，则系统自动计算 12 月份管理费用明细表数据，并显示结果。

第五步，保存报表数据。执行“文件”→“另存为”命令，打开“另存为”对话框，选择保存文件夹的目录，输入报表文件名“12 月份管理费用明细表”，根据需要选择保存文件格式为“*.rep”或者“*.xls”等格式；单击【另存为】按钮，即可保存 12 月份管理费用明细表数据。

2. 报表的审核

对于生成的会计报表数据应当进行审核，以保证会计报表数据的正确性，可以应用审核公式对会计报表进行审核。

审核公式是报表数据之间关系的检查公式。它的作用在于：报表数据来源定义完成后，审核报表的合法性；报表数据生成后，审核报表数据的正确性。例如，UFO 资产负债表中 BS(36,3)＝BS(36,6)，即检查资产负债表中年初资产总计是否等于年初权益总计。

对会计报表的数据进行修改要视具体的情况而定。在计算机系统中，对经济业务的处理是会计报表数据的最终来源，所以报表系统不提供对报表数据进行直接修改的功能。如果要修改数据，必须采用以下方法：

① 不属于报表编制方法的修改，应通过对总账子系统的记账凭证进行调整。

② 如果确属编制方法的问题，则通过报表数据来源的重新定义进行修改。

3. 图表的分析

在报表数据生成以后，为了便于进行数据的对比、趋势和结构分析，UFO 报表采用图形对数据进行直观的显示和分析。在 UFO 报表子系统中，通过图文混排，既可以很方便地进行图形数据的组织，制作包括直方图、折线图、饼图等多种分析图表，又可以编辑图表的位置、大小、标题、字体、颜色等，并且可以打印输出各种图表。

4. 报表的输出

通过会计报表格式、公式的定义和报表的编制后，生成了各种会计报表数据库文件。为便于使用者阅读会计报表，必须对生成的会计报表数据进行输出处理。

① 会计报表的输出内容。报表输出的内容包括：输出报表结构（包括报表结构的空白表格）、输出编制完整的报表（包括报表结构和报表数据）、输出能被其他系统接受的数据（即转换成其他软件使用的数据格式或标准的数据库格式）、输出报表的指定区域。

② 会计报表的输出方式。会计报表系统的输出方式一般有屏幕显示输出、打印输出、磁盘输出、网络传输等。

4.4.4 会计报表的维护

1. 报表删除

在每次编制报表时，会计报表子系统都将生成一系列的报表文件。系统长时间运行后会生成大量的报表文件，而这些文件会占用系统的存储空间。一般系统只需保留 1—2 年的报表数据，可删除系统中以前年度的报表文件。

注意：使用删除功能一定要注意系统的提示。通常只删除报表数据而不删除报表结构，因为报表结构包含已经设置的报表格式和数据来源公式，一旦删除，以后若要使用就须重新定义，费时费力。所以，即使是不再需要的报表结构，也应制作备份，以便必要时恢复使用。

2. 报表备份

报表备份是指将系统产生的报表数据备份到其他存储介质中保存起来。备份的主要目的是保管会计档案和保护系统数据安全。备份时应注明备份数据的时间，避免将来数据恢复时发生错误。

3. 报表恢复

报表恢复是指将在其他存储介质中备份的报表数据复制到计算机系统的硬盘中。通常，以下情况须做恢复操作：一是需要查询历史报表数据；二是硬盘中的报表数据遭到破坏。

4. 报表结构复制

报表种类繁多，结构定义较复杂，报表的定义需要花费的时间较长。为方便用户定义新的报表，系统一般提供报表结构复制功能。当用户需要定义与被复制报表结构（包含报表格式和报表数据来源公式）相近，或只需少量修改即可重新定义新的报表结构时，就可以使用该功能，减少报表定义的工作量。

思考题

1. 简述会计报表子系统的特点。
2. 简述 IT 环境下与手工环境下编制会计报表的异同。
3. 会计报表子系统主要有哪些功能?
4. 简述电算化会计报表子系统中会计报表的数据来源。
5. 简述用友 ERP-U8(V8.72)会计报表子系统的业务处理流程。

第5章 薪资子系统

薪资是企业依据职工付出劳动的数量和质量，以货币形式支付给职工的劳动报酬。在员工较多的企业中，薪资核算是一项任务繁重、时效性较强的工作。在IT环境下，借助薪资子系统，用软件替代手工进行薪资业务处理，可以做到准确、及时，并能减少会计人员的工作量。薪资管理软件是各单位使用率最高的，薪资管理也是企业会计信息系统中计算机应用最早的会计业务之一。

5.1 薪资子系统概述

薪资管理是与人事管理相关但又相对独立的一项人力资源管理职能，薪资子系统是会计信息系统的一个重要子系统，它主要反映企业支付给职工的劳动报酬。同时，职工薪资核算子系统还为产品成本计算子系统提供有关直接人工支出等方面的数据。电算化薪资子系统既是使用率最高的也是通用性最强的会计核算软件。

5.1.1 薪资子系统的目标

企业除了支付职工薪酬，还要对薪酬费用进行分配，计入产品生产成本或作为期间费用在当期损益中列支，这就对薪酬核算的准确性提出了要求。

薪资子系统的主要目标如下：

① 及时准确地计算每位职工的薪酬，反映和监督企业与职工的薪酬结算情况；

② 正确地计算企业薪酬总额，反映和监督薪酬总额计划的执行情况，有计划地对薪酬总额进行控制；

③ 按照薪酬的用途，正确地将薪酬费用计入产品成本及其他相关账户；

④ 正确计提与工资相关的其他薪酬费用，主要包括应付福利费、工会经费、职工教育经费、医疗保险费、工伤保险费、生育保险费等。

5.1.2 薪资子系统的特点

薪酬核算数据量大、涉及的部门多、变动数据多、报表量大、重复工作多，但由于其计算方法比较规范，因此用电子计算机代替手工操作是十分方便的。

薪资子系统具有如下特点：

(1) 输入的数据来源分散、涉及面广

薪资核算的原始数据来自企业的人事部门、劳资部门、职工所在部门、总务部门、工会、房管部门、水电部门等。例如，人事部门提供人事变动通知单，包含职工的工号、姓名、职务、工资标准、参加工作年月等数据，以便计算基本工资、各种津贴、补贴；劳资部门提供考勤记录单；总务部门提供补贴单、扣款单；等等。

(2) 处理数据的项目多、计算重复数量大

多数企业的工资、奖金和扣款项目繁多，有计时工资、计件工资、包干工资等形式。例如，在计时工资下，“工资单”的计算涉及基本工资、津贴、补贴、奖金、加班工资、缺勤工资、各种代扣款项(如个人所得税、水电房租、医保、失业保险、养老金、公积金等)，每月都要对每位职工的数据进行计算，还要进行逐级汇总计算，编制汇总表、分配表和转账，计算重复数量大。

(3) 输出精确性高、时间性强

薪资涉及每位职工的利益、单位的利益以及国家的税收，输出精确性要求高；薪资应该及时发放，所以必须在企业规定的薪资发放日期之前完成薪资核算，并保证数据处理的正确性。

5.2 薪资子系统的流程分析

5.2.1 手工环境下薪资子系统的流程分析

在手工环境下，薪资业务处理涉及基层单位(如车间、科室等)、人事部门和财务部门。薪资结算业务的处理过程为：人事部门提供职工调入、调出的有关人事变动单；工资发放单位(包括企业内部各个单位，如车间或科室、班组或小组等)将考勤表和工资表交给人事部门，由人事部门审核工资表的合法性和真实性；人事部门将审核后的工资表交到财务部门，再由财务部门审核工资表的准确性，并将各发放单位的工资表进行汇总，编制“工资汇总表”，审核无误后到银行取款，办理手续，取回工资(以非“现金”形式发放工资的企业没有提现过程)；财务部门将工资表及工资发给工资发放单位，工资表一联由领款人盖章后返回财务部门供账务处理。由此完成个人工资计算、部门工资汇总及工资发放工作；此后，财务部门根据“工资费用汇总表”编制“工资费用分配表”，将工资按用途进行分配，分别记入生产成本和相关账户。手工环境下薪资核算的基本处理流程如图 5-1 所示。

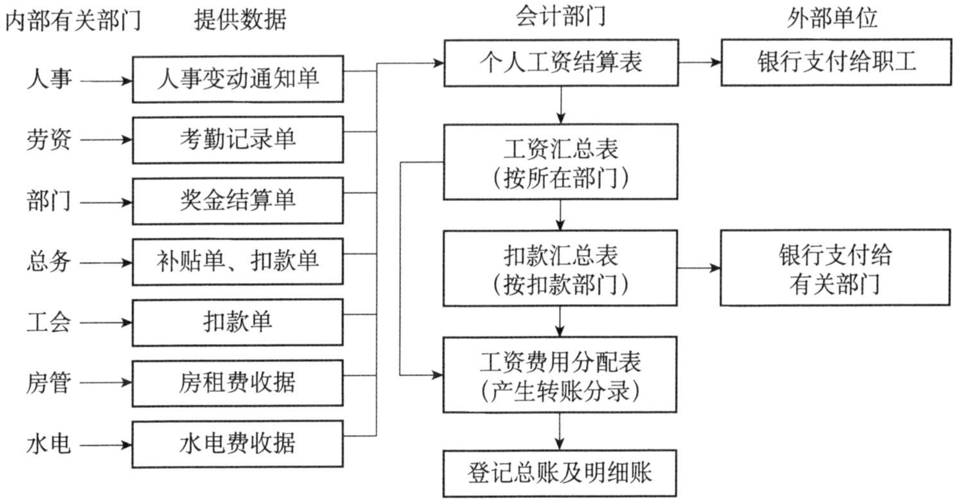

图 5-1 手工环境下薪资核算流程

5.2.2 IT 环境下薪资子系统的流程分析

在IT环境下，薪资子系统处理的原始数据量大、涉及的部门比较多，一般按工资数据变动频率的不同，将其分为基本不变数据和变动数据两类。基本不变数据是指固定不变的数据以及在较长时间内很少变动的数据，如参加工作时间、职工姓名、基本工资等。变动数据是指每月都有可能发生变动的数据，如病/事假时间、某种不固定的津贴和代扣款项等。在IT环境下，通常将以上两部分数据分别建立基本不变数据文件和变动数据文件。基本不变数据文件供系统长期使用，只有在人员调出、调入、内部调动或调资时才须更新此文件数据；而变动数据文件中的数据则须在每月输入。

图5-2是一个相对独立的薪资子系统处理流程。其中，各部门的职责如下：人事等部门负责采集关于职工的基本情况数据、考勤记录和扣款数据记录；数据处理部门收到人事等部门采集的数据后，将数据输入计算机系统，进行工资计算、汇总、分配、转账等处理。

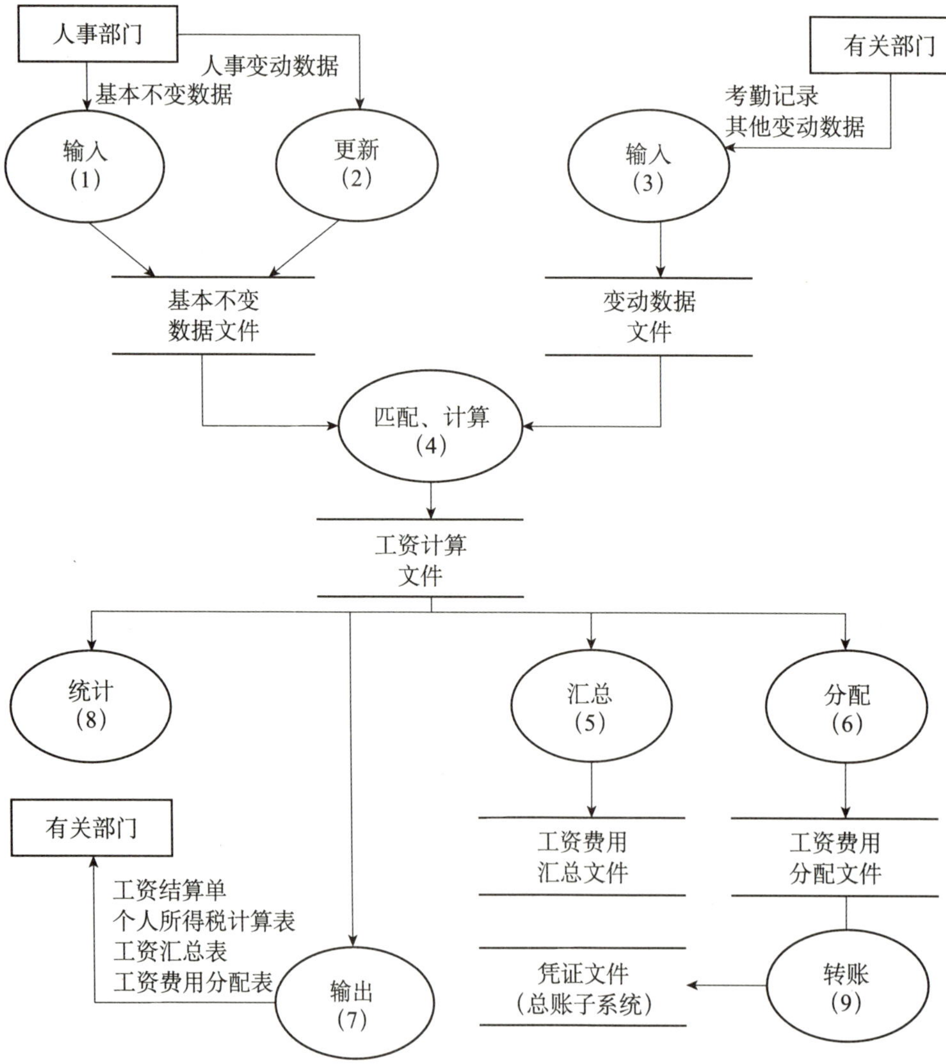

图5-2 相对独立的薪资子系统处理流程

图 5－2 中的处理流程如下：

① 系统初始化，是指设置工资核算的基本参数，输入或转入工资核算的基本原始数据，建立基本不变数据文件，供以后各月使用。

② 基本数据更新，是指当有人事变动（如雇员增加、离职、岗位变动）时，及时输入职工调入、调出、内部调动、工资调整等信息，更新基本不变数据文件中的数据。

③ 变动数据输入，是指每月输入企业各个部门的考勤（如加班、病/事假）、奖金、补贴、扣款、房租、水电费等变动数据，同时存入变动数据文件中。

④ 匹配、计算，是指以职工代码作为关键字，将基本不变数据文件和变动数据文件的数据相匹配，形成工资计算文件（即工资主文件）；同时，进行职工工资、代扣个人所得税等有关工资数据的计算。

⑤ 汇总，是指根据工资计算文件，逐级汇总企业各部门的汇总工资费用，形成工资汇总文件。

⑥ 分配，是指根据工资的用途、工资计算文件，按照部门代码和工作类别汇总、计算并分配工资费用，形成工资费用分配文件。

⑦ 输出，是指根据工资计算文件、工资汇总文件、工资费用分配文件，输出工资结算单和工资条、工资费用汇总表、工资费用分配表等。

⑧ 统计，是指根据匹配、计算后的工资数据文件，按部门进行不同工作类别的工资汇总，输出劳动工资统计表，以满足企业劳资管理的需要。

⑨ 转账，是指根据工资费用分配表的工资费用分配结果，编制记账凭证，做自动转账处理，供总账子系统和成本系统调用。

相对独立的薪资子系统提高了工资计算的准确性，但没有显著提高工作效率，对于大多数中小型组织来说，目前环境下采用这种处理模式，主要用于满足其基本需求。而对于大中型企业，工资处理系统通常归属于人力资源管理系统。人力资源管理系统收集并处理广泛的与职工相关的数据，包括人力资源规划、职工关系、人事信息（工资率、扣款等）及工资单。

5.3 薪资子系统的基本功能设计

在我国，薪资子系统的开发与使用已相当成熟，通用化的商品软件也比较多，但现行的绝大多数薪资子系统软件还是以工资核算为基本目的，并在此基础上尽可能多地提供管理信息。

5.3.1 薪资子系统的基本功能模块

根据上述对薪资核算的流程分析，下面进行系统功能模块的设计。以相对独立的薪资核算子系统为例，其功能模块结构如图 5－3 所示。

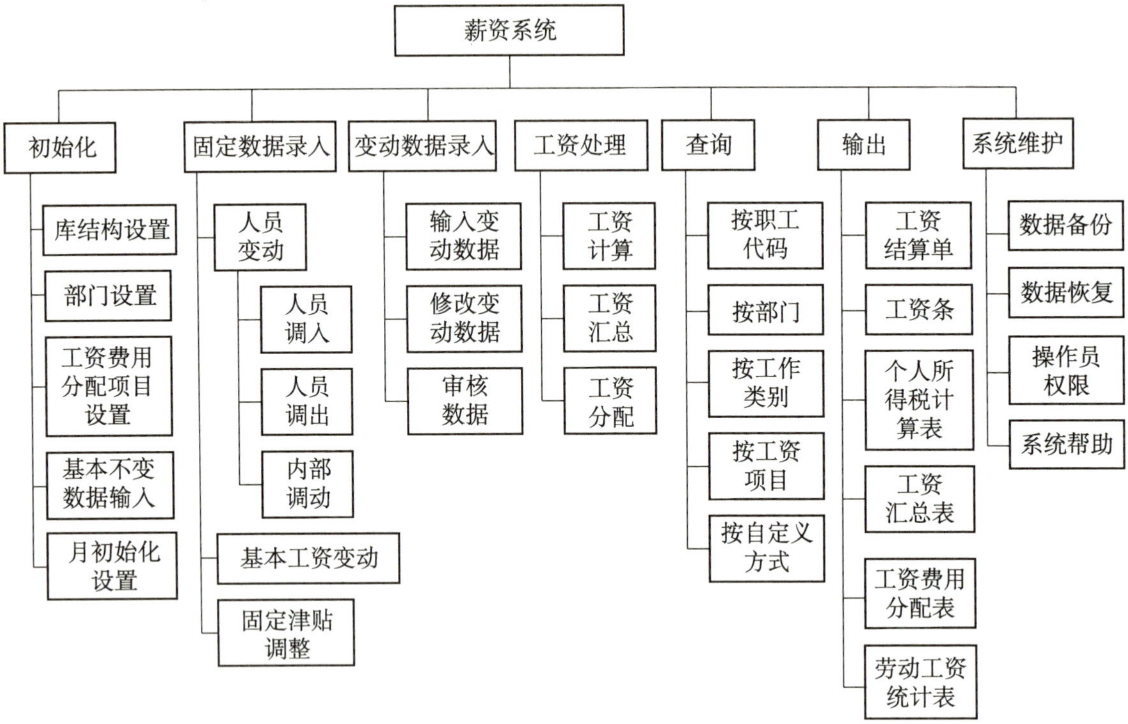

图 5－3　薪资系统功能结构

(1) 初始化功能

初始化实际上是在为薪资系统的正常运行提供准备数据，体现了会计工作规范化的要求。第一次使用薪资系统时须进行以下初始化设置：

① 库结构设置。数据库结构设置就是定义和修改工资项目。薪资系统的数据库文件建立之后，工资项目并不是一成不变的，可能会因需要而改变。通过库结构设置，实现对数据库文件结构（即工资项目增加、插入、删除、修改）的维护功能；同时，还可完成对工资项目计算公式的定义功能（即设定工资项目中各种非原始数据项目的计算公式）。

② 部门设置。为满足各部门职工薪资核算的需要，应设置部门代码与部门名称的对应关系以及其他的参数设置，实现部门代码文件的维护功能。当增加部门、减少部门或部门代码变动时，应及时对数据进行更新。

③ 工资费用分配项目设置。根据会计制度规定输入工资费用分配文件中表明部门代码、工作类别与会计科目对应关系的数据。当对应关系变动时，能对其进行维护。

④ 基本不变数据输入。在第一次使用薪资系统时，输入企业所有职工的全部基本不变数据，这部分数据一经输入便可长期使用。此外，还可设置扣款标准和个人所得税税率文件维护等模块。

⑤ 月初始化设置。每月月初，执行一次月初始化，使有关的数据文件恢复到初始状态，为处理本月工资数据做准备。如果初始化的数据要保存，可打印纸质文件，或者用磁盘备份文件。这项备份工作可由程序在初始化前显示提示信息，也可在每月的数据产生之后马上进行。

(2) 数据输入功能

① 固定数据录入。它是针对工资计算文件中的基本不变数据设计的。

※ 人员调入、调出及内部调动。当有人员调入、调出企业时，就须增加、删除基本不变数据记录；当发生人员内部调动时，就须修改该职工的部门代码。

※ 基本工资变动。当基本工资调整时，企业职工的基本工资就要有所变动，就须对基本不变数据进行修改。该功能既可做零星修改(如某员工职务晋升)，也可做成批替换修改(如工资统一调整等)。通常，基本工资调整的频率较低，并不经常发生。

※ 固定津贴调整。调整固定津贴通常是按照相关制度和标准对不同类别职工统一进行的，是对基本不变数据的成批替换修改。当新增补贴及所有职工的津贴项目时，即可使用此功能。

② 变动数据录入。变动数据录入功能为工资核算组织变动数据，并及时准确地将数据输入计算机系统，包括变动数据录入、修改及审核。由于工资数据关系到每位职工的利益、企业的利益和国家的税收，必须保证原始数据输入的正确性，可设置总量校验法、输出审核法等检验方法，并对已确认为正确的记录做一个特殊标志来完成对输入数据的审核。

(3) 工资处理功能

该功能是工资核算的核心，所有数据都要经过处理。因为工资项目繁多、计算数据量大，且工资核算本身对准确性和及时性的要求较高，所以设计时主要考虑的是计算技巧和运行速度。

① 工资计算。一旦工资数据输入后，就可以采用一定的计算方法计算职工个人的应发工资、实发工资、病/事假扣款、应纳所得税等。若以现金发放工资，则还应有一个“票面分类计算”功能；不过，现在采用银行卡发放工资，此项工作可以不做。

② 工资汇总。对各级组织(班组或小组、车间或科室、全厂)逐级进行工资汇总。工资汇总数据由工资计算文件中的工资数据计算、汇总取得。按部门对工资计算文件中的工资项目进行汇总是工资汇总的基本要求，还可实现对工资计算文件中的工资数据按指定条件(如按指定工资项目、按部门和工作类别等)进行汇总。

③ 工资分配。此功能将企业每月发生的全部工资费用按其用途进行分配，形成工资费用分配文件。还要按照相关制度规定的工资总额比例提取“五险一金”、职工福利费、工会经费、职工教育经费等，同时产生工资分配业务的转账凭证，生成记账凭证数据文件并传输到总账子系统。

(4) 工资输出功能

工资输出功能主要提供有关工资数据的查询、打印等。

① 查询工资功能。薪资子系统应具备快速、灵活的屏幕查询功能，能够按某一特征查询需要的信息。一般按主关键字(职工代码)查询，也可按其他数据项查询，这就方便了用户。例如，按职工代码查询、按部门查询、按工作类别查询、按工资项目查询、按自定义方式查询等。

② 打印输出功能。薪资子系统具有打印输出工资结算单、工资条、个人所得税计算表、工资汇总表、工资费用分配表、工资统计表等功能。在设计打印输出功能时，应能定义打印的格式，以满足用户的需要。

(5) 系统维护功能

系统维护模块中的数据备份、数据恢复、权限设置、更换操作员和系统帮助模块是一些公共模块，这里不再重复。

上面对薪资子系统功能模块设计的表述是按处理顺序进行的，实务操作中不可以颠倒处理顺序。

5.3.2 薪资子系统与总账子系统和成本系统之间的数据传递关系

薪资子系统是电算化会计信息系统中的一个功能模块(子系统)。薪资子系统日常业务的处理结果最终要反映在总账子系统中，通过凭证形式将数据传递到总账；同时，还要传递给成本管理子系统，作为成本核算的基础数据之一。

薪资子系统与会计信息系统中的总账子系统、成本管理系统以及其他子系统之间的数据传递关系如图 5-4 所示。

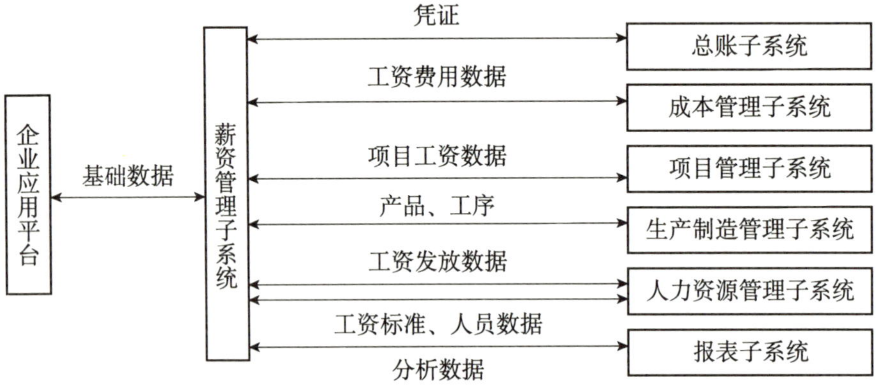

图 5-4 薪资子系统与其他子系统的数据传递关系

在集成化环境下，薪资子系统依据人力资源管理子系统的工资标准、人员数据，以及生产制造管理子系统的产品、工序数据，进行有关人员工资数据的计算；将根据工资费用分配文件中的科目代码、应付职工薪酬等数据而编制的转账凭证写入本系统的凭证文件，作为本系统与总账子系统的接口；将工资费用分配表数据传送到成本管理子系统，供计算成本时使用。此外，还可以向项目管理子系统提供相关的工资费用数据，向人力资源管理子系统提供工资发放数据，为报表子系统提供工资分析数据。

注意：将工资转账凭证传输到总账子系统必须在账务处理结账前进行，并且每月只能向总账子系统传输一次，这些操作顺序应由系统程序自动控制。

5.4 用友 ERP 薪资子系统的业务处理

薪资核算是企业会计核算中最基本的业务之一，薪资子系统是企业最经常使用的软件功能之一。

5.4.1 用友 ERP 薪资子系统的业务处理流程

用友 ERP-U8(V8.72)薪资子系统的基本业务处理流程如图 5-5 所示。

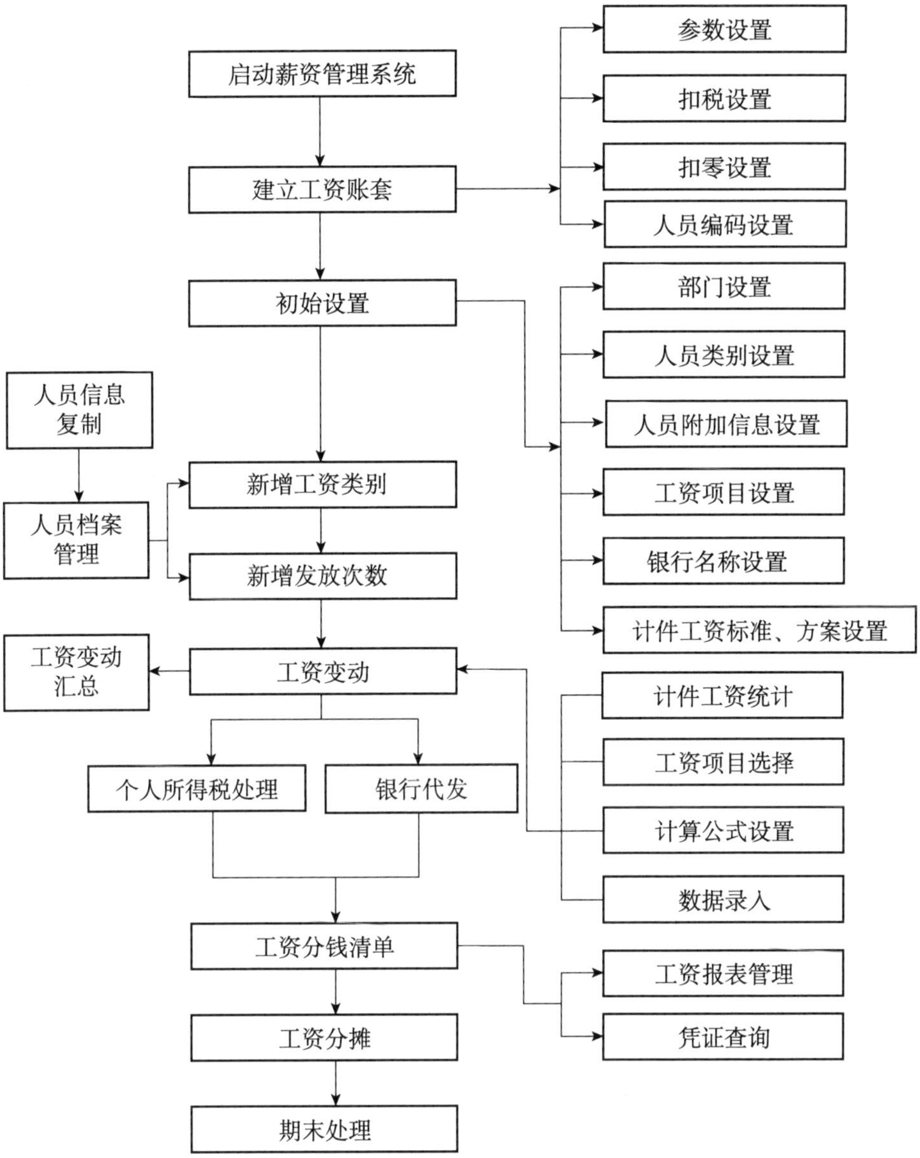

图 5－5　薪资子系统业务处理流程

在用友 ERP-U8(V8.72)管理软件中,薪资系统是人力资源管理系统的一个子系统。薪资子系统的基本操作过程为:初始设置、日常业务处理(输入数据、工资计算、工资汇总、工资分配、工资查询、打印输出等)、期末处理(自动转账、数据备份等)。执行薪资系统的功能模块,应注意数据处理的顺序。

5.4.2　薪资子系统的初始设置

用户第一次使用用友 ERP-U8(V8.72)薪资子系统,首先要做一次性的初始设置,主要包括建立工资账套和基础信息设置两部分。

工资账套与系统管理中的账套是两个不同的概念,它是针对薪资子系统而设置的。要建立工资账套,首先必须在系统管理中建立本单位的账套。建立工资账套可依据建账向导依次进行参数设置、扣税设置、扣零设置、人员编码。

基础信息设置是针对薪资系统正常运行所需的一些基础信息进行设置，主要包括部门设置、人员类别设置、人员附加信息设置、工资项目设置、银行名称设置等。

1. 工资账套设置

一般薪资系统软件可以管理多套工资，如 01—在职人员工资、02—退休人员工资等。对每个工资账套可选择工资类别、工资核算方式(如计件、计时工资)、核算币种、是否代扣个人所得税、扣零处理等相关参数进行设置，并且确定系统的启用日期。

下面以用友 ERP-U8(V8.72)薪资子系统为例，简要说明工资账套的建立过程：

第一步，在用友 ERP-U8(V8.72)企业应用平台“业务”页签中，执行“人力资源”→“薪资管理” 命令，打开“建立工资套”对话框；在建账第一步“参数设置”中，选择本账套所需处理的工资类别个数、币别名称、是否核算计件工资，如图 5-6 所示。

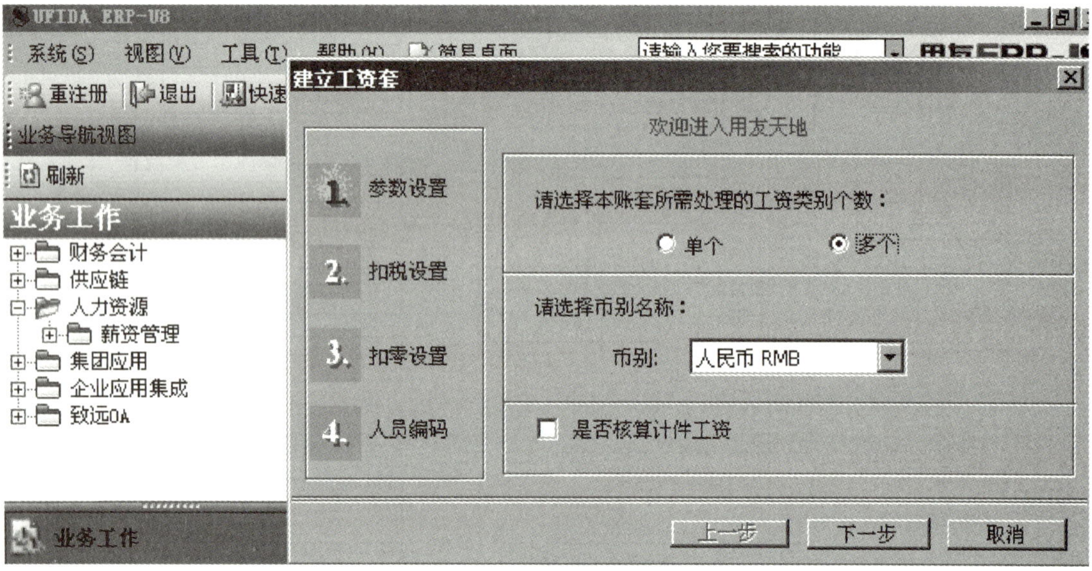

图 5-6　建立工资套

第二步，单击【下一步】按钮，在建账第二步“扣税设置”中，选择“是否从工资中代扣个人所得税”复选框。若选中，则系统将自动生成工资项目“代扣税”，并自动进行代扣税金的计算。

第三步，单击【下一步】按钮，在建账第三步“扣零设置”中做出选择。扣零设置是指每次发放工资时零头扣下，积累取整，于下次工资发放时补上。

第四步，单击【下一步】按钮，在建账第四步“人员编码”中，系统要求其与公共平台中的人员编码保持一致。

第五步，单击【完成】按钮后退出。

建账完毕后，部分建账参数可以在“设置”|“选项”中进行修改。

2. 初始设置

第一次使用薪资管理子系统时，需要进行部门、人员类别、工资项目、计算公式、个人所得税、银行等初始数据设置。

(1) 部门设置

该功能用于定义企业内部各部门的编号、名称等信息。应对部门自上而下进行多级设置，以实现工资的多级化管理，方便按部门进行有关工资数据的查询、修改和统计汇总。

用友 ERP-U8(V8.72)中，部门信息是各子系统共享、公用的基础档案信息，是系统运行的基石。因此，部门信息应在启用新账套之前，先在公共平台中进行设置。

在用友 ERP-U8(V8.72)中，在企业应用平台"基础设置"页签中，执行"基础档案"→"机构人员"→"部门档案"命令，进入"部门档案"窗口；单击【增加】按钮，根据部门设置要求输入部门编码、部门名称信息，单击【保存】按钮保存，如图 5-7 所示。

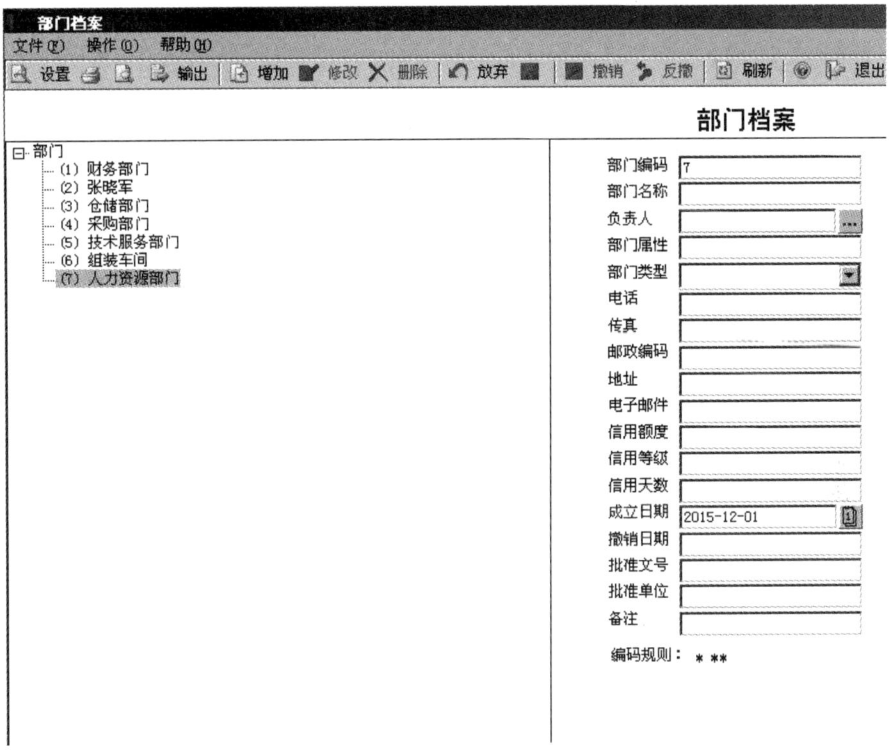

图 5-7 部门档案设置

当然，如果前面没有在企业门户的基础档案中进行部门设置，也可以在使用部门档案的其他子系统(如薪资子系统)中进行设置，系统中的基础档案信息是共享的。

(2) 人员类别设置

① 人员类别设置，便于按人员类别(如分为车间生产人员、车间管理人员、企业管理人员、销售人员等)进行工资汇总计算以及定义工资分摊的转账凭证。

② 人员档案设置，用于登记领取工资人员的姓名、职工代码、所在部门、人员类别等信息，处理员工的增减变动等。

③ 职工代码，可以由部门编号加人员序号形成。

与部门设置一样，人员信息也是用友 ERP-U8(V8.72)各子系统共享的基础档案信息。

(3) 工资项目设置

该功能用于定义工资项目的名称、类型、宽度，可根据需要自由设置工资项目，如固定工资、岗位工资、代扣项、代扣税、扣款合计等。一般而言，在建立新账套时，用友 ERP 等软件已自动设置了部分基本工资项目，如应发工资、扣款合计、实发工资、本月扣零、上月扣零等。

以“基本工资”项目为例，用友 ERP-U8(V8.72)薪资子系统进行工资项目设置的操作步骤如下：

第一步，执行“设置”→“工资项目设置”命令，打开“工资项目设置”对话框；单击【增加】按钮，在工资项目列表中增加一行空行，再单击“名称参照”下拉列表框，从下拉列表中选择 “基本工资”选项，如图 5－8 所示。

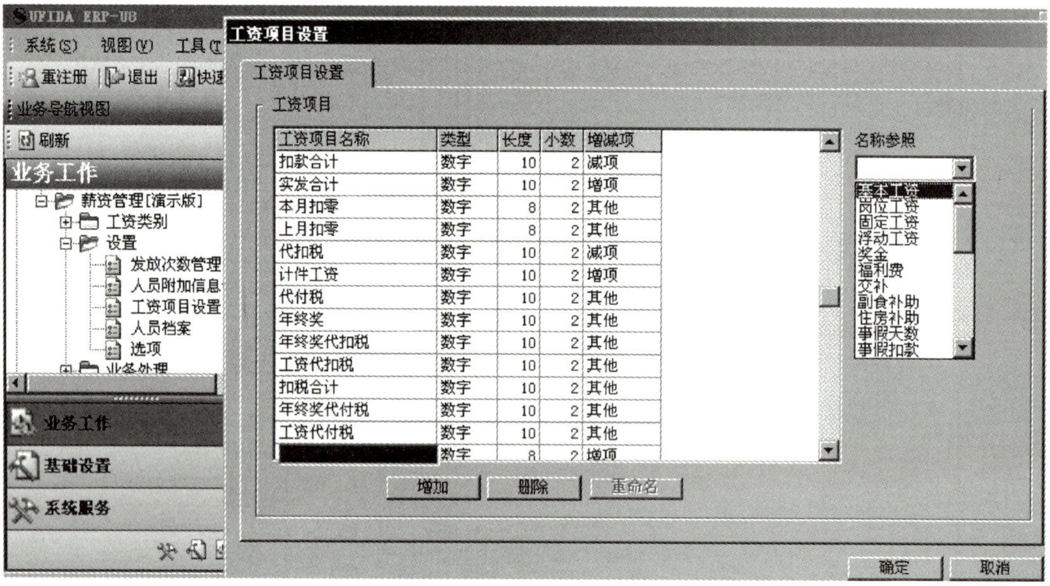

图 5－8　工资项目设置

第二步，将基本工资选入左边“工资项目”栏。

第三步，双击“基本工资”的“类型”栏，单击下拉列表，从中选择“数字”类型选项，“长度”采用系统默认值“8”。

第四步，双击基本工资的“小数”栏，调整小数位为“2”。

第五步，双击基本工资的“增减项”栏，单击下拉列表，从中选择“增项”选项。

同理，可设置其他各工资项目。如果要修改某栏目，只要双击该栏目，就可以按需要进行修改。

在工资项目设置时，系统自动生成了工资数据文件结构。但有时可能会出现数据结构与设置的工资项目不一致的情况，这时可利用数据文件重新生成工资核算数据文件结构。

(4) 计算公式设置

在工资项目设置之后，即可定义工资项目数据的计算公式，如请假扣款公式、公积金公式等。每个职工工资数据的计算按定义的计算公式进行。例如，要定义：请假扣款＝请假天数×22。用友 ERP-U8(V8.72)薪资子系统中进行计算公式设置的操作步骤如下：

第一步，在“工资项目设置”对话框中选择“公式设置”选项卡。

第二步，单击【增加】按钮，在工资项目框中增加一行空行，单击该行，在下拉列表中选择“请假扣款”。

第三步，单击“请假扣款公式定义”文本框，再单击“工资项目”列表中的“请假天数”。

第四步，单击运算符“ * ”，在“ * ”后输入数字“22”，点击【公式确认】按钮，完成请假扣款的公式设置，如图 5－9 所示。

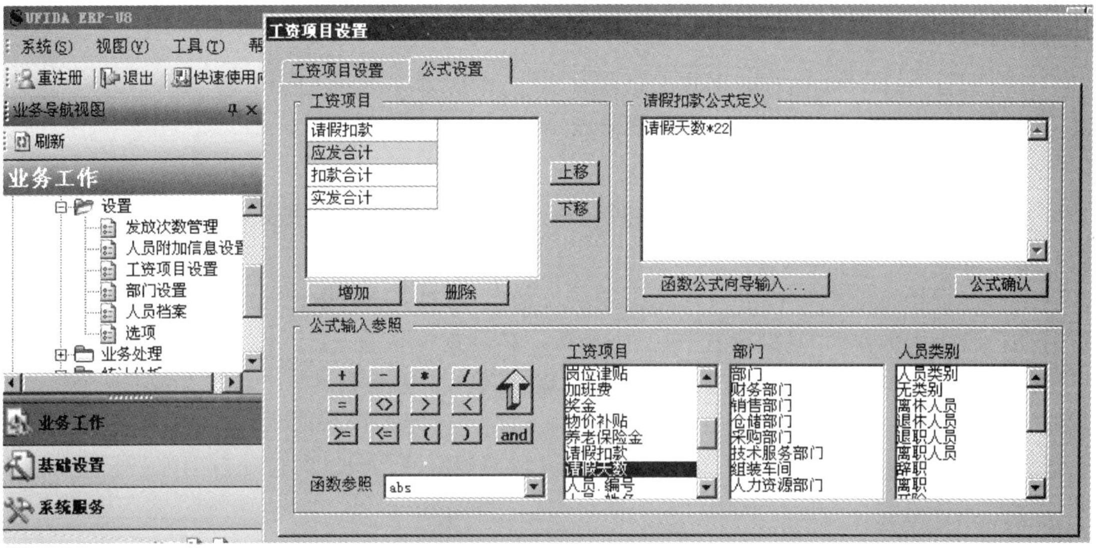

图 5-9　计算公式设置

注意:公式设置也可采用“函数公式向导”,打开“函数向导”对话框进行设置。

(5) 个人所得税设置

该功能用于进行个人所得税纳税基数的设置。一般来说,很多企业单位负责代扣、代缴个人所得税,个人所得税设置包括税率、速算扣除数、起征额等。

如果要设置纳税基数为 2 000,则用友 ERP-U8(V8.72)薪资子系统中的设置步骤如下:

第一步,执行“设置”→“选项”命令,打开“选项”对话框,单击【编辑】按钮,选择“扣税设置”选项卡,再单击【税率设置】按钮,打开“个人所得税申报表——税率表”对话框,如图 5-10 所示。

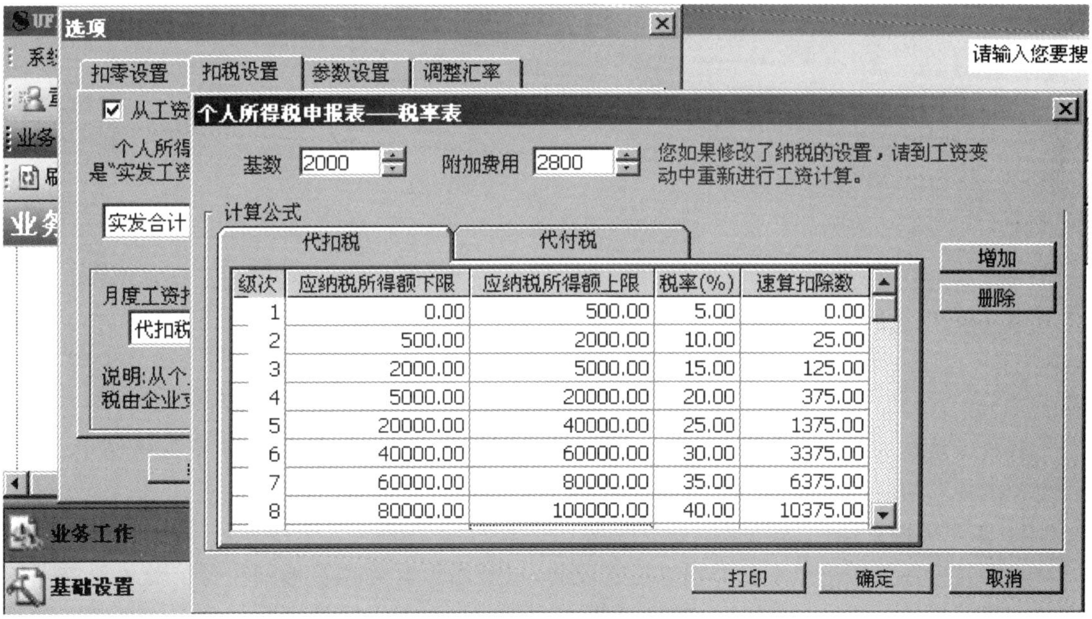

图 5-10　个人所得税设置

第二步，修改所得税纳税基数为 2 000，点击【确定】按钮返回，再点击【确定】按钮确认选项修改后退出。

通过用友 ERP 个人所得税申报表——税率表，可以设置、修改计税基数、超额累进税率等计税参数，并以此作为自动计算个人所得税的依据。

(6) 银行设置

该功能用于进行银行档案的设置，包括银行编码、银行名称等，主要是将系统的个人工资数据复制出来，以提供给银行代发工资。

由于银行档案信息是各子系统公用的共享信息，因此用友 ERP-U8(V8.72)中的银行设置可在企业应用平台的"基础设置"页签中进行。其设置步骤如下：

第一步，在企业应用平台的"基础设置"页签中，执行"基础档案"→"收付结算"→"银行档案"命令，打开"银行档案"对话框；单击【增加】按钮，打开"增加银行档案"对话框。

第二步，输入银行编码、银行名称，选择个人账户规则、账号长度、自动带出账号长度，如图 5-11所示。

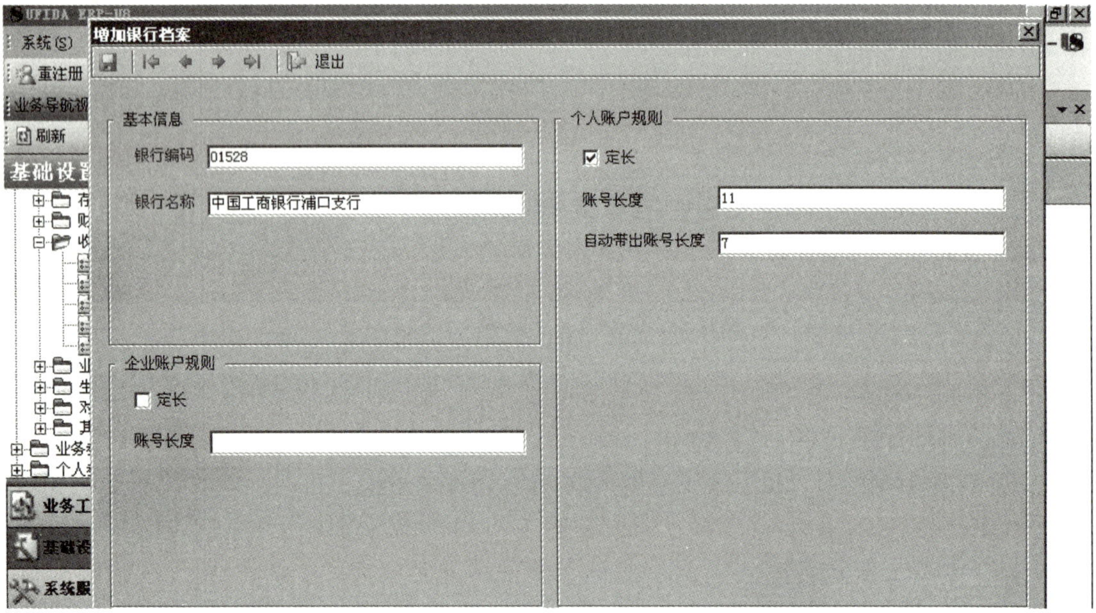

图 5-11 银行设置

第三步，单击【保存】按钮，再单击【退出】按钮后退出。

5.4.3 薪资子系统的日常业务处理

薪资子系统的日常业务处理主要包括工资类别管理、工资数据管理、工资分钱清单、个人所得税的计算与申报、银行代发、工资分摊、工资数据统计查询等。

1. 工资类别管理

薪资管理系统是按照工资类别进行管理的，以满足工资分类管理的需要。对工资类别的维护包括建立工资类别、打开工资类别、删除工资类别、关闭工资类别。每个工资类别下须建立人员档案、设置工资项目和计算公式等。

① 建立工资类别，即设置新工资类别的名称、包含部门等信息。

用友 ERP-U8(V8.72)薪资子系统中"在岗人员"工资类别的设置步骤如下：

第一步，执行"工资类别"→"新建工资类别" 命令，打开"新建工资类别"对话框，在文本框中输入第一个工资类别"在岗人员"，如图 5－12 所示。

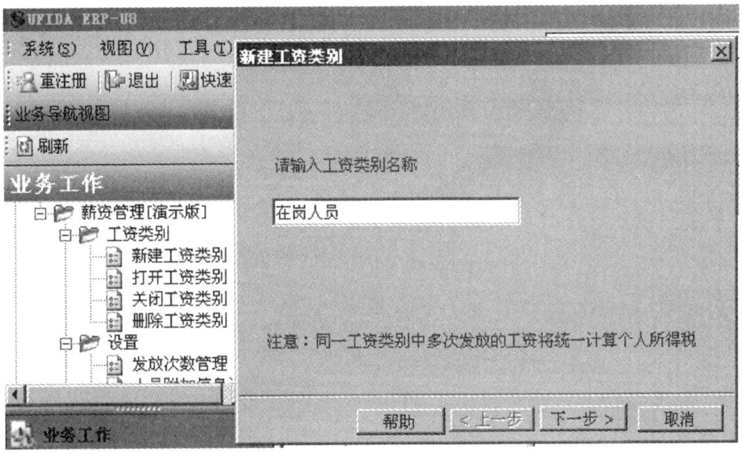

图 5－12 定义工资类别名称

第二步，单击【下一步】按钮，再单击【选定全部部门】按钮或选中所属部门。

第三步，单击【完成】按钮，系统弹出启用日期信息提示，如图 5－13 所示。

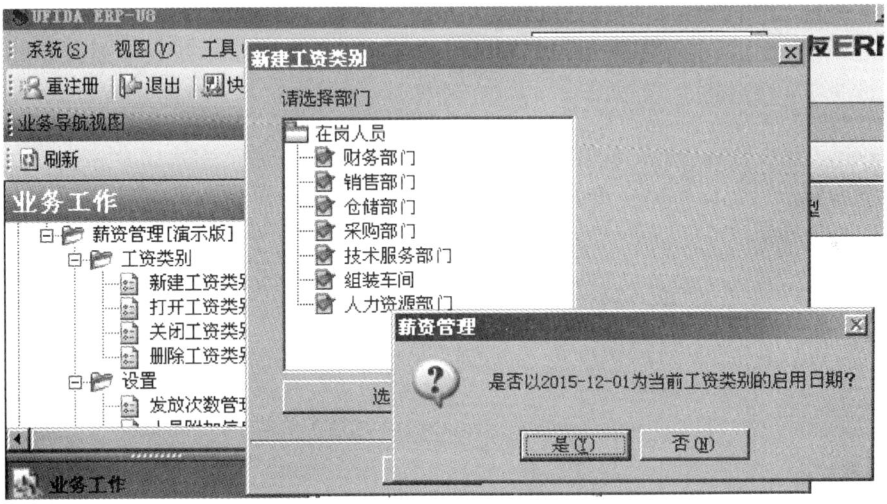

图 5－13 选择部门

第四步，单击【是】按钮，或【否】按钮修改日期后返回，再执行"工资类别"→"关闭工资类别" 命令，系统弹出"已关闭工资类别"信息提示。

② 打开工资类别。要进行某工资类别的工资数据处理，必须先打开该工资类别窗口。

在用友 ERP-U8(V8.72)薪资子系统中，可执行"工资类别"→"打开工资类别" 命令，打开"打开工资类别"对话框，选择工资类别，单击【确定】按钮。

③ 设置人员档案，即设置某工资类别包含的人员档案信息。

在用友 ERP-U8(V8.72)薪资子系统中,设置“在岗人员”人员档案的操作步骤如下:

第一步,执行“设置”→“人员档案”命令,进入“人员档案”窗口,单击工具栏的【批增】按钮,打开“人员批量增加”对话框。

第二步,在左侧的“人员类别”列表中,单击人员类别前的选择栏,“选择”栏出现“是”标志,所选人员类别下的人员档案出现在右侧列表中,如图 5-14 所示。

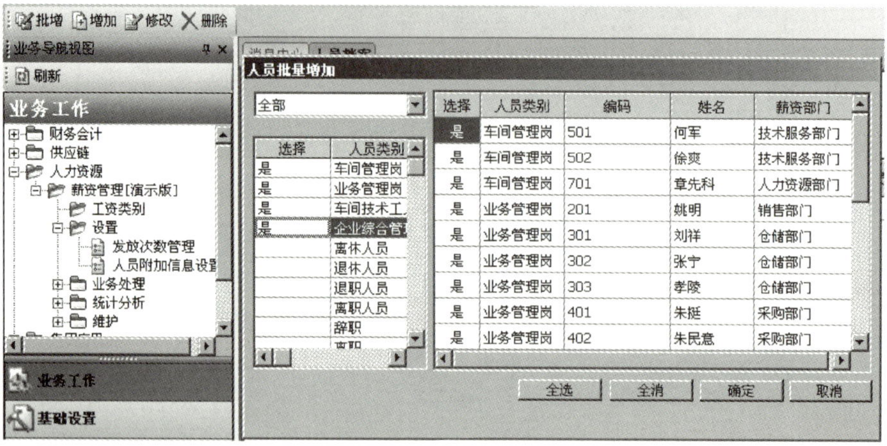

图 5-14 选择部门

第三步,单击【确定】按钮,返回“人员档案”窗口。

第四步,在“人员档案”窗口,单击【修改】按钮,进入“人员档案明细”对话框,分别修改各人员档案信息并补充输入银行账号信息;单击【确定】按钮保存,如图 5-15 所示。

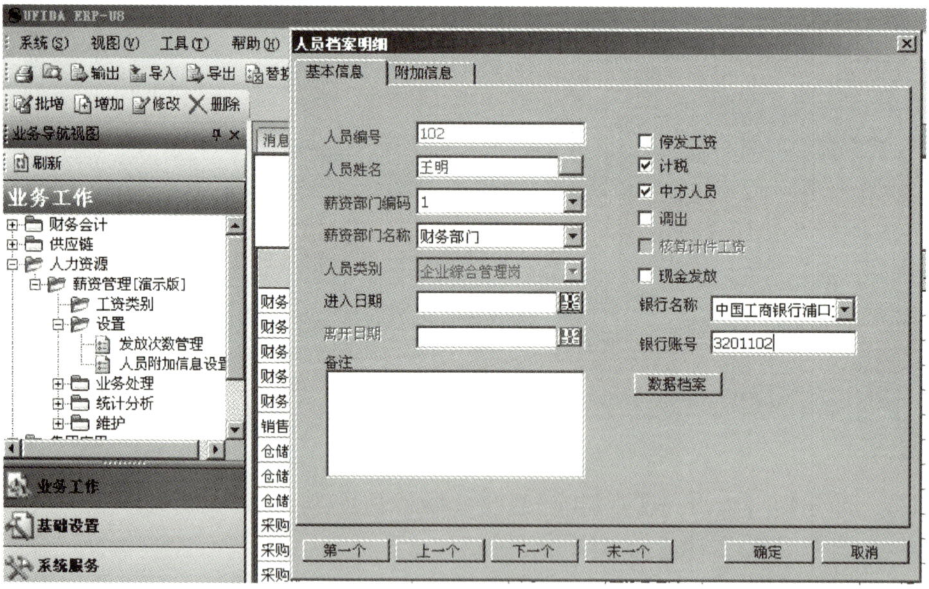

图 5-15 修改人员档案

第五步,修改人员档案完毕后,单击【确定】按钮保存后返回“人员档案”窗口;再单击【退出】按钮后退出。

④ 关闭工资类别,即关闭某工资类别以进行公共设置,或打开其他工资类别。

在用友 ERP-U8(V8.72)薪资子系统中,执行"工资类别"→"关闭工资类别" 命令,则可关闭工资类别。

2. 工资数据管理(工资变动)

① 工资数据录入。第一次使用薪资管理系统时,需要将所有人员的基本工资数据录入系统,平时(如每月)发生的工资数据的变动也在此进行调整。系统提供了对工资数据进行筛选和定位、页编辑、替换和过滤器等功能,以快速、准确地录入工资数据。

在用友 ERP-U8(V8.72)薪资子系统中,工资变动功能用于输入企业职工的工资数据(包括基本工资数据、工资变动数据)。开始使用系统时,通过该功能录入所有人员的工资数据;以后在工资数据发生变动时,通过该功能进行数据的调整。例如,在用友 ERP 中,利用过滤器、定位器等选定须调整的工资项目(只需输入没有进行公式设定的项目),修改相关工资数据。

在用友 ERP-U8(V8.72)薪资子系统中,利用工资变动功能输入工资数据的步骤如下:

第一步,执行 "业务处理"→"工资变动"命令,进入"工资变动"窗口;单击"过滤器"下拉列表框,选择"过滤设置",打开"项目过滤"对话框。

第二步,选择"工资项目"列表框中的有关工资项目,单击" > "按钮,选入"已选项目"列表,如图 5 - 16 所示。

图 5 - 16　项目过滤

第三步,单击【确定】按钮,返回"工资变动"窗口,此时显示出每个人的工资项目(只显示被选择的项目)。

第四步,分别输入各员工的工资数据,如图 5 - 17 所示。这里只需输入没有进行公式设定的项目,其余各项目由系统根据计算公式自动生成。

② 数据计算与汇总。通过计算功能,系统按设定的公式自动计算工资数据。汇总功能则用于对工资数据进行汇总。

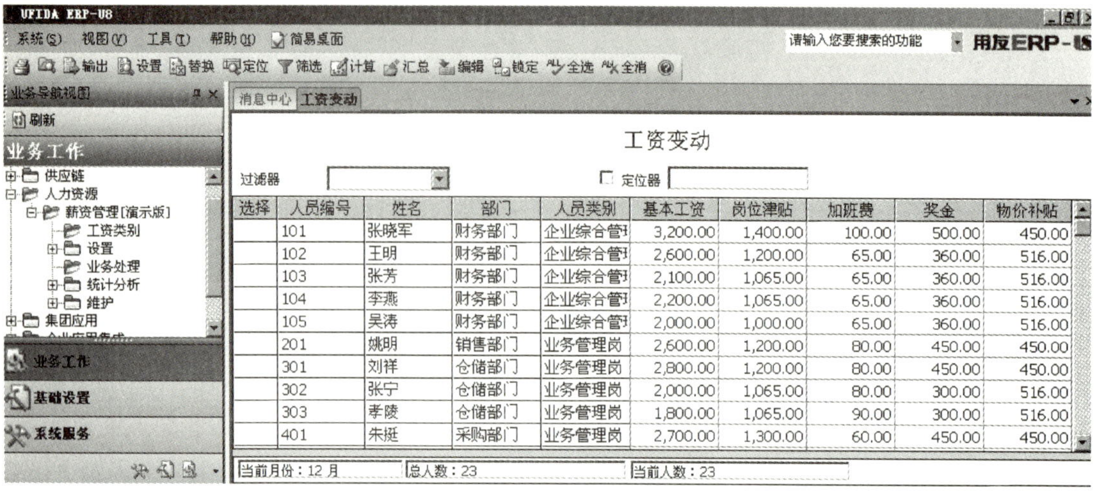

图 5-17 工资输入

用友 ERP-U8(V8.72)薪资子系统中工资数据的计算与汇总的操作步骤如下：

第一步，在“工资变动”窗口中，单击工具栏中的【计算】按钮，计算工资数据。

第二步，单击工具栏中的【汇总】按钮，汇总工资数据，如图 5-18 所示。

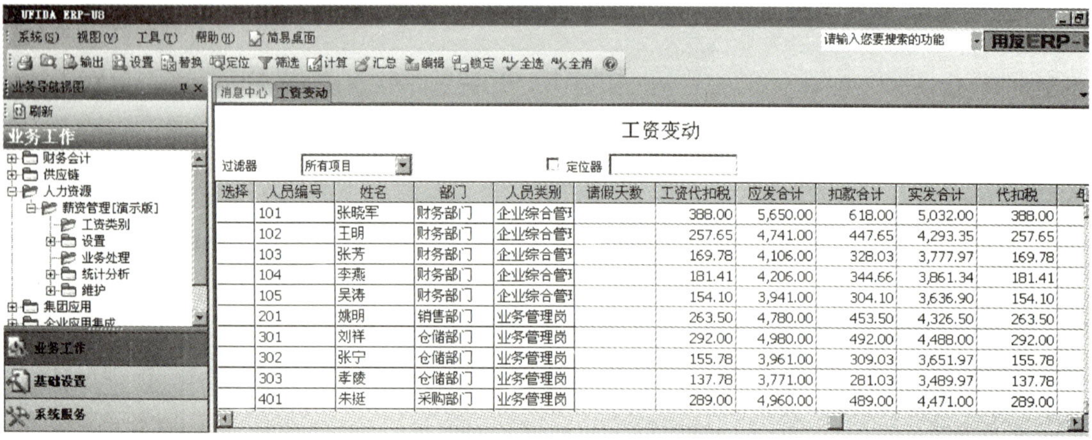

图 5-18 工资数据的计算与汇总

3. 工资分钱清单

工资分钱清单是按部门计算的工资发放分钱票面额的清单，出纳会计人员据此清单从银行取款并发给各部门。

4. 个人所得税的计算与申报

薪资子系统提供个人所得税的自动计算功能，用户只需自定义所得税税率，系统就可以自动计算个人所得税。根据个人所得税的税基设置、税率设置等，自动计算应交个人所得税，生成系统扣缴个人所得税年度申报表。

用友 ERP-U8(V8.72)薪资子系统中代缴所得税的操作步骤如下：

第一步，执行“业务处理”→“扣缴所得税”命令，打开“个人所得税申报模板”对话框，选择“个人所得税年度申报表”所在行，单击【打开】按钮，进入“所得税申报”窗口。

第二步，默认所得税申报查询范围，单击【确定】按钮，显示“系统扣缴个人所得税年度申报表”界面，如图 5－19 所示。

图 5－19　扣缴个人所得税年度申报表

5. 银行代发

银行代发处理是指每月月末单位应向银行提供给定格式的数据，以便职工凭工资信用卡取款。它是将系统的个人工资数据复制出来提供给银行代发工资。银行需要的数据格式通过本功能进行设置。例如，某市工商银行规定的代发工资数据库结构如图 5－20所示。

序号	字段名	类型	宽度	小数	举例(可取工资核算文件的数据)
1	代为代号	C	13		“0250102031666”
2	职工代号	C	9		“166601188”
3	姓名	C	10		“李明”
4	账号	N	10		“02570200000”
5	金额	N	8	2	“5168.76”
6	进账日期	D	8		“08/08/15”

图 5－20　银行代发工资数据库结构

6. 工资分摊

工资分摊用于对工资费用进行工资总额的计提、分配及各种经费的计提，并编制会计凭证。

用友 ERP-U8(V8.72)薪资子系统中，工资分摊可分为工资分摊类型设置(只要第一次设置)、分摊工资费用两部分。

① 工资分摊类型设置。该功能用于设置工资分摊计提项目(如应付工资、应付福利费等)，以及涉及的分摊计提比例、人员类别、工资项目、会计科目等。工资分摊类型的设置步骤如下：

第一步，单击“业务处理”→“工资分摊”命令，打开“工资分摊”对话框；单击【工资分摊设置】按钮，打开“分摊类型设置”对话框。

第二步，单击【增加】按钮，打开“分摊计提比例设置”对话框，输入计提类型名称“应付工资”；单击【下一步】按钮，打开“分摊构成设置”对话框。

第三步，根据要求，进行相关内容设置，设置完成后如图 5－21 所示。

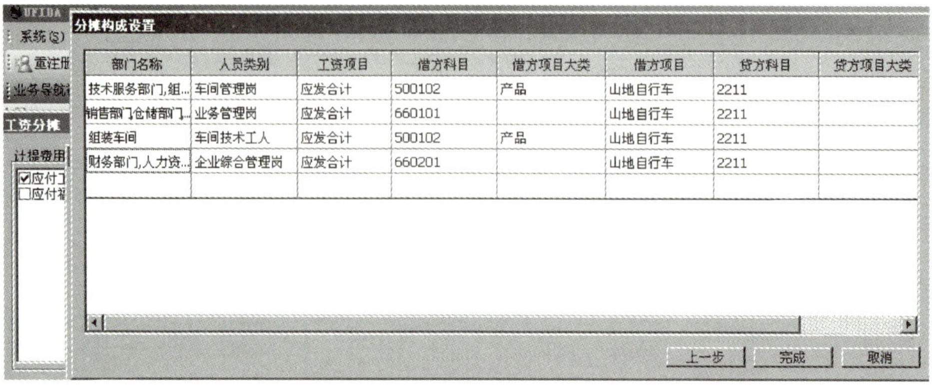

图 5－21　工资分摊类型设置

同理，单击【增加】按钮，可根据要求继续设置应付福利费分摊计提项目。

② 分摊工资费用。选择需要分摊的计提费用类型、会计月份、核算部门、计提分配方式等，调用有关数据，计算工资费用分配和有关经费计提，进行相关项目的分摊或计提，生成相关记账凭证。分摊工资费用的操作步骤如下：

第一步，执行“业务处理”→“工资分摊”命令，打开“工资分摊”对话框，选择需要分摊的计提费用类型“应付工资”复选框，选择计提会计月份。

第二步，分别选中有关核算部门复选框。

第三步，选择计提分配方式“分配到部门”或“分配到个人”单选按钮。

第四步，选择“明细到工资项目”“按项目核算”复选框，如图 5－22 所示。

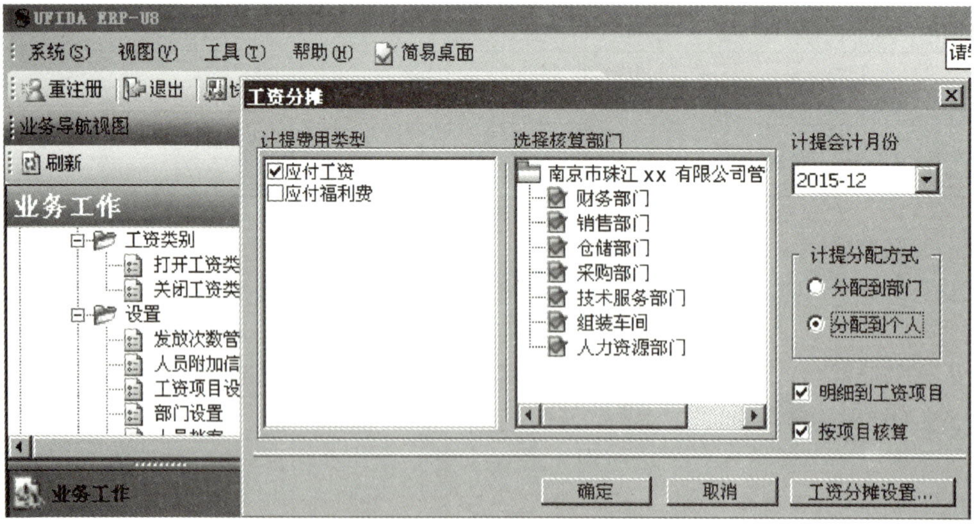

图 5－22　工资分摊设置

第五步，单击【确定】按钮，进入“工资分摊明细”窗口，显示“应付工资一览表”，如图 5－23 所示。

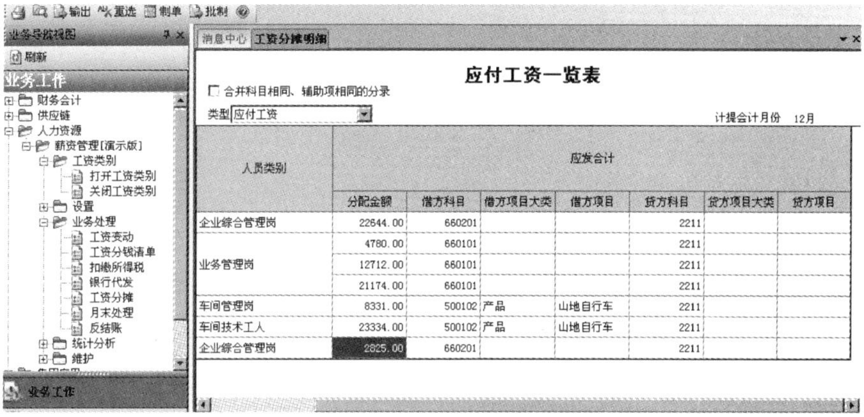

图 5－23　工资分摊明细

第六步，根据要求选择“合并科目相同、辅助项相同的分录”复选框，单击【制单】按钮，进入“填制凭证”窗口。

第七步，单击凭证左上角的“字”位置，选择记账凭证类型，单击【保存】按钮，凭证左上角出现“已生成”标志，表示该凭证已传递到总账，如图 5－24 所示。

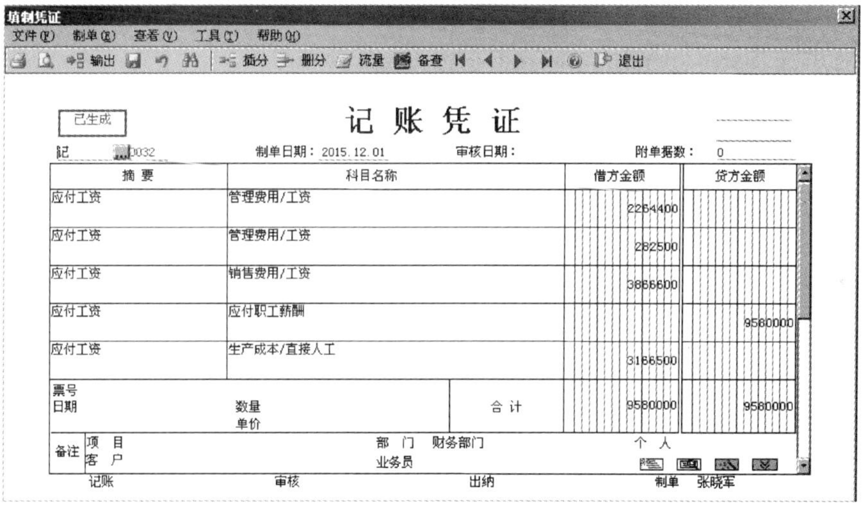

图 5－24　工资分摊凭证

同理，选择需要分摊的计提费用类型“应付福利费”，分摊“应付福利费”并生成记账凭证。

7. 工资数据统计查询

薪资子系统提供了方便的统计查询功能，可生成工资条、工资表、部门工资汇总表、工资分析表等，也可以通过“修改表”和“新建表”功能来自行设计。

5.4.4　薪资子系统的期末处理

期末处理主要包括月末结转、年末结转功能。

月末结转实现月末结账功能，是将当月工资数据经过处理后结转至下月，每月工资数据处理完毕后一般均要进行月末结转。年末，将工资数据经过处理后结转至下年。年末结转后，将自动建立新年度账。

用友 ERP-U8(V8.72)薪资子系统月末处理的操作步骤如下：

第一步，“业务处理”→“月末处理”，打开“月末处理”对话框。

第二步，单击【确定】按钮，系统显示“月末处理之后，本月工资将不许变动！继续月末处理吗?”提示信息。

第三步，单击【是】按钮，系统提示“是否选择清零项?”。

第四步，单击【否】按钮，系统提示“月末处理完毕!”。

第五步，单击【确定】按钮。

如果月末处理的月份为“12 月份”，则须选择“12 月份”进行薪资模块年结。

?思考题

1. 简述薪资子系统的特点。
2. 简述 IT 环境下与手工环境下薪资业务处理的异同。
3. 薪资子系统主要有哪些功能?
4. 试说明 IT 集成化环境下薪资子系统与其他子系统的关系。
5. 薪资子系统的初始设置主要包括哪些内容?
6. 简述用友 ERP-U8(V8.72)薪资子系统的业务处理流程。
7. 用友 ERP-U8(V8.72)薪资子系统如何解决不同类别职工的工资核算?

第6章 固定资产子系统

固定资产是指为生产产品、提供劳务、出租或经营管理而持有的、使用年限超过一年、单位价值较高的资产。固定资产在总资产中所占的比重较大，正确核算和严格管理固定资产对企业的生产经营具有重要的意义。在IT环境下，建立电算化固定资产核算子系统的目的是，在改变传统手工会计的数据存储、计算处理方式的基础上，提高数据处理的速度、精度和数据加工的深度，以加强对固定资产的核算和管理，保证成本计算的准确性。

6.1 固定资产子系统概述

固定资产子系统的作用是，进行固定资产总值、累计折旧数据的管理以及部分成本的核算，并且提供固定资产的各项指标管理。管好、用好固定资产对于保护企业财产完整、提高产品质量、降低产品成本和节约资金都具有重要意义。

6.1.1 固定资产子系统的目标

固定资产因单位价值高、变动不频繁、分散使用，故管理难度较大。企业一般都非常重视固定资产的完整性，注重在资产保全的基础上加强对折旧、维修等费用的核算和管理，重视固定资产的投资效益。在计算机数据处理环境下，除了要为固定资产核算提供及时、准确的信息，还要根据固定资产管理的需要及时地提供反馈信息。

电算化固定资产子系统的主要目标如下：

① 考虑固定资产的特殊性，提供适用于各类企业的固定资产目录、分类方法、折旧方法等，确保固定资产核算和管理的需要。

② 对固定资产的增减变动、折旧等进行完整、正确的计量和记录。

③ 加强固定资产使用过程的管理，保证固定资产安全、完整，及时、准确地提供各种状态的固定资产信息。

④ 保证固定资产有关折旧、摊销方法和处理的合理性。

⑤ 根据管理者的需要及时提供固定资产的分类汇总信息、账表信息以及相关的管理决策信息。

6.1.2 固定资产子系统的特点

固定资产子系统主要完成企事业单位的固定资产增加、减少、内部变动等日常管理，以及计提折旧、编制凭证并转入总账子系统等工作。固定资产子系统通常具有如下特点：

(1) 数据存储量大

对于企业的每一项固定资产,都需要建立固定资产卡片,其中涉及的数据项较多,通常包括代码、名称、原价、规格型号、启用日期、预计使用年限、折旧方式、累计折旧等信息,数据存储量大。

(2) 日常数据输入少

在固定资产子系统的日常业务处理中,当发生固定资产的购入、内部变动、清理等业务时,才需要输入相关数据,输入量较少。一项固定资产的相关数据输入之后,直到报废或出售都可以长期使用。

(3) 输出内容多

由于固定资产使用的各种目的,往往某一项固定资产的数据反映在不同的账表上,因此日常需要输出的内容比较多。

6.2 固定资产子系统的流程分析

6.2.1 固定资产子系统的分类及主要业务

1. 固定资产的分类

固定资产的种类繁多、规格不一,为了企业管理的规范化,应当参照国家的有关规定并结合本企业的具体情况,对企业的固定资产实行分类管理。

固定资产可以分别按照经济用途、所有权关系、使用情况和自然属性分类:①按照经济用途分为生产经营用、非生产经营用;②按照所有权关系分为自有固定资产、租入固定资产;③按照使用情况分为在用、租出、未使用、不需用;④按照自然属性分为建筑物、机器设备、电子设备、运输设备、其他设备。

在会计实务中,采用综合的方法对固定资产进行如下分类:生产经营用固定资产、非生产经营用固定资产、租入固定资产、租出固定资产、未使用固定资产、不需用固定资产。在此基础上,一般以自然属性作为第二层次的分类,如生产经营用固定资产——机器设备。

2. 固定资产核算的主要业务

对企业有关固定资产的业务进行统计分析,就可以得到固定资产核算的主要业务汇总,如表 6-1 所示。

表 6-1 固定资产核算的主要业务

与固定资产有关的业务	固定资产变化	备注
固定资产购入、建造、扩建,投资者投入,接受捐赠,融资租入	增加	
固定资产出售、报废、毁损,对外投资转出,捐赠转出,融资租出	减少	
固定资产的内部变动	总量不变	改变固定资产用途的使用部门或改变固定资产的经济用途
固定资产的清理	减少	固定资产清理中发生拆除、整理、废料入库、变卖收入

（续表）

与固定资产有关的业务		固定资产变化	备注
固定资产的清查	盘盈	增加	核查固定资产是否账实相符，对盘盈、盘亏的固定资产要查明原因，通过待处理财产损益——待处理固定资产损益账户进行处理
	盘亏	减少	
固定资产折旧		减少	固定资产在使用过程中，其价值逐步损耗而转移到产成品或期间费用，须正确计算固定资产的这部分转移价值，将其提留出来弥补固定资产的损耗
固定资产修理		增加	修理费直接计入有关账户，如果一次修理费过大，可以采用预提或待摊的方法核算

6.2.2 手工环境下固定资产子系统的流程分析

在手工方式下，固定资产的业务处理流程主要包括固定资产的增加（如购置）、减少（如报废清理）、内部变动的核算与管理、折旧的计提等。

手工环境下固定资产子系统的业务流程如图 6-1(a)和图 6-1(b)所示。

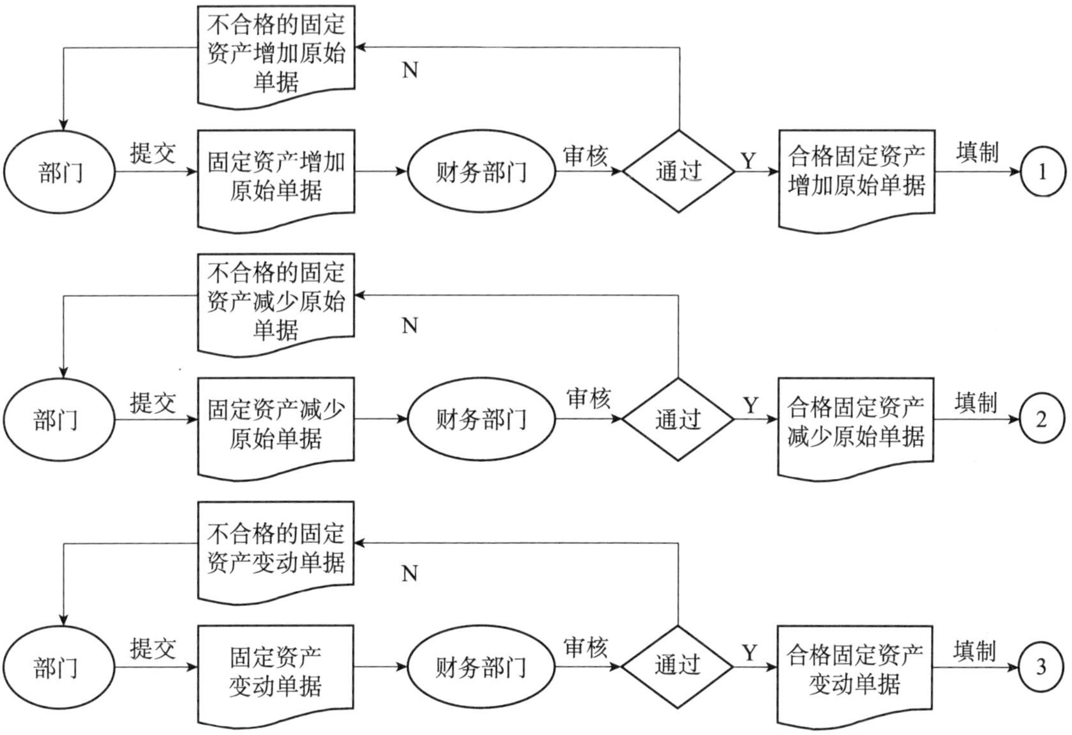

图 6-1(a) 固定资产管理系统的业务流程(a)

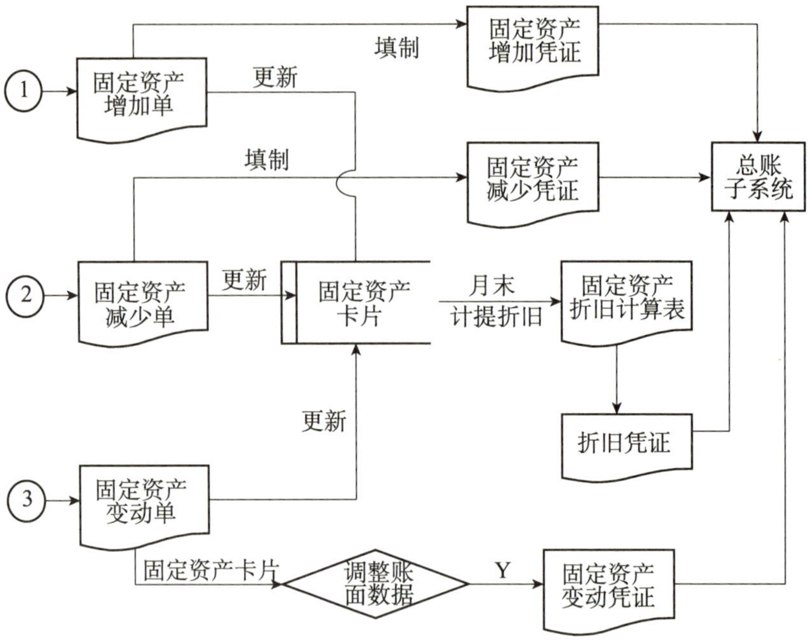

图 6-1(b)　固定资产管理系统的业务流程(b)

(1) 固定资产增加

固定资产增加方式包括固定资产的购置、自建、投资、融资租入等。固定资产增加时，由设备管理部门提交固定资产采购单、固定资产交接单、工程结算单、产权转移手续等原始单据给财务部门。财务部门审核后，根据合格的原始单据填制固定资产增加单；不合格的原始单据，退回设备管理部门。

财务人员根据固定资产增加单，一方面制作固定资产卡片；另一方面填制固定资产增加的会计凭证，登记固定资产总账和明细账。

(2) 固定资产减少

固定资产减少方式包括固定资产的报废、变卖、捐赠、丢失等。固定资产减少时，由设备管理部门提交固定资产报废单、固定资产交接单等原始单据给财务部门。财务部门审核后，根据合格的原始单据填制固定资产减少单；不合格的原始单据，退回设备管理部门。

财务部门根据固定资产减少单，一方面要制作固定资产卡片，存档固定资产的基本信息；另一方面填制固定资产减少的会计凭证，进行固定资产价值核算。

(3) 固定资产变动

固定资产变动方式包括固定资产原值的调整、所属部门的改变、折旧方法的变更等。固定资产变动时，由设备管理部门提交固定资产内部变动通知单、资产评估单等原始单据给财务部门。财务部门审核后，根据合格的固定资产变动原始单据填制固定资产变动单；不合格的原始单据，退回设备管理部门。

财务部门根据固定资产变动单，一方面，更改固定资产卡片，变更固定资产的基本信息；另一方面，对于涉及原值的变动须根据变动单据填制会计凭证，对于不涉及原值的变动则只需更新固定资产卡片。

(4) 固定资产折旧

企业每月月末根据月初的固定资产卡片价值资料和采用的折旧方法(可选用的折旧方法

包括平均年限法、工作量法、双倍余额递减法、年数总和法等)，按照相关规定计提固定资产折旧，生成相应的固定资产折旧汇总表。正确计算出固定资产折旧额后，要按照固定资产使用的受益原则进行费用分配，填制固定资产折旧凭证，分别记入相应的成本费用账户。

为了加强对固定资产的管理，固定资产核算与管理子系统还应在会计核算的基础上，为企业各类管理人员提供有关固定资产价值状况、使用情况等会计信息。例如，提供"固定资产统计表""占用情况表""价值结构分析表""使用情况分析表"等，挖掘固定资产的使用潜力，及时处理多余固定资产，为企业合理配置资源及资产投资决策提供信息支持。

6.2.3 IT 环境下固定资产子系统的流程分析

在 IT 环境下，首先，根据企业的实际情况，设置初始参数和核算规则，建立一个合适的固定资产账套，根据固定资产卡片和计算机处理的需要，设置固定资产卡片文件的结构；其次，把固定资产卡片上的数据输入固定资产卡片文件，完成初始卡片的输入工作；最后，在此基础上进行日常固定资产的增加、减少、内部变动和计提折旧，进行相关数据的分类、汇总、查询、打印输出、自动转账等各项工作。

图 6 - 2 反映了 IT 环境下固定资产子系统的基本业务处理流程。

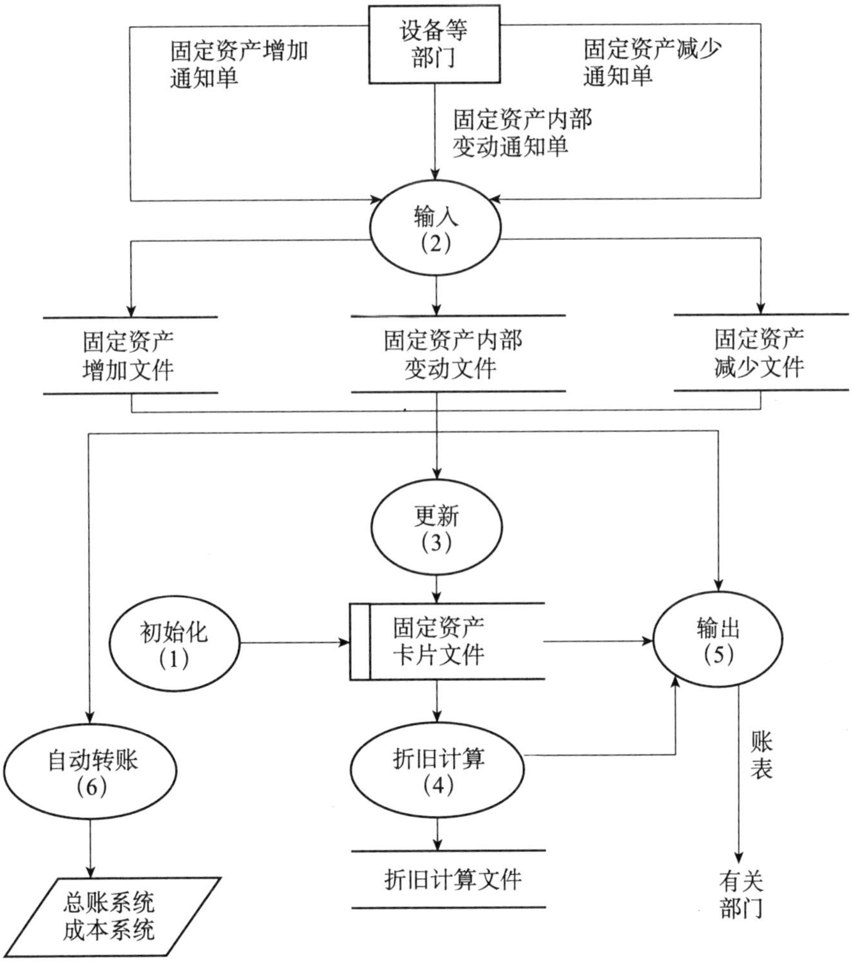

图 6 - 2 IT 环境下固定资产子系统的基本业务处理流程

各部门的职责如下:设备等部门管理固定资产的增加、减少和内部变动;数据处理部门根据设备等部门提供的原始凭证,进行与固定资产相关的数据处理。

① 初始化,是指在系统运行前将固定资产核算与管理的基本信息输入计算机系统,主要包括初始参数设置、核算规则设置和初始卡片输入。

※ 初始参数设置,包括约定说明、启用月份、编码方式、财务数据接口等,这些参数在初始启用固定资产子系统时进行设置。

※ 核算规则设置,包括资产类别设置、部门设置、部门对应折旧科目设置、固定资产的增减方式设置、折旧方法设置等。

※ 初始卡片输入,即输入启用固定资产子系统之前就已经使用的固定资产的卡片数据。建立和存储固定资产卡片文件,这是固定资产系统最重要的初始化工作。

② 日常处理,主要包括数据输入、数据更新、折旧计算、数据输出和自动转账。

※ 数据输入,是指根据与固定资产有关的原始凭证,审核固定资产增加、减少和内部变动的数据,将固定资产的变动数据输入系统,并分别存入固定资产增加、减少和内部变动这三个文件中。

※ 数据更新,是指由计算机程序更新固定资产卡片文件,使固定资产卡片文件中的数据反映企业当前的实有量。以当期固定资产变动数据更新固定资产卡片数据文件,把增加的固定资产记录插入固定资产卡片文件中;把减少的固定资产记录从固定资产卡片文件中删除;改变内部变动固定资产的使用部门。

※ 折旧计算,是指根据固定资产卡片文件中的数据,按照预先规定的固定资产折旧方法计提折旧,按部门汇总折旧额并存储在固定资产折旧文件中,从而生成计提折旧分配表。

※ 数据输出,是指从固定资产系统各相关数据文件中,查询、打印输出固定资产增减变动表、固定资产统计表、固定资产明细表、固定资产折旧计算明细表、固定资产登记簿等账表与分析数据等。

※ 自动转账,是指根据固定资产系统各相关数据文件中的数据自动生成有关固定资产增加、减少、折旧等机制凭证,转入总账子系统和成本子系统。

6.3 固定资产子系统的基本功能设计

固定资产核算和管理都存在很大的共性,加之固定资产核算和管理的内容与方法单一、规范,使得固定资产子系统成为企业应用得最普遍和成功的管理软件之一。

6.3.1 固定资产子系统的基本功能模块

企业应根据固定资产业务及处理流程的分析进行系统功能模块的设计。固定资产子系统的模块结构如图 6-3 所示。

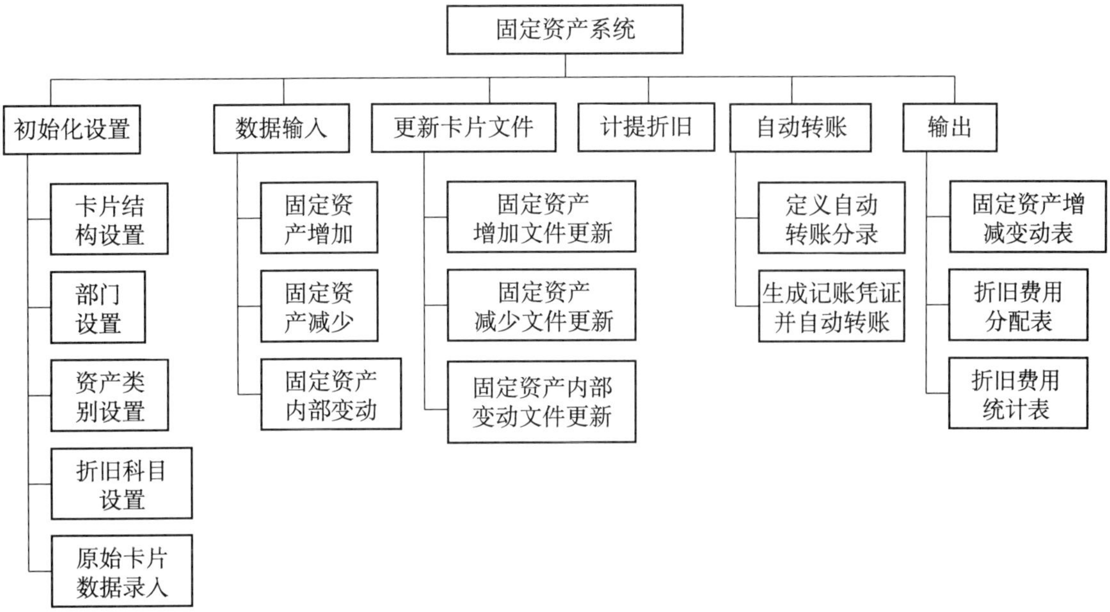

图 6－3　固定资产系统功能结构

1. 初始化设置功能

初始化设置是在系统运行之初要完成的重要基础工作。用户可以根据本单位的实际需要设置会计处理规则、方法，输入系统使用前的基础数据。初始化设置主要包括以下内容：

① 卡片结构设置。根据企业对固定资产管理的需要，设置固定资产卡片的详细项目，形成新的卡片文件结构。

② 部门设置。将企业所有部门代码和部门名称的对照关系输入计算机系统，也可从总账子系统中导入。

③ 资产类别设置。按照固定资产分类标准设置资产类别编码表。

④ 折旧科目设置。设置按部门计提固定资产折旧所对应的成本费用科目，数据保存在折旧计算文件中。

⑤ 原始卡片数据录入。把开始使用固定资产系统时就已经存在的固定资产卡片中的各项数据输入、存储在固定资产卡片文件中。

2. 数据输入功能

数据输入功能是在系统投入运行后，进行固定资产原始数据的日常输入，主要包括以下内容：

① 固定资产增加。当发生固定资产增加业务时，填制固定资产增加通知单，把日常的固定资产增加的数据经过审核后输入计算机系统，数据保存到固定资产增加文件中。

② 固定资产减少。当发生固定资产减少业务时，填制固定资产减少通知单，把日常的固定资产减少的数据经过审核后输入计算机系统，数据保存到固定资产减少文件中。

③ 固定资产内部变动。当发生固定资产内部调配业务时，填制固定资产内部变动通知单，把日常的固定资产内部变动数据经过审核后输入计算机系统，数据保存到固定资产内部变动文件中。

3. 更新卡片文件功能

在会计期末，系统自动更新固定资产卡片文件。

① 固定资产增加文件更新。将固定资产增加文件中登记标志为“未登记”的所有记录数据追加到固定资产卡片文件中，并把该记录中的“未登记”改为“已登记”。

② 固定资产减少文件更新。以固定资产减少文件中登记标志为“未登记”的记录为依据，将所有固定资产减少的记录数据从固定资产卡片文件中删除，并把“未登记”改为“已登记”。

③ 固定资产内部变动文件更新。以固定资产内部变动文件的“原部门代码”和“资产代码”为查找键，在固定资产卡片文件中找到相应记录，将此记录的部门代码改为新使用部门的代码，并把“未登记”改为“已登记”。

4. 计提折旧功能

根据月初固定资产卡片文件的数据，按照固定资产卡片文件中定义的折旧方法，自动计算出单项固定资产应计提的折旧额并按部门汇总，将计算结果存储在折旧计算文件中。

注意：按照会计制度的规定，计提折旧的依据是月初固定资产原值，所以应以当月固定资产卡片文件更新前的数据作为计提折旧的依据。

5. 自动转账功能

自动转账包括如下内容：

① 定义自动转账分录。预先根据固定资产业务设置好对应的会计科目。

② 生成记账凭证并自动转账。根据固定资产折旧文件和固定资产增加、减少文件统计转账数据，自动生成记账凭证，转入总账子系统或成本子系统。

6. 输出功能(查询和打印功能)

输出功能是从屏幕上或打印输出固定资产核算与管理的信息。可以按不同的条件和要求在屏幕上显示查询结果，或者用打印机打印输出；可以实现固定资产卡片、部门固定资产明细表、固定资产登记簿、固定资产增减变动表、部门折旧统计表、折旧费用分配表、固定资产增减变动表等固定资产变动资料的综合查询。

7. 系统维护功能

系统维护功能包括数据备份、数据恢复、操作员权限、系统帮助等。

6.3.2 固定资产子系统与其他子系统的数据关系

固定资产子系统主要与总账子系统和成本管理子系统存在数据传递关系，同时也为项目管理、会计报表、财务分析等子系统提供数据支持。

固定资产子系统与其他子系统的主要关系如图 6－4 所示。

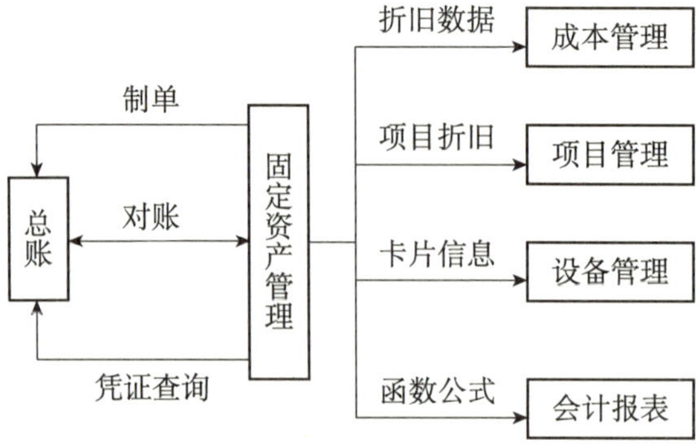

图 6－4 固定资产子系统与其他子系统的主要关系

集成化环境下，固定资产子系统中资产的增加、减少，原值和累计折旧的调整、折旧计提等数据，都要通过记账凭证的形式传输到总账系统，同时通过对账保持固定资产与总账账目的平衡，可以修改、删除及查询凭证。固定资产子系统既可以为成本管理子系统、项目管理子系统提供计提折旧有关费用的数据，还可以为设备管理子系统提供固定资产卡片信息。会计报表子系统也可以通过相应的取数函数从固定资产子系统中提取分析数据。

6.4 用友 ERP 固定资产子系统的业务处理

固定资产是企业最重要的资产，会计电算化应用的早期即实现了固定资产的信息化管理。在用友 ERP-U8(V8.72)管理软件中，固定资产子系统是作为财务会计的一个子系统而存在的。

6.4.1 用友 ERP 固定资产子系统的业务处理流程

用友 ERP-U8(V8.72)固定资产子系统的业务处理流程如图 6-5 所示。

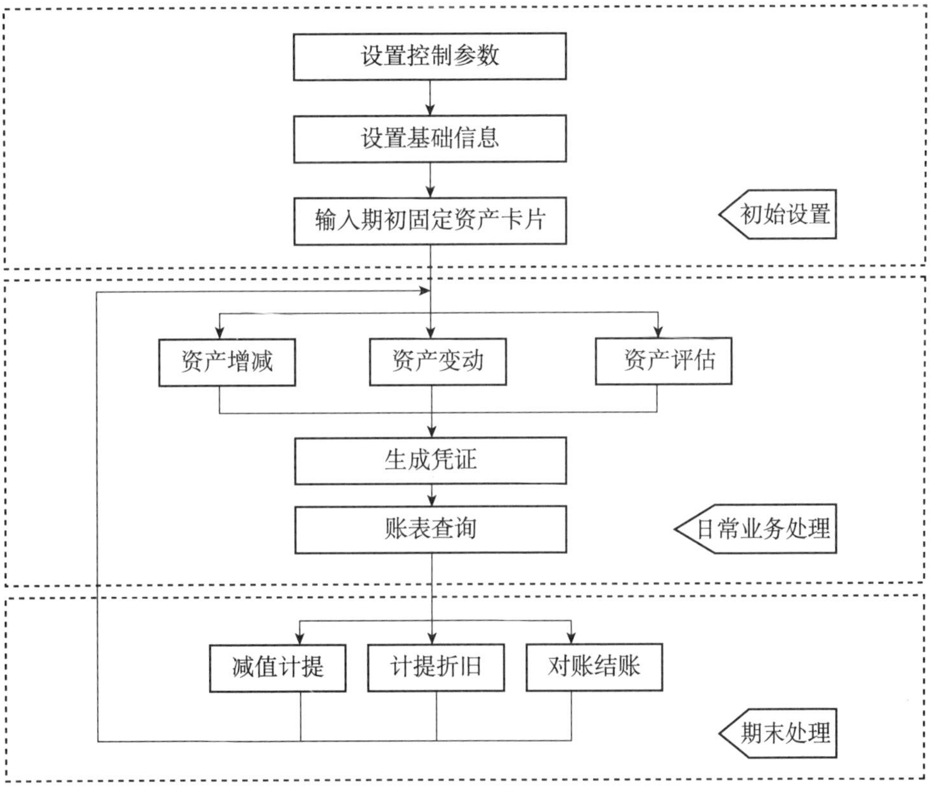

图 6-5 固定资产子系统的业务处理流程

从用友 ERP-U8(V8.72)固定资产子系统的业务处理流程可以看出，固定资产子系统的业务处理可以分为初始设置、日常业务处理和期末处理三部分。

6.4.2 固定资产子系统的初始设置

固定资产管理系统的初始设置是根据各单位的具体情况，建立一个适用的固定资产子账套的过程。初始设置包括设置控制参数、设置基础数据、输入期初固定资产卡片。

1. 设置控制参数

设置控制参数包括约定及说明、启用月份、折旧信息、编码方式、财务接口等。这些参数在首次启用固定资产管理系统时设置，其他参数可以在“选项”中补充。

在用友 ERP-U8(V8.72)企业应用平台“业务”页签中，执行“财务会计”→“固定资产”命令，系统弹出“这是第一次打开此账套，还未进行过初始化，是否进行初始化?”信息提示；单击【是】按钮，打开“初始化账套向导”对话框，如图 6－6 所示。

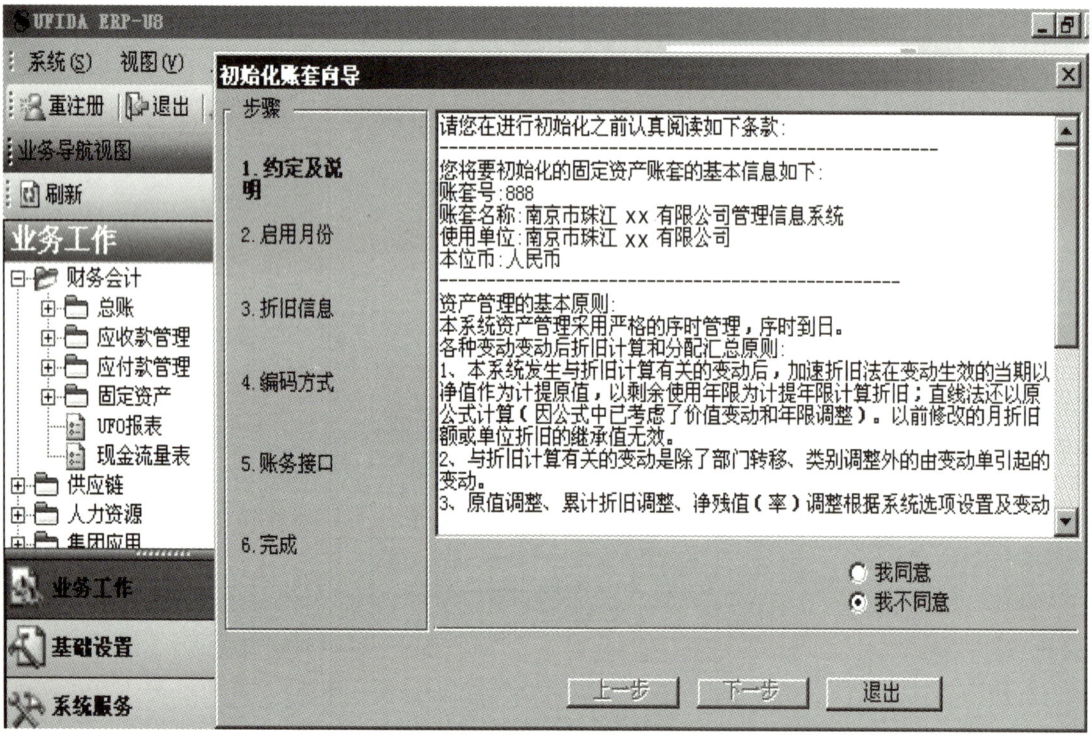

图 6－6 初始化账套向导

在“初始化账套向导—约定及说明”对话框中，选择“我同意”单选按钮并进行以下操作步骤：

第一步，单击【下一步】按钮，打开“初始化账套向导—启用月份”对话框，设置启用月份。

第二步，单击【下一步】按钮，打开“初始化账套向导— 折旧信息”对话框；选中“本账套计提折旧”复选框，选择折旧方法、折旧分配周期，确定是否选中“当(月初已计提月份＝可使用月份－1)时，将剩余折旧全部提足”复选框，如图 6－7 所示。

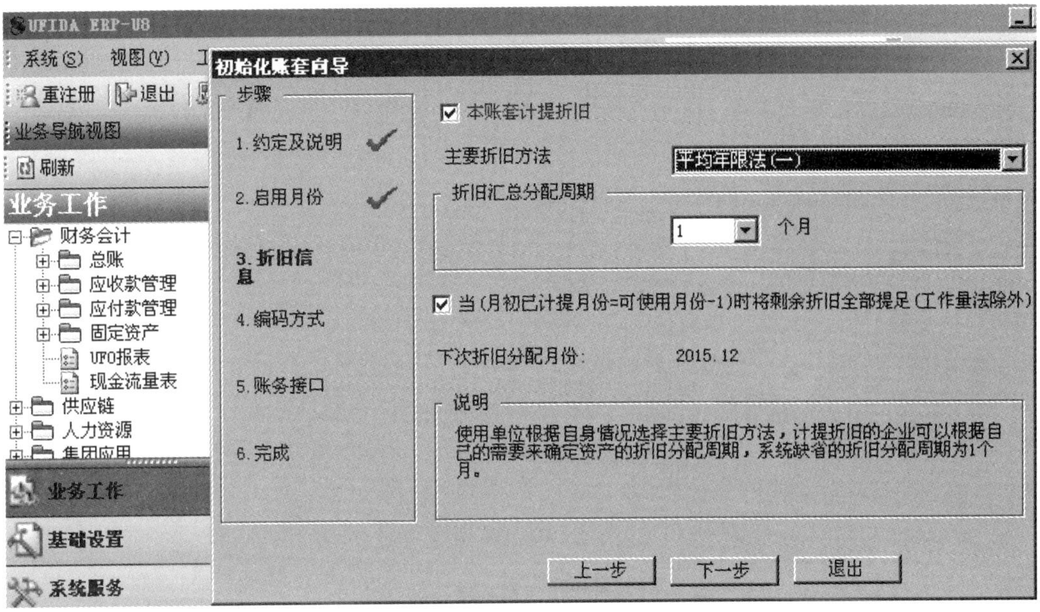

图 6-7　初始化账套向导—折旧信息

第三步，单击【下一步】按钮，打开“初始化账套向导—编码方式”对话框；选择确定资产类别编码长度，单击“手工输入”或“自动编码”单选按钮，选择固定资产编码方式、序号长度，如图 6-8 所示。

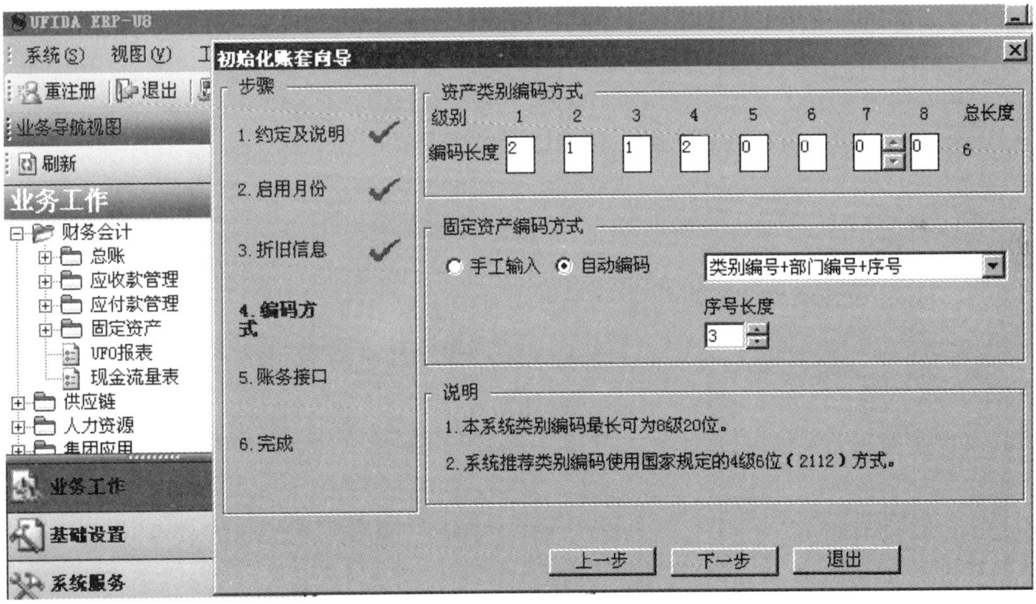

图 6-8　初始化账套向导—编码方式

第四步，单击【下一步】按钮，打开“初始化账套向导—财务接口”对话框；选中“与财务系统进行对账”复选框，选择固定资产对账科目“1601，固定资产”、累计折旧对账科目“1602，累计折旧”，选中“在对账不平情况下允许固定资产月末结账”复选框，如图 6-9 所示。

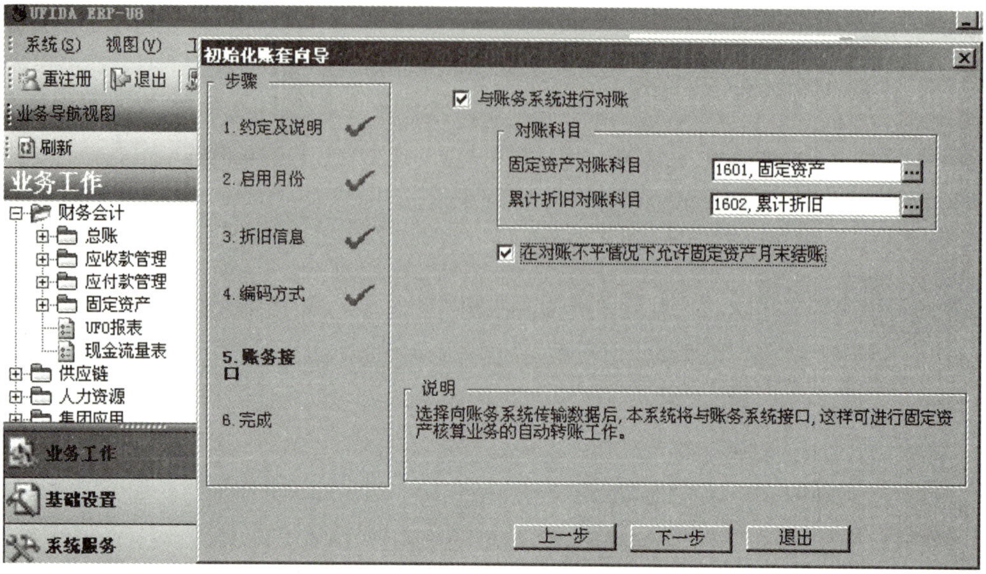

图 6-9 初始化账套向导—账务接口

第五步,单击【下一步】按钮,打开“初始化账套向导—完成”对话框,单击【完成】按钮,系统弹出“是否确定所设置的信息完全正确并保存对新账套的所有设置?”信息提示;单击【是】按钮,弹出“已成功初始化本固定资产账套!”信息提示,再单击【确定】按钮,完成控制参数设置。

在初始化设置完成后,因为有些控制参数不能修改,所以要慎重。如果发现参数有错,必须改正,就只能通过固定资产子系统的“工具|重新初始化账套功能”命令实现。该操作将清空对该子账套所做的一切工作。

另外,在用友 ERP-U8(V8.72)固定资产子系统中,执行“设置”→“选项”命令,进入“选项”窗口(见图 6-10),通过【编辑】按钮对控制参数进行修改或补充设置。

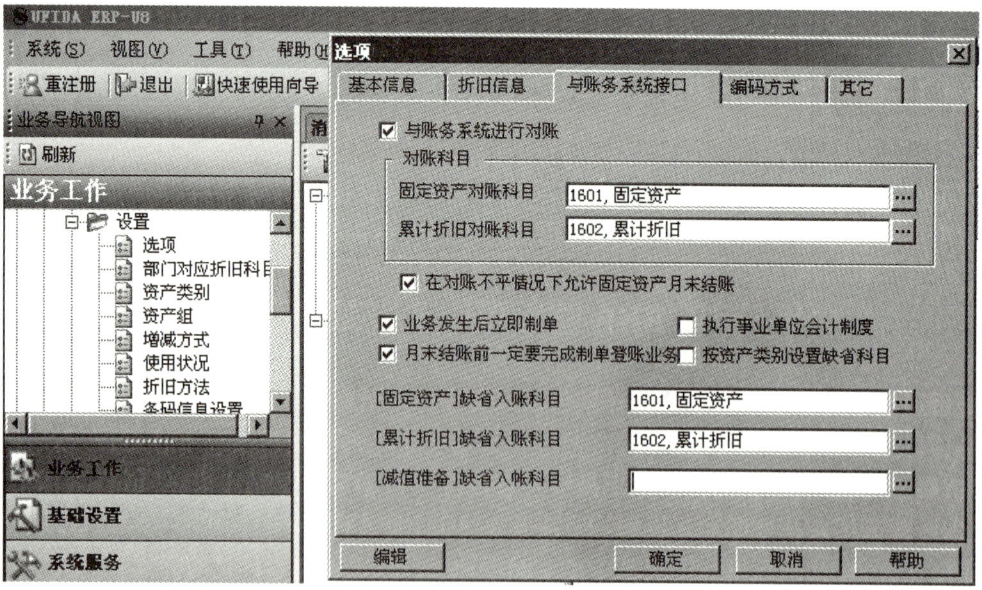

图 6-10 选项

2. 设置基础数据

设置基础数据主要包括固定资产类别设置、部门设置、部门对应折旧科目设置、增减方式设置等基础信息的定义和设置。

(1) 固定资产类别设置

设置固定资产类别，如01—房屋、02—建筑物、03—机械设备、04—运输设备。固定资产编码为固定资产类别码+固定资产序号，如0100001代表第1栋房屋。

在用友ERP-U8(V8.72)固定资产子系统中，执行"设置"→"资产类别"，进入"资产类别"窗口；单击【增加】按钮，输入类别名称，选择计提属性、卡片样式，如图6-11所示。

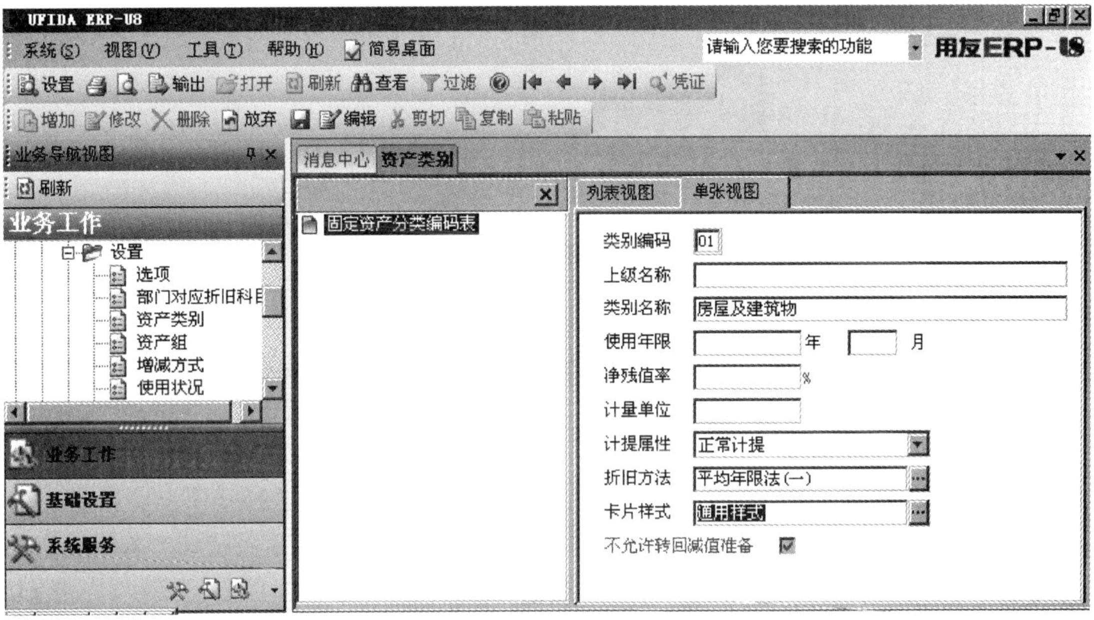

图6-11 固定资产类别设置

(2) 部门设置

设置企业内部各个部门的代码与名称。由于部门信息是各子系统共享、公用的基础档案，若前面已经设置，则在此不须重复设置。

(3) 部门对应折旧科目设置

按照固定资产使用部门的不同，计提的折旧分别归入不同的成本费用科目(记入"累计折旧"贷方)。例如，办公部门使用固定资产的计提折旧记入"管理费用"借方，生产部门使用固定资产的计提折旧记入"制造费用"借方，等等。

例6-1 在用友ERP-U8(V8.72)固定资产子系统中，财务部门的对应折旧科目的设置步骤如下：

第一步，执行"设置"→"部门对应折旧科目"，进入"部门对应折旧科目"窗口；在固定资产部门目录列表框中选择部门"财务部门"，单击【修改】按钮。

第二步，选择折旧科目"660206 管理费用/折旧费"，如图6-12所示。

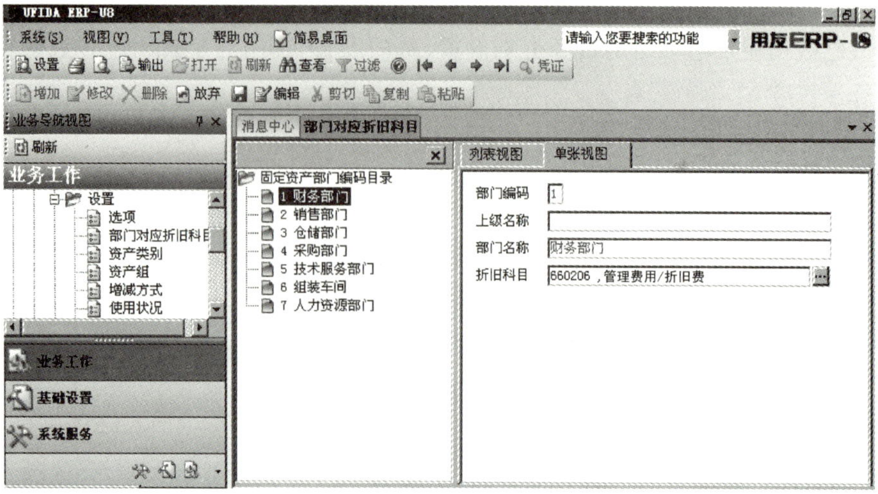

图 6-12 部门对应折旧科目

第三步，单击【保存】按钮。

同理，可分别完成其他部门对应折旧科目的设置。

(4) 增减方式设置

为了能自动编制转账凭证，可通过固定资产增减方式设置功能，对每种增减方式设置对应的入账会计科目。例如，直接购入固定资产设为“借：固定资产，贷：银行存款”；投资者投入固定资产设为“借：固定资产，贷：实收资本”，等等。当固定资产发生增减变动、系统生成凭证时，会默认采用这些科目。

例 6-2 在用友 ERP-U8(V8.72)固定资产子系统中，直接购入固定资产的设置步骤如下：

第一步，执行“设置”→“增减方式”命令，进入“增减方式”窗口；在左边列表框中，单击选中增加方式“直接购入”，单击【修改】按钮。

第二步，输入对应入账科目“100201 农行珠江分行”，如图 6-13 所示。

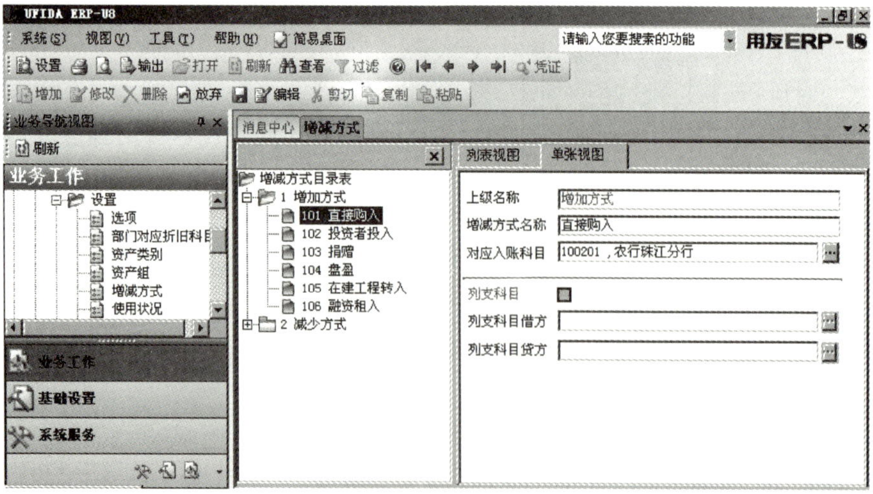

图 6-13 增减方式

第三步，单击【保存】按钮。

同理，可分别输入其他各种增减方式的对应入账科目。

3. 输入期初固定资产卡片(原始卡片)

输入期初固定资产卡片是将建账日期以前的有关固定资产数据输入系统，以保持历史资料和业务处理的连续性。

例 6-3 在用友 ERP-U8(V8.72)固定资产子系统中，输入原始卡片的步骤如下：

第一步，执行“卡片”→“录入原始卡片”命令，进入“固定资产类别档案”窗口；选中固定资产类别编码前的复选框，单击【确定】按钮，进入“固定资产卡片”窗口。

第二步，输入固定资产名称，双击“使用部门”并选择所在部门，双击“增加方式”选择具体方式，双击“使用状况”选择所处状态，输入开始使用日期、原值、累计折旧、使用年限，其他信息自动算出，如图 6-14 所示。

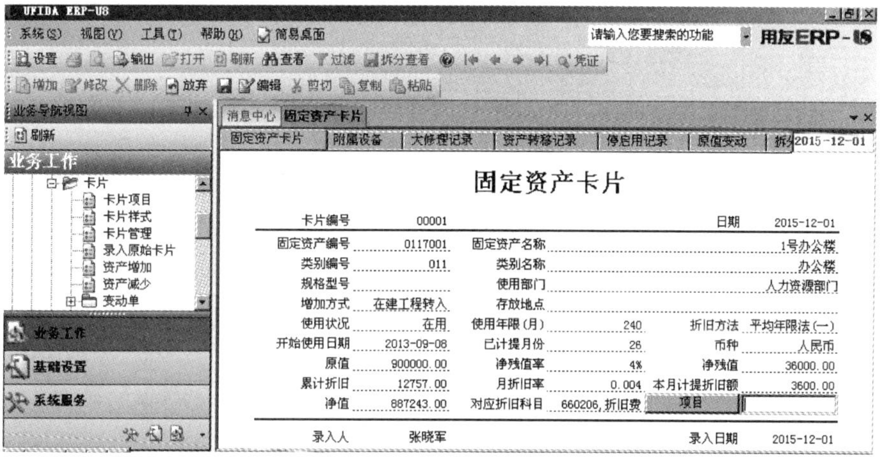

图 6-14 固定资产卡片

第三步，单击【保存】按钮，系统弹出“数据成功保存!”信息提示，再单击【确定】按钮。

同理，可依次完成其他固定资产原始卡片的输入。全部原始卡片录入完成后，可以选择“处理”→“对账”命令，系统自动将目前固定资产系统明细与总账系统进行对账，并显示对账结果，如图 6-15 所示。

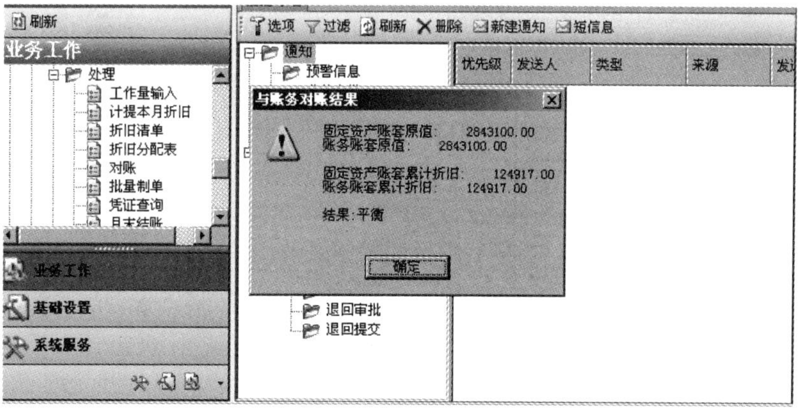

图 6-15 与账务对账结果

6.4.3 固定资产子系统的日常业务处理

固定资产子系统的日常业务处理主要包括固定资产增加、固定资产减少、固定资产变动、固定资产评估、生成凭证和账表管理。

1. 固定资产增加

固定资产增加是指单位购进或通过其他方式增加企业资产，需要输入一张新的固定资产卡片。

在用友 ERP-U8(V8.72)固定资产子系统中，执行"卡片"→"资产增加"命令，进入"固定资产类别档案"窗口；选择固定资产类别，再进入"固定资产卡片"窗口，输入有关卡片项目数据（见图 6－16）。

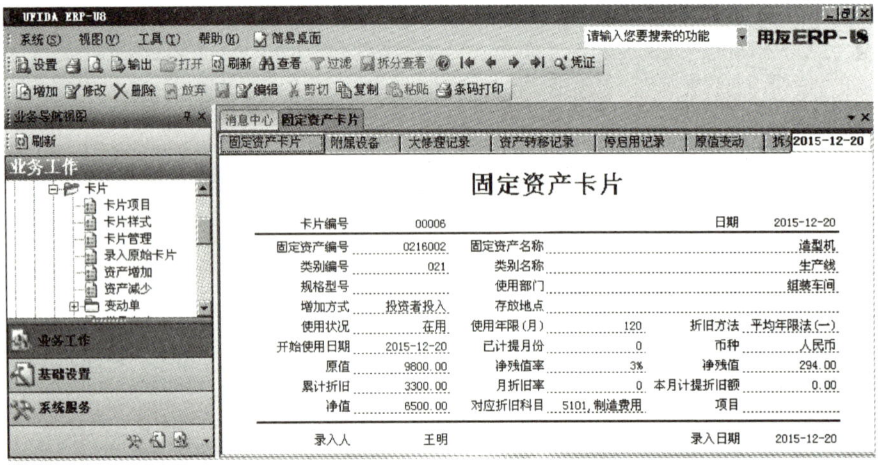

图 6－16 固定资产增加

新增卡片项目数据的录入方法与原始卡片数据的录入方法类似，在此不再赘述。需要注意的是，此时新增固定资产开始使用日期的会计期间应等于录入卡片的会计期间。

新增卡片项目数据输入完毕后，单击【保存】按钮，可进入"填制凭证"窗口；选择凭证类别，修改制单日期，生成有关固定资产增加的记账凭证并传递到总账子系统，如图 6－17 所示。

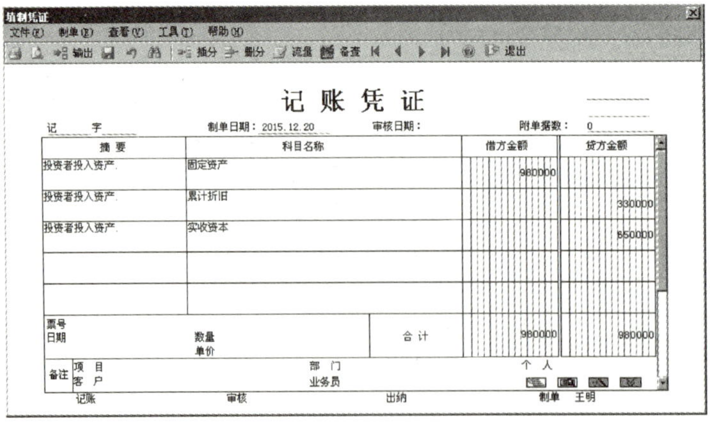

图 6－17 固定资产增加的记账凭证

新增卡片项目数据输入完毕后，也可以不立即制单，月末再进行批量制单。

2. 固定资产减少

固定资产减少是指在使用过程中，出于各种原因造成资产退出企业，需要做减少处理，输入固定资产减少卡片并说明减少原因。对于资产减少，只有当账套开始计提折旧后才可以使用资产减少功能。

在用友 ERP-U8(V8.72)固定资产子系统中，执行“卡片”→“资产减少”命令，可进行固定资产减少的业务处理(具体步骤从略)。

3. 固定资产变动

资产的变动包括原值变动、部门转移、使用状况变动、使用年限调整、折旧方法调整、净残值(率)调整、工作总量调整、累计折旧调整、资产类别调整、变动单管理等。

在用友 ERP-U8(V8.72)固定资产子系统中，当发生固定资产变动时，执行“卡片”→“变动单”→“部门转移”命令，进入“固定资产变动单”窗口，通过输入相应的“变动单”来记录资产调整结果，输入固定资产使用部门因内部调配而发生变动的信息(见图 6－18)。其他项目(如名称、编号、自定义项目等)的修改可以在卡片上直接进行。

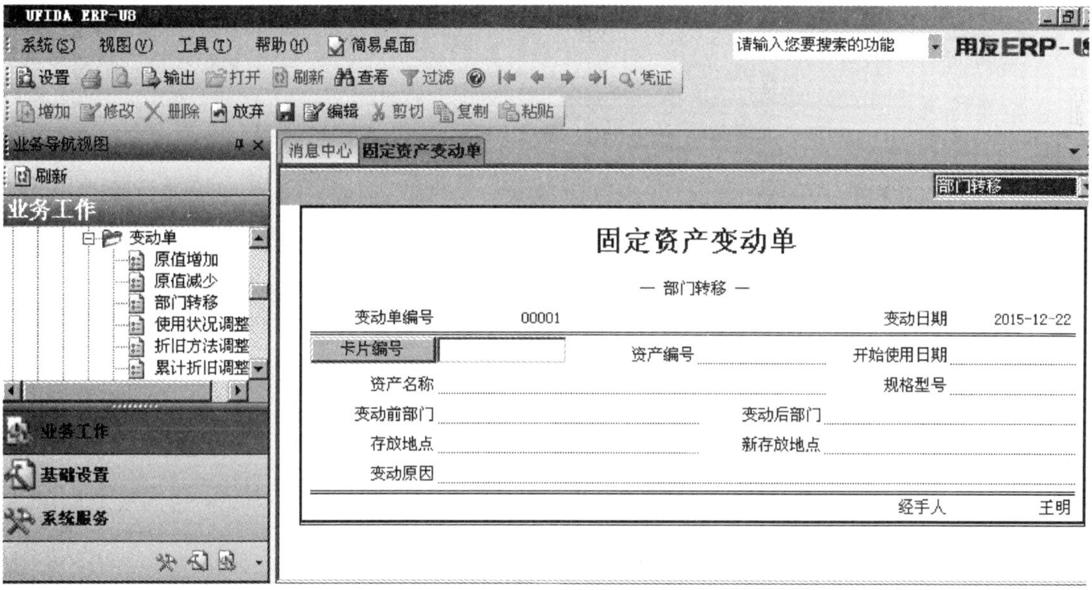

图 6－18　资产变动

4. 固定资产评估

固定资产管理系统提供对固定资产评估的管理。利用此功能，可以将评估机构的评估数据手工录入系统，并实现对评估单的管理。固定资产评估功能提供的可评估内容主要包括资产原值、累计折旧、净值、使用年限、工作总量和净残值率。

例 6－4　某企业 1 号生产线原始卡片数据资料如下：卡片编号为 00003；资产名称为 1 号生产线；类别编号为 021；所在部门为组装车间；增加方式为直接购入；使用年限(月)为 120；原值为 637 578 元；累计折旧为 54 648 元；对应折旧科目为制造费用；开始使用日期为

2012.08.01。2015年12月20日，对1号生产线进行资产评估，评估结果为原值600 000元、累计折旧56 000元。

对于上述1号生产线的评估业务，用友ERP-U8（V8.72）固定资产子系统的处理步骤如下：

第一步，执行“卡片”→“资产评估”，进入“资产评估”窗口；单击【增加】按钮，打开“资产评估选择”对话框，选中需要评估项目的“原值”复选框和“累计折旧”复选框，如图6-19所示。

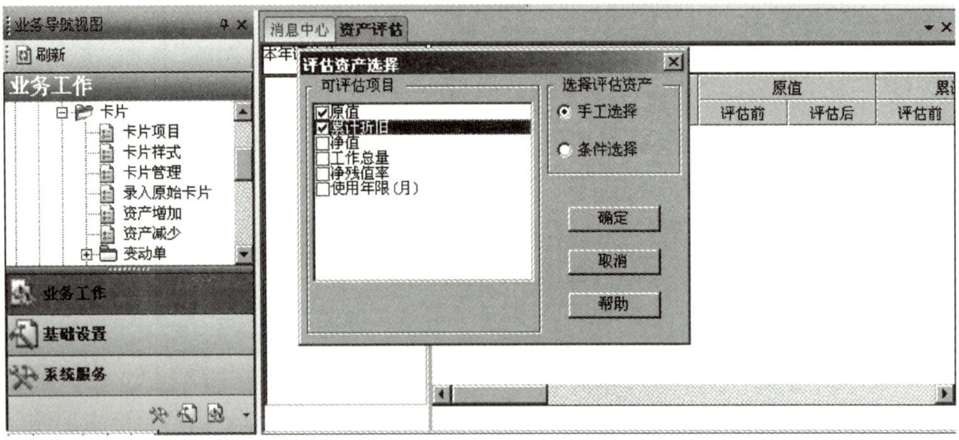

图6-19 评估资产选择

第二步，单击【确定】按钮，返回“资产评估”窗口，选择要评估资产“机器设备”的卡片编号“00003”，输入评估后的原值600 000元、累计折旧56 000元，如图6-20所示。

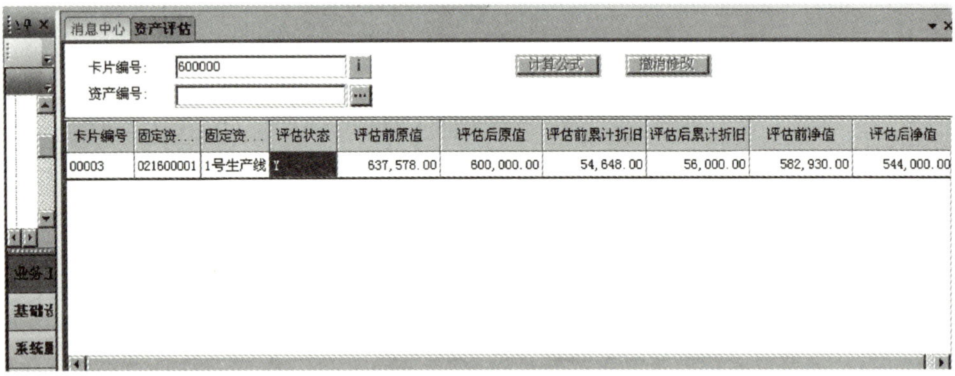

图6-20 资产评估

第三步，单击【保存】按钮，系统弹出“是否确认要进行资产评估？”信息提示。

第四步，单击【是】按钮，可进入“填制凭证”窗口生成有关该资产评估业务的记账凭证，也可以不立即制单，以后再利用批量制单功能进行。

5. 生成凭证

利用固定资产子系统，生成记账凭证并向总账子系统传递有关固定资产业务的数据。

在用友ERP-U8（V8.72）固定资产子系统中，可以采取“立即制单”（即业务数据输入完毕单击【保存】按钮后马上制单)或“批量制单”的方法制作凭证。

6. 账表管理

利用固定资产子系统的账表管理功能,可以及时了解和掌握资产的统计、汇总和其他有关信息。

用友 ERP-U8(V8.72)固定资产子系统中的账表包括各种账簿、折旧表、统计表和分析表四类。另外,系统还提供了自定义报表功能,单位可以根据实际需要进行设置。

例 6-5 查看“(部门)折旧计提汇总表”,其操作步骤如下:

第一步,执行 “账表”→“我的账表”命令,进入“报表”窗口。在账簿列表框中,选择“折旧表”下的“(部门)折旧计提汇总表”,打开“条件—[(部门)折旧计提汇总表]”对话框。

第二步,选择期间(如“2015.12”—“2015.12”),选择汇总级次(如“1”—“2”)。

第三步,单击【确定】按钮,打开“(部门)折旧计提汇总表”窗口,查询相关内容,如图 6-21 所示。

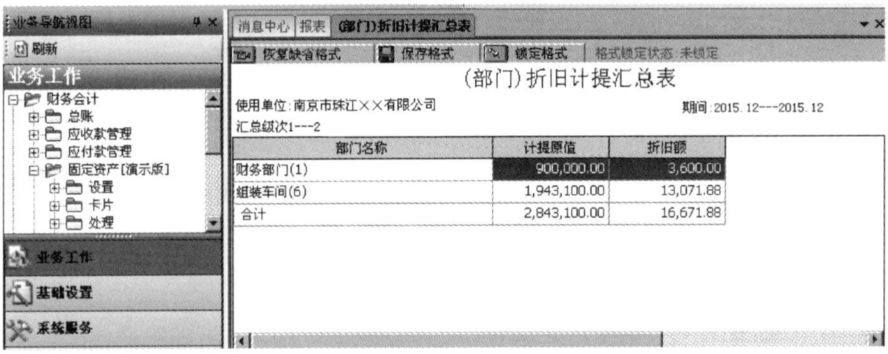

图 6-21 (部门)折旧计提汇总表

6.4.4 固定资产子系统的期末处理

固定资产子系统的期末处理主要包括计提减值准备、计提折旧、对账、月末结账等内容。

1. 计提减值准备

由于市价持续下跌或技术陈旧等导致其可回收金额低于账面价值的,应当将可回收金额低于账面价值的差额作为固定资产减值准备进行计提,且必须按单项资产计提。如果计提的固定资产价值又得到恢复,应在原计提的减值准备范围内转回。

例 6-6 某企业一辆卡车的原始卡片数据资料如下:卡片编号为 00005;资产名称为卡车;类别编号为 031;所在部门为组装车间;增加方式为直接购入;使用年限(月)为 96;原值为 318 789 元;累计折旧为 2 7324 元;对应折旧科目为制造费用;开始使用日期为 2013.05.01。2015 年 12 月 31 日,经检查对卡车计提 5 000 元减值准备。

对于上述计提减值准备业务,用友 ERP-U8(V8.72)固定资产子系统可通过变动单功能计提减值准备,其操作步骤如下:

第一步,执行“卡片”→“变动单”→“计提减值准备”,进入“固定资产变动单”窗口;输入卡片编号为“00005”,输入减值准备金额为“5 000”,输入减值变动原因为“型号更新”,如图6-22 所示。

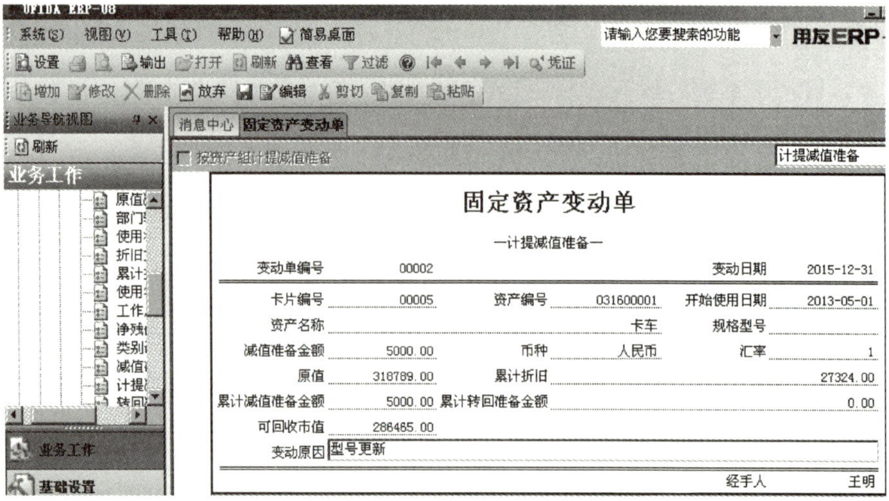

图 6-22 计提减值准备

第二步，单击【保存】按钮，或进入“填制凭证”窗口生成有关计提减值准备的记账凭证，或退出待以后再进行批量制单。

2. 计提折旧

固定资产子系统一般提供自动计提折旧功能，对各项固定资产每期计提一次折旧，并自动生成折旧分配表；然后制作记账凭证，将本期的折旧费用自动登账。系统提供的折旧清单显示了对所有应计提折旧固定资产所提取的折旧额数据。

在用友 ERP-U8(V8.72)固定资产子系统中，计提折旧的操作步骤如下：

第一步，执行“处理”→“计提本月折旧”命令，弹出“是否要查看折旧清单?”信息提示；单击【否】按钮，系统弹出“本操作将计提本月折旧，并花费一定时间，是否要继续?”信息提示。

第二步，单击【是】按钮，系统计提折旧完成后进入“折旧分配表”窗口，如图 6-23 所示。

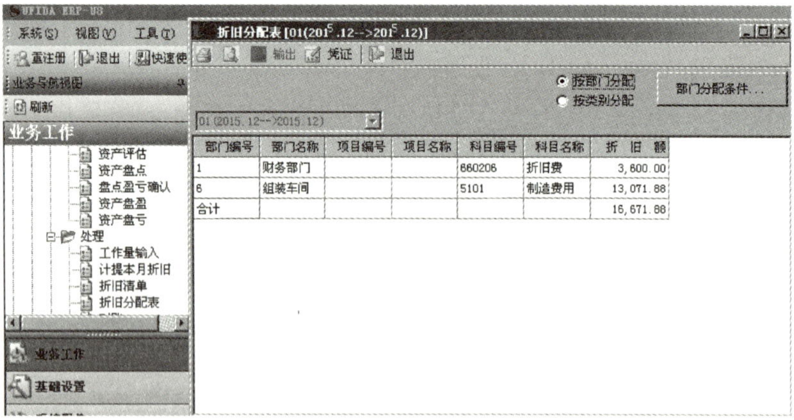

图 6-23 折旧分配表

第三步，单击【凭证】按钮，进入“填制凭证”窗口，选择凭证类型，输入制单日期。

注意：如果存在成本费用类的辅助核算科目，就须点击选中有关该科目；双击鼠标左键，在系统弹出的“辅助项”对话框中输入有关的辅助核算信息。

第四步，单击【保存】按钮，凭证左上角出现“已生成”标志，表示该凭证已传递到总账，如图6-24所示。

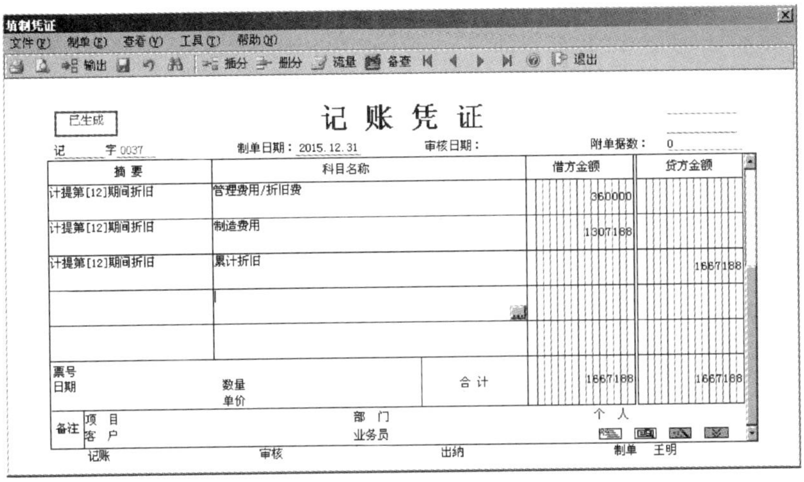

图6-24　记账凭证

注意：如果上次计提折旧已通过记账凭证把数据传递到总账系统，就必须删除该凭证才能重新计提折旧。如果计提折旧后又对账套进行了影响折旧计算或分配的操作，就必须重新计提折旧；否则系统不允许结账。

3. 对账

利用对账功能可以将固定资产子系统的资产价值与总账系统中固定资产科目的数据进行核对。将固定资产子系统中的原值、累计折旧等金额与总账子系统中“固定资产”“累计折旧”科目的金额对账，以检查两者是否一致，并给出对账结果。

4. 月末结账

当固定资产子系统完成了本月的全部业务后，可进行月末结账处理，月末结账每期进行一次。做完某会计期间的月末结账工作后，所有数据资料就不能再进行修改

在用友ERP-U8(V8.72)固定资产子系统中，执行“处理”→“月末结账”命令，打开“月末结账”对话框，如图6-25所示。

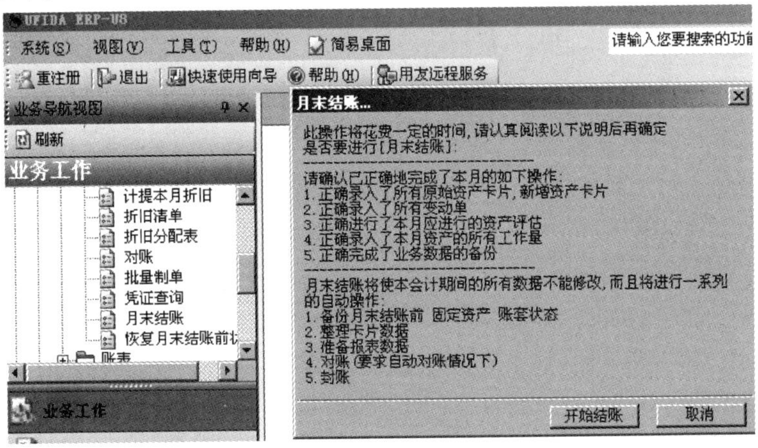

图6-25　月末结账

单击【开始结账】按钮，系统自动检查与财务系统的对账结果；再单击【确定】按钮，弹出“月末结账成功完成！”信息提示，表示结账完毕。

?思考题

1. 简述固定资产子系统的特点。
2. 简述 IT 环境下与手工环境下固定资产业务处理的异同。
3. 固定资产子系统主要包括哪些功能模块？
4. 固定资产子系统计提折旧的依据是什么？与手工计提折旧相比有何优点？
5. 试说明 IT 集成化环境下固定资产子系统与其他子系统之间的关系。
6. 简述用友 ERP-U8(V8.72)固定资产子系统的业务处理流程。
7. 用友 ERP-U8 (V8.72)固定资产子系统期末处理主要包括哪些内容？

第7章　销售与收款子系统

销售是企业生产经营成果的实现过程，是企业经营活动的中心。伴随销售业务的发生，买卖双方因销售商品与货款取得在时间上不一致而产生债权，应收款随之形成。销售业绩的好坏直接关系到企业的发展和存亡，销售业务需要销售、仓库管理和财务部门的协同才能完成。在IT环境下，建立一个集业务处理与财务核算为一体的销售与应收款子系统，可以实现财务与业务的一体化，从而提供更加完整、全面的物流业务管理和财务管理信息，达到进行销售与应收账款事前、事中和事后的管理。

7.1　销售与收款子系统概述

销售子系统提供了报价、订货、发货、开票的完整销售流程，支持多种类型的销售业务，并可对销售价格和信用进行实时监控。而应收款子系统主要提供发票和应收单的录入、客户信用控制、客户收款处理、现金折扣处理、单据核销处理、坏账处理、客户信息处理等业务处理功能。在IT环境下，销售子系统与应收款子系统既可以独立运行、各自完成功能，又可以结合运用。无论系统如何划分，销售与应收款子系统之间都保持着密切的联系，将这两个子系统作为一个整体进行运用，可以实现企业销售业务的全面管理和核算。

7.1.1　销售与收款子系统的目标

销售子系统与应收款子系统集成使用，完成对物流和资金流的业务管理与核算。在IT环境下，为了加强对销售活动的管理，在促进销售增长的同时加快销售回款速度，销售与收款子系统的主要目标如下：

(1) 规范业务流程，实现财务与业务一体化

实现财务与销售业务的一体化管理，改变“信息孤岛”的状况，实现信息高度集成与共享，从而既可以满足财务、销售等部门独立应用的需要，还可以满足全面企业管理的需求，实现资金流管理与物流管理的统一，解决长期困扰企业供应链管理的难题。

(2) 实时的订单管理

通过及时和高效的订单管理，反映和监督销售计划与销售合同的执行情况，促使企业按预定的销售战略完成销售计划；同时，为企业进行市场预测和编制销售计划提供事实依据。

(3) 高效的日常业务处理，进行实时控制

销售与收款子系统应能够及时、准确地实现日常销售订单、销售开票、销售出库、应收与预收款等的核算和管理，反映和监督企业的销售数据、销售收入、销售成本、销售费用、销售税金、

销售利润等的完成情况，客户的欠款状态及回收货款状况；同时，对关键环节进行实时控制，促使企业加强对销售货款的管理，减少应收占用资金成本和坏账损失，降低销售成本与销售费用。

(4) 多层次、多角度的销售与收款的查询分析

提供多种销售与收款数据的查询、筛选功能，可按科目、客户、期间范围、币种等进行查询，并可由用户自行设定输出格式；及时掌握客户销售、往来款项的最新情况，实现多条件组合的总账、明细账查询；提供产品盈利能力、各销售地区的销售业绩、销售增长趋势、资金回笼情况、往来账龄等的分析，以促进产品销售、加速流动资金的周转。

(5) 有效的信息综合利用

采用标准化的开放性数据接口与外部资源有效沟通，能够方便、及时地将有关数据在各子系统之间进行传递；借助信息共享特性，变静态管理为动态控制，为企业市场营销活动的预测、分析、决策提供可靠保证，实现真正的决策支持。

7.1.2 销售与收款子系统的特点

企业的销售活动一般比较频繁，涉及企业内部和外部的众多部门，加上企业的销售方式、货款回收方式又灵活多样，实时性要求较高，所以销售与收款是一项频繁而又复杂的管理活动。同时，销售与收款子系统的业务处理过程中须经常查询和共享总账、库存、存货子系统中的数据，这些因素决定了 IT 环境下销售与收款子系统具有以下主要特点：

(1) 业务频繁，数据量大

企业几乎每天都会有一定数量的销售业务和货款结算业务须处理。对于销售商品种类很多的商业企业，这是显而易见的。对于工业企业，或者其经营的产品和零配件的种类比较多，或者虽然其产品单一但产量大、业务处理比较频繁，因而相关的往来单位也比较多。不论哪种情况，涉及的数据量都会比较大。

(2) 数据的真实性、准确性要求高

销售与收款子系统所处理的销售收入、销售成本、销售税金及附加、销售利润，是评价企业经营活动、经营成果、进行利润分配的重要依据。因此，必须保证系统数据的真实性和正确性，严格执行国家有关法规。

(3) 数据的及时性要求高

销售与收款子系统要及时提供库存产品的数量、销售收入、应收账款核销等动态信息，使企业决策者及时制定出合理的生产、销售及催款策略，使企业生产中的各个环节畅通无阻，最大限度地减少产品积压和坏账损失，降低销售费用，加速资金周转，提高经济效益。

(4) 业务内容及核算方法比较复杂

企业的产品种类繁多、销售方式和货款结算方式灵活多样，其相应的核算方法也就有所差异。另外，销售中还会有销售折扣和折让以及销售退货等需要处理，这使得销售与收款子系统的业务内容和核算方法变得比较复杂，并且对系统处理的可靠性要求很高。

(5) 数据加工的深度要求高

在销售与收款子系统中，除了要提供日常的销售核算信息外，通常还要根据管理的要求，具有产品销售预测、应收账款账龄分析、利润预测、销售费用水平分析及控制等功能，为市场营销提供多层次、多角度的预测和决策信息，以帮助管理人员及时做出正确的决策，所以要求对

有关数据进行深度的加工利用。

(6) 与其他子系统联系紧密

销售与收款子系统在进行销售和货款结算业务的处理时，很多输入信息可从其他子系统转来。例如，需要随时调取存货核算子系统的存货库存数据和发出存货的价格，以便处理销售业务和计算销售成本，并在销售完成时依据有关的凭证及时更新库存数据。销售与收款子系统生成的信息又有相当一部分要传送到其他子系统。例如，在销售完成时通过自动转账模块生成有关记账凭证，并传送到总账子系统，以便进行账务处理。

7.2 销售与收款子系统的流程分析

销售与收款循环开始于接收客户的购货订单，结束于收回客户支付的货款，其业务内容及核算方法比较复杂，及时性要求高。无论是工业企业还是商业企业，不同类型企业的销售活动不完全相同，对应的会计核算也有区别。因此，在利用信息技术构建销售与收款子系统前，有必要分析其处理流程。

7.2.1 手工环境下销售与收款子系统的流程分析

销售与收款子系统功能目标的实现依赖于其具体的业务流程。在销售与收款子系统中，产品销售业务大体分为销售报价、签订销售合同、销货通知、销售发货、出库处理、销售开票、财务结算等基本环节。手工环境下，销售与收款业务的基本流程如图 7-1 所示。

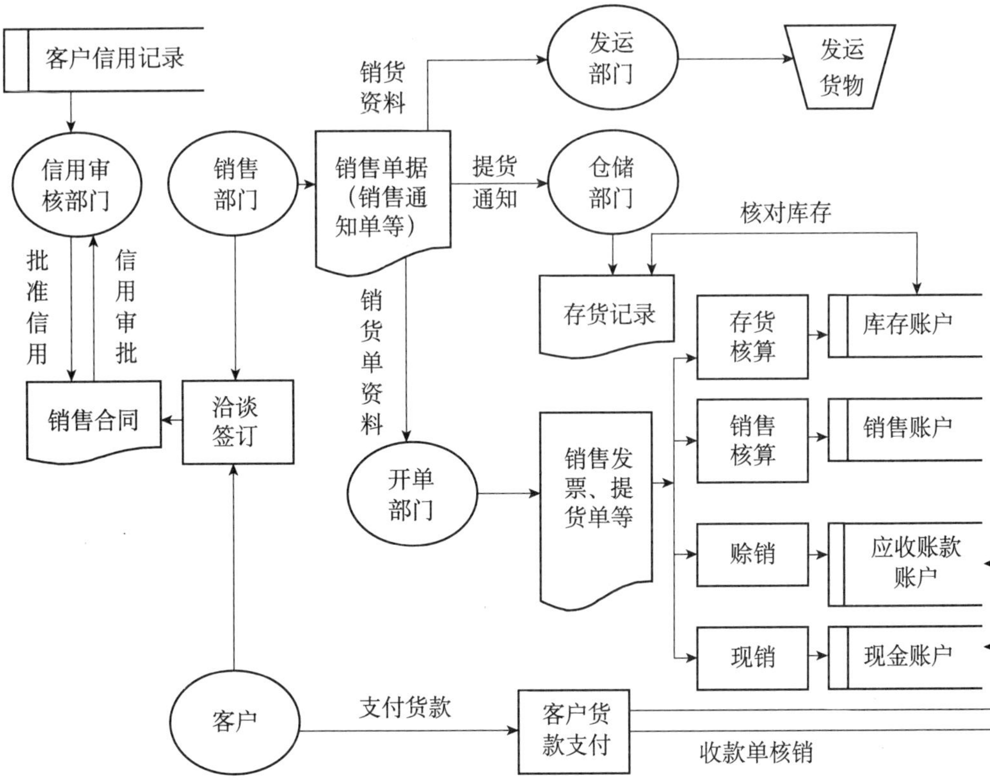

图 7-1 销售与收款业务的基本流程

手工方式下，销售与收款业务流程主要包括以下环节：

① 销售报价。销售业务流程的起点为销售报价。客户通过电话、邮件或上门洽谈购货意向，销售业务员可依据价格政策及客户信用资料、库存信息、应收账款、折扣信息，针对不同的客户、货品及批量制定不同的报价。双方进行协商，洽谈销售合同。

② 签订销售合同。信用审核员审核客户的信用状况，批准是否可以赊销，并对每个客户已授权的信用额度进行赊销审批，经销售主管确认后正式签订销售合同。企业据此销售合同安排生产和供货。

③ 销货通知。销售部门依据销售合同填制销货通知单，并将经过批准的多联式销货通知单及其他销售交易资料分送仓储、发运、开单等部门。

④ 销售发货。销售发货是企业执行与客户签订的销售合同，将货物发给客户的行为，是销售业务的执行阶段。发货单是发货的凭据，是发货业务执行的载体。发运部门根据已批准的销货通知单开具发货单，安排从仓储部门提货、包装和发运货物，并把发运汇总资料转送开单部门。

⑤ 出库处理。库管员收到销售部门开出的发货单，随即填写销售出库单，经仓库主管确认后即可进行出库处理。

⑥ 销售开票。开票人员核对销货通知单与发运汇总单据，依据销售合同、企业的产品价格目录资料开具销售发票和提货单给客户，再把发票的副联转送财务部门。客户以销售发票为凭据办理销售结算，持提货单到仓库部门提取商品。

销售发票是原始的销售单据，包括增值税专用发票、普通发票等。对于企业的销售业务流程，有的企业是先发货后开票，有的企业是开票与发货同时进行，有的企业则是先开票后发货。本节采用先发货后开票的处理流程，该业务适用于普通销售、分期收款、委托代销等。

⑦ 收款。对于销售收款，可分为三种情况加以处理：第一种情况是预收款处理，出纳人员根据销售订单填写收款单，用来记录企业所收到的客户款项；第二种情况是收到客户归还的欠款；第三种情况是对于现付的销售类型，出纳根据销售发票直接向客户收款。

财务部门按销售发票编制转账凭证或现金、银行存款收款凭证，再据以登记销售明细账、应收账款明细账及现金、银行存款日记账，反映现金、应收账款及销售情况。

⑧ 销售成本的确认。财务部门确认、计量并记录销售收入和销售成本，根据存货的计价方式和所销售商品的数量，计算销售商品成本，编制转账凭证，再据以登记销售成本明细账和库存明细账。

⑨ 库存记账。仓储部门依据相关部门转来的销售资料登记商品账簿，反映库存发出的数量情况。

⑩ 销货退回。在销售业务中，有时不可避免会发生销售退货事件。对于销货退回，应当先由客户填写退货通知单，交给销售部门确认，如果符合退货条件则填写退货发票，经相关人员确认后交仓库填写红字销售出库单并进行入库处理。红字销售出库单流程与销售出库单的相同，只是处理方向相反。

财务部门根据红字发票退还客户货款，并冲减已经确认的销售收入、销售税费及销售成本。

⑪ 坏账管理。相关会计制度规定，企业应根据应收账款状况及时、准确地提取坏账准备。坏账发生且确实无法收回的，应获取无法收回应收账款的确凿证据，并经审核批准后核销这类坏账。财务部门对坏账计提、发生与收回都要编制会计凭证。

销售业务的完成需要企业多个部门的协调工作，其业务流程涉及销售、运输、仓储、信用审核、财务等部门。在手工条件下，各部门间的协调和信息传递难以满足销售业务的实时性要求。

7.2.2 IT 环境下销售与收款子系统的流程分析

在 IT 环境下，借助 IT 技术计算快速、信息共享等特征，销售与收款子系统能实现日常销售与收款的核算和管理，并及时掌握企业的销售、回收货款情况，并反映每笔业务的执行情况，促进各环节之间的衔接与控制。同时，减少数据输入的工作量，保持数据的一致性，减少差错，提高工作效率和效果。

1. IT 环境下销售管理的流程分析

IT 环境下，销售管理流程为从基础数据、业务数据的输入到实现销售的全过程，其主要业务流程如图 7-2 所示。

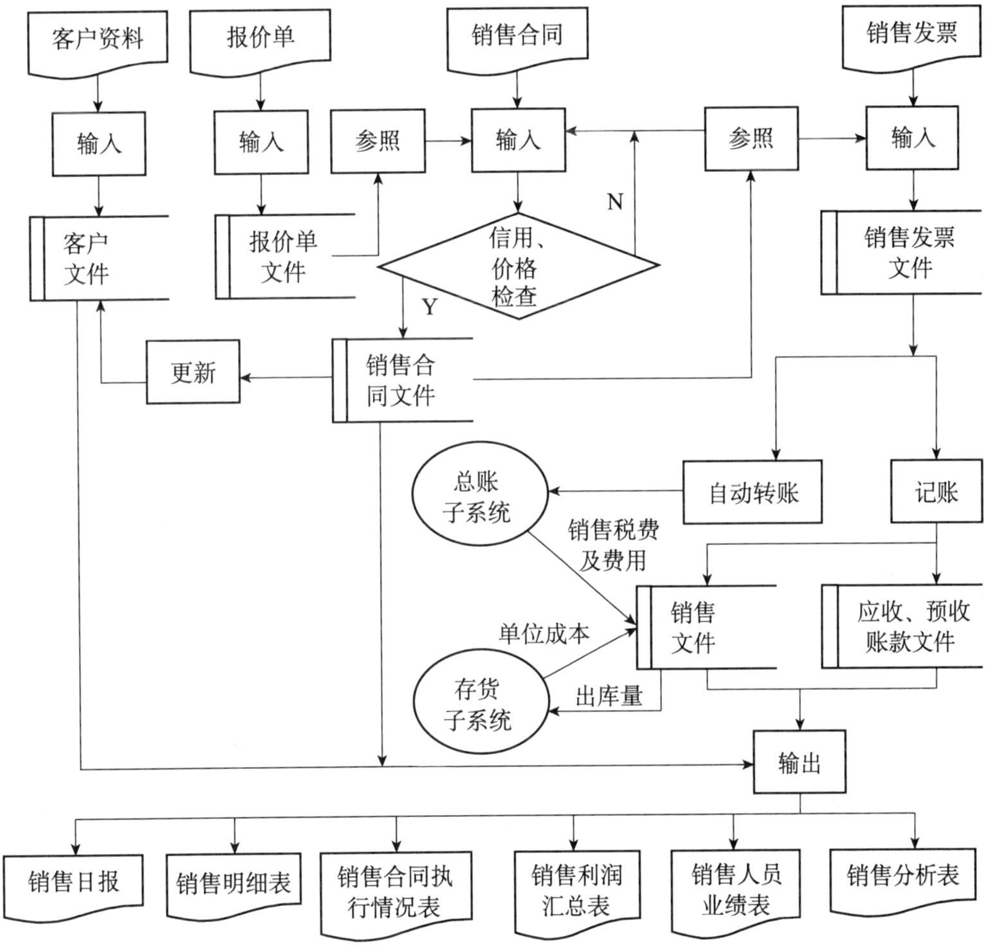

图 7-2 销售管理业务流程

(1) 基础数据输入

销售管理的基础数据主要包括客户资料、销售人员、部门、价格政策等。将这些基本数据资料输入并存储在相应的文件中（即建立销售管理系统的基础档案），以便动态地反映每一个客户的信用情况、偿债能力、欠款状况以及企业的商品价格政策，实现销售合同与货款催收工作的管理。

(2) 日常业务核算原始数据输入

销售业务日常发生的原始数据包括销售报价单、销售合同和销售发票。

① 销售报价单输入。当客户提出商品询价时，综合客户购买商品的数量、提货时间、商品价格政策等内外因素，在系统中录入报价单并存储到报价单文件。同时，可将报价单提交给客户。

② 销售合同输入。企业和客户针对报价单进行交易谈判，双方达成协议后，签署销售合同，在系统中录入销售合同。在输入销售合同数据时，可以参考已经录入的报价单文件，将商品名称、规格型号、销售单价等信息由系统自动写入销售合同。

③ 销售发票输入。客户于提货日到企业提货并办理结算手续，企业须在系统中录入销售发票。销售发票是销售收入确认、销售成本计算、应交销售税费和应收账款确认的依据，是销售业务的重要环节。输入销售发票数据时，也可以参考已经录入的销售合同文件，将销售合同的有关信息自动写入销售发票。

输入的这些原始业务数据分别存储到报价单文件、销售合同文件以及销售发票文件中。销售管理流程是以输入这些基础资料及日常发生的原始数据为起始点的。

(3) 信用和价格检查

信用和价格检查主要是检查合同所对应客户的信用条件、合同价格等是否符合要求和相关政策(如商品价格政策)。如果检查结果符合要求，则可以保存并执行合同；如果检查结果不符合要求，则须经过上级审批或修改合同条款。然后，修改或重新录入合同，再进行相应的信用和价格检查；否则合同无效。

(4) 集成化环境下，销售子系统需要与其他子系统进行数据传输和调用

① 与总账子系统进行数据传递。根据销售发票，系统自动生成有关应收账款(或银行存款)、销售收入、销售税费的记账凭证并将凭证转入总账子系统。

② 与存货子系统进行数据传递。存货子系统为销售管理子系统提供商品库存量及单位成本的信息，同时销售管理子系统要向存货子系统传递商品出库量的信息，以便更新库存数量。

(5) 更新销售管理子系统的有关文件并生成账表数据

系统根据有效的销售合同文件及时更新客户档案文件；根据销售发票文件，记账生成应收账款文件和销售文件；根据记账生成的这两类文件以及销售合同文件、客户文件生成并输出销售日报、销售明细表、销售合同执行情况表、销售利润汇总表、销售人员业绩表，支持销售增长分析、销售构成分析、销售毛利分析等。

2. IT 环境下收款管理的流程分析

IT 环境下，收款管理流程如图 7－3 所示。

① 收款单录入。收款单用来记录企业收到的客户款项。如果企业提前收到客户款项，则在收款单登记收款信息；如果企业在发生销售活动后才收到客户款项，则可以参照销售发票生成收款单，收款单的收款金额可能与销售发票不一致(款项部分收回)。最后将收款信息存储到收款单文件。

② 收款单审核并记账。收款单录入后必须予以审核，审核签字后才能记账。记账工作由计算机自动完成。

③ 生成凭证。收款单审核并记账后，可由系统自动生成记账凭证，并将凭证转入总账子系统。对于采用非赊销交易(即现金交易)的销售业务，只需在销售发票环节或收款环节生成一次凭证。

④ 更新客户文件信息。录入收款单数据的同时更新客户文件信息，以便动态地反映客户的回款状况、信用情况。系统可以随时生成、输出客户信息表。

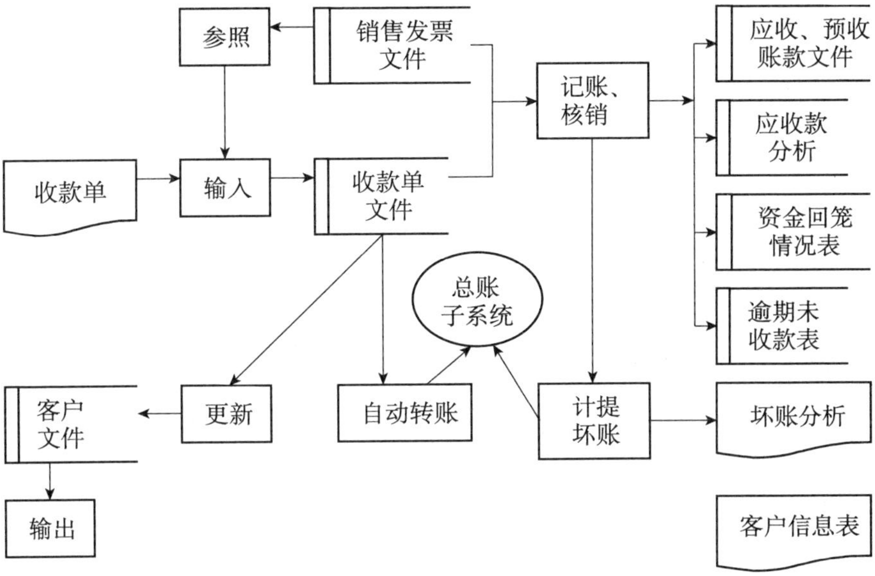

图 7-3 收款管理流程

⑤ 核销处理。将销售发票文件和收款单文件(包括预收款记录)进行核销结算,可以将发票号作为核销号,确认每张销售发票的对应收款情况。根据核销后的销售发票文件和收款单文件,系统将输出应收款明细账及总账、资金回笼情况表、逾期未收款明细表等,并支持应收账款账龄分析、收款预测等。

⑥ 计提坏账准备。根据应收账款情况和企业所采用的坏账准备政策,及时、准确地计提坏账准备。

7.2.3 IT 环境下和手工环境下销售与收款流程的区别

通过上述销售与收款流程的分析可以看出,IT 环境下和手工环境下其流程有如下诸多不同之处:

(1) IT 环境下可避免各部门信息不一致

在手工环境下,信息不能实现共享和及时传递,各部门间的协调和信息传递难以满足销售业务的实时性要求。而在 IT 环境下,销售、应收、库存、存货、总账等子系统之间保持密切的联系,它们之间的数据能够及时传递,实现数据一次录入多方使用,实现相关信息在采购、财务、仓库等部门之间的实时共享。

(2) IT 环境下保证业务处理的通畅和准确

在手工环境下,原始数据经常发生错误,销售与收款业务的处理欠规范、效率低。而在 IT 环境下,企业通过实施销售与收款子系统,能够全面、准确地收集销售、收款信息,规范业务流程,以统一的口径、要求,多种手段、多种渠道地收集销售信息,使系统所记录的销售与收款信息全面、一致、准确。

(3) IT 环境下销售与收款分析能力得到提高

在手工环境下,销售与收款业务频繁、核算方法复杂,导致数据处理工作不及时,极大地影响了有关销售与收款的各种统计分析工作。而在 IT 环境下,销售和收款子系统提供了较强的销售和收款分析功能,可以为企业管理提供方便、及时的数据查询和统计分析结果,提供深层的销售决策支持信息。

(4) IT 环境下有助于防范企业经营风险

在 IT 环境下，销售与收款子系统将借助 IT 技术的快速计算、信息共享等特征，有效实施价格管理和信用管理，评价客户的偿债能力和信誉程度，控制赊销合同的签订，对客户资料和销售合同进行管理，防范企业经营风险。

7.3 销售与收款子系统的基本功能设计

根据 IT 环境下销售与收款子系统的流程分析，可以设计出销售与收款子系统的基本功能结构。

7.3.1 销售与收款子系统的基本功能模块

在 IT 集成化环境下，销售与收款子系统主要的功能模块应包括初始设置、销售与收款日常业务处理、自动转账、销售核算与结账、统计与分析输出以及系统维护六个部分。每个功能模块下又可以设置若干个相对独立的子模块。销售与收款子系统的功能结构如图 7-4 所示。

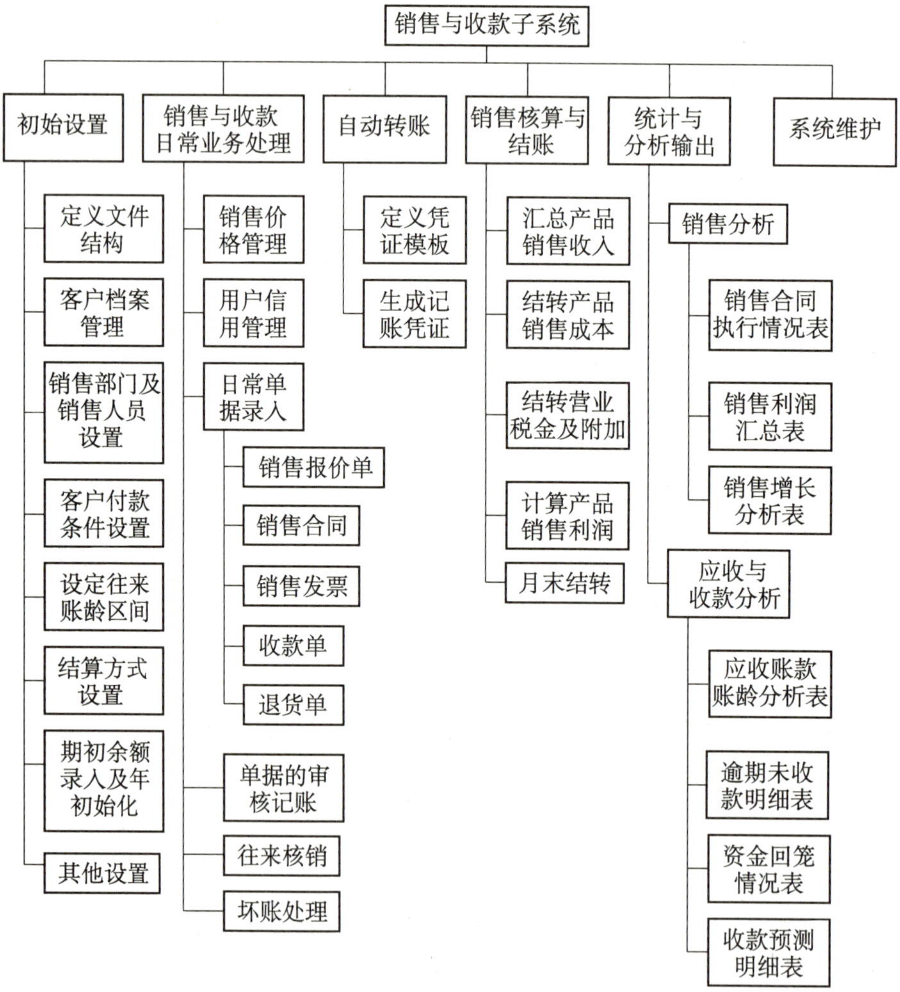

图 7-4 销售与收款子系统功能结构

(1) 初始设置

销售与收款子系统初始设置的主要作用是,建立各类基本档案,输入各项初始化数据。各类基本档案主要包括销售部门及人员档案、销售产品档案、客户档案等。建立基本档案,既有利于方便、快速地录入,又可以根据各类档案进行统计分析,以便企业在销售与收款过程中加强核算和管理,规范业务流程。另外,利用会计信息系统各子系统建立的基本档案,可以在各子系统之间实时共享和传递。各项初始化数据包括数据文件结构的用户自定义、打印格式的自定义、转账流程(如凭证模板)的用户自定义、结算方式设置、客户付款条件设置、交易方式设置、账龄区间账龄分析的时间段定义、税种税率设置等;同时,还要完成应收账款的余额录入等,为计算机系统核算和管理销售、应收账款等业务提供基础数据。部分初始数据的设置和使用,还将协助企业实现业务环节的相关控制与监督。

(2) 销售与收款日常业务处理

销售与收款子系统数据处理功能模块主要包括编制录入和审核各种单据、记账、往来核销以及坏账处理。销售价格管理和客户信用管理贯穿整个销售与收款的日常单据处理流程。

① 录入的日常单据包括报价单、销售合同、销售发票、收款单等。这些单据尽管是分别输入的,但由于销售与收款活动的各个环节之间存在继承性,因此各种单据之间必须遵循一定的因果关系,相互之间复制生成。该功能模块将根据销售类型的不同,约束各单据的处理顺序,界定同一单据内部的不同数据项之间以及不同单据的数据项之间的计算关系。例如,销售发票在销售管理子系统中填制,经销售管理系统复核后自动传递到应收款管理子系统,经过应收款管理子系统再次复核,正式形成该客户的应收账款,并在该系统中完成应收款销售、制单生成凭证、传递到总账子系统等操作。再如,同一笔业务的收款单参照销售发票生成,两张单据的客户信息、交易信息保持一致。

② 单据的审核与记账。录入的单据须经过审核方可记账。

③ 往来核销。该模块提供自动核销和手工核销两种方式。

④ 坏账处理。该模块包括坏账计提、坏账发生与收回等,以便全面掌握坏账信息,加强对应收账款的管理,减少坏账损失。

(3) 自动转账

销售与收款处理主要是全面收集业务信息,转账处理主要是实现将销售与收款业务信息转换为会计信息。根据用户输入的业务数据生成记账凭证,并自动传递到总账子系统。自动转账分为两个部分:定义凭证模板和生成记账凭证。

① 定义凭证模板。该功能将针对具有相同特点的销售、收款活动设置转账规则。转账规则将决定业务单据(销售发票、收款单、出库单等)的各数据项转化为凭证的科目、借贷方金额及辅助核算信息。在企业销售与收款业务特征保持稳定的情况下,一次设定转账规则就可以长期重复使用。一旦业务特征发生变化,企业就须修改凭证模板中的转账规则。

② 生成记账凭证。该功能是根据业务单据的各数据项的具体数值及已经定义好的凭证模板,将业务单据记载的业务信息转换为凭证信息,并传递给总账子系统,实现销售及收款信息的计量与确认。通常,销售与收款子系统在与总账子系统集成运行时,生成的记账凭证是实时传递的,并不须人为干预。

自动转账模块通常包括三个子模块:转账凭证设置、编制自动转账凭证和自动转账。

(4) 销售核算与结账

销售核算与结账模块主要是为了完成产品销售利润的计算，针对销售文件的处理而设计的，可实现销售信息的汇总、结转与计算，包括汇总销售收入、结转销售成本、结转销售税金、计算销售利润以及月末结账。

(5) 统计与分析输出

统计与分析输出主要是相关业务报表的生成与查询，包括销售业务、应收与收款统计分析报表两大类。可按不同统计条件，分地区、部门人员、产品品种等，对一段时间内的销售与收款业务进行汇总统计。此外，根据企业常用的销售与收款分析方法，提供内部管理及分析报表。销售业务分析通常包括销售构成分析、销售增长分析、销售毛利分析、部门与职员业绩分析等。应收与收款分析通常包括应收账款账龄分析、未来期间收款预测、资金回笼情况分析、逾期未收款分析、应收账款核销明细表分析等。此外，该模块还可查询客户信息、合同、发票信息等。

(6) 系统维护

系统维护模块提供系统服务的功能，包括数据备份、数据恢复、系统帮助、权限设置、口令修改、系统修复等功能。

7.3.2 销售与收款子系统与其他子系统的联系

企业的销售与收款业务在通用商品化软件中分别列入销售管理和应收款管理两个子系统，并与总账子系统、库存管理子系统、存货管理子系统、采购管理子系统等发生联系。

1. 销售管理子系统与其他子系统的联系

销售管理子系统与其他子系统的数据关系如图 7-5 所示。

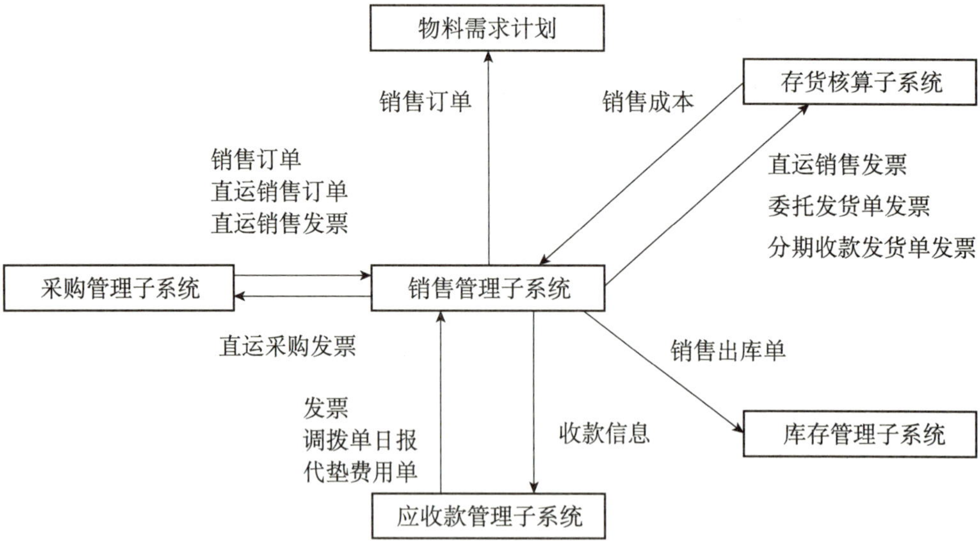

图 7-5 销售管理子系统与其他子系统的数据关系

采购管理可参照销售管理子系统的销售订单生成采购订单。如果直运业务是必有订单，那么直运订单必须参照直运销售订单生成；如果直运业务非必有订单，那么直运采购发票和直运销售发票可相互参照。

根据选项设置，销售出库单既可以在销售管理子系统中生成并传递到库存管理子系统审核，也可以在库存管理子系统中参照销售管理子系统的单据生成。库存管理子系统为销售管理子系统提供可用于销售的存货量。

销售发票、销售调拨单、零售日报、代垫费用单在应收款管理子系统中审核登记应收明细账，制单并生成凭证；应收款管理子系统进行收款并核销相应单据后回写收款核销信息。

直运销售发票、委托代销发货单发票、分期收款发货单发票在存货核算子系统中登记存货明细账，制单并生成凭证；存货核算子系统为销售管理子系统提供销售成本。

2. 应收款管理子系统与其他子系统的联系

应收款管理子系统与其他子系统的数据关系如图 7－6 所示。

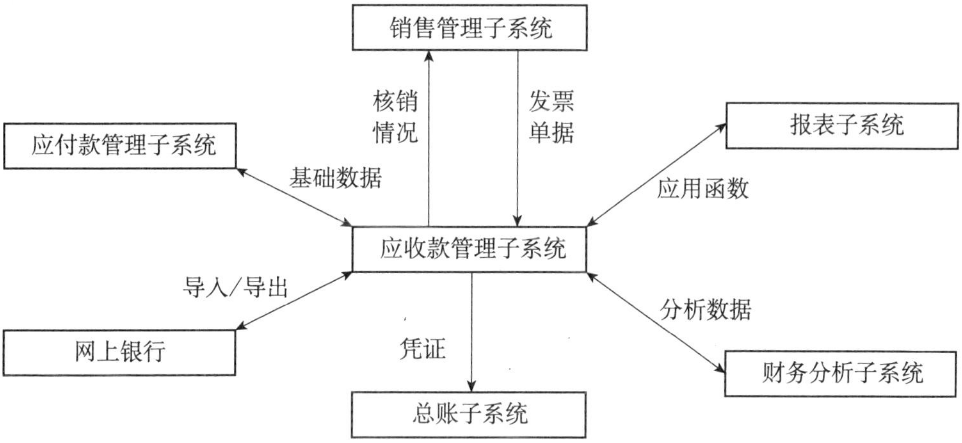

图 7－6　应收款管理子系统与其他子系统的数据关系

销售管理子系统向应收款管理子系统传递已复核的销售发票、销售调拨单以及代垫费用单；在应收款管理子系统中对发票进行审核并进行收款结算处理，生成凭证。应收款管理子系统为销售管理子系统提供各种单据的收款结算情况以及代垫费用的核销情况如下：

① 应收款管理子系统和应付款管理子系统之间可以进行转账处理。

② 应收款管理子系统向总账子系统传递凭证。

③ 应收款管理子系统向财务分析子系统提供各种分析数据。

④ 应收款管理子系统向报表子系统提供应用函数。

⑤ 应收款管理子系统与网上银行进行付款单的导入和导出。

7.4　用友 ERP 销售与收款子系统的业务处理

在用友 ERP-U8 管理软件中，销售管理子系统、应收款管理子系统分别属于供应链管理、财务会计的一个子系统而存在。两者既可以独立使用，也可以集成使用。

7.4.1　用友 ERP 销售与收款子系统的处理流程

1. 用友 ERP 销售管理子系统的处理流程

用友 ERP-U8(V8.72)销售管理子系统的业务处理流程如图 7－7 所示。

2. 用友 ERP 应收款管理子系统的处理流程

用友 ERP-U8(V8.72)应收款管理子系统的业务处理流程如图 7－8 所示。

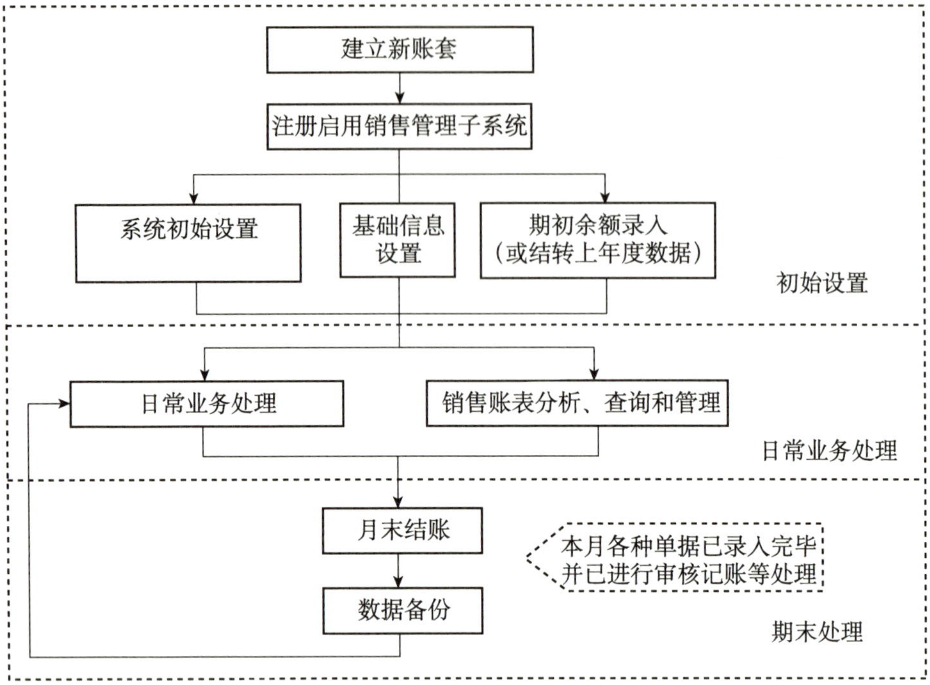

图 7－7　销售管理子系统的业务处理流程

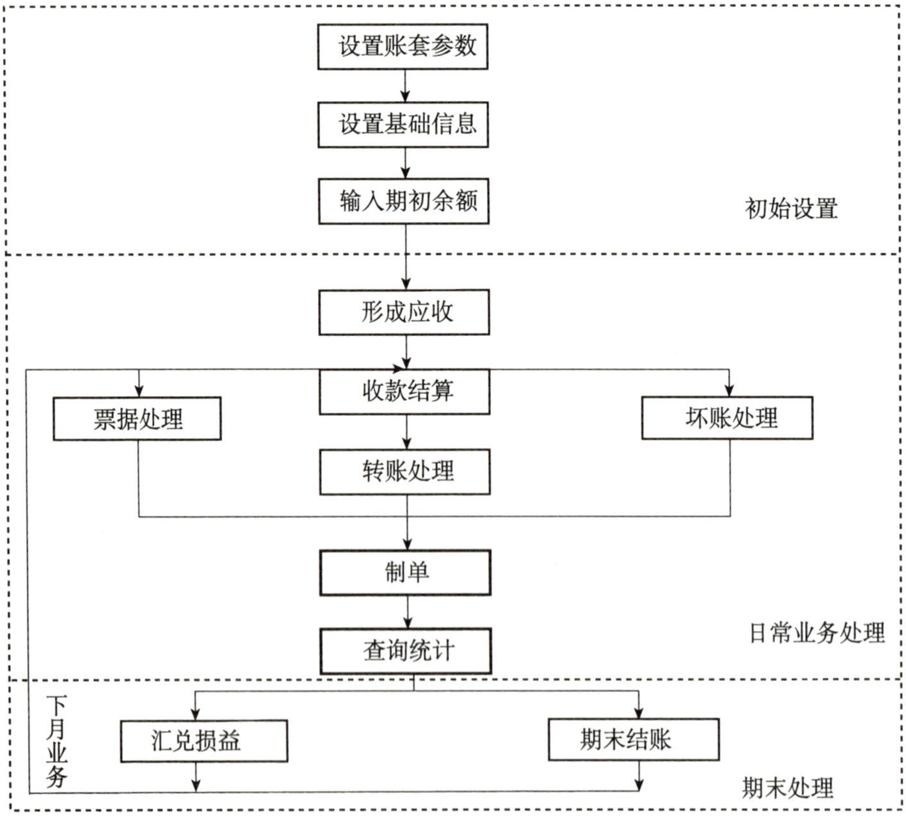

图 7－8　应收款管理子系统的业务处理流程

3. 用友 ERP 销售与收款子系统的一体化处理流程

用友 ERP-U8(V8.72)销售与收款子系统的一体化处理流程如图 7－9 所示。

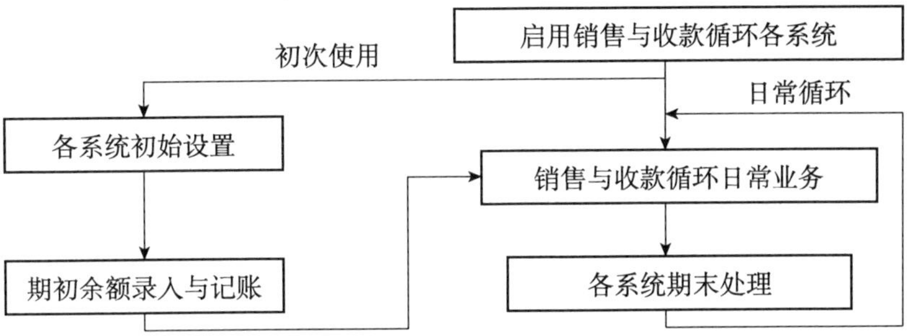

图 7－9 销售与收款子系统的一体化处理流程

从销售与收款子系统的一体化处理流程可以看出,用友 ERP-U8(V8.72)中销售与收款子系统的处理流程可分为系统初始化、日常业务处理、期末处理三个部分。

7.4.2 销售与收款子系统的初始化

系统初始化设置是指企业在开始使用销售与收款子系统时,根据本企业的业务特征、会计核算和财务管理的要求而设置的一系列基础信息,为日常核算和管理提供支持。

用友 ERP-U8(V8.72)中销售与收款子系统的初始化关系到业务系统的使用和业务点的控制。无论是销售管理子系统还是应收款管理子系统的初始化设置都可分为三个部分:参数设置、基础信息设置、录入期初余额。其中,销售管理初始设置中的大部分信息在企业应用平台的基础档案或者其他模块中都可进行定义。

1. 销售与收款子系统的参数设置

(1) 销售管理子系统的参数设置

销售管理子系统应主要设置系统特有的基本信息,它将决定用户使用业务系统的流程、模式和数据流向。

用友 ERP-U8(V8.72)销售管理子系统提供了丰富的参数开关、个性化参数设置。在进行销售管理子系统的参数设置之前,一定要详细了解各参数对业务处理流程的影响,并结合企业的实际业务需要。

在用友 ERP-U8(V8.72)销售管理子系统中,点击菜单“设置”下的“销售选项”功能进行销售管理子系统的参数设置,具体包括业务控制、其他控制、信用控制、可用量控制、价格管理。

在用友 ERP-U8(V8.72)企业应用平台“业务工作”页签中,执行“供应链”→“销售管理”→“设置”→“销售选项”命令,打开“销售选项”对话框,如图 7－10 所示。

在“销售选项”对话框中,分别单击“业务控制”“其他控制”“信用控制”“可用量控制”“价格管理”等选项卡,根据企业销售管理与核算的要求进行相应的设置。下面简要介绍各选项卡的主要设置内容:

① 业务控制。按照如下业务内容进行业务控制设置:

※ 是否有零售日报业务。通过零售日报的方式接收用户的零售业务原始数据。若选择本选项,则系统便会增加“零售”菜单项,相关账表(如销售收入明细账)也就包含零售日报的数据。

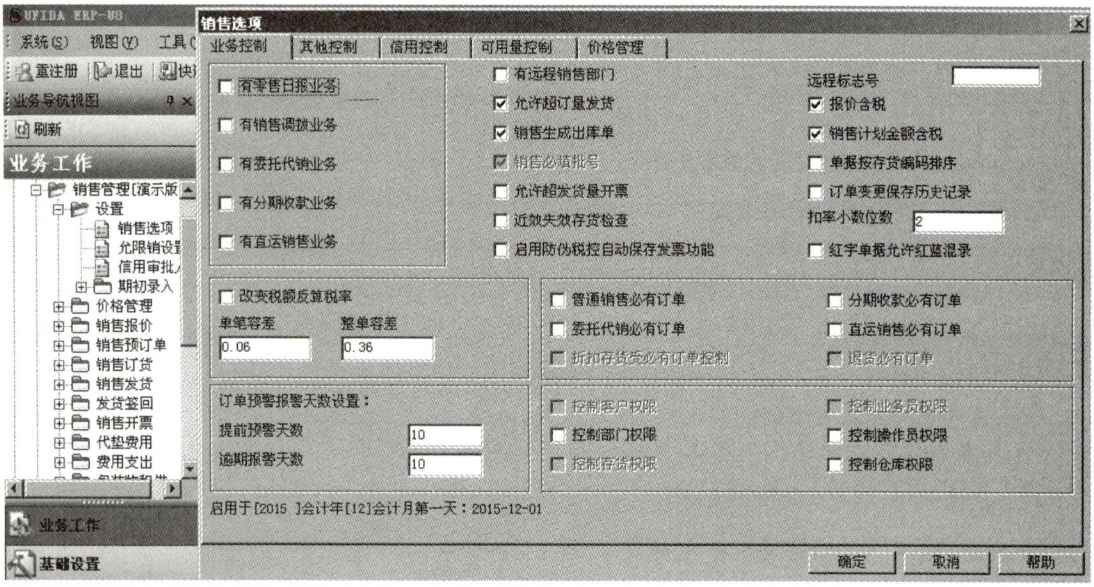

图 7－10　销售选项

※ 是否有销售调拨业务。与销售发票相比，销售调拨单处理的销售业务不涉及销售税金。若选择本项，则系统将增加“销售调拨”菜单项；否则，系统不能处理内部销售调拨业务。

※ 是否有委托代销业务。委托代销业务只能先发货后开票，不能开票直接发货。若选择本项，则系统增加“委托代销”菜单项，增加委托代销明细账等账表。

※ 是否有分期收款业务。若选择本项，则填制销售单据时可选择分期收款的业务类型；否则不可用。

※ 是否有直运销售业务。直运业务是指由供应商直接将商品发给企业的客户，结算时，由购销双方分别与企业结算。若选择本项，则应选择直运销售的业务类型。

※ 是否远程应用。远程应用的选项在供应链系统中为“库存管理”“采购管理”“销售管理”三个子系统所共用，即在一个子系统中改变设置，在其他两个子系统中也同时更改。

※ 是否有超订量发货控制。本参数可根据销售订单控制销售发货数量，限制业务人员的权限，降低出货回款的风险。

※ 是否销售生成出库单。若选择本项，则销售管理子系统的发货单、销售发票、零售日报、销售调拨单在审核/复核时自动生成销售出库单，并传到库存管理子系统和存货核算子系统；否则，销售出库单由库存管理子系统参照上述单据生成，不可手工填制。

※ 销售是否必填批号。若选择本项，则每批次管理的存货的批号为必填项；否则，批号在“销售管理”可指定也可不指定。

※ 报价是否含税、销售计划金额是否含税。若勾选，则报价、销售计划金额均为含税金额，即价税合计。

※ 单据是否按存货编码排序。若勾选本选项，则保存单据时将单据上的存货按存货编码升序调整；否则，按录入的顺序保存。

※ 普通销售必有订单、委托代销必有订单、分期收款必有订单、直运销售必有订单。若勾

选这些选项，则表明在进行普通销售、委托代销、分期收款、直运销售时必须参照销售订单生成，不可手工填制。

※ 权限控制。此选项主要确定是否进行客户、部门、存货、业务员等档案的数据权限控制。

※ 改变税额是否反算税率。在特定情况下(如系统和手工计算的税额相差几分钱)，用户可以调整税额尾差。若选择此项，则税额变为反算税率，不进行容差控制。

※ 订单自动预警和报警。对销售订单中的销售日期，可以设置提前预警天数内尚未完成交货的销售记录、已经超过订单的交货日期天数内的单据。

② 信用控制。在用友 ERP-U8(V8.72)中，可以根据某客户的信用状况决定是否与其进行业务往来，即是否给其开具销售单据。该功能只有在销售管理子系统与应收款管理子系统集成使用时才有效。信用控制下设客户信用控制、部门信用控制、业务员信用控制、需要信用审批、控制信用的单据、信用额度检查公式、期间检查公式、信用检查点等选项。

③ 可用量控制。可用量控制包括可用量检查公式、可用量控制公式、超可用量控制。在销售管理子系统与库存管理子系统集成使用时，该功能可以进行可用量的管理。可用量控制下设允许非批次存货超可用量发货、允许批次存货超可用量发货、可用量检查、发货单与发票非追踪型存货可用量检查公式、订单非追踪型存货可用量检查公式等选项。

④ 价格管理。用友 ERP-U8(V8.72)提供了丰富的价格管理功能，主要包括价格定义、价格计算规则、外币业务、分摊商业折扣等内容。价格管理选项卡设置取价方式、报价参照、价格政策、最低售价控制。

(2) 应收款管理子系统的参数设置

在初次使用用友 ERP-U8(V8.72)应收款管理子系统时，设置控制参数是对应收款管理的一些系统选项进行的，以便为应收款管理子系统配置相应的功能或设置相应的控制。

在用友 ERP-U8(V8.72)中，执行“财务会计”→“应收款管理”→“设置”→“选项”命令，打开“账套参数设置”对话框。此对话框包含“常规”“凭证”“权限与预警”“核销设置”选项卡。单击【编辑】按钮，进入参数修改状态，如图 7-11 所示。

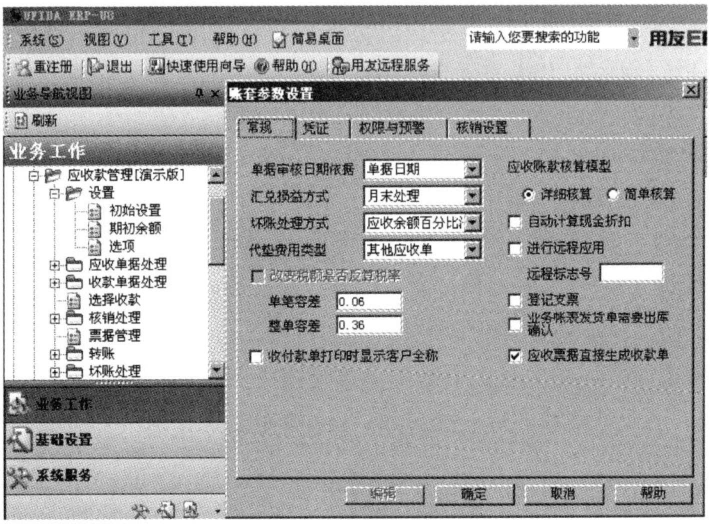

图 7-11 账套参数设置

各选项卡的主要内容介绍如下：

① 常规选项。按照如下业务内容进行常规选项设置：

※ 应收款核销方式。系统提供按单据、产品两种应收款核销方式。按单据核销方式是指系统将满足条件的未结算单据全部列出，由用户选择要结算的单据进行核销；按产品核销是指系统将满足条件的未结算单据按产品列出，由用户选择要结算的产品进行核销。一般企业按单据核销即可。

※ 单据审核日期依据。系统提供单据日期和业务日期两种确认单据审核日期的依据。选择单据日期或业务日期，在单据处理功能模块中进行单据审核时自动将单据的审核日期（即入账日期）记为该单据的单据日期或当前业务日期（即登录日期）。

※ 汇兑损益方式。系统提供外币余额结清时计算和月末处理两种汇兑损益的处理方式。外币余额结清时计算是指仅当某种外币余额结清时才计算汇兑损益；月末处理是指每个月末计算汇兑损益。

※ 坏账处理方式。系统提供备抵法和直接转销法两种坏账处理方式。如果选择备抵法，用户还应该选择具体的方法，即应收余额百分比法、销售收入百分比法或账龄分析法。这三种方法须在初始设置中录入坏账准备期初和计提比例或输入账龄区间等。如果用户选择了直接转销法，则直接选择即可。

※ 代垫费用类型。代垫费用类型解决从销售管理子系统传递来的代垫费用单在应收款管理子系统中采用何种单据类型进行接收。系统默认为其他应收单，用户也可在单据类型设置中自行定义单据类型，然后在系统选项中进行选择。

※ 应收账款核算模型。可以在简单核算、详细核算两种方式中选择一种，系统缺省则默认为详细核算方式。如果选择简单核算，则应收款管理子系统只是完成将销售传递过来的发票生成凭证并传递到总账子系统。如果选择详细核算，则应收款管理子系统可以对往来账项进行详细核算、控制、查询、分析。当企业的销售业务及应收款核算与管理业务比较复杂时，或者须追踪每一笔业务的应收款、收款等情况，或者须将应收款核算到产品一级，一般应选择详细核算。

※ 是否自动计算现金折扣。企业用户可以选择计算现金折扣和不计算现金折扣两种方式。若选择自动计算，则须在发票或应收单中输入付款条件，系统会依据付款条件自动计算该发票或应收单可享受的折扣。

※ 改变税额是否反算税率。此选项的功能与“销售管理”模块中的“销售选项设置/业务控制”中有关“改变税额是否反算税率”的一致。

② 凭证选项定义。按照如下业务项目进行凭证选项定义：

※ 受控科目制单方式。系统提供两种制单方式，即明细到客户、明细到单据。明细到客户是指将一个客户的多笔业务合并生成一张凭证时，将其合并成一条分录，以便在总账子系统中能够根据客户来查询其详细信息。明细到单据是指将一个客户的多笔业务合并生成一张凭证时，系统会将每一笔业务单独形成一条分录，在总账子系统中就可以查看每个客户每笔业务的详细情况。

※ 非控科目制单方式。系统提供明细到客户、明细到单据、汇总制单三种选择。明细到客户和明细到单据的选择目的与上述的受控科目制单方式相同。所谓汇总制单，是指将多个

客户的多笔业务合并生成一张凭证时，系统自动将其合并成一条分录，在总账子系统中就只能查看该科目的一个总的发生额。

※ 控制科目依据。应收控制科目是指所有带有客户往来辅助核算并受控于应收系统的科目，须在会计科目中进行设置。系统提供三种控制科目的设置选择，即按客户分类、按客户设置、按地区设置。

※ 销售科目依据。系统提供了两种有关存货销售科目的设置依据，即按存货分类和按存货设置。在此设置的销售科目，是系统自动制单时进行科目取值的依据。

※ 月末结账前是否全部生成凭证。如果选择此项，则在进行月末结账时将检查截止到结账月是否有未制单的单据和业务处理。若存在未制单的单据和业务，则系统将提示不能进行本次月结处理。

※ 方向相反的分录是否合并。若选择合并，则在制单时遇到满足合并分录的要求时，系统自动将这些分录合并成一条。

※ 核销是否生成凭证。当选择此项时，则须判断核销双方的单据的入账科目是否相同；若不相同，则须生成一张调整凭证。当不选择此项时，则不管核销双方的单据的入账科目是否相同，均不须对这些记录进行制单。

※ 预收冲应收是否生成凭证。当选择此项时，则允许预收冲应收业务；当预收、应收科目不相同时，还须生成一张转账凭证。当不选择此项时，则不允许预收冲应收业务。

※ 红票对冲是否生成凭证。所谓红票即红字。若选择此项，当对冲单据所对应的受控科目不相同时，则须生成一张转账凭证；而且，在月末结账时须对红票对冲处理分别检查有无需要制单的记录。若不选择此项，则对于红票对冲处理，不管对冲单据所对应的受控科目是否相同，均不须生成凭证。同时，月末结账时也不必检查红票对冲处理的制单情况。

※ 凭证是否可修改。若选择此项，则表示生成的凭证不可修改。

③ 权限与预警。权限与预警是对各种权限与额度进行设置，包括如下内容：

※ 启用客户权限。若选择启用客户权限，则在所有的处理、查询中均须根据该用户的相关客户数据权限进行限制。

※ 启用部门权限。若选择启用部门权限，则在所有的处理、查询中均须根据该用户的相关部门数据权限进行限制。

※ 单据自动报警。若选择此项，则须设置报警的提前天数。每次登录用友软件时，系统自动将单据到期日减去提前天数小于等于当前注册日期的已审核单据显示出来，以提醒用户及时通知客户。

※ 信用额度控制。若选择此项，则在应收款管理子系统保存录入的发票和应收单中，当票面金额＋应收借方余额－应收贷方余额＞信用额度时，系统就会提示本张单据不予保存处理。

※ 信用额度自动报警。若选择此项，则只要该客户的信用比率小于等于设置的提前比率，系统就对该客户进行报警处理。

由于有些参数选项在日常业务处理后不能改变，因此应在业务开始前进行全盘考虑，尤其要考虑清楚一些对其他子系统有影响的选项设置。

2. 销售与收款子系统的基础信息设置

(1) 销售管理子系统的基础信息设置

销售管理子系统是用友 ERP 供应链管理系统的子系统之一。供应链管理系统各模块的基础档案设置可分为两部分。各模块公用的基础信息一般是在企业应用平台“基础档案”页签中进行设置的,主要包括机构人员、客商信息、存货、财务、收付结算等。除此以外,供应链管理系统还须增设与业务处理、查询统计、财务连接相关的基础信息。

在第一次使用销售管理子系统处理日常销售业务之前,应做好手工基础数据的准备工作。

销售管理子系统的基础信息设置主要是根据企业的需要建立销售业务应用环境,将用友 ERP-U8(V8.72)的销售管理变成适合本单位实际需要的专用系统,主要包括定义存货分类、地区分类、客户分类、收发类别、部门、结算方式,设置存货档案、客户档案、本企业开户银行、费用项目等内容。这些初始数据一般在企业应用平台“基础档案”页签中进行设置,在启用销售管理子系统后,若有新增的基础档案信息,也可在该系统中添加。

(2) 应收款管理子系统的基础信息设置

用友 ERP-U8(V8.72)应收款管理子系统的基础数据设置主要包括设置科目、设置坏账准备、设置账龄区间、设置报警级别等。其他公共信息(如会计科目、部门档案、职员档案、存货分类档案、地区分类、客户分类及档案、单据类型和单据格式、外币与汇率、结算方式、付款条件等)已在企业应用平台“基础设置”页签和总账子系统的初始设置中完成。

① 设置科目。在用友 ERP-U8(V8.72)应收款管理子系统中,为了简化凭证生成的操作,可以在此处将各业务类型凭证中的常用科目预先设置好。系统将依据制单规则在生成凭证时自动确认。

※ 基本科目设置。用户可以在此定义应收款管理子系统进行凭证制单所需要的基本科目,包括应收科目、预收科目、销售收入科目、税费科目等。

在用友 ERP-U8(V8.72)应收款管理子系统中,执行“设置”→“初始设置”命令,打开“初始设置|基本科目设置”窗口;录入或选择应收科目“1122”、预收科目“2203”、销售收入科目“6001”、税金科目“22210102”,进行基本科目设置,如图 7-12 所示。

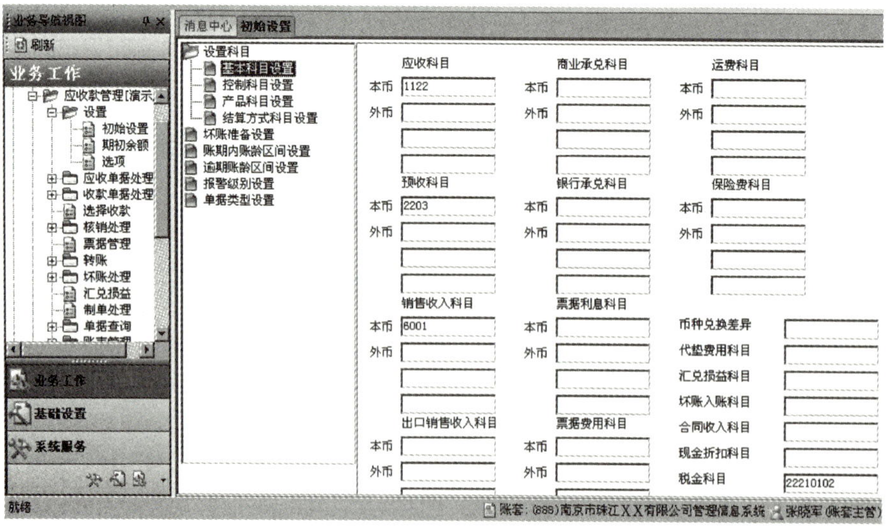

图 7-12 基本科目设置

只有设置了基本科目，在生成凭证时才能直接生成凭证中的会计科目；否则，凭证中将没有会计科目，相应的会计科目只能手工录入。如果应收科目、预收科目按不同的客户或客户分类分别设置，则可在“控制科目设置”中设置。

※ 控制科目设置。用户可以在此进行应收科目、预收科目的设置。

在用友 ERP-U8(V8.72)应收款管理子系统的“初始设置”窗口，执行“设置科目”→“控制科目设置”命令，打开“控制科目设置”窗口；录入或选择应收科目“1122”、预收科目“2203”，进行控制科目设置，如图 7-13 所示。

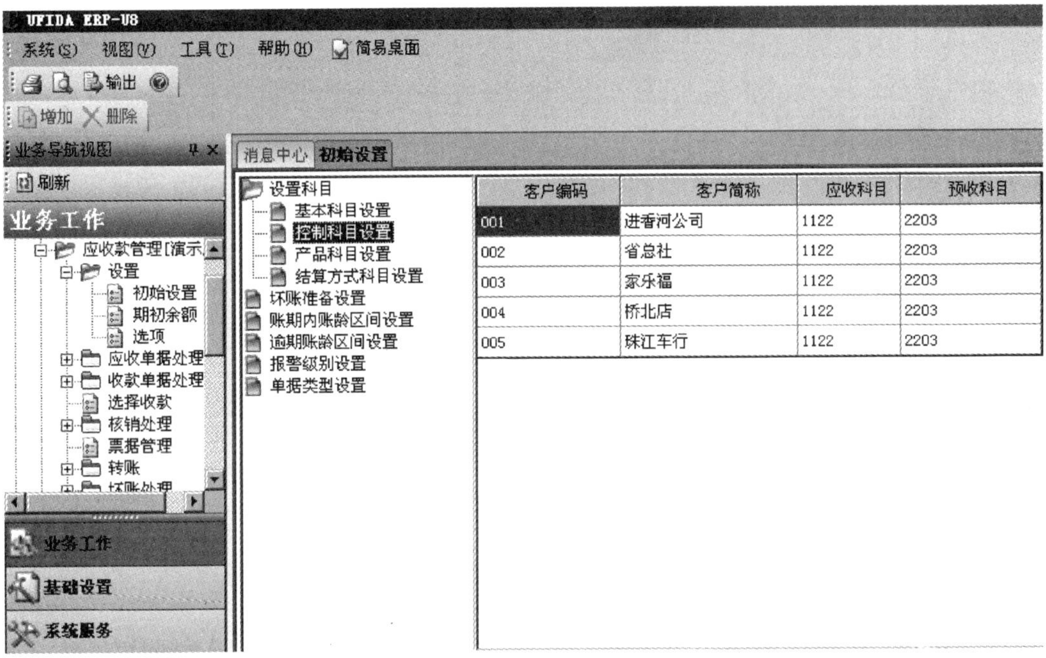

图 7-13 控制科目设置

※ 产品科目设置。用户可以在此进行销售收入科目、应交增值税科目、销售退回科目的设置。

※ 结算方式科目设置。用户可以在此进行结算方式、币种、科目的设置。系统依据单据上的结算方式查找对应的结算科目，在制单时自动确认。如果在此不设置结算方式科目，则在收款或付款时可以手工输入不同结算方式对应的会计科目。

② 坏账准备设置。用户可以在此定义计提坏账准备比率和设置坏账准备期初余额，系统根据用户的应收账款计提坏账准备。

在用友 ERP-U8(V8.72)应收款管理子系统的“初始设置”窗口，执行“坏账准备设置”命令，打开“坏账准备设置”窗口；可根据企业需要，录入提取比率、坏账准备期初余额，选择坏账准备科目、对方科目，进行坏账准备设置，如图 7-14 所示。

注意：此处的初始设置是与选项中所选择的坏账处理方式相对应的。坏账准备期初余额被确认后，只要进行了坏账准备的日常业务处理就不允许再修改。下一年度使用本系统时，可以修改提取比率、区间和科目。如果在系统选项中默认坏账处理方式为直接转销，则不用进行坏账准备设置。

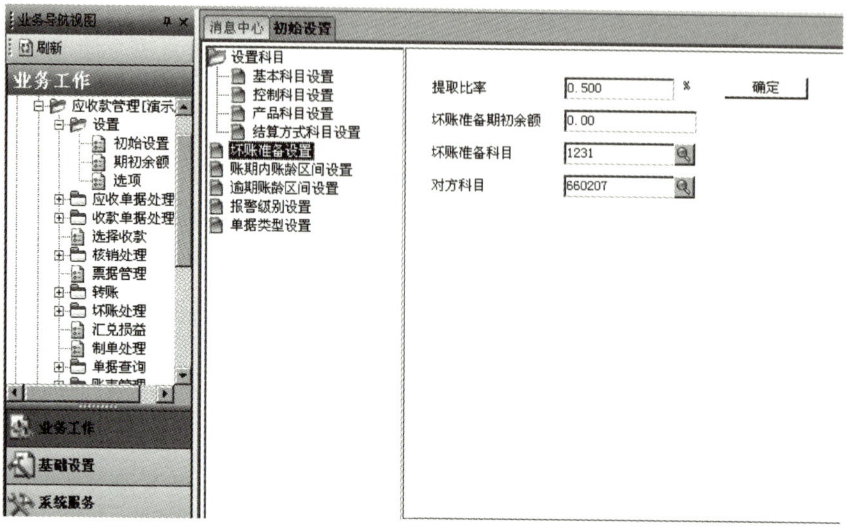

图 7-14　坏账准备设置

③ 账期账龄区间设置。该设置提供用户定义账期应收账款或收款时间间隔的功能，便于用户根据自己定义的账款时间间隔，进行账期内应收账款或收款的账龄查询和账龄分析，清楚了解在一定期间内所发生的应收款、收款情况。

在用友 ERP-U8(V8.72)应收款管理子系统"初始设置"窗口，执行"账期内账龄区间设置"命令，打开"账期内账龄区间设置"窗口，根据企业要求，进行账期内账龄区间设置，如图 7-15所示。

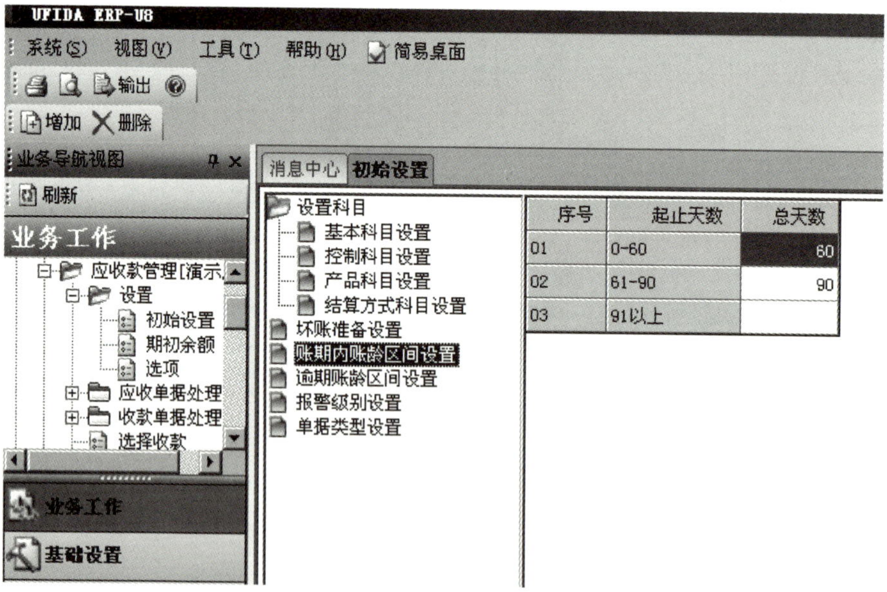

图 7-15　账期账龄区间设置

④ 逾期账龄区间设置。该设置提供用户定义逾期应收账款或收款时间间隔的功能，便于用户根据自己定义的账款时间间隔，进行逾期应收账款或收款的账龄查询和账龄分析，清楚了解在一定期间内所发生的应收款、收款情况。

逾期账龄区间设置的操作步骤与账期内账龄区间设置类似。

⑤ 报警级别设置。用户可以通过设置报警级别，将客户按照欠款余额与其授信额度的比例分为不同的类型，便于掌握各个客户的信用情况。

⑥ 单据类型设置。用户将自己的往来业务与单据类型建立对应关系，达到快速处理业务以及进行分类汇总、查询、分析的目的。系统提供了发票和应收单两种类型的单据。

3. 销售与收款子系统的期初数据录入

企业第一次启用销售与收款子系统时，在期初必须录入尚未完成销售管理全流程的业务单据，以保证运用计算机系统处理业务的连续性和每笔业务的完整性。

销售与收款子系统于建账期初需要录入的单据如下：

① 分期收款，或者先发货后开票销售模式下已发货但尚未开具发票的出库单。

② 先开发票后发货模式下已开发票但尚未发货的销售发票。

③ 委托代销模式下尚未与受托方办理结算的出库单。

④ 尚未办理结算的销售发票和收款单等。

当用户初次使用用友 ERP-U8(V8.72)销售管理子系统、应收款管理子系统时，应将本月之前的年度内各月的单据都录入软件，便于以后的处理。如果上年使用了本系统，则在使用“结转上年”执行年初始化的同时，亦将上年各种期末余额逐笔转至本年年初，即年初余额过账。

在用友 ERP-U8(V8.72)中，销售管理子系统的期初数据主要包括期初发货单数据、期初委托代销发货单数据以及期初收款发货单数据。应收款管理子系统的期初数据录入是指将系统启用日未处理完成的所有客户的应收账款、预收账款、应收票据等输入系统，便于以后的核销处理。

例 7-1 用友 ERP-U8(V8.72)应收款管理子系统期初销售专用发票余额数据录入的操作步骤如下：

第一步，在用友 ERP-U8(V8.72)应收款管理子系统中，执行“设置”→“期初余额”命令，打开“期初余额—查询”对话框；单击【确定】按钮，进入“期初余额明细表”窗口。

第二步，单击【增加】按钮，打开“单据类别”对话框；选择单据名称“销售发票”、单据类型“销售专用发票”，如图 7-16 所示。

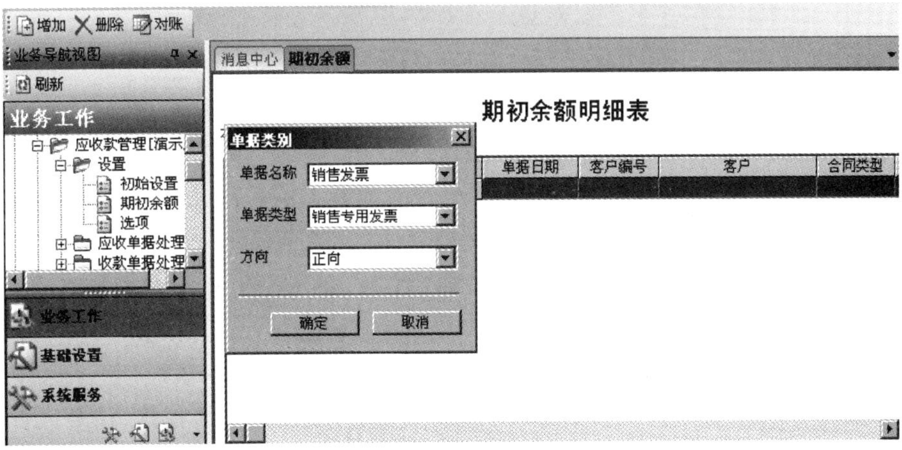

图 7-16 单据类别

第三步，单击【确定】按钮，进入“期初销售发票—销售专用发票”窗口。

第四步，单击【增加】按钮，输入或选择开票日期、发票号、客户名称、销售部门、科目，选择货物名称，输入数量、价税合计，如图 7－17 所示。

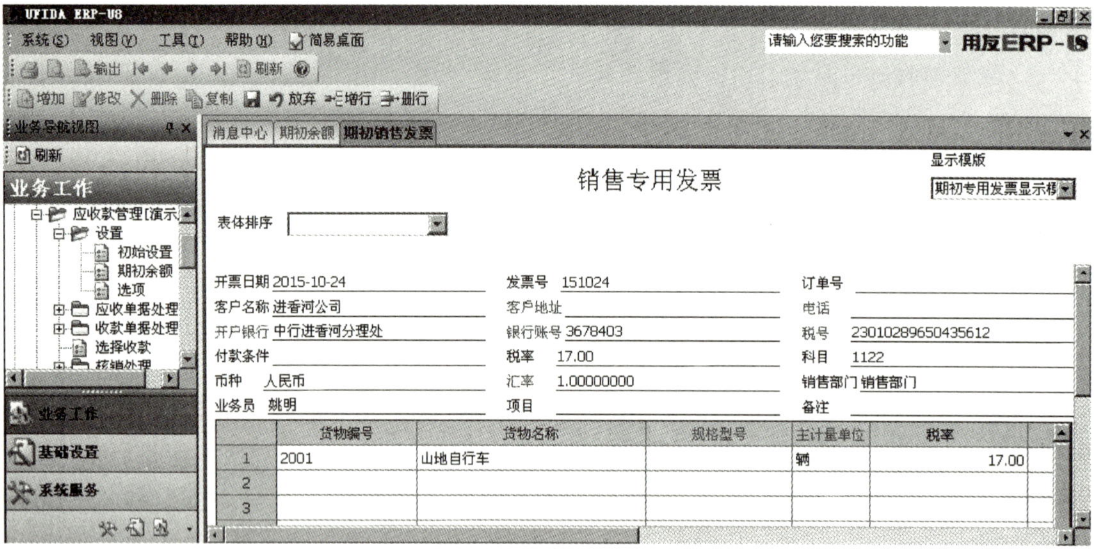

图 7－17　期初销售专用发票

第五步，单击【保存】按钮。

同理，根据资料的要求，依次录入其他应收账款期初余额。

注意：录入期初销售发票时要确定科目，以便与总账子系统的应收账款对账；在初次使用应收款管理子系统时，应将启用该系统时未处理完的所有客户的应收账款、预收账款、应收票据等数据录入本系统；如果未设置允许修改销售专用发票的编号，则在填制销售专用发票时不允许修改编号。其他单据的编号也一样，系统默认的状态为不允许修改；录入预收款的单据类型仍然是“收款单”，但是款项类型为“预收款”。

7.4.3　销售与收款子系统的日常业务处理

销售业务的日常处理包括资金流和物流两条线索。销售业务的资金流涉及销售管理、应收款管理等。销售业务的物流涉及销售管理、库存管理和存货核算。

销售与收款日常业务处理是指对销售活动的各个环节进行核算与管理，主要包括日常单据录入、单据审核、记账、往来核销、坏账处理等功能，覆盖了销售报价、订货、开票、发货、收款等环节。

1. 销售与收款子系统的日常主要业务处理内容

销售与收款子系统的日常业务处理内容如下：

(1) 普通销售业务处理

普通销售业务适合于大多数企业的日常销售业务，提供了对销售报价、销售订货、销售发货、销售开票、销售出库、结转销售成本、应收账款确认及收款处理的管理。

① 销售报价。销售报价是指企业向客户提供销售商品、规格、价格、结算方式等信息，双方达成协议后，销售报价单可以转为有效的销售合同或销售订单。

② 销售订货。销售订货是指企业与客户签订销售合同，表现为销售管理子系统中的销售订单。销售订单可以直接填制，也可以参照销售报价单生成。已审核未关闭的销售订单可以参照生成发货单或销售发票。

③ 销售发货。销售发货是指企业执行与客户签订的销售合同或销售订单，将货物发往客户的行为，是销售业务的执行阶段。销售发货单是发货的凭据，是发货业务执行的载体。

发货单的填制有两种方式：一是先发货后开票方式，可以参照销售订单生成或手工填制；二是开票直接发货方式，根据销售发票自动生成发货单和销售出库单。

④ 销售开票。销售开票是指在销售过程中企业给客户开具销售发票及其所附清单的过程，是销售收入确认、销售成本计算、应交销售税金确认和应收账款确认的依据，是销售业务的重要环节。销售发票可以直接填制，也可以参照销售订单或销售发货单生成。

⑤ 销售出库。销售出库是指销售业务处理的必要环节。销售出库须填制销售出库单，在库存管理子系统中用于存货出库数量的核算，在存货核算子系统中用于存货出库成本的核算。根据参数设置的不同，销售出库单可在销售管理子系统中生成，也可以在库存管理子系统中生成。

⑥ 结转销售成本。销售出库（开票）后，须进行出库成本的确认。对于按照先进先出、移动平均、个别法计价的存货，在存货核算子系统中进行出库成本核算；而按照全月平均、计划价法计价的存货，则要在期末处理时进行出库成本的核算。

⑦ 应收账款确认及收款处理。及时进行应收账款确认及收款处理是财务核算工作的要求，由应收款管理子系统完成。

普通销售业务模式有先发货后开票、开票直接发货两种。

※ 先发货后开票（非必有订单业务模式）的业务流程如图 7 - 18 所示。

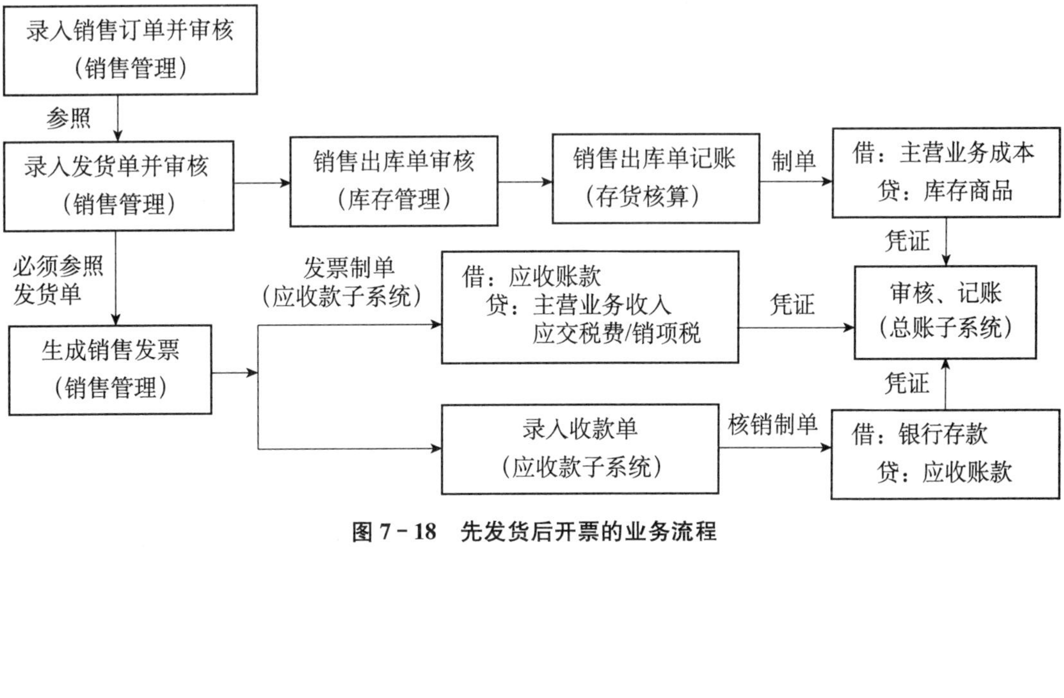

图 7 - 18　先发货后开票的业务流程

※ 开票直接发货(先票后货)的业务流程如图 7－19 所示。

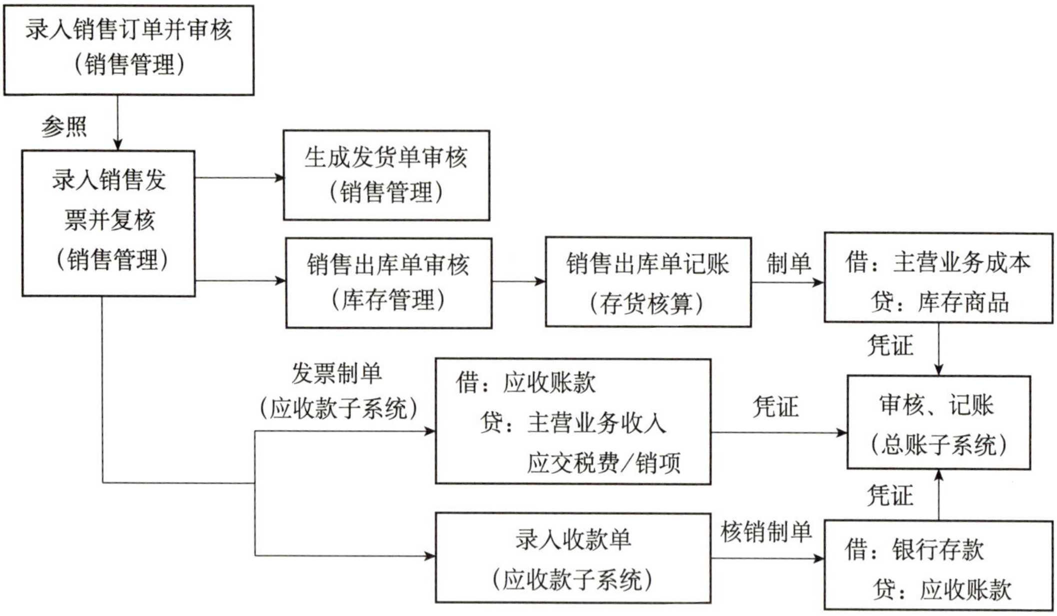

图 7－19　开票直接发货的业务流程

(2) 退货业务

销售退货是指客户因质量、品种、数量不符合规定要求而将已购货物退回。销售退货的业务流程如图 7－20 所示。

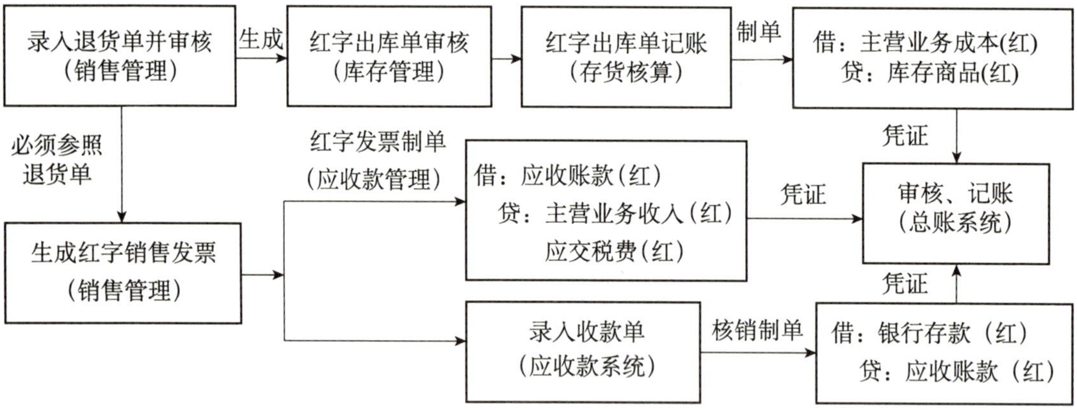

图 7－20　销售退货的业务流程

(3) 直运销售业务

直运业务是指产品无须入库即可完成的购销业务，由供应商直接将商品发送给企业的客户。结算时，企业与购销双方分别结算，从而赚取购销差价。直运业务包括直运销售业务和直运采购业务。

直运业务无实物的出入库，分别填制直运销售发票、直运采购发票，并由此进行财务结算。

(4) 分期收款销售业务流程

分期收款销售业务是指将货物提前发给客户，分期收回货款，收入与成本按照收款情况分期确认。其特点是一次发货、分次确认收入,并在确认收入时按照配比原则结转销售成本。只有在销售管理子系统中设置了分期收款销售业务选项,在存货核算子系统中设置了分期收款销售业务的科目,才能处理分期收款销售业务。分期收款销售的业务流程如图7-21所示。

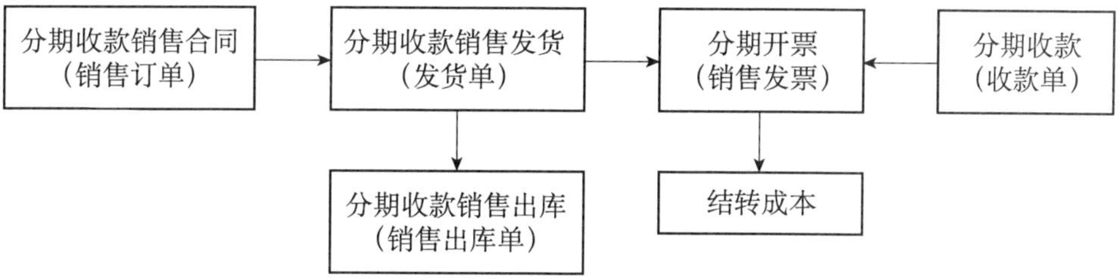

图7-21 分期收款销售的业务流程

(5) 现结业务流程

现结业务是指在销售货物的同时向客户收取货币资金的行为。现结业务流程如图7-22所示。

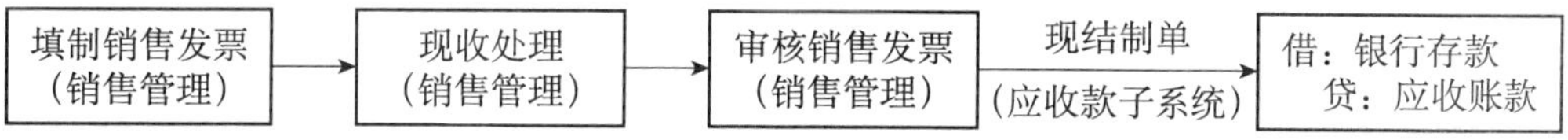

图7-22 现结业务流程

(6) 代垫费用

代垫费用是指在销售业务中,因货物销售而发生的如运杂费、保险费等暂时代垫费用,将来应向客户收取的费用项目。

(7) 委托代销业务

委托代销业务是指企业将商品委托他人进行销售但商品所有权仍归本企业的销售方式。委托代销商品销售后,受托方与企业进行结算,并开具正式的销售发票,形成销售收入;同时,商品所有权转移。只有设置了委托代销业务参数后,才能处理委托代销业务。

(8) 销售调拨业务

销售调拨业务一般是集团企业内部有销售结算关系的销售部门或分公司之间的销售业务。销售调拨单是销售调拨业务发生时开具的原始销售票据。与销售开票相比,销售调拨业务只计收入并不涉及销售税金。调拨业务须在当地税务机关的许可下才可使用。

(9) 零售业务

如果用户有零售业务,其零售业务数据可以先按日汇总,然后通过零售日报进行处理。零售日报记销售收入账,生成发货单和销售出库单,并进行销售出库登账处理。

对于零售业务,仓库指的是最终的出货地点。例如,对于零售商场,仓库指的是将货物交给客户的柜组;货物从仓库到柜组的过程,属于库存的转库处理,由库存管理子系统完成。

(10) 综合查询

销售管理子系统提供了各种单据查询和多种统计分析账表,主要包括销售订单列表、发货单列表、委托代销发货单列表、发票列表、销售调拨单列表、零售日报列表、销售明细表、发票使用明细表、销售成本明细表、销售月报表、销售统计表、发货统计表、余额表、销售分析表等。

2. 用友ERP销售与收款子系统的普通销售业务处理举例

普通销售业务适合于大多数企业的日常销售业务,提供了对销售报价、销售订货、销售发货、销售开票、销售出库、结转销售成本、销售收款结算的全过程管理。

下面结合用友 ERP-U8(V8.72)销售与收款子系统,以普通销售业务为例,介绍其处理流程。

① 销售报价单。在销售管理子系统中填制并审核报价单。

例 7-2 2015 年 12 月 14 日,进香河自行车商贸公司计划购买 10 台山地自行车,向销售部门了解价格。销售部门报价为 3 400 元/辆。填制并审核报价单的操作步骤如下:

第一步,在用友 ERP-U8(V8.72)企业应用平台"业务工作"页签中,执行"供应链"→"销售管理"→"销售报价"→"销售报价单"命令,进入"销售报价单"窗口。

第二步,单击【增加】按钮,输入报价日期"2015-12-14"、销售类型"批发"、客户简称"进香河自行车商贸公司"、销售部门"销售部门"。

第三步,选择存货编码"2001",输入数量 10 辆,报价 3 400 元,如图 7-23 所示。

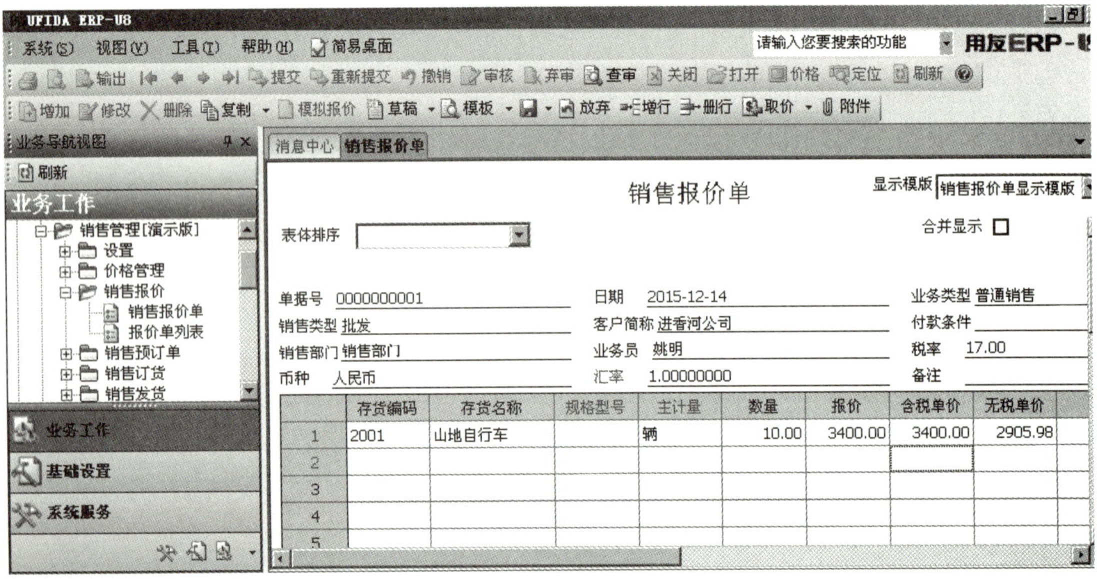

图 7-23 销售报价单

第四步,单击【保存】按钮,再单击【审核】按钮后退出。

② 销售订单。在销售管理子系统中填制并审核销售订单。

例 7-3 进香河自行车商贸公司了解情况后,订购 10 辆,要求发货日期为 2015 年 12 月 16 日,填制并审核销售订单的操作步骤如下:

第一步,在用友 ERP-U8(V8.72)销售管理子系统中,执行"销售订货"→"销售订单"命令,进入"销售订单"窗口。

第二步,单击【增加】按钮,再单击【生单】下拉按钮,选择"报价",打开"过滤条件选择"对话框。

第三步,单击【过滤】按钮,进入"参照生单"窗口。

第四步,双击上方表格中前一项业务处理中录入的报价单"选择"栏,如图 7-24 所示。

第五步,单击【确定】按钮,将报价单信息带入"销售订单"。

第六步,修改订单日期为"2015-12-14"、预发货日期为"2015-12-16",如图 7-25 所示。

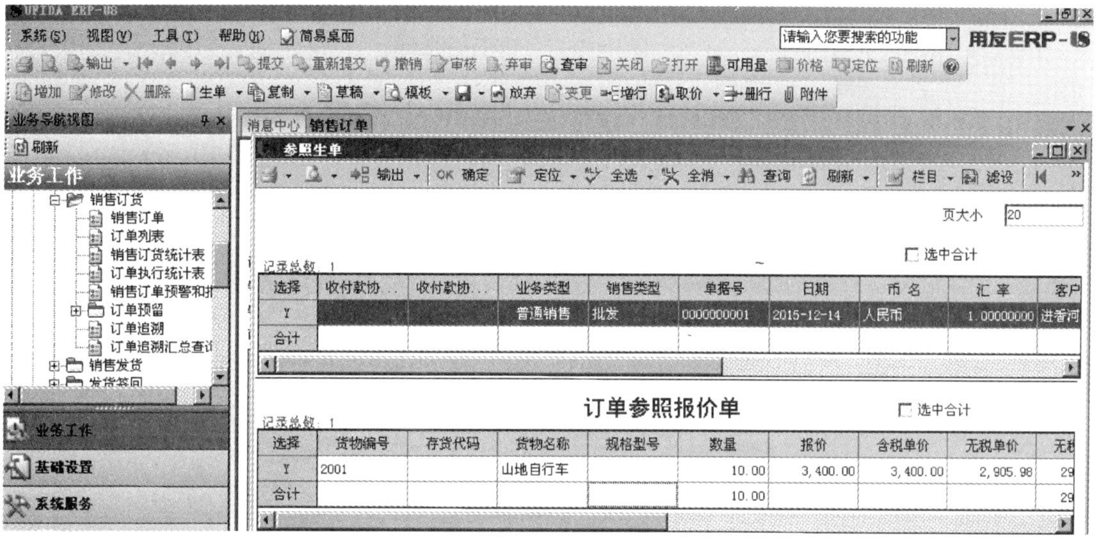

图 7-24 销售订单

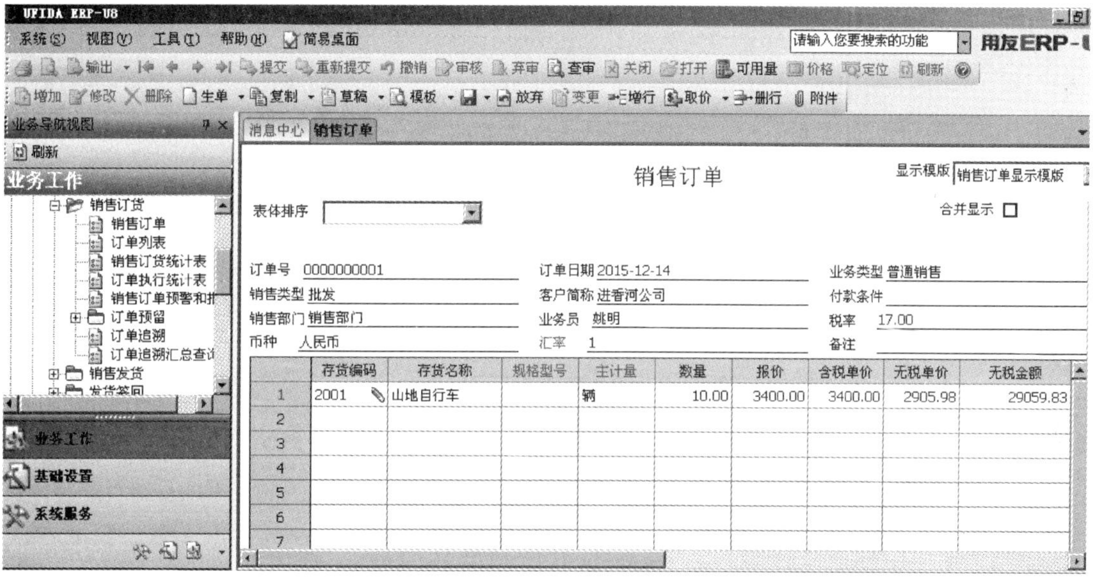

图 7-25 销售订单

第七步，单击【保存】按钮，再单击【审核】按钮后退出。

在业务类型选项中，默认为普通销售，也可根据需要选择其他销售业务类型。单据日期和存货编码两个项目为必填项，可录入或参照存货档案。而其中的单据日期，应当录入，不可为空，且预计发货日期必须大于或等于订单单据日期。

对于必有订单的业务模式，销售订单是必用单据；否则销售订单是可选单据，可根据实际需要选用。销售订单可以手工输入，也可以参照销售报价单生成。

③ 发货单。在销售管理子系统中填制并审核销售发货单。

例 7-4 执行例 7-3 的销售订单进行发货处理，其操作步骤如下：

第一步，在用友 ERP-U8(V8.72)销售管理子系统中，执行“销售发货”→“发货单”命令，进入“发货单”窗口；单击【增加】按钮，系统弹出“过滤条件选择”对话框。

第二步，单击【过滤】按钮，进入“参照生单”窗口，选择已生成的销售订单，如图 7－26 所示。

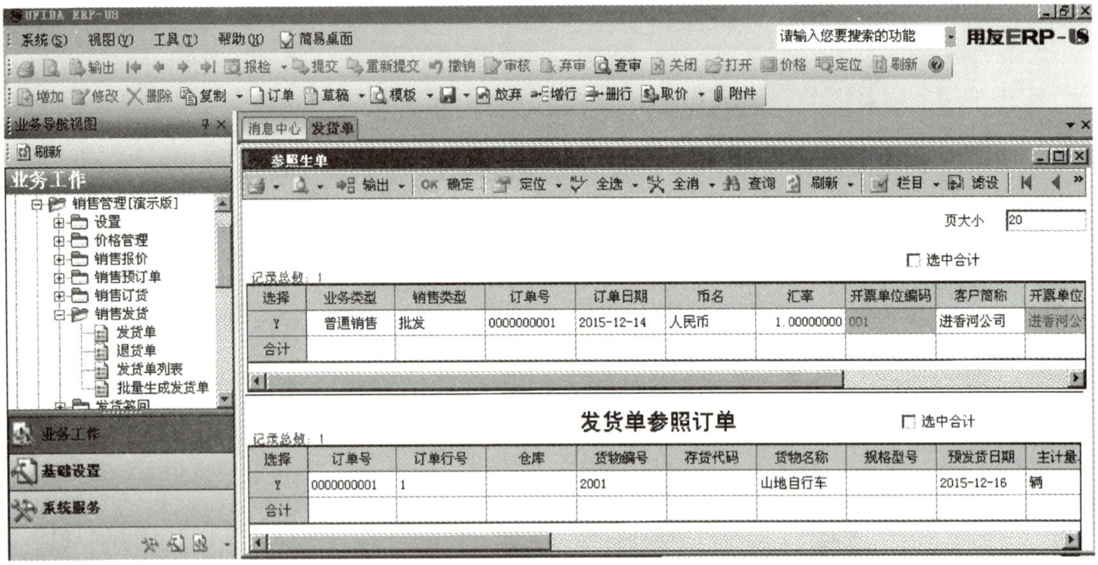

图 7－26　发货单参照订单

第三步，单击【确定】按钮，将销售订单信息带入发货单。

第四步，输入发货日期“2015-12-16”，选择仓库名称“成品库”，如图 7－27 所示。

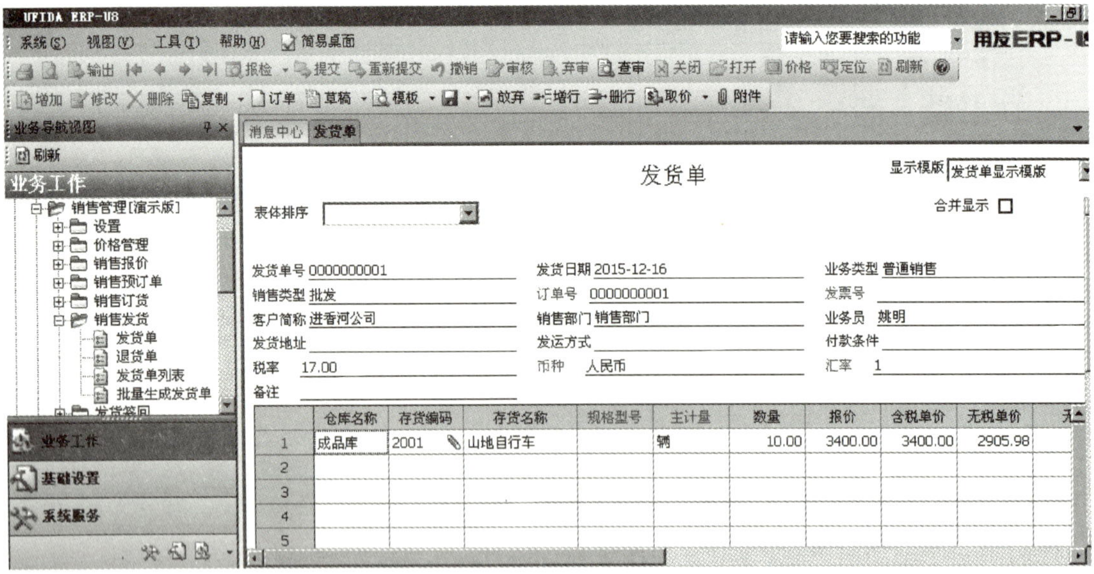

图 7－27　发货单

第五步，单击【保存】按钮，再单击【审核】按钮后退出。

发货单输入确认后，同样须对发货单进行审核。

发货单一般可以参照销售订单生成，也可以直接填制。发货单填制主要分两种模式：其一，先发货后开票，即先有发货单，参照销售订单填制发货单；其二，开票直接发货，参照“销售发票”自动生成“销售发货单”和“(库存)销售出库单(通知仓库)”。

④ 销售开票。在销售管理子系统中根据发货单填制并复核销售发票。

销售开票是销售业务的重要环节，它是销售收入确认、销售成本计算、应交销售税费确认和应收账款确认的依据。广义的发票包括增值税专用发票、普通发票、销售调拨单、零售日报等。在先发货后开票业务模式下，销售发票只能根据发货单生成；而在开票直接发货业务模式下，销售发票应根据销售订单填制。

例 7-5 2015 年 12 月 16 日，销售部门从成品仓库向进香河自行车商贸公司发出其所订货物，并据此开具专用销售发票一张，发票号为 151216。业务部门将销售发票交给财务部门，财务部门结转此业务的收入及成本，参考成本价为 2 340 元/辆。其操作步骤如下：

第一步，在用友 ERP-U8(V8.72)销售管理子系统中，执行“设置”→“销售选项”命令，打开“销售选项”对话框；单击“其他控制”页签，选择新增发票默认为“参照发货”单选按钮，如图 7-28 所示。

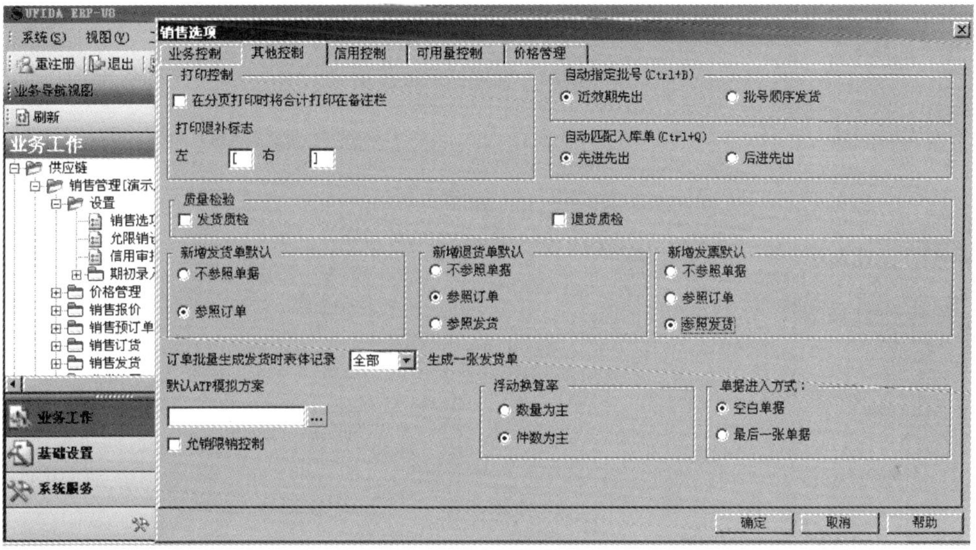

图 7-28　销售选项

第二步，单击【确定】按钮返回。

第三步，执行“销售开票”→“销售专用发票”命令，进入“销售专用发票”窗口。

第四步，单击【增加】按钮，进入“过滤条件选择”对话框。

第五步，单击【过滤】按钮，进入“参照生单”窗口。

第六步，选择要参照的发货单，如图 7-29 所示。

第七步，单击【确定】按钮，将发货单信息带入销售专用发票。

第八步，填写发票号“151216”，修改开票日期为“2015-12-16”，选择仓库“成品库”，如图 7-30所示。

第九步，单击【保存】按钮，再单击【复核】按钮后退出。

与此类似，可分别填制普通销售发票等。

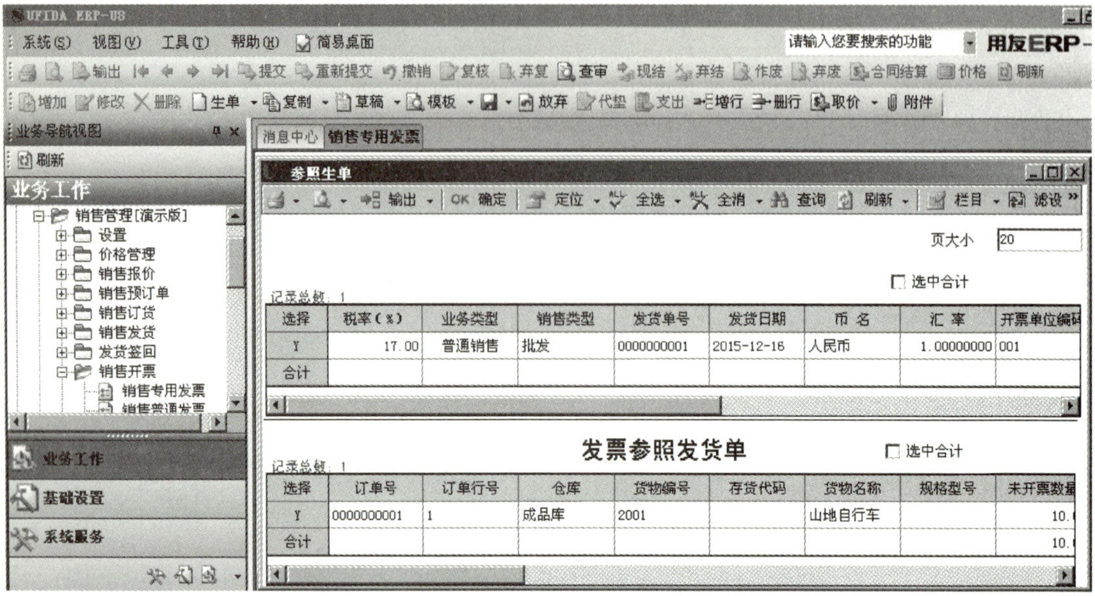

图 7-29　发票参照发货单

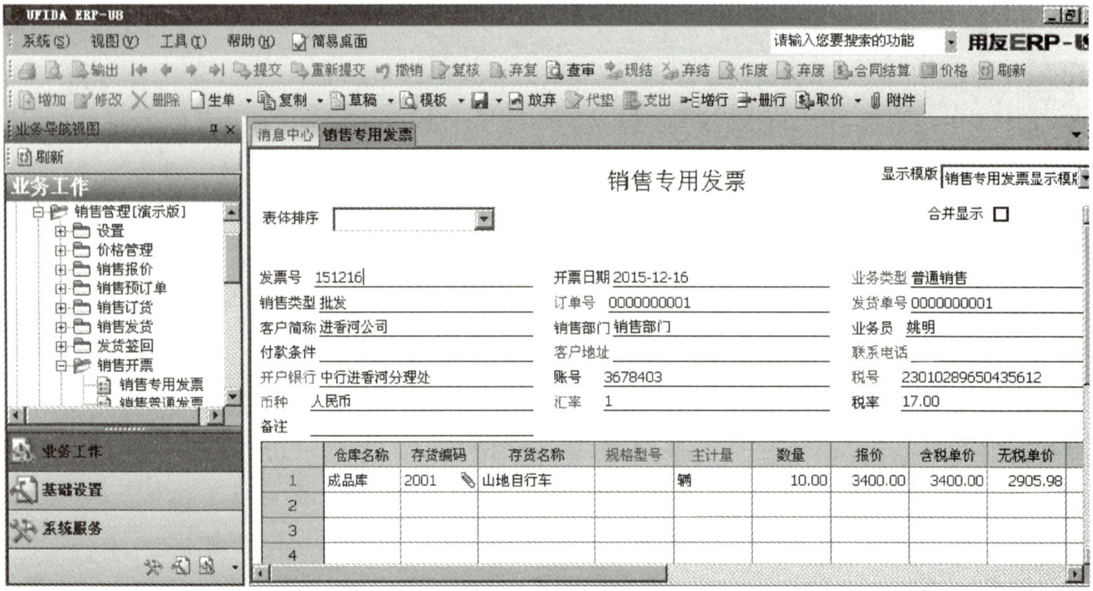

图 7-30　销售专用发票

⑤ 审核销售发票并生成凭证。在应收款管理子系统中，审核销售专用发票并生成销售收入凭证。

销售发票复核后在财务部门的应收款管理子系统中核算应收账款。在应收款管理子系统中，会计人员审核通过网络传来的销售发票，登记应收账款明细账，制单生成凭证并传递到总账子系统。

例 7-6　2015 年 12 月 17 日，财务部门收到进香河自行车商贸公司转账支票一张，金额 34 000元，支票号 004587，据此填制收款单并制单(假设自行车按项目核算)。其操作步骤如下：

第一步，在用友 ERP-U8(V8.72)应收款管理子系统中，执行"应收单据处理"→"应收单据审核"命令，打开"应收单过滤条件"对话框，如图 7-31 所示。

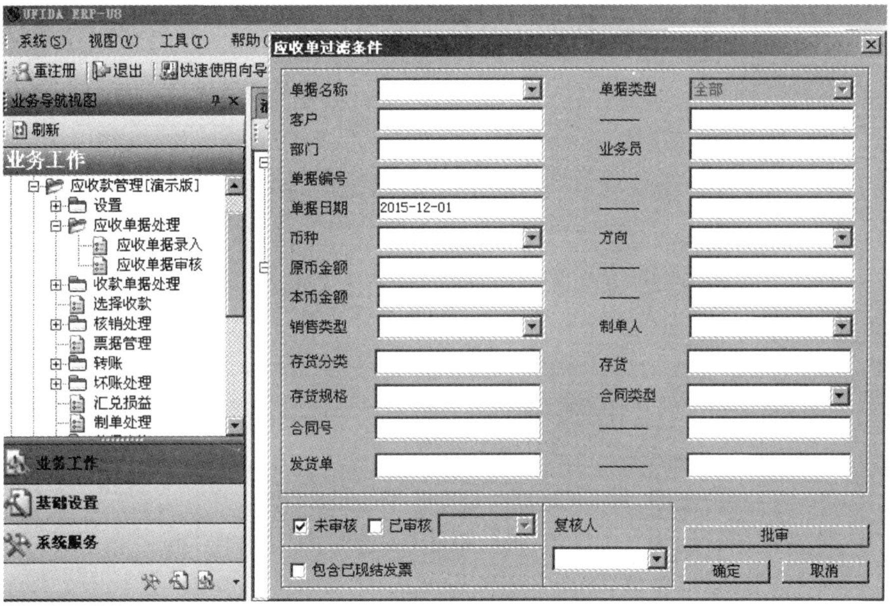

图 7-31　应收单过滤条件

第二步，单击【确定】按钮，进入"应收单据处理"窗口，选择要审核的单据，如图 7-32 所示。

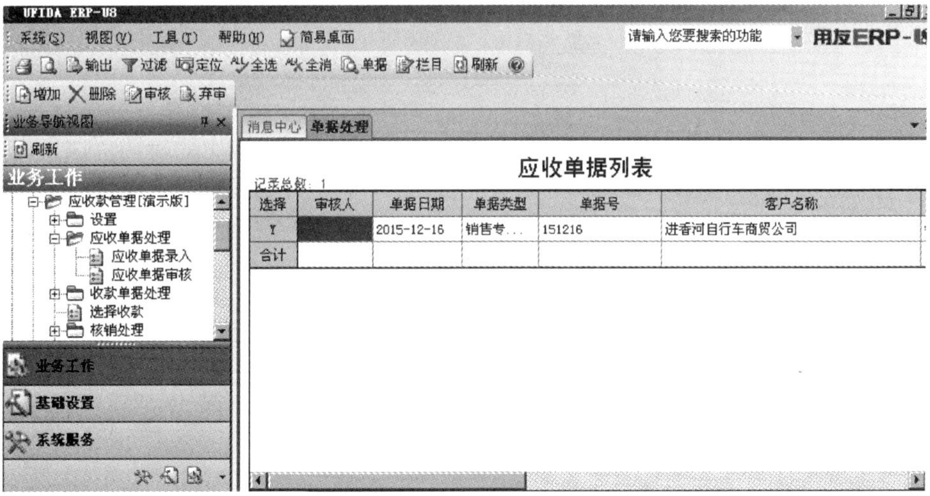

图 7-32　应收单据处理

第三步，单击【审核】按钮，系统显示"审核成功"提示信息，再单击【确定】返回。

第四步，执行"制单处理"命令，打开"制单查询"对话框，选中"发票制单"复选框；单击【确定】按钮，进入"制单"窗口。

第五步，选择凭证类别为"记账凭证"，单击工具栏中的【全选】按钮，选择窗口中的所有单据，如图 7-33 所示。

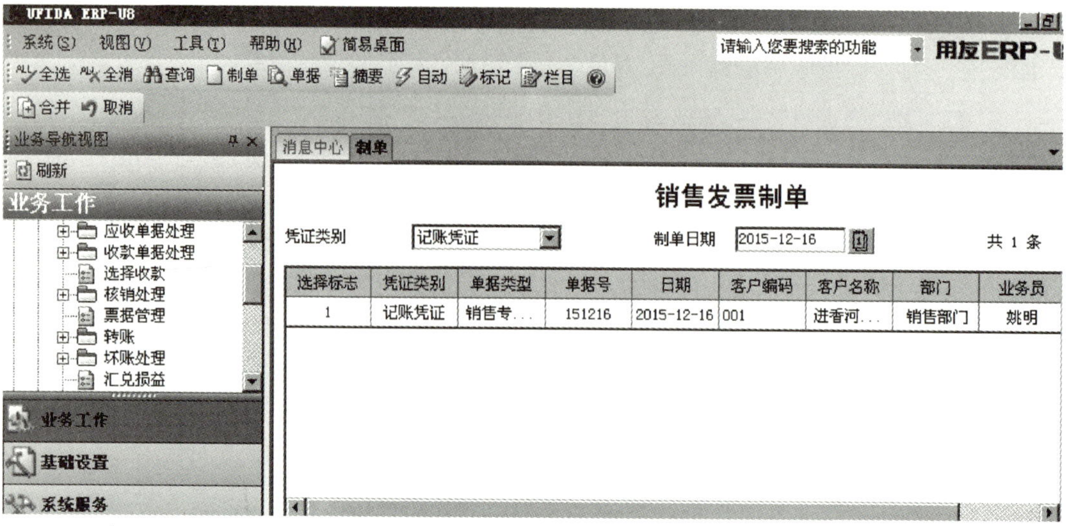

图 7 - 33　销售发票制单

第六步，单击【制单】按钮，打开“填制凭证”窗口，显示根据发票生成的记账凭证。

第七步，修改制单日期为“2015-12-16”，单击【保存】按钮，出现“第 2 条分录：项目核算科目的项目不能为空”提示信息框，如图 7 - 34 所示。

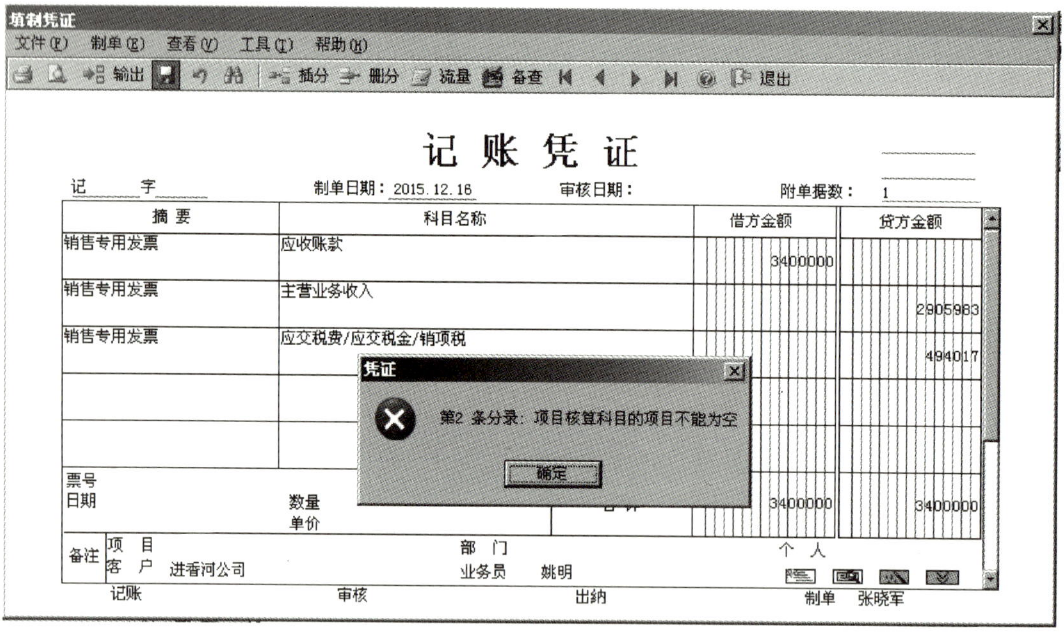

图 7 - 34　项目核算

第八步，单击【确定】按钮，点击选中第 2 条记录行“主营业务收入”科目，双击鼠标左键，系统弹出“辅助项”对话框。

第九步，选择主营业务收入的项目名称“山地自行车”，如图 7 - 35 所示。

第十步，单击【确定】按钮，再单击【保存】按钮，凭证左上角显示“已生成”红字标记，表示已将凭证传递到总账子系统。

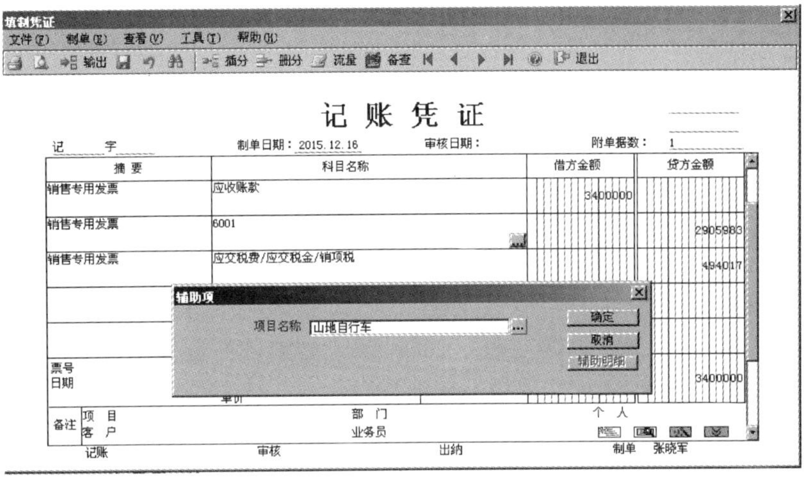

图 7－35 辅助项信息

⑥ 销售出库单。在库存管理子系统中填制并审核销售出库单。

企业销售的货物出库后，应填制销售出库单。销售出库单是按照销售发货的实际数量填写的出库单据。如果没有启用库存管理子系统，则在销售管理子系统中录入销售出库单；如果启用了库存管理子系统，则必须在库存管理子系统中填制出库单。

在用友 ERP-U8(V8.72)软件中，销售管理子系统、库存管理子系统一般集成使用，所以销售出库单必须在库存管理子系统中填制。

例 7－7 2015 年 12 月 16 日，销售部门从成品仓库向进香河自行车商贸公司发出其所订货物，并据此填制销售出库单。其操作步骤如下：

第一步，在用友 ERP-U8(V8.72)企业应用平台"业务工作"页签中，执行"供应链"→"库存管理"→"出库业务"→"销售出库单"命令，进入"销售出库单"窗口；单击【生单】下拉按钮，选择"销售生单"，打开"过滤条件选择"对话框。

第二步，单击【过滤】按钮，进入"销售生单"窗口，选择前面已生成的销售发货单；单击【确定】按钮，将销售发货单信息带入出库单。

第三步，修改出库日期为"2015-12-16"，输入单价 2 340 元，如图 7－36 所示。

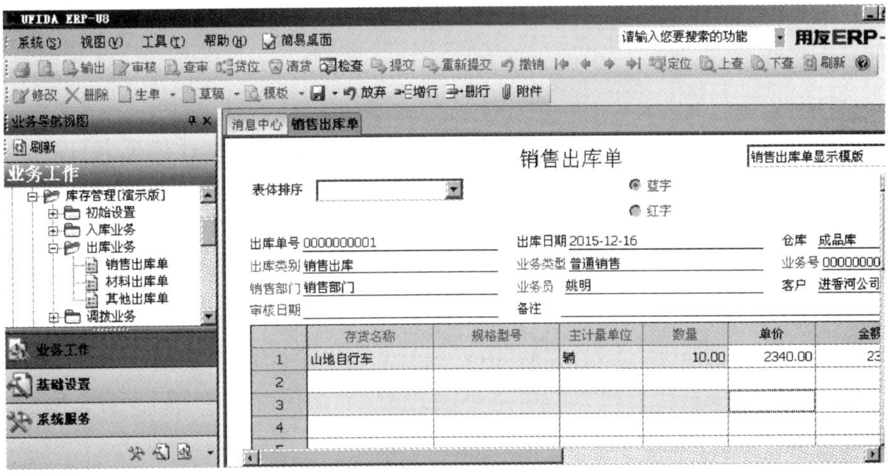

图 7－36 销售出库单

第四步，单击【保存】按钮，再单击【审核】按钮，系统弹出“该单据审核成功!”信息提示。

⑦ 销售出库记账并生成凭证。在存货核算子系统中生成销售出库凭证。

销售出库(开票)后，须进行出库成本的确认。根据审核后的销售出库单在存货核算子系统中进行出库记账，结算销售出库货物成本，并生成有关销售出库凭证。

例 7－8 2015 年 12 月 16 日，销售部门从成品仓库向进香河自行车商贸公司发出其所订货物，并据此开具专用销售发票一张后，进行出库成本的核算，结转相关销售成本。其操作步骤如下：

第一步，在用友 ERP-U8(V8.72)企业应用平台“业务工作”页签中，执行“供应链”→“存货核算”→“业务核算”→“正常单据记账”命令，打开“过滤条件选择”对话框；选择仓库“成品库”，单击【过滤】按钮，进入“未记账单据一览表”窗口。

第二步，双击选中需要记账的单据前的“选择”栏，单击【记账】按钮，系统弹出“记账成功!”信息提示，如图 7－37 所示。

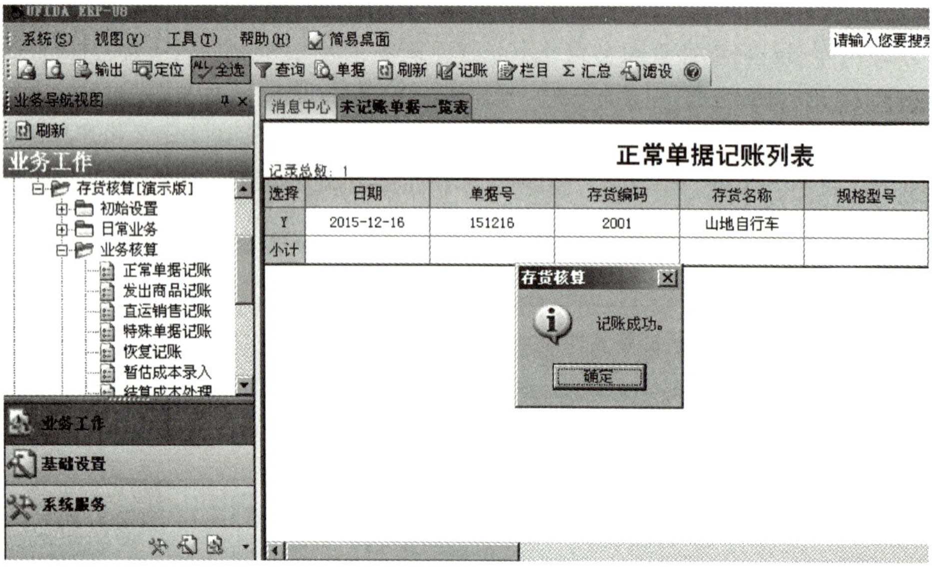

图 7－37 记账

第三步，单击【确定】按钮后退出。

第四步，执行“财务核算”→“生成凭证”命令，进入“记账凭证”窗口；单击【选择】按钮，打开“查询条件”对话框。

第五步，选择“销售专用发票”复选框，单击【确定】按钮，进入“选择单据”窗口。

第六步，点击需要生成凭证的单据前的“选择”栏或工具栏上的【全选】按钮，再单击工具栏上的【确定】按钮，进入“生成凭证”窗口。

第七步，选择凭证类型为“记账凭证”，参考产品历史成本(2 340 元/辆)，输入借方金额 23 400元、贷方金额 23 400 元，如图 7－38 所示。

第八步，单击【生成】按钮，进入“填制凭证”窗口，系统显示生成的记账凭证；单击【保存】按钮，出现“第 1 条分录:项目核算科目的项目不能为空”提示信息。与例 7－6 类似，对“山地自行车”项目应在系统弹出的“辅助项”对话框中输入或选择相关辅助核算信息。

第九步，记账凭证填制完毕后，单击【确定】按钮，再单击【保存】按钮，凭证左上角显示“已生成”红字字样，表示凭证已传递到总账子系统，如图 7－39 所示。

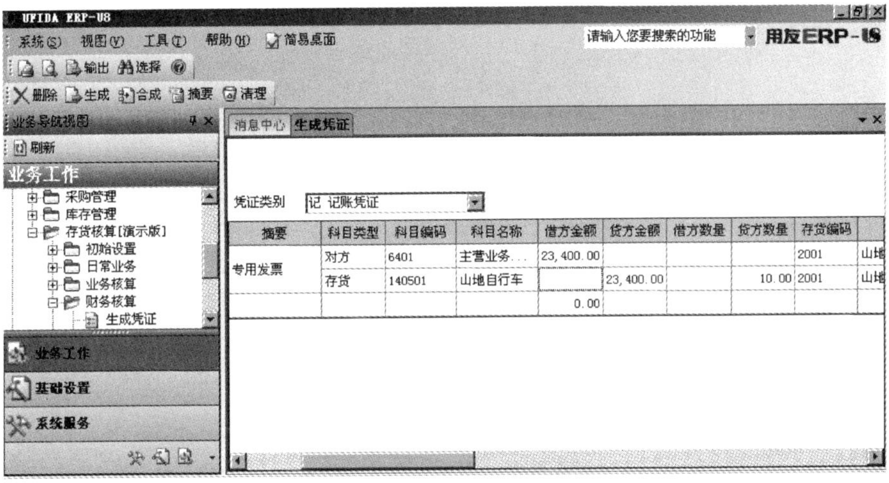

图 7－38　生成凭证

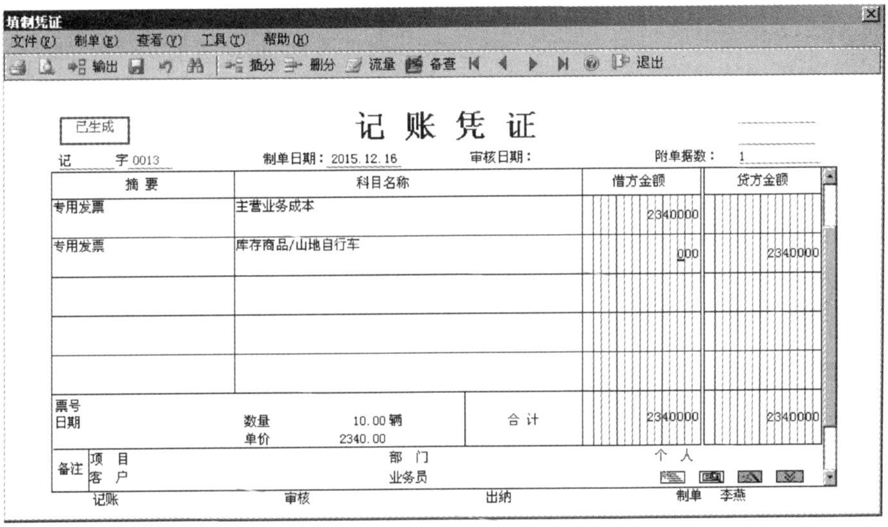

图 7－39　记账凭证

⑧ 收款单。在应收款管理子系统中输入收款单并制单。

当收到客户的款项时，应填制收款单，用以记录企业收到的款项。收款单的数据录入有两种处理途径：一是将收款单作为原始凭证，在总账子系统中以记账凭证的形式录入；二是由财务有关人员将收款单录入销售与收款子系统，经处理后生成相关的转账凭证，传递到总账子系统。这里讨论的是第二种途径。

例 7－9　2015 年 12 月 17 日，财务部门收到进香河自行车商贸公司转账支票一张，金额 34 000元，支票号为 004587，据此填制收款单并制单。其操作步骤如下：

第一步，在用友 ERP-U8(V8.72)应收款管理子系统中，执行“收款单据处理”→“收款单据录入”命令，进入“收付款单录入”窗口。

第二步，单击【增加】按钮，输入或选择日期“2015-12-17”、客户“进香河自行车商贸公司”、结算方式“转账支票”、金额 34 000 元、票据号“004587”，如图 7－40 所示。

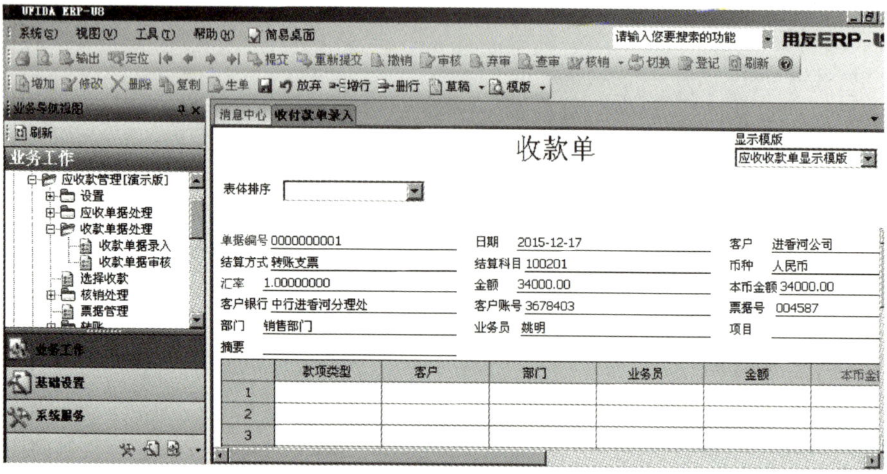

图 7－40　收款单

第三步，单击【保存】按钮，再单击【审核】按钮，系统提示“是否立即制单?”。

第四步，单击【是】按钮，可进入填制凭证窗口生成记账凭证。如果选择【否】按钮，则可在批量制单功能中生成该凭证。生成的凭证如图 7－41 所示。

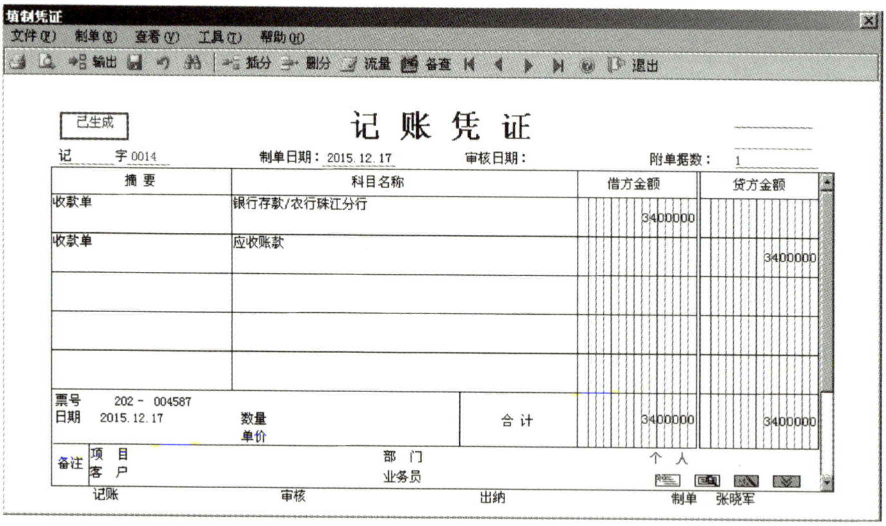

图 7－41　记账凭证

3. 用友 ERP 销售与收款子系统的销售退货业务处理举例

根据前述销售退货的业务流程，企业发生退货业务时，首先，应在销售管理子系统中填制退货单，生成红字销售发票并审核，根据红字发票制单；其次，在库存管理子系统中录入红字出库单并审核，进行出库处理；再次，在存货核算子系统中进行成本核算，同时进行制单处理；最后，企业退回购货单位的款项后，须填制红字收款单并进行核销制单。

例 7－10　2015 年 12 月 25 日，销售部门售给江苏省供销总社的山地自行车 5 辆，单价为 3 400 元，从成品仓库发出(参考成本价为 2 340 元/辆)。现发生如下退货业务：2015 年 12 月

26 日，销售给江苏省供销总社的山地自行车因质量问题被退回 1 辆，单价为3 400 元，收回成品仓库。2015 年 12 月 26 日，开具相应的专用发票一张，发票号为 15122601，数量为 4 辆。

在用友 ERP-U8(V8.72)中，该例有关退货业务的处理可分为如下几个部分：

① 在用友 ERP-U8(V8.72)销售管理子系统中填制并审核退货单，其操作步骤如下：

第一步，执行"销售发货"→"退货单"命令，进入"退货单"窗口；单击【增加】按钮，打开"过滤条件选择"对话框；再单击【取消】按钮，进入"退货单"窗口。

第二步，选择【生单】按钮下拉列表中的"参照发货单"，进入"过滤条件选择"对话框；再单击【过滤】按钮，进入"参照生单"窗口。

第三步，双击选中该笔业务的销售发货单，单击【确定】按钮，将发货单信息带入退货单。

第四步，输入或选择退货日期"2015-12-26"、数量"－1"，如图 7－42 所示。

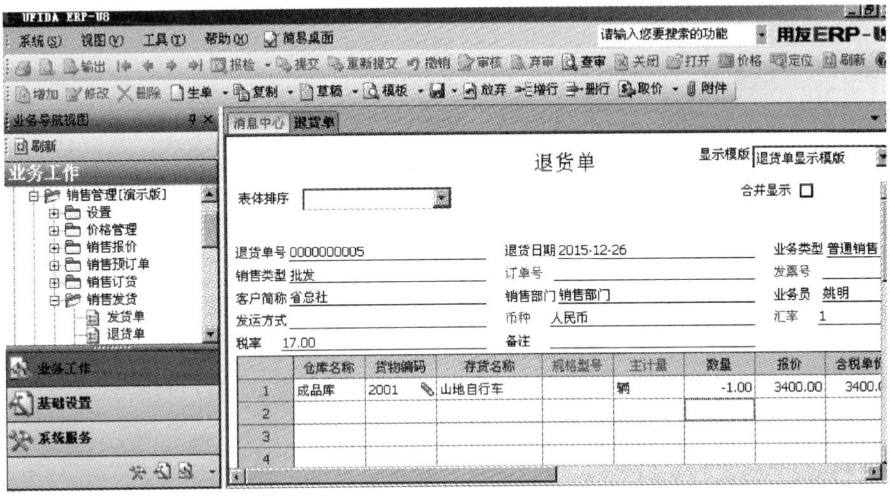

图 7－42　退货单

第五步，单击【保存】按钮，再单击【审核】按钮后退出。

注意：填制退货单时可参照订单、发货单。

② 在用友 ERP-U8(V8.72)销售管理子系统中填制并复核销售发票，其操作步骤如下：

第一步，执行"销售开票"→"销售专用发票"命令，进入"销售专用发票"窗口；单击【增加】按钮，进入"过滤条件选择"对话框。

第二步，选择发货单类型为"全部"，单击【过滤】按钮，进入"参照生单"窗口。

第三步，选中前面生成的发货单据，单击【确定】按钮，将发货单信息带入销售专用发票。

第四步，填写发票号"15122601"，修改开票日期为"2015-12-26"，如图 7－43 所示。

第五步，单击【保存】按钮，再单击【复核】按钮后退出。

注意：参照发货单生成销售发票时，须同时选中"蓝字记录"和"红字记录"复选框；如果生成退货单时已参照发货单，则"选择发货单"窗口中不再出现退货单，而参照的结果是发货单与退货单的数量差。

③ 在用友 ERP-U8(V8.72)库存管理子系统审核销售出库单，其操作步骤如下：

执行"库存管理"→"出库业务"→"销售出库单"命令，进入"销售出库单"窗口，分别选择该笔业务生成的蓝字销售出库单、红字销售出库单，保存并审核(操作步骤略)。

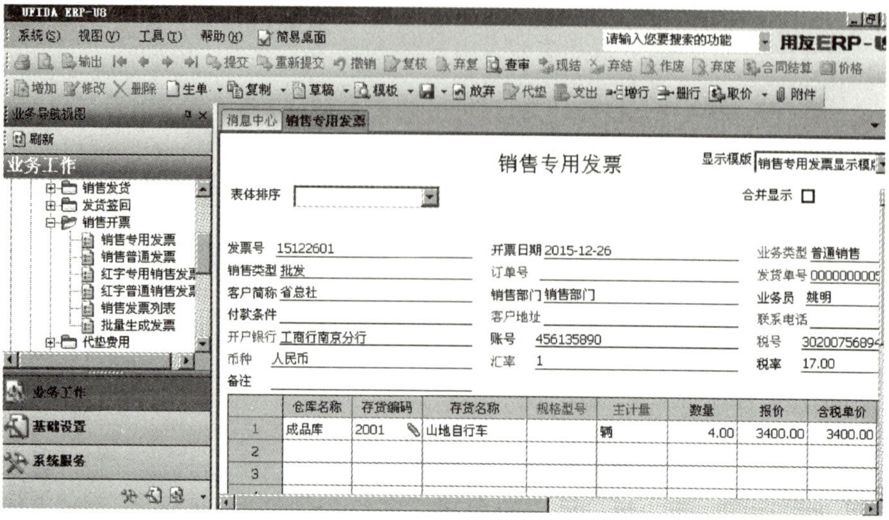

图 7-43　销售专用发票

④ 在用友 ERP-U8(V8.72)存货核算子系统中生成销售出库凭证,其操作步骤如下:

第一步,执行"存货核算"→"业务核算"→"正常单据记账"命令,打开"过滤条件选择"对话框;选择仓库"成品库",单击【过滤】按钮,进入"未记账单据一览表"窗口。

第二步,双击选中需要记账的单据前的"选择"栏,单击【记账】按钮,系统弹出"记账成功!"信息提示;再单击【确定】按钮后退出。

第三步,执行"财务核算"→"生成凭证"命令,进入"生成凭证"窗口;单击【选择】按钮,打开"查询条件"对话框。

第四步,选择"销售专用发票"复选框,单击【确定】按钮,进入"选择单据"窗口;点击需要生成凭证的单据前的"选择"栏,然后单击工具栏上的【确定】按钮,进入"生成凭证"窗口。

第五步,选择凭证类型为"记账凭证",参考产品历史成本(2 340 元/辆),输入借方金额 9 360元、贷方金额 9 360 元,如图 7-44 所示。

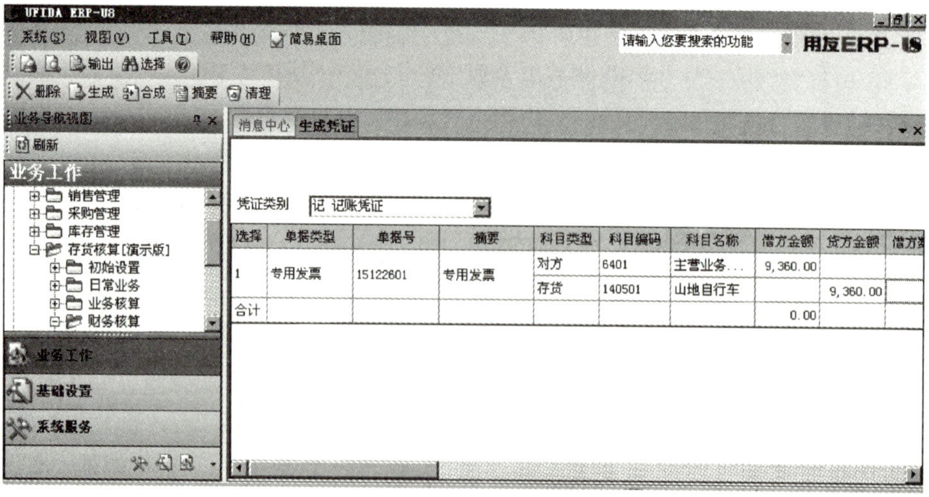

图 7-44　生成凭证

第六步，单击【生成】按钮，进入“填制凭证”窗口，系统显示生成的记账凭证。对有关辅助核算科目信息的填制步骤同前。

第七步，生成凭证后，单击【确定】按钮，再单击【保存】按钮，凭证左上角显示“已生成”红字字样，表示凭证已传递到总账子系统，如图 7-45 所示。

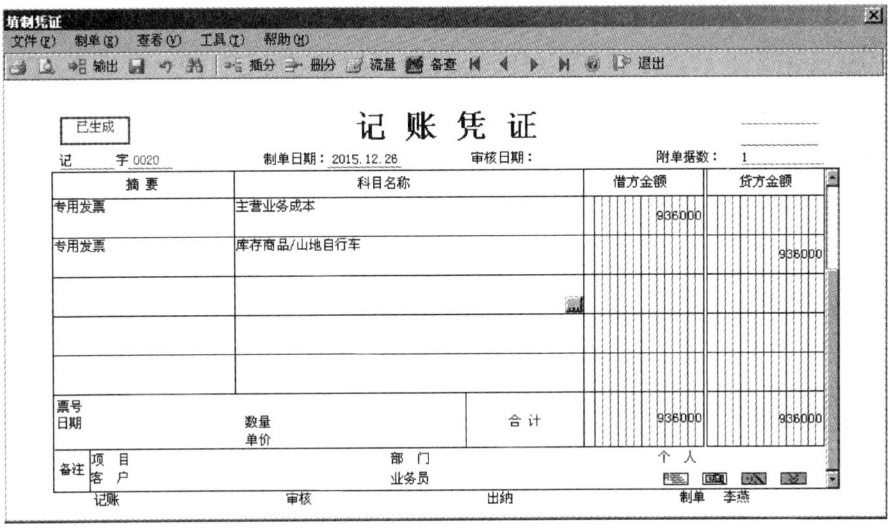

图 7-45 记账凭证

⑤ 在用友 ERP-U8(V8.72)应收款管理子系统中审核销售专用发票并制单，其操作步骤如下：

※ 执行“应收款管理”→“应收单据处理”→“应收单据审核”命令，审核前面生成的专用发票(操作步骤参见“普通销售业务”)。

※ 执行“应收款管理”→“制单处理”命令，进入“制单”窗口，选择前面的专用发票，生成记账凭证并保存(操作步骤参见“普通销售业务”)。

7.4.4 销售与收款子系统的期末处理

按照销售与收款子系统的期末处理的先后顺序，应先进行销售管理子系统的期末处理，再进行应收款管理子系统的期末处理。

1. 销售管理子系统的月末处理

销售管理子系统的期末处理工作为月末结账。月末结账是将当前的销售单据封存，结账后不允许再对该会计期间的销售单据进行增加、修改和删除处理。

在用友 ERP-U8(V8.72)中，销售管理子系统月末结账的操作步骤如下：

第一步，执行“销售管理”→“月末结账”命令，打开“月末结账”对话框(其中蓝条是当前会计月)，如图 7-46 所示。

第二步，单击【月末结账】按钮，系统开始结账。

第三步，结账完成后，“是否结账”栏显示“是”。

注意：若应收款管理子系统、库存管理子系统或存货核算子系统已结账，则销售管理子系统不能取消结账。

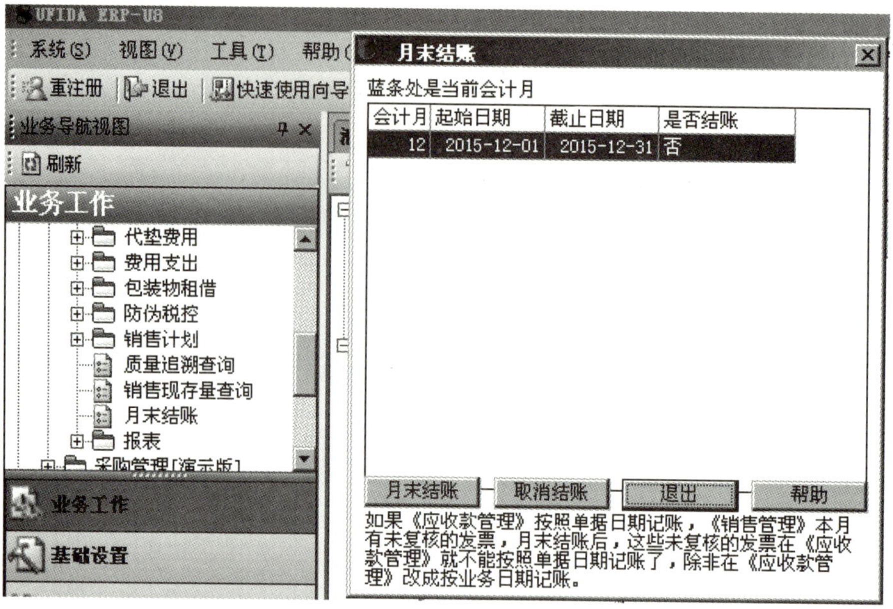

图 7-46 月末结账

2. 应收款管理子系统的期末处理

应收款管理子系统的期末处理工作有汇兑损益和月末结账。如果客户往来有外币核算，且在总账子系统中进行了设置，则应计算外币单据的汇兑损益并对其进行相应的处理；月末结账是将当前的应收款、收款单据封存，结账后不允许再对该会计期间的应收款、收款单据进行增加、修改和删除处理。

在用友 ERP-U8(V8.72)中，应收款管理子系统月末结账的操作步骤如下：

第一步，执行"应收款管理"→"期末处理"→"月末结账"命令，打开"月末处理"对话框，如图 7-47 所示。

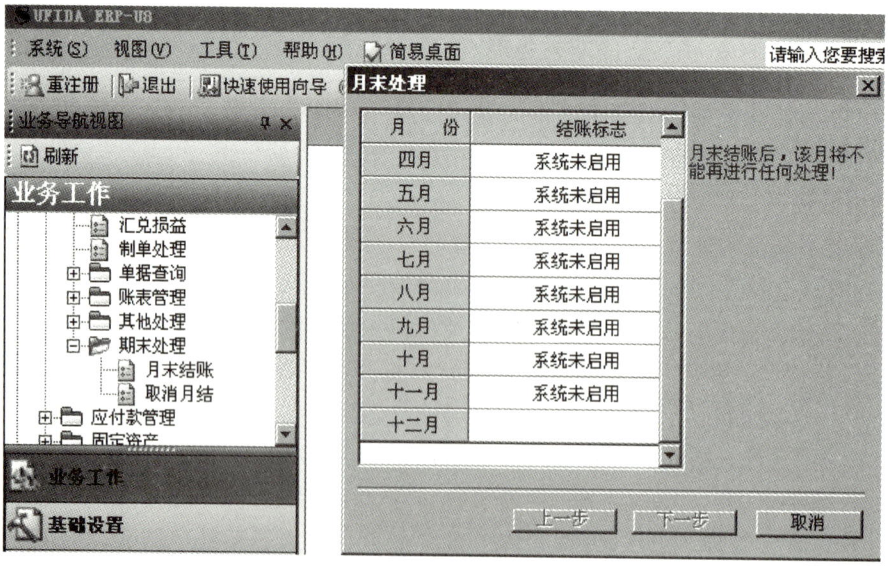

图 7-47 月末处理

第二步，单击“选择标记”栏，出现“选中”标记“Y”，单击【下一步】按钮，再单击【完成】按钮，系统提示“12 月份结账成功”信息提示。

7.4.5 销售与收款子系统的账表输出与统计分析

销售与收款子系统的输出设计包括屏幕查询和打印输出方式，主要提供销售收款业务报表和应收款统计分析表两大类。

销售管理子系统提供了单据查询、业务账表、统计分析、科目账查询等功能，如销售订单列表、发票列表、发货单列表、销售明细表、销售日报表、销售费用表、销售统计表、客户信息一览表、销售分析、客户信用分析等。灵活运用这些查询和统计分析，可以提高信息的利用和销售管理水平，帮助管理者做出正确的决策。

应收款管理子系统的统计分析提供应收账龄分析、收款账龄分析、收款预测等功能，以及应收账款明细表。收款预测适用于预测未来某一期间内，以客户、产品(商品)、部门或业务员等为对象的收款情况，为积极组织收款提供信息，同时有利于企业合理编制未来期间的资金计划；用户可以分析客户、存货、业务员、部门或单据的应收账款余额的账龄区间分布，设置不同的账龄区间并进行分析。在应收账款明细表中可以完整地查询相关客户的业务单据信息。

以应收账款账龄分析为例，账龄分析适用于分析客户、商品、业务员、部门或单据的应收款余额的账龄区间分布，协助对较长账龄应收款的催收工作，减少坏账损失。应收账款账龄分析表主要按账龄分析的时间段，反映客户欠款金额的情况。

例 7－11 在用友 ERP-U8(V8.72)应收款管理子系统中，查看“应收账龄分析”的操作步骤如下：

第一步，执行“应收款管理”→“账表管理”→“统计分析”→“应收账龄分析”命令，打开“过滤条件选择”对话框。

第二步，单击【过滤】按钮，进入“应收账龄分析”窗口。

第三步，在“应收账龄分析”窗口，选择“条件查询”应收账龄分析的信息，如图 7－48 所示。

客户		本币余额	账期内		1-60		61-90	
编号	名称		本币金额	%	本币金额	%	本币金额	%
001	进香河自行车	41,680.00			34,000.00	81.57	7,680.00	18.43
002	江苏省供销总	13,600.00			13,600.00	100.00		
003	家乐福大桥南	15,420.00			15,420.00	100.00		
005	江浦珠江镇车	500.00			500.00	100.00		
人民币								
数量					4		1	
金额		71,200.00			63,520.00	89.21	7,680.00	10.79

图 7－48 应收账龄分析

?思考题

1. 简述销售与收款子系统的主要目标。
2. 简述销售与收款业务核算和管理的基本内容。
3. IT 环境下与手工环境下销售与收款业务的处理有何异同?
4. 销售与收款子系统主要有哪些基本功能?
5. 简述 IT 集成化环境下销售与收款子系统与其他子系统之间的关系。
6. 销售与收款子系统初始化设置的内容有哪些?
7. 分别说明用友 ERP-U8(V8.72)销售管理子系统、应收款管理子系统的业务处理流程。
8. 结合分期收款销售业务,说明应用用友 ERP-U8(V8.72)进行业务处理的流程。

第8章 采购与付款子系统

采购是企业物资供应部门按已确定的物资供应计划，通过市场采购、加工订制等各种渠道，取得企业生产经营活动所需要的各种物资的经济活动。采购成本的高低直接关系到企业的生产成本和最终利润。与此同时，因采购业务而产生的应付款项等相关支付业务也将影响企业的信誉和采购业务，进而影响整个供应链系统。在IT环境下，将采购子系统、应付款子系统结合运用，建立采购与付款子系统，可以提供更加完整、全面的企业物流业务管理和财务管理信息，实现对企业供应链中的物流、资金流的全过程核算和管理。

8.1 采购与付款子系统概述

采购子系统用于对采购业务的全部业务流程进行管理，提供了请购、采购订货、采购到货、采购入库、采购发票、采购结算等业务流程的整合。而应付款子系统主要对由企业采购业务引起的应付账款以及其他应付账款进行核算和管理。在IT环境下，采购子系统、应付款子系统既可以独立运行，又可以结合运用。不论如何划分，采购子系统与应付款子系统之间都保持着密切的联系。因此，将这两个子系统作为一个整体进行运用，可以实现企业物资供应的全面管理和核算。

8.1.1 采购与付款子系统的目标

采购与付款业务流程是企业信息系统中的一个复杂的业务流程。在IT环境下，应借助计算机来实现采购与付款业务的整体处理，以达到准确、全面、及时地反映采购与付款业务流程，加强采购与付款全面核算和管理的目的。为此，采购与付款子系统的目标主要包括以下五方面：

(1) 灵活、正确地反映企业个性化特征

不同企业的采购类型、结算方式、付款条件等都不尽相同，即使同一企业，在不同的时期，其上述特征也会变化。这就要求采购与付款子系统必须能够灵活、准确地反映企业的个性化特征，满足不同企业、不同时期的采购与付款管理的需求。

(2) 正确反映采购与付款日常业务并进行实时控制

采购与付款子系统应能够及时、准确地反映采购订单、采购入库、采购发票与采购付款处理等日常工作的运作信息，实现企业对采购与付款业务流程的全面管理，并对关键环节进行实时控制，降低采购成本及采购费用。

(3) 加强对采购资金的管理

采购与付款子系统应能够动态地体现从收到供应商的发票到处理付款为止的数据处理过程,反映与监督存货采购交易过程中的资金支出和应付情况,跟踪应付账款的到期日,分析应付账款账龄,及时提供债务总额和现金需要量,加强对应付账款的核算和管理。

(4) 提供各种核算和管理信息

采购与付款子系统应及时、准确地为企业各部门和管理者提供采购与付款的各种核算及管理信息,并通过数据接口将各种信息传递到其他子系统。

(5) 充分应用网络技术,实现无纸化的采购与付款系统

随着网络技术的不断发展,特别是 Internet、EDI、CTP 电子结算系统等的发展和应用,采购与付款子系统应该充分利用先进技术,建立无纸化的采购与付款系统。

8.1.2 采购与付款子系统的特点

采购与付款业务的数据处理和存储量大、涉及部门多、数据处理频繁,采购与结算方式灵活多样且对实时性要求较高。另外,在采购业务的处理过程中,常常要查询、共享总账、库存和存货的有关数据。采购与付款业务处理的这些特征决定了 IT 环境下采购与付款子系统具有如下特点:

(1) 数据处理量大

采购与付款业务是各企业的基本业务。企业为了满足生产需求,须采购大量的材料物资或商品。这些存货的品种规格繁多,业务量比较大,对每一项采购业务都要进行详细而全面的反映,不仅要反映其数量指标、价值指标,还要反映与不同供应商之间的结算关系。因此,采购与付款的核算及管理须存储和处理大量数据。

(2) 业务形式种类多

在采购与付款子系统中,采购方面的业务分为普通采购、采购入库、直运采购、采购退货、现付、受托代销等;而支付业务分为普通支付、应付冲预付等。

(3) 结算方式多样性

企业采购合同中约定的采购结算方式是多种多样的,包括现金支票结算、转账支票结算、商业汇票结算、银行汇票结算、托收承付结算等,这就决定了付款结算凭单的多样性,同时也要求加强对付款业务的控制和管理。

(4) 管理要求高

采购与付款业务流程不仅要正确地反映采购订货、验收入库、采购发票、付款等经济活动,而且要严格进行采购管理。例如,过多的库存会产生额外的库存管理费用;造成资本的僵化,使周转资金紧张;会因陈旧而变成废料或降价出售,导致收益恶化。因此,采购与付款流程必须提供丰富的管理信息,杜绝管理不善所导致的生产缺料或物料过多问题。

(5) 与其他业务子系统联系紧密

采购管理子系统的采购订单、采购到货单与库存管理业务相联系,就可以生成采购入库单,并将入库情况反馈到采购管理子系统;与存货子系统联合使用,就可以把握存货的畅滞信息,从而减少盲目采购,避免库存积压,并且根据直运采购发票和采购结算单在存货核算系统进行记账,便于财务部门及时掌握存货采购成本;为总账子系统提供各种账务处理信息,正确反映存货的价值变化、流动负债的增减变化、现金流出等信息。

8.2　采购与付款子系统的流程分析

采购与付款业务循环是企业经营活动中非常重要的一个业务循环。无论是工业企业还是商业企业，采购与付款业务运行的状况都会影响企业的整体运营。因此，认真分析采购与付款业务流程，总结其核算和管理的难度，对于利用信息技术构建采购与付款子系统具有重要的意义。

8.2.1　手工环境下采购与付款子系统的流程分析

不同行业、不同企业，其采购与付款业务的核算和管理的处理流程不尽相同。有些企业因采购货物的品种多，故其流程非常复杂；有些企业因采购业务简单，故其流程也相应简单。手工环境下采购与付款业务的基本流程如图 8－1 所示。

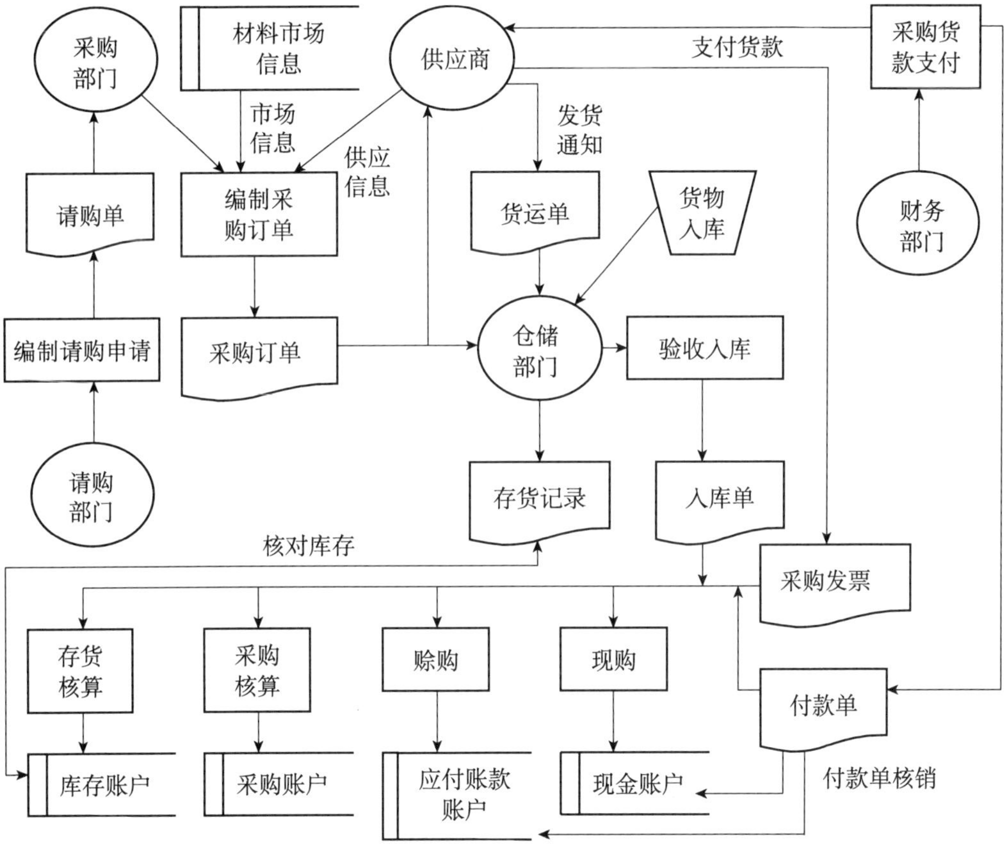

图 8－1　采购与付款业务的基本流程

图 8－1 所示手工方式下采购与付款业务流程材料主要包括以下环节：

① 采购订货。当企业物资不足需要采购材料时，请购部门提交请购单，进行请购申请，并送到采购部门；采购部门收到请购单，由专门人员负责这项采购，根据供应信息和材料的市场价格信息(各供应商的报价信息)进行比较判断，选择合适的供应商，编制采购订单，订单内容包括供应商、采购数据、付款方式等信息。

② 发出订单。首先将采购订单送交财务部门审核，审核无误后，采购部门再将采购订单提供给验收部分（仓储部门）以及供应商。

③ 验收入库。供应商在发货的同时会把相应的货运单寄到仓储部门，仓储部门根据货运单装运材料。在货物运到时，管理人员首先在采购订单档案中找出采购订单，再将货运单、采购订单和货物进行核对，编制验收报告，办理入库手续并开具入库单，根据入库单登记库存账户，再将入库单信息传送到财务部门和采购供应部门。

④ 采购核算。当财务部门收到供应商开具的发票或其他单据后，将其与采购订单进行核对，计算材料的采购成本，填制记账凭证，登记账簿。

⑤ 付款核算。到期付款时，财务部门根据采购订单和发票上的结算方式签发付款结算凭单给供应商，并编制记账凭证，进行账务处理。

采购和付款流程非常复杂，数据存储量大、变化频繁，涉及的部门多，管理难度大。在手工环境下，由于没有信息技术的支持，信息的实时传递、动态反映、共享和一致性无法得到保证。

8.2.2 IT环境下采购与付款子系统的流程分析

在IT环境下，利用信息技术改变传统流程，使信息在部门之间实时传递、共享，并将其与管理融合，建立采购与付款系统，是提高采购与付款的核算和管理水平的必然趋势。

为了清晰地描述采购与付款流程，我们将其细化为请购与采购、到货验收、发票管理以及应付与付款四个流程进行深入分析。

1. 请购与采购管理流程

请购与采购管理流程如图8-2所示。

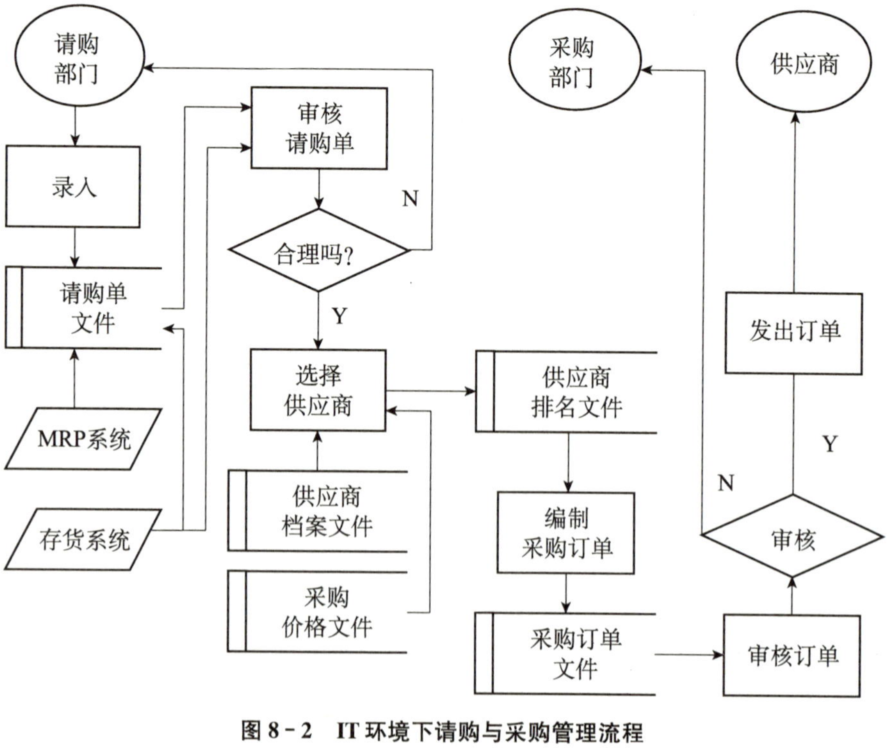

图8-2 IT环境下请购与采购管理流程

① 填制请购单。当企业各部门需要采购存货时，首先应编制请购单。信息化条件下获取请购单的方法多样，不但可以手工输入，还可以根据相关系统自动导入，分别有手工录入、物料需求计划（MRP）系统自动转入、生产控制子系统自动转入、存货子系统自动转入，并存入请购单文件。

② 审核请购单。将请购单与存货文件中相关物料的最高储量和最低储量进行比较，确定是否需要采购（即审核请购单是否合理）。若请购合理，则批准此项采购。如果审核没有通过，则将不合理信息反馈给请购岗位的有关人员；如果审核通过，则进入下一个环节。

③ 选择供应商。采购订单编制人员根据请购单的请求，从供应商档案文件和采购价格文件中提取数据，从订单交货文件中获取信息，系统自动按照供应商的条件（如供应商的交货记录、服务、价格、质量等）选择供应商。

④ 编制采购订单。按照采购合同的要求，编制采购订单，并存入采购订单文件中。采购订单以请购单为基础信息，选择排名靠前的供应商，并分配相应的采购数量。

⑤ 采购订单审核。一般来讲，为了有效地控制采购活动，将采购订单编制人员、采购订单审核和发出人员进行职责分离，降低采购风险。

⑥ 采购订单信息传递。如果审核通过，就将订单发送给供应商。在网络环境下，可通过网络、电子商务系统将采购订单信息传递给供应商以及其他部门。

2. 到货验收流程

到货验收流程仍然以采购订单文件为主线进行相应的物料验收业务，其流程如图 8－3 所示。

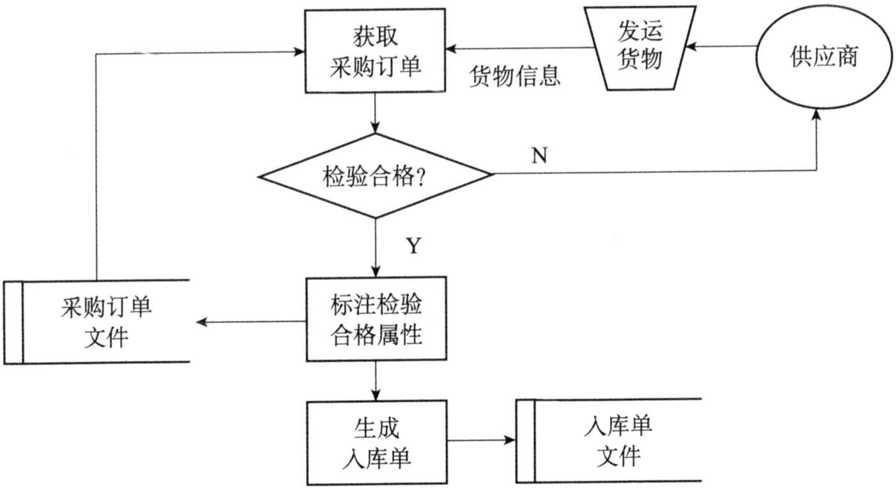

图 8－3　到货验收流程

供应商将货物送达企业后，由检验岗位的人员对货物进行检验：从采购订单文件中获取信息，并将存货信息与实物进行核对。如果检验合格，将检验合格信息写入采购订单文件中，系统将自动生成入库单，并传递到存货子系统的入库单文件中。

3. 发票管理流程

发票管理流程仍然以采购订单文件为基础，进行采购发票与采购结算业务的处理，其流程如图 8－4 所示。

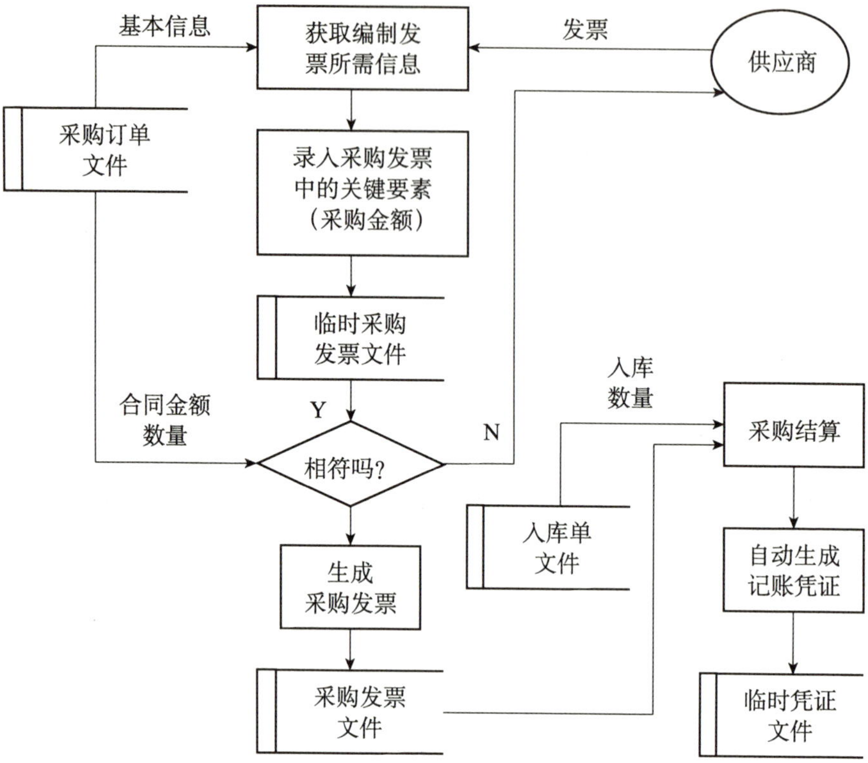

图 8-4 发票管理流程

① 填制采购发票。当采购部门或财务部门收到供应商的发票时，可以直接将发票信息输入计算机系统，并存储于临时采购发票文件之中；也可以根据采购订单、采购入库单或其他采购发票复制生成。如果企业双方使用了电子商务等网络系统，那么就可以通过电子商务等网络系统自动定期地获取供应商发票。

② 发票审核。当采购发票录入后，系统根据采购订单编号自动从采购订单文件和入库单文件中选择与采购发票相关的数据进行核对，审核供应商发票上的数据是否符合采购订单及入库单，只有符合才能保存在采购发票文件中。系统将根据采购发票确认采购成本，并据以登记应付账款。

③ 采购结算。根据采购发票、采购入库单核算采购入库成本；采购结算的结果是采购结算单，它是记载采购入库单记录与采购发票记录的对应关系的结算对照表。如果要删除、修改已经结算的发票或采购入库单，就应先在“结算单列表”中删除该结算单。采购结算分为计算机自动结算和手工结算两种方式。

④ 凭证生成。根据采购结算信息，并按照财会人员预先设置的凭证模板，自动生成转账凭证，传递到总账子系统的临时凭证文件中。

4. 应付与付款流程

应付与付款流程仍然以采购订单文件为基础，进行应付款业务的处理，其流程如图 8-5 所示。

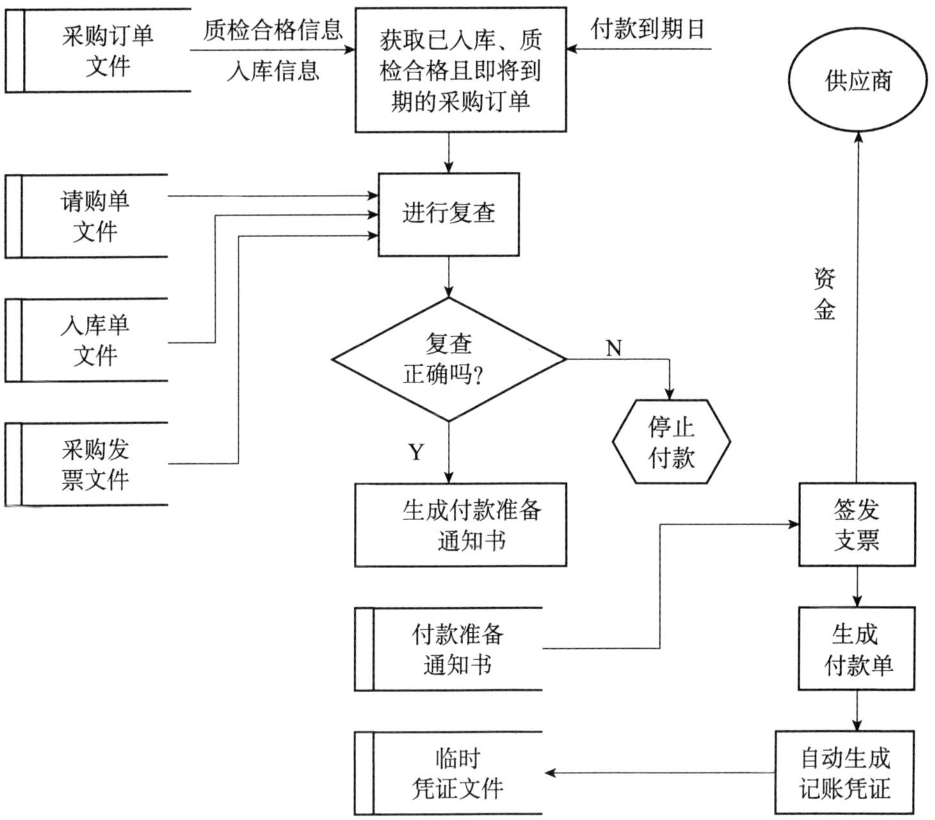

图 8-5 应付与付款流程

① 生成付款准备通知书。财会人员从采购订单文件中获取那些应付期限已满、质检合格、入库的采购订单,并从数据库中获取请购单、入库单、采购发票等进行复查。如果复查通过,就自动生成付款准备通知书,存入相应的数据文件。

② 填制付款单。从付款准备通知书文件中获取信息,财会人员进行付款处理,生成付款单。付款方式可以通过网银系统进行,也可以签发支票。

③ 付款凭证生成。财会人员根据审核后的付款单,并按照预先设置的凭证模板,自动生成付款凭证,传递到总账子系统的临时凭证文件中。

上述请购与采购管理、到货验收、发票管理、应付与付款四个子流程连接起来就构成了 IT 环境下采购与付款的基本流程。

8.2.3 IT 环境下与手工环境下采购和付款流程的区别

通过采购与付款流程的分析可以看出,该流程在 IT 环境下与手工环境下有诸多不同之处:

(1) IT 环境下实现数据的高度共享和及时传递

在手工环境下,采购、仓库、财务等部门之间不能实现信息共享和及时传递;而在 IT 环境下,采购、应付、库存、存货、总账子系统之间保持密切的联系,子系统之间的数据能够及时传递,可以实现相关信息在采购、财务、仓库等部门之间的实时共享。

(2) IT 环境下保证数据的一致性和高效性

在手工环境下，由于信息不能在采购、仓库、财务等部门之间及时共享和传递，使得采购部门常常因得不到准确的存货信息而盲目采购；财务部门、采购部门重复处理采购发票；采购部门、仓库重复处理入库单，容易造成数据不一致、效率低下。而在 IT 环境下，可实现数据共享和及时传递，采购、财务、仓库等部门可以共享信息，并实现数据一次录入、多处使用，保证了数据的一致性和高效性。

(3) IT 环境下加强了统计分析能力

在手工环境下，由于数据不能共享、不能及时得到，极大地影响了有关采购与付款情况的各种统计分析工作。而在 IT 环境下，计算机的高速处理，使得统计分析能力大大加强，用户可以随时获取所需的各种统计分析信息，如采购统计表、入库统计表、暂估统计表、在途统计表、采购资金分析表、应付账款账龄分析表等。

(4) IT 环境下使得无纸化的采购、付款业务成为可能

在 IT 环境下，借助于网络化的信息高速公路，采购订单可通过 EDI 系统传递给供应商；银行电子结算系统广泛使用，应付子系统与其相连接，每天计算机自动检查付款计划，把到期应付的款项通过网络通知银行划款，同时更新企业付款信息，使得无纸化付款系统成为可能。

8.3 采购与付款子系统的基本功能设计

根据 IT 环境下采购与付款子系统的流程分析，可以设计出采购与付款子系统的基本功能结构。

8.3.1 采购与付款子系统的基本功能模块

在 IT 集成化环境下，采购与付款子系统的基本功能模块主要包括：初始设置、采购与入库管理、发票管理、采购结算与付款管理、期末结账、账表输出与统计分析、系统服务等（见图 8－6）。

采购与付款子系统各模块的基本功能介绍如下：

(1) 初始设置功能

企业要实现用计算机完成采购与付款的核算和管理，在使用采购与付款子系统前，必须针对本企业的业务性质、会计核算与管理的具体要求进行设置，以满足企业个性化的系统需求。在集成化环境下，通常需要提供比较全面的初始设置功能，主要包括：采购和应付款选项、供应商档案设置、采购部门档案设置、采购类型设置、付款条件设置、结算方式设置、期初余额录入等。在实际工作中，不同的行业、企业会有不同的侧重点，初始设置的内容更为复杂。

此外。由于存货档案将被采购与付款子系统、存货子系统、销售子系统等使用，因此它是一个重要的档案。有关存货档案一般可在存货子系统中设置，以最大限度地实现存货档案信息的共享。

(2) 采购与入库管理

采购与入库管理是采购与付款子系统中的主要功能模块。为了做好采购管理，将采购管理模块进一步划分为请购单处理、采购价格管理、选择供应商、采购订单管理。

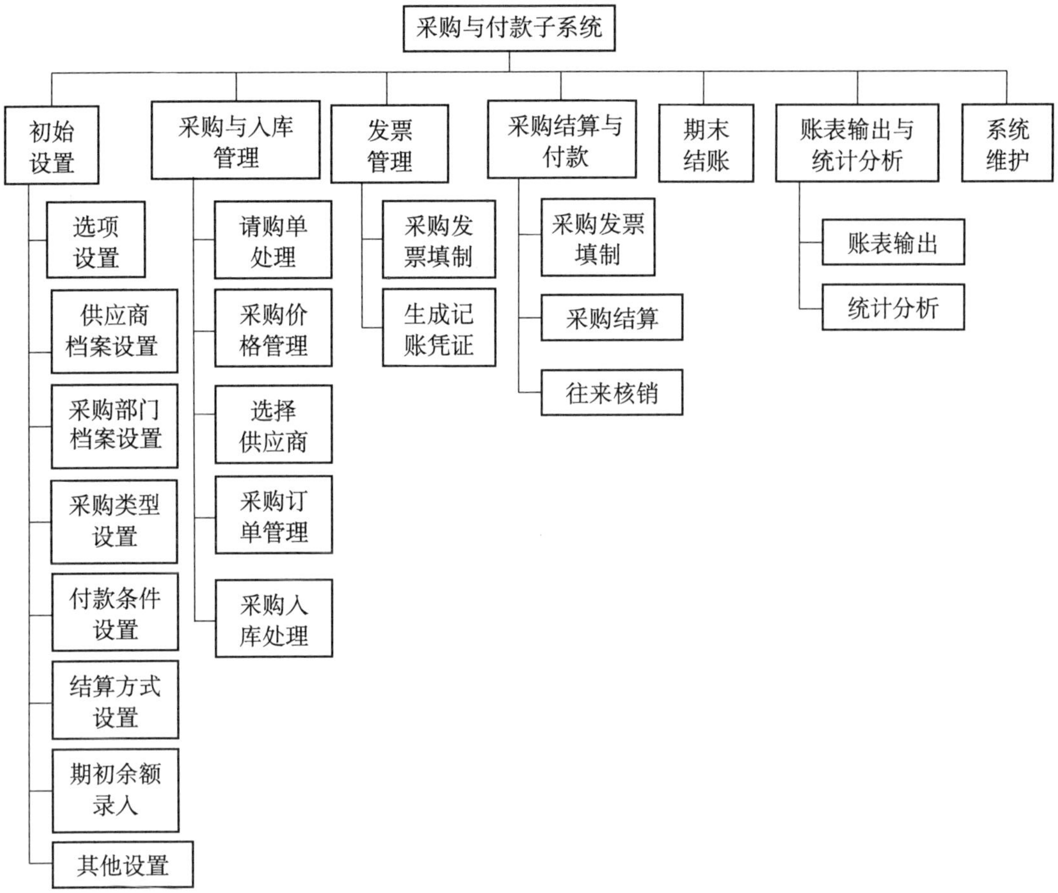

图 8-6 采购与付款子系统功能结构

① 请购单处理。请购是采购业务处理的起点，也是物料需求计划与采购订单的中间过渡环节，用于描述和生成采购的需求。请购单处理的功能如下：

※ 填制请购单。请购单既可以手工增加，也可以参照物料需求计划生成，还可以复制已经存在的请购单生成，以减少录入的工作量。采购请购单是可选单据，用户可以根据业务需要选用。

※ 审核请购单。审核请购单的功能是对系统中的请购单进行审核。如果请求合理，则批准请购单，并作为编制采购订单的依据。可以根据已审核的请购单参照生成采购订单，或比照生成采购订单。

② 采购价格管理。采购价格管理的功能是解决提供给采购部门最新、最完整的存货采购价格、处理存货的新老报价等问题。

③ 选择供应商。供应商选择的合理与否直接影响企业的采购管理水平，很多企业采用了先进的供应商模型，通过系统进行自动排名，为企业提供合理的供应商选择依据。

④ 采购订单管理。采购订单是企业与供应商之间签订的采购合同、购销协议等。通过采购订单的管理，帮助企业实现采购业务的事前预测、事中控制、事后统计。

采购订单管理的功能主要包括编制采购订单、修改和审核采购订单等。采购订单采用手工录入或参照请购单、销售订单、采购计划（MRP/MPS，ROP）、采购合同、出口订单等生成。

可以参照已审核的采购订单生成采购到货单、采购入库单、采购发票。

⑤ 采购入库处理。采购入库处理模块的功能是当采购的货物到达企业时，用户在计算机上填制、修改、审核、打印和处理采购到货单、采购入库单，完成采购入库工作。到货退回还应填制采购退货单。

※ 采购到货单。一般由采购业务员根据供方通知或送货单填写。采购到货单可以手工新增，只限录入数量，不能录入单价、金额；也可以参照采购订单生成；但在已存在采购订单的情况下，采购到货单不可手工新增，可以参照采购到货单生成到货退回单及入库单。

采购到货单是可选单据，用户可以根据业务需要选用；但在启用质量管理关系时，对于需要报检的存货，必须使用采购到货单。

※ 采购入库单。这是根据采购到货的实收数量填制的单据。采购入库是通过采购到货、质量检验环节，对到货合格的货物进行入库验收。若本月货物已经入库，但采购发票尚未收到，可以对货物进行暂估入库；待发票到达后，再根据入库单与发票进行采购结算处理。

※ 采购入库单按进出仓库方向分为蓝字采购入库单和红字采购入库单两种，同时可按业务类型分为普通采购入库单、受托代销入库单。根据采购入库单可以生成发票，凭采购入库单与发票进行采购结算。

※ 退货单。退货单是采购到货单的红字单据。采购到货退回单可以手工新增，也可以参照采购订单、原采购到货单生成；但在必有订单情况下，不可手工新增。同时，它又分为入库后退货和入库前退货。

(3) 采购发票、采购结算与付款管理

采购发票、采购结算与付款管理是采购与付款子系统的重要功能。

① 采购发票处理。采购发票处理主要有如下两项内容：

※ 采购发票填制。填制采购发票，可手工填制，也可参照单据生成。采购发票按发票类型分为专用发票、普通发票、运输发票；按业务性质分为蓝字发票、红字发票。

※ 财务部门通过应付款管理审核采购发票，登记应付明细账，并回填采购发票审核人。

② 采购结算。采购结算的功能是将符合结算条件的采购入库单和采购发票进行结算处理。系统提供自动采购结算、手工采购结算两种方式来确认采购成本。同时在入库单文件、采购发票文件、采购订单文件中做采购结算标志，生成采购结算表。系统按照以下三种结算方式进行：入库单和发票、红蓝入库单、红蓝发票。

※ 入库单与发票结算方式。将供应商、存货、数量完全相同的入库单记录和发票记录进行结算，生成结算单，将发票所记录的金额作为入库单记录的实际成本。

※ 红蓝入库单结算方式。将存货相同、数量绝对值相等但符号各异的红蓝入库单按记录进行对应结算，生成结算单。入库单上的记录可以仅记数量而不记金额。

※ 红蓝采购发票方式。将存货相同、金额绝对值相等但符号各异的采购发票按记录进行对应结算，生成结算单。结算的金额即各张发票记录的合计金额。

③ 付款管理。付款管理包括生成准备付款通知书和付款单录入。

※ 生成准备付款通知书。这是从采购发票文件中筛选出特定付款到期日的未付款发票，用户根据企业情况选择将要付款的发票，系统自动生成准备付款通知书供使用。

※ 付款单录入。这是将支付供应商款项或依据供应商退回的款项录入应付款管理系统，

包括付款单与红字付款单的录入。

④ 往来核销。往来核销处理是指用户对应付款核销的处理。它必须在已付款与应付款核对的基础上依据核销规则进行，建立已付款与应付款的核销记录，监督应付款及时核销，加强往来款项的管理。往来核销可采用自动核销、手工核销两种方式。

(4) 账表输出与系统服务

① 账表输出。账表输出和统计分析模块的功能包括查询采购、入库、付款等业务的各种账表，并从打印机、屏幕输出。与此同时，还支持用户对采购与付款等业务进行统计分析。通过账表输出，用户可以及时地了解某一期间的期初(期末)采购和应付款结存、采购业务和应付款发生、付款发生的汇总情况等，从而能及时发现问题，加强对采购业务和往来款项的监督管理。

采购与付款子系统的账表输出主要是输出各种报表、统计表、账簿以及分析表。一般分为三类：统计类报表、账簿输出和分析类报表。

统计类报表输出主要有到货明细表、采购明细表、入库明细表、结算明细表、未完成业务明细表、受托结算明细表、费用明细表、增值税发票处理状态明细表、采购综合统计表、采购计划综合统计表等。

账簿输出主要有在途货物余额表、暂估入库余额表、代销商品余额表、业务明细账查询、业务余额表查询、业务总账查询、对账单查询、科目余额表、科目明细账等。

分析类报表输出主要有采购成本分析、采购类型结构分析、采购资金比重分析、采购费用分析、采购货龄综合分析、应付账龄分析功能、付款账龄分析功能、付款预测、欠款分析等。

② 系统服务。系统服务主要包括采购与付款子系统的数据备份、数据恢复、用户管理、获取外部数据等功能。

8.3.2 采购与付款子系统与其他子系统的联系

企业的采购与付款业务在通用商品化软件中分别列入采购管理和应付款管理两个子系统，与库存管理子系统、存货管理子系统、销售管理子系统发生联系。

1. 采购管理子系统与其他子系统的联系

采购管理子系统与其他子系统的数据关系如图 8-7 所示。

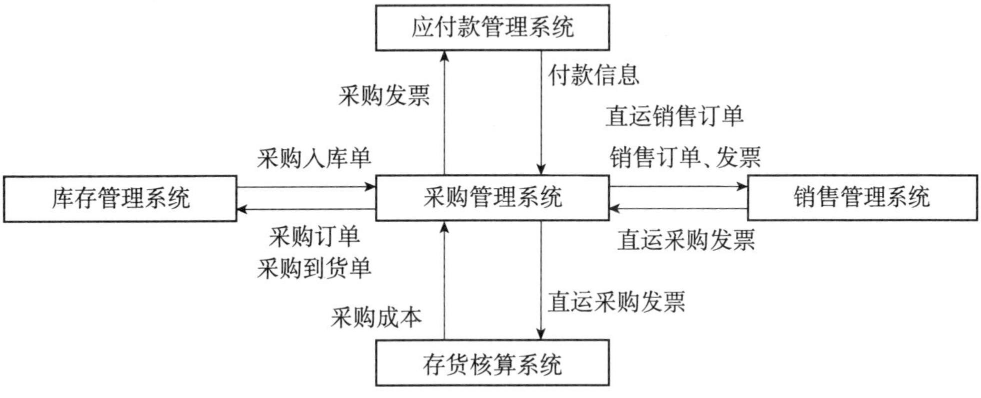

图 8-7 采购管理子系统与其他子系统的数据关系

采购管理子系统可参照销售管理子系统的销售订单生成采购订单。在直运业务必有订单模式下，直运采购订单必须参照直运销售订单生成，直运采购发票必须参照直运采购订单生成。如果直运业务必有订单，那么直运采购发票和直运销售发票可相互参照。

库存管理子系统可以参照采购管理子系统的采购订单、采购到货单生成采购入库单，并将入库情况反馈到采购管理子系统。

采购发票在采购管理子系统中录入后，在应付款管理子系统中审核登记应付明细账，进行制单时生成凭证，应付款管理子系统进行付款并核销相应应付单据后回写付款核销信息。

直运采购发票在存货核算子系统中进行记账，登记存货明细表并制单生成凭证。采购结算单在存货核算子系统中进行制单并生成凭证，存货核算系统为采购管理系统提供采购成本。

2. 应付款管理子系统与其他子系统的联系

应付款管理子系统与其他子系统的数据关系如图 8－8 所示。

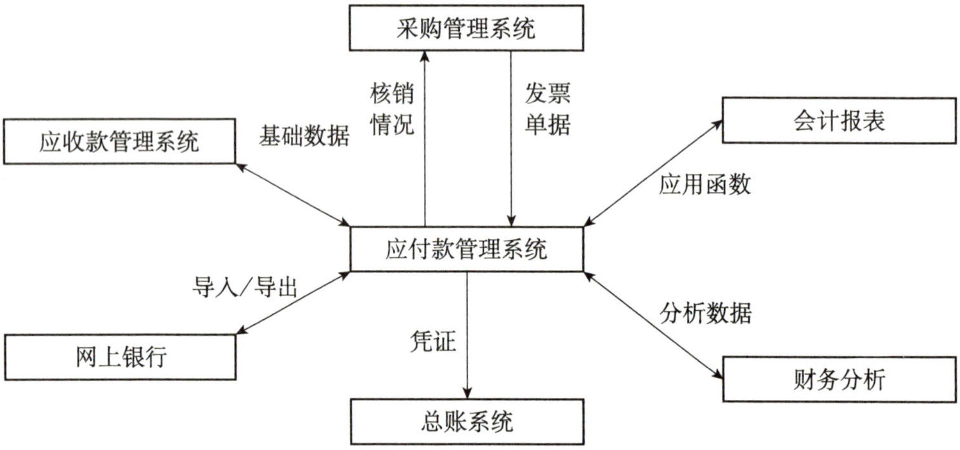

图 8－8　应付款管理子系统与其他主要子系统的数据关系

采购管理子系统向应付款管理子系统传递已复核的采购发票、应付运费等应付单据：在应付款管理子系统中对发票进行审核并进行付款结算处理，生成凭证。应付款管理子系统为采购管理子系统提供各种单据的付款结算情况以及应付运费等的核销情况如下：

① 应付款管理子系统和应收款管理子系统之间可以进行转账处理。

② 应付款管理子系统向总账子系统传递凭证。

③ 应付款管理子系统向财务分析子系统提供各种分析数据。

④ 应付款管理子系统向报表子系统提供应用函数。

⑤ 应付款管理子系统与网上银行进行收款单的导出和导入。

8.4　用友 ERP 采购与付款子系统的业务处理

在用友 ERP-U8 管理软件中，采购管理子系统、应付款管理子系统分别属于供应链管理、财务会计的一个子系统。两者既可以独立使用，也可集成使用。

8.4.1　用友ERP采购与付款子系统的处理流程

1. 用友ERP采购管理子系统的处理流程

用友ERP-U8(V8.72)采购管理子系统的处理流程如图8-9所示。

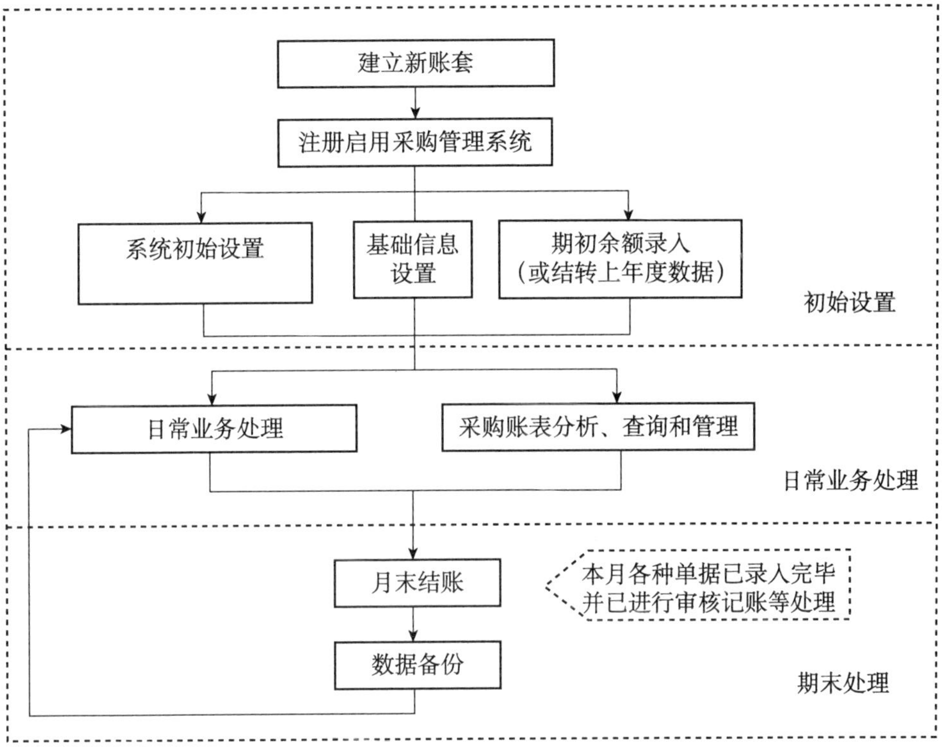

图8-9　采购管理子系统的业务处理流程

2. 用友ERP应付款管理子系统的处理流程

用友ERP-U8(V8.72)应付款管理子系统的业务流程如图8-10所示。

3. 用友ERP采购与付款子系统的一体化处理流程

用友ERP-U8(V8.72)采购与付款子系统一体化处理流程如图8-11所示。

从采购与付款子系统的一体化处理流程可以看出，用友ERP-U8(V8.72)中采购与付款子系统的处理流程可分为系统初始化、日常业务处理、期末业务处理三个部分。

8.4.2　采购与付款子系统的初始化

系统初始化设置是一项比较繁重、复杂的工作。当企业第一次使用采购与付款子系统时，应该先进行初始化设置，它是日常业务处理的前提和基础。

在用友ERP-U8(V8.72)中，采购与付款子系统的系统初始化设置的主要内容包括参数设置、基础信息设置、输入期初数据等几方面。其中，采购管理初始设置中的大部分信息在企业应用平台的基础档案或者其他模块中都可进行定义。

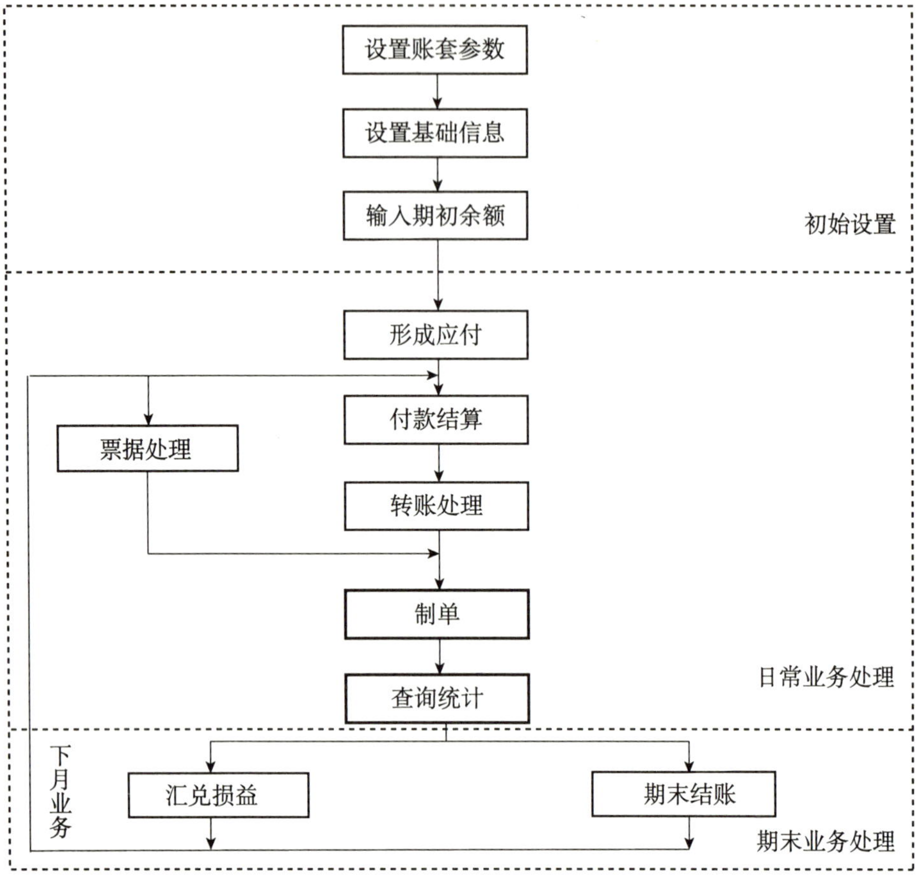

图 8-10　应付款管理系统的业务处理流程图

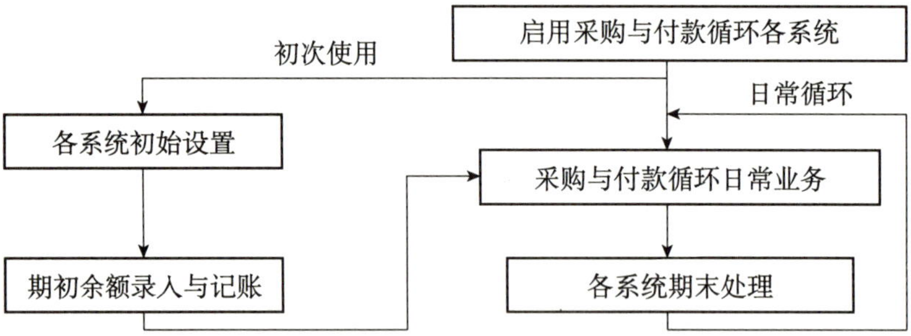

图 8-11　采购与付款子系统一体化处理流程

1. 采购与付款子系统参数设置

(1) 采购管理子系统参数设置

采购管理子系统参数设置主要是设置系统特有的基本信息，这些信息的设置将决定用户使用业务系统的流程、模式和数据流向。

在进行采购管理子系统参数设置之前，一定要详细了解各参数对业务处理流程的影响，并结合企业的实际业务需要进行设置。

在用友 ERP-U8.72 采购管理子系统中，其参数设置是通过菜单“设置”下的“采购选项”

进行的，主要有两个选项卡：业务及权限控制和公共参照控制。

在用友 ERP-U8.72 企业应用平台“业务工作”页签中，执行“供应链”→“采购管理”→“设置”→“采购选项”命令，打开“采购选项设置”对话框，如图 8-12 所示。

图 8-12　采购选项

分别单击“业务及权限控制”“公共及参照控制”“采购预警和报警”等选项卡，根据企业采购核算和管理的要求进行相应的设置(操作步骤与“销售管理”等子系统相同)。

① 主要业务及权限控制选项的主要设置内容如下：

※ 普通业务是否必有订单。该选项可以加以选择，并可随时修改。订单是整个采购业务的核心，必有订单业务模式是指以订单为中心的标准的、规范的采购管理模式。必有订单时，除请购单、订单外，到货单、入库单、发票不可手工填制，只能参照生成。

※ 直运业务必有订单。该选项的选择必须在销售管理系统中进行操作，此处不可修改。

※ 是否允许超订单到货及入库。该选项可随时修改。若不允许，则参照订单生成到货单、入库单，不可超订单数量；若允许，则可超订单数量，但不能超过订单数量的入库上限，入库上限在存货档案中设置。

※ 入库单是否自动带单价。该选项可随时修改。只有在采购管理不与库存管理子系统集成时使用，即采购入库单在采购管理制单时可设置。

② 公共及参照控制选项的主要设置内容如下：

※ 系统启用的会计月、启用日期。根据采购管理子系统的启用月和会计期的第一日确定，不可修改。

※ 供应商是否分类。选择该选项，显示建立账套时的设置，不可修改。

※ 存货是否分类。选择该选项，显示建立账套时的设置，不可修改。

※ 远程应用。远程应用的选项在供应链中为库存管理、采购管理、销售管理共用，即在一个系统中改变设置，在其他两个子系统中也同时更改。

※ 远程标识号。标识号可设定为两位，最大为 99，可随时修改。这是在总部及各分支机构之间进行分配的唯一标识号，此编号必须唯一，以保证数据传递接收时不重号。

※ 专用发票默认税率。录入必填项，默认为 17，可修改。用户采购制单时自动带入采购单据(订单、到货单、专用发票)的表头税率，可修改。普通发票的表头税率默认为 0；运费发票的表头税率默认为 7。

(2) 应付款管理子系统参数设置

在用友 ERP-U8(V8.72)应付款管理子系统中，其参数设置是通过执行“财务会计”→“应付款管理”→“设置”→“选项”命令，打开“账套参数设置”对话框进行的，如图 8-13 所示。

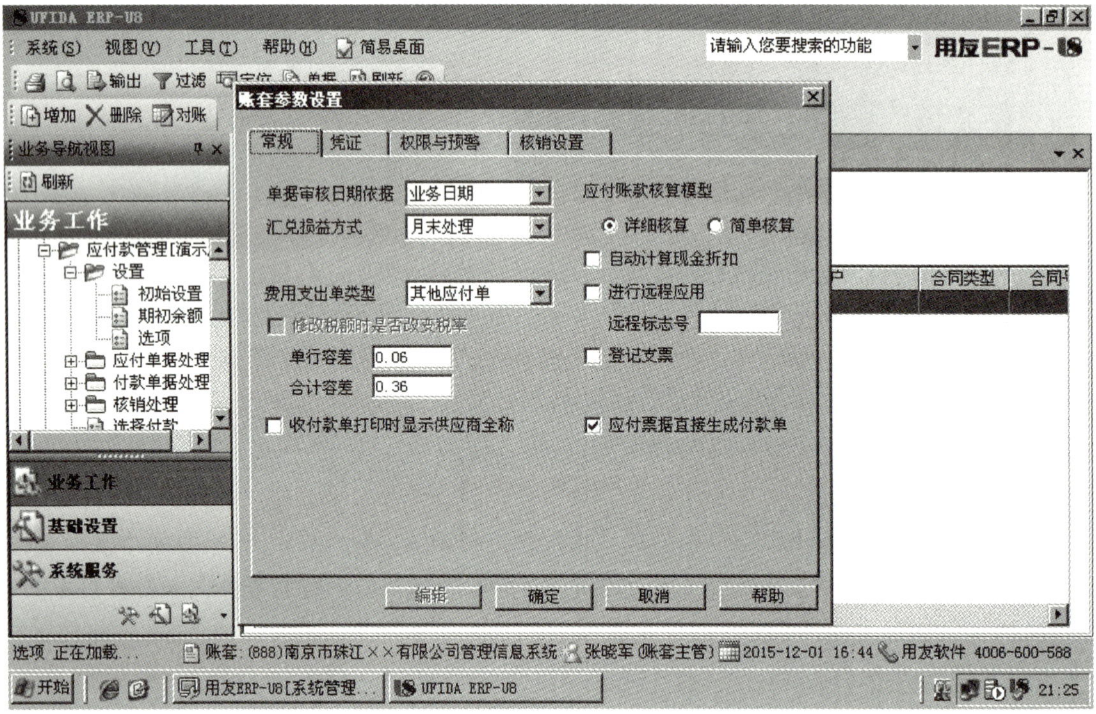

图 8-13 账套参数设置

“账套参数设置”对话框有“常规”“凭证”“权限与预警”等选项卡，企业可以根据应付账款核算和管理的需要进行各控制参数的设置。

各选项卡的主要内容及含义可参考应收款管理子系统的相关内容。

2. 采购与付款子系统基础信息设置

(1) 采购管理子系统基础信息设置

各模块公用的基础信息一般是在企业应用平台“基础档案”页签中进行设置，而采购管理子系统还须增设与其业务处理、查询统计、财务连接相关的基础信息。

在第一次使用采购管理子系统处理日常采购业务之前，应做好手工基础数据的准备工作。

采购管理子系统的基础信息设置主要是建立采购业务应用环境，将用友 ERP-U8(V8.72)的采购管理变成适合本单位实际需要的专用系统，主要包括定义存货分类、地区分类、供应商分类、采购类型设置、部门、结算方式，设置存货档案、供应商档案、本企业开户银行、费用项目等内容。这些初始数据一般在企业应用平台“基础档案”页签中进行设置，在启用采购管理子系统后，若有新增的基础档案信息，也可在该系统中添加。

(2) 应付款管理子系统基础信息设置

用友 ERP-U8(V8.72)应付款管理子系统基础数据设置主要包括设置科目、账期内账龄区间设置、逾期账龄区间设置、设置报警级别等。其他公共信息(如会计科目、部门档案、职员档案、设置存货分类档案、地区分类、供应商分类及档案、设置单据类型和设计单据格式、外币与汇率、结算方式、付款条件等)已在企业应用平台“基础设置”页签和总账子系统初始设置中完成。

① 设置科目。在用友 ERP-U8(V8.72)应付款管理子系统中，为了简化凭证生成操作，可以在此处将各业务类型凭证中的常用科目预先设置好。系统将依据制单规则，在生成凭证时自动确认。

※ 基本科目设置。用户可以在此定义应付系统凭证制单所需要的基本科目，包括应付科目、预付科目、采购科目、税金科目等。

在用友 ERP-U8(V8.72)应付款管理子系统中，执行“设置”→“初始设置”命令，打开“初始设置”对话框，根据企业要求，进行基本科目设置(见图 8-14)。具体设置内容和要求可参见应收款管理系统的“基本科目设置”。

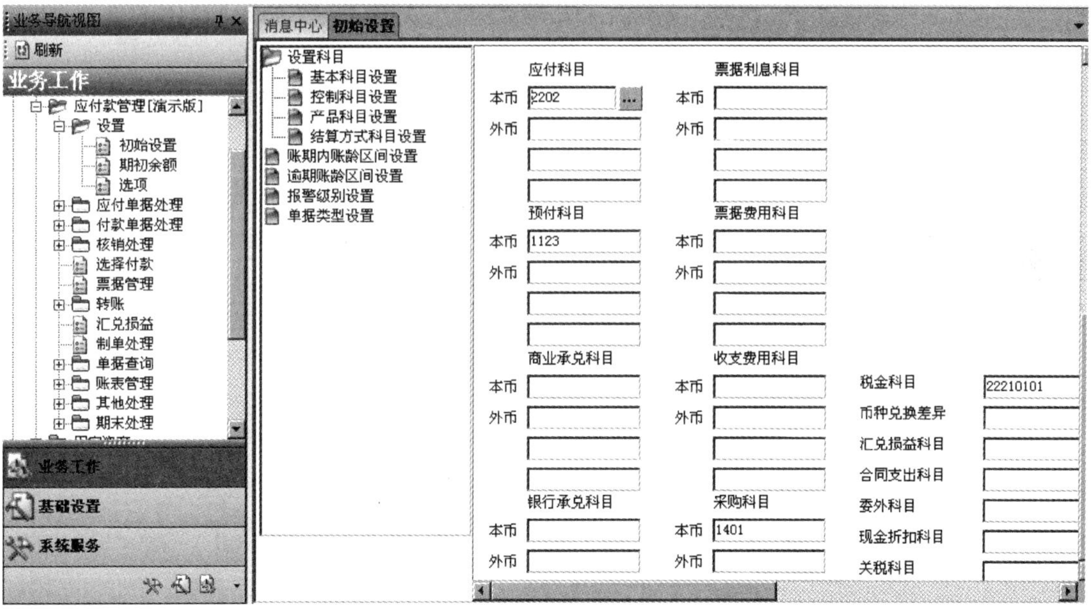

图 8-14 基本科目设置

※ 控制科目设置。在此进行应付科目、预付科目的设置。

在用友 ERP-U8(V8.72)应付款管理子系统中，执行“设置科目”→“控制科目设置”命令，打开“控制科目设置”窗口，根据企业要求进行控制科目的设置(图略)。具体设置内容和要求可参见应收款管理子系统的“控制科目设置”。

其他关于“产品科目设置”“结算方式科目设置”，可参考应收款管理子系统中的相应设置内容和要求，在此从略。

② 账期内账龄区间设置。在“初始设置”窗口，执行“账期内账龄区间设置”命令，打开“账期内账龄区间设置”窗口，根据企业要求，进行账期内账龄区间设置(图略)。具体设置内容和要求可参见应收款管理子系统的“账期内账龄区间设置”。

其他关于“逾期账龄区间设置”“单据类型设置”等，均可参考应收款管理子系统中的相应设置内容和要求，在此从略。

3. 采购与付款子系统期初数据录入

在企业第一次启用采购与付款子系统时，在期初必须录入尚未完成采购管理全流程的业务单据，以保证运用计算机系统处理业务的连续性和每笔业务的完整性。

在用友 ERP-U8(V8.72)中，采购管理子系统的期初数据主要包括期初暂估入库数据、期初在途存货数据及期初受托代销数据。采购管理子系统的这些期初数据必须在期初记账前录入；应付款管理子系统的期初数据录入则将系统启用日未处理完成的所有供应商的应付账款、预付账款、应付票据等数据输入系统，以便以后进行核销处理。

例 8-1 采购管理子系统期初余额录入完毕后，须进行期初记账，以便输入日常采购单据。使用用友 ERP-U8(V8.72)采购管理子系统进行采购期初记账的操作步骤如下：

第一步，在用友 ERP-U8(V8.72)采购管理子系统中，执行“设置”→“采购期初记账”命令，打开“采购期初记账”对话框，如图 8-15 所示。

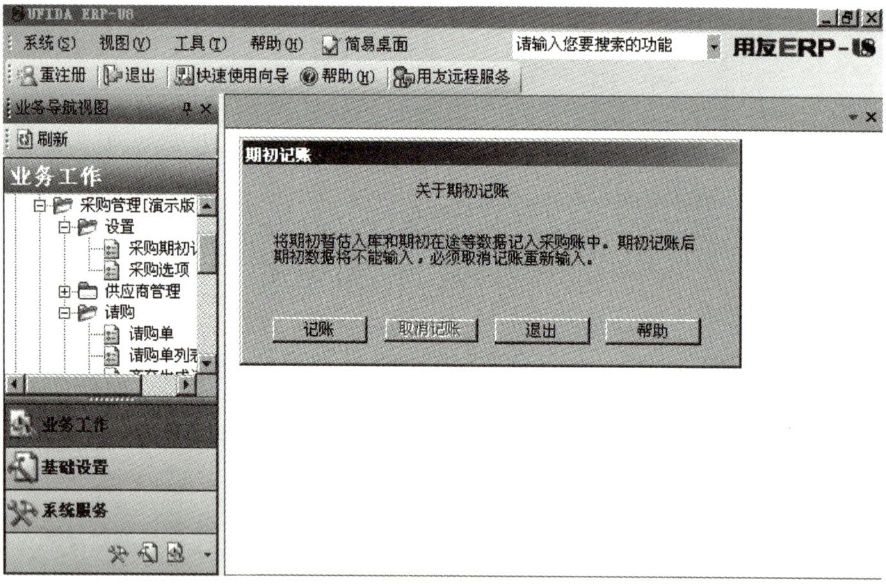

图 8-15 期初记账

第二步，单击【记账】按钮，稍候片刻，系统弹出“期初记账完毕!”信息提示框；再单击【确定】按钮返回，完成期初记账。

注意：在没有期初数据时，也要进行期初记账。

8.4.3 采购与付款子系统的日常业务处理

采购业务的日常处理包括资金流和物流两条线索。采购业务的资金流涉及采购管理、应付款管理等;采购业务的物流涉及采购管理、库存管理、存货核算等。

采购与付款子系统的日常处理包括对采购申请单、采购订单、采购入库单、退货单、采购发票和付款单的输入和审核,并进行采购结算和往来核销等。另外,用户可以随时进行账表查询。

1. 采购与付款子系统的日常业务处理内容

用友 ERP-U8(V8.72)采购与付款子系统的日常业务处理如下:

(1) 普通采购业务处理

普通采购业务适合于大多数企业的日常采购业务,提供了对采购请购、采购订货、采购到货、采购入库、采购发票、采购成本核算、采购结算的全过程管理

① 采购请购。请购是企业内部部门向采购部门提出采购申请,或者采购部门汇总企业内部的采购需求并提出采购申请。企业根据采购申请填制采购请购单,审核后执行。

② 采购订货。订货是企业与供应商之间签订采购合同、购销协议,确定采购需求。企业填制或依据审核后的采购请购单生成采购订单。

③ 采购到货。到货是采购订货与采购入库的中间环节。企业接受到货通知后填写采购到货单,并传递到仓库作为验收入库的依据。到货单可以直接填制,也可以依据采购订单生成。

④ 采购入库。入库是指将采购的货物验收合格后,放入指定仓库的业务。采购入库单是按采购到货签收的实际数量填写的入库单据。可以参照采购订单或采购到货单填制采购入库单。如果没有启用库存管理子系统,就可在采购管理系统中录入采购入库单;如果启用了库存管理子系统,就必须在库存管理系统中填制入库单。

⑤ 采购发票。采购发票是供应商开出的销售货物凭证。企业根据采购发票进行采购结算、确定采购成本,并据以登记应付账款。采购发票包括采购专用发票、普通采购发票和采购运费发票。采购发票可以直接填制,也可以根据采购订单、采购入库单或其他采购发票复制生成。

⑥ 采购结算。采购结算是指根据采购入库单和采购发票核算采购货物的入库成本。采购结算的结果是生成采购结算单,它是采购入库单与采购发票对应关系的结算对照表。采购结算分为计算机自动结算和手工结算两种方式。采购结算的内容有:入库单与发票结算、蓝字入库单与红字入库单结算、蓝字发票与红字发票结算、运费发票与红字发票结算等。

(2) 采购入库业务

按照货物和发票到达的先后,将采购入库业务划分为单货同行、货到单未到(暂估入库)、单到货未到(在途存货)三种类型,不同的业务类型,其相应的处理方式也有所不同。

① 单货同行。单货同行是指采购发票与货物同时收到。对于单货同行业务,在完成采购入库和发票录入后即可实现结算处理。单货同行业务处理流程如图 8-16 所示。

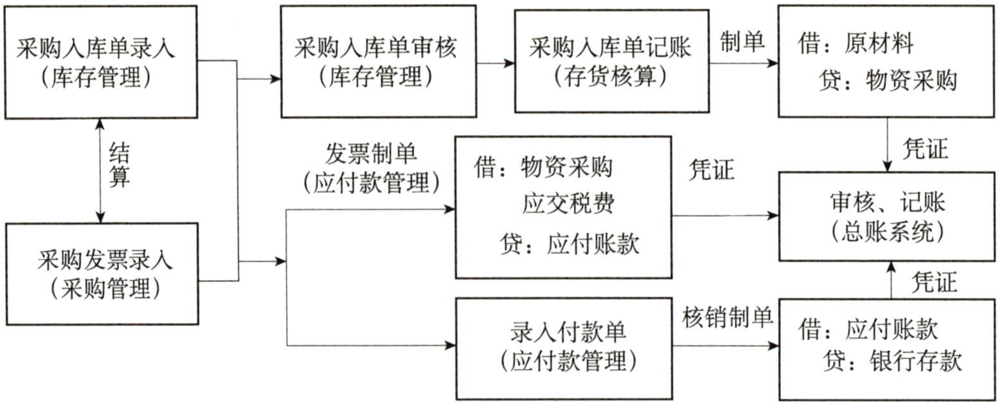

图 8－16　单货同行业务处理流程

② 货到单未到。货到单未到是指货物已验收入库，但采购发票尚未收到。月底，需要将这部分存货暂估入账，形成暂估凭证。货到单未到业务处理流程如图 8－17 所示。

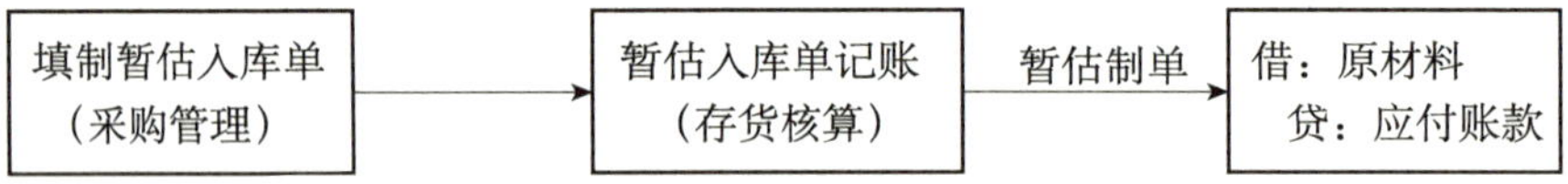

图 8－17　货到单未到业务处理流程

对于货到单未到业务，系统提供三种回冲方式：月初回冲、单到回冲、单到补差。

③ 单到货未到。单到货未到是指采购发票已收到，但货物尚未收到。可以对发票进行压单处理，待货物到达后再一并输入计算机做报账结算处理。但如果要实时统计在途货物的情况，就必须将发票输入计算机，待货物到达后再填制入库单并做采购结算。

（3）直运采购业务

直运采购业务是指产品无须入库即可完成的购销业务，由供应商直接将商品发给企业的客户，没有实物的入库处理，财务结算由供销双方通过直运销售发票和直运采购发票分别与企业结算。直运采购业务有普通直运业务和必有订单业务两种。

（4）采购退货业务

由于材料质量不合格、价格不正确或与采购订单不相符等，企业可能发生退货业务，需要进行退货处理。

无论是否录入采购发票，采购发票是否结算，结算后的采购发票是否付款，都须录入退货单。退货业务处理流程如图 8－18 所示。

（5）现付业务

现付业务是指采购业务发生时立即付款，由供货单位开具发票。现付业务处理流程如图 8－19 所示。

（6）受托代销业务

受托代销业务是指商业企业接受其他企业的委托，为其代销商品；代销商品售出后，本企业与委托方进行结算，开具正式的销售发票，商品的所有权实现转移。它是一种先销售后结算的采购模式。

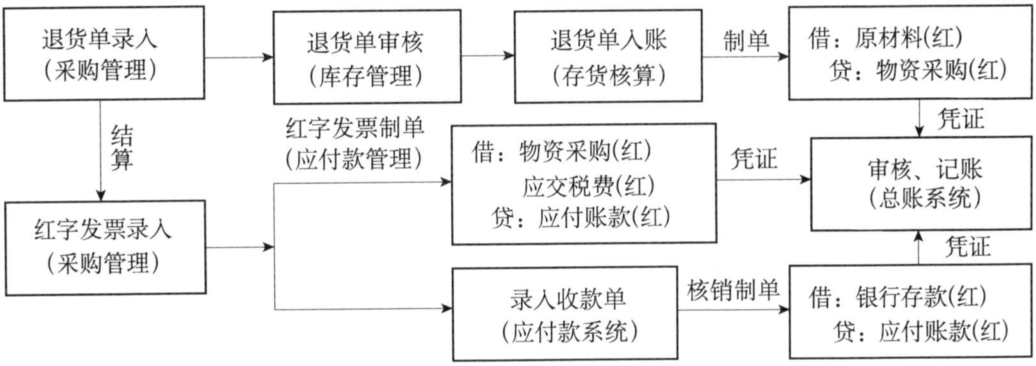

图 8－18　退货业务处理流程

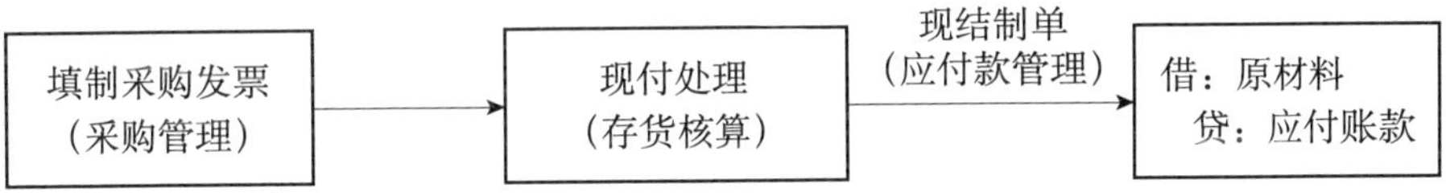

图 8－19　现付业务处理流程

（7）综合查询

采购管理系统提供了各种单据查询和多种统计分析账表，主要包括入库单明细列表、发票列表、结算单明细列表、凭证列表查询、采购明细表、到货明细表、入库明细表、费用明细表、采购统计表、余额表、采购分析表等。

2. 用友 ERP 采购与付款子系统的普通采购业务处理举例

普通采购业务适合于大多数企业的日常采购业务，提供了对采购请购、采购订货、采购入库、采购发票、采购成本核算、采购付款全过程的管理。

下面结合用友 ERP-U8（V8.72）采购与付款子系统，以普通采购业务为例，介绍其处理流程。

① 请购单。在采购管理子系统中填制并审核请购单。

例 8－2　2015 年 12 月 1 日，业务员朱挺向南京钢铁××公司询问自行车主结构的价格（1 110 元/套，含税单价），觉得价格合适，随后向公司上级主管提出请购要求，请购数量为 20 套。业务员据此填制请购单。其操作步骤如下：

第一步，在用友 ERP-U8（V8.72）企业应用平台“业务工作”页签中，执行“供应链”→“采购管理”→“请购”→“请购单”命令，进入“采购请购单”窗口。

第二步，单击【增加】按钮，选择或输入日期“2015-12-01”、请购部门“采购部门”、请购人员“朱挺”。

第三步，选择存货编码“1001　自行车主结构”，输入数量 20、无税单价为 1 110 元、需求日期为“2015-12-03”、供应商为“南京钢铁××公司”。

第四步，单击【保存】按钮，再单击【审核】按钮，如图 8－20 所示。

输入请购单信息后，需要进行请购单审核，以审查请购单信息的完整性、正确性。

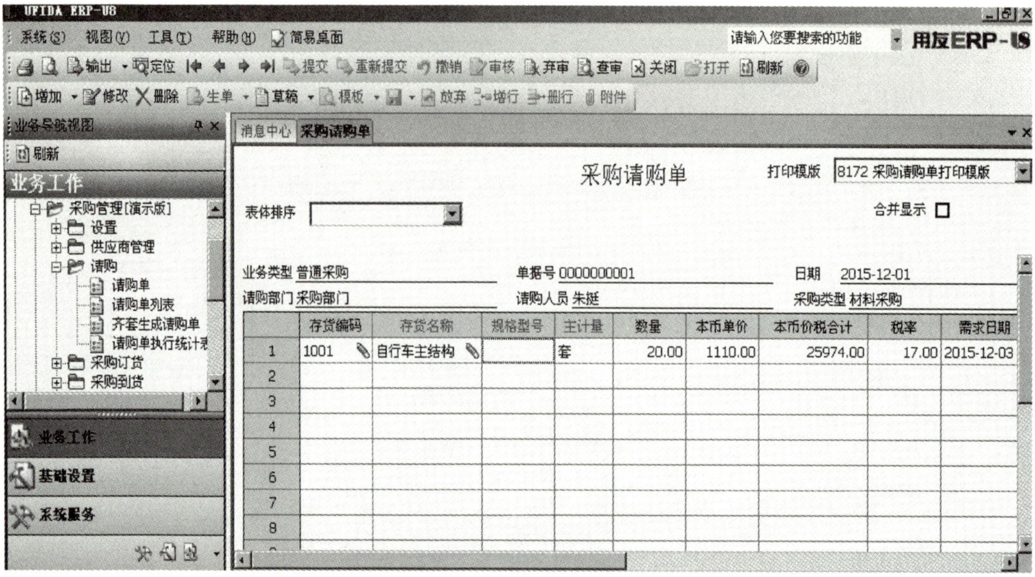

图 8－20 采购请购单

② 采购订单。在采购管理子系统中填制并审核采购订单。

例 8－3 2015 年 12 月 2 日，上级主管同意向南京钢铁××公司订购自行车主结构 20 套，单价为 1 110 元，要求到货日期为 2015 年 12 月 3 日。其操作步骤如下：

第一步，在用友 ERP-U8(V8.72)采购管理子系统中，执行“采购订货”→“采购订单”命令，进入“采购订单”窗口。

第二步，单击【增加】按钮，输入订单日期“2015-12-02”，在“生单”下拉菜单中选择“请购单”，打开“过滤条件选择”对话框；再单击【过滤】按钮，进入“复制并执行”窗口，如图 8－21 所示。

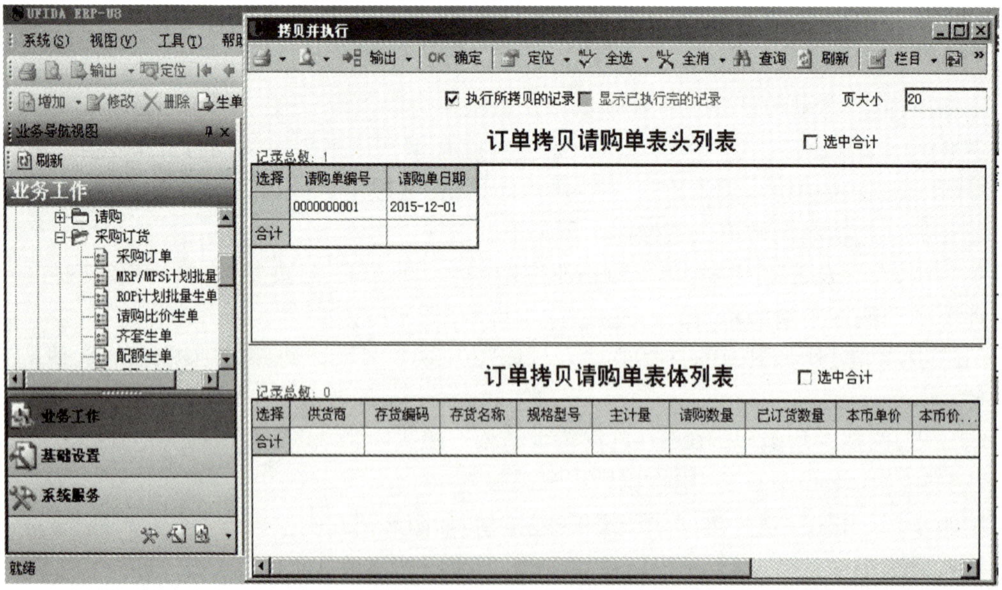

图 8－21 复制并执行

第三步，在“订单复制请购单表头列表”中，双击需要参照的请购单的“选择”栏；再单击【确定】按钮，将采购请购单相关信息带入采购订单。

第四步，修改订单日期为“2015 年 12 月 2 日”、计划到货日期为“2015 年 12 月 3 日”，单击【保存】按钮，再单击【审核】按钮，订单底部显示审核人名字，如图 8－22 所示。

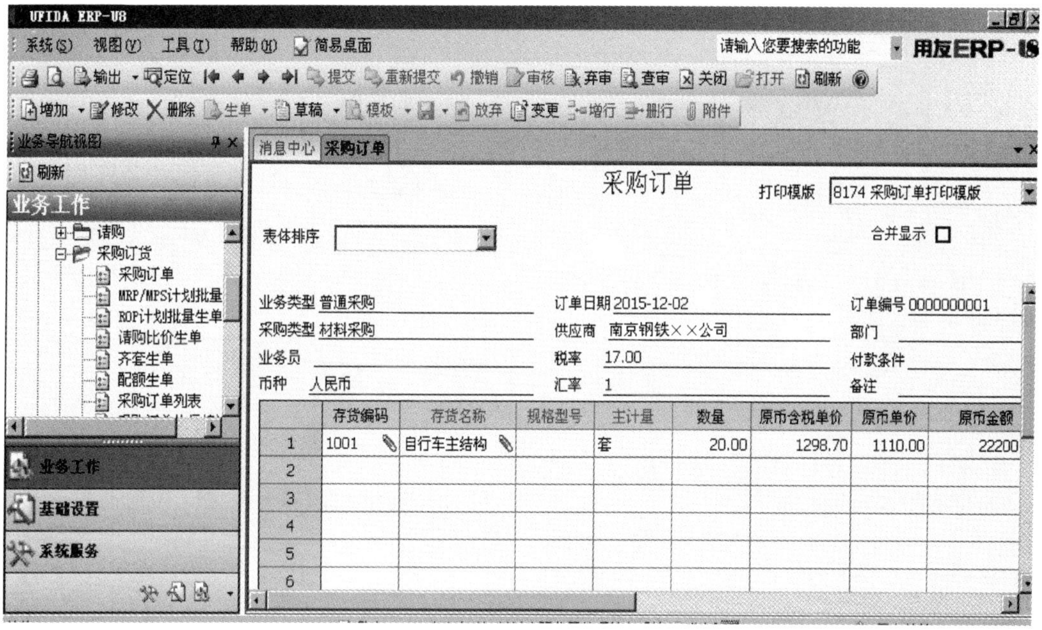

图 8－22　采购订单

填制采购订单时，单击鼠标右键可查看存货现存量；在业务类型选项中，默认为普通采购，若为受托代销业务，则选择受托代销；单据日期和存货编码两个项目为必填，可录入或参照存货档案，而其中的需求日期应当录入，不可为空，且需求日期必须大于或等于请购单的日期。如果企业要按部门或业务员进行考核，必须输入相关部门和业务员的信息。

采购订单输入确认后，可通过“审核”按钮对该订单进行审核。审核完毕后，订单底部显示审核人名字。

③ 到货单。在采购管理子系统中填制到货单。

例 8－4　2015 年 12 月 3 日，收到所订购的自行车主结构 20 套，填制到货单。其操作步骤如下：

第一步，在用友 ERP-U8(V8.72)采购管理子系统中，执行“采购到货”→“到货单”命令，进入“到货单”窗口。

第二步，单击【增加】按钮，在“生单”下拉菜单中选择“采购订单”，打开“过滤条件选择”对话框；再单击【过滤】按钮，进入“复制并执行”窗口(图略)。

第三步，在“到货单复制采购订单列表”中，双击需要参照的采购订单的“选择”栏；再单击【确定】按钮，将采购订单相关信息带入采购到货单。

第四步，修改到货单日期为“2015 年 12 月 3 日”，选择部门为“采购部门”，如图 8－23 所示。

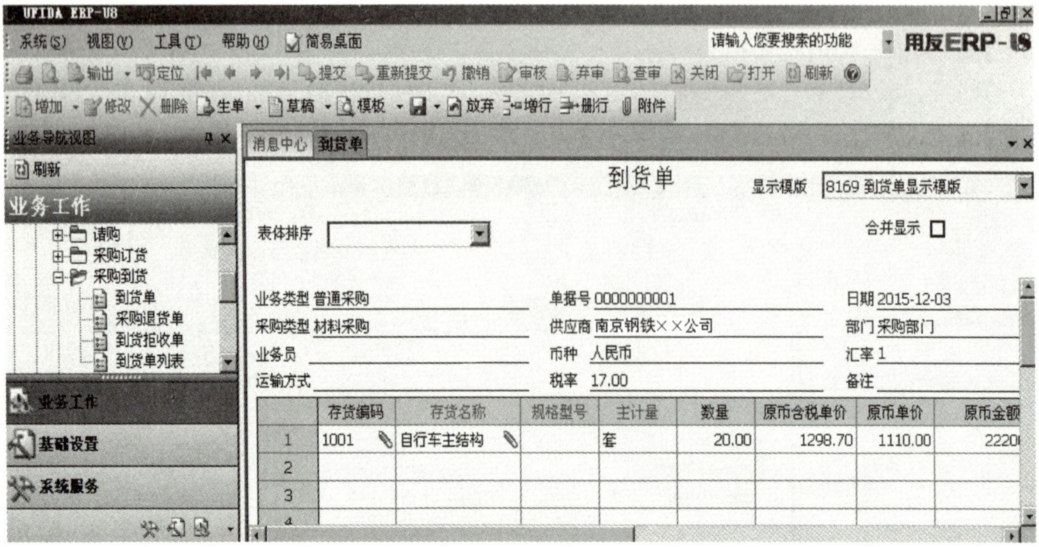

图 8-23 到货单

第五步，单击【保存】按钮，再单击【审核】按钮。

到货单一般可以参照采购订单生成，也可以直接填制，但只限录入数量，不能录入单价、金额；但在已存在采购订单的情况下，采购到货单不可手工新增。

到货单输入确认后，同样须对到货单进行审核。

④ 采购入库单。在库存管理子系统中填制并审核采购入库单。

例 8-5 2015 年 12 月 3 日，将所收到的货物验收入原材料仓库，填制采购入库单。其操作步骤如下：

第一步，在用友 ERP-U8(V8.72)企业应用平台“业务工作”页签中，执行“供应链”→“库存管理”→“入库业务”→“采购入库单”命令，进入“采购入库单”窗口。

第二步，在“生单”下拉菜单中选择“采购到货单(蓝字)”，打开“过滤条件选择”对话框；再单击【过滤】按钮，进入“到货单生单列表”窗口。

第三步，在“到货单生单表头”中，双击需要参照的采购到货单“选择”栏；再单击【确定】按钮，将采购到货单相关信息带入采购入库单，如图 8-24 所示。

第四步，修改采购入库单日期为“2015 年 12 月 3 日”，选择仓库为“材料库”，如图 8-25 所示。

第五步，单击【保存】按钮，再单击【审核】按钮，系统弹出“该单据审核成功！”信息提示框。

注意：只有采购管理子系统、库存管理子系统集成使用时，库存管理子系统才可以通过“生单”功能生成采购入库单；生单时参照的单据是采购管理子系统中已审核未关闭的采购订单和到货单；采购管理子系统如果设置了“必有订单业务模式”，就不可手工录入采购入库单；当入库数量与订单/到货数量完全相同时，可不显示表体。

⑤ 采购发票。在采购管理子系统中填制并审核采购发票。

例 8-6 当天收到该笔货物的专用发票一张，金额 25 974 元，票号 20151203。其操作步骤如下：

第一步，在用友 ERP-U8(V8.72)采购管理子系统中，执行“采购发票”→“专用采购发票”命令，进入“专用发票”窗口。

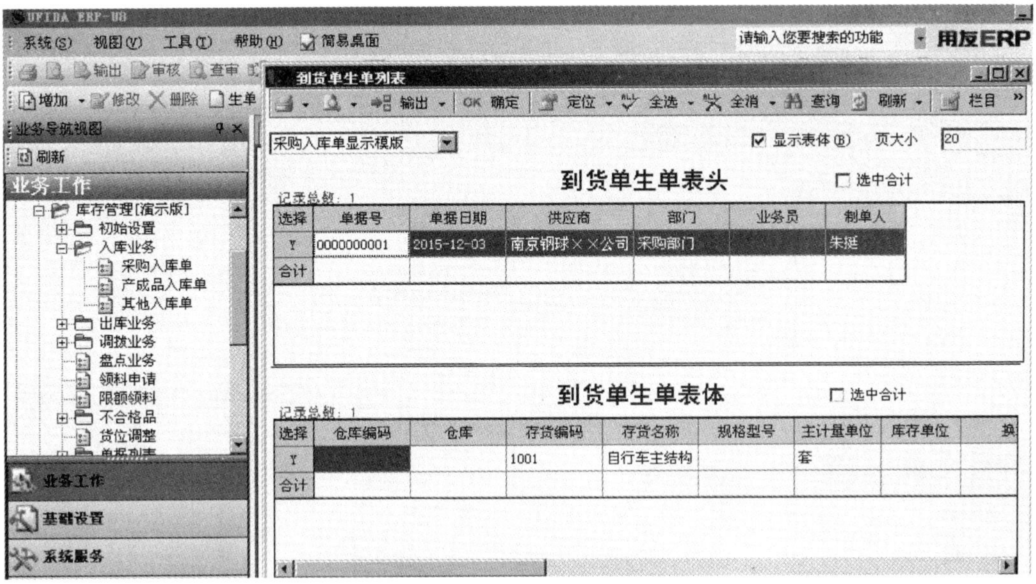

图 8－24　到货单生单列表

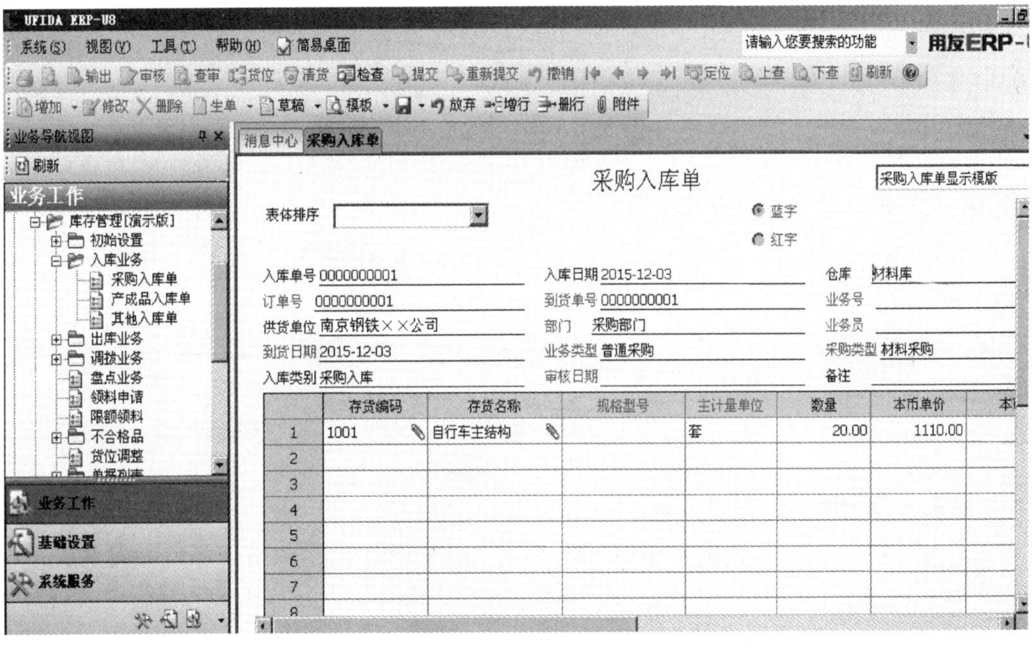

图 8－25　采购入库单

第二步，单击【增加】按钮，在“生单”下拉菜单中选择“入库单”；单击【过滤】按钮，打开“过滤条件选择”对话框；再单击【过滤】按钮，进入“复制并执行”窗口（图略）。

第三步，在“发票复制入库单表头列表”窗口，双击选择需要参照的采购入库单“选择”栏；再单击【确定】按钮，将采购入库单信息带入采购专用发票。

第四步，输入相应的发票号“20151203”、开票日期“2015-12-03”，如图 8－26 所示。

第五步，单击【保存】按钮，再单击【退出】按钮后退出。

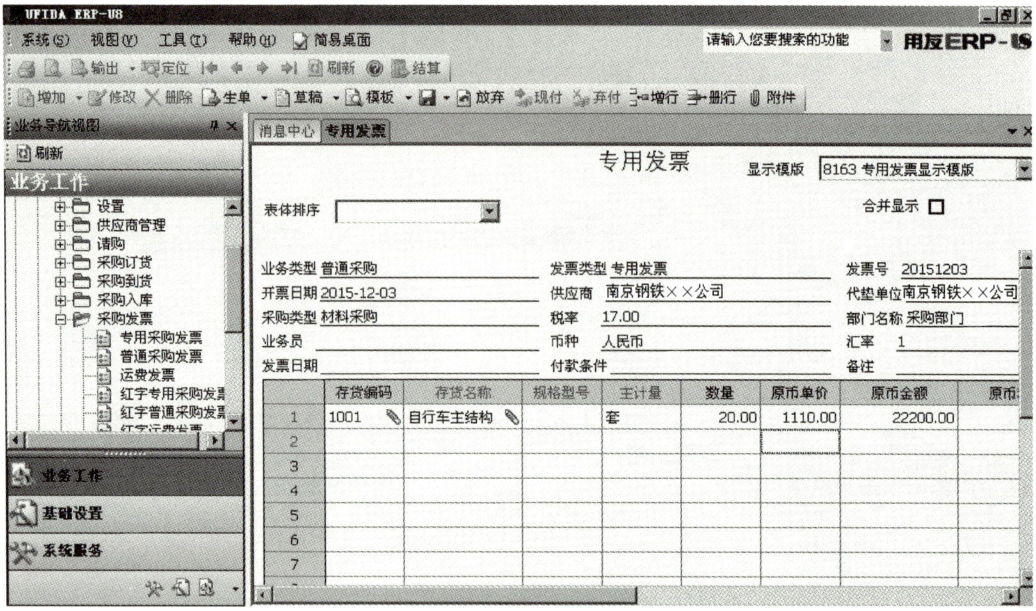

图 8－26　专用发票

与填制采购专用发票类似，可分别填制普通采购发票和采购运费发票。

⑥ 采购结算。在采购管理子系统中执行采购结算。

例 8－7　将前例中的采购入库单和采购发票进行结算处理。其操作步骤如下：

第一步，在用友 ERP-U8(V8.72)采购管理子系统中，执行“采购结算”→“自动结算”命令，打开“过滤条件选择”对话框。

第二步，选择结算模式“入库单和发票”类型；再单击【过滤】按钮，系统弹出结算成功信息提示，如图 8－27 所示。

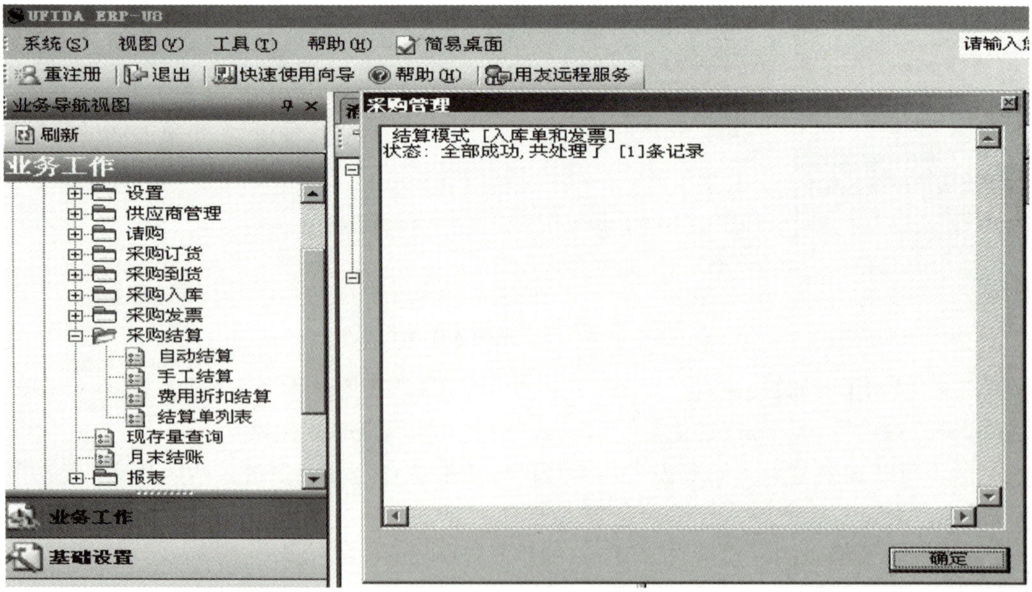

图 8－27　采购结算

第三步，单击【确定】按钮返回，再执行“采购结算”→“结算单列表”命令，打开“过滤条件选择”对话框。

第四步，单击【过滤】按钮，打开“结算单列表”窗口可查看结算结果，如图 8-28 所示。

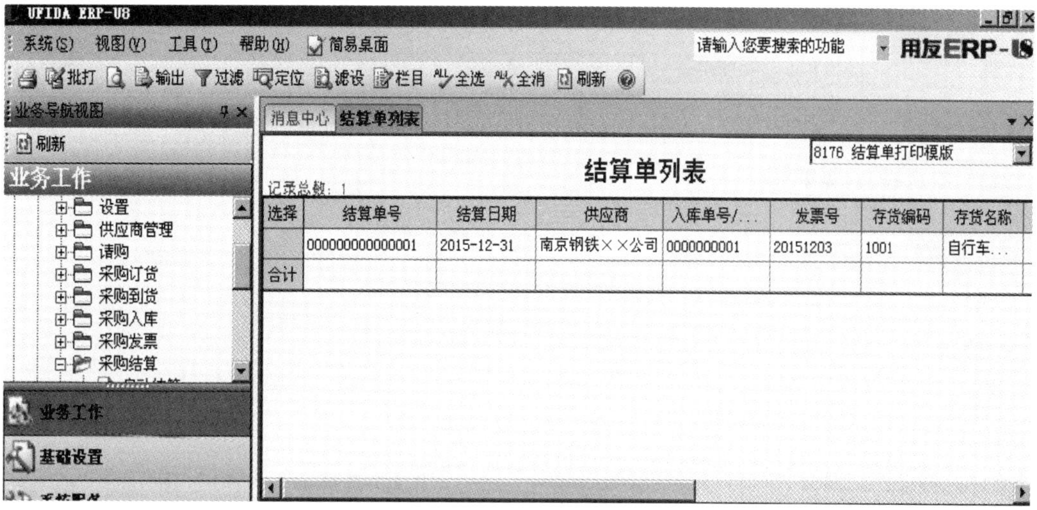

图 8-28　结算单列表

第五步，查看完毕，单击【退出】按钮后退出。

注意：结算结果可以在“结算单列表”中查询；结算完成后，在“手工结算”窗口将看不到已结算的入库单和发票；出于某种原因需要修改或删除入库单、采购发票时，须先取消采购结算。

在用友 ERP-U8(V8.72)中，可通过执行采购管理子系统中“采购结算”下的“自动结算”命令或者“采购结算”下的“手工结算”命令，选择自动结算或手工结算两种方式之一进行采购结算。

⑦ 自动转账。自动转账即系统根据采购结算后的采购入库单、采购发票，自动生成相应的凭证，通过自动转账功能传递到账务处理子系统中。在用友 ERP 系统中，入库凭证、应付凭证分别在存货核算系统、应付款管理系统中生成。

※ 入库记账并生成凭证。在存货核算系统中记账并生成入库凭证。

例 8-8　根据业务部门提交的采购入库单登记材料明细账并生成凭证。其操作步骤如下：

第一步，在用友 ERP-U8(V8.72)企业应用平台“业务工作”页签中，执行“供应链”→“存货核算”→“业务核算”→“正常单据记账”命令，打开“过滤条件选择”对话框；再单击【过滤】按钮，进入“未记账单据一览表”窗口，如图 8-29 所示。

第二步，选择要记账的单据，单击【记账】按钮，显示“记账成功”提示信息；单击【确定】按钮，再单击【退出】按钮。

第三步，执行“财务核算”→ “生成凭证”命令，进入“生成凭证”窗口。

第四步，单击工具栏上的【选择】按钮，打开“查询条件”对话框。

第五步，选择“采购入库单(报销记账)”复选框，单击【确定】按钮，进入“未生成凭证一览表”窗口。

第六步，选择要制单的记录行，单击【确定】按钮，进入“生成凭证”窗口。

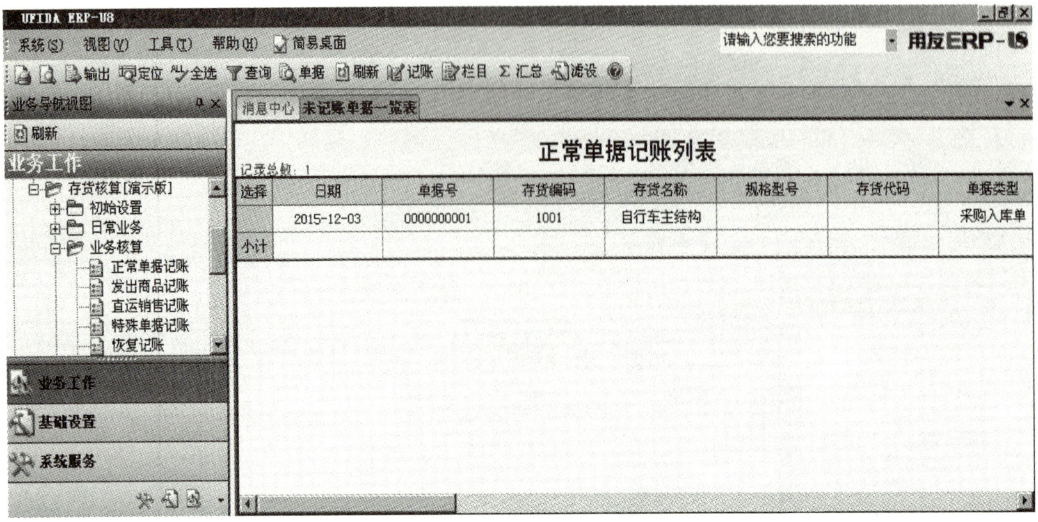

图 8-29　未记账单据一览表

第七步，选择凭证类别为“记账凭证”，单击【生成】按钮，进入“填制凭证”窗口。

第八步，输入制单日期“2015-12-03”，单击【保存】按钮，凭证左上角出现“已生成”标志，表示凭证已传递到总账，如图 8-30 所示。

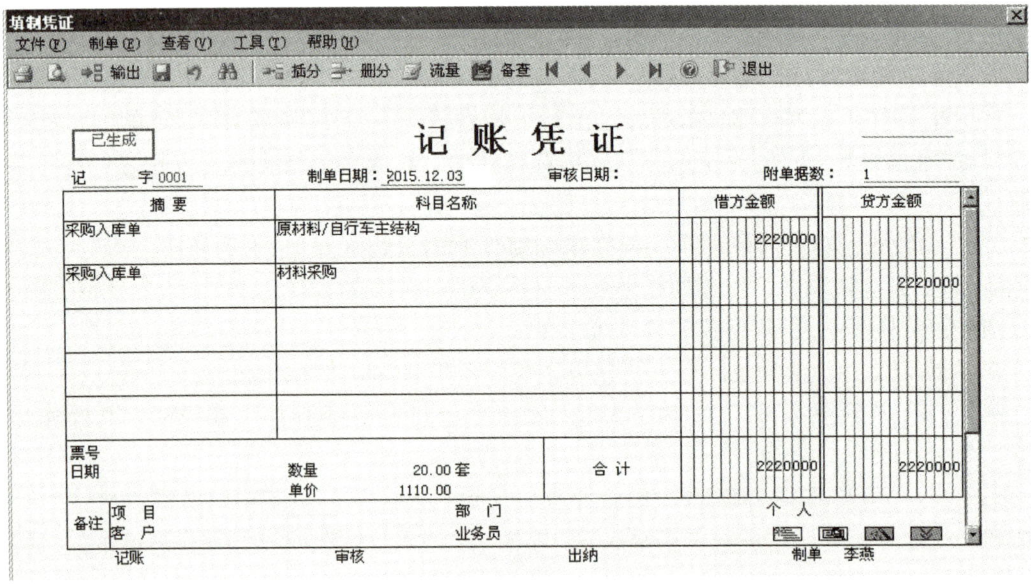

图 8-30　记账凭证

※ 发票审核并生成凭证。在应付款管理子系统中审核采购专用发票，并生成应付凭证。

例 8-9　业务部门将采购发票交给财务部门，财务部门审核该发票，确认此业务所涉及的应付账款及采购成本并生成凭证。其操作步骤如下：

第一步，在用友 ERP-U8(V8.72)应付款管理子系统中，执行“应付单据处理”→“应付单据审核”命令，打开“应付单过滤条件”对话框。

第二步，选择供应商“南京钢铁××公司”，单击【确定】按钮，进入“单据处理”窗口。

第三步，选择需要审核的单据，单击【审核】按钮，系统弹出审核成功信息提示，如图 8-31 所示。

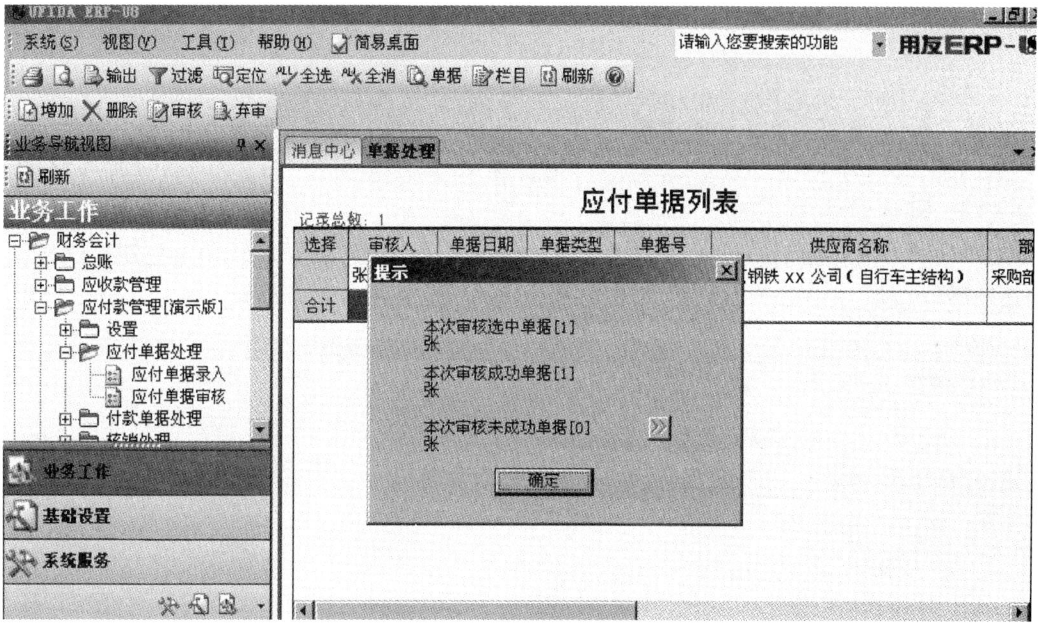

图 8-31　审核发票

第四步，单击【确定】按钮后退出。

第五步，执行“制单处理”命令，打开“制单查询”对话框，选择“发票制单”复选框，选择供应商“南京钢铁××公司”。

第六步，单击【确定】按钮，进入“制单”窗口，如图 8-32 所示。

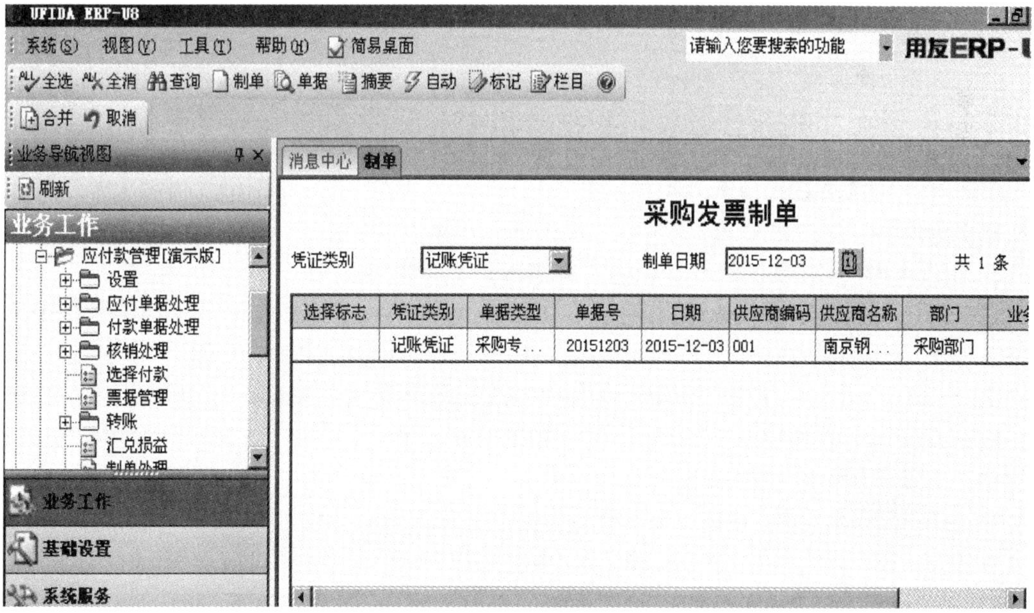

图 8-32　采购发票制单

第七步，单击【全选】按钮，选择凭证类别为“记账凭证”，制单日期为“2015-12-03”。

第八步，单击【制单】按钮，进入“填制凭证”窗口；再单击【保存】按钮，凭证左上角出现“已生成”标志，表示凭证已传递到总账（图略）。

⑧ 付款处理。在应付款管理子系统中，进行付款处理并生成付款凭证。付款处理包括付款单据录入、付款单据审核、生成付款凭证。

例 8－10 财务部门开出转账支票一张，支票号 2015120301，付清采购款。其操作步骤如下：

第一步，在用友 ERP-U8（V8.72）应付款管理子系统中，执行“付款单据处理”→“付款单据录入”命令，进入“付款单录入”窗口。

第二步，单击【增加】按钮，选择日期“2015-12-03”、供应商“南京钢铁××公司”、结算方式“转账支票”、票据号“2015120301”，输入金额 25 974 元，如图 8－33 所示。

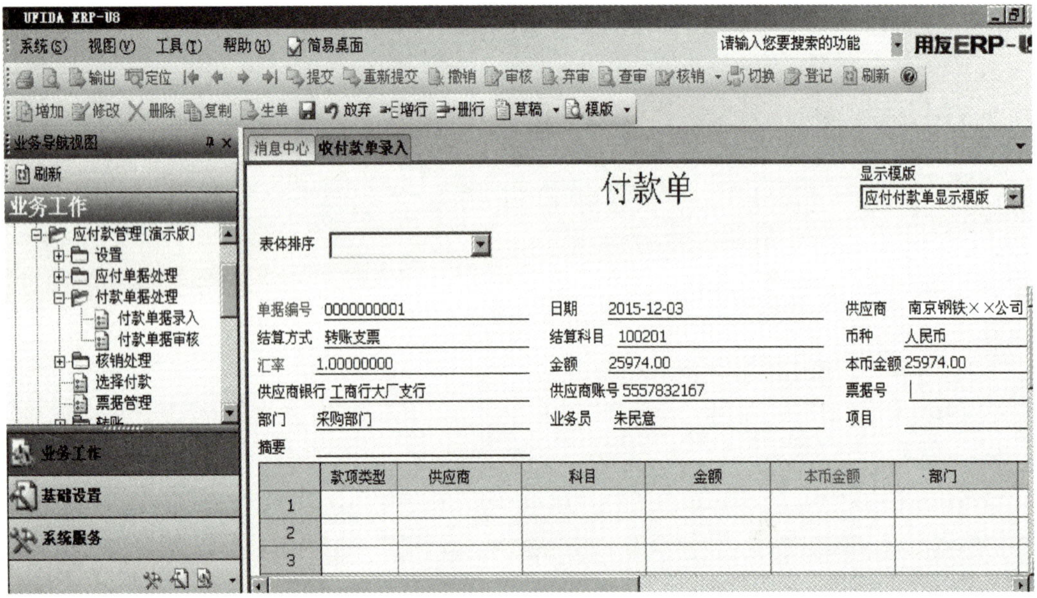

图 8－33 付款单

第三步，单击【保存】按钮，再单击【审核】按钮，系统弹出“是否立即制单？”信息提示框。

第四步，单击【是】按钮，进入填制凭证窗口；选择凭证类别“记账凭证”，单击【保存】按钮，凭证左上角出现“已生成”标志，表示凭证已传递到总账（图略）。

3. 用友 ERP 采购与付款子系统的货到单未到业务处理举例

根据前述货到单未到业务流程，企业发生暂估入库业务，首先应在采购管理子系统中填制暂估入库单；然后在存货核算子系统进行暂估入库记账，同时进行制单处理。

例 8－11 2015 年 12 月 9 日，收到南京××制品有限公司提供的坐垫 20 个，入原材料库。因到月底仍未收到发票，故确认该批货物的暂估成本为 1 000 元，并进行暂估记账处理。该暂估入库业务的处理过程如下：

※ 在库存管理系统中填制并审核采购入库单。其操作步骤如下：

在用友 ERP-U8（V8.72）企业应用平台“业务工作”页签中，执行“供应链”→“库存管理”→“入库业务”→“采购入库单”命令，填制相应的采购入库单，保存并审核，如图 8－34 所示（具体操作步骤参见“普通采购业务”）。

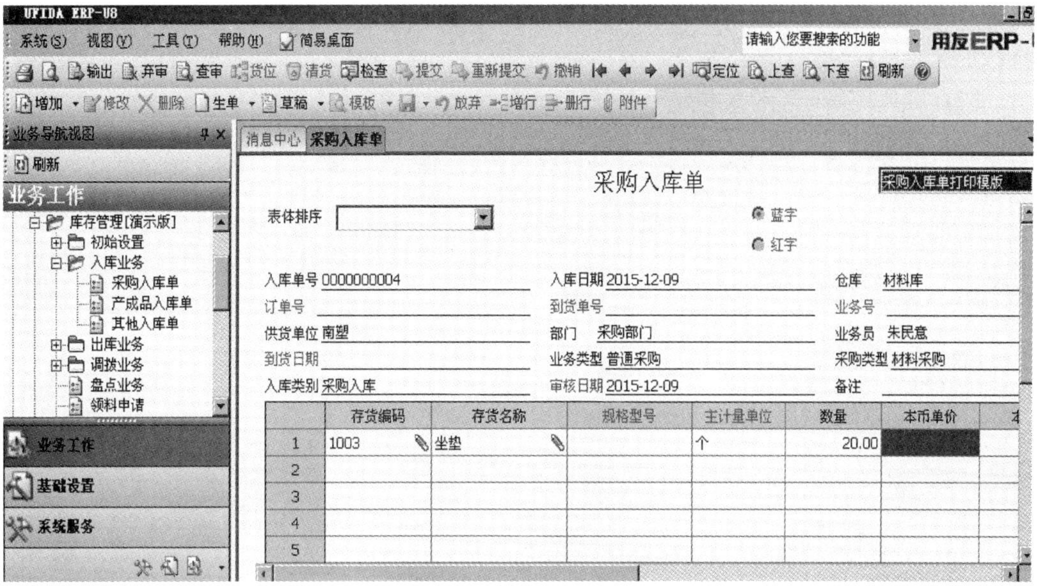

图 8-34 采购入库单

注意：在暂估业务中，因为没有明确的采购货物的价格，所以采购入库单价格一栏一般为空。

※ 在存货核算子系统中录入暂估入库成本并记账生成凭证。其操作步骤如下：

第一步，在企业应用平台"业务工作"页签中，执行"供应链"→"存货核算"→"业务核算"→"暂估成本录入"命令，打开"采购入库单成本成批录入查询"对话框。

第二步，勾选仓库中的"材料库"，如图 8-35 所示。

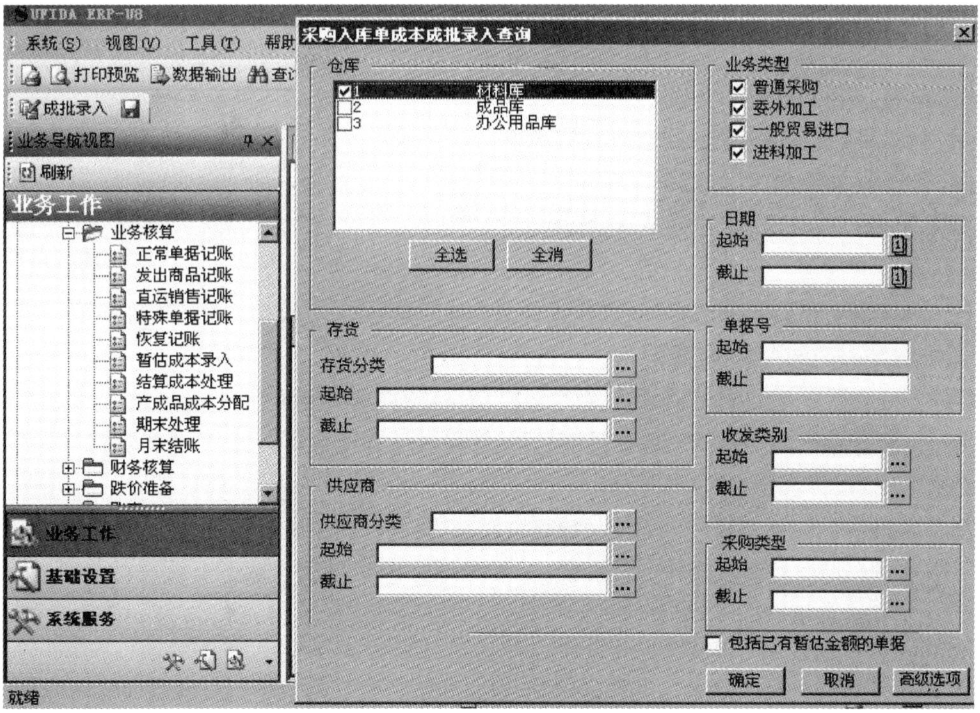

图 8-35 采购入库单成本成批录入查询

第三步，单击【确定】按钮，进入“暂估成本录入”窗口。

第四步，录入金额 1 000 元，单击【保存】按钮，系统弹出“保存成功！”信息提示对话框，如图 8－36 所示。

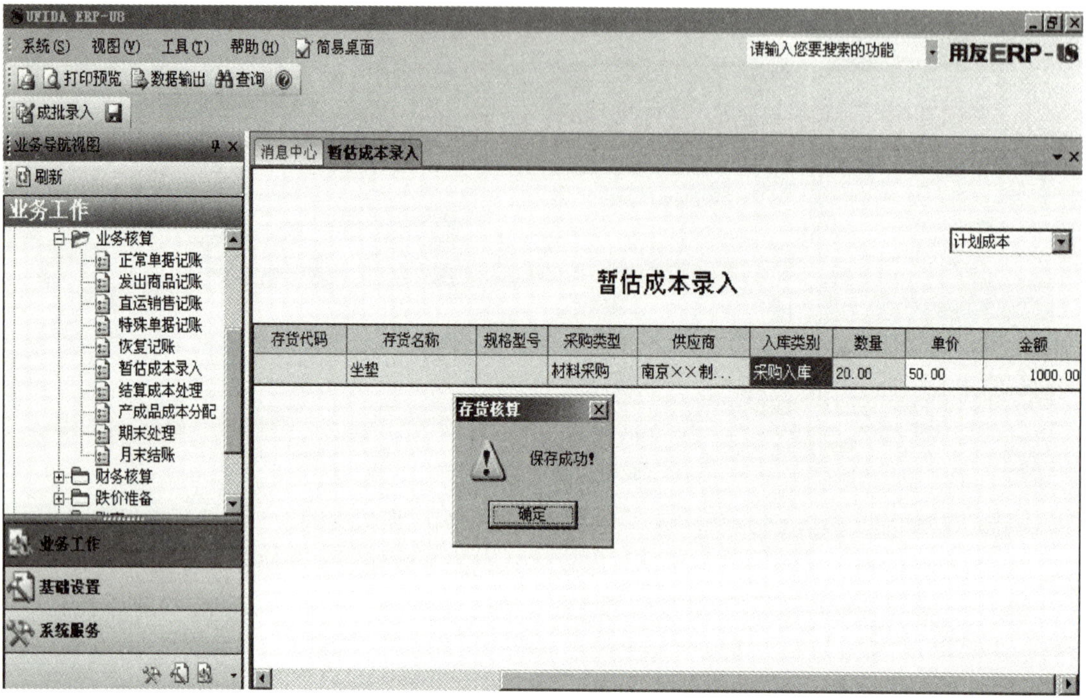

图 8－36　暂估成本录入

第五步，单击【确定】按钮返回，再执行“业务核算”→“正常单据记账”命令，打开“过滤条件选择”对话框。

第六步，单击【过滤】按钮，进入“未记账单据一览表”窗口；选择需要记账的采购入库单，单击【记账】按钮，系统弹出“记账成功！”信息提示。

第七步，单击【确定】按钮完成记账；再执行“财务核算”→“生成凭证”命令，进入“生成凭证”窗口。

第八步，单击【选择】按钮，打开“查询条件”对话框，选择“采购入库单（暂估记账）”；单击【确定】按钮，进入“选择单据”窗口。

第九步，选择要记账的单据，单击【确定】按钮，进入“生成凭证”窗口。

第十步，选择凭证类别为“记账凭证”，补充输入应付暂估科目“材料采购（1401）”，如图 8－37所示。

第十一步，单击【生成】按钮，进入“填制凭证”窗口，修改制单日期为“2015-12-09”，单击【保存】按钮，凭证左上角出现“已生成”标志，表示凭证已传递到总账。

本例采用的是月初冲回方式。月初，系统自动生成“红字回冲单”，自动记入存货明细账，回冲上月的暂估业务。

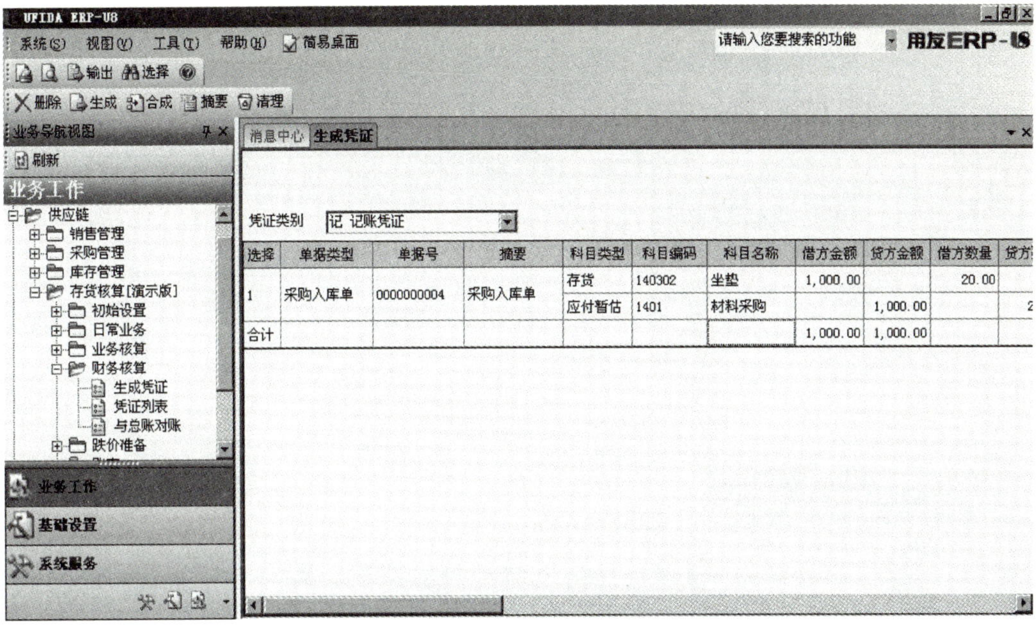

图 8-37　生成凭证

8.4.4　采购与付款子系统的期末处理

按照采购与付款子系统期末处理的先后顺序，应先进行采购管理子系统的期末处理，再进行应付款管理子系统的期末处理。

1. 采购管理子系统的期末处理

采购管理子系统期末处理的工作为月末结账。月末结账是将当前的采购单据封存，结账后不允许再对该会计期间的采购单据进行增加、修改和删除处理。

在用友 ERP-U8(V8.72)中，采购管理子系统月末结账的操作步骤如下：

第一步，执行“采购管理”→“月末结账”命令，打开“月末结账”对话框，如图 8-38 所示。

第二步，单击“选择标记”栏，出现“选中”标记；再单击【结账】按钮，系统弹出“月末结账完毕!”信息提示。

注意：若应付款管理子系统、库存管理子系统或存货核算子系统已结账，则采购管理子系统不能取消结账。

2. 应付款管理子系统的期末处理

应付款管理子系统的期末处理工作为：汇兑损益、月末结账。如果供应商往来发生外币核算，且在总账系统中进行了设置，则应计算外币单据的汇兑损益并对其进行相应的处理；月末结账是将当前的应付款、付款单据封存，结账后不允许再对该会计期间的应付款、付款单据进行增加、修改和删除处理。

在用友 ERP-U8(V8.72)中，应付款管理子系统月末结账的操作步骤如下：

第一步，执行“应付款管理”→“期末处理”→“月末结账”命令，打开“月末处理”对话框，如图 8-39 所示。

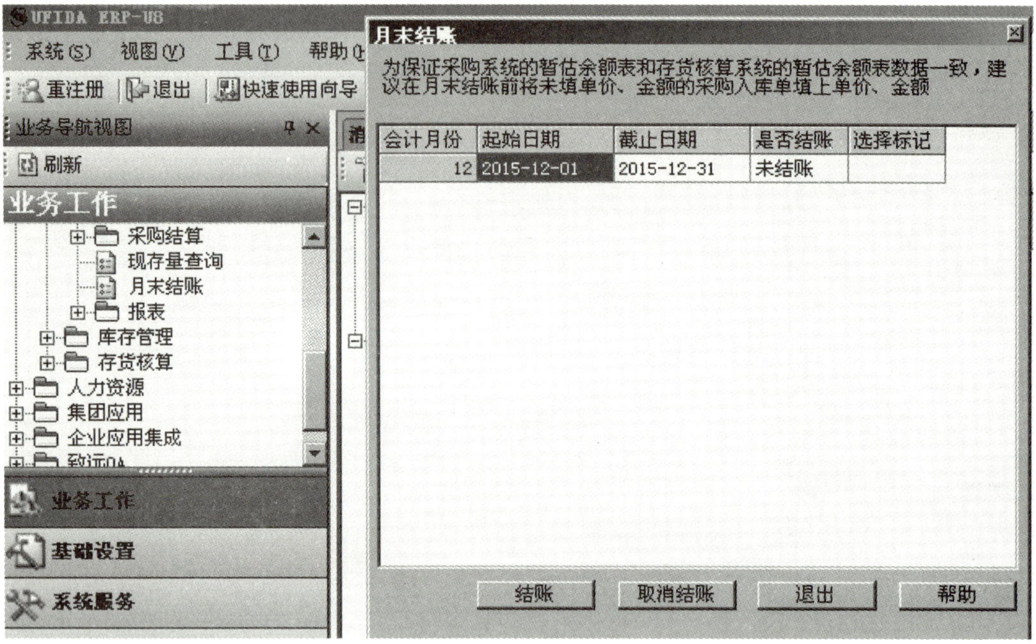

图 8-38　月末结账

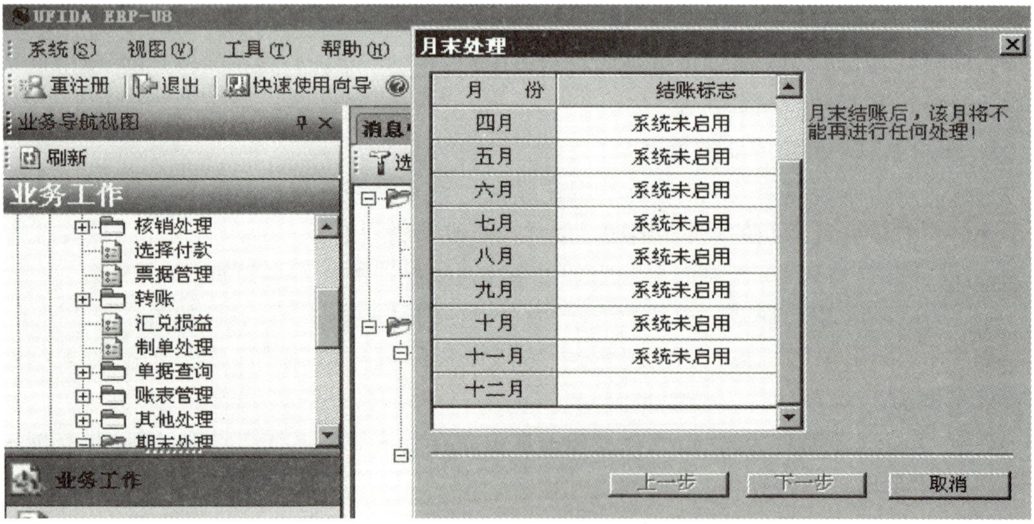

图 8-39　月末结账

第二步，单击“选择标记”栏，出现“选中”标记“Y”，单击【下一步】按钮，再单击【完成】按钮，系统提示“12 月份结账成功”信息提示。

8.4.5　采购与付款子系统的账表输出与统计分析

采购与付款子系统的账表输出主要是输出各种报表、统计表、账簿以及分析表，一般分为三类，即统计类报表、账簿和分析类报表。

统计类报表输出主要有到货明细表、采购明细表、入库明细表、结算明细表、未完成业务明细表、受托结算明细表、费用明细表、增值税发票处理状态明细表、采购综合统计表、采购计划综合统计表等。账簿输出主要有在途货物余额表、暂估入库余额表、销售商品余额表、业务明细账查询、业务余额表查询、业务总账查询、对账单查询、科目余额表、科目明细账等。分析类报表输出主要有采购成本分析、采购类型结构分析、采购资金比重分析、采购费用分析、采购期综合分析、应付账龄分析、付款账龄分析、付款预测、欠款分析等。

例 8－12 要输出业务余额表，在用友 ERP-U8(V8.72)应付款管理子系统中，查看“业务余额表”的操作步骤如下：

第一步，执行“应付款管理”→“账表管理”→“业务账表”→“业务余额表”命令，打开“过滤条件选择”对话框。

第二步，单击【过滤】按钮，进入“应付余额表”窗口。

第三步，在“应付余额表”窗口，查询有关应付余额表信息，如图 8－40 所示。

供应商		期初	本期应付	本期付款	余额	周转率	周转天数
编码	名称	本币	本币	本币	本币	本币	本币
001	南京钢铁××公司(...	10,000.00	26,917.50	25,974.00	10,943.50	2.57	11.67
007	南京××制品有限公司	4,000.00			4,000.00		
008	南京成套××有限公司	2,200.00			2,200.00		
009	××车轮厂		46,732.00		46,732.00	2.00	15.00
合　计		16,200.00	73,649.50	25,974.00	63,875.50		

图 8－40　应付余额表

?思考题

1. 简述采购与付款子系统的特点。
2. 简述采购与付款业务核算和管理的基本内容。
3. 简述 IT 环境下和手工环境下采购与付款处理流程的区别。
4. 采购与付款子系统主要包括哪些基本功能？
5. 说明 IT 集成化环境下采购与付款子系统和其他子系统之间的关系。
6. 采购与付款子系统初始化设置的内容有哪些？
7. 分别简述用友 ERP-U8(V8.72)采购管理子系统、应付款管理子系统的业务处理流程。
8. 结合材料采购业务，说明应用用友 ERP-U8(V8.72)进行业务处理的流程。

第9章　库存与存货核算子系统

存货是一个广义的概念，指企业为销售或耗用而储备的各项资产，主要包括各种原材料、辅助材料、包装物、低值易耗品、委托加工材料、在产品、自制半成品、产成品、库存商品等。存货管理是企业管理的重要内容之一，在实际业务中，存货的管理一般由仓储部门和财务部门分别从实物与价值两个角度进行。在IT环境下，库存管理子系统与存货核算子系统一般结合使用，充分体现了企业业务和财务的一体化，可以使物流和数据流达到完美、和谐的统一，为存货的管理与核算提供全面而完整的信息，这对于提高存货核算的准确性和存货管理的效率具有重要的意义。

9.1　库存与存货核算子系统概述

库存管理子系统是供应链管理的重要子系统，能够满足采购入库、产成品入库、销售出库、材料出库、其他出入库、盘点管理、形态转换等业务需要，提供仓库货位、批次、保质期、出库跟踪入库、可用量管理等全面业务的应用。而存货核算子系统用于核算和分析所有业务中的存货耗用情况，正确计算存货的采购入库成本，暂估采购入库成本以及销售出库成本等，动态地掌握存货资金的变动，减少库存资金的积压，加速资金周转，促进企业提高资金的使用效果。在IT环境下，库存管理子系统与存货核算子系统是存货业务财务一体化方案中两个不同而又结合使用的子系统，将这两个子系统作为一个整体进行运用，可以真正实现供应链中物流、资金流的全程动态管理。

9.1.1　库存与存货核算子系统的目标

存货核算和管理的好与坏，对企业的经营活动有着十分重大的影响。由于存货核算与管理的内容非常复杂，在手工环境下进行核算和管理的难度非常大，特别是当企业存货种类多、仓库多时，管理难度更大。但是，存货的上述特点也为使用计算机进行存货的核算与管理提供了广阔的应用前景。在IT环境下，将信息技术与存货管理有机融合，使库存管理子系统与存货核算子系统集成运用，从而实现对存货的物流、资金流的一体化管理。库存管理与存货核算的系统目标可概括如下：

（1）及时完成存货的业务处理

存货的业务处理，既包括日常的出库、入库，又包括库存盘点、入库质量检验等。这就要求库存与存货核算子系统应该及时完成出库、入库单据的处理，及时完成存货业务的核算，正确反映存货入库、出库以及增减变化情况，加强对库存存货的管理和控制，保护材料物资的安全、完整。

(2) 正确计算和提供各种存货信息

库存与存货核算子系统应该不仅能够正确地反映和监督存货的收、发、领、退及库存保管情况，正确地计算存货期末的结存数量、单价、金额，及时提供存货的储备资金占用情况，既保证生产需求又减少资金积压；而且要为企业各部门及时、准确地提供各种信息，如存货成本、商品销售成本、超储与储量不足信息、有哪些存货、什么时间购买存货等。

(3) 提供满足存货核算的多种方法

库存与存货核算子系统不仅应该支持计划成本核算，还应该支持实际成本核算，以及实际成本的加权平均、移动加权平均、先进先出、后进先出、个别计价等多种计价方式，满足企业存货核算和管理的需求。

(4) 提供存货和分析功能

库存与存货核算子系统应该能够及时、准确地提供各种存货的总账、明细账信息，提供各种存货汇总表、存货资金占用分析、入库成本分析、ABC 成本分析、库存资金占用规划、存货周转率分析等管理和分析功能。

(5) 提供与其他子系统的数据接口，实现数据共享

库存与存货核算子系统应该提供供销链系统的一部分信息，与其他子系统(如总账、采购与付款、销售与收款、成本子系统等)保持密切的联系，因此应与其他子系统建立标准接口。这样，既能够及时向其他子系统提供信息，又能够接收其他子系统传入的信息，以实现及时传递数据、协同处理、数据共享。

9.1.2 库存与存货核算子系统的特点

存货核算在企业会计核算中占据重要地位，库存与存货核算子系统就是为存货核算和管理服务的。企业为了生产或销售，一般都须采购大量的存货，存货不仅数量大、品种规格繁多，而且存货资产占企业整体资产的比重很大。因此，作为库存与存货核算子系统通常应具有以下特点：

(1) 数据存储量大

企业存货的品种、规格都非常多，有的多达几万种，对每个具体的品种都要进行详细、全面的反映。每种存货的核算既要反映其数量指标，又要反映其价值指标；同时，既要反映其动态的情况，又要反映其静态的信息。因此，库存与存货核算子系统需要存储和处理的数据量极大。

(2) 数据处理频率高

在企业生产经营过程中，要保证生产或销售的顺利进行，必须经常进行存货的采购活动，因此有大量的材料入库业务；与此同时，随着销售业务量的增加，产品出库也非常频繁。无论材料采购入库、产成品完工入库还是材料领用、产品销售出库，都伴随着大量收、发、领、用业务以及财务数据的产生和变化，有关存货的收、发、领、用业务相当频繁。因此，库存与存货核算子系统的数据输入频率和处理频率较高，数据变化相当频繁。

(3) 核算内容广泛

在进行存货核算时，不仅要反映存货采购、领用与产品销售业务，而且要反映库存存货的收发存情况；同时，既要反映各种原材料、燃料，考虑对包装物、低值易耗品等的特殊处理，还要反映生产过程中对存货的消耗情况。因而，库存与存货核算子系统的存货核算内容较广。

(4) 核算方法复杂

存货核算的方法较多，既可以按实际成本，也可以按计划成本组织核算。按实际成本核算的方法中，有先进先出法、加权平均法、移动平均法、个别计价法和后进先出法。按计划成本组织核算中，须进行成本差异的计算和分配。这使得存货核算方法的复杂程度远远超过了工资核算、固定资产核算等。

(5) 与其他子系统有较多的数据传递关系

库存与存货核算子系统和采购子系统、应付账款子系统、销售子系统、应收账款子系统、总账子系统保持着密切的联系。该子系统将各种凭单按会计要求进行统计汇总后，提供给账务处理和成本子系统使用，各种存货成本信息、存货结存信息供销售、采购、生产等子系统使用和共享。存货子系统还与物料需求计划(Material Requirements Planning，MRP)系统有着密切的联系，MRP系统计算生产计划所需的原材料数量，然后自动产生一份包括拟采购原材料的采购单并传入存货子系统。

(6) 管理要求高

存货核算与管理不仅要求能正确地反映存货的入库、出库、结存等信息，而且要求从管理的视角为各业务部门及时、准确地提供各种信息。例如，成本管理信息(存货成本、商品销售成本等)、存货预警信息(存货超储、存货储量不足、存货超储期等)、占用资金分析信息(每种存货占用资金量，超存储货占用资金量等)、存货管理效率信息(各种存货的周转率、周转天数等)、存货管理人员的评价信息(如优质存货的采购人员、创造价值最多的采购人员等)。

9.2 库存与存货核算子系统的流程分析

为深入了解存货的数据处理流程，首先，分析手工条件下库存与存货核算的业务处理流程；其次，在充分发挥计算机优势的情况下，根据计算机数据处理的特点、企业存货核算和管理的要求，在手工业务处理流程的基础上，进一步理解电算化库存与存货核算子系统的数据处理流程。

9.2.1 手工环境下库存与存货核算的流程分析

手工条件下，存货核算与管理的业务处理流程主要涉及存货入库、出库、盘点、期末结账、对账以及管理分析。

在手工条件下，当存货到达企业并办理入库手续后，除了仓库保管员要登记库存账外，财务部门要根据各种凭单(如入库单、发票、验收报告等)登记存货明细账，反映存货增加等经济业务；当各部门领用存货(如生产车间领用材料用于生产，销售部门领用产品用于销售)时，仓库保管员要登记库存账，财务部门要根据各种凭单(如入库单、出库单等)登记存货明细账，反映存货减少等经济业务；定期编制记账凭证并传递到总账子系统，登记总账。此外，还要及时为管理部门提供各种存货报告，如存货状态报告、再订点报告、实际存货报告、ABC存货成本分析报告、超储积压存货分析报告等。

下面对存货核算与管理的入库流程、出库流程以及盘点管理流程进行重点分析。

1. 入库业务流程分析

入库业务流程包括采购入库、产品入库和其他入库。采购入库在采购与应付子系统中已经阐述，这里只列出产品入库的业务流程及其分析(见图9-1)。

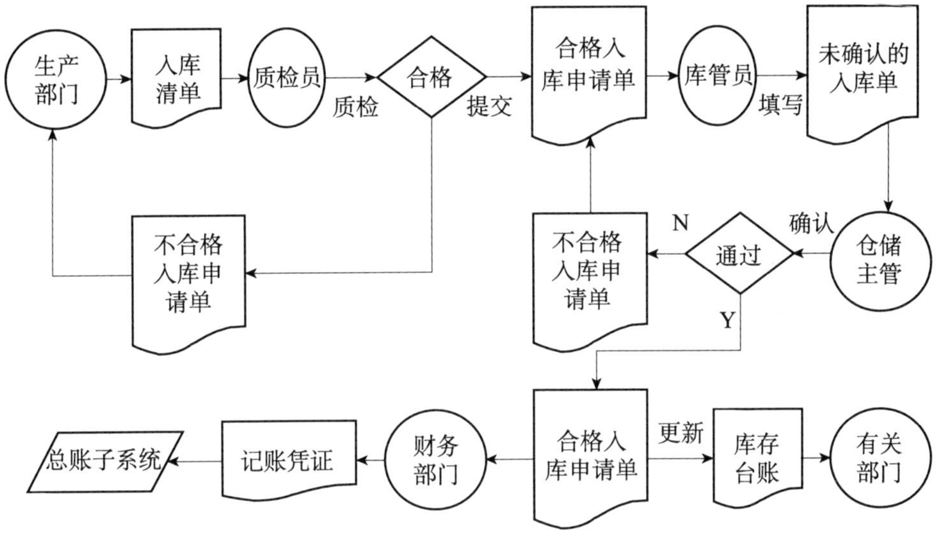

图 9-1　产品入库的业务流程

图 9-1 所示的产品入库业务流程说明如下：

① 生产部门将生产的产成品入库，应由生产部门根据产品的完工情况提出入库申请，填制入库申请单交仓库质检员对完工产品进行质量检验。如果合格，则将确认的入库申请单提交库管员进行入库处理，登记相应产品的入库数量和结存数量；如果不合格，则将入库申请单退回生产部门。

② 库管员收到经质检员确认的入库申请单后即填制入库单，并提交主管确认；主管确认合格的入库单一联用来更新库存台账，另一联提交财务部门，由财务部门根据成本价格填制会计凭证并登记存货明细账，将凭证传递到总账子系统。

2. 出库业务流程分析

出库业务流程包括销售出库、生产领料出库和其他出库。销售出库在销售与应收子系统中已经阐明，这里仅对生产领料出库的业务流程进行分析（见图 9-2）。

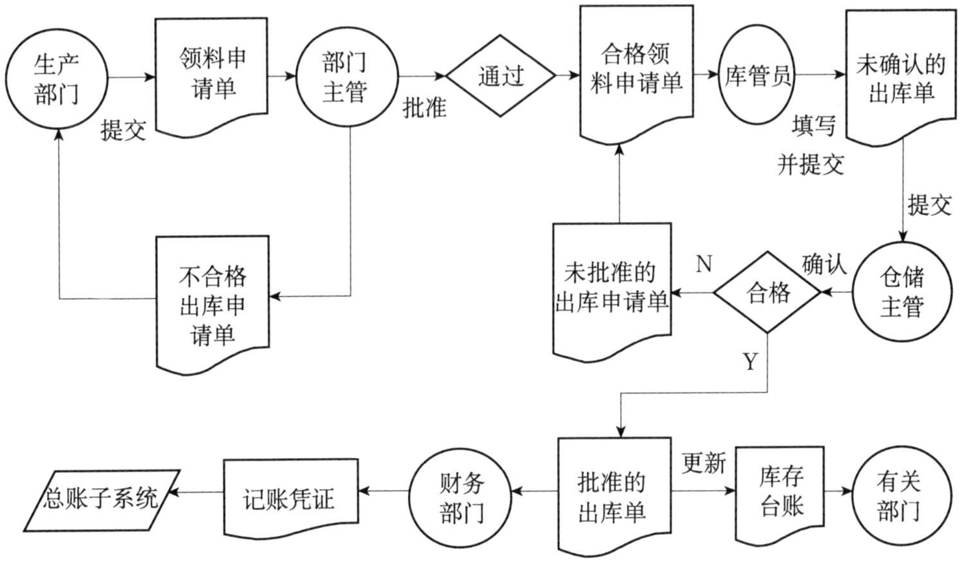

图 9-2　生产领料出库业务流程

图 9－2 所示的生产领料出库的业务流程说明如下：

生产部门（车间、用料单位）填写领料申请单，提出领料申请，经部门主管批准后提交库管员；库管员审核后填写出库单，交仓储主管确认，确认通过的出库单即可进行出库处理。出库单一联用来更新库存台账，登记相应存货的出库数量和结存数据；另一联提交财务部门，由财务部门进行出库存货核算，即根据出库单等单据编制记账凭证，登记存货明细账，并将凭证传递到总账子系统。不合格的出库单退回库管员。

由于存货种类多、数量大、收发业务频繁，因此存货成本的计算比较复杂。为了满足不同企业对核算的需要，在核算存货出库时，涉及出库存货的计价应遵循：一是实际成本原则，二是计划成本原则。

① 实际成本原则。出库单到达财务部门后，由财务部门先进行计价。按照实际成本核算的，应采用一定方法确定其实际成本。我国《企业会计准则——存货》规定，企业应当采用先进先出法、加权平均法或者个别计价法确定发出存货的实际成本。存货的出库价格确认后，财务部门就可以据此价格进行出库成本的确认，填制相关的凭证，根据凭证更新库存总账与明细账。

② 计划成本原则。按照计划成本计价时，材料的收发凭证要按材料的计划成本计价和记录；材料计划成本和实际成本的节约与超支，通过“材料采购”和“材料成本差异”账户进行核算，并按期结转其应负担的材料成本差异，将计划成本调整为实际成本。

3. 盘点业务流程分析

图 9－3 所示的盘点业务流程说明如下：

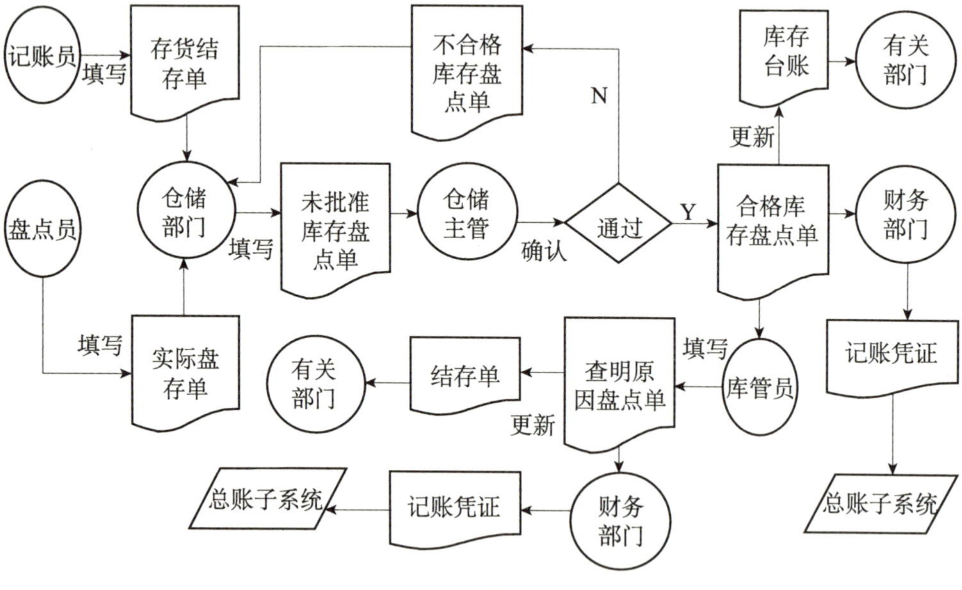

图 9－3 盘点业务流程

存货盘点单是证明企业存货盘盈、盘亏和毁损，据以调整存货实存数的书面凭证，经企业领导批准后，即可作为原始凭证入账。仓库部门根据库存结存表和实际盘存表，填写未确认库存盘点单，经主管确认后成为未查明原因的盘点单。据此，一方面更新库存台账，另一方面进行账务处理，记入“待处理财产损益”。查明原因后，未查明原因的盘点单由库管员填写原因，成为查明原因的盘点单，财务人员根据查明原因的盘点单填制记账凭证，记入相关费用。

4. 期末处理和存货分析报告

① 期末处理。期末对存货进行实地盘点，编制盘盈盘亏表，经审批后通知仓库、财务部门修改相应的存货一级、二级及三级账；根据入库单、出库单编制出入库汇总表；根据存货账簿编制超储和积压一览表。由于存货数量账（三级账）、存货明细账（二级账）、总账（一级账）是由不同人员编制的，会出现账账不一致的问题。因此，期末还须进行三级账的核对工作，很多企业要花费一定的人力、物力，而且每月必须进行对账。财务部门根据不同的计价方法和成本计算方法，分别计算出存货成本差异、发出存货成本，并进行结账工作。

② 存货分析。仓储和财务管理人员须根据入库单、出库单、存货数量账等编制包括超储积压一览表、ABC 成本分析表、仓库存货汇总表等内容的管理分析报告，并进行存储库龄和物料分布的分析，提出存货管理的改进意见和评价。

9.2.2 IT 环境下库存与存货核算子系统的流程分析

在手工条件下，由于人工处理的局限性，往往不能及时、准确、高效地进行存货业务处理以及提供成本费用信息。在 IT 环境下，根据计算机数据处理的特点、企业存货核算和管理的要求而建立的电算化库存与存货核算子系统可以克服手工方式下的缺陷。

1. 产品入库处理流程分析

IT 环境下产品入库处理流程如图 9－4 所示。

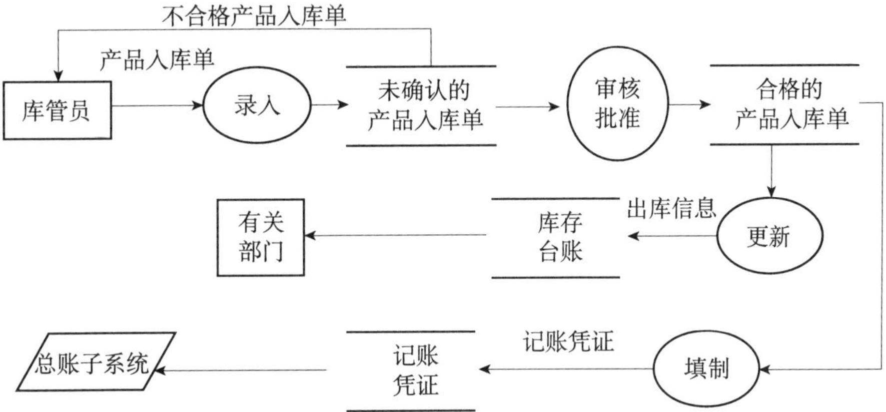

图 9－4　IT 环境下产品入库处理流程

图 9－4 所示的流程说明如下：

仓储管理人员根据生产部门提交的产品入库原始单据填制产品入库单并录入系统，存入产品入库单文件中；仓储主管对文件中的产品入库单进行审核批准，审核后在入库单文件中打上相应的合格、不合格标记。不合格的入库单退回仓储管理人员。一方面，仓储管理人员根据合格的入库单更新库存台账；另一方面，财务人员填制并生成入库的记账凭证，保存至记账凭证文件中，传递给总账子系统。

2. 领料出库处理流程分析

IT 环境下领料出库处理流程如图 9－5 所示。

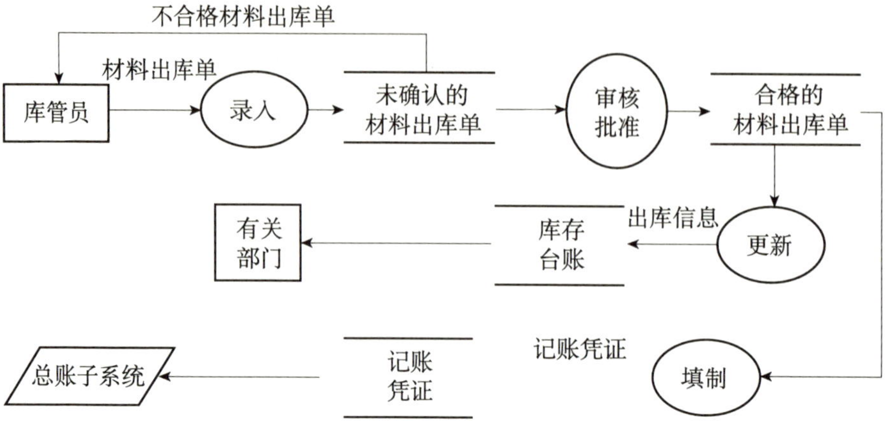

图 9-5　IT 环境下领料出库处理流程

图 9-5 所示的流程说明如下：

仓储管理人员根据审批的材料出库原始单据，填制材料领用出库单并录入系统，存入材料出库单文件中；仓储主管审核文件中的材料出库单，之后在材料出库单文件中打上相应的合格、不合格标记。不合格的材料出库单退回仓储管理人员。一方面，仓储管理人员根据合格的出库单更新库存台账；另一方面，财务人员填制并生成用料出库的记账凭证，保存至记账凭证文件中，传递给总账子系统。

3. 盘点处理流程分析

IT 环境下盘点处理流程如图 9-6 所示。

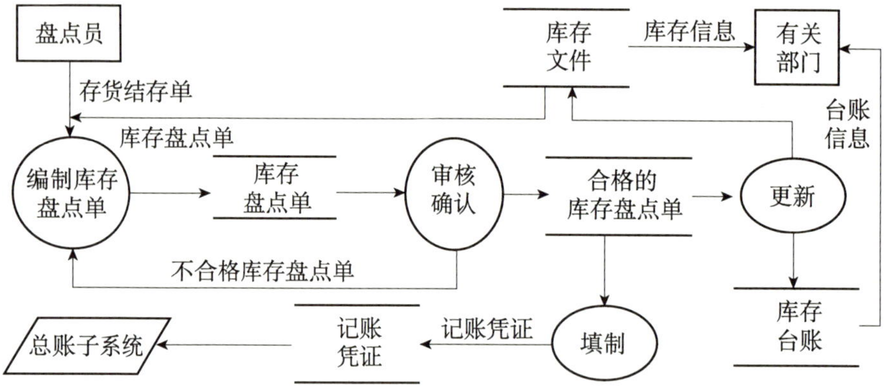

图 9-6　IT 环境下盘点处理流程

图 9-6 所示的流程说明如下：

库存盘点人员定期对库存进行实物盘点，提交存货结存单，同时与账面库存相比较，编制产生库存盘点单；审核确认库存盘点单时，对于存在盈亏的存货按实存数量修改其账面库存，应更新库存台账，同时由财务人员填制生成相关盘盈盘亏的记账凭证，并保存至记账凭证文件中，传递给总账子系统。

9.2.3　IT 环境下和手工环境下库存与存货核算流程的区别

在手工条件下，由于人工处理的局限性，存货核算和管理存在诸多难点。但在 IT 环境下，存货核算与管理流程发生了很多变化，其主要变化如下：

(1) IT环境下通过初始设置建立库存与存货核算子系统的应用环境，保证系统的正常、可靠运行

在手工环境下，初始设置(如设置存货科目、开设账户、编制存货编码、确定存货核算方式等)的工作比较少，为存货核算提供了一个基本平台。在IT环境下，同样须设置存货科目、定义存货编码等；但不同的是，初始设置的内容大大增加。例如，设置存货类别、存货编码、存货成本计算方法、费用分配标准、记账凭证模板等，以便系统能够自动进行单据汇总、记账、计算存货成本、自动生成存货转账凭证等。可以说，IT环境下的初始设置对存货子系统的正常、可靠运行提供了保证。

(2) IT环境下可以根据需要选择各种存货计价方式

在手工环境下，当企业出入库业务比较频繁时，存货成本计算量也随之增大。由于先进先出法、后进先出法等比较复杂、工作量大，很少有企业真正采用。因此，很多企业的财会人员一般选择最简单的加权平均法计算存货成本，并未考虑到管理的需要。在IT环境下，财会人员可以根据存货核算和管理的需要选择最适合的存货计价方式，计算机能够自动、准确地完成相关的核算工作。

(3) IT环境下可以高效、准确地完成核算工作

在库存与存货核算子系统中，一旦选择了成本计价方式、输入了出入库等单据，计算机就能够自动、准确地处理出入库业务，计算出发出存货成本及成本差异，自动计算期末结存单价、数量、金额等。这样大大减轻了财会人员的劳动强度，提高了核算的准确性。

(4) IT环境下可以及时、准确地提供存货账簿，并保证账账相符

在手工条件下，由于人工处理的局限性，同一数据由不同人员按照不同的需求转抄在不同的账簿上，差错率比较高，经常存在账账、账实不符，须花费较多的人力和物力进行核对与更改。在IT环境下，各种存货总账、明细账都来自同一数据源(如入库单文件、出库单文件等)，保证了账账相符。另外，由于计算机能够存储有关存货核算和管理的各种数据，因此各级财会人员和业务人员可以根据需要及时、准确地查询任意存货的总账、明细账。

(5) IT环境下可以使各业务部门之间实现数据共享

在手工环境下，由于部门之间数据传递的限制，不能及时、准确地得到所需的数据。例如，同一入库单和采购发票要分别在采购部门、仓储部门或财务部门进行重复处理。而在IT环境下，库存与存货核算子系统通过标准接口，不仅与会计信息系统中的总账子系统、采购管理子系统、应付款子系统、销售管理子系统、成本子系统相互传递信息、实现数据共享，还与其他系统(如MRP、JIT、EDI等)紧密结合，实现数据的自动传递和共享，形成任何一种单据一次录入、多处使用，充分保证了数据的一致性以及传递的及时性。

(6) IT环境下能够及时、准确地提供存货管理和分析数据

在手工环境下，仓储人员和财会人员把大量的时间与精力浪费在填制出入库单据、编制记账凭证及核对账簿数据上，没有时间和精力对存货进行有效管理。而在IT环境下，实现了数据的及时登记、及时传递以及数据共享，可以及时、准确地得到各种分析表，便于进行存货管理和存货分析。

9.3 库存与存货核算子系统的基本功能设计

根据 IT 环境下库存与存货核算子系统的流程分析，可以设计出该系统的基本功能结构。

9.3.1 库存与存货核算子系统的基本功能模块

在 IT 集成化环境下，库存与存货核算子系统主要有初始化设置、业务处理、账表及分析等功能模块，其功能结构如图 9－7 所示。

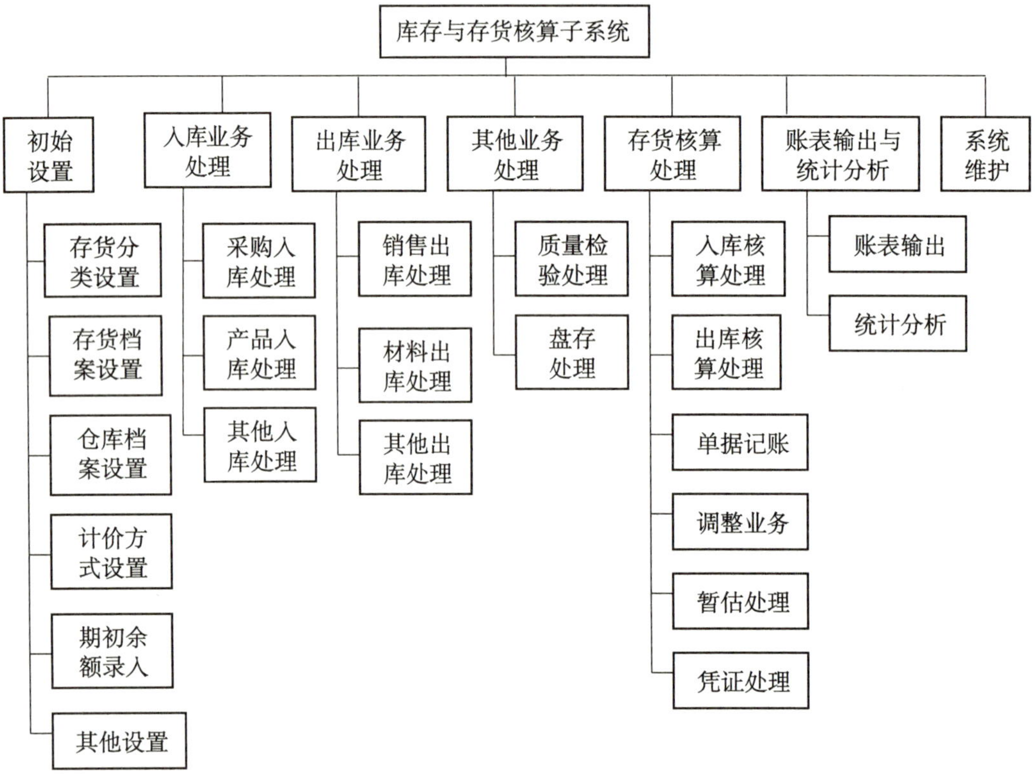

图 9－7 IT 环境下库存与存货核算子系统的功能结构

库存与存货核算子系统各模块的基本功能介绍如下：

(1) 初始设置功能

为了使库存与存货核算子系统能够满足不同企业或同一企业对存货核算和管理的需要，财会人员首先要根据本企业的需要建立系统应用环境，从而须进行一系列的初始设置。系统初始设置模块又可以进一步划分为部门档案设置、职员档案设置、供应商分类及档案设置、客户分类及档案设置、存货分类及档案设置、仓库档案设置、收发类别设置、产品结构设置、计价方式设置、期初余额录入等。

初次使用库存与存货核算子系统时，应录入各仓库、各存货的期初结存情况。不进行批次、保质期管理的企业，只需录入各存货期初结存的数量；进行批次管理、保质期管理、出库跟踪入库管理的企业，需录入各存货期初结存的详细数据，如批号、生产日期、失效日期、入库单号等；进行货位管理的企业，还需录入货位。

(2) 入库业务处理功能

库存与存货核算子系统的入库业务处理，可以通过录入模块将各种入库业务单据送入计算机(在网络系统中，出库单、入库单可以通过数据传递直接传入库存与存货核算子系统)，并进行审核。入库单据主要包括采购入库单、产品入库单和其他入库单(如调拨入库、盘盈入库、组装拆卸入库、形态转换入库等)。

(3) 出库业务处理功能

库存与存货核算子系统的出库业务处理是对各种出库业务进行单据的填制和审核。出库业务主要包括销售出库、材料出库和其他出库。

(4) 其他业务处理功能

库存与存货核算子系统的其他业务是指出入库之外的业务，主要包括库存调拨、盘点、组装与拆卸、形态转换。

(5) 存货核算处理功能

库存与存货核算子系统的存货核算模块根据出入库单(必要时核对有关发票)核算入库成本、出库成本并填制记账凭证，记入存货明细账的同时传递给总账子系统，提供存货成本和有关账表的查询分析信息。

存货核算处理功能主要有入库业务核算、出库业务核算、单据记账、调整业务、暂估处理、生成凭证等。

(6) 账表输出与统计分析功能

库存与存货核算子系统提供了多种统计分析账表，主要包括出入库流水账、库存台账、呆滞积压存货备查簿、存货明细账、发出商品明细账、总账、个别计价明细表、入库汇总表、出库汇总表、差异分摊表、收发存汇总表、暂估材料余额表、存货周转率分析表、ABC 成本分析表、库存资金占用表、入库成本分析表等。

(7) 系统维护

库存与存货核算子系统的系统维护功能和其他子系统类似，这里不再赘述。

9.3.2 库存与存货核算子系统和其他子系统的联系

在通用商品化软件中，库存与存货核算子系统通常分为库存管理和存货核算两个既相互联系又彼此独立的模块，并与采购管理、销售管理、成本管理等子系统发生联系。

1. 库存管理子系统与其他子系统的主要关系

库存管理子系统既可以和采购管理、销售管理、存货核算等子系统集成使用，也可单独使用。在集成应用模式下，库存管理子系统与其他子系统的主要关系如图 9-8 所示。

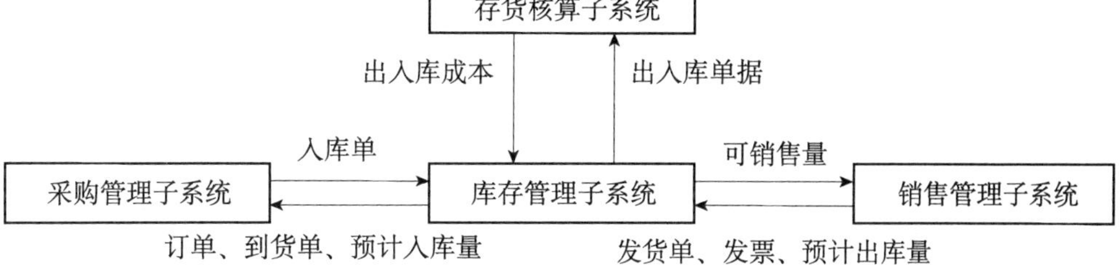

图 9-8 库存管理子系统与其他子系统的主要关系

库存管理子系统可以参照采购管理子系统的采购订单、采购到货单生成采购入库单，库存管理子系统将入库情况反馈到采购管理子系统，采购管理子系统向库存管理子系统提供预计入库量。根据选项设置，销售出库单可以在库存管理子系统中填制、生成；也可以在销售管理子系统中生成后再传递到库存管理子系统，库存管理子系统进行审核。如果在库存管理子系统中生成，则需要参照销售管理子系统的发货单、销售发票。销售管理子系统为库存管理子系统提供预计出库量，库存管理子系统为销售管理子系统提供存货的可用量。库存管理子系统为存货核算子系统提供出入库单据。所有出入库单均由库存管理子系统填制，存货核算子系统只能填写出入库单的单价、金额，并对出入库单进行记账操作，核算出入库的成本。

2. 存货核算子系统与其他子系统的主要关系

存货核算子系统既可以和采购管理、销售管理、库存管理等子系统集成使用，也可以只与库存管理子系统联合使用，还可以单独使用。

① 集成应用模式。当存货核算子系统与采购管理、销售管理、库存管理等子系统集成使用时，在库存管理子系统中录入采购入库单，在销售管理子系统中录入发货单，审核后自动依据销售订单或发货单在库存管理子系统中生成销售出库单并传递到存货核算子系统，在存货核算子系统中对各种出入库单据记账并生成出入库凭证。

② 与库存管理子系统联合使用。当存货核算子系统与库存管理子系统联合使用时，在库存管理子系统中录入各种出入库单据并审核，在存货核算子系统中对各种出入库单据记账并生成凭证。

③ 独立应用模式。如果存货核算子系统单独使用，那么所有的出入库单据均在存货核算子系统中填制。

在集成应用模式下，存货核算子系统与其他子系统的主要关系如图 9－9 所示。

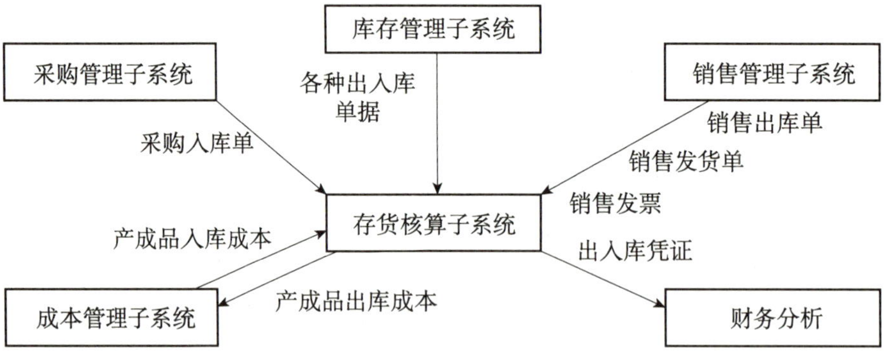

图 9－9　存货核算子系统与其他子系统的主要关系

存货核算子系统可对采购管理子系统生成的采购入库单记账、对采购暂估入库单进行暂估报销处理；存货核算子系统还可对库存管理子系统生成的各种出入库单记账核算。企业发生的正常销售业务的销售成本可以在存货核算子系统中根据所选的方法自动计算；企业发生分期收款业务和委托代销业务时，存货核算子系统可以对销售管理子系统生成的发货单和发票记账并确认成本。在存货核算子系统中进行了出入库成本记账的单据可以生成一系列的物流凭证并传入总账子系统,实现财务和业务的一体化。成本管理子系统可以自动读取存货核算子系统中的材料出库单的出库成本,作为成本核算时的材料成本;成本管理子系统完成成本计算后,存货核算子系统可以从成本管理子系统中读取产成品成本,并且分配到未记账的产成品入库单中,作为成品入库单的入库成本。

9.4 用友 ERP 库存与存货核算子系统的业务处理

库存管理、存货核算分别属于企业业务和财务的两个独立而又紧密联系的流程。在用友 ERP-U8 管理软件中,它们均属于供应链管理系统的子系统,两者既可以独立使用,也可以集成使用。

9.4.1 用友 ERP 库存与存货核算子系统的处理流程

1. 用友 ERP 库存管理子系统的处理流程

用友 ERP-U8(V8.72)库存管理子系统的业务处理流程如图 9-10 所示。

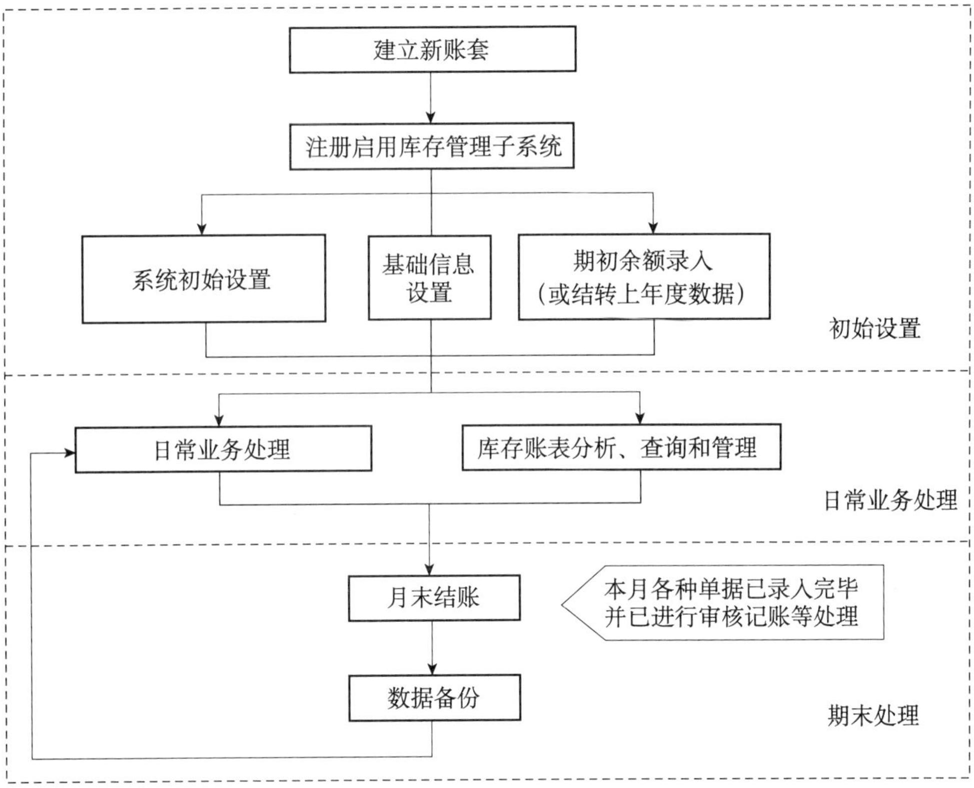

图 9-10 库存管理子系统的业务处理流程

2. 用友 ERP 存货核算子系统的处理流程

用友 ERP-U8(V8.72)存货核算子系统的业务处理流程如图 9-11 所示。

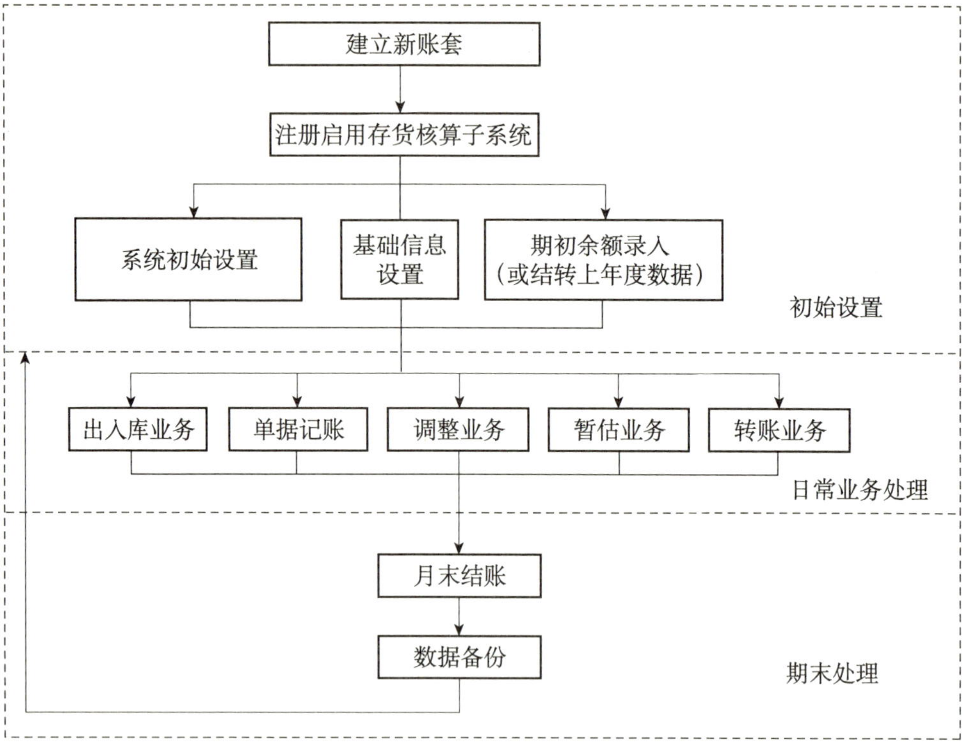

图 9－11　存货核算子系统的业务处理流程

9.4.2　库存与存货核算子系统的初始化

当企业第一次使用库存与存货核算子系统时，为了使之能够满足不同企业或同一企业对存货核算和管理的需要，相关部门人员要根据自己的需要建立系统应用环境，进行一系列的个性化初始设置。

在用友 ERP-U8(V8.72)中，库存与存货核算子系统的系统初始化设置主要包括参数设置、基础信息设置、期初数据录入等。

1. 库存与存货核算子系统参数设置

(1) 库存管理子系统参数设置

在进行库存管理子系统的参数设置之前，一定要详细了解各参数对业务处理流程的影响，并结合企业的实际业务需要进行设置。

在用友 ERP-U8(V8.72)库存管理子系统中，其参数设置是通过菜单“初始设置”下的“选项”进行的，主要的选项卡包括“通用设置”“专用设置”“可用量控制”“可用量检查”。

在用友 ERP-U8(V8.72)企业应用平台“业务工作”页签中，执行“供应链”→“库存管理”→“初始设置”→“选项”命令，打开“库存选项设置”对话框，如图 9－12 所示。

分别单击“通用设置”“专用设置”“可用量控制”“可用量检查”选项卡，根据企业库存管理的要求进行相应的设置(操作步骤可参考前面的其他子系统)。

(2) 存货核算子系统参数设置

在不同时期，企业存货的种类不尽相同，每个会计年度可以根据管理的需求选择合理的存

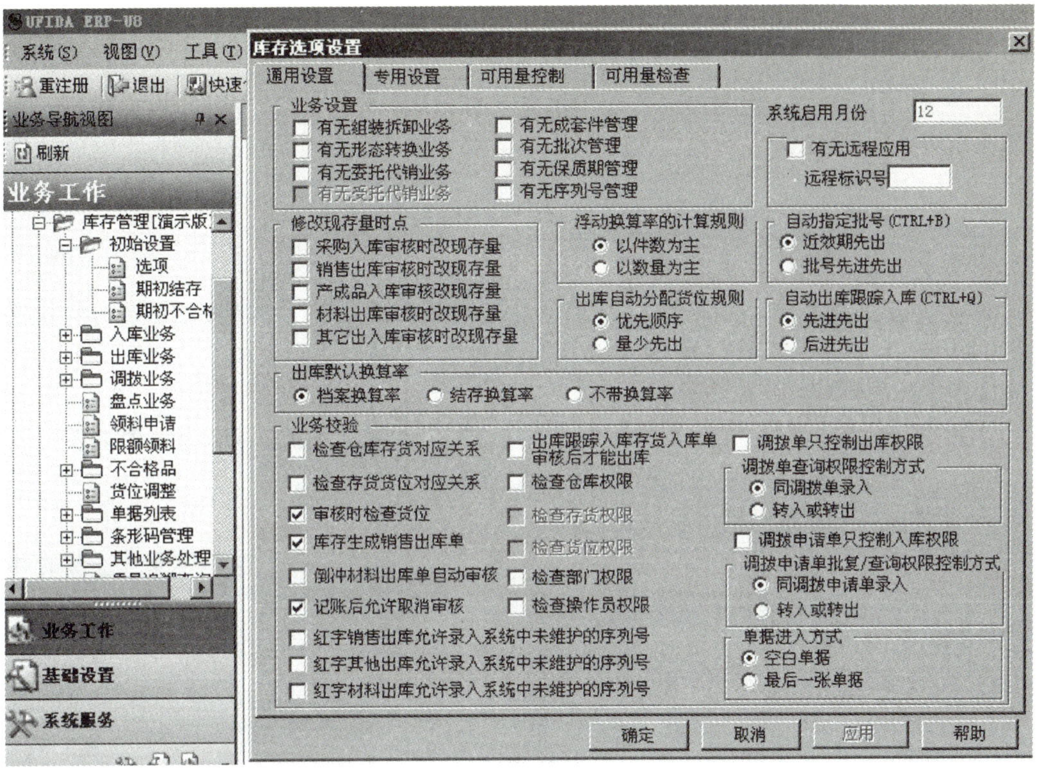

图 9-12　库存选项

货成本计算方法。因此,在进行控制参数设置前必须做好充分的准备工作。

在用友 ERP-U8(V8.72)存货核算子系统中,参数设置是通过执行"供应链"→"存货核算"→"初始设置"→"选项"→"选项录入"命令,打开"选项录入"对话框进行的,如图 9-13 所示。

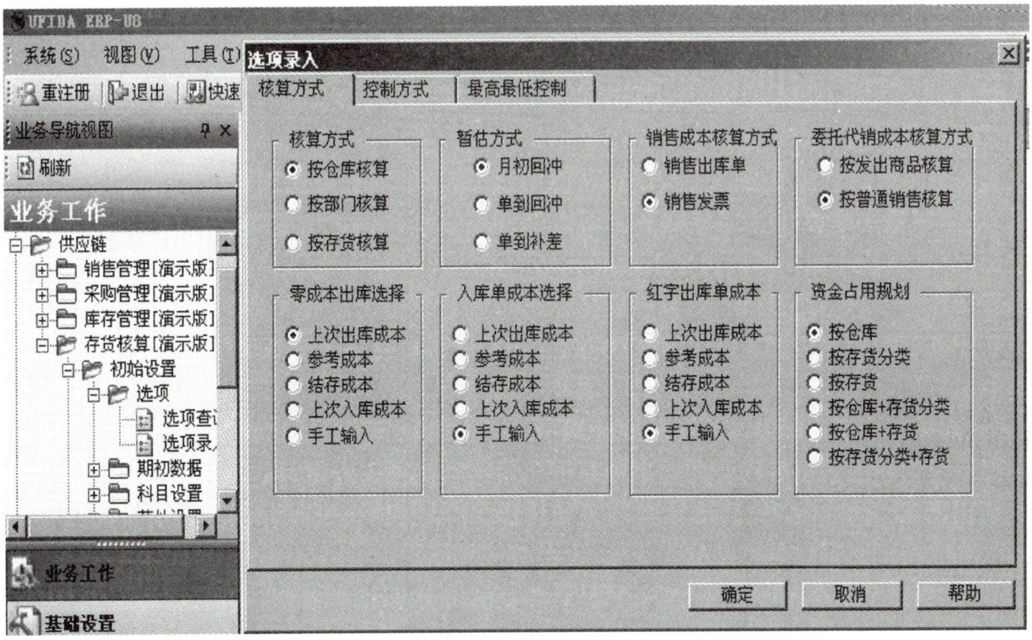

图 9-13　选项录入

存货核算子系统的选项卡包括“核算方式”“控制方式”“最高最低控制”，可根据企业存货核算与管理的要求进行相应的设置(操作步骤可参考前面的其他子系统)。

存货核算子系统的参数设置主要应考虑其业务范围，如企业存货核算方式、暂估回冲方式、零成本出库选择、资金占用规划、是否允许零出库、有无成套件管理、存货有无辅助计量单位等。

2. 库存与存货核算子系统基础信息设置

(1) 库存管理子系统基础信息设置

库存管理子系统是用友 ERP 供应链管理系统的子系统之一。库存管理子系统的基础信息设置主要包括部门档案、职员档案、供应商分类及档案、客户分类及档案、存货分类、存货档案、仓库档案、计量单位、费用统计标准、收发类别、产品结构设置、货位设置等。其中，属于各模块公用的基础信息一般已在企业应用平台“基础档案”页签中设置。库存管理子系统需要增设的基础档案信息包括费用统计标准、货位设置等。

(2) 存货核算子系统基础信息设置

存货核算子系统也是用友 ERP 供应链管理系统的子系统之一。存货核算子系统的基础信息设置主要包括：①定义代码档案，如职员档案、供应商分类及档案、客户分类及档案、存货分类及档案、仓库档案、计量单位、收发类别等；②其他设置，如为了实现与库存管理子系统的数据传递和共享，定义存货科目、出库和入库分录的对方科目、费用分配科目等。

对于存货核算子系统的基础信息设置，各种代码档案一般已在企业应用平台“基础档案”页签或前述销售管理子系统、采购管理子系统、库存管理子系统中设置。因此，本系统主要进行科目设置(存货科目、对方科目、税金科目、运费科目、结算科目、应付科目、非合理损耗科目等)、产品结构设置(产品结构又称物料清单，即 BOM)

例 9-1 某企业存货核算子系统的科目设置如表 9-1、表 9-2 所示。

表 9-1 存货科目

仓库编码	仓库名称	存货编码及名称	存货科目编码及名称
1	材料库	1001 自行车主结构	原材料/自行车主结构(140301)
1	材料库	1002 车轮	原材料/车轮(140302)
2	成品库	2001 山地自行车	库存商品/山地自行车(140501)
2	成品库	2002 公路自行车	库存商品/公路自行车(140502)
3	办公用品库	3001 原稿纸	周转材料/原稿纸(141102)
3	办公用品库	3004 A4 打印纸	周转材料/ A4 打印纸(14110101)

表 9-2 存货对方科目

收发类别	对方科目
采购入库(11)	材料采购(1401)
产成品入库(12)	生产成本/直接材料(500101)
销售出库(21)	主营业务成本(6401)
材料领用出库(22)	生产成本/直接材料(500101)

在用友 ERP-U8(V8.72)存货核算子系统中，上述存货科目、存货对方科目的设置步骤如下：

第一步，执行“初始设置”→“科目设置”→“存货科目”命令，打开“存货科目”窗口。

第二步，单击【增加】按钮，输入或选择“1001 自行车主结构”的仓库编码“1”、存货编码“1001”、存货科目编码“140301”。

第三步，同理，依次增加其他存货的科目信息，如图 9－14 所示。

图 9－14　存货科目

第四步，单击【保存】按钮后退出。再执行“初始设置”→“科目设置”→“对方科目”命令，输入存货的对方科目信息，如图 9－15 所示(操作步骤参见“存货科目”设置)。

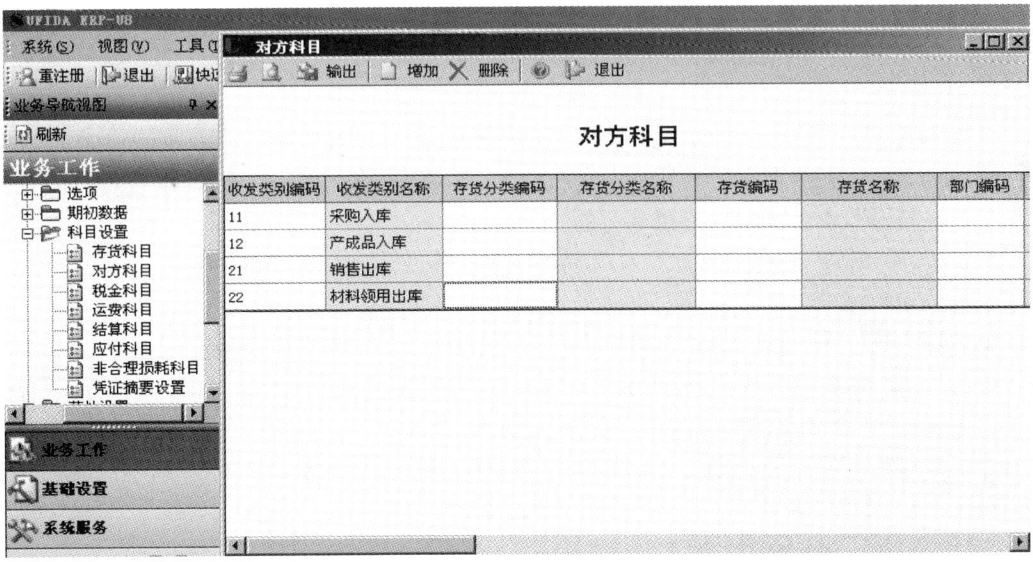

图 9－15　对方科目

3. 库存与存货核算子系统期初数据录入

初次使用库存管理子系统时，应在库存管理子系统中录入各仓库、各存货的期初结存情况。不进行批次、保质期管理的企业，只需录入各存货期初结存的数量；进行批次管理、保质期管理、出库跟踪入库管理的企业，须录入各存货期初结存的详细数据，如批号、生产日期、失效日期、入库单号等；进行货位管理的企业，还须录入货位。

在用友 ERP-U8(V8.72)库存管理子系统中，库存管理子系统的期初数据主要包括库存期初结存数据和期初不合格品期初余额数据。当库存管理子系统与存货核算子系统集成使用时，库存期初结存数据的录入方法有两种：分仓库逐笔录入或通过【取数】按钮从存货核算子系统中取得。

在用友 ERP-U8(V8.72)存货核算子系统中，存货核算子系统的期初数据主要包括存货期初结存数据、期初差异数据、期初分期收款发出商品数据等。录入期初数据后，须分仓库进行审核，表明该仓库期初数据录入工作的完成。当存货核算子系统与销售管理子系统集成使用时，存货核算子系统中分期收款发出商品的期初余额数据可以从销售管理子系统中取得。当存货核算子系统与库存管理子系统集成使用时，存货的期初数据同样可以分仓库逐笔录入或通过【取数】按钮从库存管理子系统中取得。

例 9－2 某企业库存期初结存数据如表 9－3、表 9－4 所示。

表 9－3 原材料期初余额

科目名称	数量	单价(元)	金额(元)
自行车主结构	150 套	1 110	166 500
车轮	114 套	450	51 300
坐垫	810 个	50	40 500
棉布工作服	5 套	390	1 950

表 9－4 库存商品期初余额

科目名称	数量(辆)	单位成本(元)	金额(元)
山地自行车	80	2 340	187 200
公路自行车	75	2 024	151 800

在用友 ERP-U8(V8.72)库存管理子系统中，库存期初结存数据的录入步骤如下：

第一步，执行“初始设置”→“期初结存”命令，进入“库存期初数据录入”窗口；选择对应的仓库“(1)材料库”，单击【修改】按钮。

第二步，单击【增行】按钮，输入或选择原材料“自行车主结构”的存货编码“1001”、数量 150、单价 1 110 元。

第三步，同理，单击【增行】按钮，依次录入其他库存原材料的期初数据。

第四步，录入完毕后，单击【保存】按钮，如图 9－16 所示。

第五步，在“库存期初数据录入”窗口，选择对应的仓库“(2)成品库”，单击【增行】按钮，依次录入库存商品期初数据，单击【保存】按钮(其操作步骤与原材料期初余额的录入相同)。

第六步，分别选择对应的仓库“(1)材料库”“(2)成品库”，单击【审核】按钮进行审核。

第七步，单击【对账】按钮，进入“库存与存货期初对账查询条件”信息对话框。

第八步，在“请选择仓库”栏，单击【全选】按钮，如图 9－17 所示。

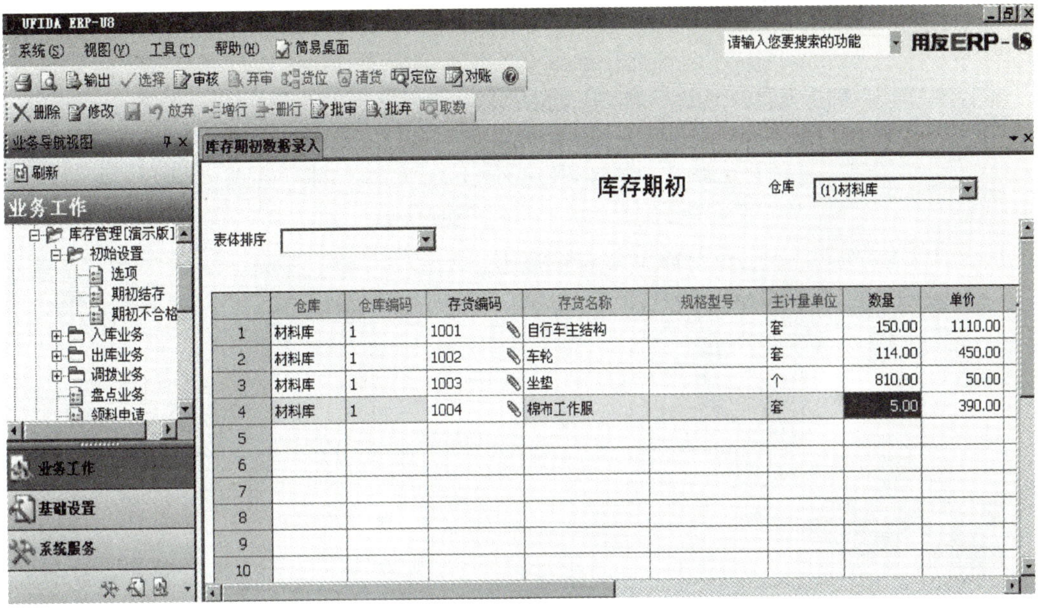

图 9-16　库存期初

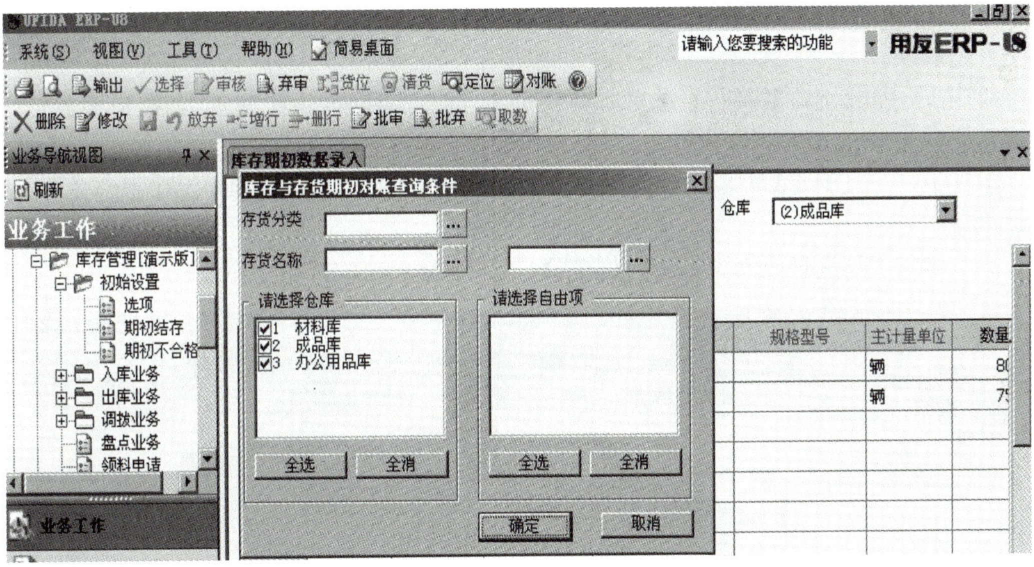

图 9-17　期初对账

第九步，单击【确定】按钮，系统显示“库存与存货期初对账表”。

第十步，单击【退出】按钮返回。

例 9-3　已知某企业存货核算子系统的期初余额与库存管理子系统的期初余额相同。在用友 ERP-U8(V8.72)存货核算子系统中，通过从库存管理子系统取数获取期初余额数据的步骤如下：

第一步，执行“存货核算”→“初始设置”→“期初数据”→“期初余额”命令，打开“期初余额”录入窗口。

第二步，选择仓库为“材料库”。单击【取数】按钮，将库存管理子系统中的存货期初数据取入，如图 9－18 所示。

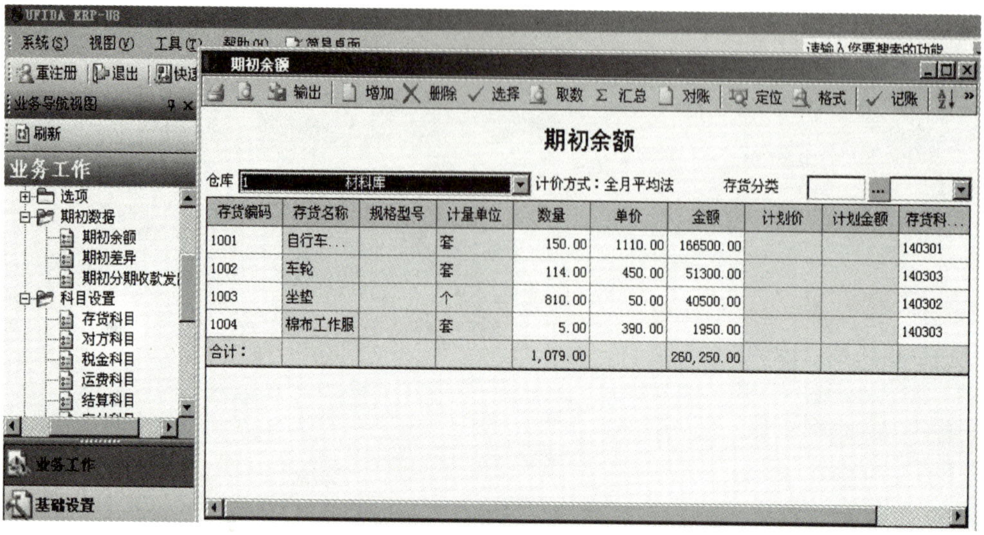

图 9－18　期初数据取入

第三步，同理，依次选择其他仓库，单击【取数】按钮，将其他仓库的存货期初数据从库存管理子系统取入。

第四步，单击【记账】按钮，系统对所有仓库进行记账；稍候，系统显示“期初记账成功！”信息提示。

第五步，单击【确定】按钮。再单击【对账】按钮，进入“库存与存货期初对账查询条件”信息对话框。

第六步，在“请选择仓库”栏，单击【全选】按钮，如图 9－19 所示。

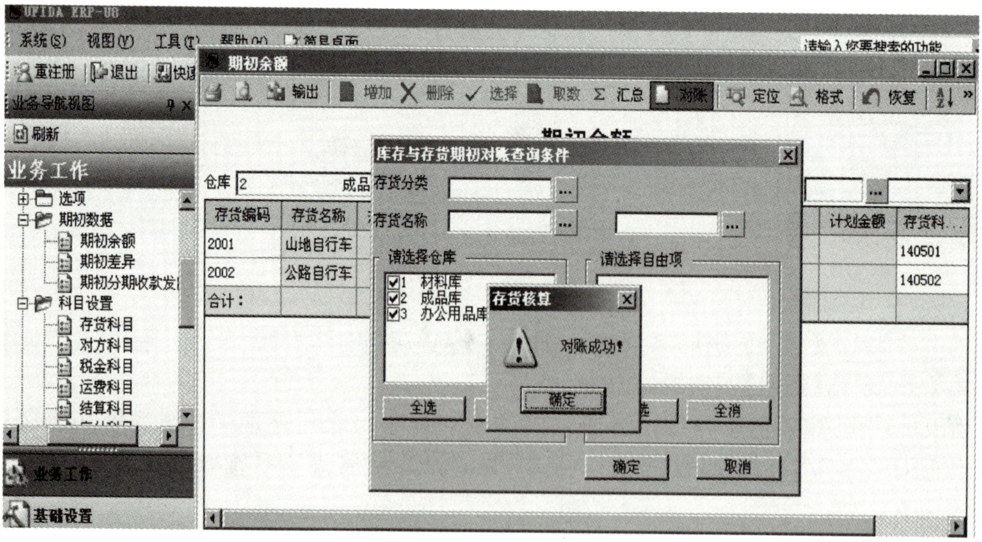

图 9－19　期初对账

第七步，单击【确定】按钮，系统显示“对账成功！”信息提示。

9.4.3 库存管理子系统的日常业务处理

1. 库存管理子系统日常业务处理的主要内容

在用友ERP-U8(V8.72)软件中,库存管理子系统的日常业务处理主要包括入库业务处理、出库业务处理、其他业务处理、账表查询与分析等。

(1) 入库业务处理

入库业务处理是对各种入库业务进行单据的填制和审核。入库单据主要包括采购入库单、产成品入库单和其他入库单(如调拨入库、盘盈入库、组装与拆卸入库、形态转换入库等业务形成的入库单)。

材料入库的业务处理流程如图9-20所示。

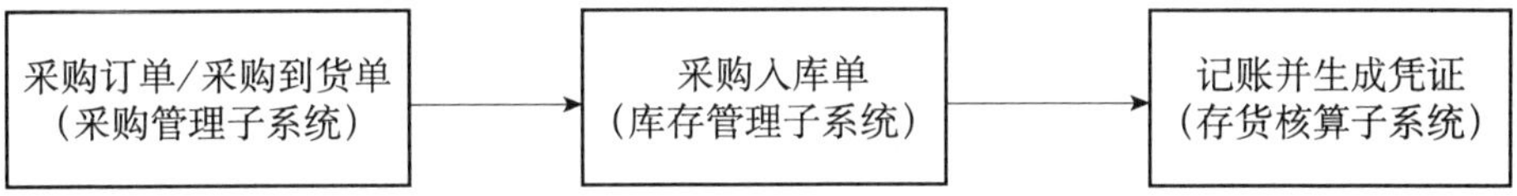

图9-20 材料入库的业务处理流程

(2) 出库业务处理

出库业务处理是对各种出库业务进行单据的填制和审核。出库业务主要包括销售出库、材料出库和其他出库。

① 销售出库业务。如果启用了销售管理子系统,则在销售管理子系统中填制销售发票、发货单、销售调拨单等,经复核后均可以参照生成出库单。如果没有启用销售管理子系统,则须手工填制销售出库单。

② 材料出库业务。材料出库单是工业企业领用材料时填制的出库单据。

③ 其他出库业务。其他出库是指除销售出库、材料出库之外的其他出库业务,如维修、办公耗用、调拨出库、盘盈出库、组装与拆卸出库、形态转换出库等。

产成品一次发货一次全部出库的业务处理流程如图9-21所示。

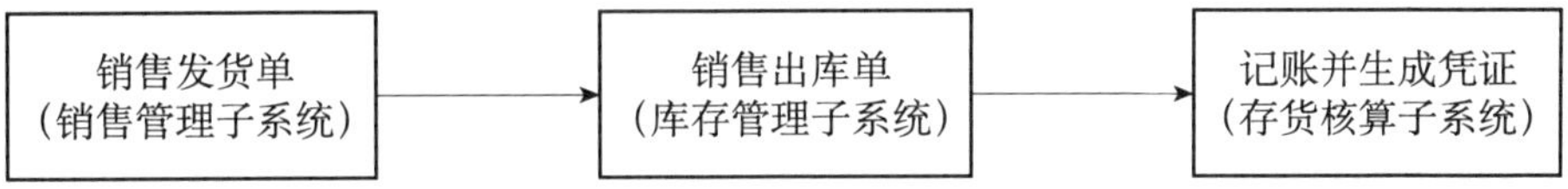

图9-21 产成品一次发货一次全部出库的业务处理流程

(3) 其他业务处理

其他业务是指出入库之外的业务,主要包括库存调拨、盘点、组装与拆卸、形态转换。

① 库存调拨。调拨业务是指存货在仓库之间或部门之间变迁的业务。库存管理子系统提供了调拨单,用于处理部门间的调拨业务和仓库间的转库业务。

② 盘点。盘点是将仓库中存货的实物数量与账面数据进行核对。盘点单是用来对仓库中的存货进行定期盘点。存货盘点报告表是记录企业存货盘盈、盘亏和毁损,据以调整存货实存数量的凭证。

盘点业务的处理流程如图9-22所示。

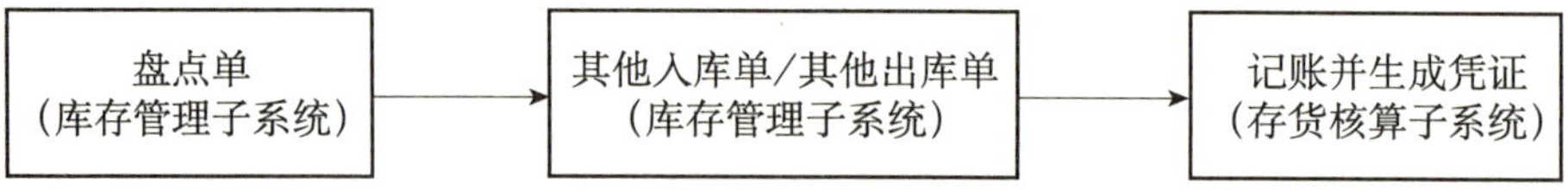

图 9－22　盘点业务的处理流程

③ 组装与拆卸。组装与拆卸分别是指将多个存货散件组装成一个成套配件和将一个配套件拆分成多个散件的过程。组装单相当于两张单据，一是散件出库单，二是成套配件入库单。拆卸单则相当于配套件出库单和散件入库单两张单据。用户在组装与拆卸之前都应先进行产品结构的定义。

④ 形态转换。形态转换是指风吹、雨淋、日晒或时间长久等原因引起存货由一种形态转换为另一种形态，从而引起存货规格和成本的变化。形态转换单或规格调整单用于对形态转换进行调账处理。

（4）账表查询与分析

库存管理子系统提供了多种统计分析账表，主要包括库存台账、出入库流水账、收发存汇总表、存货分布表、存货现存量查询、安全库存预警、超存储货查询、短缺存货查询、呆滞积压分析、库龄分析等。

2. 用友 ERP 库存管理子系统的入库业务处理举例

库存管理子系统的入库业务主要是对采购管理子系统、库存管理子系统填制的各种出入库单据进行审核，并对存货的入库数量进行管理。

例 9－4　产成品入库业务资料如下：2015 年 12 月 26 日，成品仓库收到当月加工的 20 辆山地自行车，做产成品入库；同日，成品仓库收到当月加工的 15 辆公路自行车，做产成品入库；随后，收到财务部门提供的完工产品成本，其中山地自行车总成本为 46 800 元、公路自行车总成本为 30 360 元，立即进行成本分配，记账生成凭证。

① 入库单。在库存管理系统中录入产成品入库单并审核，其操作步骤如下：

第一步，在用友 ERP-U8（V8.72）企业应用平台“业务工作”页签中，执行“供应链”→“库存管理”→“入库业务”→“产成品入库单”命令，进入“产成品入库单”窗口。

第二步，单击【增加】按钮，输入或选择入库日期“2015-12-26”、仓库“成品库”、入库类别“产成品入库”、部门“组装车间”、产品编码“2001”、数量 20，如图 9－23 所示。

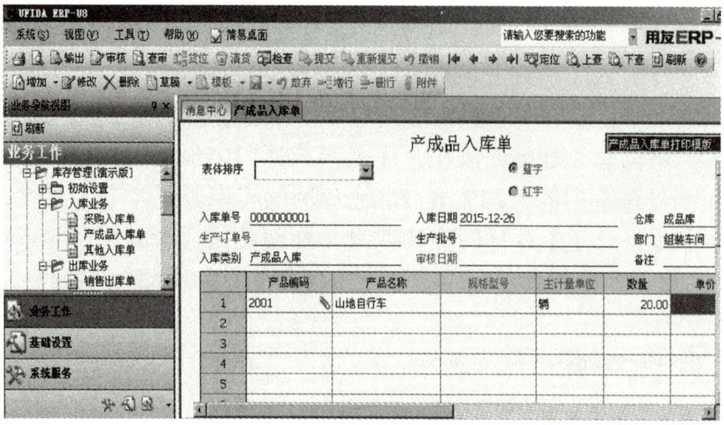

图 9－23　产成品入库单

第三步，单击【保存】按钮，再单击【审核】按钮，系统弹出“该单据审核成功！”信息提示。

第四步，单击【确定】按钮完成对该单据的审核。

第五步，同理，输入第二张产成品入库单。

注意：产成品入库单上无须填写单价，待产品成本分配后会自动写入。

② 入库产成品成本分配。在存货核算子系统中录入生产总成本并进行产成品成本分配，其操作步骤如下：

第一步，在用友 ERP-U8(V8.72)企业应用平台“业务工作”页签中，执行“供应链”→“存货核算”→“业务核算”→“产成品成本分配”命令，进入“产成品成本分配表”窗口。

第二步，单击【查询】按钮，打开“产成品成本分配表查询”对话框，选择“成品库”复选框；再单击【确定】按钮，系统将符合条件的记录带入“产成品成本分配表”窗口。

第三步，在“山地自行车”记录行“金额”栏输入“46 800”，“公路自行车”记录行“金额”栏输入“30 360”，如图 9－24 所示。

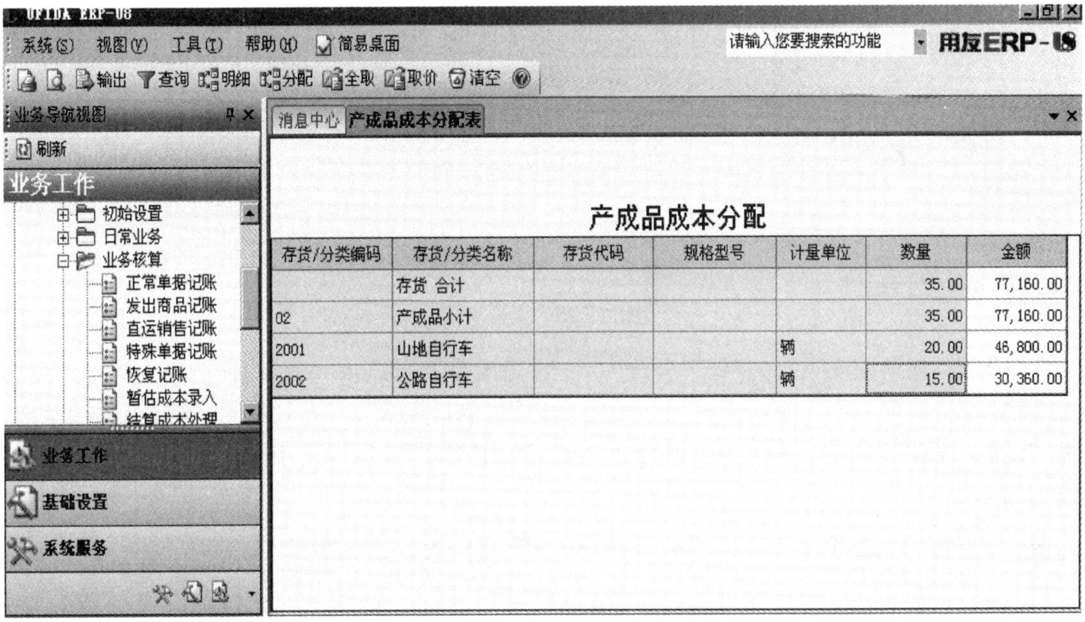

图 9－24 产成品成本分配

第四步，单击【分配】按钮，系统弹出“分配操作顺利完成！”信息提示；再单击【确定】按钮返回。

第五步，执行“日常业务”→“产成品入库单”命令，进入“产成品入库单”窗口，可查看成本分配后的入库存货单价。

③ 入库单记账并生成凭证。在存货核算子系统中对产成品入库单进行记账并生成凭证，其操作步骤如下：

第一步，在用友 ERP-U8(V8.72)存货核算子系统中，执行“业务核算”→“正常单据记账”命令，打开“过滤条件选择”对话框。

第二步，单击【过滤】按钮，进入“未记账单据一览表”窗口。

第三步，选择前面生成的两张产成品入库单，单击【记账】按钮，系统弹出“记账成功！”信息提示;再单击【确定】按钮后退出。

第四步,执行“财务核算”→“生成凭证”命令,进入“生成凭证”窗口;单击【选择】按钮,打开“查询条件”对话框。

第五步,选择查询条件“产成品入库单”复选框,单击【确定】按钮,进入“选择单据”窗口。

第六步,在选择栏选中前面生成的两笔入库单据,单击【确定】按钮,进入“生成凭证”窗口,如图 9-25 所示。

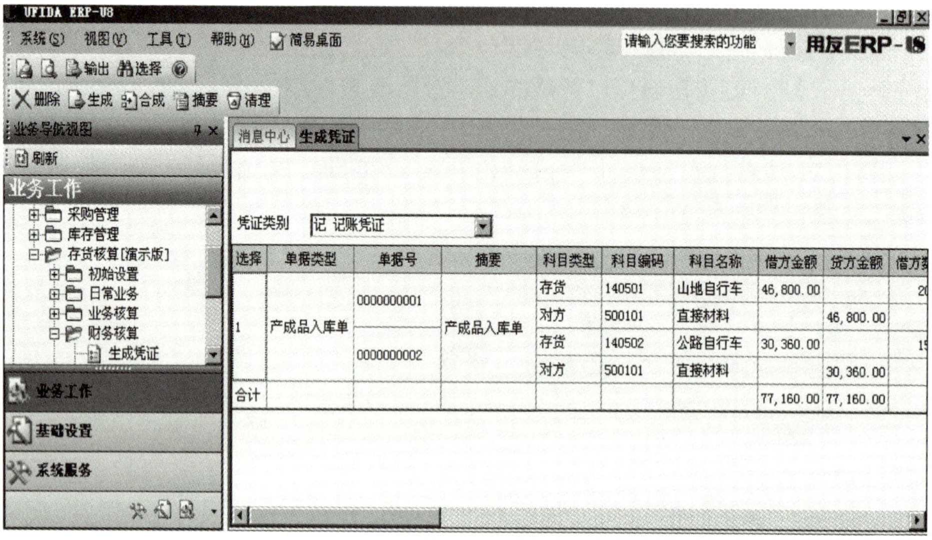

图 9-25 生成凭证

第七步,选择凭证类别为“记账凭证”,单击【生成】按钮,进入“填制凭证”窗口。

第八步,在第一笔入库单生成的凭证中,选择制单日期为“2015-12-26”,填写辅助项信息;再单击【保存】按钮,凭证左上角出现“已生成”红色字样,表示凭证已传递到总账子系统,如图 9-26 所示。

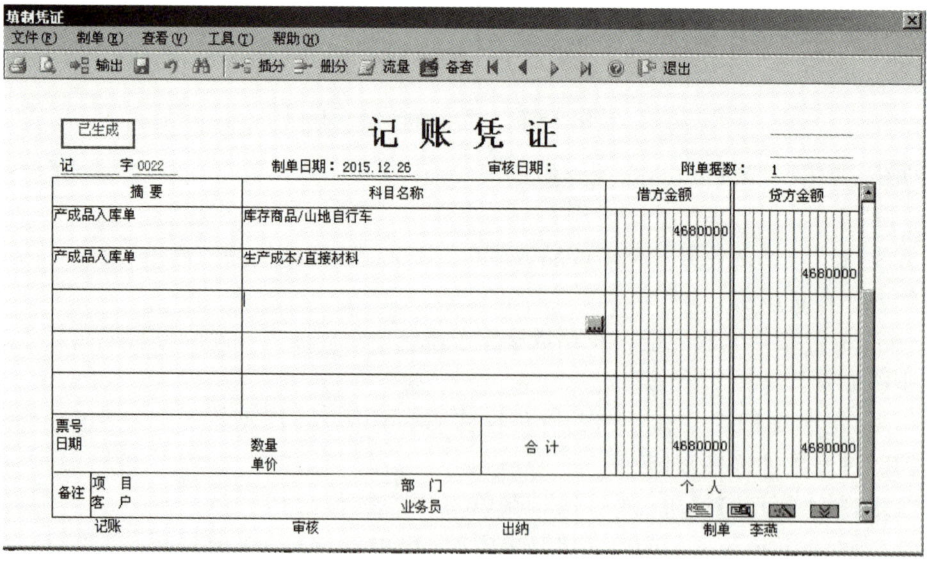

图 9-26 记账凭证

第九步，在“填制凭证”窗口，单击【下一张】按钮，显示第 2 张凭证(操作步骤参考前一张凭证，图略)。

第十步，凭证全部生成后，单击【退出】按钮退出。

3. 用友 ERP 库存管理子系统的材料领用业务处理举例

库存管理子系统的材料领用是对库存管理子系统填制的出库单据进行审核，并对材料的出库数量进行管理。

例 9－5 材料领用业务的资料如下：2015 年 12 月 26 日，车间向原材料仓库领用车轮 20 套、坐垫 20 个，用于生产山地自行车。记材料明细账，生成领料凭证，车轮参考成本为 450 元/套，坐垫为 50 元/个。

① 设置相关选项。在库存管理子系统中设置“允许超可用量出库”控制参数，其操作步骤如下：

第一步，在用友 ERP-U8(V8.72)库存管理子系统中，执行“初始设置”→“选项”命令，打开“库存选项设置”对话框。

第二步，选择“可用量控制”选项卡，选中“允许超可用量出库”复选框；再单击【确定】按钮后退出。

② 出库单。在库存管理子系统中填制材料出库单，其操作步骤如下：

第一步，在用友 ERP-U8(V8.72)库存管理子系统中，执行“出库业务”→“材料出库单”命令，进入“材料出库单”窗口。

第二步，单击【增加】按钮，输入或选择出库日期“2015-12-26”、仓库“材料库”、出库类别“材料领用出库”、部门“组装车间”。

第三步，单击【增行】按钮，选择车轮 20 套，输入成本 450 元；再单击【增行】按钮，选择坐垫 20 个，输入 50 元，如图 9－27 所示。

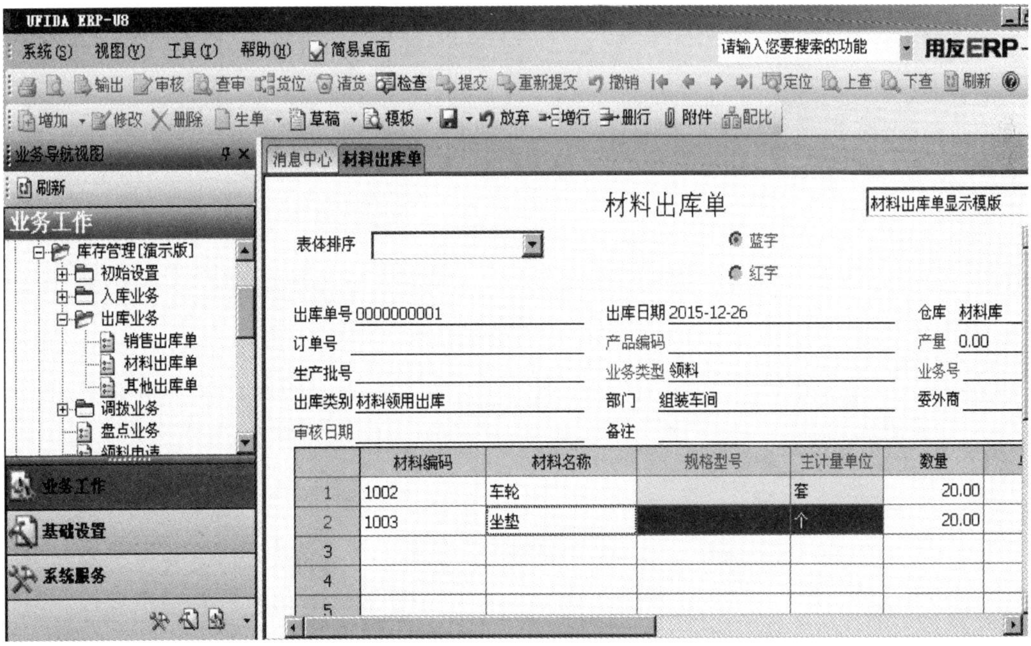

图 9－27 材料出库单

第四步，单击【保存】按钮，再单击【审核】按钮，系统弹出“该单据审核成功！”信息提示。

③ 出库单记账并生成凭证。在存货核算子系统中对材料出库单记账并生成凭证，其操作步骤如下：

第一步，在用友 ERP-U8(V8.72)存货核算子系统中，执行“业务核算”→“正常单据记账”命令，打开“过滤条件选择”对话框。

第二步，单击【过滤】按钮，进入“未记账单据一览表”窗口；选中该业务的两笔材料出库单，单击【记账】按钮，系统出现“记账成功！”信息提示。

第三步，单击【确定】按钮后返回；再执行“财务核算”→“生成凭证”命令，进入“生成凭证”窗口。

第四步，单击【选择】按钮，打开“查询条件”对话框；选择“材料出库单”复选框，单击【确定】按钮，进入“选择单据”窗口。

第五步，选中前面需要制单的材料出库单，单击【确定】按钮，返回“生成凭证”窗口。

第六步，选择凭证类别“记账凭证”，分别输入第一行科目“500101”的借方金额“9 000”、第二行科目“140303”的贷方金额“9 000”、第三行科目“500101”的借方金额“1 000”、第四行科目“140302”的贷方金额“1 000”，如图 9－28 所示。

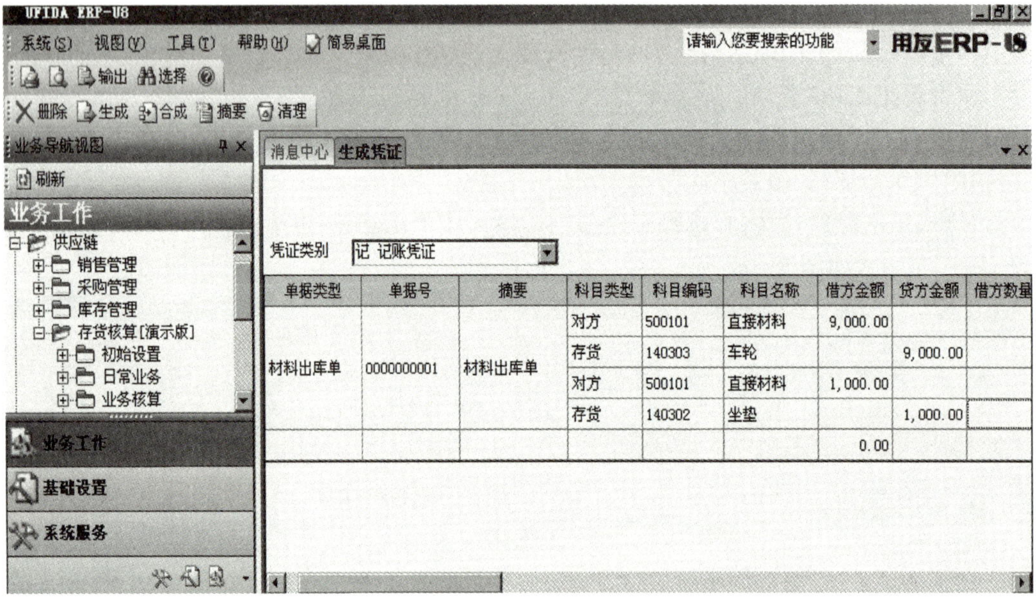

图 9－28 生成凭证

第七步，单击【生成】按钮，进入“填制凭证”窗口，即可生成上述材料出库的记账凭证。

9.4.4 存货核算子系统的日常业务处理

1. 存货核算子系统日常业务处理的主要内容

在用友 ERP-U8(V8.72)软件中，存货核算子系统根据出入库单(需要时核对有关发票)核算入库成本、出库成本并填制记账凭证，记入存货明细账的同时传递给总账子系统，提供存货成本和有关账表的查询分析信息。

(1) 入库业务的存货核算处理

入库业务主要包括采购入库、产成品入库和其他入库。在存货核算子系统中可以修改采购入库单金额、自动计算产成品单价、输入或修改其他入库单的单价等。

① 采购入库。存货核算子系统取得库存管理子系统中的采购入库单，确认采购成本，分配采购费用。

② 产成品入库。存货核算子系统通过产成品入库单填入单价与金额，或由产成品成本分配功能自动填入，以核算产成品成本。

③ 其他入库。存货核算子系统依据相关业务生成的其他入库单，输入或修改其他入库单的单价，以核算其他入库成本。

(2) 出库业务的存货核算处理

出库单据主要包括销售出库、材料出库和其他出库。在存货核算子系统中可以修改出库单据的单价或金额。

① 销售出库。存货核算子系统取得销售出库单或发票，确认销售成本。

② 材料出库。存货核算子系统通过材料出库单填入单价与金额或自动分配填入，以核算材料成本。

③ 其他出库。存货核算子系统依据相关业务生成的其他出库单，输入或修改其他出库单的单价，以核算其他出库成本。

(3) 单据记账

单据记账是将各种出入库单据记入各种存货账，包括存货明细账、差异明细账、受托代销商品明细账等。

(4) 调整业务的存货核算处理

出入库单据记账后，发现单据金额有误，如果是录入错误，则可采用修改方式进行调整。但有时遇到由于暂估入库后发生零出库业务等原因所造成的出库成本不准确或库存数量为零而仍有库存金额的情况时，只能使用入库调整单或出库调整单进行调整。

入库调整单或出库调整单都只针对当月存货的出入库成本进行调整，并且只调整存货的金额，不调整存货的数量。

(5) 暂估业务的存货核算处理

在存货核算系统中，对于没有成本的采购入库单，进行暂估成本(单价、金额)录入，已有成本的也可以修正。存货核算系统中对采购暂估入库业务提供了月初回冲、单到回冲、单到补差三种方式，暂估处理方式一旦选择不可修改。

无论采用哪一种暂估方式，都需要遵循以下步骤：待采购发票到达后，在采购管理系统中填制发票并进行采购结算，然后在存货核算系统中完成暂估入库业务成本处理。

(6) 生成凭证

存货核算子系统可以将各种出入库单据中涉及存货增减和价值变动的单据生成凭证，并传递到总账。

(7) 综合查询

存货核算子系统提供了多种统计分析账表，主要包括存货流水账、存货明细账、发出商品明细账、总账、个别计价明细表、入库汇总表、出库汇总表、差异分摊表、收发存汇总表、暂估材料余额表、存货周转率分析表、ABC 成本分析表、库存资金占用表、入库成本分析表等。

存货核算子系统的业务处理流程如图 9－29 所示。

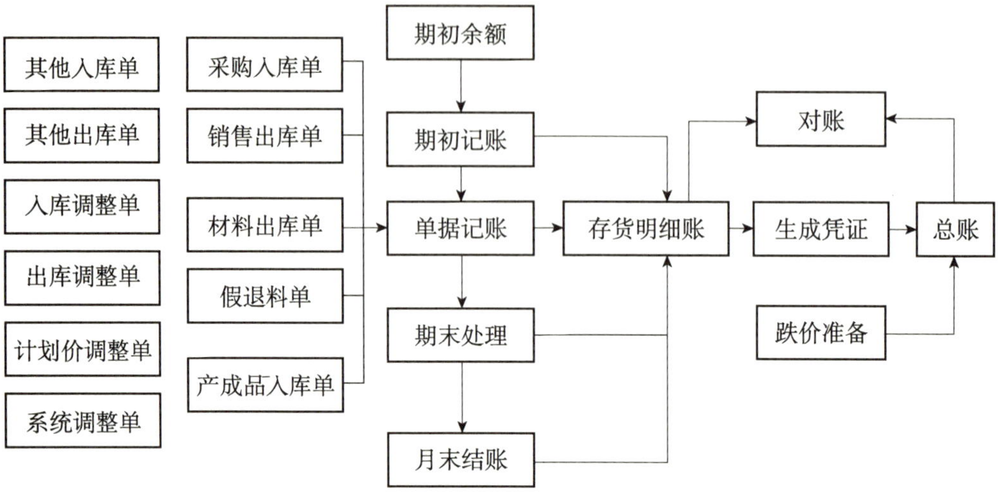

图 9－29　存货核算子系统的业务处理流程

2. 用友 ERP 存货核算子系统的入库业务处理举例

存货核算子系统的入库业务功能主要进行存货入库成本的核算。

例 9－6　存货入库业务资料如下：2015 年 12 月 28 日，向江苏省供销总社出售 5 辆山地自行车，报价为 3 400 元/辆，货物已发出，开出销售专用发票，票号为 15122801，产品成本参考历史成本为 2 340 元/辆。

① 发货单。在销售管理子系统中输入销售发货单并审核，其操作步骤如下：

在用友 ERP-U8(V8.72)企业应用平台“业务工作”页签中，执行“供应链”→“销售管理”→“销售发货”→“发货单”命令，进入“发货单”窗口中填制销售发货单，保存并审核，如图 9－30所示(操作步骤参见“普通销售业务”)。

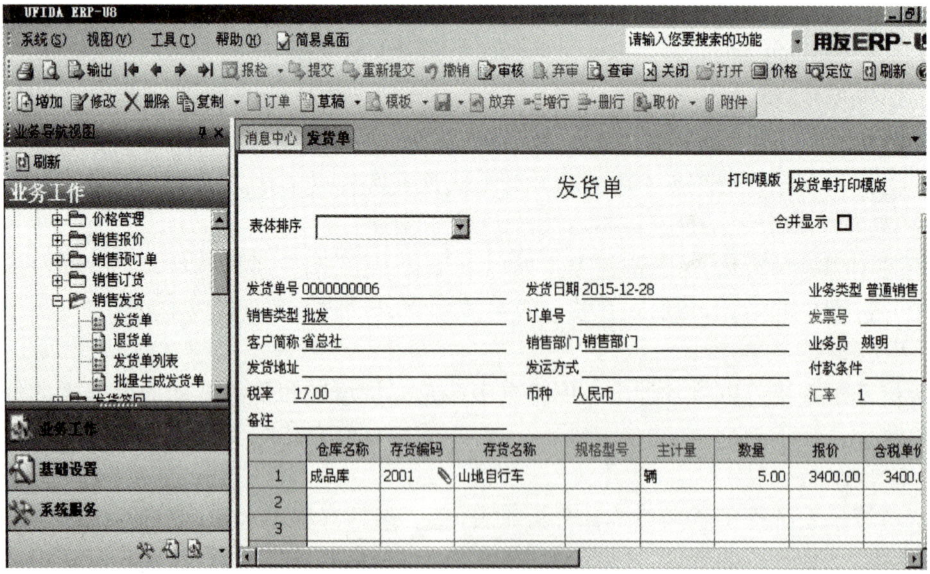

图 9－30　发货单

② 出库单。在库存管理子系统中审核销售出库单，其操作步骤如下：

在用友 ERP-U8(V8.72)库存管理子系统中，执行"出库业务"→"销售出库单"命令，进入"销售出库单"窗口；根据上一步销售发货单的要求，审核销售出库单，如图 9-31 所示(操作步骤参见"普通销售业务")。

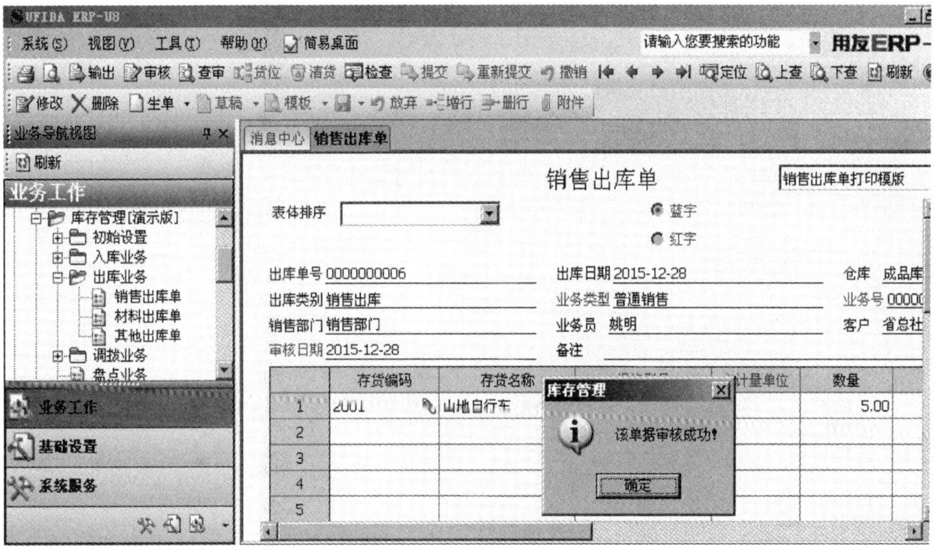

图 9-31　销售出库单

③ 销售发票。在销售管理子系统中审核销售发票，其操作步骤如下：

在用友 ERP-U8(V8.72)销售管理子系统中，执行"销售开票"→"销售专用发票"命令，进入"销售专用发票"窗口；根据上一步销售发货单的要求，填制销售专用发票，保存并复核，如图 9-32 所示(操作步骤参见"普通销售业务")。

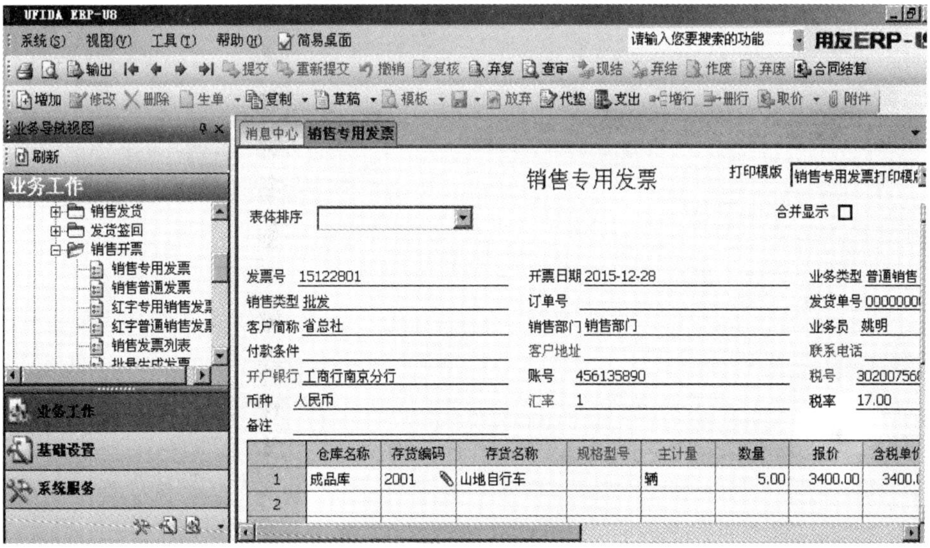

图 9-32　销售专用发票

④ 出库记账并生成凭证。在存货核算子系统中记账并生成凭证，其操作步骤如下：

第一步，在用友 ERP-U8(V8.72)存货核算子系统中，执行"业务核算"→"正常单据记账"命令，打开"过滤条件选择"对话框。

第二步，单击【过滤】按钮，进入"未记账单据一览表"窗口；点击本业务需要记账的单据前的"选择"栏，或单击工具栏的【全选】按钮，然后单击工具栏中的【记账】按钮，系统弹出"记账成功!"信息提示，如图 9-33 所示。

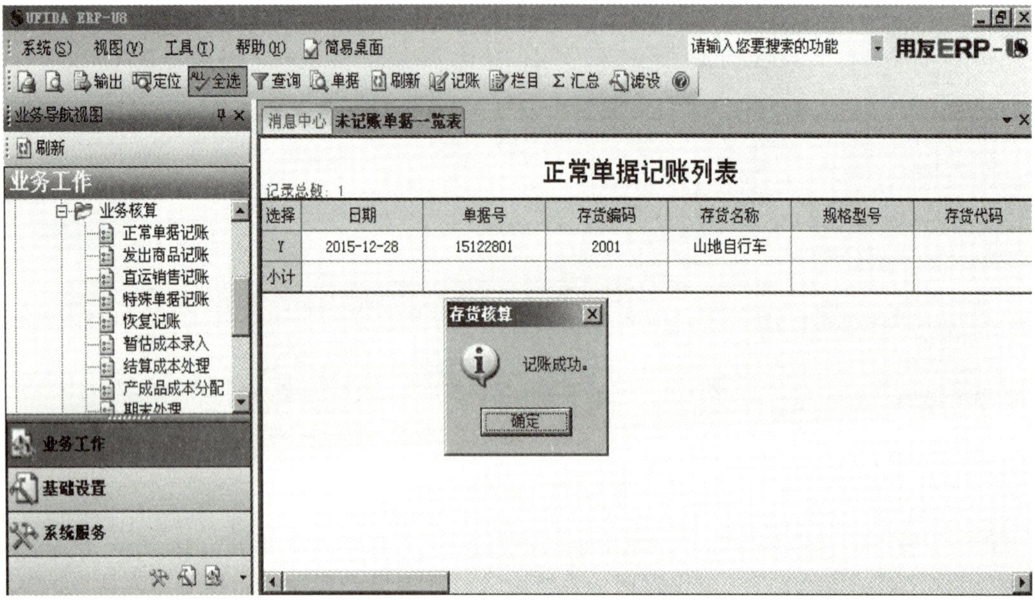

图 9-33 记账

第三步，单击【确定】按钮后完成记账。再执行"财务核算"→"生成凭证"命令，进入"生成凭证"窗口。

第四步，单击【选择】按钮，打开"查询条件"对话框；选择"销售专用发票"复选框，单击【确定】按钮，进入"选择单据"窗口。

第五步，选中前面需要制单的销售专用发票，单击【确定】按钮，返回"生成凭证"窗口。

第六步，选择凭证类别"记账凭证"，分别输入第一行科目"6401"的借方金额"11 700"、第二行科目"140501"的贷方金额"11 700"，如图 9-34 所示。

第七步，单击【生成】按钮，进入"填制凭证"窗口，选择制单日期为"2015-12-28"，填写辅助项信息；单击【保存】按钮，凭证左上角出现"已生成"红色字样，表示凭证已传递到总账子系统(操作步骤参见例 9-4)。

⑤ 审核发票并制单。在应收款管理系统中审核销售专用发票并制单，其操作步骤如下：

第一步，在用友 ERP-U8(V8.72)应收款管理子系统中，执行"应收单据处理"→"应收单据审核"命令，审核前面生成的专用发票(操作步骤参见"普通销售业务")。

第二步，执行"应收款管理"→"制单处理"命令，进入"制单"窗口，选择前面的专用发票，生成记账凭证并保存，如图 9-35 所示(操作步骤参见"普通销售业务")。

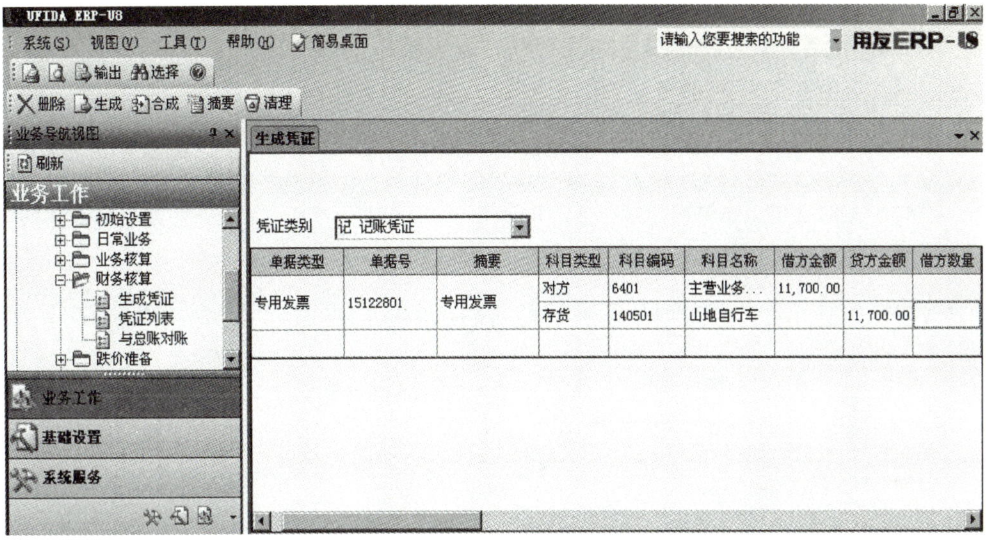

图 9-34 生成凭证

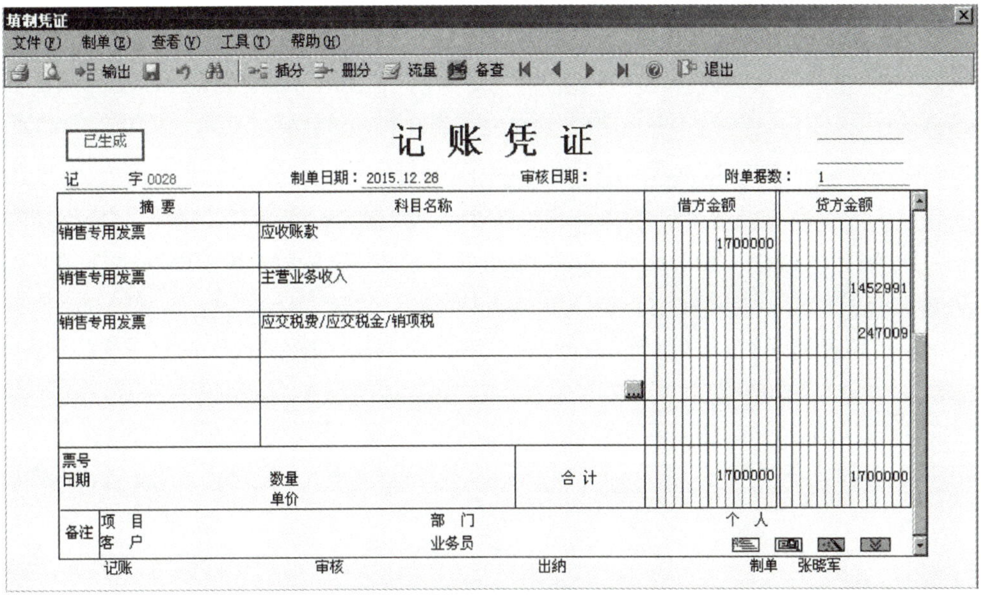

图 9-35 记账凭证

3. 用友 ERP 存货核算子系统的存货调整业务处理举例

存货核算子系统存货调整业务的处理主要是调整存货的金额，不调整存货的数量；它用来调整当月的出入库金额，并相应调整存货的结存金额，既可针对单据进行调整，也可针对存货进行调整。

例 9-7 存货调整入库成本的资料如下：2015 年 12 月 29 日，将 12 月 28 日采购的车轮的入库成本增加 100 元。

① 入库调整单。在存货核算子系统中录入入库调整单据，其操作步骤如下：

第一步，在用友 ERP-U8(V8.72)存货核算子系统中，执行“日常业务”→“入库调整单”命令，进入“入库调整单”窗口。

第二步，单击【增加】按钮，输入或选择仓库“材料库”、日期“2015-12-29”、收发类别“采购入库”、供应商“无锡车轮厂”、业务员“朱民意”。

第三步，选择存货编码“1002”，输入调整金额100元，如图9-36所示。

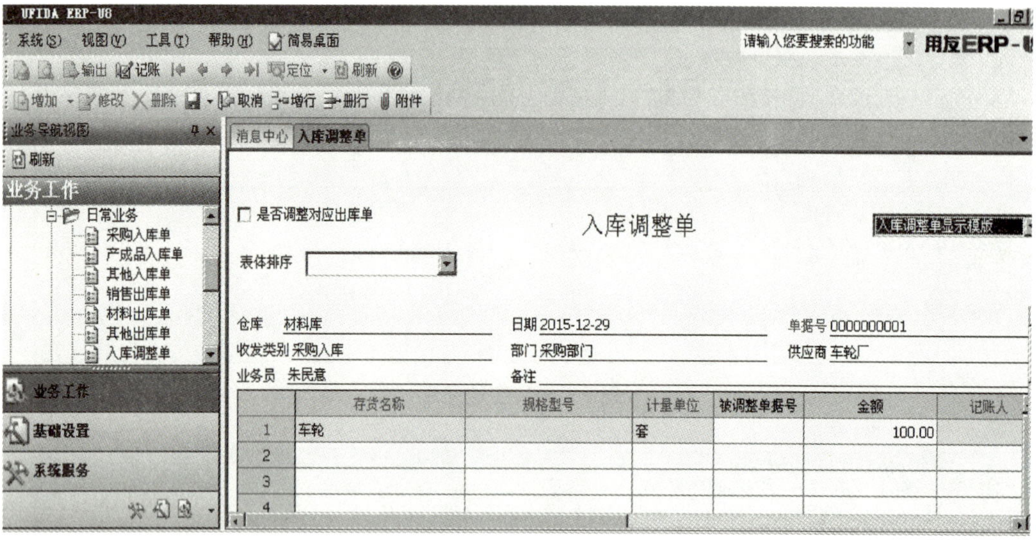

图9-36　入库调整单

第四步，单击【保存】按钮，再单击【记账】按钮后退出。

② 生成入库调整凭证。在存货核算子系统中生成入库调整凭证，其操作步骤如下：

第一步，在用友ERP-U8(V8.72)存货核算子系统中，执行“财务核算”→“生成凭证”命令，进入“生成凭证”窗口。

第二步，单击【选择】按钮，打开“查询条件”对话框；选中条件“入库调整单”复选框，单击【确定】按钮，进入“选择单据”窗口。

第三步，选中前面生成的入库调整单，单击【确定】按钮，进入“生成凭证”窗口。

第四步，选择凭证类别“记账凭证”，单击【生成】按钮，进入“填制凭证”窗口，如图9-37所示。

第五步，修改日期为“2015-12-29”，单击【保存】按钮，凭证左上角出现“已生成”红色字样，表示凭证已传递到总账子系统。

9.4.5　库存与存货核算子系统的期末处理

按照库存与存货核算子系统的期末处理的先后顺序，应先进行库存管理子系统的期末处理，再进行存货核算子系统的期末处理。

1. 库存管理子系统的期末处理

库存管理子系统期末处理的工作为月末结账。月末结账是将当前的库存单据封存，结账后不允许再对该会计期间的出库、入库单据进行增加、修改和删除。

在用友ERP-U8(V8.72)中，库存管理子系统月末结账的步骤如下：

第一步，执行“库存管理”→“月末结账”命令，打开“结账处理”对话框，如图9-38所示。

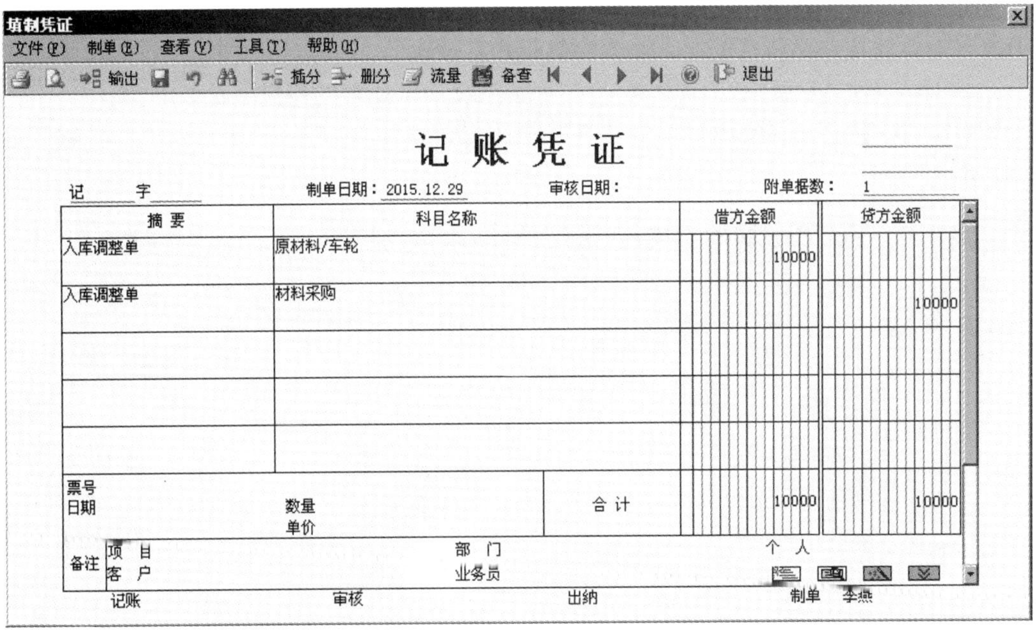

图 9－37　记账凭证

图 9－38　结账处理

第二步，选择结账月份(如“12”)所在行，单击【结账】按钮；结账完成后，“已经结账”栏显示“是”。

2. 存货核算子系统的期末处理

存货核算子系统期末处理的工作有：期末处理、月末结账。当存货核算子系统日常业务全部完成后就进行期末处理，自动计算全月平均单价、出库成本、差异率以及本会计月份的分摊差异，并对已经完成日常业务的仓库/部门做处理标志；期末处理完成后才可以结账；为了保证业务与财务数据的一致性，还须进行对账，将存货核算子系统记录的存货明细数据与总账子系统中的存货科目及差异科目的结存金额和数量相互核对。

① 在用友 ERP-U8(V8.72)中，存货核算子系统期末处理的操作步骤如下：

第一步，执行“存货核算”→“业务核算”→“期末处理”命令，打开“期末处理”对话框，如图 9-39 所示。

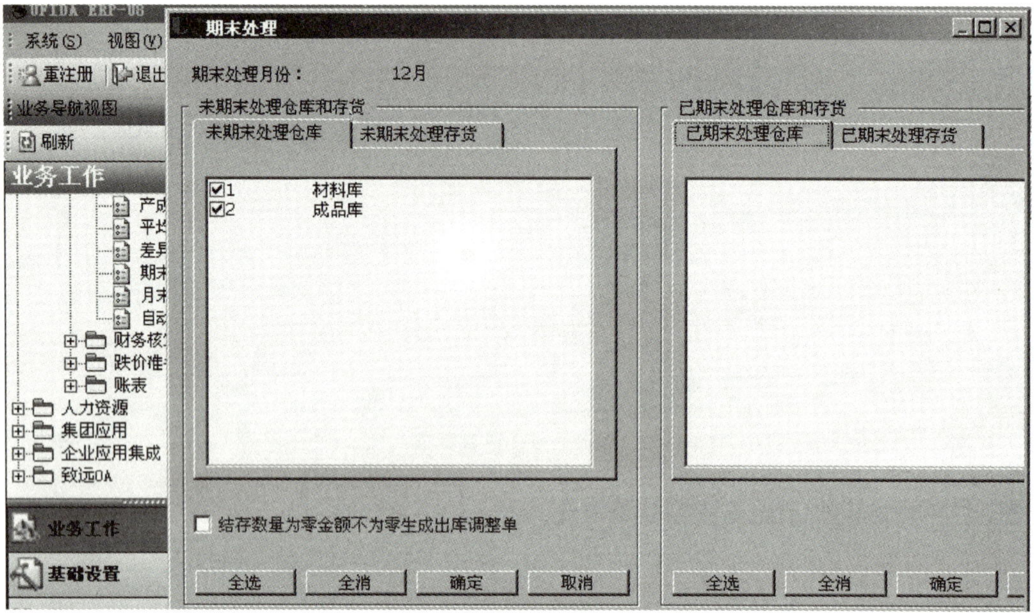

图 9-39 期末处理的仓库

第二步，选择需要进行期末处理的仓库，单击【确定】按钮，打开“月平均单价计算表”窗口，如图 9-40 所示。

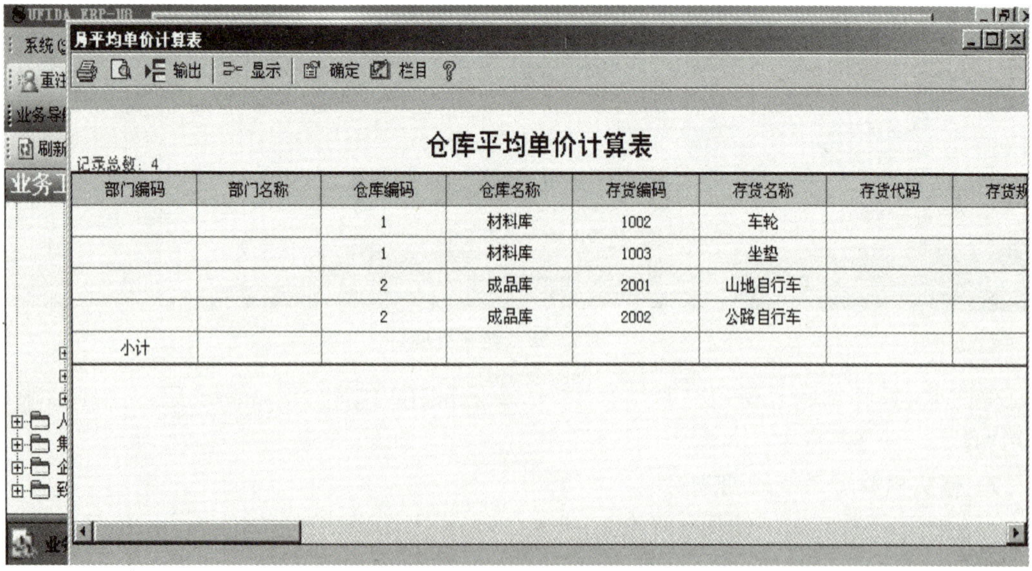

图 9-40 月平均单价计算表

第三步，单击【确定】按钮，系统自动计算存货成本；完成后，系统弹出“期末处理完毕！”信息提示；再单击【确定】按钮完成期末处理工作，如图 9-41 所示。

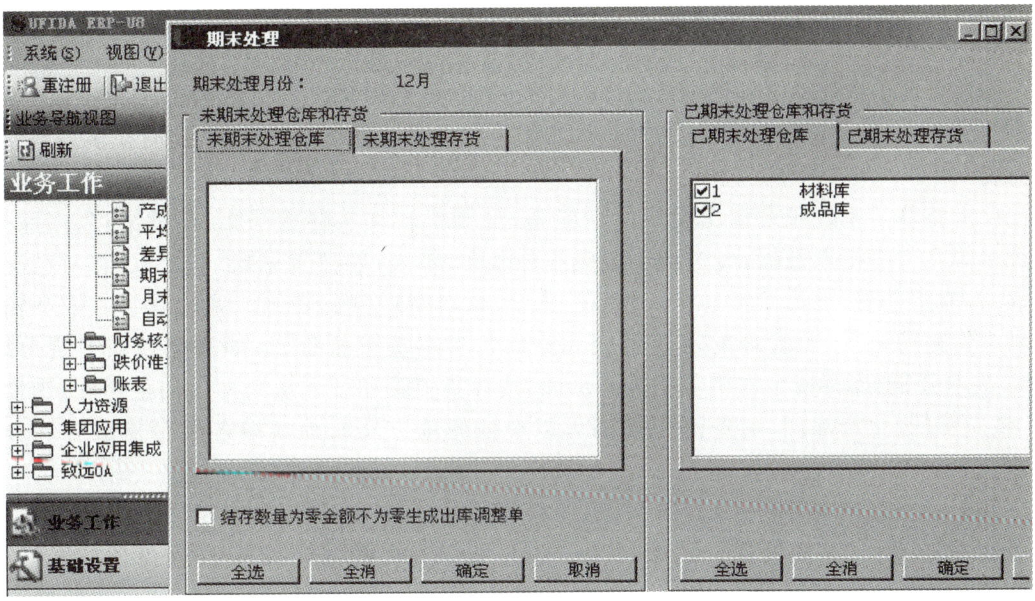

图 9-41　期末处理

② 在用友 ERP-U8(V8.72)中，存货核算子系统月末结账的操作步骤如下：

第一步，执行 “业务核算”→“月末结账”命令，打开“月末结账”对话框，如图 9-42 所示。

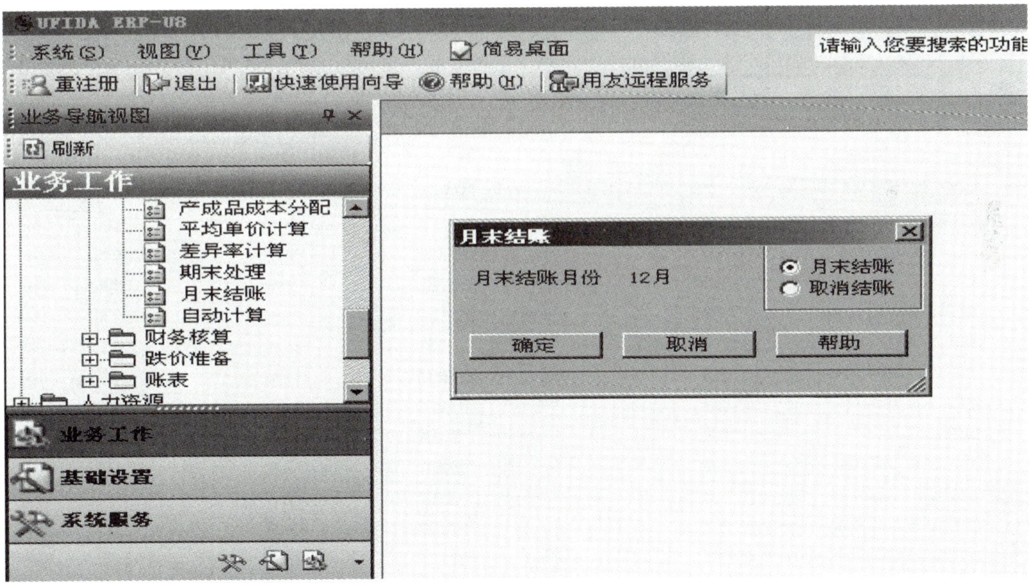

图 9-42　月末结账

第二步，单击【确定】按钮，系统显示“尚有单据未生成凭证，12 月结账后将不能再生成凭证，不进行对账。确认进行 12 月结账吗？”信息提示。

第三步，单击【确定】按钮，系统弹出有关月末结账完成的信息提示；再单击【确定】按钮。

第四步，执行“财务核算”→“与总账系统对账”命令，进入“月末结账”窗口。

第五步，对账完毕后，单击【退出】按钮返回。

9.4.6 库存与存货核算子系统的账表输出与统计分析

库存管理子系统提供各种丰富的账表分析功能，可以提供出入库流水账、库存台账、受托代销商品备查簿、委托代销商品备查簿、呆滞积压存货备查簿供用户查询，同时提供各种统计汇总表。

存货核算子系统账表输出模块的功能是，计算机自动从存货档案、存货结存、入库单、出库单等文件中提取数据，经过加工生成各种账簿、报表，如存货总账、明细账、存货结存明细表、入库汇总表、出库单汇总表、仓库汇总表、材料费用分配表等。系统除了生成和输出各种存货账簿，还按照管理的需要生成和输出各种存货分析报告，如超储短缺存货分析、ABC成本分析、库存资金占用分析等。从而，使存货核算和管理从仓库走向全企业，销售部门、供应部门、生产部门、财务部门等都可以在任何地方实时地获取各种存货账表和分析报告。

例 9-8 在用友 ERP-U8(V8.72)存货核算子系统中，查看“流水账”的操作步骤如下：

第一步，执行“存货核算”→“账表”→“账簿”→“流水账”命令，打开“过滤条件选择”对话框。

第二步，选择“包含单据”下拉菜单的“已记账单据”和“未记账单据”复选框，单击【过滤】按钮，进入“流水账”窗口。

第三步，在“流水账”窗口，查询有关流水账的信息，如图 9-43 所示。

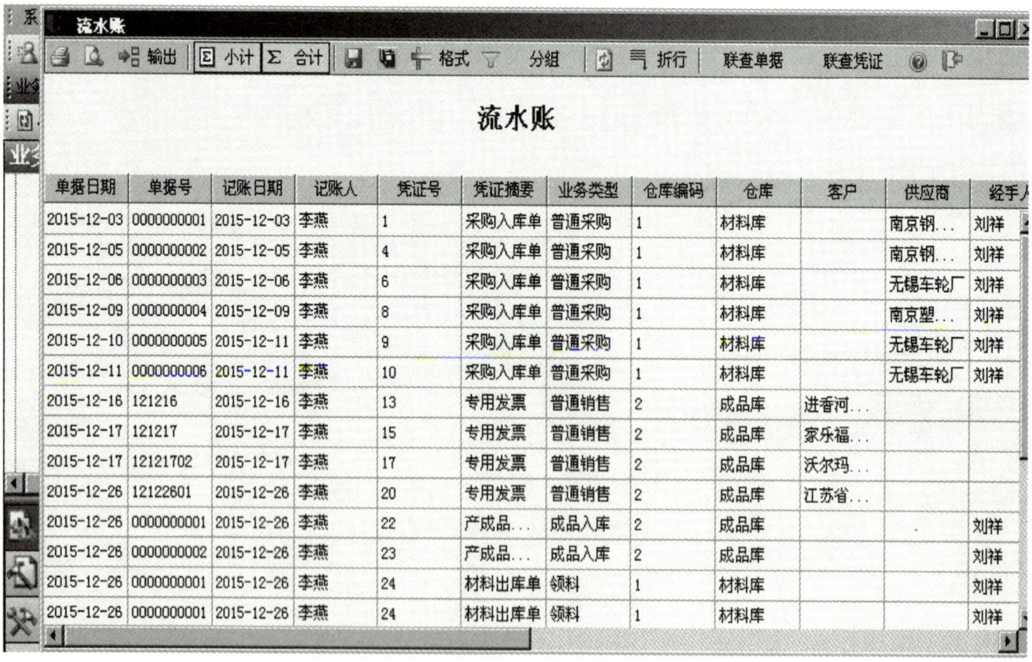

单据日期	单据号	记账日期	记账人	凭证号	凭证摘要	业务类型	仓库编码	仓库	客户	供应商	经手人
2015-12-03	0000000001	2015-12-03	李燕	1	采购入库单	普通采购	1	材料库		南京钢...	刘祥
2015-12-05	0000000002	2015-12-05	李燕	4	采购入库单	普通采购	1	材料库		南京钢...	刘祥
2015-12-06	0000000003	2015-12-06	李燕	6	采购入库单	普通采购	1	材料库		无锡车轮厂	刘祥
2015-12-09	0000000004	2015-12-09	李燕	8	采购入库单	普通采购	1	材料库		南京塑...	刘祥
2015-12-10	0000000005	2015-12-11	李燕	9	采购入库单	普通采购	1	材料库		无锡车轮厂	刘祥
2015-12-11	0000000006	2015-12-11	李燕	10	采购入库单	普通采购	1	材料库		无锡车轮厂	刘祥
2015-12-16	121216	2015-12-16	李燕	13	专用发票	普通销售	2	成品库	进香河...		
2015-12-17	121217	2015-12-17	李燕	15	专用发票	普通销售	2	成品库	家乐福...		
2015-12-17	12121702	2015-12-17	李燕	17	专用发票	普通销售	2	成品库	沃尔玛...		
2015-12-26	12122601	2015-12-26	李燕	20	专用发票	普通销售	2	成品库	江苏省...		
2015-12-26	0000000001	2015-12-26	李燕	22	产成品...	成品入库	2	成品库			刘祥
2015-12-26	0000000002	2015-12-26	李燕	23	产成品...	成品入库	2	成品库			刘祥
2015-12-26	0000000001	2015-12-26	李燕	24	材料出库单	领料	1	材料库			刘祥
2015-12-26	0000000001	2015-12-26	李燕	24	材料出库单	领料	1	材料库			刘祥

图 9-43 流水账

?思考题

1. 简述库存与存货核算子系统的目标。
2. 分析 IT 环境下和手工环境下库存与存货核算业务处理的异同。
3. 简述库存与存货核算子系统的基本功能结构。
4. 试说明 IT 集成化环境下库存与存货核算子系统和其他子系统之间的关系。
5. 分别简述用友 ERP-U8(V8.72)库存管理子系统、存货核算子系统的业务处理流程。
6. 结合库存盘点业务,说明应用用友 ERP-U8(V8.72)进行业务处理的流程。

第10章　会计决策支持系统

随着经营环境的急剧变化和市场竞争的激烈化，决策科学化成了企业管理的一大课题，建立会计决策支持系统以实现决策科学化也成为人们的一个共识。会计决策支持系统(Accounting Decision Support System，ADSS)是为企业管理(特别是价值管理中的半结构化和非结构化问题)提供决策辅助支持的人机交互系统。在现代企业管理工作中，企业亟须吸收和利用会计决策支持系统技能，从而帮助管理者应用信息做出尽可能好的决策。因此，会计决策支持系统已成为计算机应用领域中最引人注目的内容之一，也是会计信息化发展的必然要求，它将成为企业高级财务管理人员不可或缺的工具。

10.1　决策与决策支持系统

随着管理信息系统的发展，人们发现其作用并没有达到所期望的社会经济效果，原因在于管理信息系统主要解决的是管理中的结构化问题，对于管理中的半结构化和非结构化问题则难以提供信息支持。如何运用计算机解决管理中的半结构化和非结构化决策问题？这就成了亟待解决的问题。在此背景下，决策支持系统(Decision Support System，DSS)作为一个正式的概念被提出。

10.1.1　决策定义与分类

决策是行为的选择，是人们在一定的人、财、物以及技术和时间的制约下，为实现特定的目标，从多种可供选择的策略或方案中做出决断，以求得最优或较好的效果的过程。

决策可从多个角度进行分类，人们根据对客观存在的、有待解决的问题的认识和分析，依据决策问题的结构化程度，可将决策分为结构化决策、半结构化决策和非结构化决策。结构化程度是指能否能用明确的语言与其他手段(如数学、逻辑、图形、图像等)对决策问题的环境和规则给予清晰的说明及描述的程度。

① 结构化决策。结构化决策是日常重复性的决策，决策方法和决策过程有固定的规律可遵循，问题的本质和结构十分明确、易于识别，可以预先做出有序的安排以达到预期的结果或目标，或者可以利用或建立适当的数学模型，通过求最优解或近似最优解产生决策方案，如财务管理中的最优库存模型的确定、求解等。这种问题在计算机上存在可行的算法和相应的数据。

② 半结构化决策。半结构化决策介于结构化和非结构化之间，即其决策方法和决策过程有一定的规律可遵循，但解决这类问题所需的信息具有不确定性或某些模糊性，且不能完全获

得，如原材料价格变动等。对这类问题可以建立适当的模型，但不能从这些方案中得到最优解。决策者通常须借助灵活的专用模型，通过调整有关的决策参数来符合实际决策的需要，以此改善决策的有效性，扩大和增强决策者处理问题的能力与范围。计算机的主要作用在于提供必要的信息，帮助建立模型，并且能对模型求解。企业管理活动中所遇到的决策大多属于这种情形，这正是决策支持系统所要支持的主要决策问题。

③ 非结构化决策。非结构化决策是指以前从未出现过，或者决策问题的本质和结构十分复杂，以至于毫无规律可循、无固定的决策规则和模型可依（如国家颁布了对企业有重大影响的政策等），一般须发挥人的主观能动作用加以判断、解决。它与决策者的经验、知识水平、思维能力和才干有关，由于没有固定的模式、方法和步骤，采用常规的数学方法难以描述或解决，必须由计算机根据决策者的不同需要提供必要的信息，借助人工智能技术做出决策。

10.1.2　决策支持系统

1. 决策支持系统的概念

决策支持系统是在管理信息系统的基础上发展起来的。从广义上讲，可以认为决策支持系统是管理信息系统的一部分，是管理信息系统概念的深化。

从 20 世纪 70 年代初提出决策支持系统的概念至今，人们对决策支持系统 进行了不断的探索和研究，在理论和技术上都得到了迅速发展，取得了不少应用成果。但目前，决策支持系统这一门学科仍处于成长发展时期，尚未形成一个完整的理论体系，有待进一步完善。

决策支持系统是一个不断发展的新领域，我们很难给出一个完整和统一的定义，不同的学者都是从不同的角度给予决策支持系统不同的解释。最早提出决策支持系统概念的戈里(Gorry)和莫顿(Morton)认为，决策支持系统是支持决策者对半结构化、非结构化问题进行决策的系统；C. 雷曼(Reimen)则强调人机之间的互相作用，认为决策支持系统最重要的特征是它有一种交互的特别分析能力，使管理者尽量完整地模拟问题并使之模型化；波恩切克(Bonczek)和惠斯顿(Whiston)认为，决策支持系统是由三个部分组成的计算机系统，即语言系统 LS——提供用户与决策支持系统通信，知识系统 KS——存储系统中的知识，问题处理系统 PPS——对问题进行描述、提出问题的方法、得出问题的解答。也有人从“决策”“支持”“系统”三方面来说明决策支持系统：“决策”意味着解决问题，在制定决策的过程中解决问题，在解决问题的每一步做出决策；“支持”主要指在决策过程中的每一阶段使用计算机及软件技术支持决策者；“系统”指一个人机交互的系统以及设计和实践中的系统性。

综上可见，定义决策支持系统是一件相当困难的事情。决策支持系统的实用性是它的生命线，从应用的角度可将决策支持系统定义为：是以计算机为工具，能够综合利用各种数据、信息、知识、模型和人工智能技术，以人机交互方式辅助决策者解决半结构化和非结构化决策问题的信息系统。决策支持系统 应用了决策科学、运筹学、管理学、人工智能、计算机科学、行为科学等学科的理论和方法，是管理信息系统的发展。

2. 决策支持系统的特征

我们进行决策支持系统的设计须考虑决策者和决策过程的特点，把握决策支持系统的基本特征。一个决策支持系统应该具有下述基本特征：

① 为管理者面临的半结构化、非结构化决策问题提供支持。

② 支持而不是代替决策者的决策。

③ 把模型的或分析技巧的应用与传统的数据存取功能结合起来。

④ 支持决策过程的所有阶段。

⑤ 强调改进决策的效能(Effectiveness)而不是提高决策的效率(Efficiency)。

⑥ 具有方便的人机交互接口,易于非计算机专业人员掌握和使用。

⑦ 具有通用性和快捷响应的特性,能够快速支持决策者解决处于不同状态的某一领域中的决策问题。

⑧ 强调对环境及用户决策方法改变的灵活性和适应性。

用构成决策支持系统的部件来表述决策支持系统的结构特征是理解决策支持系统概念的又一重要方法。一般而言,决策支持系统的结构特征应包括如下六个方面:模型库及其管理系统;方法库及其管理系统;知识库及其管理系统;数据库及其管理系统;交互式计算机硬件及软件;对用户友好的建模语言。

虽然目前决策支持系统并没有标准模式和规范,但它必须起到决策支持的作用,能够帮助各级管理者特别是高层领导在各方面做出决策。

3. 决策支持系统对决策过程的支持

西蒙(Simon)将决策过程划分为三个阶段,决策支持系统作为有效的决策支持工具,应该对这个动态的决策过程提供支持。

(1) 对情报阶段的支持

情报阶段是问题或机会的识别过程,决策支持系统对这个过程的支持表现在以下方面:

① 采集和存储不同来源的数据。对于一个企业来说,应建立一个数据仓库,库中应存有关于社会的、经济的和法律的环境数据,有关市场、地区的特征与行为的竞争数据,企业内部的能力、资源、弱点及限制条件的数据等。

② 计算处理并检索可能出现的问题和机会的数据。决策支持系统能够进行数据的加工处理,允许决策者使用决策支持系统搜索数据库、寻找信息。

③ 向决策者提供关于问题和机会的报告。决策支持系统能够提供多样化的报告格式,使决策者得到所需要的信息,并以一种适合决策者要求的格式(包括文本和图表)展示出来。

(2) 对设计阶段的支持

设计阶段是提供可选择的过程。决策支持系统对这个过程的支持表现在以下方面:

① 辅助理解问题。决策支持系统能存储和提供与决策问题有关的各种模型。

② 辅助求解。决策支持系统能求解模型,形成候选的决策方案。

③ 测试解的可能性。决策支持系统能执行"What-if"分析、模拟和目标求解分析。"What-if"分析是对决策变量进行假设性的改变,以观察其对目标变量(结果)的影响的过程。

(3) 对选择阶段的支持

选择阶段是决策方案的选定过程,决策支持系统对这个过程的支持表现在以下方面:

① 对备选方案进行排列。决策支持系统能进行多方案、多目标、多准则下的方案的比较和优化。

② 根据一定的准则来辅助决策。这些准则可以是经济法则,如回收率、回收期、最小成本、最小风险等,通常还要进行灵敏度分析。

10.2 会计决策支持系统

决策支持系统是综合利用各种信息技术，辅助管理者进行决策的一种人机交互的计算机系统。对每一类特定问题都可以构建相应的决策支持系统，而会计决策支持系统是决策支持系统的一个重要应用领域。为了实现会计的决策科学化，利用会计决策支持系统进行科学的决策就显得尤为重要，因此建立会计决策支持系统是信息技术环境下实现会计决策科学化的要求，也是电算化会计信息系统的进一步发展，是会计信息化的要求。

10.2.1 会计决策科学化

会计决策的复杂性主要表现在以下四方面：

① 会计决策利益动机的复杂性。一项会计决策可能涉及多个利益主体的利益，是典型的多目标决策。管理者常常要在企业利益、自身利益、股东利益、债权人利益及社会利益之间进行权衡和取舍。

② 会计决策过程的复杂性。会计决策问题通常为半结构化或非结构化的，其求解过程为非线性过程。

③ 会计决策信息的复杂性。会计决策具有信息决策的性质，信息量大，彼此之间的关系复杂。

④ 会计决策知识的复杂性。会计决策要求决策者具备良好的专业素质和丰富的工作经验，一项会计决策往往是多人协作的结果。

决策是企业成败的关键。传统的决策依靠决策者个人的经验和判断，被认为是一种充满智慧的艺术技巧。随着企业环境的变化和市场竞争的激烈化，企业财务与会计面临许多难度越来越大、要求越来越高的决策问题，传统的经验决策已不能满足日益复杂的管理需求，决策科学化越来越受到人们的重视。目前，会计决策科学化的发展方向如下：

① 用计算机辅助决策。由于计算机具有处理速度快以及逻辑推理的功能，会计决策科学化必须是基于计算机的；尤其 20 世纪 90 年代中期以来，计算机在会计领域应用的重点逐渐从事务性核算转向管理、控制、计划和分析，为会计决策科学化奠定了基础。

② 定性决策向定量与定性决策相结合发展。现代科学为会计决策的定量化奠定了基础，能够进行比人脑更精密、更高速的逻辑推理、分析、归纳、综合与论证，但决策的本质是人的主观认识能力，它必然受到人的主观认识能力的限制，所以基于人的创造性思维的定性决策不可能被完全取代。

③ 单目标向多目标综合决策发展。顾名思义，前者的决策目标只有一个，而后者的决策目标有多个，而且多个目标之间既相互联系又相互制约。现代会计决策活动的目标不是单一的，这不仅指以经济利益为核心的多目标，而且除了经济利益，还包括更广阔的社会和非经济领域的目标。

企业的计算机会计信息系统包括会计事务处理系统、会计管理信息系统、会计决策支持系统，其中会计管理信息系统和会计决策支持系统的建设都属于管理会计电算化的内容。要实现会计决策的科学化，必须把信息技术与管理会计结合起来，建立全面的管理会计电算化系统，分析过去、控制现在、规划未来，为企业做出正确决策和改善经营管理服务，提高企业的经济效益。因此，会计决策科学化的基础是信息技术和管理会计，实现会计决策科学化与建立计算机会计管理信息系统、会计决策支持系统密不可分。

10.2.2 会计决策支持系统

1. 会计决策支持系统的概念

会计决策支持系统是决策支持系统在会计领域的应用，用来帮助会计问题决策者应用会计信息和其他信息，采取适当的模型解决半结构化和非结构化的会计问题。

何谓会计决策支持系统？关于会计决策支持系统，到目前为止还没有统一的定义。会计决策支持系统是针对会计管理决策问题而提出来的，根据前述关于决策支持系统概念的分析，我们对会计决策支持系统的定义为：会计决策支持系统是以管理科学、计算机科学、行为科学和控制论为基础，以计算机技术、人工智能技术、经济数学方法和信息技术为手段，充分利用会计事务处理、会计管理信息系统提供的各种数据和信息，辅助中级、高级决策者进行决策，通过人机对话进行分析、比较和判断，帮助决策者根据自己的经验和知识选择一个满意的方案，从而做出正确的决策。例如，构造各种经济模型，对未来的财务状况进行预测等。在这里，会计决策支持系统强调的内涵如下：

① 支持。会计决策支持系统并不代替会计问题决策者做出决策，而是为决策者提供一个分析问题、构建模型、模拟决策过程及其效果的决策环境，以提高决策有效性的支持系统。

② 人机对话。会计决策支持系统强调用户需求，通过人机对话来解决会计中的决策问题，这也是由非结构化问题的性质所决定的。其交互过程如下：决策者提出所需的初始数据，会计决策支持系统做出回答；决策者修改解答再输入，会计决策支持系统给出这个方案的执行结果；决策者据此再进行修改，此过程一直循环下去，直到决策者得到一个满意的方案为止。这不仅要求系统本身的分析能力，还要求用户具备经验和洞察力。

③ 数据。计算机的主要优点就是它具有记忆能力，能保存大量的数据。对一个会计问题做决策时，需要处理的数据类型复杂，除了能接受会计信息系统提供的数据外，会计决策支持系统还能从管理信息系统的其他子系统接收市场、财政、税务、金融等信息，因此它具有广泛的数据接收功能。再者，决策者所需的决策信息，常常不是直接可以得到的基础数据，而是用运筹学、数理统计方法得出的“浓缩”信息。因此，会计决策支持系统须具有广泛的数据接收功能和灵活的数据分析功能

④ 模型。会计决策支持系统对会计数据和其他数据的分析、利用是通过各种模型工具来处理的。也就是说，会计决策支持系统必须提供会计预测和决策的各种模型或工具（如量本利分析、货币时间价值等），供决策者在决策过程中选用。会计决策支持系统在运算模型时，均要求进行边际分析，即分析某些参数的改变对结果的影响，以便给决策者多种可选情形，让决策者做出判断。会计决策支持系统中的模型如同数据一样须进行有效管理，以满足不同决策的需求变化。若系统中只有数据并据此提供信息，则只是会计信息处理系统（AIPS）。

⑤ 非结构化问题。根据西蒙教授的看法，决策是一连续体，其一端是结构化决策，另一端是非结构化决策。在现实的会计中，决策者所面临的决策任务往往是错综复杂的，会计决策支持系统要解决的主要是半结构化和非结构化问题。

⑥ 容易使用。容易使用是会计决策支持系统的关键。会计决策支持系统的特点使它不能像会计信息处理系统那样需要一个程序员夹在中间。用户应当能直接使用类似英语的高级

语言或专用语言查询、使用系统的数据资料。这些语言与传统的面向过程的语言不同，会计决策支持系统采用的是非过程的、面向应用的语言，有些类似自然语言，这样即使非专业的管理人员也能直接使用该系统。

会计决策支持系统强调用户观点，是一个人机对话的系统，以此解决会计的决策问题。需要强调的是，会计决策支持系统的目的不是代替人而是帮助人做决策。系统提供各种备选方案并分析各种方案的优缺点供决策者参考，由决策者根据自己的个性做出决策，所以会计决策支持系统切忌试图提供答案，也不应强加某个预定的分析程序。

会计决策支持系统是会计学与信息技术技术相结合的产物，它的主要理论基础涉及管理会计、信息论、系统论、控制论等许多学科，而赖以发展的技术基础则主要是现代信息技术。这些理论与技术不仅是人们认识问题的指导思想和思维工具，也奠定了会计决策支持系统的基本方法和技术手段。

2. 会计决策支持系统的特点

在会计信息系统发展的三个阶段中，每一个阶段都有自身的特点。在会计信息处理系统阶段，侧重数据，讲究数据处理尤其是计算机的利用效率，并且形成集成数据文件。在会计管理信息系统（AMIS）阶段，侧重信息，集成企业功能应用，将企业供产销的一系列管理形成一个有机的整体，并利用数据库及其管理系统。在会计决策支持系统阶段，侧重决策，注重弹性、适应性及反应时间，并注意用户控制，不强迫用户使用而强调用户的主动性。会计决策支持系统支持个人决策的风格。具体来说，会计决策支持系统具有以下特点：

① 需要处理的数据类型复杂、格式化程序低，并且包含大量的历史数据和非会计数据。与会计信息处理系统、会计管理信息系统相比，会计决策支持系统要求信息存储的格式更灵活，信息搜集的范围更广泛，因而数据整理的难度就更大。其困难一方面在于难以收集，另一方面在于难以用统一的规格进行整理。

② 可以解决复杂的问题。复杂问题的解决往往依靠多方面的信息，而且信息是瞬息万变的，具有很大的随机性。

③ 反应时间短。会计决策支持系统可应付不同的数据输入，并能对数据进行有效的集成。会计决策支持系统的信息不仅来自会计信息系统，还来自其他管理信息系统，甚至来自企业外部信息。

④ 可试探不同策略的效果。会计决策支持系统支持个人风格和敏感性分析，从而可试探性地提出新的解答方案，并将各方案列出清单供决策者参考。

⑤ 有助于相互了解和交流。有些会计问题和决策需要很多人的参与，他们需要不断地交流，才能对某个问题做出完整的决策。

⑥ 以模型与方法辅助会计决策。科学决策一般要依据一定的模型与方法。会计决策支持系统通过收集、整理、存储各种有普遍意义的决策模型与方法，在必要时提供给管理者。通过模型与方法的应用，会计决策支持系统使得半结构化和非结构化问题程序化，而非完全依赖决策者的主观判断，辅助管理者做出正确决策。

⑦ 注重假设。会计决策支持系统主要用于解决含有大量数据，而且往往伴有大笔资金风险的复杂问题。在做会计决策时，往往难以确定未来的情形，这就要求在为管理人员建立其进行模拟决策的关键因素时，对诸如时间效率、目前和未来的参数等提出大量的假设，并做出以下选择：哪些是重要的变量；哪些是可获得的、现在的和历史的数据；变量之间的

相互关系。

⑧ 与决策者的工作方式等社会因素关系密切。从客观上看，经济体制的改革、市场环境的变化、技术发展的影响、法律政策的变化等都对管理决策的方式产生影响；从主观上看，决策者个人的知识、经历、判断力、洞察力、决策风格等也都影响决策过程。这些情况决定决策支持系统必须能被迅速、灵活地加以改造，以适应环境的变化、满足管理人员的需要。

⑨ 减少成本。会计决策支持系统采用先进的处理方式，提高了速度和精确度，减少了决策成本。

随着信息技术的发展，会计决策支持系统结合更多的新技术、吸收更先进的管理思想，还会具备其他的特点。

3. 会计决策支持系统的辅助决策方式

建立会计决策支持系统一直是人们追求的目标，这可以促进企业会计从传统的记账、算账和报账业务，上升到干预经营管理、参与决策活动。会计决策支持系统应能对决策提供全过程的支持。支持是指它提供一种具有丰富的数据基础、数据分析工具的形象化的人机对话环境，从而让决策者在这个环境中充分发挥自身的创造性思维。一个完整的会计决策支持系统应提供以下三种基本的辅助决策方式：

① 以信息形式辅助会计决策（提供决策信息）。会计决策支持系统提供系统内部、外部与决策问题有关的各种信息以及有关行动的反馈信息，这是最基本的辅助决策方式，也是目前会计软件所能实现的一种形式。信息是一个难以确切定义的名词，不同学科对信息的认识是不尽相同的。其中，信息论认为信息是经过加工、具有一定意义的数据。首先，会计决策支持系统应能整理并及时提供系统内部与决策问题有关的各种数据，如企业物流、生产、财务、重要固定资产、技术工艺等方面的数据；其次，要收集、存储并及时提供系统外部与决策问题有关的各种数据，如产品市场需求、商品与原材料价格、新技术动态等；最后，要收集并提供有关各项行动的反馈信息，如生产计划完成情况、产品销售情况、用户反馈等。

② 以模型与方法形式辅助会计决策（提供决策模型与方法）。科学决策一般要依据一定的模型与方法。管理会计的特点之一就是应用了许多现代数学方法与模型，把复杂的经济活动尽可能用简明、精确的数字模型表述出来，运用一定的数学方法对它进行加工处理，揭示有关对象在一定条件下的最优数量关系或客观规律，使企业管理工作建立在对客观对象进行科学分析和精确计算的基础上，从而更加科学、合理、有效。因此，会计决策支持系统应该能够通过收集、整理、存储各种有普遍意义的决策模型与方法，在必要的时间提供给管理者，辅助管理者做出正确决策。

③ 以方案形式辅助会计决策（提供决策方案）。这种形式直接提出问题的若干解决方案，供管理者分析、评价、选择并最终付诸实施。如果要求提供解决结构化问题的决策方案，其实现就比较简单了；但如果要求提供解决非结构化问题的决策方案，其实现就有相当的难度了，并且要受到人工智能等相关技术的制约。以方案形式辅助决策是计算机辅助决策的最高形式。

第一种方式并不难实现，在目前的技术条件下就存在两种可行的会计决策支持系统。一种是基于信息系统数据分析的会计决策支持系统；另一种是建立基于数据仓库的会计决策支持系统。

4. 会计管理信息系统与会计决策支持系统的关系

会计管理信息系统和会计决策支持系统处于会计信息系统的不同发展层次，会计决策支持系统是在会计管理信息系统的基础上发展起来的高级信息系统。会计决策支持系统以会计管理信息系统的数据为基础，在完成一般财会核算及管理功能的同时，为管理者提供全方位的决策支持。两者在系统的特性及功能目标上都存在很大的差异(见表10-1)。

表10-1 会计管理信息系统和会计决策支持系统的区别

特性	会计管理信息系统	会计决策支持系统
系统功能重心	提供财务信息	支持会计决策
运用对象	中下层管理人员	高层管理者
系统设计策略	仅为组织反映现状；会计部门业务数据处理、管理与控制	服务于主管的前瞻性分析；解决问题导向的科学决策
系统输出	会计计划报表；会计分类报表	方案分析；决策工具
问题类别	结构化问题	半结构化和非结构化问题
效益	提高效率	提高成效；扩展决策者的广度和深度
涵盖时间跨度	过去到现在	过去、现在到未来
作业方式	批处理；联机实时处理；配合作业程序	人机会话；重视用户界面；集中于问题的处理程序，力求最适用；支持决策程序
系统结构	集成性框架	弹性框架

会计管理信息系统与会计决策支持系统的关系主要体现在以下四方面：

(1) 会计管理信息系统是一个封闭的系统，而会计决策支持系统是一个灵活的、开放的系统

财务会计要定期、定向提供企业会计报表，这些报表的格式相对固定。管理会计主要为企业内部管理人员(特别是高层决策人员)提供信息服务。这些信息可通过报表提供，也可通过其他方式提供，并无一定的格式，灵活性及自由度相当强。因此，会计管理信息系统的通用性较强，而会计决策支持系统的通用性较差。以会计管理信息系统的会计核算系统为例，用户只需输入记账凭证，明细账、总账、会计报表等由系统自动生成，用户无须知道其中的账务处理过程。这种系统对用户来讲是全封闭的，它强调系统内会计信息流程的整体性、系统性，重点在于及时、全面地提供会计信息和数据，但只适用于解决结构化的问题。而会计决策支持系统出于管理会计本身固有的特点，只能将之设计为一个灵活开放的系统，具有方便的交互功能，用户可使用类似于自然语言的交互语言下达指令，能为决策者提供系统外部环境信息、内部综合信息、决策者个人经验和判断等方面的支持，可进行各种决策。

(2) 会计管理信息系统的目标是满足财务核算的要求，而会计决策支持系统的目标是帮助管理人员在企业管理中做出决策

财务会计电算化不涉及定量分析的模型，也不必描述问题的求解过程。而管理会计电算化则要求专门设计存放优化的单元模型的模型库，供系统随时调用。会计管理信息系统考虑的是完成系统的会计信息处理，其追求的目标是高速度、低成本地完成信息处理任务，简单地说就是效率。而会计决策支持系统则不然，一个决策问题受许多因素(如环境变量、政策变量等)的影响，不同风格的决策者还会做出不同的决策，计算机只是为决策者解决各种复杂问题而提供的一个方便、有效的手段和工具，其追求的目标是为决策提供有效的信息，即有效性。

总而言之，最终起决定作用的还是人。

(3) 会计管理信息系统的开发通常采用结构化的分析和设计方法，而会计决策支持系统的开发一般采用 ROMC 分析法和迭代设计法

财务会计的管理模式相对固定，采用结构化的分析和设计方法开发实现一个相对稳定、协调的会计管理信息系统较为适宜。管理会计中存在许多半结构化问题，人机对话为会计决策支持系统的主要工作方式，其开发一般不采用传统的生命周期法，而强调进化性、开发周期短、重复进行，因此一般采用 ROMC 法进行系统分析，采用迭代法进行系统设计。ROMC 法是一种确定专用决策支持系统的功能，独立于过程的系统分析方法。这种方法包括问题的表达(Representation)、操作(Operation)、记忆后援(Memory Aid)和控制机制(Control Mechanism)。迭代法要求先构建一个初始原型系统，经过试用，对系统进行评价、修改和扩充后再投入使用，直至形成一个能支持决策的相对稳定的系统。

(4) 会计管理信息系统是会计决策支持系统的基础

正如财务会计和管理会计构成了完整的会计体系，财务会计电算化和管理会计电算化也是不可分割的，因为两者的数据是同源的。管理会计通过对会计信息和其他信息的再加工，输出有用的决策信息，提供给企业管理当局。因此从这个意义上讲，会计决策支持系统是会计管理信息系统的发展，会计管理信息系统收集、存储及提供的大量的基础会计信息是会计决策支持系统工作的基础，而会计决策支持系统使会计管理信息系统提供的信息发挥更深层次的作用，是信息系统向纵深发展的一个阶段。在实践中，由于会计决策支持系统对会计管理信息系统的依赖性，要求系统的分析和设计人员在会计决策支持系统开发伊始就通盘考虑两个系统的结合问题，使系统配合使用、协调一致，从而使用时数据录入少、系统数据完全共享。同时，通过设计合理的数据结构，保证数据的一致性，尽量满足用户不同的使用要求，降低软件的开发成本和维护成本。

另外，会计管理信息系统和会计决策支持系统的理论基础所包含的范围不同。会计决策支持系统的理论基础不仅包括支持会计管理信息系统的运筹学、计算机科学、会计学，还运用了决策理论与方法、心理学、人工智能、计算机网络等技术。

10.3 会计决策支持系统的结构

会计决策支持系统的组成部件及其之间的关系构成了会计决策支持系统的结构。系统的功能主要由系统的结构决定，具有不同功能特色的会计决策支持系统，其系统结构也不相同。会计决策支持系统的结构基本上引自决策支持系统，从二库、三库结构到四库、五库结构，就是从传统的会计决策支持系统到智能的或高级的会计决策支持系统。近年来，数据仓库(Data Warehouse, DW)、联机分析处理(On-Line Analytical Processing, OLAP)、数据挖掘(Data Mining, DM)也被引入会计决策支持系统，出现了基于数据仓库的会计决策支持系统结构。

目前，人们对会计决策支持系统的结构进行了大量研究，取得了不少成果，建立了具有不同结构特点的会计决策支持系统。与一般的决策支持系统一样，会计决策支持系统的结构采用了语言系统和问题处理系统的四库结构(数据库、模型库、知识库、方法库及其相应的管理系统)。会计决策支持系统通过人机交互向决策者提供模型，帮助决策者根据自己的经验和知识

选取一个最优方案。该会计决策支持系统的结构如图 10－1 所示。

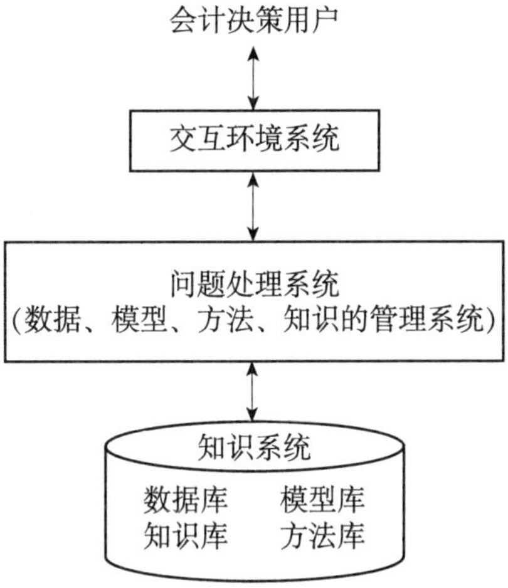

图 10－1　会计决策支持系统结构

由图 10－1 可看出，会计决策支持系统主要由三部分组成：交互环境系统（语言系统）、问题处理系统、知识系统。它们之间的关系：会计决策用户通过交互环境系统提出信息查询的请求或决策支持的请求；问题处理系统通过知识系统收集和提取信息并提供给用户。

交互环境系统的功能主要是把自然语言转化为机器能够理解的形式，并把机器对问题的解答或系统内部的其他信息转化为自然语言的形式向用户输出。问题处理系统主要是识别、分析和求解问题。应用会计决策支持系统的过程为：对决策支持的请求，问题处理系统通过知识系统的知识库和数据库，收集与该请求有关的各种数据、信息和知识；据此对该问题进行识别，判断问题的性质和求解过程，通过模型库构建相应的规则模型或数学模型；对模型进行分析鉴定，从方法库中选择求解模型的算法，运行、分析、求解模型；结果通过交互环境系统进行解释，转变为具有实际含义、用户可直接理解的形式，传送给用户使用。这种关系构成了决策问题的求解过程。应用会计决策支持系统做决策的过程是一个人机交互的启发式过程，往往需要用户与决策支持系统的多次交互对话，进行多次求解，直到获得满意的结果为止。

1. 交互环境系统

交互环境系统是用户与会计决策支持系统的接口，用户通过交互环境系统，把问题及环境的描述和解题要求输入会计决策支持系统，而会计决策支持系统最终也是通过人机交互环境系统将各种处理结果输出给用户。交互环境系统一般由交互语言和提示库组成，交互语言为用户提供直接检索和运算处理手段；提示库为方便用户使用，提供一套屏幕提示功能。交互环境系统采用的交互语言类似于人类的自然语言，可使用户方便、灵活地与会计决策支持系统对话。为了尽可能地方便决策者做出决策，交互环境系统应该具有以下功能：

① 允许使用各种方式，满足用户交互对话的需求。

② 具有理解自然语言的能力。

③ 灵活的“What-if”提问方式。

④ 给予用户必要的提示，启发用户顺利地利用会计决策支持系统为自己的决策服务。

⑤ 具有使用各种输出设备输出结果的能力，输出格式灵活多样。

交互环境系统的构成如图 10-2 所示。

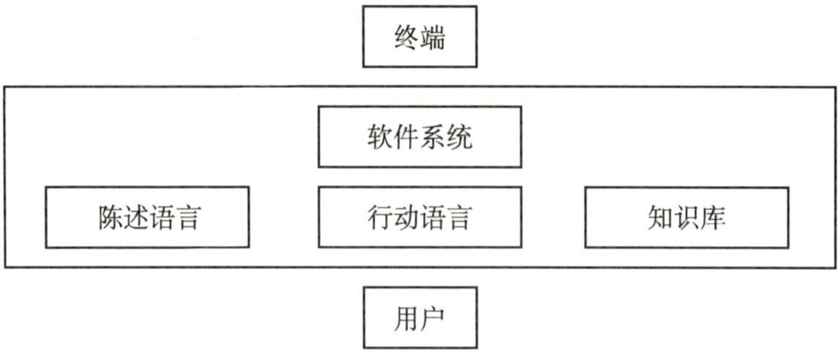

图 10-2　交互环境系统的构成

2. 问题处理系统

问题处理系统是会计决策支持系统求解决策问题的核心，是交互环境系统与知识系统的接口。问题处理系统是基于数据库、模型库、知识库和方法库的管理系统，是一组软件。它接受决策用户通过交互环境系统输入的关于问题及其环境和解题要求的描述；通过数据库系统和知识库系统，收集与存储有关该问题的信息和知识，完成问题的识别和定义；利用模型库系统构造模型；通过方法库系统建立和识别求解问题的具体方法，并进行分析、求解和评价；通过交互环境系统将结果反馈给用户。

问题处理系统必须具有明确地识别问题的能力，它能把问题描述转化为相应的可执行方案。因此，问题分析能力是问题处理系统应该具备的主要功能。

3. 知识系统

一个决策支持系统，如果没有包含关于决策问题领域的“知识”，它就没有任何价值。这里的“知识”，不仅包括决策问题所需的内部环境和外部环境的数据、人们的经验和知识，而且包括决策过程中所用的公式、模型或规则、分析工具、推理规则、评价标准，等等。

知识系统是将“知识”按一种有组织的系统方式进行存储和管理的系统，它由数据库系统、模型库系统、知识库系统和方法库系统组成。

(1) 数据库系统

数据库系统由数据库和数据库管理系统组成，是会计决策支持系统求解问题的主要数据源。一般情况下，它是任何一个会计决策支持系统都不可缺少的最基本的组成部件。数据库及其管理系统负责为会计决策支持系统提供所需的数据，并进行数据的采集、制作、校验、维护和更新处理。会计决策支持系统的数据库与传统的数据库相比，其特点是数据面广、内容丰富、概括性强，除了来自会计信息系统的数据外，很多是来自其他信息系统的数据；除了组织内部的数据外，更多的是组织外部的数据，如财政政策法规、金融统计信息、市场行情信息、同业资金动态信息等。会计决策支持系统使用数据主要是为了支持决策，因此这些数据大都是经过加工、浓缩或汇总的，如月销售成本、销售利润率、市场占有率等。

会计决策支持系统数据库中的数据很多来自会计信息系统及其他信息系统的数据库，这些数据库被称为源数据库。因此，会计决策支持系统数据库系统应当有数据抽取部件，从源数据库抽取某部分的内容。

决策支持系统的数据库管理系统用于管理、提供与维护数据库中的数据，也是与其他系统的接口。

数据库系统的构成如图 10－3 所示。

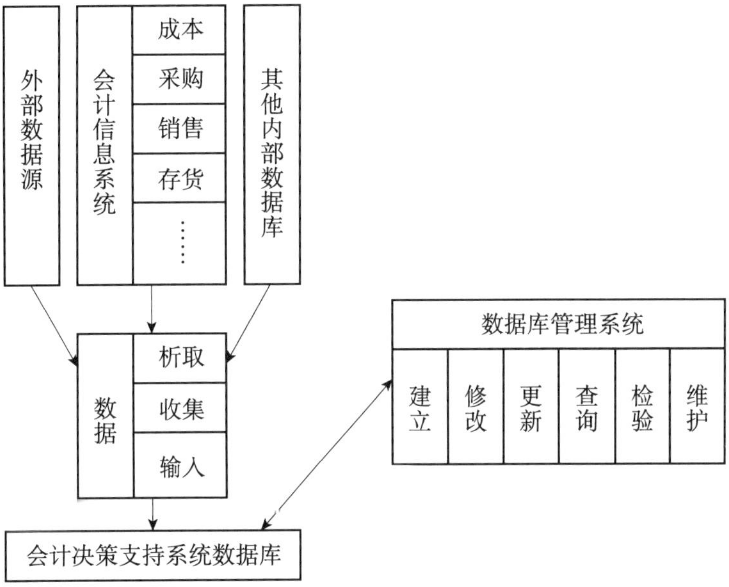

图 10－3　数据库系统的构成

(2) 模型库系统

模型库系统由模型库和模型库管理系统组成，是会计决策支持系统最有特色的部件之一。会计决策支持系统之所以能够为决策提供有效的支持，是因为会计决策支持系统中有能为决策者提供推理、比较选择和分析整个问题的模型库系统。

模型库及其管理系统存放会计决策支持系统常用的预测与决策分析模型，并对模型进行查询、重构、调用、维护等操作，通过调用和运行所选择的模型，产生各种财务决策信息或方案。它是会计决策支持系统分析与求解问题的核心。模型库为会计决策支持系统解决各种决策问题所使用的数学模型或逻辑规则模型提供描述手段，并以标准模型模块存储各种模型。模型库管理系统类似于数据库管理系统，可完成对模型库的建立及模型的存取、访问、更新、合成等操作。

模型在会计决策活动中的作用十分重要。当我们运用模型来解决决策问题时，应选择表现某一问题的模型并运行求解，产生解决问题的方案。在会计决策支持系统中，为了保证模型构造的灵活性，通常以标准模型块的形式存储各种模型。如果将这些模型块比作半成品和成品，那么利用这些“元件”又可以构造出任意形式且无穷多的模型，以解决任何所能表述的问题。

会计决策支持系统的模型主要涉及预测模型、投资决策模型、筹资决策模型、股利分配模型、业绩评价模型、成本决策模型、库存决策模型、成本决策模型、销售决策模型、利润分析模型等。这些决策模型又包括许多子模型，如预测模型包括现金预测模型、销售预测模型、成本预测模型等。

模型库系统的构成如图 10－4 所示。

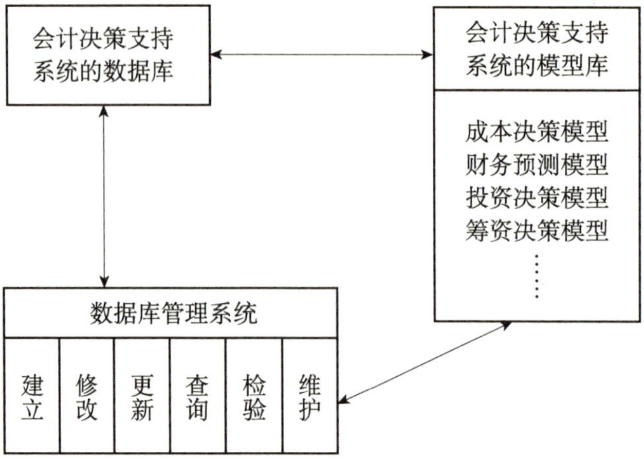

图 10－4　模型库系统的构成

（3）知识库系统

知识库系统由知识库和知识库管理系统组成。知识库及其管理系统存放财务管理中的有关知识，为模型的运算结果提供必要的分析基础，补充和拓展决策人员的思维能力。会计决策支持系统处理的是半结构化和非结构化问题，这些问题很多无法用常规的定量数学方法进行描述和处理，必须采用定性求解方法。因此，要利用计算机进行问题的辅助求解，必须解决经验和知识的描述与存储，以及如何利用这些经验和知识识别与求解问题。由此，在会计决策支持系统中，运用人工智能方法建立知识库，运用逻辑规则对各种专业知识和经验进行描述，并以类似于数据的方法进行收集、存储、处理和输出。当求解问题时，用逻辑语言进行问题描述，在知识库中寻找相关的知识和经验，并利用决策支持系统规划模型进行推断，从而模拟人的决策思维过程，达到辅助决策的目的。

知识库管理系统的主要功能是为修改与扩充知识库中的经验和知识提供手段，包括根据需要对知识库进行添加、修改、删除等。

知识库是系统所需知识的集合，一般分为事实性知识和规则性知识。事实性知识是与对象有关事实的陈述，如有关财务管理的概念、定义及所处环境和条件等；规则性知识是告诉人们怎样做才能达到给定的目标，如财务管理有关知识的逻辑运算及推理性决策规则。开发知识库的关键技术是：知识的获取和解释、知识的描述、知识推理、知识库的管理和维护。

（4）方法库系统

方法库系统由方法库和方法库管理系统组成。方法库及其管理系统存放及管理模型库所需的各种常用的算法，为模型求解提供相应的方法。在方法库中，以程序方式（如标准子程序、内部函数等）存储各种方法，通过格式化接口与其他部件连接，完成对已构造的模型进行分析求解和处理。方法库管理系统的主要功能是，对库内方法进行有效管理，借助方法库管理系统，可方便地对库内方法进行增加、更新、维护等。

方法库内存储的方法程序一般有排序算法、分类算法、最小生成树算法、最短路径算法、计划评审技术、各种统计算法、各种组合算法等。

由于模型、知识和方法的描述、识别及其相互间集成与通信联系的复杂性，知识系统中的模型库系统、知识库系统、方法库系统要比目前常用的一般数据库系统复杂得多，有关的理论和技术仍有待进一步发展，并与人工智能等其他理论和技术的发展有关。

尽管决策支持系统从原始的二库结构，经历了三库、四库、五库结构，发展至结合了数据仓库、联机分析处理、数据挖掘技术的综合结构体系，但是模型库仍是决策支持系统的核心，也是决策支持系统区别于其他计算机信息系统的最重要特征。

10.4 会计决策支持系统的实践

10.4.1 当前常用会计软件的决策支持功能

根据对国内各大会计软件厂商的主要产品的调查，不少软件能够在不同程度上提供决策支持功能，下面对此做一概述。

(1) 用友公司将其主打产品 U8 系统分为两大层次：财务会计系统和管理会计系统

财务会计系统侧重于会计核算，对外提供会计信息，其组成部分包括账务处理、应收账款、应付账款、固定资产、会计报表等子系统。管理会计系统则侧重于为内部管理者提供会计信息，其组成部分包括资金管理、成本管理、财务分析、决策支持等子系统。在 ERP-U8(V8.72)系统中，决策支持子系统的主要功能如下：

① 查询、辅助决策功能。系统提供整个企业的生产、经营、财务、人事等方面的信息，为决策者提供不同角度、不同层次的信息。

② 预测分析功能。系统按照历史数据推算出预测值，并能根据用户需要对预测值进行手工调整。

③ 数据分析功能。系统提供六种分析方法——绝对数分析法、对比分析法、定基分析法、环比分析法、结构分析法、趋势分析法供用户选用。

④ 图形显示功能。系统能把数据分析结果以图形方式显示出来。

此外，在用友 U8 的成本管理、资金管理、应收款及销售管理等子系统中，也提供了一些对成本、资金、收入进行分析与预测的方法，如成本管理子系统提供了一次移动平均法、年度平均增长率法对部门成本和产品成本进行预测，这些都属于软件的决策支持功能。

(2) 金蝶公司的金蝶 K/3 V10 则提出把企业管理信息划分为三层

第一层为业务运营管理层。系统包含财务核算、物流、制造、客户关系管理、人力资源、办公自动化等 ERP 组件，提供企业日常业务的处理功能。

第二层为商业智能层。系统提供商业分析功能，包括财务分析、物流分析、制造分析、人力资源分析、客户关系管理分析等。

第三层为企业绩效管理层。系统通过提供企业绩效管理和战略规划的各种工具与方法，实现战略目标管理、业务规划、预算管理、管理监控、业务合并、投资者关系管理等功能。金蝶软件的商业智能层和企业绩效管理层属于管理会计系统，属于管理信息系统和决策支持系统的范畴。

根据对国内主要会计软件的决策支持功能的调查，其决策支持主要体现在一般的数据查询、财务分析等功能上，分析方法也只限于一些常用的趋势分析、结构分析、比率分析等。即便是提供了一些数据预测的方法，也只能在有限的子系统(主要是成本管理系统)中使用；而且提供的预测方法也不够丰富，未能实现对数据的深层分析与利用；对企业的短期经营决策、投资决策、筹资决策等方面也未提供足够的支持功能。但是这些软件能在不同方面、不同程度地为用户提供决策支持功能，说明国内软件厂商已经意识到必须把管理会计的理论和方法应用到会计软件（企业管理软件）中，为管理者提供数据查询、数据分析、预测分析的工具，加强对管理者决策能力的支持。

10.4.2 企业主要的会计决策工具

当前，我国企业一般借用以下工具实现有限的会计决策支持功能：

（1）利用会计软件或 ERP 中的决策支持子系统实现

这些软件中专设决策支持子系统以实现对决策过程的辅助支持。软件中除了提供专门的决策支持功能外，通常还提供预算管理、项目管理、筹资管理、投资管理、成本管理、财务分析以及分散在其他子系统中的用于分析业务数据的功能，在某些集团财务管理软件中还有领导查询模块，这些都属于决策支持的范畴，可以有效地辅助决策。

（2）商业智能（Business Intelligence，BI）工具

商业智能是 20 世纪 90 年代末期提出的一个技术概念，它是综合了计算机智能分析的理论技术，并把这些技术融合于商业应用而提出的，主要借鉴了人工智能理论、专家系统理论、决策支持系统理论与技术。现阶段，商业智能涉及的技术大致包括数据仓库、联机分析处理、数据挖掘等。商业智能技术主要用于企业数据的组织、查询和分析，逐渐成为决策支持系统的实现技术之一。商业智能工具可以引入财务软件也可以独立使用。在会计软件中加入数据仓库、联机分析处理、数据挖掘等商业智能技术，用于发掘现存数据的深层关系，提高战略决策水平和改善企业绩效管理，这些将是会计软件（企业管理软件）的发展趋势。

（3）利用其他软件实现决策支持

在实际工作中，不少企业利用 Excel 电子表格、ACCESS 数据库等软件作为辅助决策工具。其中，由于目前的电子表格软件已具备丰富的功能，成为企业常用的一种数据收集、数据管理和数据分析工具。另外，Excel 为财务管理和分析提供图表制作、数据管理、统计分析、管理决策分析等多种分析工具，可以帮助企业制定最优决策。

下面简要介绍 Excel 的数据管理与分析决策功能。

① 强大的表格处理和绘图功能。Excel 是一个以表格方式处理数据的软件，对于表格的建立、编辑、访问、检索非常简便。Excel 具有强大的制图功能，实现了表、图、文三者的完美结合，并且作图过程非常简便。Excel 提供了多种图表，用户可以选择柱形图、折线图、条形图、饼图、锥形图、股价图等形式生成个人图表。将数据以图表的形式呈现于管理者面前，这种信息表达方式更为直观、更有利于扩展管理者的思维空间。

② 数据管理功能。Excel 能进行数据的查找、排序、筛选、分类汇总及统计操作，其数据源除了可用由用户输入外，还可以从其他数据源引入，以节省获取基础数据的时间。用户可以与 Microsoft Access 等数据库共享数据，可以从 Microsoft SQL Server 数据库获取数据，甚至可以从大型机的企业数据库引入数据，数据源的多样性扩大了 Excel 在财务管理中的适用面，增强了其使用的便利性。

③ 丰富的函数。Excel 提供了大量函数，涵盖了统计、财务、工程、数学等诸多领域，可进行复杂的数学计算、统计、财务分析等。例如，Excel 配备了财务管理中常用的复利现值、终值、年金、净现值、内含报酬率、债券价值、债券收益率等的计算函数，为管理人员提供决策支持。

④ 决策分析工具。Excel 为财务管理和分析提供了多种多样的分析工具，帮助企业制定最优决策。将所有数据输入或导入工作表、创建公式并设置格式之后，就可以使用 Excel 附带的高级分析工具帮助分析数据。例如，可以提出各种假设条件，通过单变量求解或规划求解等工具来执行假设分析；可以通过数据透视表从各种数据源提取数据，并将其组合成新结果。

由于现有的会计软件或企业管理软件在决策支持功能上的不完备，无法提供各种弹性分析管理工具，因此 Excel 成为管理人员首选的决策辅助工具。但是，Excel 毕竟是一个通用的电子表格处理软件，它只能进行简单的预测、决策，不具备系统性、专用性和安全性。只有开发具备完善决策支持功能的会计决策支持系统，才是解决决策问题、帮助管理者从事财务管理或企业管理的好工具。

10.4.3 会计决策支持系统的可行方案

无论三库结构、四库结构还是五库结构，其目标都是为决策者提供决策模型或者决策方案，这是难度最大的一类会计决策支持系统，在目前技术条件下确实难以实现。不过，会计决策支持系统追求的目标并不是代替人进行决策，而只是以某种方式辅助决策，所以应该淡化会计决策支持系统的神秘色彩，重新认识决策支持系统，不妨将目光放在以信息形式辅助会计决策。在目前的技术条件下，有两种方法可以实现以信息形式辅助会计决策。

1. 基于信息系统数据分析的会计决策支持系统

为管理者提供决策信息是会计决策支持系统辅助决策的方式之一。随着多年的信息化历程，企业各种信息系统积累了大量的财务与业务数据，会计决策支持系统应提供各种数据分析工具，使管理者能从大量的数据中发现对决策有用的信息。

会计决策支持系统的数据分析可分为基于财务报表的分析和基于企业数据的综合分析。不管哪一种分析都不是对数据的简单查询，而是实现对信息的深度加工，提供高层次的决策信息。

(1) 基于财务报表的分析

这种数据分析基于财务报表和其他资料，系统地分析和评价企业的经营成果、财务状况及其变动，目的是了解过去、评价现在、预测未来，帮助利益关系集团改善决策。

基于财务报表的分析是通过运用各种财务报表分析方法，分析企业的偿债能力、盈利能力、资产管理效率等，以对企业的经营业绩、盈利能力、财务状况、现金流量等方面做出结论，对企业总体状况进行综合评价，它能辅助更高层次的决策。在财务报表分析中，除了普遍、大量地使用比较法和因素分析法外，有时还须使用量本利分析法、回归分析法等。

这一功能可实现对财务报表数据和常用财务比率的查询。由决策者指定查询条件，检索出与决策者决策问题有关的信息。这种查询具有以下两种特点：

① 允许决策者把经常查询的项目定义为“视图”。视图是从一个或几个数据表中导出的虚拟表，其中所对应的数据并没有以视图为单位存储在数据库中，实际存储的只是视图的定义。把常用的项目定义为视图，数据的检索将会更加方便。

② 对财务报表数据、财务比率的查询还应具有信息挖掘的功能。如果决策者通过查询营业利润率，发现该比率与前期相比有所下降，就可在此比率的基础上分别查询主营业务收入和各成本费用的明细项目，不断深化，寻找最直接的原因。

(2) 基于企业数据的综合分析

企业数据的综合分析立足于计算机内部存储的整个企业的生产、经营、财务各方面的汇总与明细数据，管理者可以从企业经营管理的不同角度获得决策相关的信息。

① 综合分析系统的数据源。综合分析系统有两个主要的数据来源：一是 ERP 各子系统的数据。综合数据分析功能是面向整个企业的，是对企业在日常生产经营活动中进行会计核算、业务核算所收集到的数据做进一步的加工，因此 ERP 各子系统的数据成为综合数据分析的主要来源。二是 ERP 系统之外的数据。管理者也有可能须结合一些外部数据进行分析比较，如把企业的主要指标与行业平均指标对比，判断本企业在同行业所处的位置。这些外部数据包括媒体公布的统计数据、行业数据、竞争对手数据、市场需求、新技术动态等，它们需要以一定的方式组织起来并存储在综合分析系统的数据库里。

② 获取决策信息的方式。管理者可以通过静态查询、动态分析以及利用数据挖掘技术来获取潜在的决策信息和知识。静态查询基于 ERP 的已有报表以及系统预先定义的若干基本信息表，这些报表囊括整个企业的收入、成本、利润、资金等信息，主要包括经营指标分析表（如综合指标分析表、经营情况总括表等）、资金情况分析表（如资金日报表、资金预测表等）、成本费用分析表（如大额支出报告、经营费用报告、成本分析表等）、经营情况分析表（如销售收入完成报告、产品分类销售报告、客户分类销售报告、收支综合分析表等）。动态分析基于各种静态基本表，从决策的目的出发，运用绝对数分析、对比分析、定基分析、结构分析等方法进一步分析基本表，包括效益分析、资金分析、客户和营销分析、潜在客户和新业务分析、供应商与采购分析以及业务流程分析。

③ 综合分析的逻辑模型。综合分析系统的基本处理流程为：首先，从 ERP 各子系统的数据库获取基本数据，根据系统预定义的格式生成若干基本分析表；其次，基于系统定义基本分析表、各系统原有的报表以及存放外部数据的各种不同格式的数据文件，提供搜索查询、预测分析、数据分析、图形处理等功能，从不同角度为管理者提供决策相关信息，以实现辅助决策。图 10－5 为基于数据库的会计决策支持系统的功能模型。

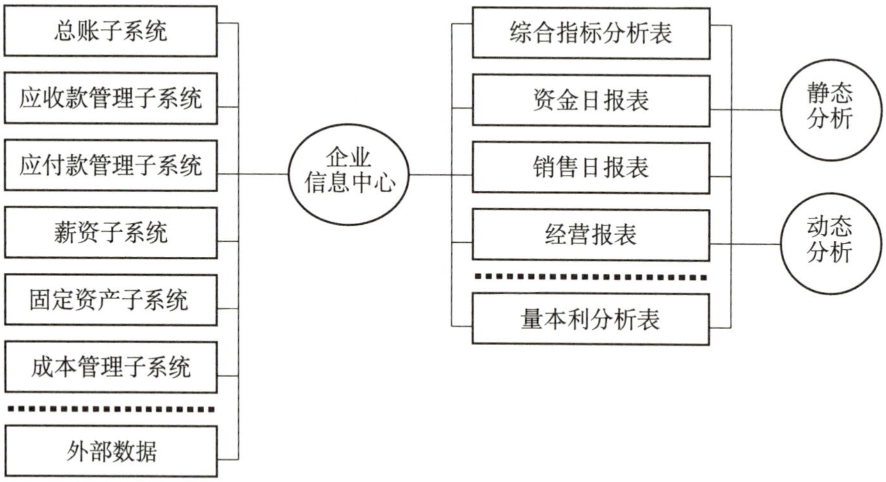

图 10－5　基于数据库的会计决策支持系统的功能模型

2. 基于数据仓库的会计决策支持系统

20 世纪 90 年代，随着数据库的发展，兴起了三种新的辅助决策技术（数据仓库、联机分析处理和数据挖掘），人们逐渐提出了“数据仓库＋联机分析处理＋数据挖掘”的决策支持系统结构体系。这种系统主要由数据源、数据集成、数据存储管理、数据查询与分析等部分组成。它完全摒弃模型库和方法库，也不建立专门的信息系统，而以企业存在的大量数据为基础，从不同的角度为决策者提供帮助。显然，这是另一种形式的会计决策支持系统。其中，数据仓库是为事务处理服务的，是管理信息系统的基础，是面向决策主题的、集成的、稳定的、随时间变更的数据集合，即集成分散在企业内部、外部的财务或业务数据，为决策者提供统一的数据视图；联机分析处理是基于数据仓库的数据分析工具，是针对特定问题的联机数据访问和数据分析而产生的一种技术，它以客户机/服务器的方式完成多维数据分析，决策者通过从不同角度、不同层次、不同时段对会计数据进行分析，获得决策有用的信息；数据挖掘实质是一种深层次的数据分析，它利用一系列的方法，通过对数据进行微观乃至宏观的统计、分析、综合和推理，指导实际问题的求解，发现事件间的相互关联，获取有用的知识，利用已有的数据对未来的活动进行预测。该决策支持系统结构的特点是以大量的数据为基础、由数据驱动，三者从不同的角度为决策者提供帮助。不可否认，这种结构在一定程度上满足了决策问题的需要，但它完全摒弃模型库和方法库的做法并不妥当，因为许多决策问题必须借助各种模型和方法来完成。会计决策支持系统的数据仓库体系结构如图 10－6 所示。

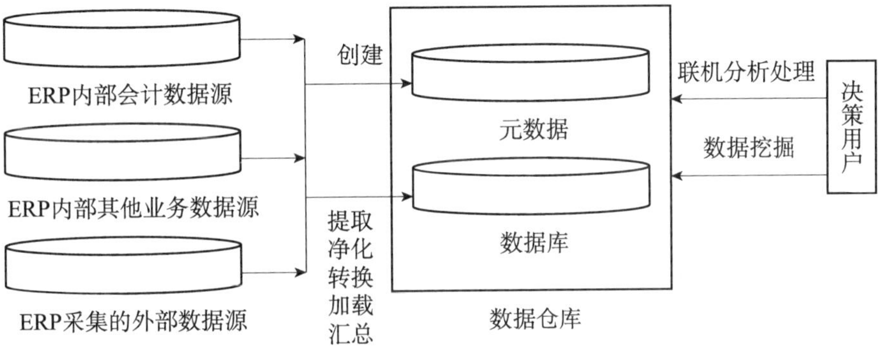

图 10－6　会计决策支持系统数据仓库体系结构

① 数据源。会计数据仓库的主要数据源是 ERP 系统中的各个子系统，以及外部一些权威的统计数据、业界的技术报告、市场比较和分析报告、竞争对手信息等。

② 数据集成。原始数据来自多个数据源，往往存在字段长度、类型、格式、编码、命名、语义等方面的不一致，因此在进入数据仓库之前，要经过数据析取集成。

③ 数据存储管理。数据仓库可以选用多维数据库或关系型数据库存储，要保证数据存储的安全性、完整性、一致性，同时还要具备复杂的分析查询的高效性。

④ 数据查询与分析。用户利用数据仓库提供的多维分析、查询、报表制作等决策支持手段，可以编制日常报表、即时查询、联机分析处理、数据挖掘等。

会计数据仓库不是即买即用的产品，而是一种解决方案。一个完整的应用方案应包括五个方面的内容，即模式设计、数据析取、数据存储管理、查询分析和数据仓库的维护。其中，会计数据仓库模式的设计主要包括主题域的分析和构造数据仓库的模型。主题域分析主要通过调查分析来确定数据仓库的主题，并分析其内容的划分维度以及确定各个维度的层次。

?思考题

1. 简述决策的定义与分类。
2. 什么是决策支持系统？决策支持系统有何特征？
3. 简述会计决策支持系统的特点。
4. 简述会计决策支持系统与会计管理信息系统的关系。
5. 简述会计决策支持系统的结构。
6. 目前企业主要的会计决策支持工具有哪些？试举例说明。

第11章　会计信息系统内部控制

随着会计信息化的发展，企业对IT/AIS的依赖性越来越强。但由于IT与手工会计处理技术的显著差异，以及IT/AIS自身的脆弱性，对内部控制也相应地提出了新的要求。因此，在企业会计处理普遍运用计算机的情形下，完善的电算化会计信息系统内部控制对提高企业财务管理水平、防止错误和舞弊、保护资产的安全完整、保证业务操作的高效率运行有着非常重要的意义。

11.1　信息系统环境对企业内部控制的影响

信息技术是一把双刃剑。一方面，会计信息系统使会计人员从繁重的手工劳动中解脱出来，节约了大量的人力、物力和时间，核算手段和财务管理决策的现代化使会计信息的收集、整理、传输、反馈更准确和及时，为管理者提供了所需的会计信息，更好地实现其参与管理、决策的职能；另一方面，随着信息技术特别是以互联网为代表的网络技术的发展和应用，如何保护会计信息系统资产的安全、保证会计信息的完整与正确、控制经营风险、防止舞弊行为发生等，也给企业内部控制带来了新的问题和挑战。

1. 内部控制概念

内部控制(Internal Control)是指一个单位为了保护其资产的安全性、会计资料的准确性和可靠性，提高经营效率，以及贯彻执行其规定的管理方针而在组织内部采取的一系列制度、方针和程序。企业的内部控制主要有三大目标，即效益性目标、可靠性目标和合法性目标。内部控制在企业管理、会计和审计活动中占据着重要位置，任何企业为了实现其生产经营的目标，都必须运用一系列有效的办法，通过建立各项相关的程序和制度，进行核算和记录并开展相应的分析与检查，以实施日常控制和提高经济效益。由于这种控制是在企业内部进行的，因此人们称之为企业内部控制。内部控制的概念源于会计控制，过去一直专属于会计领域；但是，随着世界范围内的公司财务舞弊事件的频繁发生，内部控制已不仅是会计职业界所关注的焦点，整个企业界和理论界对内部控制都表现出超乎寻常的关注，并一致强调内部控制在保证企业经营活动的合规性，保障企业资产的安全性和完整性及会计信息的可靠性，纠正员工错误及防止舞弊行为等方面的重要性。

目前，人们对于内部控制的产生和发展历程的认识逐渐趋于一致，认为内部控制的发展可以划分为四个阶段：内部牵制阶段、内部控制制度阶段、内部控制结构阶段和内部控制整合框架阶段。1992年，COSO提出了迄今为止关于内部控制最完整的定义：“由企业董事会、经理阶层和其他员工实施的，为运营的效率效果、财务报告的可靠性、相关法律规章的遵循性等目标的达成而提供合理保证的过程。”该过程包括控制环境、风险评估、控制活动、信息与沟通、监督五要素，它们也是审计人员调查内部控制的主要内容。

从本质上讲，内部控制是企业的一项制度性安排，这项制度性安排不是静态的，而是一个动态的过程，因此内部控制构成了一种机制，即内部控制制度。内部控制制度是各级管理部门在本单位、本部门内部因分工而产生的相互制约、相互联系的基础上，采取一系列具有控制职能的方法、措施和程序，并予以规范化、系统化，由此形成的一整套严密的控制机制。

2. 信息系统环境下企业内部控制的特点

在信息系统环境下，内部控制的目标仍然是保证资产的安全性，数据资料的准确性与可靠性，提高经营效率以及保证管理方针的实现；但其控制的重点、方式、内容和范围又有所不同。例如，在信息化会计系统中会计核算的复式记账和借贷平衡的基本原理与方法没有变，但会计信息处理方式和方法的计算机自动化，使得会计业务的处理程序和工作组织发生了质的变化，由此引发会计信息系统内部控制体系也出现了一些新的特点和变化。

信息系统环境下企业内部控制的特点主要体现在以下五方面：

① 控制的重点转向系统职能部门。实现信息化后，数据的处理、存储集中于系统的职能部门，内部控制的重点也必须向系统职能部门转移。

② 控制的范围扩大。信息系统的处理方式与手工处理相比有所不同，以及信息系统建立与运行的复杂性，要求内部控制的范围相应扩大，其中包含一些手工系统中没有的控制内容。例如，对系统开发过程的控制，对数据编码的控制以及对调用和修改程序的控制等。另外，在互联网环境下，会计信息系统已不再是独立、封闭的，它已成为互联网世界的组成部分。因此，传统意义上的所谓系统的内部控制，已是一个相对的概念。要有效地实现企业内部控制的目标，就必须把内部控制从企业网的小内部扩展到互联网的大内部。

③ 控制方式和操作手段由人工控制转为人工控制与程序化控制相结合。在手工系统中，所有的控制手段一般都是手工控制。在信息系统中，原有的手工控制手段有些依然保留，但要增设一些存储于计算机程序中的程序化控制。一般来说，信息化程度越高，对程序化控制的要求也越多，对硬件和软件工作环境的安全性、可靠性详加考虑，采取一些更加严密的措施，确保凭证、账簿、报表等一系列会计资料的真实准确。要做到这一点，不仅要有一套严密的控制体系，而且有的控制方法还须嵌入程序之中，通过程序的运行来核对会计数据的勾稽关系，检查使用权密码，审查数据处理顺序等。

④ 控制内容复杂化。在信息化环境下，控制措施不仅局限于内部，还包括外部控制。即使在内部控制点的设置上也比单机系统更加复杂，计算机授权表制度、存取控制、特权管理、计算中心控制等都出现了许多新的控制特点。外部控制包括了周界控制、大众访问控制、电子商务控制、远程处理控制等。由于网络系统牵涉面很广，网络上的软件、硬件、数据资源都十分丰富，软件功能及其设计者、硬件性能、数据文件的内容和标准都多种多样，对系统的检查难度加大，因此在对系统的调查时经常需要多种专业人员的协作。

⑤ 内部控制方法的变化。现代企业信息系统已由过去的单项业务系统向集成化系统转变，实施 ERP 的企业将其作为集成化管理的先进理念和重要手段，已被广泛应用到防范经营风险和提升管理水平的实践中；但是，其在加强适时监控和价值管理功能的同时，也使内部控制面临风险加剧的极大挑战。在 ERP 应用的过程中，企业要面临来自业务流程、应用架构、数据质量、技术架构等方面风险带来的考验。其中，由于对原有手工业务流程的重新设计，ERP

系统的实施在很大程度上改变了企业的业务流程。业务流程的转变对企业内部控制的影响最大，对企业内部管理和财务方面的监控提出了新的要求，这方面的风险相比过去发生了根本性的变化。ERP 系统强调流程中每一个环节上的活动尽可能地实现最大化增值，从整体流程全局最优的目标出发，设计和优化流程中的各项活动，实现了从采购到付款、订单的获取到发票的开出等跨职能部门业务的集成，打破了原有职能部门的条块分割，实现了企业资源的统一管理和共享，缩短了信息沟通的渠道和时间，减少或合并了流程中重复的、不增值的环节，原有的手工作业流程中有利于控制的重复环节将消失，其内部控制体系将发生变化，这些变化必然对企业内部控制体系的有效性产生负面影响。一方面，企业须对基于 ERP 系统的关键业务流程的内部控制进行重新设计，以保证存在足够的有效控制，降低因使用 ERP 系统而带来的业务风险；另一方面，ERP 系统的实施要求对原有的业务流程进行优化和设计，要求企业建立富有弹性的扁平化组织结构，进而也对传统的内部控制方法提出挑战。

3. 信息系统环境对内部控制五要素的影响

在信息技术环境下，内部控制系统的框架体系并未发生实质性的改变，但每项基本要素的内部构成却呈现新内容、新特征，也随之带来了内部控制中的新问题。

在计算机信息处理环境下，信息系统控制面临下列许多新问题：对使用者进行身份识别和权限控制？如何业务授权？如何职责分离？如何监督？如何控制会计记录与信息安全？如何访问/接触控制？如何独立复核？如何控制电子商务和网络经营中的特殊安全？如何控制软件开发的质量？等等。只有加强信息系统的控制，才能确保信息的有效、准确、及时、完整，以及企业经营、财产和信息的有效与安全。

信息技术环境的特点对内部控制的构成要素带来了诸多影响，主要体现在以下五方面：

（1）对控制环境的影响

控制环境是对企业内部控制系统的建立和实施有重大影响的各种因素的总称。在手工信息系统中，主要采用结构控制方法，包括设置各个相互牵制的职责岗位，通过对会计和业务数据的重复记录、相互稽核进行控制。而在信息技术环境下，信息系统的业务及数据处理流程实现了一体化、集成化、自动化，使内部控制环境发生了变化，账账核对失去了原有的意义，组织结构、岗位设置受到明显影响。信息系统的组织结构一般可分为系统管理员、财务主管、软件操作、审核记账、系统维护、数据分析等岗位。由于企业规模和业务量不同，基于信息技术的岗位设置可以交叉，许多电算化岗位可以由一人担任，但系统管理员往往权限过大，其能处理及使用系统的全部功能，这使得信息系统的内部控制受到极大影响。

（2）对风险评估的影响

在信息化环境下，信息技术手段的应用，使企业信息系统从传统封闭、分散的运行状态转变为系统开放性、信息多样性、数据共享性的状态，从而改变了传统信息系统风险控制的内容与方法。一方面，业务流程的自动化，降低了业务处理过程中源于人员疏漏的风险，但信息化环境下的数据处理处于集中状态，存储的数据可以被不留痕迹地修改和删除，数据处理过程又无法观测等，这些都产生了新的风险。目前，在企业实际应用的会计或管理信息系统软件中，不少都提供了“取消审核”“反记账”“反结账”的功能，设置这些功能给操作人员的会计及业务数据处理带来很大方便，但对信息系统的内部控制风险评价却形成了新的挑战。另一方面，企业的运营管理越来越依赖于信息系统，如果信息系统失灵或崩溃，那么重要信息就被篡改和破坏了，这都将给企业带来不可估量的损失，增加了与信息资产和信息系统相关的风险。

(3) 对控制活动的影响

控制活动是实现控制目标的规章制度和岗位设置等的具体措施，依赖于企业的业务流程。业务流程的自动化必然对控制活动产生较大的影响，主要表现为以下方面：

① 交易授权。在信息技术环境下，交易授权可以被嵌入计算机程序中，某些交易可能会由程序而不是职员触发，这将使得交易授权过程不明显，管理者难以评价交易授权控制是否符合控制目标，控制的失效只能在出现较大的负面影响时才被察觉。所以，在信息技术环境下，对程序化的交易授权是否符合管理者的目标取决于执行交易授权的计算机程序的正确性和完整性，管理者对交易授权的关注应该转移到检查相关计算机程序的正确性和完整性上。

② 权限设置。权限设置类似于手工环境下的职责分离，其主要目的是预防和及时发现执行所分配的职责时发生的错误或舞弊行为。在传统方式下，职责分离的标准是职责的相容程度，如果某员工在履行其职责的正常过程中有可能发生错误或舞弊而内部控制又难以发现，就可以认为这些职责是不相容的，应该予以分离。在信息技术环境下，对于用计算机处理的业务的职责分离控制措施是通过系统的权限设置来实现的，一般来说，能够用计算机处理的业务流程中的职责没有必要进行划分。例如，总账、明细账的登记，在手工环境下由不同岗位的会计人员平行登记、分别处理完成，而在会计信息系统中可在授权后由系统自动同时处理完成。计算机的应用避免了手工登记不一致的错误，但如果对权限设置的控制不当，又会产生非法篡改数据的舞弊危险。一方面，原来在手工环境下一些不相容的职责可以由系统程序模块执行，但必须采取措施，严格控制系统权限的设置和分配，确保权限设置合理化；另一方面，不能用计算机进行处理的业务流程(如对原始凭证的确认审核)，传统职责权限的设置仍然是极为重要的控制措施。

③ 业务记录。在信息技术环境下，传统的纸介质交易轨迹不复存在，取而代之的是数据库记录和操作日志等无形的磁记录。信息技术改变了交易轨迹形式，纸介质和磁介质上的签字有着明显的差别，因此必须做好信息技术环境下的业务记录控制。

另外，在系统管理员的操作权限下，可以任意以其他用户的身份登录，而使内部控制制度失效，必须加强对系统管理员的操作控制。

(4) 对信息与沟通的影响

信息与沟通是指企业在其经营和控制的过程中，须按某种形式辨识并取得来自企业内部及外部的信息，并在组织内部进行沟通，以使员工明确地获取有关其控制责任的信息，履行其职责。信息技术环境实现了会计业务一体化处理，会计核算从事后的静态核算转变为事中的动态核算，信息的取得与沟通不再是单个部门或几个部门之间的联系，而是整个信息系统各处理环节的关联，信息系统为信息提供者与信息使用者提供了沟通管道，由此信息系统内部控制在空间和时间上具有了开放化、实时化、自动化的新技术特点。一方面，信息化对内部控制的信息与沟通产生了有利的影响，在完善的信息系统的支持下，员工能够更好地取得其在执行、管理和控制企业经营过程中所需的信息，使员工顺利履行其职责；另一方面，要警惕信息技术可能带来的借助于高速信息处理、传输、共享能力而产生的数据易被篡改、破坏及舞弊造假的问题。

(5) 对监督的影响

在信息技术环境下，一方面，借助信息技术可以使一部分的监督过程自动完成，并且可能实现实时监督，从而提高监督的效果和效率；另一方面，内部控制程序自动化，使内部控制具有一定的依赖性并增加了差错反复发生的可能性。因而，信息技术环境的监控应当具有人工控制与程序控制相结合的特点。职务分离、业务处理流程的控制仍发挥着积极的作用，但在信息技术环境下有了新的特点，监控方式与监控环境也都发生了变化。这部分程序化内部控制的有效性取决于应用程序，即便失效也不容易被察觉，是监控的重点。此外，对信息系统的开发、实施和维护过程所进行的监督也应当成为监督的重点。同时，控制自我评估（Control Self Appraisal，CSA）仍然是很有益的做法。控制自我评估是企业不定期或定期地对自己的内部控制系统进行评估，评估内部控制的有效性及其实施的效率、效果，以期更好地达成内部控制的目标。信息技术还使信息系统的监控范围、监控方式发生变化。

由此可见，信息技术环境下内部控制制度与传统手工环境下的相比，其综合性更强、控制范围更大、控制程序更复杂。它将职能控制与程序控制、人工控制与计算机自动控制相结合，是一种综合性、多方位的控制。针对电算化信息系统的特殊性，加强电算化信息系统的内部控制成为摆在我们面前的一个重要而紧迫的课题。

11.2 信息系统内部控制的概念与分类

11.2.1 信息系统内部控制的概念

目前对信息系统内部控制没有统一的定义，一般有两种认识：一种为狭义的认识，即信息系统交付与使用阶段的 IT 人员的维护与控制行为；另一种为广义的认识，认为对信息系统相关风险的控制都是信息系统内部控制的范畴。目前，对信息系统内部控制评价的相关研究主要集中在会计审计领域。国际内部审计师协会认为，企业对信息系统的控制不是独立存在的，而是一个连续的、相互依赖的保护过程。信息系统的控制是复杂而广泛的，既包括简单的控制手段，也包括高度技术性的控制方法。

究竟何谓信息系统内部控制？普遍认可的定义认为，信息系统内部控制是一个单位在信息系统环境下，为了保证业务活动的有效进行，保护资产的安全与完整，防止、发现、纠正错误与舞弊，合理确保所提供信息的真实、合法、完整而制定和实施的一系列政策与程序措施。它是规范秩序、防范风险、遏制腐败、合理确保信息系统功效的有效途径，从而能更好地确保组织目标的实现。简单地说，信息系统内部控制是一个可以预防、检测和纠正非法事件的系统的总称，其主要对象是信息系统，由计算机硬件、软件、人员、信息流、运行规程等要素组成。

信息系统内部控制的目标是促进企业有效地实施内部控制，提高企业现代化管理水平，减少人为操纵因素；同时，增强信息系统的安全性、可靠性和合理性，以及相关信息的保密性、完整性和可用性，为建立有效的信息与沟通机制提供支持保障。具体来说，主要有以下三个目标：

① 与业务目标一致。信息系统内部控制要从组织目标和信息化战略中抽取信息需求与功能需求，形成总体的信息系统内部控制框架，为系统的运行提供保障，保证信息技术紧跟持续变化的业务目标。

② 有效利用信息资源。目前信息化工程超期、信息技术的外部需求没有满足、信息技术平台不支持业务应用等问题较为突出，通过信息系统内部控制，可以有效管理信息资源，保证

投资的回收，并支持决策。

③ 风险管理。由于组织越来越依赖于信息技术和网络，新的风险不断涌现。信息系统内部控制强调风险管理，通过制定信息资源的保护级别，强调关键的信息技术资源，有效实施监控和事故处理。信息系统内部控制是促使组织适应外部环境变化，促进组织内部实现对业务流程中资源的有效利用，从而达到改善管理效率和水平的重要手段。

11.2.2 信息系统内部控制的分类

信息系统内部控制的种类多种多样，可以依据不同的标准进行多角度分类。

① 依据所要达到的直接目标，可分为会计控制和管理控制。会计控制是以资产的安全性和会计资料的准确性、可靠性为目标的控制；而管理控制是以提高经营效率和保证管理方针、政策的实施为目标的控制。

② 依据控制的预定意图，可分为预防性控制、检查性控制和纠正性控制。预防性控制是为防止不利事件的发生而设置的控制，它被用于预防错误发生、疏忽及不当行为。检查性控制是为检查、发现已发生的不利事件而设置的控制，它被用来检查是否发生错误、疏忽及不当行为，并报告发生的频率。纠正性控制（恢复性控制）是为了消除或减轻不利事件造成的损失而设置的控制，它被用来纠正被检查出的错误、疏忽及不当行为。上述控制中，预防性控制是一种积极的控制，它试图在不利事件发生前加以防范，减少出现不利事件的可能性；检查性控制是一种中性控制，它试图在不利事件发生的同时就能发现；而纠正性控制则是假定不利事件已经发生，从而设置一些可以减少不利影响的手段，它是一种消极的控制。

③ 依据信息处理系统的不同，可分为手工系统控制和信息系统控制。手工系统控制不需要应用系统或者其他任何技术系统的帮助就可以执行，如在原始单据上的签字，将采购单与采购发票进行人工核对等。信息系统控制由计算机信息系统执行，它们通常是根据设计来运行的，而且不会受到间歇性错误的影响。比如，输入编辑账单来验证订单质量，或者在信息系统中对单据编号进行控制配置，以确保有关单据按时间顺序连续编号等。信息系统控制又可依据其不同的处理方式分为批处理控制、联机处理控制、数据库控制、网络控制等。

④ 依据控制所采取的工具或手段的不同，可分为手工控制和程序化控制。手工控制是指控制的实施是由手工进行的控制；而程序化控制则是由计算机内部程序自动完成的控制。

⑤ 依据控制对象的范围和环境，可分为一般控制和应用控制。一般控制是指针对信息系统运行环境方面的控制，为信息系统应用程序的正常运行提供外围保障。一般控制包含组织控制、系统开发控制、系统安全控制、硬件和系统软件控制等方面。应用控制是指针对具体的应用系统和程序而设置的各种控制措施。由于各应用系统有着不同的目的、任务和运行规律，因此需要根据特定的应用系统来设置相应的控制措施。尽管各应用系统所需要的控制措施不同，但是每个应用系统均由输入、处理和输出三个部分构成，因此可以把应用控制分为输入控制、处理控制和输出控制。一般控制是基础，只有在一般控制强有力的情况下，应用系统才能有效地运行，才能起到应有的作用。

上述各种分类方法为深刻理解内部控制的本质提供了一定的帮助，但分类不是绝对的，在不同的时间和背景下，各项具体的控制措施可能属于不同的控制；各种分类方法下的控制种类也可能有一定的交叉，如一项控制可能既是应用控制又属于会计控制、预防控制和程序化控制。

11.3 信息系统内部控制的相关规范

随着信息技术的快速发展和信息系统在我国企业的广泛应用,近年来,我国已逐渐重视企业信息系统内部控制。目前,针对 IT 对企业内部控制的影响,国外权威相关机构都制定了相应的规范。例如,目前接受程度最高的 IT 控制框架是国际信息系统审计与控制协会(ISACA)所制定的 COBIT(信息和相关技术的控制目标)框架。除此之外,国际内部审计师协会(IIA)发布的电子系统认证与控制框架(eSAC),美国注册会计师协会(AICPA)和加拿大注册会计师协会(CICA)联合开发的网誉认证服务框架的影响也很广泛。在我国,财政部牵头联合发起成立了企业内部控制标准委员会,该委员会发布了《企业内部控制基本规范》,包括基本规范和一系列具体规范,并专门针对信息系统内部控制制定了《企业内部控制应用指引第 18 号——信息系统》,以指导企业建立信息系统内部控制。下面简要介绍《企业内部控制应用指引第 18 号——信息系统》和国际上普遍采用的 COBIT 框架。

1.《企业内部控制应用指引第 18 号——信息系统》

《企业内部控制应用指引第 18 号——信息系统》的信息系统,是指企业利用计算机和通信技术,对内部控制进行集成、转化和提升所形成的信息化管理平台。

鉴于信息系统在实施内部控制和现代化管理中具有十分独特而重要的作用,加之信息系统本身的复杂性和高风险,《企业内部控制基本规范》及其配套的《企业内部控制应用指引第 18 号——信息系统》要求,企业应当运用 IT 加强内部控制,建立与经营管理相适应的信息系统,促进内部控制流程与信息系统的有机结合,实现对业务和事项的自动控制,减少或消除人为操纵因素。

《企业内部控制应用指引第 18 号——信息系统》主要包括三章:总则、信息系统的开发、信息系统的运行与维护。

(1) 总则

该部分对信息系统进行了定义,并指出企业利用信息系统实施内部控制至少应当关注以下三方面:一是信息系统缺乏或规划不合理,可能造成信息"孤岛"或重复建设,导致企业经营管理效率低下;二是系统开发不符合内部控制要求,授权管理不当,可能导致无法利用信息技术实施有效控制;三是系统运行维护和安全措施不到位,可能导致信息泄露或毁损,系统无法正常运行。

该部分要求,信息系统建设作为"一把手"工程,企业负责人只有站在战略和全局的高度亲自组织、领导信息系统的建设工作,才能统一思想、提高认识、加强协调配合,从而推动信息系统建设在整合资源的前提下高效、协调地推进;企业应当重视信息系统在内部控制中的作用,根据内部控制的要求,结合组织架构、业务范围、地域分布、技术能力等因素,制定信息系统建设的总体规划,加大投入力度,有序地组织信息系统的开发、运行与维护,优化管理流程,防范经营风险,全面提升企业现代化管理水平。

(2) 信息系统的开发

企业根据发展战略和业务需要进行信息系统建设,要整体规划,提出信息系统的建设方案,确立系统建设目标、人员配备、职责分工、经费保障、进度安排等相关内容;企业开展信息系统建设,可以根据实际情况,采取自行开发、外购调试或业务外包等方式。其中,选定外购调试或业务外包方式的，应当采用公开招标等形式择优确定供应商或开发单位；企业信息系统归口管理部门应当组织内部各单位提出开发需求和关键控制点，规范开发流程，明确系统设计、编程、安装调试、验收、上线等全过程的管理要求，严格按照建设方案、开发流程和相关要求来组织开发工作；企业开发信息系统，应当将生产经营管理业务流程、关键控制点和处理规则嵌入系统程序，实现手工环境下难以实现的控制功能；企业信息系统归口管理部门应当加强信息系统开发全流程的跟踪管理，增进开发单位与企业内部业务部门的日常沟通和协调，组织独立于开发单位的专业机构检查、验收开发完成的信息系统，并组织系统上线运行，确保在功能、性能、控制要求、安全性等方面符合开发需求；企业应当切实做好信息系统上线的各项准备工作，培训业务操作和系统管理人员，制订科学的上线计划和新旧系统转换方案，考虑应急预案，确保新旧系统顺利切换和平稳衔接。系统上线涉及数据迁移的，还应制订详细的数据迁移计划。

(3) 信息系统的运行与维护

信息系统的运行与维护主要包含三方面的内容：日常运行维护、系统变更和安全管理。

① 日常运行维护的目标是保证系统正常运转，主要工作内容包括系统的日常操作、系统的日常巡检和维修、系统运行状态的监控、异常事件的报告和处理等。企业应当加强信息系统运行与维护的管理，制定信息系统的工作程序、信息管理制度以及各模块子系统的具体操作规范，及时跟踪、发现和解决系统运行中存在的问题，确保信息系统按照规定的程序、制度和操作规范持续、稳定地运行。

② 系统变更主要包括硬件的升级扩容、软件的修改与升级等。系统变更是为了更好地满足企业的需求，但同时应加强对变更申请、变更成本与进度的控制。企业应当建立信息系统变更管理流程，信息系统变更应当严格遵照管理流程进行操作。信息系统操作人员不得擅自进行系统软件的删除、修改等操作；不得擅自升级、改变系统软件版本；不得擅自改变软件系统环境配置。

③ 安全管理的目标是保障信息系统的安全。信息系统安全是指信息系统包含的所有硬件、软件和数据应受到保护，不因偶然和恶意而遭到破坏、更改和泄露，信息系统能够连续、正常地运行。企业应当根据业务性质、重要性程度、涉密情况等确定信息系统的安全等级，建立不同等级信息的授权使用制度，采用相应的技术手段保证信息系统运行的安全、有序。

此外，企业应当建立用户管理制度，建立系统数据的定期备份制度，加强服务器等关键信息设备的管理，综合利用防火墙、路由器等网络设备，漏洞扫描、入侵检测等软件技术以及远程访问安全策略等手段，加强网络安全。

2. COBIT

成立于 1969 年的美国信息系统审计与控制协会（ISACA），于 1996 年推出了 COBIT。COBIT 模型是信息系统管理和控制的一个开放性标准，目前已成为国际上公认的最先进、最权威的安全与信息技术的管理和控制标准。该标准辅助管理层进行有效的信息系统内部控制，目前已在一百多个国家的重要组织中应用，用以指导这些组织有效地利用信息资源，有效地管理与信息相关的风险。COBIT 有不少成功案例。美国的一些州已把 COBIT 标准作为虚拟政府策略的一部分，用它来保持较低的成本并为它的客户和委托人提供一定的服务。戴尔公司把 COBIT 作为控制自我评估策略的一部分，帮助公司保持高质量。

COBIT 集中反映了 IT 控制的目标和思想，COBIT 模型中关于控制的含义为：控制是一系列策略、程序、实践和组织结构的设计，以便对业务目标提供有效的确证，对意外事件进行防范、监控和纠正。COBIT 将 IT 规划、建设、运行、监控的整个 IT 活动划分为规划与组织、获取与实施、交付与支持、监控与评价四个领域，并在这四个领域中识别出若干个一般性的 IT 流程；对于每个 IT 流程，COBIT 都在业务和支持它的 IT 目标之间建立了关联，还定义了详细的流程控制目标。此外，COBIT 还对每个 IT 流程设置了流程整体控制目标及应用控制目标。

(1) COBIT 的组成与主要内容

COBIT 是由相互关联的各组成部分有机地结合在一起的，能够为不同的顾客群提供有关治理、管理、控制和保证方面的需要。COBIT 主要是由四部分组成，即框架、控制目标、管理指南、审计指南和应用工具集，其相互关系如图 11－1 所示。

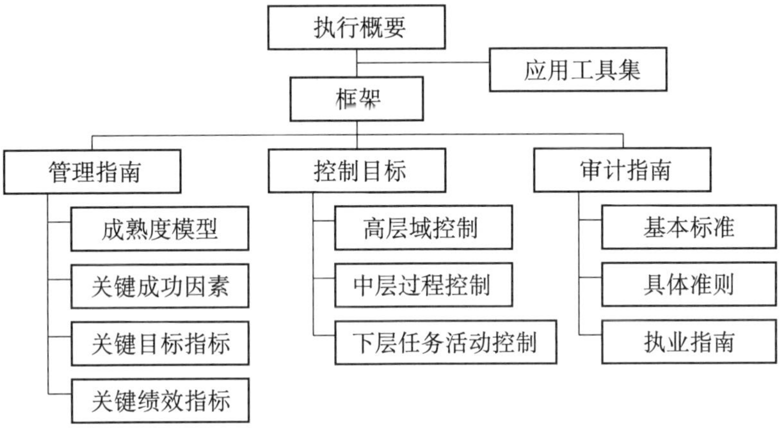

图 11－1　COBIT 的组成结构

① 框架(Framework)。COBIT 将 IT 过程、IT 资源与业务要求相适应的 IT 目标结合起来，形成一个三维的体系结构(见图 11－2)。

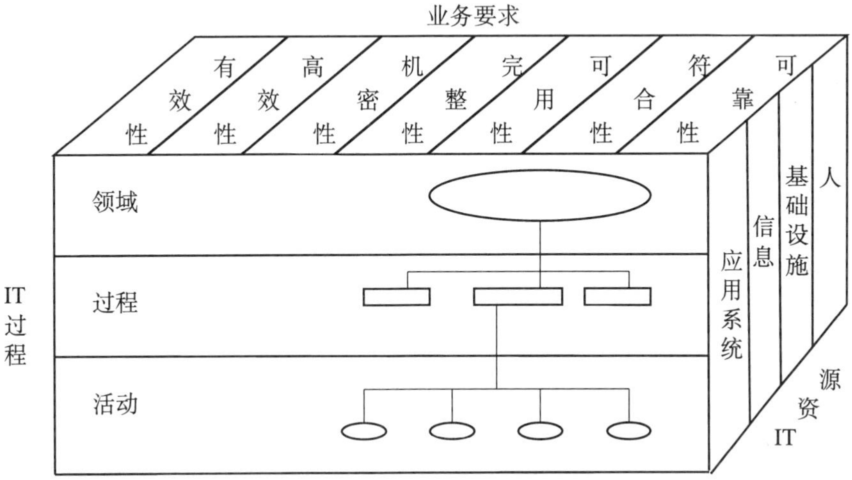

图 11－2　COBIT 立体体系结构

※ 业务需求。COBIT 基本结构中包含了实现业务目标所需要的信息。为了实现组织的目标,信息需要遵守一定的规范,这在 COBIT 中被称为信息的业务需求。与业务需求相适应的 COBIT 的 IT 总体控制目标为:有效性(Effectiveness)、高效性(Efficiency)、机密性(Confidentiality)、完整性(Integrity)、可用性(Availability)、符合性(Compliance)、可靠性(Reliability)。

※ IT 资源。COBIT 基本结构还包含了信息技术资源,主要包括应用系统(Applications)、信息(Information)、基础设施(Infrastructure)和人(People)。

数据是一种对象,它可以存在组织的内部或外部,可以是结构化和无结构化的,还可以是数字、图像、声音等。应用程序是手工编写或自动产生的程序的总和。技术包括硬件、操作系统、数据库管理系统、网络、多媒体等。设备是存放或支持信息系统的所有资源。人员包括人员的技能和意识,以及人员计划、组织、获取、交付、支持、监控信息系统和服务的效率。

※ IT 过程包含以下组成元素:IT 过程是在与业务要求相适应的 COBIT 的 IT 总体控制目标的导向下,对信息及相关资源进行规划和处理,从信息技术的计划与组织(Planning and Arrangement)、获取与实施(Acquisition and Implementation)、交付与支持(Delivery and Support)、监控与评价(Monitoring and Evaluation)等四个域确定了 34 个信息技术处理的过程。实际上,COBIT 的 IT 控制目标的实现,就是在 IT 过程中通过管理 IT 资源来完成的。

② 控制目标(Control Objectives)。针对 IT 过程的四个域确定的 34 个信息技术处理过程进行细分,根据每一个信息技术过程所涉及的系统资源确定相应的控制目标;针对每一个信息技术处理过程进一步细分为若干任务,确定若干个具体的控制目标;针对这些具体的控制目标,COBIT 提供了详细的系统管理策略,包括具体要采取的措施以及要考虑的问题等。这三个层次的控制目标体系使系统管理目标更清楚、更明确、更有操作性。

控制目标根据域、过程、任务活动三层体系对总体目标进行分解,通过对特定的活动实施控制,达到预定的系统目标。

③ 管理指南(Management Guidelines)。管理指南提供了管理工具,是控制目标在企业的具体应用准则,以对 IT 业务活动进行有效控制,使 IT 与业务活动保持高度一致,并通过传递组织所需要的信息使业务活动得以进行。管理指南给出了度量信息系统生命周期各过程的安全性、可靠性与有效性的指标体系,并定义了向管理者提供的评估度量模型。其中,成熟度模型(Maturity Models) 用来帮助确定每一个控制阶段是否符合行业和国际标准;关键成功因素(Critical Success Factors) 用来确定 IT 程序中最需要进行控制的活动;关键目标指标(Key Goal Indicators) 用来定义绩效的目标水准;关键绩效指标(Key Performance Indicators)用来测量 IT 控制的程序能否达到目标。这些管理指南都是为了确保企业成功及有效地整合企业的业务流程与信息系统。

④ 审计指南(Audit Guidelines)。审计指南为中介评估机构或信息系统审计师对信息系统的控制进行了解、评估和实施审计提供建议与指导。它不仅给出了 IT 审计的一般方法和要求,而且根据 COBIT 的框架,针对信息系统 34 个高层次控制目标给出了相应的审计步骤,为信息系统审计师检验和评价各 IT 过程是否符合具体控制目标提供了详细的审计指南,并指出未达到各控制目标所产生的风险及改进控制的建议。它为信息系统审计师实施信息系统控制审计以及提出改进系统控制建议提供了有用且方便的工具。

⑤ 应用工具集(Implementation Tool Set)。应用工具集包括管理意识(Management Awareness)、IT 控制诊断(IT Control Diagnostics)、应用指导(Implementation Guide)、常见

问题集(Frequently Asked Questions)、个案研究(Case Studies)以及介绍 COBIT 的相关课件(Slide Presentations)。这些工具集的设计主要是让 COBIT 的应用更加便利,使组织可以快速且成功地掌握在不同的工作环境中应用 COBIT。

(2) COBIT 在信息系统内部控制中的应用

企业组织结构与目标的多样性,信息技术与资源的复杂性,信息系统的管理、控制与审计过程也是复杂的,以至于人脑难以掌握其所有的细节。因此,构建信息系统管理和控制的模型是必要的,它可以协调组织与相关人员对问题的理解,并指导具体方案的产生。COBIT 涵盖整个信息系统的全部生命周期,涵盖了战略、战术与操作的所有层次,处于各个阶段的信息系统都可以参照应用,它所带来的益处是十分明显的。它使 IT 战略与组织战略紧密联系,在企业目标、信息系统、业务绩效目标之间维持平衡。它为 IT 过程提供了管理的要素、标准和控制目标,使复杂的管理控制结构化、模式化,为信息系统的安全、可靠、效用与效率达到预定目标提供了保障。在信息系统管理和控制的同时引入审计指南,保证了 IT 资源管理的安全性、可靠性和有效性。COBIT 还提供了截至目前的最佳案例和关键成功因素,供企业借鉴。

运用系统工程的结构化方法,针对具体的组织与信息系统的特点,在信息系统生命周期模型的基础上,依据生命周期不同阶段的任务和活动,构建符合 COBIT 的过程管理模型,并运用该模型指导信息系统的管理控制与审计过程,对我国开展信息系统控制有很好的启示和指导作用。其优点体现在以下几方面:

① COBIT 是一个非常有用的工具,而且易于理解和实施。几乎每个机构都可以从 COBIT 中获益,以此决定基于 IT 过程及其所支持的业务功能的合理控制。信息系统的审计、控制及安全专业人员应该考虑采用 COBIT 控制模型。

② COBIT 提供了一个共同的标准,使得 IT 处理过程的实施者更容易与其他组织 IT 处理过程的实施者,以及提供各种不同 IT 服务的个人或厂商彼此相互沟通。

③ COBIT 提供一种被广泛接受的与信息系统内部控制实践有关的框架来评估现有的或准备建立的 IT 环境,使组织的管理层即使不精通信息系统,也能理解信息系统带来的利益和花费的成本,明白其中存在的风险。COBIT 提供的应用工具集包括优秀的案例资料,向管理层很好地表述信息系统内部控制的概念,使管理层在基于最佳实践的基础上做出正确的决策。

④ COBIT 使信息系统内部控制的工作简化并量化,减轻复杂信息系统内部控制工作的难度,即使对于那些不具有广博 IT 知识的人来讲,也是一个认识信息技术的有价值的工具。

⑤ COBIT 为 IT 处理过程的实施者提供一个完整的理论指导,使他们可以对 IT 处理过程中的相关活动实施管理和控制,满足企业对信息系统的安全性、可靠性与有效性的需求,为企业达成其目标提供合理保障。

⑥ COBIT 提供了一个国际通用的信息系统内部控制方案,普遍适用于各种不同的业务项目和审计,它既包容了现在的情况,也提供了将来可能会使用到的指导方针。

⑦ COBIT 模型可以帮助确定过程责任,提高信息系统内部控制的水平。采用该模型作为对一个责任矩阵分析的基础,可以做到基于角色的信息系统内部控制,定义过程控制措施,确保企业利益。

11.4 会计信息系统内部控制

计算机技术在会计领域的应用,一方面带来了巨大的效益,另一方面也给内部控制带来了新的问题和挑战。电算化会计信息系统内部控制与手工会计信息系统内部控制相比,不仅内部控制的重点由人工控制转变为人和计算机共同控制,而且在控制实现方式、交易授权与执行、交易处理痕迹、控制范围等方面也存在很大差异。原有的内部控制已无法适应会计电算化信息系统的要求,迫切要求我们适应电算化会计信息系统的特点,建立和加强电算化下的内部控制体系。本节试图从微观的层面,探讨关于电算化会计信息系统环境下的内部控制建设问题,以确保企业实行会计电算化后 ,系统能够正常、安全、有效地运行。

11.4.1 IT 环境对会计信息系统内部控制的影响

1. IT 环境下会计信息系统面临的主要风险

在 IT 环境下, 由于与传统的手工操作环境有了很大的差别, 会计信息系统面临前所未有的风险,主要有以下几类:

① 疏忽差错。疏忽差错体现在会计信息系统开发、运行与维护的各个方面。例如,在系统开发过程中,由于系统分析与设计工作不完全到位,导致系统存在缺陷。再如,系统操作员或交易执行员在经济业务资料的输入与处理过程中, 由于缺乏必要的上岗作业培训或工作粗心大意等,造成非故意的差错。

② 蓄意差错。蓄意差错也就是故意差错, 实质就是舞弊, 是不正当的或违法的。在信息的输入—处理—输出的流程甚至在软件的开发与研制过程中, 都可能产生这种差错。它不仅对有关数据或输出信息的正确性与可信性造成影响,还可能导致企业资源的短缺损失,以及掩饰了有关的盗窃行为。

③ 资产毁损。企业会计数据资料记录可能承受非故意的毁损, 例如,存储于硬盘中的应收账款记录未作备份, 可能因偶然的断电故障等偶发事件而销毁。

④ 故意破坏。未经授权许可的人员可能非法接近企业的交易资料与其他记录。计算机黑客通过互联网擅自进入企业的计算机系统,窃取、篡改或恶意破坏交易资料或记录, 以及未经授权员工私自偷阅未设定密码或口令保护的企业员工薪金报告等。这种风险可能因竞争对手窃取本单位的重要会计资料而造成极为严重的后果。

⑤ 暴力。暴力的存在来源于外界人士(如恐怖分子)和怀有怨气的现有员工或已遭解雇员工的报复行为,如损坏会计信息系统或销毁企业的客户往来档案记录等。其后果可能是毁损企业的资产和资料, 甚至是导致经营过程中断以及企业的破产倒闭。

2. IT 环境对会计信息系统内部控制的影响

从传统的手工会计到电算化会计信息系统,系统内部控制的基本要求和目标没有改变,如会计核算的复式记账和借贷平衡的基本原理与方法没有变。但由于信息技术与手工会计处理技术方面的显著差异,IT 在会计信息系统中的应用带来了一系列新的风险,对内部控制相应地提出了新的要求,由此引发的会计信息系统内部控制体系也出现了一些新的特点和变化。

(1) 基于分工的内部控制机制失去了作用

在手工会计环境下,单位会计部门通常根据会计业务性质的不同(即核算内容的不同),分设若干个岗位并配备会计人员，分别主管会计工作的某一个方面，职责分工明确。各职能岗位通过对会计业务的多重反映和相互稽核，自然地形成了相互牵制、相互监督的局面。但在电算化会计系统中，会计信息的处理和存储高度集中于计算机，计算机处理数据的连贯性和集中性使手工会计系统中职责分工的控制方法失效；授权和审批主要通过口令来实现，任何操作员留下的痕迹都是一样的；数据存储载体的改变使得传统的账簿控制体系也失去作用；等等。在会计信息系统环境下，建立在岗位职责分工基础上的内部控制机制显然失去了作用。

(2) 审查复核机制削弱以及错误的连续性与重复性

在手工会计环境下，账务处理工作被分成填制凭证、记账、结账、对账、编制报表等诸多步骤，按一定的程序完成。任何一个步骤都是对前面步骤的审查与复核，前一个步骤中出现的错误往往可以在后一个步骤中被发现而得以纠正。例如，凭证的错误可以在记账中发现，记账的错误又可以在对账中发现，对账中未发现的错误还可以在编制报表时发现等。而在会计信息系统环境下，账务处理从输入会计凭证到输出会计报表，一气呵成，一切中间环节都由计算机自动处理，手工方式下的各处理步骤不复存在，审查、复核等控制机制随之削弱甚至消失了。另外，电算化会计信息系统的所有数据都源于凭证，只要一次输入原始数据，系统就会自动进行多项处理，故一旦出错，就将引发日记账、明细账及总账甚至报表输出等一系列错误。

(3) 电子数据的可靠性面临挑战

在手工会计环境下，会计信息被记录于凭证、账簿等纸张上，一项经济业务的每个环节都要经过某些具有相应权限人员的签章，其法律效力是被广泛承认的；并且出现错误进行修改时，不论采用何种方式都会留有痕迹。而在会计信息系统环境下，账户记录和纸介质已逐渐分离，完全不必使用纸张作为账户记录的唯一载体，凭证、账簿、报表等均可在计算机中以电子形式存放。对于电子数据不易实现签字、盖章等具有法律效力的手段，且电子数据可被轻易地修改而不留任何痕迹。另外，电磁介质易损坏，所以会计信息丢失或毁坏的危险性增大。

(4) 系统的安全性受到更大的威胁

在会计信息系统环境下，所有的会计数据和处理程序都保存在计算机中，一旦计算机系统出于某种原因(如突然停电、病毒发作等)而无法运行，都会造成数据丢失。特别是在网络会计环境下，其开放性、分布式的特点对会计信息系统的安全性提出了更加严峻的挑战。

(5) 带来利用系统进行会计舞弊的新问题

电算化会计信息系统舞弊主要表现在未经授权的软件调用或修改，其方法主要有以下几种：①篡改输入。这是最简单也是最常用的计算机舞弊方法。该方法通过在经济数据录入前或加入期间对数据做手脚来达到某种目的，如虚构业务数据、修改业务数据、删除业务数据等。②篡改文件。这是指通过维护程序或直接通过终端来修改数据库文件中的会计和业务数据。③篡改程序。这是指通过对程序做非法改动来达到某种不法目的。例如，将小额资金(如计算中的四舍五入部分)逐笔积累起来，通过暗设程序记到自己的薪资账户中，表面上却看不出任何违规之处。④违法操作。这是指操作人员或其他人员不按操作规程或未经允许上机操作，如未经批准擅自启动现金支票签发程序。⑤篡改输出。通过非法修改、销毁输出报表，利用终端窃取输出的机密信息等。⑥其他方法。例如，通过物理接触、电子窃听、译码、拍照、复制、复印等方法来舞弊。另外，应该注意的是，比未经授权非法调用系统威胁更大的是经授权人员的监守自盗行为。

(6) 增加了新的内部控制内容、方式和手段

计算机和网络技术的引入,给会计工作增加了新的工作内容,以及新的控制措施。例如,计算机硬件及软件分析、编程、维护人员与计算机操作人员的内部牵制,计算机会计信息的安全保护,计算机病毒防治,计算机操作人员、网络系统管理员、网络系统维护人员的授权与岗位责任等问题。同时,在电算化会计信息系统环境下,会计记录被存储在磁盘、软盘等磁性介质上,这种内部稽核的削弱以及磁性介质的缺陷,都要求内部控制的方式和手段由人工控制向人工控制与程序控制及电子信息技术相结合转化。

(7) 加大了审计的难度

手工系统下,审计人员对会计业务的审计有一套严格的审计程序,但套用在电算化会计信息系统中就不很严谨了。电算化系统中的审计绝对不能疏忽对会计软件流程的了解以及电算化制度的把握;否则,就会加大审计风险,不可能查出计算机处理过程中隐藏的各种重大错误和舞弊行为。

(8) 会计电算化人员的素质有待提高

人是电算化会计信息系统中的决定因素。电算化会计信息系统内部控制的应用不仅需要完备的计算机系统,而且需要具有完善的知识结构的人才。会计电算化人员不但要较好地掌握相关的专业知识,而且对于计算机技术也要具备较高的造诣。然而,我国财会人员的素质状况和知识水平均有待提高,这使会计软件的许多功能得不到充分利用,更谈不上根据实际工作情况进行二次开发。

11.4.2 会计信息系统内部控制的基本内容

会计信息化已进入财务与业务一体化的信息系统集成阶段(即以 ERP 为代表的企业综合信息系统阶段),企业有必要采取相应的内部控制措施,保障信息系统安全、正常、可靠和有效地运行,保证其为企业提供全面、完整、准确的会计及其他业务信息。

通常把信息系统的控制分为一般控制和应用控制,可基于一般控制和应用控制的视角来讨论会计信息系统内部控制的基本内容。

1. 会计信息系统一般控制

一般控制是指对整个计算机信息系统及环境要素实施的,对系统所有的应用或功能模块具有普遍影响的控制措施,主要是有关电子数据处理的政策和制度。一般控制是应用控制的基础,可划分为组织控制、系统开发与维护控制、系统安全控制、硬件及系统软件控制、操作控制、文件档案控制、备份和应急计划、审计轨迹控制、人员培训等。

(1) 组织控制

组织控制最基本的原则就是信息系统部门与业务部门的职责分离,信息处理部门内部要有恰当的职责分离,以达到相互牵制、相互制约的目的,防范或减少错误与舞弊的发生。组织控制的方式和措施主要是权责划分与职能分离。权责划分是指在分工协作的基础上明确各部门的权限与责任;职能分离是指对不相容职务进行分离。其具体控制措施包括:①系统分析设计、系统维护、系统操作、文档资料保管、系统数据库管理等职责要相互分离;②将交易的授权与执行分离;③将资产的保管与记录分离;④将交易处理职能在多人之间进行分工。要达到这些目的,就需要在业务的筹划、执行和计算机处理之间明确地划分责任(见图 11-3)。

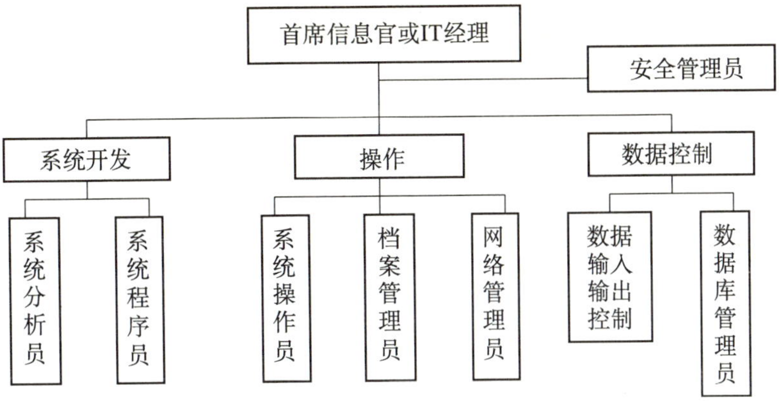

图 11-3　IT 职务分离

组织控制是对组织机构设置、人员配置、内部牵制等方面的控制，其目的就是对电算化会计系统的不相容职务进行分离，做到各司其职、相互牵制。在电算化会计信息系统中，程序设计、计算机操作和数据保管是三个不相容的职务，必须加以分离。程序员应当只负责程序的编制和修改，不参与数据的输入和处理等现场操作工作；计算机操作人员不负有编程和修改的责任，从而可防止非法干预程序的不轨行为。电算化的数据与文件的保管由程序员和操作员以外的第三者负责，这是很重要的职务分离措施。

（2）系统开发与维护控制

系统开发与维护控制包括：①系统开发的可行性，尤其应符合成本与效益原则，在管理实施上可行。②系统的合规性、合法性，无论是自行组织开发还是购买商品化软件，都必须遵循有关机构和部门制定的标准与规范，应审查系统程序控制的恰当性，提出控制建议。③系统的可审性（注意留下充分的审计线索），系统测试的全面性与恰当性（参与系统测试，审查测试数据、过程和结果）。④开发过程的人员控制，即在计算机信息系统开发的过程中，各类人员在工作上的安排、责任以及相互间的配合等。⑤系统设计控制，即根据系统分析阶段提出的系统说明书，找出最恰当地实现系统功能的算法与数据结构，并使它们规范化、具体化。系统设计工作的好坏最终决定系统的质量。⑥系统测试控制，即软件是否购买或由内部开发，以现实数据对软件进行广泛的测试是关键的环节。⑦系统转换控制。在新旧系统转换之际，企业应当采取有效的控制手段，做好各项转换的准备工作，如旧系统的结账、数据库备份、人员的重新配置、新系统需要的初始数据的安全导入等。⑧文档控制。开发过程会产生许多文档资料，包括由系统分析员编写的系统说明书和流程图，由程序员编制的源程序、用户使用手册和编程说明等，还包括各项测试数据及结果、对系统的综合评价等。⑨系统维护。这有两层含义，一是系统的日常维护，主要是安全方面的控制；二是系统功能的改进和扩充，应按新系统开发的规程要求实施控制。例如，会计软件的修改必须经过周密计划和严格记录，修改过程的每一个环节都必须设置必要的控制，修改的原因和性质应有书面形式的报告，经批准后才能实施修改，计算机会计系统的操作人员不能参与软件的修改，所有与软件修改有关的记录都应该打印后存档。

（3）系统安全控制

在电算化会计信息系统中，数据安全所受到的威胁主要有以下几方面：不可控制的自然灾害；非预期的、不正常的程序结束操作所造成的故障；存储数据的辅助介质（如磁盘）部分或全部遭到破坏;用户非法读取、执行、修改、删除、扩充和迁移各种数据、索引、模式、子模式和程序等,从而使数据遭到破坏、篡改或泄露;使用人员、维护人员的错误或疏忽;利用计算机舞弊和犯罪;计算机病毒侵入等。电算化信息系统的安全控制主要有以下几方面:

① 实体安全控制。实体安全涉及计算机主机房的环境和各种技术安全要求,以及光和磁介质等数据存储体的存放与保护,是一种预防性控制。计算机机房应该符合技术要求和安全要求,应充分满足防火、防水、防潮、防盗、恒温等技术条件,应配有空调和消防设施等;对用于数据备份的磁盘、光盘等存储介质,应注意防潮、防尘和防磁,对每天的业务数据双备份,建立清单异地存放,长期保存的磁介质存储介质应定期转储。

② 硬件安全控制。计算机会计信息系统的可靠运行主要依赖于硬件设备,因此必须充分保证硬件设备的质量,为防万一,关键性的硬件设备可采用双系统备份。此外,机房内用于动力、照明的供电线路应与计算机系统的分开,配置 UPS 不间断电源、防辐射、防电磁波干扰等设备。

③ 软件安全控制。一是分析研究各应用软件的兼容性、统一性,使各业务系统成为基于同一种操作系统平台的大系列,各种业务之间能相互衔接,相关数据能够自动核对、校验,数据备份应统一完成。二是系统软件应尽量减少人机对话窗口,必要的窗口(如凭证输入窗口)应力求界面友好,防错能力强,做到非正确输入不接受。三是增强系统软件的现场保护和自动跟踪能力,可以记录一切非正常操作。

④ 网络安全控制。网络对信息系统的安全提出了比单机系统更高的要求,须加强以下方面的控制:一是用户权限设置。从业务范围出发,将整个网络系统分级管理,设置系统管理员、数据操作员、数据管理员等岗位,层层负责,对各种数据的读、写、修改权限进行严格限制,把各项业务的授权、执行、记录、资产保管等职能授予不同岗位的用户并赋予不同的操作权限,拒绝其他用户的访问。二是密码设置。每一用户按照自己的用户身份和密码进入系统,对密码进行分组管理,避免使用易破译的密码;对存储在网络上的重要数据进行有效加密;在网络中传播数据前对相关数据进行加密,接收到数据后再进行相应的解密处理,并定期更新加密密码。

⑤ 系统操作的安全控制。其控制方式有:用户级别控制,即采用分级设定密码口令的方式,控制各用户的使用资格和权限;操作记录控制,即采用系统自动生成操作记录簿的办法,对操作人员、时间、工作项目进行序时记录和控制;软件保密控制,即采用对系统软件编译或对系统加密的方法控制和防止非法人员打开程序或数据库;数据安全控制,即采用对数据加以分类,分别以操作口令方式加以控制,对特别重要的数据和文件可采用密码存储方式,以防被盗和被损。

⑥ 病毒的防范和控制。防范病毒最为有效的措施是加强安全教育,健全并严格执行防病毒管理制度,具体包括:软件、存储介质及计算机系统的采购和更新要经过计算机病毒检测后才可使用;专机专用;绝对禁止在工作机上玩游戏;建立存储介质管理制度,防止乱复制;安装防病毒卡和反病毒软件;定期检测并清除计算机病毒;采用网络防火墙技术;等等。

(4) 硬件及系统软件控制

了解硬件和系统软件的内在机制,帮助内部控制人员或审计人员更好地掌握内部控制的机制,对其加以充分的利用,并针对控制中存在的薄弱环节补充新的控制措施。对系统中可能存在的隐患,防微杜渐,使计算机信息系统更加可靠地工作。

(5) 操作控制

计算机会计信息系统的使用操作应当有一套完整的管理制度，包括上机守则与操作规程、上机日志记录、保密制度和操作工作计划。系统操作控制主要表现为操作权限控制和操作规程控制两个方面。操作权限控制，是指每个岗位的人员只能按照所授予的权限对系统进行作业，不得超越权限接触系统；应制定适当的权限标准体系，使系统不被越权操作；操作权限控制常采用口令设置，从而保证系统的安全。操作规程控制，是指系统操作必须遵循一定的标准操作规程，包括软硬件操作规程、作业运行规程、用机时间记录规程等。其内容主要包括：①无关人员不能随便进入机房操作；②各种录入的数据均须经过严格的审批并具有完整、真实的原始凭证；③数据录入员对输入数据有疑问，应及时核对，不能擅自修改；④机房工作人员不能擅自向任何人提供任何资料和数据；⑤不准把外来的磁盘带进机房；⑥发生输入内容有误的，须按系统提供的功能加以改正，如编制补充登记或负数冲正的凭证加以改正；⑦开机后，操作人员不能擅自离开工作现场；⑧要做好日备份数据，同时还要有周备份、月备份。

(6) 文件档案控制

在系统开发的过程中，应形成一整套文件资料，包括：系统说明书，主要反映系统所具备的功能及其相互关系，以及系统与其他系统的关系；程序说明书，则主要反映程序所要实现的任务、程序处理流程；数据结构说明书，主要反映输入、输出信息的内容格式、项目代码、数据类型、长度等；运行说明书，主要说明系统启动、数据输入、程序运行、数据输出、停机的具体规定，以及在运行中遭遇停机的应急措施等。对电算化文件资料必须进行有效的控制，在纳入系统档案之前，由系统主管人员审核和批准；使用必须经过批准并予以登记；修改必须由专人审批复核，并做好修改记录；保管必须有专人负责。

(7) 备份和应急计划

断电、火灾、过热或过湿、水灾甚至蓄意破坏等灾害对使用 IT 的企业会造成严重的后果。为了应对这些风险，企业要建立详细的备份和应急计划，其关键是确保所有重要的软件和数据文件副本都备份并存放在不同的地点。

(8) 审计轨迹控制

审计轨迹是审计师能够对经济事项的开始至财务报表的所有阶段进行追踪的经济业务的交易记录。为便于监督和检查对信息系统的操作与使用，同时也是法律责任的要求，必须保持充分的有关日常运行的交易记录，即审计轨迹。保留审计轨迹的目标为：①检查非授权访问；②重构导致事件发生的步骤，如系统故障、个人侵犯安全或应用程序处理错误；③可用于个人责任的解释。

(9) 人员培训

在开发阶段就要对使用计算机会计系统的有关人员进行培训，提高这些人员对系统的认识和理解，以减少系统运行后出错的可能性。对于外购的商品化软件，应要求软件制作公司提供足够的培训机会和时间，在系统运行前对有关人员进行培训，包括系统的操作培训，系统投入运行后新的内部控制制度、新的凭证流转程序的培训，以及计算机会计系统提供的高质量的会计信息的进一步的分析和利用等。

2. 会计信息系统应用控制

应用控制是指对计算机会计信息系统应用程序中具体的数据处理功能的控制。应用控制具有特殊性，不同的会计应用系统有不同的处理方式和处理环节，因而有不同的控制问题和控制要求。但是一般来说，计算机会计信息系统的应用控制包括以下几项内容：

（1）输入控制

输入控制的目的是保证只有经过授权批准的业务才能输入计算机会计信息系统；保证经批准的业务数据没有丢失、遗漏，也没有增加、重复或被不恰当地修改，完整、准确地输入并转换为机器可读的形式；保证被计算机拒绝的错误数据经改正后重新向系统提交。输入控制是很重要的，因为IT系统中大量的错误来自输入的数据，输入的错误又会导致输出的错误。常用的输入控制方法包括：

① 会计信息系统数据输入前应保证原始数据的真实性、可靠性，包括凭证格式和内容的审批控制、有关责任人签章的控制、修改控制及凭证审核控制等。

② 只有经批准的人员才能进行输入操作并做好操作记录，输入数据要经复核才能处理。

③ 计算机输入校验，它包括：建立科目名称与代码对照文件，以防止会计科目输错；设计科目代码校验，以保证会计科目代码输入的正确性；设立对应关系参照文件，用来判断对应账户是否发生错误；试算平衡控制，对每笔分录和借贷方进行平衡校验，防止输入金额出错；采用顺序检查法，防止凭证编号重复；采用二次输入法，将数据先后两次输入或同时由两人分别输入，经对比后确定输入是否正确；还可采用业务数点计、控制总数核对、数据合理性检验、数据类型与完整性检验等方法。

④ 凡在计算机检查中被发现的错误，应由操作员找出错误的原因，交由出错人员改正后重新向系统提交。另外，还应建立责任控制，以落实操作人员的责任。

（2）处理控制

处理是计算机会计信息系统按程序指令实行的内部功能，包括数据验证、计算、比较、合并、排序、文件更新和维护、访问、改错等内部处理活动。处理控制的目的是确保会计信息系统数据处理过程的正确性、可靠性，确保经济业务由计算机准确地处理，经济业务没有丢失或不恰当地增加、改动，计算机处理的错误被及时地鉴别并改正。数据处理是否正确及其结果是否可靠，在很大程度上依赖于输入数据的正确性和可靠性、应用程序的正确性以及环境控制的强弱。但是，即使这些方面得到保证也会出现一些问题，如程序逻辑错误、计算错误、用错文件、用错记录、处理非法数据等。因此，还必须设置处理控制措施，常用的处理控制措施包括：

① 只有经批准的人员才能执行处理操作，并做好操作记录。

② 处理条件的检查与控制，确保只有在条件满足的情形下才能进行处理。例如，登账条件检验，即系统要具有确认数据经复核后才能登账的控制能力。

③ 防错、纠错控制，即系统要具有防止或及时发现在处理过程中数据丢失、重复或出错的措施，常用的措施有记录数点计、控制总数核对、平衡检验、合理性检验、溢出检验、常数检验等。

④ 修改权限与修改痕迹控制，即对已入账的凭证，系统只能提供留有痕迹控制（即只能提供留有痕迹的更改功能），对已结账的凭证与账簿以及计算机生成的报表数据，系统不提供更改功能等。

⑤ 文件检查。为了确保不同时期主数据文件的完整性，应定期打印主数据文件的内容，以便检查主数据文件的数据及其更改情况，保证用于处理的数据文件确为所要处理的。

⑥ 文件保密控制，即对计算机运行文件进行保密性控制，对敏感、重要的程序文件用口令或密码加以保护等。

⑦ 恢复程序控制。为防范意外停电、计算机故障等事故造成数据丢失或文件被破坏等，对重要的程序和数据文件要留有备份，能够在较短的时间内恢复系统的正常运行。

(3) 输出控制

输出控制的主要任务是保证合法、正确地输出各种信息，防止未经授权的人员擅自盗用系统资源。输入的业务和数据经系统处理后，绝大部分是以机器可读的形式存储在肉眼不可见的存储介质上的，单位的管理人员要利用这些信息时，还必须以肉眼可见的形式由系统打印输出。因此，系统不但要定期或不定期地把各种信息输出到肉眼不可见的存储介质上，而且要打印输出各种报告、报表或其他有关资料。输出控制的目的就是保证输出资料必须准确、可靠，并能按要求及时送到指定人员的手中。并且，只有具有相应权限的人员才能执行输出操作，未经批准的人员不能接触系统的输出资料。系统输出内容可分为数据处理结果和控制信息，对此应采用以下不同的控制方法：

① 数据处理结果输出的控制。这主要是对会计账表和其他各种报表的控制，包括数据准确性控制和发放保管控制两个方面。在会计报表打印输出前，由计算机检查报表间应有的勾稽关系是否满足；应检查输出数据是否与输入数据相一致，复核数据的合理性，检查输出报表的记录是否完整，根据记录顺序号检查记录是否有缺漏或重复现象，根据其他文件进行对照检查；在某些情况下，执行交易输出与原始凭证的样本对比；控制只有经批准的人员才能执行输出操作，并经有关人员检查签章后才送出使用或按会计档案管理的要求保管，未经批准的人员不得接触系统的输出资料；应有专人监督操作、传送与保管敏感的重要输出资料；打错、作废的机密资料应即时销毁或用碎纸机切成碎片后才放进废纸箱；防止有人篡改输出队列文件内的数据；输出资料的使用者发现资料上有错误、可疑之处应报告系统管理员，以便查清错误的原因与责任。

② 控制信息输出的控制。控制信息包括输入控制与处理控制中计算机完成的各种程序的反馈信息，如由计算机输出的数据输入与处理误差表、计算机操作记录等。这些输出的控制信息是揭示失误或舞弊行为的证据，应采取措施加以妥善保护，防止有意或无意的破坏、丢失和篡改。

输入、处理和输出是计算机会计数据处理过程中相互关联的三个环节，对任何一个环节上的控制都会影响其他环节的数据处理，所以应该从整体角度考虑应用控制。

综上所述，在会计信息系统环境下，信息技术的应用使得内部控制框架的内部构成发生了新变化，在给企业提高内部控制效率、增强内部控制效果带来新机会的同时，也带来了潜在的风险。信息系统下的内部控制与传统手工系统下的相比，是范围扩大、控制程序灵活多样的综合性控制，是职能部门和计算机数据处理部门并重的全面控制，是人工控制和计算机自动控制相结合的多方位控制，从而使会计信息系统运行的每一个过程和结果都处于严密的控制之中。

11.4.3 建立会计信息系统内部控制的基本原则

只有准确地对影响企业经营管理过程中的重要方面或主要环节分析、设置好控制要素，才能对企业经营管理各环节实施多方位的有效控制。因此，IT 环境下电算化会计信息系统内部控制的完善应遵循一定的原则。

① 合法性、合规性原则。会计信息系统内部控制的要素应当遵循国家的有关财经法律法规、电算化制度与规范以及企业管理制度的要求，保证任何一项经济活动能够在合法、合规的

状态下开展。

② 经济性原则。一般来说，控制程序的成本不能超过风险或错误可能造成的损失或浪费，其基本标准是实行控制的收益应大于其成本；否则，再好的控制措施和方法也失去了意义，企业应当充分发挥各机构、各部门及广大员工的工作积极性，尽量降低经营运作成本，保证以合理的控制成本达到最佳的内部控制效果。

③ 针对性原则。根据实际情况，针对会计信息系统中的薄弱环节、容易出现错误的细节来制定具体的内部控制要素。

④ 全面性原则。必须通盘考虑会计信息系统的内部控制机制，必须覆盖企业的各项业务、各个部门和各级人员，并渗透到决策、执行、监督、反馈等各个经营环节。

⑤ 适用性原则。对于会计信息系统内部控制的设置，应该贯彻可操作性强、易于理解、切实可行的原则。

⑥ 一贯性原则。会计信息系统内部控制的设置必须具有一定的连续性和一致性，保证会计工作的严肃性。

⑦ 相互制约原则。要严格分离会计信息系统内部控制各个要素中不相容的职务，不得由一个人或一个部门包办到底。

⑧ 适应性、发展性原则。要始终关注企业经营方针、经营政策、经营环境、经营模式的变化，同时要着眼于企业未来的发展；要随着客观现实的各种变化和发展要求以及新信息技术的应用，定期评估并适时调整会计信息系统内部控制各要素，以适应企业经营管理的需要和企业发展变化的要求。

?思考题

1. 简述信息系统环境下企业内部控制的特点。
2. 什么是信息系统内部控制？信息系统内部控制的类型有哪些？
3. 《企业内部控制指引第 18 号——信息系统》主要包括哪些内容？
4. 简述 IT 环境对会计信息系统内部控制的影响。
5. 信息系统环境下是否存在手工控制？程序化控制相比手工控制有何优点？
6. 简述会计信息系统内部控制的基本内容。
7. 什么是会计信息系统的一般控制和应用控制？它们之间有何关系？
8. 建立会计信息系统内部控制的基本原则有哪些？

第12章 会计信息系统审计

随着计算机、网络技术等信息技术的发展，企业纷纷建立了自己的电算化会计信息系统。从手工会计核算发展到会计信息系统乃至ERP系统，实现了企业财务和管理的信息化。运用信息技术构建起来的会计信息系统，改变了手工会计信息采集、存储、加工和报告的思维方式，使会计处理在内部控制、信息处理流程、信息存取等诸多方面发生了很大变化。与此同时，对审计的对象、目标、内容、范围、技术、方法等也带来影响，由此对会计信息系统提出了审计的需求。

12.1 会计信息系统审计概述

在会计信息系统环境下，一方面，会计数据处理的过程集中到计算机，按人们设计好的程序自动完成，大大减少了人工干预，使会计信息的准确性与可靠性大大提高。另一方面，会计信息处理实现了自动化、无纸化，传统的审计理论、技术方法和手段已不能满足信息技术环境下的审计要求，传统审计面临巨大的挑战。

1. 审计概念

关于审计，我们一般将其定义为：审计是指有胜任能力的独立机构或人员接受委托和授权，对特定经济实体的可计量的信息证据进行客观的收集和评价，以确定这些信息与既定标准的符合程度，并向利益相关者报告的一个系统过程。其目的在于：确定、解除被审计单位的受托责任以及加强对被审计单位的管理与控制。

我们可以从以下几方面理解和把握审计的含义：

① 审计主体。审计主体是指有胜任能力的独立机构或人员。独立机构是指政府审计机关、内部审计机构和会计师事务所。独立人员是指专门从事政府审计、内部审计工作的人员和经批准依法执业的注册会计师。审计的专业性要求从事审计的机构和人员应具有完成审计工作所必需的专业知识与技能，必须熟知有关的法律、法规和既定的准则、标准。

② 审计对象。审计对象是可计量的信息。可计量的信息有多种形式，可以以货币、时间计量（比如财务报表、完成工作所需的时间、建设支出费用）等，它们共同的特点是有可确认的、证实的形式。

③ 审计关系。审计关系是由接受委托或授权形成的。总体来说，注册会计师审计业务都是接受委托来进行的，而政府审计和内部审计则多是由上级主管部门或领导授权的。

④ 审计依据。审计工作的执行和对审计对象的判断依据是既定标准。既定标准是指判断认定时所使用的标准。这些标准既可能是立法机关制定的法律、法规，或管理当局制定的预

算或者其他绩效衡量标准，也可能是权威团体颁布的一般公认准则。

⑤ 审计工作核心。审计工作的核心是客观地收集和评价证据。审计证据是证实被审计事项的有效凭据，确定证据的收集数量和评价证据的事实符合性程度的过程是审计工作中最为主要的环节，也是审计区别于其他监督与管理工作的重要特征。

⑥ 审计工作基本目标。审计工作的基本目标是确定这些信息与既定标准的符合程度，并向利益相关者报告。也就是说，审计人员最终要通过自身的审计工作，对审计对象做出判断，并以适当的形式报告给利益相关者。其中，利益相关者是指所有使用或依赖审计报告的个体，可以是股东、管理当局、债权人、政府机构、一般社会公众等。

⑦ 审计过程。审计过程是系统的过程。也就是说，审计过程是一项遵循逻辑顺序、结构严谨的活动。

⑧ 审计性质。独立性、客观性是审计的性质。独立性是审计的灵魂，是保障审计人员以客观的态度评价审计证据的前提；客观性的基本含义是避免偏见，既是对获得信息的方法的质量要求，也是对进行审计的人员的质量要求。

从审计的概念可以看出，审计所涉及的领域包含社会经济活动的方方面面，财务审计只是其中的一部分。

2. 信息系统环境对审计的影响

会计及管理信息系统的实施，提高了信息处理的速度和准确性，为用户提供了及时、准确的信息。但同时，数据处理电算化以后，对传统的审计产生了巨大的影响，主要表现在以下方面：

(1) 对审计线索的影响

审计线索对审计来说是极为重要的。在审计过程中，审计人员正是跟踪审计线索、审核有关的经济业务、收集审计证据的。在手工数据处理系统中，存在大量的、肉眼可见的审计线索。例如，大量的原始凭证、记账凭证、总账、明细账、会计报表等形成一条明显的审计线索，审计人员可以从原始凭证开始，追踪经济业务直到报表为止；也可以反之，从而形成了顺查、逆查等审计方法。对手工数据处理系统的审计，就是建立在这种肉眼可见的审计线索之上。但在电子数据处理系统中，纸质的凭证、账簿没有了，文字记录消失了，取而代之的是存有数据处理资料的磁盘、光盘等，这些存储介质上的信息是机器可读的，而不再是肉眼所能识别的。此外，从原始数据进入计算机到报表的输出，这中间的全部数据处理已由计算机自动完成，传统的审计线索在这里中断、消失了。因此，传统的审计方法，在电子数据处理系统中，有的已不再适用。

(2) 对审计对象的影响

审计对象的本质是企业的财务收支及其有关的经营管理活动，而在信息技术环境下，企业信息系统的建立，使企业的财务收支及其有关的经营管理活动的特点发生了巨大的变化，各种业务隐性化、网络化和数字化。审计作为维护市场经济秩序、管理与监督经济活动的重要手段，必然受到信息时代发展的深刻影响，审计对象也在不断扩大化。由于信息技术改变了企业的经营环境和会计信息的生产过程，因此审计对象必然由传统的审计对象向整个计算机信息系统发展。并且，随着信息化的进程，由传统的单机系统向网络化系统发展，由单一型向集团化发展，由单项管理向多项、综合型的管理信息系统(如 ERP 系统)发展；同时，ERP 软件的应用和业务流程重组的实施加剧了传统管理流程的变革，使审计对象更加复杂。另外，从过程角度而言，信息系统的审计对象存在于信息系统的整个生命周期之中，它包括以计算机为核心的信息系统及其相关的技术和管理活动，从而又呈现扩大化趋势。所有这些意味着，审计面临的对象将呈现不断变化的特点。

（3）对审计范围的影响

信息技术的高速发展与广泛应用改变着商业环境，改变着信息的产生与处理方式，从而改变着信息使用者对信息的要求，而这一切必然影响并改变着审计鉴证业务的范围。从审计范围来看：一方面，在计算机技术环境下，信息系统的物理结构一般包括硬件、软件、数据、人员和规程，这种信息系统构成要素的复杂性使得审计范围大大拓宽；另一方面，信息系统向集成化、网络化方向发展，信息化环境下的审计不仅包括信息化的会计信息系统，而且包括其他计算机信息处理系统（如 ERP 中的采购管理子系统、销售管理子系统、库存管理子系统、项目管理子系统、人力资源管理子系统、质量管理子系统等），甚至包括从互联网下载的所有管理信息。因此，信息化环境下的审计，实质上是对计算机软件和硬件及整个信息系统的审计。再者，随着网络的发展，借助现代信息手段和企业的多元化发展战略，许多跨国公司、国际企业大都构建了从多国、多地区进行购、产、销的物流系统，公司经济业务涉及制造、建筑、化工、金融、医疗等多个行业的多种业务，同时也是一个横跨几个甚至几十个国家和地区的信息系统。当审计面对这些审计对象时，它要审计的经济业务种类也将摆脱传统上仅局限于一个行业、几种经济业务的状况，从而成为跨越多个国家、多个行业、多种经济类型的全球化、多元化审计。

（4）对审计内容的影响

在信息技术条件下，审计的监督职能虽然没有改变，但审计内容及重点却发生了变化。传统审计主要是对被审计单位的财务或财政收支活动进行的，计算机的使用扩大了审计内容。信息化系统中，会计及经济业务事项由计算机按程序自动进行处理，如果系统的应用程序出错或被非法篡改，那么计算机就只会按给定的程序以同样错误的方法处理有关的业务事项；信息系统可能被嵌入非法的舞弊程序，不法分子可以利用这些舞弊程序大量侵吞单位的财物。系统的处理是否合规、合法、安全可靠，都与计算机系统的处理和控制功能有直接关系。信息系统的特点及其固有的风险，决定了审计的内容要增加对计算机系统处理和控制功能的审查。因此在信息化条件下，审计人员要花费较多的时间与精力来了解和审查计算机系统的功能，以证实其处理的合法性、正确性和完整性，保证系统的安全、可靠。当一个信息系统已经完成并投入使用后，再对它进行改进，就比在系统设计、开发阶段进行困难得多、费用昂贵得多。因此，除要对投入使用后的信息系统进行事后审计外，还提倡在系统的设计、开发阶段吸纳审计人员参与进行事前和事中审计。在系统设计、开发的各个阶段，审计人员要注意审查和考核下列问题：一是系统的功能是否恰当、完备、能否满足用户核算和管理的要求；二是系统的数据流程、处理方法是否符合有关制度、法规、法令和财经纪律的要求；三是系统是否建立了恰当的程序控制，以防止或及时发现无意的差错或有意的舞弊；四是系统是否保留了充分的审计线索，能否为日后顺利开展审计提供必需的条件；五是系统的安全保密措施和管理制度是否健全，能否保障系统日后安全、可靠地运行。审计人员还应参与系统的调试、检测和验收，尽可能地及时发现系统的问题，及时提出改进意见。

（5）对审计技术的影响

在信息系统环境下，审计线索主要以两种方式存在：一种是肉眼可见的审计线索，如输入的原始凭证、记账凭证，打印出的会计账簿、会计报表等；另一种是必须借助相关设备才可以读取的审计线索。大量的证据都存储在肉眼看不到的电子存储介质上，使得审计人员很难甚至根本无法通过传统方式跟踪会计及经济业务的处理，也无法用传统的方法考查会计及业务档案数据的安全性、有效性、完整性和正确性，这与计算机系统的处理和控制功能有关，是在传统的手工审计中所没有的。在此情况下，必须采用新的技术方式加强系统内部控制审计。计算机信息系统环境下的审计对象，除手工环境下的审计对象以外，审计人员还要对电算化信息系统本身进行审计，这些都增加了审计技术的复杂程度。以上说明，虽然人工的各种审查技术仍是很重要的，但传统手工审计的技术和方法已不能适应现行信息系统环境的要求，必须采用新的审计技术和方法才能适应审计环境的变化。审计人员的作业手段也应由手工操作向计算机转变，从而利用计算机辅助审计技术进行取证。比如，利用数据库管理系统、电子表格软件、审计软件、计算机软件分析和测试工具等进行大量、复杂的分析性复核工作，完成统计抽样工作，对信息化系统的程序、内部控制制度、数据文件及计算机系统的可靠性进行测试，等等。再如，由于信息系统的持续运行使得审计人员很难让其在某一特定时间停下来，因此采用整体检测法、受控处理法等计算机审计技术方法进行系统测试就显得尤为重要，而且要在系统运行的同时采用在线实时的审计方式。另外，由于被审计单位普遍应用计算机信息系统，在数据处理流程、处理方式等方面表现出了一些新的特点，因此在审计中测试与评价计算机信息系统硬件和软件的质量及可靠性等问题，也是审计技术必须面临的新挑战。另外，传统审计方法由于操作技术上的局限性，工作量大、效率不高，越来越难以胜任现代信息经济环境的要求，因此信息技术环境下的审计也要求审计工作本身实现信息化、自动化。

(6) 对审计风险的影响

目前，信息技术在会计及管理工作中得到了广泛应用，大多数企业建立了电算化会计信息系统。但企业实现信息化后，一方面，由于计算机物理性能的脆弱性、系统设计上存在漏洞、数据传输和存储故障、软件的不完善使数据出现异常错误或运行不可靠等，使得数据处理结果出现这样或那样的一些非人为错误；另一方面，由于电算化信息系统的内部控制不够健全、篡改数据不留痕迹等，使得利用计算机舞弊和犯罪，或计算机病毒的入侵和黑客对系统的故意破坏等而产生的人为错误屡有发生。同时，手工记账方式下的记账凭证、明细账、总分类账及整个账务处理过程均以肉眼不可见的电磁数据形式存放于计算机中，造成审计线索缺乏、审计风险增大。另外，审计人员如果对信息系统软件不熟或采用不当的审计技术和方法，也会带来审计检查风险。

(7) 对审计准则的影响

审计准则是审计人员在审计工作中必须遵守的基本原则和要求，其内容主要有一般准则、现场工作准则、报告准则。在信息系统环境下，由于审计工作面临的主客观环境发生了很大的变化，在审计对象、审计范围、审计线索、审计内容、审计技术手段等基本审计要素都发生巨大变化的情况下，原有的针对手工审计颁布的审计准则与规范也就很难适用于信息化环境下的系统审计，必须有一套与之相适应的新的审计准则。因此，必须在原有审计准则的基础上，建立一系列的新准则来规范信息化环境下审计（包括计算机辅助审计、对以计算机为核心的信息系统的审计）的目标、程序、技术和方法。例如，对计算机审计人员的一般要求、电子数据处理系统事前审计准则、内部控制审计准则等，这样才能满足现实审计工作的需要。

目前的审计法规基本上是适应传统书面形式记录的，信息系统环境下的审计所导致的许多新的审计法规、审计准则方面的问题尚待解决。当前，美国、英国、加拿大、日本等发达国家已经制定了有关信息系统审计的审计准则，《国际审计准则》对此也有专门条款，详细说明了计算机审计的范围、目标、程序、技术和方法。在我国，由于经济立法往往是在经济事项充分发展之后的，而计算机审计工作才刚刚起步，有关准则发布不多，因此有待加快和加强信息系统环境下审计准则的制定。

(8) 对审计人员的影响

信息系统环境使审计人员面临更新知识的需要。在信息系统环境下，由于审计对象、内部控制、审计内容、审计线索、审计技术等方面的变化，提高了对审计人员的要求，审计人员只依靠原有的知识和技能是无法胜任信息系统环境下的审计工作的，不懂得计算机的审计人员会因为审计线索的改变而无法跟踪审计，会因为不懂得信息系统的特点和风险而不能审查与评价其内部控制，更无法评价信息系统本身的可靠性、安全性和效率性。因此，信息系统环境下的审计要求审计人员必须具备会计、财务、审计、管理学、信息系统、网络技术、计算机应用等的知识背景，要求审计人员具有复合型的知识结构。他们不仅要具有丰富的会计、财务、审计知识和技能，而且应掌握一定的计算机知识及其应用技术、网络和现代信息处理、管理技术等方面的知识与技能；熟悉计算机信息系统的信息处理流程，掌握对计算机信息系统或利用计算机和网络技术进行审计；不仅要懂得审计软件的操作方法，而且能根据审计过程所出现的种种问题即时编写出各种测试、审查程序模块，甚至掌握深层次的计算机系统设计、程序编译检测技能、有效分析系统结构的能力等。

3. 会计信息系统审计的含义

随着企业信息系统的发展，企业内的会计信息系统已不再是一个简单的电子数据处理系统，而是将触角延伸至企业内部的各部门，发展到整个企业集成的信息系统（如 ERP)，成为公司管理和治理不可或缺的重要工具。特别是随着电子商务的发展，信息系统已经拓展到企业的外部。相应地，信息系统环境下的审计虽然包含财务报表审计的相关内容，但其目标不是为财务报表审计服务，而是对整个信息系统的效率、可靠性、有效性和安全性的审查，从而成为一种单独目的的审计，这就是信息系统审计。世界各国的学者、审计机关和组织都积极对此进行了研究与探索。1994 年，电子数据处理审计师协会（EDPAA）更名为信息系统审计与控制协会（ISACA)，成为从事信息系统审计的唯一的专业人员国际性组织，这个组织的注册信息系统审计师（CISA）资格认证是信息系统审计领域唯一的职业资格认证。

根据审计目标的不同，会计信息系统审计如果是作为财务报表审计的组成部分，习惯上称为信息技术环境下的财务报表审计。在 IT 环境下，会计信息质量直接取决于会计信息系统本身的质量。所以，审计人员在开展财务报表审计时，须对与会计信息系统相关的内部控制进行测试和评价。同时，企业的整个经营管理过程离不开会计，会计信息系统作为企业管理信息化的一个核心组成部分，为提高企业管理水平乃至企业的核心竞争力都起到了不可或缺的作用，成为企业管理和治理不可或缺的重要工具。然而，会计信息系统在为企业带来效益的同时也带来了许多风险，为保障会计信息系统的安全、可靠、有效和效率，对其全部活动进行审计是十分必要的。

本书将会计信息系统审计从信息系统审计中剥离出来，将会计信息系统审计定义为：通过一定的技术手段收集并评估证据，以判断一个会计信息系统是否做到安全、可靠和有效，同时又能最经济地使用资源。这一定义既包括信息系统的外部审计的鉴证目标——被审计单位会计信息系统的安全性和可靠性，又包含内部审计的管理目标——被审计单位会计信息系统的安全性、可靠性、有效性和效率性。

从信息系统审计的角度来看，会计信息系统审计的对象是“被审计的会计信息系统”。它包括由计算机软件、硬件组成的系统和与会计信息输入、处理、输出相关的活动。也就是会计信息系统及会计信息系统生命周期的所有活动。由于计算机技术、网络通信技术等的应用，使得会计信息系统的审计对象具有多样性、复杂性、特殊性、高技术性等特征，并且随着信息技术的发展而不断扩展。

会计信息系统审计工作的核心是“客观地收集和评估证据”，它是进行会计信息系统审计工作的出发点。在对会计信息系统进行审计的过程中，审计人员的主要工作环节就是收集足够的证据以及评价证据的符合程度，并以此判断和确定一个计算机化的会计信息系统能否有效地保护资产、维护数据的完整，以及能否以最低的成本费用和最少的时间达到企业的目标。

4. 会计信息系统审计的目标

会计信息系统审计的目标实质上是对会计信息系统所进行的全部活动给予评价。主要内容如下：

（1）保护资产的完整性

计算机会计信息系统的资产包括硬件、软件、设备、人员、数据文件、系统文档等。由于重要的系统文档、软件、数据文件等资产经常集中在信息系统中存放，因此会计信息系统的运行如果经常出现故障（如网络掉线、服务器宕机、病毒肆虐、客户资料被盗、系统突然发生死机等），就会对组织的资产保护造成巨大威胁。所以，保护会计信息系统资产的完整性成为许多组织要达到的一个重要目标，也是会计信息系统审计所追求的目标之一。

（2）保证数据的准确性

系统数据是否准确，内部控制在录入、传输、处理、存储和报告会计数据时能否完全防止输入错误以及非授权状态下修改信息所造成的无效操作和错误后果。审计人员要通过各种有效的方法、程序，审查和证实系统提供的会计信息是否正确，是否恰当、公允、全面地反映了被审计单位的财务状况和经营成果。例如，要检查系统对输入的数据是否进行了必要的检验，系统设计是否科学，功能模块的划分是否合理，程序对处理过程的描述是否准确无误，系统的说明资料是否齐全等。

（3）提高系统的有效性

会计信息系统的有效性是指该系统能否实现既定的目标。评价会计信息系统的有效性，必须了解用户的需求。会计信息系统有效性的审计一般在系统运行一段时间之后进行，通过事后审计可确定会计信息系统能否实现既定的目标，根据审计的结果，管理者可做出相应的决策。这个评估为系统是否继续运行或者进行某种程度的修改提供决策依据。有效性审计也可以在系统设计阶段进行。会计信息系统审计从独立、客观、公正的第三方的角度，以目标驱动，对会计信息的质量进行审查，对产生信息的系统、信息的产生过程及相应的内部控制进行评价、审计，审查交易数据并评估其完整性及可靠性，从而为决策提供依据。

（4）提高系统的效率性

系统效率是指系统达到预定目标所消耗的资源，一个效率高的信息系统能够以尽量少的资源达到目标。信息系统消耗不同资源，如机器时间、设备、系统软件、劳动力等。系统效率与用户满意度息息相关。例如，应用系统效率低如果是由于现有计算机的资源配置产生了瓶颈，就应决定是否购买额外资源，是否进行效率改善，并确定控制硬件和软件设计的成本问题。再如，有的开发单位在开发阶段目标不明确，缺少细致的调查与分析，简单模仿手工的处理过程，不能满足规范化的会计核算与管理要求。在对系统的效率进行审计时，要检查系统资源是否得到了充分的利用，系统提供的信息是否准确、及时，输出信息能否满足核算与管理的要求，用户使用是否方便等。

(5) 保证系统的合法性与合规性

随着信息系统在组织中的应用范围日益扩大、水平日益提高，利用信息系统进行违法犯罪活动的可能性也越来越大，并且手段也越来越隐蔽。在信息化环境下，一个组织依赖于会计信息系统，其原始凭证和记账凭证的输入项目与内容、会计科目编码的方案、计算和转账处理及输出的内容等是否符合制度要求，会计软件是否符合功能规范等对企业有重大影响。因此，应对会计信息系统的输入、处理、输出及控制功能是否符合国家的法律、法规和有关部门的规章制度进行审查，通过审计系统的合法性、合规性，不仅可以有效地堵塞犯罪，而且可以避免组织和国家遭受由此带来的损失。

(6) 提高系统的安全性

会计信息系统的安全性是指组成会计信息系统的硬件、软件、数据资源是否受到妥善保护，免遭自然和人为因素的破坏、更改或者泄露。会计信息系统的资源通常包括硬件、软件、数据文件、系统文档、消耗性材料和其他设施。这些资源经常放在一处或几处，硬件可能被恶意破坏，软件和数据文件的内容可能丢失或毁损，消耗性材料和数据资源可能未经批准而被使用。会计信息系统是通过建立相应的安全控制措施而得到保护的，评价会计信息系统的安全性，主要是审查会计信息系统的安全控制措施是否健全、有效，对于不足之处应提出需要改进与完善的建议。

5. 会计信息系统审计的内容

由于审计的具体目的不同，审计的内容也有所不同，但总的来说，会计信息系统审计包括内部控制系统审计、系统开发审计、应用程序审计、数据文件审计等内容。

(1) 内部控制系统审计

会计信息系统的内部控制系统由两个子系统构成：一是一般控制系统，它是对系统运行环境方面的控制，为应用程序的正常运行提供外围保障。一般控制包含组织控制、系统开发控制、系统安全控制、系统硬件控制、系统软件控制等方面。二是应用控制系统，它是针对具体的会计应用系统和程序而设置的各种控制措施。一般可以把应用控制分为输入控制、处理控制和输出控制。

对计算机会计信息系统的内部控制系统进行审计有两个目的：一是在内部控制审计的基础上对会计信息系统的处理结果进行审计；二是加强内部控制，完善内部控制系统。

(2) 系统开发审计

系统开发审计是指对会计信息系统开发过程的审计。这是一种事前审计，它具有积极的意义。内部审计人员最适合进行这种审计，因为他们在地理、人事关系、被审计单位的地位等方面都有很多有利的条件。实际上，系统开发审计是审计人员对系统分析、设计、实施等的审查。系统开发审计的积极意义表现在以下四方面：①审计人员可借此熟悉系统的结构、功能、控制措施；②审计人员可借此了解系统控制的强弱；③通过加入审计人员的建议，使系统更可靠、更具有可审性；④可以让审计人员嵌入审计程序段，便于今后开展审计。

系统开发审计的目的有：一方面，检查系统的开发活动是否可行与恰当，系统的开发方法是否科学、先进与合理；另一方面，检查开发过程中是否产生了必要的审计线索，以及这些审计线索是否规范。对系统开发进行审计，保证了计算机会计信息系统运行处理结果的合法性、正确性、完整性，内部控制的适当性，系统运行的效率性以及事后审计的可审性。

(3) 应用程序审计

应用程序决定了会计数据处理的合规性、正确性。对系统应用程序的审计是计算机会计信息系统审计的重要内容，也是审计的难点。对应用程序的审计，可以直接审查程序，也可以通过数据在程序上的运行进行间接测试。对程序进行直接审查，可以流程图为工具，用标准的图形、符号等反映程序的处理逻辑。对程序进行间接测试时，往往要设计测试数据。这种测试数既可以是真实的数据，也可以是模拟的数据。

审查应用程序有两个目的：一是测试应用控制系统的符合性；二是通过检查程序运算和逻辑的正确性，测试应用控制系统的实质性。测试应用控制系统的符合性是指对嵌入应用程序中的控制措施进行测试，看它们是否按设计要求在运行和起作用。

(4) 数据文件审计

在计算机会计信息系统中，各种凭证、账簿及报表中的数据均以数据文件的形式存储在硬盘或软盘等介质中，数据文件是计算机处理的对象和结果。对数据文件进行审计，可以将该文件打印出来进行检查，也可以在计算机内直接进行审查。对于纸质数据文件的审计可采用类似手工审计的做法。而对于计算机磁性介质存储的数据文件，因其审计难度相对较大，一般可采用计算机审计软件对这些数据文件进行测试和检查。

数据文件审计有两个目的：一是对数据文件进行实质性测试，即直接检查各会计账户余额、发生额，同时分析、审核会计数据，实质性测试是系统数据文件审计的主要目的；二是通过审计数据文件，测试一般控制或应用控制的符合性。

IT 环境下的财务报表审计与单独的会计信息系统审计虽然都涉及会计信息系统的检查和评价，但两者存在明显的差异。本着实用的原则，从审计实务的角度出发，本章主要讲解计算机会计信息系统环境下的审计，包括内部控制的审计、计算机辅助审计技术。

12.2 会计信息系统内部控制审计

现代审计的一个重要特征，就是在评价被审计对象内部控制制度的基础上，决定进一步审计的范围、程序和方法。在信息技术环境下，会计及其业务处理过程包括手工处理、计算机系统处理、人与计算机交互处理这几部分，如何识别、研究、审查和评价这些信息化环境下的内部控制(尤其是程序化的内部控制)，是会计信息化给审计提出的一个新问题。审计人员应理解电算化会计信息系统的内部控制，掌握其审查方法，利用计算机辅助审计技术对程序控制进行审计；对于电算化会计信息系统内部控制的弱点，审计人员应能够评估其影响，并向被审计单位提出改进的建议。

我国的《企业内部控制审计指引》《中国注册会计师审计准则》《内部审计具体准则第 28 号——信息系统审计》等对信息化环境下的内部控制审计提出了相关指引，可用来指导审计人员开展信息系统内部控制审计。

12.2.1 会计信息系统内部控制审计测试内容

会计信息系统环境下内部控制包括一般控制和应用控制。一般控制是对业务执行环境的控制；而应用控制则是在业务流程中设置控制点，依靠人工和软件共同控制，以保证数据真实、准确，资产安全。会计信息系统环境下的内部控制审计的符合性测试就是对一般控制和应用控制进行的。

1. 一般控制的审计测试

具体来讲，一般控制的审计测试主要包括组织和操作控制审计测试、硬件和软件控制审计测试、系统环境安全控制审计测试。

(1) 组织和操作控制审计测试

组织和操作控制审计测试主要通过对有关人员的权责划分和职能分离的控制制度是否存在、是否合理、是否有漏洞以及现存的控制是否得到有效执行而进行的检查和评价。

① 职责分工。职责分工的目的在于保证不同的人员承担不同责任的工作，人员之间可以相互监督和检查，从而防止错误和舞弊的发生。电算化会计信息系统中的职责分工审计测试的内容主要包括：系统开发职务和系统操作职务的分离，系统输入职务和系统审核职务的分离，系统操作职务和系统文档管理职务的分离。具体来说有以下几点：

※ 电子数据处理人员的职能应与其他部门人员的职能分开。在测试中，应审查用户在制度上和实际执行中是否真正限制了电子数据处理人员担负其他部门的职责，审查电子数据处理人员的工作范围，询问其担负的实际职责。

※ 电子数据的操作员应与程序设计人员分开。程序设计人员不能担当操作员，即程序员不能进行会计数据的输入、输出，未经批准不能接触备份的数据，不能进行数据的备份和恢复工作。在测试中，可以到机房观察实际的操作情况，审查输入和输出的实际执行；也可以向某个操作员进行现场的询问，以证实实际执行的结果。

※ 系统程序设计与应用程序设计相分离。在测试中，可以查阅电子数据处理部门的组织结构图，以及有关系统程序员和应用程序员的工作范围的规定等进行审查。

※ 会计信息系统的电子数据操作员和数据审核员不能相互兼任。操作员和审核员必须分开，操作员和审核员没有权力对错误的数据进行改动；同时，操作员不能接触除操作手册以外的系统技术文档，也不能管理系统产生的重要会计文档。在测试中，可以向会计主管或负责人询问操作员和审核员的职能、权力，以及操作员所能接触的文件、凭证、资料。

※ 档案保管员的职能应是独立的。档案保管员不能操作系统，不能设计系统程序和应用程序，这些可以通过数据处理部门的组织结构图和进行现场观察来加以审核。

※ 对于敏感性非常强的应用程序，应由更易被监视的操作员进行操作，或者定期轮换操作员。涉及现金、银行存款、其他货币资金、对外投资等科目的业务，可以让操作员进行定期的换岗。在测试中，可通过询问、查阅相关文档和规定等进行了解。

② 人事管理控制测试。电算化会计信息系统是人机系统，内部控制执行的好与坏还有一个主要原因是有关人员的素质。只有高素质的人员才能建立高质量的系统，为此要建立人员招聘、在职教育、定期评价、轮换任职、奖励与惩罚等控制措施，从而对工作人员的知识、技能、职业道德提出更高的要求。这方面的审核测试主要包括以下两个方面：

※ 有关工作人员工作范围的规定应该书面化。是否具备现行的职员工作范围规定，电子

数据处理部门所有应该设置的职位是否已经配备相应的人员，是否有相应的人员招聘、在职教育、定期评价、轮换任职、奖励与惩罚等控制措施。

※ 系统的主要人员应是可靠的、能胜任工作的。主要岗位的担任人员应该具备相应的知识、技能与经验，可通过考查相应人员的工作业绩记录和档案记录，以此来审核其能否胜任相应的工作。

③ 操作控制测试。计算机操作控制主要用于控制系统的操作，其目的是通过标准的计算机操作来保证会计信息处理的高质量，减少差错的发生以及未经批准而使用电子数据、应用程序的机会，确保系统仅限于经过批准的人员进行计算机操作，仅使用批准的程序，查出并更正计算机处理中的错误。对操作控制的审核测试主要包括以下三个方面：

※ 操作计划。电子数据处理部门须制订操作计划和相应的日程安排，计算机的操作一般必须按照操作计划进行。在测试中，可以取得一份正式的操作时间表，审核是否每项操作都在时间表中有安排，审核用机时间记录，以此来决定操作时间表的合理性、完整性。

※ 系统日志。这是对每个上机操作者所完成的任务及运行情况的记录，应把操作者的操作日志、维修人员的故障和维修日志、系统和程序的运行日志都记录清楚。系统日志既可以由人完成，也可以由程序自动生成。在测试中，可以查询系统日志，审查操作记录是否有数字编号，操作统计数是否保留等。

※ 操作规程。电算化会计信息系统应有具体的操作规程，所有的操作人员都应该遵守操作规程，还应对操作活动进行有效的监督。在测试中，可以审查是否具有操作手册或规程，审阅手册中的操作部分，决定操作规程是否完整和适当；可以观察操作员的操作，决定其操作是否规范；还可以通过与监督员和其他人员的交谈，确定监督员是否定期审阅相应的资料。

(2) 硬件和软件控制审计测试

电算化会计信息系统的建立需要大量的硬件设备和软件程序，为了使整个系统能高效、安全地运行，必须有相应的软件、硬件控制措施。

① 硬件设备应具有一些基本的控制功能，能自动查出某些类型的错误。计算机设备可以具有以下控制功能：重复处理控制、回波检验、设备校验、有效性校验等。在测试中，可以通过审核硬件厂家的文献资料和书面凭证来确定硬件具有哪些控制功能。

② 硬件设备应是可靠的，应该得到适当的维修和保养。可靠性是指硬件设备能正常运行而不发生错误的性质。在测试中，可以通过审阅错误记录，确定硬件发生错误的频率，审阅设备故障记录和维修报告，确定故障发生后是否得到必要的维修或进行过预防性维修。

③ 系统软件应具有一定的错误处理能力。系统软件能检验与纠正因硬件和软件问题而引起的错误。例如，计算机在工作过程中发生读写困难，操作系统会自动指出错误并进行相应的处理。在测试中，可以通过审阅厂家提供的系统软件资料，查看操作系统到底具有哪些控制功能等。

④ 系统软件应具有程序保护功能。系统软件应该能够防止本部门的应用程序在运行过程中受到其他程序的干扰，防止模块在调用过程中发生错误，防止应用程序被擅自改动。这个控制功能依然可以通过查阅系统的文献资料来获得。

⑤ 系统软件能对未经批准而使用的文件、程序和设备提供一定的控制。系统软件是否能够记录系统使用的情况、进行口令密码的监视、进行存储保护等，这些可以通过询问或获取操

作系统记录、现场检验密码的监视情况，利用适当技术检查系统软件的数据文件保护功能来加以审核。

⑥ 对系统软件的所有改动均应进行记录、测试。是否可以随意对系统软件加以修改，这可以通过查阅系统软件的修改报告，询问或获取修改记录、测试记录等来加以审核。

(3) 系统环境安全控制审计测试

系统环境安全控制措施是指防范不安全因素危及系统的安全，发现并解决系统中的安全问题，从而使系统恢复正常运行的一系列措施。有关系统环境安全控制的审计测试包括以下内容：

① 硬件安全措施。查看机房的设备管理制度、岗位责任制和操作规程，是否严格限制无关人员接触计算机系统，是否有防范自然灾害、减少损失的措施。

② 系统文档的安全措施。重点审查是否建立文档管理制度和安全保密制度，文档是否由专人保管，借阅任何资料是否经过批准和登记，打印输出的书面资料是否有审核和输出人员的共同签字，系统文档是否进行了数据的复制备份，等等。

③ 对联机系统应授权使用终端、数据和程序。只有经过授权批准的终端才能与主机联机。在测试中，可以查看是否限制终端的物理接触，是否有口令密码来识别、监督授权的执行情况，检查限制终端使用的规章，测试识别控制的有效性，确定授权控制是否被有效地执行。此外，在联机系统中，还应有切实可行的控制方法，以防止恶意窃听和恶意终端连接，从而保证数据通信的可靠性和安全性。

④ 环境安全控制。电算化会计信息系统要正常运行，必须有一个安全可靠的运行环境，这里的环境主要是指机房的条件和设施。在测试中，可以查看机房是否有电源控制，系统是否配备不间断电源，是否有稳压设备，是否配有防火、防温、防水、防潮、防尘等装置。

⑤ 系统的恢复措施。当系统的硬件、软件、数据文件遭受破坏时，是否可以得到及时的修复，以保证系统的正常运转。在测试中，可以查看系统是否有恢复计划，恢复计划是否切实可行，程序文件、系统软件和主文件是否有备份，是否存放在不同的地点等。

一般控制审计测试的步骤如下：

第一步，确定一般控制领域范围，包括组织和操作活动、系统开发和系统文书的整理编纂活动、硬件和系统软件方面、系统安全方面。

第二步，确定一般控制领域中的控制点，可能发生的差错及其造成的危害。控制点是指控制领域中可能发生错误或其他问题，因而必须采取控制措施的某个场所、某项活动。了解控制点以及在控制点上可能出现的控制问题，是为了弄清每个控制领域中须控制什么以及在何处进行控制。每个控制领域的控制点及发生的控制问题不尽相同，审计人员应具体、深入地了解。一般控制领域的控制问题所产生的危害极大，这是由一般控制领域的地位决定的，不过一般控制领域的不同差错或其他控制问题所产生的危害在种类和程度上是有差别的。

第三步，确定各种控制领域的控制目标。实施每一种一般控制措施均是有目的的，应详细审核内部控制是要明确被审计单位的控制目的是否定得恰当、明确，从而为评价控制的适当性提供依据。

第四步，确定每个控制点上是否存在必要的内部控制措施。为了预防、检测和纠正发生的控制问题，被审计单位应该在控制点上设置适当的控制措施，可以采取预防性的、检测性的和纠正性的措施。

2. 应用控制的审计测试

应用控制是电算化信息系统内部控制的一项主要内容，一般从数据的输入、处理、输出三方面进行。在电算化会计信息系统审计中，对应用控制进行符合性测试既要利用手工审计方法，也要利用电算化审计测试方法，其主要测试内容和方法如下：

(1) 数据采集控制的审核

对这个过程的控制，主要是确保经济业务在计算机处理之前经过适当的批准，填制的各种凭证项目完整、金额正确。采用的主要审核方法如下：

① 检查是否有填写和使用所有输入凭证的书面指南，它们是否被一贯遵守。审阅一部分书面指南，确定其恰当性和完整性；再抽查一部分输入凭证的填写情况。

② 抽查一部分凭证的填写情况。审查其填写金额是否正确，填写项目是否完整，填写时间是否及时。

③ 检查在整个数据采集过程中是否有相应的控制措施，这些措施是否被严格执行。抽查一部分凭证，审查其是否有填制人、审核人或批准人的签名，凭证是否有编号，编号是否连续，所有业务是否注明了类型、来源、日期等内容。

④ 审查采集完的数据移交数据处理部门的程序是否恰当。审查其是否有相应的交接手续，是否登记相关事项，是否有数据移交的时间安排等内容。

⑤ 审查原始凭证的保管措施。审查其原始凭证是否都归档保管，审查原始凭证是否有保留时间的规定，是否有领用方面的规定。

(2) 数据输入控制的审核

对这个过程的控制，主要是确保经济业务准确地转化为机器可读形式并记录于计算机处理文件中，确保经济业务没有丢失、增加、复制、改动。采用的主要审核方法如下：

① 审查数据采集部门移送来的数据是否及时得到输入、处理。首先，审查其是否有相应的规章制度；其次，通过查询计算机数据库文件，查看最近一批数据是否被及时录入并处理，以此检查数据处理的及时性。

② 审查数据处理部门是否有严格的控制、审核措施或章程，这些章程是否被严格地遵守执行。首先，检查其控制措施是否对输入、审核等职能进行控制，如凭证数据的录入、审核职能应分离；其次，审查其对数据的审核职能，通过部门编制的差错登记表来审查其是否对移送来的数据进行检查、审核。

③ 审查会计信息系统应用软件程序是否有编辑和校验功能。检查每一输入程序是否有相应的校验程序，以确保每笔录入业务的完整性、有效性、正确性。例如，凭证录入中的借贷平衡、科目合法性、凭证号连续等校验措施。还可以通过一种更简单的方式来检查，即录入一张错误的凭证，审查其能否发现。

④ 审查发现错误数据后的处理措施。首先，审查其发现数据错误后是否加以标记；其次，审查错误的数据是否退回数据采集部门并由其进行更正；最后，审查经改正的数据是否提交数据处理部门进行重新输入，是否重新接受编辑和校验。

(3) 数据处理控制的审核

对这个过程的控制，主要是确保经济业务由计算机进行正确的处理，确保经济业务没有不恰当的增加、改动，确保计算机处理一旦有错误就能被及时发现并改正。采用的主要审核方法如下：

① 审查会计信息系统应用软件是否有业务时序控制。会计及业务处理有严格的时序性，只有上一处理过程完成后，下一处理过程才能进行。例如，凭证只有先审核才能记账，只有相关的费用分配完毕才能核算产品的成本等。此项审查可以通过检查程序开发的数据流程图来实现，或者进行错误的操作以检查软件系统能否及时发现。

② 审查会计信息系统应用软件数据处理的正确性。计算机处理一般不会发生错误，但如果硬件、系统软件或应用软件出现问题，数据处理也会发生错误。此项检查可以通过对同一计算处理过程分别计算机和人工两次处理，比较两者的计算结果来发现是否存在处理错误；也可以通过计算机模拟程序来进行比较。

③ 审查会计信息系统应用软件数据处理中的校验控制。例如，审查其账务处理程序中是否有余额合理性校验，是否有试算平衡校验等措施。

(4) 数据输出控制的审核

对这个过程的控制，主要是确保计算机输出的结果要准确，输出仅限于授权人员，确保输出的结果及时提供给用户。采用的主要审核方法如下：检查是否有输出授权控制，输出数据是否有时间安排，输出的数据在交给用户之前是否进行审查，输出的数据在移交时是否有交接手续等，还要检查这些控制是否被一贯执行。

应用控制的审计步骤如下：

第一步，确定应进行详细审计测试的应用系统和经济业务。为了确定详细审核的对象范围，应对已经收集到的或整理出来的审计资料再次审核。一般来说，重要的应用系统和经济业务均应加以审计。

第二步，深入了解应用系统中的业务流程。在初步审核阶段，已经了解到每个应用系统所处理的业务，但还不知道这些业务是如何完成及如何处理的，现在须对每一类业务进行深入了解。

第三步，确定应用系统和经济业务处理控制点、应用控制领域的差错及其危害。一般来说，一个应用系统的业务处理流程由以下步骤构成：经济业务发生—原始记录和输入—主文件更新—数据存储—数据处理—临时文件更新和存储—数据使用等。这些数据处理步骤就是控制点，因为在数据处理过程中，差错和其他问题都在此发生，但各个控制点所产生的差错及其危害是不尽相同的。

第四步，确定应用控制的目的。由于在初步审核阶段已对应用控制的目的有所了解，因此在决定对应用控制进行详细审核时，应根据危害、错误和风险的了解做出新的评价，根据新发现的错误情况调整应用控制的目的。

第五步，确定各控制点是否存在必要的控制措施及其类型。在了解业务流程和确定应用控制点的同时或在此之后，审计人员应了解各控制点是否存在必要的控制措施。如果存在，那么就应了解它们是属于预防性的、检测性的，还是纠正性的，这可以在与数据处理人员交谈或审阅系统资料的过程中完成。

12.2.2 会计信息系统内部控制审计测试方法和技术

对控制进行测试是为了确定会计信息系统内部控制的设计和执行是否有效，包括控制设计测试和控制执行测试两个方面。

控制设计测试主要解决的是确定现行会计信息系统的控制设计是否合理、恰当，即对信息系统控制健全性的测试。审计人员可将现行信息系统控制的描述情况与理想的控制模式进行比较、分析，识别出关键的控制点以及控制的强点和弱点，对控制的弱点，应审查是否存在补救的控制措施。

控制执行测试主要解决的是现行信息系统的控制实际上是否存在并发挥作用，即对信息系统控制有效性的测试。

在信息化环境下，由于会计信息系统的控制既存在传统的手工控制，又存在由计算机程序实施的控制，因此单纯依靠传统的符合性测试方法是无法胜任该项工作的，还必须大量采用计算机辅助审计技术方法，才能对信息系统的控制进行全面测试。在实际工作中，应针对不同的控制形式，选择相应的控制测试方法和技术。

1. 基于人工的内部控制测试方法和技术

① 检查证据法。通过对有关会计信息系统资料、会计资料和业务资料的审查，确定内部控制制度是否被遵循以及遵循的程度。

② 还原法。审计人员选择被审计企业的某一项经济业务，按照被审计企业的业务流程重新实做一遍，以此来确定被审计企业的内部控制制度能否发挥应有的效果。

③ 观察法。审计人员通过实际观察被审计企业的业务处理过程，对被审计企业的内部控制制度及其执行情况做出评价；如实地观察系统操作人员的操作情况，查明输入数据是否经过审批，正确的数据能否被完整、准确地输入系统，错误的数据能否被发现并经过适当的程序更正后重新提交系统。

④ 抽样法。抽查部分程序的源代码，检查其是否全面、系统，是否满足控制要求，是否存在控制弱点。

⑤ 审阅法。审查会计信息系统的开发文档、管理和维护文档、操作手册等。例如，审阅数据库文件设计说明书，检查每一数据库文件是否都有内外标签，文件是否采用密码控制，未经授权批准的人能否接触数据库文件。再如，审查系统的运行记录日志，审阅系统的操作管理制度；检查上机记录，查明有无异常情况，系统的故障及恢复处理是否及时；查明系统的操作员、管理员、程序员的职责是否明确，有无相互兼任的情况。

⑥ 详查法。详查系统的输入、输出环节，查明是否含有适当的控制措施，确保所有收到的输入业务数据均被完整、准确地输入，要输出的信息能被完整、准确地输出；详查系统是否具有识别错误的适当功能，对于系统拒绝接受的错误业务是否有适当的更正程序，更正后如何向系统提交等；详查系统的处理环节是否含有适当的控制措施，确保所有经过审核的业务均被完整、准确地处理。

⑦ 复核法。复核系统的输入、输出设计是否符合用户的要求，以确保数据输入与输出的合法性、合理性与正确性；复核是否包含适当的审计线索，以便能从系统的输入顺查至输出，或者从输出追踪至输入；复核测试数据是否含有足以检查出其应有的处理和控制功能的各种业务数据。

⑧ 面谈法。询问用户，查明设计的处理流程能否符合用户的需求，是否切合实际；询问系统管理人员，查明未经授权的人员（特别是程序员）在试运行期间是否接触系统。

⑨ 调查表法。设计处理流程内部控制调查表，以便进行复核。

⑩ 测试法。对系统进行实地测试,查明未经授权批准、不掌握密码的人能否接触程序和数据并对其进行修改。

⑪ 程序流程图检查法。这是指利用被审计会计信息系统现有的程序流程图来检查程序的控制功能是否可靠以及处理数据的逻辑是否正确的方法。采用这种方法,首先,审计人员应确定程序流程图包含了哪些处理功能和控制措施,这些处理功能是否正确、控制措施是否合理;其次,审计人员要证实程序流程图所包含的这些处理功能和控制措施在被审计单位实际运行的程序中是否正执行着。对此,可利用程序流程图追踪一些样本业务,以查明某项处理功能是否正常或某项控制措施能否发现和纠正错误。

⑫ 程序编码检查法。这是指对被审计程序的指令逐条进行审查,以验证程序的合法性、完整性和程序逻辑的正确性。采用该方法,首先,审计人员应通过审阅系统分析、设计资料,了解被审计程序应具备的处理和控制功能;其次,将此作为标准与被审计程序中的处理和控制功能进行比较。

⑬ 程序运行记录检查法。程序运行记录包括操作的起止时间、中断、故障、终端等方面的信息,它是由系统自动记录下来的。通过对程序运行记录的检查,可以推测被审计程序的处理和控制功能是否正常,如突然中断则可能说明程序中存在语法或逻辑等错误。

⑭ 程序运行结果检查法。这是指对数据处理的结果进行检查。该方法主要通过对系统打印输出的结果进行检查,推断被审计程序处理功能的正确性和控制措施的健全性、有效性。数据处理打印输出主要包括错误清单、业务清单、记账凭证、日志账、总账、明细账、会计报表、其他报表等。审计人员可根据清单所列错误的多寡、错误类型及处理方法、所列内容来评价被审计程序内部控制的有效性,找出错误的原因及其处理的适当性,评价被审计程序内部控制可能存在的缺陷等。审计人员通过检查打印输出的清单、凭证、账簿、报表,可以推断有关业务处理功能是否正确以及内部控制功能是否有效,如试算平衡失去作用、出现不合法的科目代码、合计数计算错误等。

2. 基于计算机的审计测试方法和技术

所谓计算机辅助审计方法,是指审计人员利用计算机对被审计程序进行审查,以确定其处理和控制功能是否可靠的方法。由于信息技术环境下会计信息系统的特点,基于传统的手工审计方法已不能完全适应信息化环境下的审计要求;另外,由于手工审计方法没有直接对系统实际运行的程序进行审查,审计结论的可靠性值得怀疑。因此,只有利用计算机对被审计程序进行审查,才能得出正确、可靠的结论。利用计算机对被审计程序进行审查的主要方法如下:

① 测试数据法。这是指审计人员将一批预先设计好的检测数据,利用被审计程序进行处理,通过将其处理的结果与预期的正确结果作比较,从而确定被审计程序的控制与处理功能是否恰当、有效的一种方法。测试数据法可以用来审查计算机信息系统的全部程序,也可用来审查个别程序,还可用来审查某个程序中的某个或某几项控制措施,以确定这些控制能否有效发挥作用。该方法一般适用于以下方面:

※ 关键控制建立在计算机程序中;

※ 被审计计算机会计信息系统有缺陷,难以由输入直接跟踪至输出;

※ 构成被审计计算机会计信息系统程序较多、复杂,运用该方法可提高效率(见图12-1)。

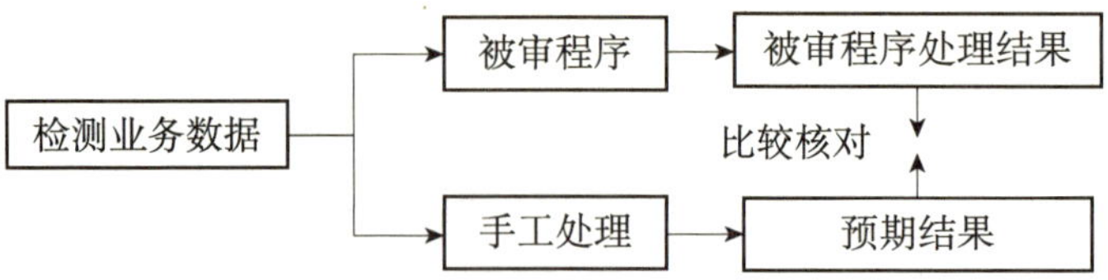

图 12-1　测试数据法的审计步骤

应用该方法进行审查，选择或设计合适的检测数据是关键，一般检测数据按来源如下：

※ 被审计单位以往设计的检测数据；

※ 审计人员自行设计的检测数据；

※ 运用审计软件产生检测数据。

不管检测数据的来源如何，必须全面周到地考虑到各个控制点，检测数据应包括下列两类业务：正常的、有效的业务；不正常的、无效的业务。

② 整体检测法。这是指审计人员在被审计的计算机会计信息系统中建立一个虚拟的实体（如部门、客户、供应商、职工、账户等），然后利用被审计程序，在正常的业务处理时间里与真实业务一起，由同一被审计程序处理该虚拟实体建立的有关检测业务，并将处理结果与预期的正确结果相比较，从而确定被审计程序的处理和控制功能是否恰当、可靠的方法。采用该方法的审计步骤如下：

第一步，确定需要审查的程序及处理控制功能。

第二步，设计虚拟实体。

第三步，设计与虚拟实体相关的业务检测数据，并用手工计算出预期结果。

第四步，将虚拟实体业务检测数据与正常实际业务数据一起输入被审计程序并进行处理。

第五步，将处理结果与预期结果进行比较，并做出评价。

第六步，消除虚拟实体的业务检测数据，以免影响真实数据处理结果的正确性。整体检测法的审计步骤如图 12-2 所示。

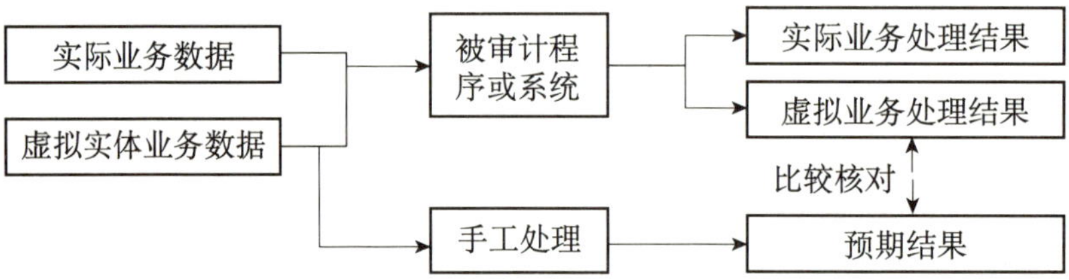

图 12-2　整体检测法的审计步骤

采用整体检测法，通常有两种常见的方式：一是将检测业务同真实业务一样从头到尾通过整个系统，得到最终的输出。这时，审计人员应考虑准备一些业务数据，以冲销检测业务数据对被审计单位数据文件记录正确性的影响。二是对被审计信息系统程序做适当的修改，以便检测业务数据在进入总分类账或重要的输出之前被删除，不致影响被审计单位的正常业务和财务报表；但该办法成本较高，宜少采用。

③ 程序编码比较法。这是指将有关审查合格的被审计程序的副本与被审计单位正在使用的实际应用程序进行比较，以审查被审计实际程序是否发生改变，并评价这些改变对程序处理和控制功能带来的影响和后果的方法。该方法既可运用于源程序编码之间的比较，也可运用于目

标程序编码之间的比较。在对目标程序编码进行比较时，若发现存在差异，则审计人员就要采用更复杂的技术和花费更多的时间进行追查与分析，以确定差异的原因及其造成的后果。采用程序编码比较法的前提是，以前对此应用程序进行过审查，并证实它原来的处理和控制功能是恰当的、有效的。因此，该方法只适用于再次审计，而不适用于对被审计程序的初次审计。

审计人员可采用程序编码比较法对被审计系统的内部控制进行符合性测试，以确定下列一般控制是否被确实执行：

※ 目前正在使用的被审计程序未经非法更改；

※ 所有经过核准的程序变动均有适当的控制；

※ 程序变动的原因及其预期影响均形成适当的文件记录；

※ 被审计单位规定的程序管理制度确已被正确执行。

④ 受控处理法。这是指通过被审计程序对实际业务的处理进行监控，以查明被审计程序的处理和控制功能是否恰当、有效的方法。首先，该方法要求审计人员对输入数据进行查验，并建立审计控制；其次，亲自处理或监督处理这些数据；最后，将处理的结果与预期结果进行比较分析，进而判断被审计程序的处理和控制功能是否按设计要求发挥了作用。该方法的主要优点是成本较低，且不影响被审计系统的正常运行。

⑤ 受控再处理法。这是指在被审计单位正常业务处理以外的时间里，由审计人员亲自进行或在审计人员的监督下，将某一批处理过的业务进行再处理，比较两次处理的结果，以确定被审计程序是否被非法篡改，以及被审计程序的处理和控制功能是否恰当、有效。采用该方法的前提是，以前对此应用程序进行过审查，并证实它原来的处理和控制功能是恰当的、有效的。因此，该方法只适用于再次审计，而不适用于对被审计程序的初次审计。

受控再处理法在实际审计工作中的运用，可采用以下两种方法：一是审计人员保存着一批在以前审计时已经审查证实其处理和控制功能恰当、有效的被审计程序处理过的业务及处理结果，审计人员可将这批业务输入当前实际运行的被审计程序进行处理（见图 12－3）。二是审计人员保存着以前审计时已经审查证实其处理和控制功能恰当、有效的被审计程序副本，审计人员可将当前被审计程序处理过的业务由被审计程序副本进行处理，得出处理结果并进行比较（见图 12－4）。

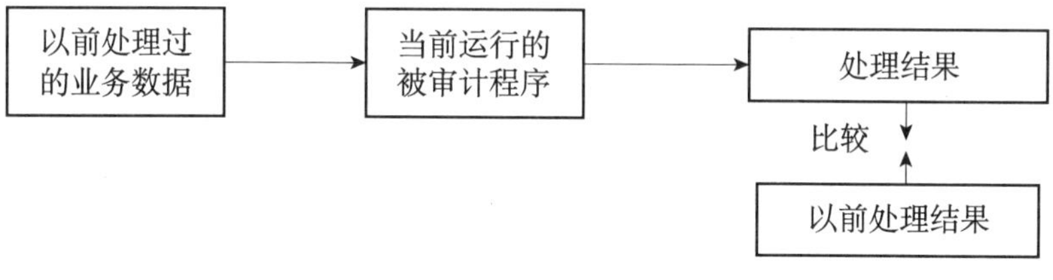

图 12－3　受控再处理法(1)

图 12－4　受控再处理法(2)

⑥ 平行模拟法。这是指审计人员自己或聘请计算机专业人员编写具有与被审计程序相同处理和控制功能的模拟程序，用这种程序处理当期的实际数据，并将处理结果与被审计程序的处理结果进行比较，以评价被审计程序的处理和控制功能是否可靠的一种方法。采用该方法，审计人员不一定要模拟被审计程序的全部功能，可以只模拟被审计程序的某一处理功能或控制功能。该方法一般可用于如薪资计算、成本计算、利润计算等计算量大、存在一定数学模型、运用人工计算工作量大的场合。运用该方法，对审计人员的计算机技术知识能力的要求较高，要求具有一定的编程能力，在实际工作中，可聘请计算机专业技术人员提供帮助。平行模拟法的审计步骤如图 12－5 所示。

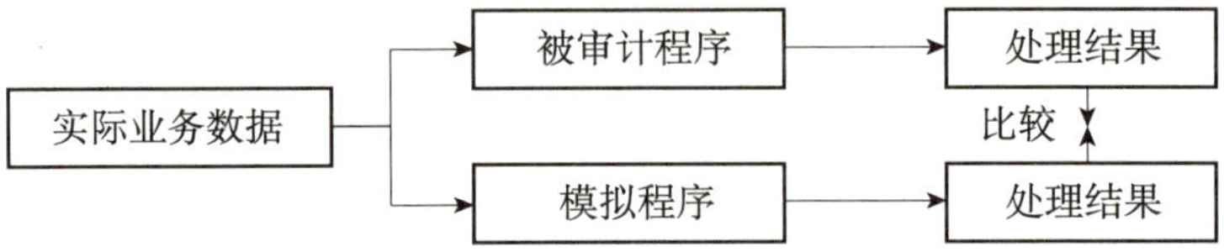

图 12－5　平行模拟法的审计步骤

⑦ 嵌入审计程序法。这是指在被审计计算机会计信息系统的设计和开发阶段，在被审计的应用程序中嵌入为执行特定的审计功能而设计的程序段；这些程序段可以用来收集审计人员感兴趣的资料，并且建立一个审计控制文件以存储这些资料；审计人员通过对这些资料的审查来确定被审计程序的处理和控制功能的可靠性。在实际应用中，嵌入的审计程序段有两种：一是不经常起作用的，只有审计人员在执行特定的审计任务时才激活的审计程序；二是在被审计程序中连续监控某些特定点的处理程序。当实际业务数据输入被审计程序进行处理时，审计程序段也对数据进行检查，如果符合某些条件，则将其记入审计控制文件中，审计人员可以定期或不定期地将审计控制文件输出，以便对被审计程序的处理和控制功能进行评价，或者对系统处理的业务实施监控。运用该方法，同样对审计人员的计算机技术知识能力具有较高的要求，并且通常要求在系统设计和开发阶段完成审计程序段的嵌入。因此，该方法主要适用于用户自行开发的应用系统程序的情形。嵌入审计程序法的审计步骤如图 12－6 所示。

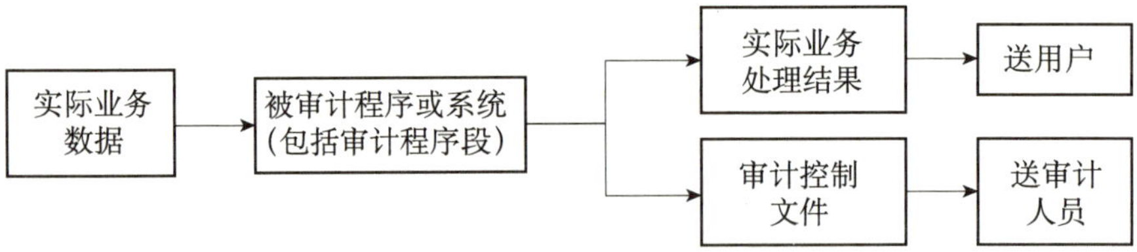

图 12－6　嵌入审计程序法的审计步骤

⑧ 程序追踪法。这是一种跟踪被审计程序处理给定业务的步骤的审查技术。一般可以由以追踪软件系统来完成，也可以利用某些高级语言或数据库管理系统中的跟踪指令跟踪被审计程序的处理。

12.3　会计信息系统数据文件审计

在信息系统环境下，手工会计核算发展到会计信息系统乃至 ERP 系统，数据处理的过程集中到计算机，传统的审计方法和手段已不能满足信息系统环境下的审计要求。我们沿用传统的绕过计算机审计，所有资料都要求被审计单位打印出来，不仅造成现有设备的极大浪费，而且被审计单位在业务上也难以接受。另外，传统审计方法工作量大、易出错、效率不高。将信息技术运用于审计工作中，审计人员通过开展计算机辅助审计，可以充分发掘和发挥计算机高速、准确的优势以及审计软件的专业优势，对数据文件中海量的财务数据和业务数据进行检索、查询、追踪、转化、抽取、比较、归类、合并、统计、信息检索的高智能化，这将大大减轻审计人员的工作量并提高审计的效率、效果。

12.3.1 会计信息系统数据文件审计的内容

会计信息系统数据文件的审计，主要检查及测试数据文件内容的合法性、真实性、正确性。这是指审计人员对被审计单位数据文件中的各种数据所进行的直接检查和分析性审核，通过审计数据文件来确定信息系统处理经济业务的真实性、合法性、正确性，进而确定被审计对象的经济业务活动的真实性、合法性和有效性。面向数据文件的审计不涉及计算机系统内部的处理逻辑，而有些类似于软件开发中的“黑箱测试”。数据文件审计是系统审计框架的重要组成部分，在确保信息系统一般控制和应用控制的健全性与有效性的基础上，数据文件审计的内容主要包括两个方面：一是对各账户余额和记录的经济业务进行直接检查；二是对信息系统的财务及业务数据信息进行综合性的分析复核。

对账户余额和记录的经济业务的直接检查的具体内容很多，包括手工审计中要审查凭证、账簿和报表的内容。例如，审查经济业务的合法性，查明业务记录期间的恰当性（如检查有无将上月的生产成本列入本月）；检查业务分类的适当性（如检查有无将营业外支出列入生产成本）；查明存货计价的一致性与正确性（如检查材料耗用成本计算方法的一致性与正确性）；审查应交增值税的计算及会计处理的正确性；查证应付福利费等计提的恰当性；核对总账与明细账的余额是否相符；等等。

对数据文件中的数据进行分析性复核，是指通过对数据进行分析与比较，查明数据的合理性以及数据之间的联系是否正常。如果在分析和比较中发现异常的变化与不合理的现象，则可以此作为重要的审计线索，进一步查找数据处理中的错误或舞弊行为。分析性复核通常包括计算各种财务及业务比率（如费用率、利润率），与往年的同种比率进行比较等，或者对重要账户的余额和发生额进行趋势分析、结构分析，将有关的数据进行比较等。例如，比较本年的数据与往年的数据，比较实际数据与计划数据，比较被审计单位数据与同行业平均数据，等等。

由于会计信息系统处理的数据直接影响其输出信息的真实性、正确性和可靠性，因此对数据文件的审计是至关重要的，它将直接关系到审计结论的正确与否。从本质上讲，对此步骤的审计相当于常规审计中的实质性测试阶段所实施的。会计信息系统的实质性测试与手工会计信息系统的实质性测试在内容和目的上相同，不同的是测试手段、方法和时机。

对数据文件内容的合法性、真实性、正确性的审查范围与数量，与被审计会计信息系统内部控制制度的健全性、有效性以及信息系统应用软件功能的正确性、可靠性密切相关。如果被审计系统的内部控制健全、有效，应用软件功能正确、可靠，则可减少数据文件实质性审查的数量和范围；反之，则应扩大实质性审查的数量和范围。

12.3.2 会计信息系统数据文件的采集与分析技术

会计及业务数据是构成企业财务报表的基本要素，数据采集是否全面、准确、客观，都会直接影响评估的结果。如果采集的数据不能合理地反映企业的经济业务，那么审计人员即使具备很高的职业判断水平，也不能对企业的经营状况做出正确的评价。我们常说"好的开始是成功的一半"，数据采集工作在整个审计过程中占据相当重要的地位。

数据采集是指将数据从被审计单位的信息系统中提取出来，收集到审计人员的审计系统的整个过程。对于计算机辅助审计来说，一项重要的内容是对电子账进行实质性审查，这也是当前我国审计行业最重要的一项实务。用IT技术对电子账进行审计，从方法论上主要解决两个问题：一是审计人员如何采集到电子数据；二是如何审查、分析获得的电子数据。为了能使审计人员使用其熟悉的软件技术审查电子账，审计人员首先要采集到指定格式的被审计单位的电子账数据，这是对电算化系统的电子账进行审计的实质性工作的第一步。

数据采集困难的原因在于，电算化会计信息系统是一个由计算机硬件、计算机软件（包括操作系统、数据库软件、信息系统软件等）、用户组成的一个复杂的人机系统。它具有层次性的结构，从底层到用户界面一般依次为计算机硬件系统、计算机操作系统、数据库管理系统、电算化应用系统。信息系统不同的层次可以有不同的结构类型，从而导致电算化会计信息系统不仅在界面上而且在结构上各式各样。为了实现对电子数据的采集，可采用以下常用的数据采集技术方法：

① 直接读取方式。如果被审计信息系统与审计人员的审计系统所使用的数据库系统相同，或者虽不相同但审计系统的数据库引擎可以直接连接被审计信息系统的数据库，那么只要直接将审计对象的数据采集到计算机辅助审计系统上就可以了。

② 文件传输方式。被审计信息系统按照审计要求，将原本不符合审计人员的审计系统要求的数据转换成与审计系统要求相一致的格式并提供给审计人员，如图12－7所示。

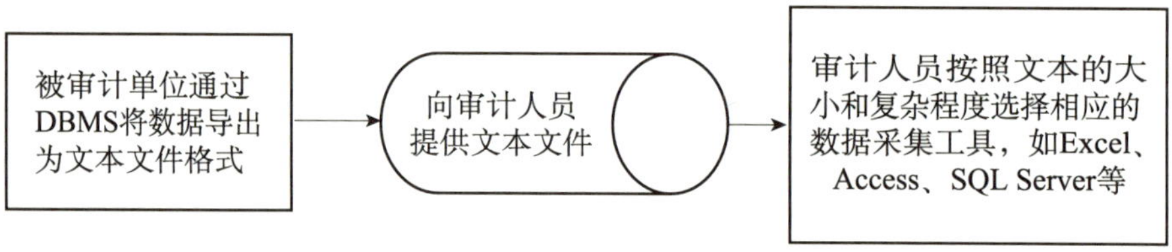

图12－7　文本文件传输数据的逻辑关系

③ 使用数据库连接方式。审计人员通过ODBC（开放数据互连）等数据库接口直接访问被审计信息系统的数据，并把数据转换成审计所需的格式。

1. 数据清理技术

数据清理是指清除存在明显错误的数据以及整理不符合质量要求的数据。数据采集过程完成以后，我们必须面临数据清理的过程，检查、控制和分析审计数据的质量，在数据质量的问题中发现审计线索，清理有质量问题的数据，为后续的审计数据分析和转换服务。原始的审计数据是审计人员从被审计信息系统中采集、获取的。如果原始数据存在不完整、不一致等质量问题，那么以这些原始数据为基础的会计报表数据也是不合格的，所以审计人员首先要评价这些原始数据的质量。例如，我们在对某个字段（假定为凭证库里的"金额"字段）进行汇总分析时，如果发现该字段的记录值为空（Null），而记录值为空不能等同于"0"，那么该记录值就不能进行数据汇总，必须对这类数据进行数据清理。反映数据质量的指标如下：

※ 正确性，即数据值与假定正确的值的一致程度；

※ 完整性，即要求值的属性中无缺失的程度；

※ 一致性，即数据对一组约束的满足程度；

※ 唯一性，即数据记录及编码值的唯一性；

※ 适时性，即在所要求或指定的时间里提供一个或者多个数据项的程度；

※ 有效性，即维护的数据足够严格，以满足分类准则的接受要求。

为了进行有效的数据清理工作，采用的数据清理技术方法主要有以下三种：

① 解决不完整数据(即值缺失)的方法。在大多数情况下，缺失的值必须手工输入；某些缺失的值可以从本数据源和其他数据源推导出来。

② 错误值的检测和解决方法。用统计分析的方法识别可能的错误值或异常值，如偏差分析、识别不遵守分布或回归方程的值；使用简单规则库(常识性规则、业务特定规则等)检查数据值；使用不同属性间的约束；使用外部数据。

③ 不一致性的检测及解决方法。定义完整性约束用于检测不一致性；通过分析数据发现联系。

2. 数据转换技术

数据转换是指将数据变换成能被另一个系统识别的格式。计算机审计中，如果数据不能从被审计单位的信息系统变换成审计系统可识别的格式，仍须靠打印纸质凭证或人工录入，就会大大降低审计效率、增加出错的可能性。

进行数据转换的主要原因有：①被审计单位信息系统的多样性导致数据不一致；②被审计信息系统的加密措施给数据转换带来困难；③审计目的的不同决定了对审计数据的要求的不同。

实际工作中具体采用的数据转换技术，主要依据审计目标、被审计单位的数据结构和格式、审计软件对输入数据的处理需要等因素而定。可以使用的工具和方法主要有：数据库管理系统自带的转换工具、审计软件和程序编码。

(1) 数据库管理系统自带的转换工具

较多的数据库管理系统都自带数据转换工具。例如，微软的 SQL Server 自带的数据抽取和转换工具就有操作方便、功能强大的特点，支持多种形式的转换。

(2) 审计软件

审计软件转换数据一般有以下步骤：选取源表—选择目标表—定义两张表之间的字段关系—完成转换并保存。

(3) 程序编码

程序编码一般运用在对复杂的数据文件中的数据进行转换。程序编码要求审计人员根据被审计信息系统的具体情况编写特定的数据转换程序，因此对审计人员的计算机水平要求比较高。

3. 审计分析技术

审计分析技术是指通过分析财务数据之间及财务数据和非财务数据之间的关系，取得审计证据的技术，也被称为分析性复核、分析程序、比较审计等。计算机辅助审计分析技术的范围较广，从简单的比较分析到相对复杂的数据仓库技术。它们之间的共同点是，利用间接测试，从关系模型中得出审计证据。利用计算机辅助审计的数据分析技术方法与工具主要有：标准数据库查询语言、审计分析系统、数据仓库技术、联机分析处理技术、数据挖掘技术等。

12.3.3 计算机辅助数据文件审计方法

会计信息系统数据文件审计既可以是对打印输出的数据文件进行审计，也可以是对存储在电介质、磁介质上的数据文件进行审计。前一种数据文件审计与手工会计系统中对凭证、账簿、报表的审计方法和技术相同，后一种数据文件审计则要运用计算机辅助审计技术进行审查。为了节省时间、提高审计效益和审计质量，通常采用后一种审计方法。也就是直接从系统数据文件中取得所需数据，通过信息技术的运用，对存储在会计信息系统中的电子数据进行审计。

计算机辅助数据文件审计的方法主要有以下三种：

（1）直接审计数据文件中的数据

直接审计数据文件中的数据的方式主要有以下两种：

① 对数据文件中的数据进行非实时审计。非实时审计是指当信息系统停止运行时，审计人员通过各种手段，直接从信息系统中的数据文件采集数据，转换成审计工具可以接收的格式，然后对所采集的数据做出抽查、比较、计算、分析等，对系统数据做出评价。

② 对数据文件中的数据进行实时审计。实时审计是指在被审计单位信息系统的运行过程中，审计人员确定抽取数据的条件和参数，利用各种工具按照所选择的条件和参数从数据文件中获得相关的业务数据，然后进行审查、分析与评价。实时审计的结果更加准确。

（2）嵌入审计程序模块监控并记录对数据库的非法访问

由于用户可以不使用应用软件而直接访问数据库，使得数据库可能遭受各种非法的访问，如黑客对数据库数据的直接篡改、破坏等。因此，即使信息系统程序功能没有错误，也不能保证数据库数据的正确性、完整性。在这种情况下，审计人员可以在被审计系统中设计并嵌入审计程序模块，实时监控并自动收集对数据库及相关数据的非法访问。这样，嵌入的审计程序模块就实现了对数据库操作的实时监督，有助于审计人员方便地查找审计线索。审计人员还可以根据这些线索，判断数据库数据的真实性、完整性。嵌入审计程序模块可以采集到如下数据：未经批准而调用数据库数据的记录，越权访问数据库系统的记录，擅自调阅或修改审计线索数据项或审计证据记录。

（3）添加扩展记录监控并记录对数据库的非法访问

扩展记录是指在数据库表或文件结构中添加适当的字段，以记录审计所需的数据。为了审计和管理的需要，审计人员可以定期对扩展记录的数据进行分析，以便对数据库数据的正确性、完整性做出评价。例如，用户在输入记账凭证时，由于计算机会计信息系统在保存用户输入的相关数据时存在控制与纠错功能，用户填制的错误凭证的相关信息得不到保存，这样就无法收集一些审计线索。另外，为了绩效考核的需要，有时要对用户填制的错误凭证的张数、比率进行统计，这些信息都可以通过在原数据库表结构中添加扩展记录的方式进行收集。审计人员通过检查扩展记录的内容，可以确定是否存在对数据库的非法操作，以及这些非法操作是否影响了数据库的正确性和完整性等，并做出审计评价。通常，这种方法的应用要求审计人员参与计算机会计信息系统的开发和设计，以便将扩展记录字段设计到数据库中，使得系统投入使用后易于被审计。所以，这种方法往往适用于内部审计。

12.3.4 计算机辅助审计技术与工具

在电算化会计信息系统进行数据处理的环境下，审计的总体目标和范围并不改变；但是，审计程序的运用，可能要求审计人员考虑利用计算机技术作为一项审计工具。计算机在这方面的各种使用被称为计算机辅助审计工具与技术(Computer Assisted Audit Tools and Technology，CAATT)。目前，大量的信息技术已经被运用到计算机辅助数据审计中。实际上，不同的信息技术可能存在实现手段的差异，但都有相同的出发点和目的。

1. 审计软件

审计软件是指利用计算机进行审计而编制的软件系统，或者是指利用计算机辅助审计而编写的各种计算机程序的总称。当前的审计软件的功能越来越齐全，首先，审计人员利用审计软件可以直接访问计算机信息系统的数据，进行数据的采集；其次，将其转换成审计软件的数据格式，利用审计软件进行重记账等操作，与被审计单位所提供的账表等数据相核对；再次，利用审计软件所提供的计算机数据查询、审计抽样、分析性复核等工具对整个数据库数据或选定的数据项目进行复核，有效地执行大量数据的验算、重新分类及汇总工作；最后，详细检查凭证、账簿、报表等数据文件的内容，并做出审计评价。

(1) 审计软件的主要功能和用途

目前的计算机审计软件，除了数据采集、数据清理、转换以及数据的集成与优化功能外，主要实现了以下各项基本的审计工作：

① 按审计人员的要求检查数据。数据查询是目前计算机审计分析中最重要的运用，利用数据库查询技术，审计人员可以迅速地完成数据的真实性和完整性测试，高效地获取审计证据，迅速查找疑点。审计数据查询主要是针对被审计单位的财务数据和业务数据进行的，通过数据库操作语言，实现对输入数据和计算数据的查询，并将查询到的数据发送形成工作底稿。一般审计系统软件都提供强大的查询功能，允许审计人员自行对从被审计单位转换过来的凭证库、科目库、生成的明细分类账按选择条件进行查询。例如，利用审计软件检查应收账款文件中超过一定金额并超过一定账龄的账户；复核存货文件中低于或超过限额的存货及其数量；复核现金日志账，检查每笔金额是否超过规定的限额；等等。

② 测试、汇总或重新组织数据并执行分析工作。审计人员可运用审计软件测试电子数据文件有关数据计算的正确性并进行分析，以评估被审计信息系统中相应数据的正确性。现代审计要求审计人员对企业的业务数据资料进行较多的分析，如对企业的应收账款账龄进行分析、对固定资产和材料成本差异的复核等。这正是计算机辅助审计技术的专长，在人工审核需要花费很多时间才能完成的计算，用辅助审计软件可能几秒钟就能完成，大大提高了审计效率，降低了审计人员的劳动强度。

③ 比较两个不同数据文件中的相应数据。审计人员可运用审计软件比较两个不同数据文件中的相应记录，以确定数据的一致性。例如，将应收账款文件中的明细余额之和与总账文件中的应收账款余额之和相核对。

④ 审计抽样分析。利用计算机程序进行抽样分析是计算机审计的一大特色。现在很多审计软件开发了审计抽样模块，可以轻松实现以前繁琐的数学计算、随机数生成等工作，并且可以保证抽样工作的准确性、合法性。审计人员只要按照抽样向导的提示输入相应的参数即可。审计软件可采用随机抽样或判断抽样等方法，从被审计数据文件中选择所需的样本。例

如，对存货文件进行审查，选择存货样本时，可对金额较大的或存储时间较长的项目采用判断抽样，其余的项目则进行随机抽样，并将所选择的项目按审计人员指定的格式打印或显示出来。这种合法化的抽样工作，为审计人员规避审计风险、提高审计工作质量起到了很大的作用。抽样所使用的随机数表和计算机生成的随机数，应当遵守相关的规定，使用统一的程序。

⑤ 审计统计分析。统计技术也是整理和分析审计数据的方法，其目的是探索审计数据内在的数量规律性，以发现异常现象，快速寻找审计突破口。其中，统计数据分析是核心内容，是通过统计描述和统计推断来探索出数据内在的数量规律性的过程。在计算机审计中，基于特定方法的统计分析工具包括一般统计、分层分析和分类分析。这些分析工具都采用相对固定的算法，具有很强的目的性。例如，利用审计软件的分类分析功能，在审计应收账款时，以不同客户作为分类字段，审查不同客户对应的应收款的金额、坏账计提数、欠款期限等。一般统计常在具体分析之前使用，以对数据有一个大致的了解，它能够快速地发现异常现象，为后续的分析工作确定目标。

⑥ 异常项目的筛选。通过审计辅助软件的综合查询功能，可以方便地查找到一些异常项目。例如，重要的不常变动的会计科目，价值超过一定数额的账务记录等。这一功能有助于审计人员确定审计重点，降低审计风险。

⑦ 进行财务分析。利用辅助审计软件导入财务数据后，可以通过软件系统内置的公式，自动计算出相关的财务指标，帮助审计人员进行盈利能力、负债能力、变现能力、资产管理等方面的分析。例如，利用审计软件，对某些重要的财务数据（如利润、成本、资金等）进行各种分析，向审计人员提供财务分析数据和指标。审计人员通过对这些财务指标的分析，从中发现不正常的情况或问题，以便进一步展开调查分析。例如，利润水平较大幅度的升降、生产成本忽高忽低、资金周转速度忽快忽慢，这些都是值得审计人员注意的现象，从对这些现象的分析着手，可以决定进一步审计的方向。

此外，审计软件还可以用于辅助查找审计法规，执行审计档案管理，打印审计通知书、审计业务约定书、内部控制问卷、审计报告等。

(2) 审计软件的分类

目前，国外开发的诸多功能强大的审计软件（如 ACL、IDEA）得到了广泛的应用，有效地提高了审计人员的审计效率。世界四大会计师事务所在进行审计时都使用适合本公司的审计软件，我国也开发了为数众多的审计软件。目前，审计软件已经成为信息系统审计的最重要的手段之一。许多审计软件包可以在市场上买到，我们一般称之为商品化审计软件包；有些则是根据审计工作的特殊需要而专门开发的，我们称之为专门的审计软件。以下着重介绍三种类型的审计软件：通用审计软件、行业/专用审计软件和实用审计工具软件。

① 通用审计软件。这是指适用于对各类信息系统或多数信息系统进行审计的通用计算机程序。通用审计软件一般是商品化的审计软件，它是目前使用比较广泛的一种计算机辅助审计技术。在国外，很多计算机公司已开发出许多供一般审计人员使用的通用审计软件。被审计系统的数据文件按照规定的标准格式转换后，即可使用通用审计软件进行处理。尽管每个被审计系统所需的转换程序可能各有不同，但是通用审计软件却可同时适用于各种被审计系统经过转换后的数据文件，不须加以修改。即使各被审计系统所使用的程序语言不同，但只要数据按标准格式存放，通用审计软件就可处理。因此，通用审计软件具有便于学习、便于检查信息系统的数据和便于记录文档的特点。

通用审计软件可以适用于不同的软硬件平台。由于对被审计系统的影响小、对被审计单位的依赖小、相对容易使用等因素，使得通用审计软件成为目前最常使用的计算机辅助审计工具。通用审计软件一般包含执行审计工作中常用的功能，如文件数据的导入与存取、文件重组、选择、查询、审计抽样、汇总与计算、排序与分类统计、文件的创建和修改以及报告等。在审计工作中，上述功能并不是互相独立的，通用审计软件可以综合利用一种或几种功能来完成特定的审计任务。例如，检查数据的质量，检查系统处理的质量，检查数据与所反映的实物相一致的情况，进行数据的分析，等等。

通用审计软件为信息系统的审计人员所广泛使用，成为最常用的计算机辅助审计工具之一。但通用审计软件并不能满足各种信息系统的审计需求，它本身的局限性限制了它的使用范围。具体来说，通用审计软件具有三个局限性：

※ 只能进行事后审计。通用审计软件在事后才能取得信息系统运行状态的证据，这意味着它只能在数据被处理之后检查数据的质量。

※ 检查系统处理逻辑的能力有限。通用审计软件的检查对象是系统在正常情况下处理的业务数据，使用这些数据来检查系统是有一定局限性的，因为它们并没有反映出可能发生的例外情况，所以采用通用审计软件不能检查出系统是否具有准确或彻底地处理异常的能力。

※ 检查系统处理应变情况的能力有限。系统应变能力，即开发的应用系统在运行环境中某些因素发生变化影响系统的运行时，系统能自动或经过很少的修改后就可适应这种变化。如果应用系统不具备应变能力，当外界发生变化时，它往往会发生错误，导致很高的内在风险。因此，审计人员通常要考查应用系统是否具有应变能力，但通用审计软件不能达到这个要求，审计人员只能通过检查管理控制体系以及应用系统的设计和编码来判断它是否具有应变能力。

② 行业/专用审计软件。这是指为适应某一用户特定的信息系统环境，完成特定的审计任务而开发的审计软件。所谓专用，是指该软件的目的与用户是事先明确的。在通用审计软件无法满足审计人员的需求时，就可以考虑使用专用审计软件，这种软件可用于执行若干通用审计软件无法或不便执行的工作，例如，有些审计软件包是专门针对某些行业（如金融服务业、保险业、教育业）的，这些软件可以实现对特定行业进行审计的功能，优点是容易使用和运行效率高。因为行业专用审计程序所访问的数据可以包含在审计软件包中，这些数据是行业中经常使用到的一些数据，所以审计软件包所需的文件、记录和字段定义可以事先包含在审计软件包中，审计人员不必在每次使用时都进行定义。相应地，行业审计专用软件的局限性是使用面较窄。由于它是针对特定项目、特定行业而设计的，它提供的高级语言命令只能调用与行业性质相关的功能，通常不具有通用性，因此较不经济，其开发与使用成本也较高。专用审计软件的一个重要应用领域是实时审计。实时审计是在系统运行时并行进行的，须将审计指令、模块、软件内嵌在应用系统中，这些工作通常是通过专用审计软件来实现的。

因为专用审计软件可执行若干通用审计软件无法或不便执行的工作，所以除具有前述审计软件的一些优点之外，还具有下列优点：

※ 更能适合具体的审计目标。在某些情况下，使用通用审计软件或其他系统软件不能达到审计目的，就必须编写专门的程序来完成。例如，针对银行业的审计软件所提供的功能大都是方便银行的审计工作的，一个命令就可以完成如账务数据一致性的检查，账务数据完整性的检查、账务数据平衡性的检查等工作。

※ 使用效率更高。专用审计软件是专门为某一具体问题而设计的，因此其运行效率往往更高。如果专用审计软件的使用时间较长或者处理的数据量很大，那么其运行效率的提高就可以补偿软件的设计成本。

③ 实用审计工具软件，这些主要包括基于专家系统或基于神经网络的审计软件。

※ 基于专家系统的审计软件。专家系统是一种智能化的程序系统，它包含特定领域的知识和经验，能够应用人工智能技术，利用人类专家的知识与解决问题的方法、经验进行推理和判断，模拟人类专家的决策过程，以解决那些需要专家解决的复杂问题。专家系统可以解决的问题一般包括解释、预测、诊断、设计、规划、监视、修理、指导、控制等。随着人工智能技术整体水平的提高，专家系统也不断地发展。目前，高性能的专家系统已经从学术研究阶段进入实际应用研究阶段。20 世纪 80 年代，国外出现了基于专家系统的审计辅助软件，随着人工智能技术的发展，基于专家系统的各种审计软件也在不断地普及和发展。

※ 基于神经网络的审计软件。神经网络是一种在人工智能领域常被用来进行模式识别、机器学习的重要工具。神经网络的基础是仿真人脑的结构和功能。为了了解神经网络的工作原理，首先来看一个与审计工作有关的例子。神经网络须经过学习才能进行工作，如果要让神经网络识别销售系统中出的错误数据，就要提供大量的学习实例，其中一部分实例可能包含错误的数据，另一部分实例则可能不包含任何错误数据。学习实例的数据可以是过去一年的销售数量、现金余额、坏账水平等，但是不管输入什么数据，都必须知道是否存在错误的情况。在训练神经网络的时候，学习实例要求同时提供输入数据和相应的输出数据。基于神经网络的审计软件与基于专家系统的审计软件一样，并没有得到广泛的使用，但它们的使用率正在增长。例如，一些银行正在使用基于神经网络的数据挖掘工具来检查可疑的信用卡交易，以防范信用卡欺诈事项的发生。

2. 数据库管理系统

目前，大部分的信息系统是采用数据库技术开发的，如果被审计的信息系统是采用数据库技术，那么数据库管理系统就可以辅助审计人员对被审计系统的数据文件进行审计。数据库管理系统一般具有数据的导入、导出的功能，对数据进行排序、分类、汇总的功能，对数据进行增加、删除、修改以及按指定格式打印输出表格或报告的功能。这些功能可以方便审计人员检查和分析数据库的数据，它们能按指定的要求查找数据、组织数据，并能按指定的条件和格式打印输出表格或报告等。如果被审计的信息系统不是采用数据库技术的，那么审计人员就可以采用链接或导入的方法将被审计单位的数据文件转换成数据库管理系统可以直接访问的文件。例如，审计人员可以先将被审计系统的数据文件转换成文本文件，再将文本文件转换成数据库管理系统可直接访问的文件。

3. 结构化查询语言

结构化查询语言(SQL)结构简洁、功能强大、简单易学，自从 IBM 公司于 1981 年推出以来，它就得到了广泛的应用。如今，无论是像 Oracle、Sybase、Informix、SQL Server 这些大型的数据库管理系统，还是像 Visual FoxPro、PowerBuilder 这些微型计算机上常用的数据库开发系统，都支持以 SQL 作为查询语言。

SQL 是一个非过程化的语言，它允许用户在高层的数据结构上工作，可操作记录集，而不对单个记录进行操作。所有 SQL 语句接受集合作为输入，返回集合作为输出，SQL 的集合特性允许一条 SQL 语句的结果作为另一条 SQL 语句的输入。SQL 不要求用户指定数据的存放方法，这种特性使用户更易集中精力于所需的结果。所有 SQL 语句使用查询优化器，由它决定以最快速度存取指定数据的手段。

SQL 可用于所有用户的数据库活动模型，包括系统管理员、数据库管理员、应用程序员、决策支持系统人员及许多其他类型的终端用户。基本的 SQL 命令只需很少时间就能学会，常用的命令在几天内便可掌握。SQL 为许多任务所提供的命令包括：查询数据，在表中插入、修改和删除记录，建立、修改和删除数据对象，控制对数据的存取，保证数据库的一致性和完整性。以前的数据库管理系统为上述各类操作提供单独的语句，而 SQL 将全部任务统一在一种语句中。目前，计算机水平较高的审计人员已能运用 SQL 进行数据查询，在不久的将来，SQL 在计算机辅助审计中会得到更广泛的应用。

4. 操作系统和实用程序

操作系统是一种处于特殊地位的系统软件，它是用户应用程序与计算机的界面，用户通过操作系统来使用计算机。操作系统的作用是管理计算机的硬件和软件资源，在微型计算机上配置的操作系统有 MS-DOS、UNIX、WINDOWS 等。在对被审计系统的数据文件进行审计的过程中，我们可以利用操作系统中的一些命令和功能执行部分审计任务。例如，利用操作系统功能命令，可检查被审计系统实际运行的数据文件内容与该文件的备份内容是否一致；可显示某目录下被审计数据文件建立的时间、字节数等信息；审计工作结束后，可利用操作系统功能命令删除机内的工作文件，以免影响被审计系统的正常运行；等等。

实用程序是一种为大多数用户所经常使用的执行特殊功能的软件。它的使用非常广泛，如复制程序、排序程序、分类软件、磁盘检验软件、磁盘搜索程序、磁盘格式化软件等。实用工具软件一般由大型系统软件商提供，也常作为操作系统、数据库管理程序等大型软件的一部分。另外，有些实用工具软件是独立开发的，有些还是免费或共享的。审计人员在对被审计数据文件审计之前或在审计过程中，可以利用实用审计工具软件代替通用审计软件或专用审计软件来完成部分审计任务。实用审计工具能为审计人员的审计工作提供方便，提高审计效率。例如，有的实用审计工具能执行与数据完整性有关的工作；有的实用审计工具能为进一步的审计工作进行数据格式转换或数据下载；有的实用审计工具能执行通用审计软件不具备的功能（如磁盘恢复功能），审计人员可利用磁盘恢复功能恢复损坏磁盘上的重要数据；审计人员可利用实用审计工具软件复制和重新排列文件，也可利用实用审计工具软件从某个文件中抽取一部分记录，并生成审计测试文件；等等。

不同的实用审计工具软件可以执行不同的功能，因此在选择实用审计工具之前，审计人员应了解它所能提供的功能及其获得途径。现在的审计人员有种类繁多的实用审计工具可选择，在具体审计过程中，审计人员可以根据需要，运用相应的实用审计工具软件来辅助执行审计工作。用于数据文件审计的实用审计工具软件可以分为以下几种：

① 常规的辅助审计软件。字处理软件如 WPS、WORD 等。

② 数据库管理和文件维护程序。组织中的大量信息（如客户账单、供应商列表、存贷记录、客户文件等）都存储在数据库中，利用这些工具，就可以方便地访问这些信息。

③ 抽样程序。抽样程序用于从总体中选择统计样本。总体中的每一个项目被分配一个号码，然后根据预先确定的抽样计划，使用抽样程序来选择这些号码。抽样程序包括简单随机抽样、分层抽样、分群抽样、货币单位抽样等。

④ 图形分析程序。使用该程序可对数据进行统计图形分析。

⑤ 流程图编制程序。审计人员利用流程图编制程序，运用一些文字资料和关键控制点的标识，画出水平或垂直的流程图。

⑥ 定量分析程序。该程序包括概率和统计分析、线性规划和网络计划分析。

⑦ 数据操作类实用工具。数据操作类实用工具可在两个方面帮助审计人员开展审计工作。首先，审计人员可以直接使用其中的一些工具来检测数据的质量，如指针检测工具可检查数据库记录之间的链接是否混乱；其次，一些工具可以方便其他的证据收集工具的使用。例如，一个排序的软件可以对输出数据进行排序，其他的证据收集工具可以对这些经过排序的数据进行再处理。数据操作类的实用工具主要有文件查找工具、数据检索工具、数据结构转换工具、指针检测工具、数据处理工具（如排序、合并、复制、创建、修改、删除、重组、格式转换、更名等）、文件打印工具、数据比较工具等。

⑧ “下载”程序。大型组织将大量数据存储于大型计算机系统中，许多微型计算机用户可通过网络把它们“下载”到自己的小系统，以便访问这些文件。

⑨ 帮助评估安全性和完整性的实用工具软件。这类实用工具主要用于实现、操作、维护和检测应用系统中与数据安全性和完整性有关的内容，如病毒杀毒软件、坏磁盘恢复软件、数据反删除软件、磁盘反格式化软件、静态安全分析软件、动态安全分析软件、访问控制分析软件等。

⑩ 辅助深入理解系统的实用工具软件，如流程图制作器。在审计工作中搜集证据时常常会面临的一个问题是，怎样快速地理解信息系统的程序和被审计的数据。由于组织内部被审计的信息系统非常复杂，涉及大量的程序和数据，理解程序的逻辑一直是一件困难的事情，理解信息系统所处理的数据则更加困难。审计人员可以采用那些帮助程序员维护系统文档的工具来理解应用系统和所处理的数据，这些工具主要有系统配置工具、程序控制流程图、程序结构图、数据库数据结构图、事务分析和帮助工具等。

⑪ 帮助评价数据质量的实用工具软件，如查询工具。在没有实用的计算机辅助软件的情况下，可以通过自行编制查账软件、辅助办公程序等来审查信息系统的数据，以提高审计质量和效率。除了通用审计软件和以上介绍的审计工具外，审计人员还可以利用某些软件系统所提供的高级语言来访问和操作数据，并使用统计软件（如 SPSS、SAS 等）对数据进行审计。

5. 计算机会计信息系统本身提供的功能

由于较完整的计算机会计信息系统一般都建立了查询、对账、统计、审查报表、财务分析等模块，因此审计人员在对被审计系统的数据文件进行审计时，也可以利用这些子模块来完成一部分审计任务。例如，通过重新生成报表和账簿数据，快速、准确地完成对会计及业务数据资料完整性的测试；利用被审计系统的查询模块，可以按指定的条件查找数据文件中的数据；通过设置条件、调用函数，能快捷地完成统计抽样；通过设置条件，可以抽取单笔金额超过经验预测数的较大金额、红字金额，以及经验判断有疑问的会计科目、会计事项等，方便确定审计重点；通过财务分析模块，可以了解财务指标的变化趋势，在审计开始阶段，利用该模块可以对被审计单位以前年度的会计资料进行复核性分析，制订审计方案。在审计过程中，从该模块反映的指标和数据变化情况，可以发现其管理的薄弱环节以及与相关指标间的不协调性，可以对应收账款、库存材料、资金动态及流向等会计事项进行全面分析。利用被审计信息系统的应收账款账龄分析程序，对应收账款文件中的数据按账龄进行分析；利用被审计系统的通用报表模块，可以定义和编制审计表格；等等。在利用被审计信息系统有关模块进行审计之前，审计人员必须对它们的处理和控制功能进行审查。只有经过审查并证实其处理和控制功能是恰当、可靠的，审计人员才能利用它们审查系统的数据文件。

利用被审计系统的子模块审查数据文件的优点是，操作简单、使用方便、审计成本低。被审计系统的子模块一般采用菜单选择、中文提示、人机对话的操作方式，对它们的操作比较简单、方便。另外，由于这些子模块是被审计系统的一部分，审计人员不须开发或购买审计软件，因此与利用审计软件对数据文件进行审计相比，其审计成本较低。利用被审计系统的子模块辅助审计数据文件的缺点是，它们往往不具备达到审计目的所需的全部功能。另外，它们往往不能按审计人员指定的格式和内容输出审计工作底稿。虽然在工作中能利用电算化系统软件自身的功能模块，但其功能毕竟是为管理人员所设置的；对审计人员来说，仍然存在很多不便，想要打开系统的数据文件则比较困难。因此，最好在软件中建立标准数据接口，使得不同格式的数据能够转换成同一格式，从而节省审计人员的时间和精力，提高审计效率。

6. Excel 等应用程序

当前，许多像 Excel 等办公软件都可以直接从数据库或其他格式的文件中获取数据。例如，Excel 可以直接打开文本、Web 页等文件，利用 Excel 的“获取外部数据功能”，可以导入各式的数据库文件并通过设置查询条件筛选出自己需要的数据信息。另外，Excel 还提供了抽样、计算、复核、汇总等强大的数据分析功能。

审计中最常用的实用工具软件要数 Excel。它以简单、直观、便于计算的特点，在处理数据、排序、筛选、汇总、计算、形成工作底稿等方面得到了广泛的应用。Excel 是处理繁杂数据计算与分析的有力工具，且获取证据既准确又完整，可以利用 Excel 来完成一些专项的违法舞弊审计。例如，对一些专用票据的审计，审计人员要从几万张甚至更多的不同时期、不同票值的票据中查找出假票据和违规票据，可利用 Excel 中的组合排序、筛选、查找、数据分析等功能来实现。在这种情况下，只有正确无误地将资料输入计算机，才能正确快速地完成获取证据的任务。另外，还可以通过财务软件中的“导出”功能，将财务报表数据导出并保存到 Excel；再对 Excel 中的财务报表项目进行横向、纵向的综合观察、对比、比率分析，以确定重大或异常差异，并做出经济效益评价。Excel 在计算机辅助审计上的应用如下：

① 数据转换。既可以检索常用类型的本地数据（如文本文件），也可以利用 ODBC 所提供的数据驱动程序，转换获取数据。

② 分析性复核。Excel 提供许多查询分析功能。例如，排序功能，可以对数据按升序或降序排列；筛选功能，可以在数据清单中通过设定条件来查找特定值。Excel 产生许多分析模板。例如，账龄分析模板，它既可以得出企业总的账龄分析结果，也可以得出特定客户的分析结果。

③ 计算。Excel 特殊的表格形式便于用户进行计算。该软件提供常用的函数公式并附有使用说明，审计人员只要选择适当的公式组合就可以进行复杂的计算。

7. 嵌入审计模块技术

嵌入审计模块技术是指在一个应用系统中长久贮存一个审计模块，该模块检查输入系统中的每一笔事务数据。并识别出其中不符合预定义规则的事务数据。审计人员可以对这些识别出的事务数据进行实时的或定期的审查，嵌入审计模块技术的原理如图 12 - 8 所示。研究表明，嵌入审计模块技术是一种有效的计算机辅助审计技术。需要指出的是，在被审计信息系统开发时就应该考虑使用嵌入审计模块技术。

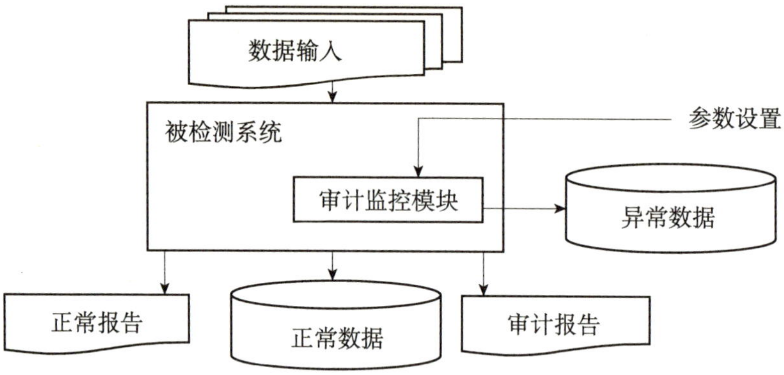

图 12－8　嵌入审计模块技术的原理

嵌入审计模块监控并记录对数据库的非法访问，以便对数据库进行验证。由于用户可以不通过使用应用软件而直接访问数据库，使得数据库可能遭受各种非法的访问，如黑客对数据库数据的直接篡改、破坏等。因此，即使计算机信息系统程序的功能没有出错，也不能保证数据库数据的正确、完整。在这种情况下，审计人员可以在被审计系统中设计并嵌入审计程序模块，实时监控并自动收集对数据库及相关数据的非法访问。这样，嵌入的审计程序模块就实现了对数据库操作的实时监控，有助于审计人员方便地查找到审计线索。审计人员还可以根据这些审计线索，判断数据库数据的真实性、完整性。使用嵌入审计程序模块可以采集到如下数据：未经批准而调用数据库数据的记录，越权访问数据库系统的记录，擅自调阅或修改审计线索数据项或审计证据记录。

8. 扩展记录数据

扩展记录是指在数据库表或文件结构中添加适当的字段来记录审计所需的数据。为了审计和管理的需要，审计人员可以定期对扩展记录的数据进行分析，以对数据库数据的正确性、完整性做出评价。例如，用户在输入记账凭证时，由于信息系统在保存用户输入的相关数据时具有控制与纠错功能，用户填制的错误凭证等相关信息得不到保存，这样就无法收集一些审计线索。另外，出于管理上绩效考核的需要，有时要对用户填制的错误凭证的张数、比率进行统计。这些信息都可以通过在原数据库表结构中添加扩展记录的方式来收集。审计人员通过检查扩展记录的内容，确定是否存在对数据库的非法操作，以及这些非法操作是否影响了数据库的正确性和完整性等，最终做出审计评价。通常，这种方法的应用要求审计人员参与计算机信息系统的开发和设计，以便将扩展记录字段设计到数据库中，从而使得系统投入使用后易于审计。所以，这种方法往往用于内部审计。

9. 计算机网上在线实时审计

计算机网上在线实时审计的特点如下：

① 审计及时性得以体现。通过中央服务器，审计人员可随时随地登录被审计单位的财务及业务信息数据库，及时收集并掌握被审计单位的最新会计及相关的经济业务信息。对于具体的经济业务事项，既可以在该事项结束后实施审计，也可以在该事项进行过程中实施审计，从而实现了事前预防、事中控制、事后监督的理想化工作流程；这样也使静态审计与动态审计得到了很好的结合，大大地提高了审计工作的时效性。

② 远程审计成为现实。针对信息网络高速公路上各单位点多、线长、面广、相对比较分散的特点，可以通过网络远程访问被审计单位的信息管理系统，实行网上在线实时审计，在不干扰被审计单位有关人员的情况下，完整、快速地获取被审计单位的会计和经济业务数据，并做进一步的计算、分析和核对，大大减少了审计人员的审计工作量，极大地节约了审计成本，提高了审计效率。

计算机网上在线实时审计的方法如下：

① 采取平时在网上监控、定期现场核实的方法。具体的操作程序是，审计人员利用经授权而设置的计算机网络人员权限查询功能，通过中央服务器直接进入被审计单位的信息管理系统；审计人员根据年度审计项目计划，在平时有目的、有步骤、按程序地对被审计单位的财务及业务核算实施网上远程审计监督；审计人员针对平时网上监控中发现的疑点问题，定期到现场进行重点核实。

② 建立审计工作台账。对被审计单位财务及业务事项的网上监控过程，在审计工作台账中要如实反映该审计的工作轨迹。首先，要求审计人员对平时在网络监控过程中发现存在疑点的经济业务及大额资金动向等，分单位、分类别记录在审计工作台账上；其次，要求审计人员对所记录的经济业务进行分析判断，提出自己的观点和初步判断结论；最后，要求对审计工作台账上所反映的问题进行集体讨论分析，确定重点审计对象，明确定期到被审计单位要核实的具体内容。

③ 现场进一步核实审计证据。对列入重点关注的经济业务和事项，组织审计力量有计划、有目的地到被审计单位实施现场审计程序，通过对相关经济业务原始单据的查证，将现场收集整理的各经济业务的审计证据与网上审计监控的资料一起，按审计工作底稿的规范要求编制审计工作底稿。对网上在线实时审计中不能完整进行监控的审计事项(如原材料、库存商品等需要进行现场实物验证的)，不管其是否在审计工作台账上被列入重点关注事项，都必须在现场进行重点核实盘点，并编制具体项目的审计工作底稿。

④ 撰写审计工作报告。在网上审计监督和现场核实审计取证结束后，根据所编制的审计工作底稿撰写审计工作报告。

相对于手工操作，计算机辅助审计具有以下优势：

① 计算机辅助审计优化了审计资源的整合。实施计算机辅助审计后，可利用计算机把从被审计单位采集的电子数据按审计目标进行转换或整合。在准备阶段，对被审计单位的资金来源与流向进行结构分析，对资金往来频繁或数额较大的会计及经济业务事项予以重点关注，极大地优化了审计资源的整合，提高了审计方案的针对性，为确定审计重点、避免审计风险提供了技术保障。

② 计算机辅助审计有助于提高审计工作的效率，提高审计的正确性与准确性，降低审计成本，也使审计人员从冗长乏味的计算、复核、核对、比较工作中解放出来。计算机的优势在于能对数据进行高速、正确的运算处理。目前，奔腾处理器的运算速度已达到上亿次每秒，而审计工作的对象正是以数据为基础的财务及其他业务资料，因此正可利用计算机的高速度、正确性的特征来辅助审计，以提高审计工作的效率，降低审计成本。另外，许多手工审计方式要求审计人员做大量冗长乏味的计算工作，在某些情况下，可以运用计算机辅助审计技术使这些步骤自动化，使审计人员可以集中关注那些需要专业判断的部分。例如，对企业材料成本差异的核算进行复核，由于材料成本差异核算具有连贯性，某月份的材料成本差异率的错误会影响以

后所有月份差异率的数值。若审计人员发现企业某月份的差异率有误，用手工的方式重新计算以后月份的差异率是非常繁琐的，而采用计算机辅助审计技术只需输入当年年初的差异率和每月材料的借贷发生额（剔除每月材料所摊的差异），在计算机辅助审计工具的帮助下即可重新复核企业全年每月的材料成本差异率和差异额。在企业将材料分类进行差异率核算的情形下，该方法是“一劳永逸”，更显方便。

③ 计算机辅助审计技术的使用可帮助审计人员扩展审计的范围。目前，企业信息化日趋普及，其所应用的信息系统软件也多种多样，国家有关法规规定，商品化软件必须符合一定条件并通过鉴定，但在实际应用上亦存在种种以书面资料为审计对象所无法解决的难题。例如，有的企业采用的是自行开发的或其他尚未通过鉴定的信息系统软件，其本身可能存在一定缺陷，完全不能或不能充分地以书面形式提供审计所需的资料；有的企业采用的软件虽然经过了鉴定，但在使用时出于操作或其他原因亦存在同样的问题。然而，无论其资料是以书面形式保存还是存储在计算机系统的磁媒介或其他存储器中，计算机辅助审计技术都可以直接对企业全部的会计及资料进行审计。由此，计算机辅助审计技术可使审计的范围由书面向其他媒介扩展。

④ 计算机辅助审计具有相当大的机动灵活性。运用该技术，审计人员使用微型计算机就能对会计及业务事项进行全面、迅速、经济、有效的分析，使审计工作的规范化上了一个新台阶。目前，便携式计算机的广泛使用、应用软件的推陈出新，更使计算机辅助审计如虎添翼，更灵活、更方便地应用于各种场合、各种状况。审计软件的运用使审计在整个过程中的每一步操作都留下了痕迹，审计程序得到了控制，并形成了格式化的审计文书，从技术手段上促进了审计文书的规范化。

?思考题

1. 为什么要进行会计信息系统审计?
2. 什么是会计信息系统审计? 会计信息系统的审计目标是什么?
3. 简述会计信息系统审计的主要内容。
4. 简述会计信息系统内部控制审计测试的内容。
5. 分别简述会计信息系统一般控制、应用控制审计的测试的步骤。
6. 基于计算机的会计信息系统内部控制审计的测试方法有哪些?
7. 简述会计信息系统数据文件审计的主要内容。
8. 计算机辅助数据文件审计的方法主要有哪几种?
9. 什么是审计软件? 简述审计软件的主要功能和用途。
10. 简述常用的计算机辅助审计技术与工具。

参考文献

1. 杨周南等，《会计信息系统》（第四版），东北财经大学出版社 2014 年版。
2. 王振武、刘媛媛，《会计信息系统》（第三版），东北财经大学出版社 2014 年版。
3. 胡仁昱，《会计管理信息系统》（第 2 版），清华大学出版社 2014 年版。
4. 房桃峻、杨琦，《会计信息系统原理与应用》（第三版），厦门大学出版社 2014 年版。
5. 张金城、吕新民，《管理信息系统实验指导书》，北京大学出版社 2013 年版。
6. 庄明来、汤四新，《会计信息系统》，经济科学出版社 2012 年版。
7. 张金城、吕新民，《管理信息系统》，清华大学出版社 2012 年版。
8. 张瑞君、蒋砚章，《会计信息系统》（第六版），中国人民大学出版社 2012 年版。
9. 黄作明等，《信息系统审计》，东北财经大学出版社 2012 年版。
10. 赵捷，《企业信息化总体架构》，清华大学出版社 2011 年版。
11. 傅湘玲、欧阳峰，《信息化管理教程》，清华大学出版社 2010 年版。
12. 李清，《会计信息系统原理与实验教程》，清华大学出版社 2010 年版。
13. 陈旭、毛华扬等，《会计信息系统分析与设计》，清华大学出版社 2009 年版。
14. 吕新民，《信息技术环境对传统审计的影响和对策研究》，中国商务出版社 2008 年版。
15. 欧阳电平，《电算化会计》，武汉大学出版社 2003 年版。

教师反馈及教辅申请表

北京大学出版社本着“教材优先、学术为本”的出版宗旨，竭诚为广大高等院校师生服务。为更有针对性地提供服务，请您认真填写以下表格并经系主任签字盖章后寄回，我们将按照您填写的联系方式免费向您提供相应教辅资料，以及在本书内容更新后及时与您联系邮寄样书等事宜。

<table>
<tr><td>书名</td><td></td><td>书号</td><td colspan="2">978-7-301-</td><td>作者</td><td></td></tr>
<tr><td colspan="2">您的姓名</td><td colspan="3"></td><td>职称职务</td><td></td></tr>
<tr><td colspan="2">校/院/系</td><td colspan="5"></td></tr>
<tr><td colspan="2">您所讲授的课程名称</td><td colspan="5"></td></tr>
<tr><td colspan="2">每学期学生人数</td><td colspan="3">______人_____年级</td><td>学时</td><td></td></tr>
<tr><td colspan="2">您准备何时用此书授课</td><td colspan="5"></td></tr>
<tr><td colspan="2">您的联系地址</td><td colspan="5"></td></tr>
<tr><td colspan="2">邮政编码</td><td colspan="2"></td><td>联系电话（必填）</td><td colspan="2"></td></tr>
<tr><td colspan="2">E-mail（必填）</td><td colspan="2"></td><td>QQ</td><td colspan="2"></td></tr>
<tr><td colspan="5">您对本书的建议：</td><td colspan="2">系主任签字

盖章</td></tr>
</table>

我们的联系方式：

北京大学出版社经济与管理图书事业部

北京市海淀区成府路 205 号，100871

联 系 人：徐冰

电　　话：010-62767312 / 62757146

传　　真：010-62556201

电子邮件：em_pup@126.com　　em@pup.cn

Q　　Q：5520 63295

新浪微博：@北京大学出版社经管图书

网　　址：http://www.pup.cn